식품산업경제학

김성용

박영사

머리말

식품은 산지에서 원물 형태로 수확되거나 해외로부터 수입된 원재료가 다양한 형태로 가공·제조되어 소비자의 식탁에 오르게 된다. 이러한 식품의 공급망에 수집업자, 저장업자, 식자재유통업자, 가공업자, 소매유통업자뿐만 아니라 외식업체 등 다양한 시장참여자들이 참여하여 상류에서 하류로 이동하는 역동적인 식품의 흐름에 관여한다.

이 책은 이러한 식품 흐름에 맞추어 식품기업의 합리적인 경영 의사결정에 필요한 경제학 지식을 제공할 목적으로 총 11장으로 구성되어 있다. 독자들이 1장부터 11장까지 읽어나감에 따라 공급망을 따라 상류에서 하류로 이동하는 식품의 흐름뿐만 아니라 그와 관련된 식품시장 구조와 기업이 직면한 다양한 형태의 의사결정 문제도 이해할 수 있도록 하였다. 각 장마다 식품 공급망의 서로 다른 위치에 있는 식품기업이 직면한 의사결정 문제를 학습목표로 설정하여, 그 문제 해결에 필요한 경영경제학 지식을 배울 수 있도록 하였다. 예를 들면, 2장에서는 농산물 산지에 있는 농산물가공업체의 생산 문제를 다루었고, 3~5장에서는 식품 제조업체의 원재료 조달과 가격 책정, 최종제품 가격 책정, 농식품 저장 등의 문제를 다루었다. 또한, 식품 제조 이후 단계에서는 식자재유통기업의 재고관리와 외식사업체의 경영 원리에 관한 문제를 다루었다. 이 책의 마지막에는 식품의 최종구매자인 소비자의 구매 행동에 관한 내용을 다루었다.

한편, 식품 공급망의 특정 단계에 국한되기 보다는 공급망에 참여하는 모든 식품기업에 적용되는 의사결정 문제를 다룬 장들도 있다. 예를 들면, 3장의 가격차별화 문제, 5장의 사업체 입지와 공간적 경쟁 문제, 7장의 제품차별화 및 신제품 개발 등이다. 특정한 의사결정 문제보다는 식품산업의 경쟁관계나 시장균형, 시장분석방법 등 식품산업 전반에 관한 이해와 통찰력을 얻는 데 필요한 지식을 제공하기 위해 추가된 장도 있다. 1장 식품산업과 경제학, 8장 식품유통과 시장균형 분석, 9장 게임이론 등이다.

각 장의 내용은 기존의 경제학 교재에서 쉽게 접하지 못했던 내용을 위주로 구성하되, 일부 장의 경우는 기존 경제학 교재에서 논의된 내용을 '식품산업경제학'이란 관점에서 새롭게 정리하였다. 또한 각 장마다 독자의 이해를 돕기 위해 '식품산업 인사이드'라는 읽을거리를 추가하여 각 장의 주제와 관련된 현실 사례나 보충 내용을 제시하였다. 이 내용들은 경제문헌과 언론 등 최근 출판물들로부터 발췌하여 소개하였다. 또한 각 장마다 실행학습과 연습문제를 제시하여 이를 풀어봄으로써 각 장의 핵심내용을 보다 분명하게 이해할 수 있도록 하였다.

이 책의 주된 독자는 식품산업에 관심을 가진 경제학이나 경영학 전공자들과 식품산업에 종사하는 실무자들이다. 하지만 이들 전공자가 아닌 다양한 계층의 독자도 이 책의 내용을 읽고 이해할 수 있도록 가급적 쉽게 기술하려고 하였다. 이를 위해 모든 장에서 수학을 사용하는 것을 최대한 자제하였다. 단지 사칙연산과 간단한 미분정도의 수학 지식만 알면 이 책의 내용을 이해하는데 그다지 어려움을 없을 것이다.

이 책은 경제원론이나 미시경제학, 초급 수준의 경제수학을 이수한 학부 3, 4학년 학생을 대상으로 하는 한 학기 강의의 교재로 적합하다. 또한 대학원 석사과정 첫 학기에 식품산업 경제의 전반에 관한 이해를 돕는 강의교재로도 사용할 수 있을 것이다. 가급적 11개 장 전체를 읽거나, 강의할 것을 권한다. 하지만 그것이 어렵다면 2장이나 6, 7장의 내용을 제외하더라도 강의 흐름에 큰 무리가 없을 것이다.

이 책이 나오기까지 많은 분들의 도움이 있었다. 무엇보다도 미국 조지아대학교 제프레이 도프만 교수가 쓴 *Economics and Management of the Food Industry*는 나에게 큰 영감을 주었고, 이 책의 여러 장을 집필하는데 실질적인 도움이 되었다. 김준업, 강두현, 남호진 등 여러 대학원생들이 집필 과정에서 본문에 수록된 많은 그림들을 그려주었다. 같은 학과의 동료 교수님들은 책의 구성과 관련하여 유익한 조언을 해주었고, 대학원 박사과정 노호영군과 석사과정 원은송양은 최종 원고를 읽으면서 교정 작업을 꼼꼼하게 해주었다. 나의 교재 원고를 읽어보시고 발간을 흔쾌히 허락해주신 박영사의 안종만 대표님, 발간 과정에서 유익한 조언을 해주신 박세기 부장님, 책의 편집 작업을 훌륭하게 해주신 전채린 과장님께 감사드린다. 이 분들의 도움이 아니었다면 이 책을 완성하질 못했을 것이다.

그리고 오랜 집필 기간 내내 나의 온갖 짜증(?)에도 미소와 격려로 화답해준 나의 사랑하는 가족(인선, 나윤, 서윤)에게 고마운 마음을 전한다. 끝으로 매일의 삶 속에서 나의 힘이 되신 하나님께 감사드린다.

2019년 2월

저자 김성용

차례

#제4장 저장의 경제학 89

식품산업과 경제학

학습목표

- 식품산업의 영역과 특징에 대한 이해
- 식품산업의 범위와 분류 방법에 대한 이해
- 식품산업의 수평적 활동과 수직적 활동에 대한 이해
- 식품산업 경영을 위한 경제적 의사결정의 기본 개념에 대한 이해

1.1 식품산업의 영역과 특징

1.1.1 식품 공급의 연결고리

식품이라는 상품은 농축수산물 등 원재료의 조달에서 제조, 그리고 유통과 판매라는 과정을 거쳐 최종적으로 소비자의 식탁에 오르게 된다. [그림 1.1]은 산지에서 생산되거나 해외로부터 수입된 원재료 농축수산물 등이 식품으로 제조·가공되어 소비자에게 도달하기까지 복잡하고 다양한 활동들의 연결고리들(chains)을 보여주고 있다.[1] 혹자는 이러한 연결고리들을 통칭하여 공급망(supply chains)이라고 부른다. 공급망은 제품이나 서비스가 망(chain)을 거쳐 흘러갈 때 가치가 부가된다는 의미에서 가치망(value chain)과 동의어로 사용된다. 이 과정에서 조달-제조-판매라는 서로 연결된 활동들이 농업인, 농업법인, 협동조합, 자영업자, 유한회사, 주식회사 등 여러 형태의 조직들에 의해 이루어진다.

식품산업은 표준산업분류에서 별도로 분류되어 있지 않지만, 식품 공급의 상방에서 하방으로 이르는 수직적 연결고리를 따라 다양한 부가가치 활동을 하는 기업과 조직들로 구성된다. 이를 크게 구분하면 농축수산물의 수집 및 조달부문, 식품의 1차 가공 및 2차 제조부문, 그리고 선별·포장된 농산물이나 제조된 식품과 관련 서비스를 소비자에게 공급하는

1 한국은행의 산업연관표에 따르면 2011년 기준 국내 산지에서 생산되거나 해외로부터 수입된 농축수산물 가운데 26.1%가량이 최종소비자에 의해 직접적으로 소비되며, 46.2%는 식품제조업, 8.3%는 외식산업으로 흘러간다. 그 나머지는 기타산업 용도로 17.6%, 투자 및 재고가 1.8%이다.

그림 1.1 식품산업의 수직적 연결고리

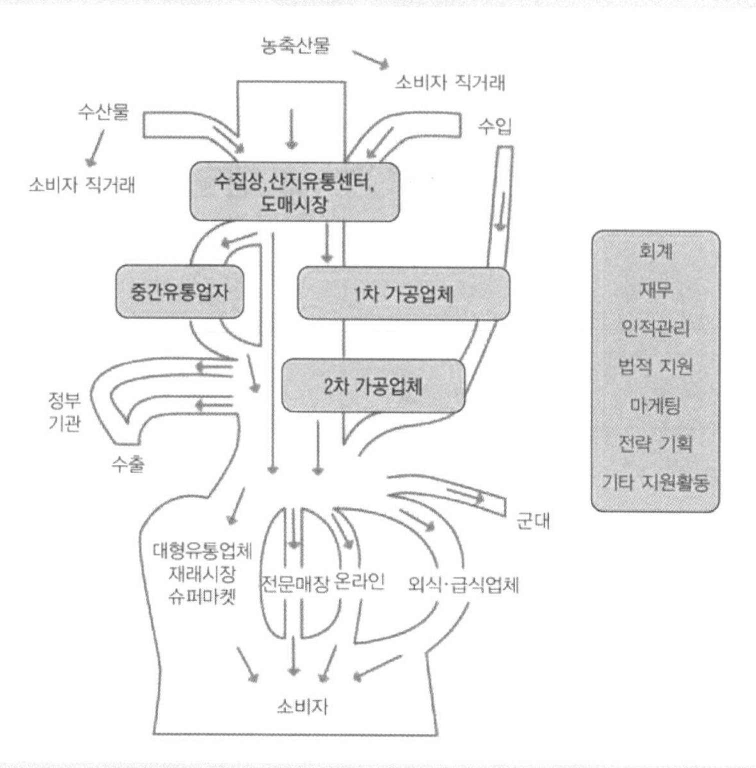

식품이 최종적으로 소비자의 식탁에 오르기까지의 과정은 조달－제조 또는 제조－판매라는 연결고리들로 다양하고 복잡하게 구성되어 있다. 이러한 연결고리들은 농축수산물 등 원재료의 조달과 가공활동을 위주로 하는 상방부문과 식품의 운송, 보관, 저장 등의 유통활동을 담당하는 하방부문, 그리고 연결고리상의 각 활동에 회계, 재무, 인적자원 관리, 기획 등의 전문화된 서비스를 제공하는 지원부문으로 구성된다.

식자재유통업, 그리고 단체급식업과 외식업 등이 포함된다.

식품산업을 구성하는 활동은 대단히 복잡해 보이지만, 다른 산업과 마찬가지로 서로 다른 원재료들의 조달 활동부터 시작하여 식품의 가공 활동과 유통 활동으로 크게 구분되며, 여기에 많은 전문화된 지원활동이 포함된다. 농축수산물 등 원재료의 조달 및 가공 활동은 연결고리의 상방(upstream)이라 불리며, 원재료를 국내외로부터 조달하여 식품을 생산하는 활동을 의미한다. 유통활동은 연결고리의 하방(downstream)이라 하며 식품의 모든 운송과 보관, 저장, 수출, 판매 활동들을 포함한다. 전문화된 지원활동에는 회계 및 재무, 인적자원 관리, 경영정보 관리, 전략적 기획 등이 포함된다. 이러한 서비스들은 [그림 1.1]의 우측에 표시하였는데, 이는 연결고리상에 있는 각 활동들이 이러한 서비스의 지원을 받고 있음을 뜻한다. 많은 식품기업들이 가공활동, 유통활동, 지원활동들을 스스로 성공적으로 수행하지만, 때로는 시장에 있는 전문기업들로부터 그러한 활동을 구매하기도

한다.[2]

식품 공급의 연결고리에서 맨 마지막에 있는 것은 소비자이다. 식품산업의 지속가능성은 식품 공급의 연결고리로부터 다양한 형태의 식품을 구매하고 그 가치를 지불하는 소비자에게 달려있다. 식품 공급망이 상품 또는 생산자 중심에서 고품질, 고부가가치, 환경보호, 윤리적 소비 등을 추구하는 소비자 중심으로 옮겨감에 따라 식품 산업의 경영에서 식품 소비자에 대한 이해는 필수적이다.

1.1.2 식품기업의 사업 영역

식품 공급의 연결고리에 있는 기업들의 사업 영역은 이들이 수행하는 활동에 의해 결정되는데, 이는 크게 수평적 활동 영역과 수직적 활동 영역으로 구분된다. 수평적 활동은 기업이 속한 산업에서 시장점유율 확대와 관련된 활동이다. 반면, 수직적 활동은 생산에 필요한 원재료나 서비스의 구매와 관련된 활동이다. 이에 대해 좀 더 자세하게 살펴보자.

기업의 수평적 활동은 기업의 수평적 경쟁관계에서 비롯되는 활동이다. 즉 기업이 다른 기업과 경쟁하기 위해 어떤 제품 또는 서비스를 얼마나 생산할 것인지, 얼마나 다양한 제품들을 공급할 것인지와 관련된 활동이다. 따라서 기업의 수평적 활동이란 제품이나 서비스의 수량과 다양성에 관한 것으로, 이는 기업의 규모와 범위에 관한 의사결정 문제와 관련된다. 우리는 식품산업의 어떤 부문에서는 거대한 기업이 시장을 지배하지만 다른 산업에서는 그렇지 않은 경우를 보게 된다. 예를 들면, 제분산업이나 제당산업에서는 소수의 대기업이 산업 매출액의 큰 부분을 차지하고 작은 기업은 거의 존재하지 않는다. 반면 포장디자인, 경영컨설팅과 같은 산업에서는 작은 기업들이 시장을 지배하고 있다. 식자재유통업이나 외식업에서는 작은 기업과 대기업이 서로 성공적인 공존관계를 형성하기도 한다. 또한 어떤 식품산업에서는 규모의 경제와 범위의 경제가 존재하지만, 일부 외식업처럼 규모의 경제가 주는 이점이 나타나지 않는 경우도 있다. 이러한 것들이 기업의 수평적 활동에 관련된 문제라고 할 수 있다.

기업의 수직적 활동은 수직적인 거래관계에서 발생하는 활동으로 원재료나 서비스를 직접 생산할 것인가 아니면 외부기업으로부터 조달할 것인가와 관련된다. 달리 말하면, 기업이 수행하는 다양한 활동, 예를 들면, 원재료 조달, 저장, 수송, 최종 제품의 판매 활동 등을 시장에 있는 독립기업들에 의존하는 것이 좋은지 아니면 수직적으로 통합된 기업에서 하는 것이 좋은지에 관한 것이다.

---

2 예를 들어 농심라면 회사는 농심기획이라는 계열사를 통해 기획, 광고, 마케팅 활동을 자체적으로 수행하지만, 다른 라면제조회사인 삼양사는 이러한 활동들을 시장전문업체에 맡긴다.

식품산업에 속해 있는 기업들은 수십 년간 몇 가지 품목으로 시장을 지배하고 유지해 왔다. 하지만 현재에는 많은 식품기업들이 기존의 사업 영역을 넘어선 다양한 제품 분야로 진출하고 있다. 또한, 식품기업들은 기존의 식료품 제조뿐만 아니라, 외식, 단체급식, 식자재유통 등으로 수직적 활동 영역이 확대되면서 수직적으로 계열화된 시스템을 구축하는 사례가 늘어나고 있다(식품산업 인사이드 1.1 『식품산업에서 나타나는 수평적 활동과 수직적 활동 영역의 확대』를 참조하시오).

이 책의 각 장에서는 식품기업이 수행하는 수평적 활동 영역과 수직적 활동 영역에 관련된 주제들을 직접적으로 다룰 것이다.

1.1.3 식품산업의 특징

식품산업은 많은 측면에서 타 산업과 유사하지만, 다른 제조 및 유통 산업과 구별되는 독특한 특성을 가진다.

첫째, 식품산업에서 생산되어 판매되는 상품인 식품의 수요자는 국민이다. 식품은 국민의 건강한 삶, 생명 유지와 직결되기 때문에 식품 위생과 안전성, 품질에 대한 사회적 관심이 높아 식품산업 참여자에 대한 정부의 법적 규제와 관리가 강하다. 그 결과, 식품의 기능성, 품질, 안전성, 위험관리 등이 식품기업의 성공을 위한 제품 차별화의 중요한 요인이 되고 있다.

둘째, 식품은 국민 식생활의 큰 비중을 차지하고 있기 때문에 수요가 안정되어 있어 비교적 비탄력적이고 다른 산업에 비해 경기 변동의 영향이 적은 편이다. 하지만, 정부의 물가안정 정책, 식품안전 사고로 인한 소비자 불신, 정부의 규제 강화 또는 확대 등이 식품 기업의 수익성에 큰 위험 요소로 작용한다.

셋째, 계절성은 모든 산업이 가지고 있는 특징이지만, 식품은 수요와 공급 양면에서 계절성을 가진다. 또한 식품이라는 상품은 저장과 유통기한이 짧으며 그 수요가 식품안전 사고, 날씨 변화, 판촉, 특정 사건 등에 의해 크게 변동할 수 있다. 이러한 이유들로 인해 원재료 조달, 저장, 수송 및 재고관리의 효율적인 운영은 식품기업의 수익 창출을 위해 필수적인 전략이지만 종종 대단히 어려운 일이기도 하다.

넷째, 식품의 생산비에서 원재료가 차지하는 비중이 높고, 원재료인 곡물의 대부분이 해외로부터 수입하여 조달한다. 이 때문에 국제 곡물시장의 수급상황이 식품 제조업체의 수익성과 경영 안정성에 큰 영향을 준다. 식품제조업체의 원가부담을 소비자 판매가격으로 전이시킬 수 있는 가격전가 능력에 따라 기업의 수익성이 좌우되는 경우가 많다.

다섯째, 식품산업의 각 부문마다 시장경쟁 구조와 기업의 비용구조가 매우 상이하다.

[그림 1.2]는 식품 공급의 연결고리들을 구성하는 세부산업 부문들을 나열한 것이다. 농축수산물의 생산부문은 완전경쟁시장에 가깝다. 하지만 이들 부문에 종자, 비료, 농약, 농기계 등 투입재를 공급하는 산업부문은 소수의 대기업과 다수의 소규모 기업이 상존하는 시장구조를 가진다. 농산물을 가공하여 제분, 제당 및 조미료 등 원재료를 생산하는 1차 가공식품 산업은 공정을 갖추는 데 막대한 자금이 소요되는 장치집약적인 성격을 가지며, 거래의 대부분이 기업 등 조직구매자를 대상으로 한 기업 간 거래(B2B)이다. 이로 인해 자금력과 유통 및 물류 네트워크를 갖춘 소수의 대기업이 1차 가공식품 시장을 과점하고 있다.

반면 1차 가공된 원재료를 바탕으로 소비자가 직접 구매하는 음식료품을 생산하는 2차 가공식품 산업은 많은 수의 기업들의 시장 참여로 인해 경쟁이 치열하다. 이 산업에 속한 기업의 수익률은 브랜드 인지도와 마케팅 능력에 따라 큰 차이를 보인다. 2차 가공식품 산업도 대부분 소수의 주력업체가 높은 소비자 인지도와 잘 갖추어진 유통망을 통해 안정적인 시장지위를 유지하지만, 식품군에 따라서는 시장구조, 경쟁강도 등이 매우 다양하다는 특징이 있다.

그림 1.2 식품 공급의 연결고리를 구성하는 하위산업부문

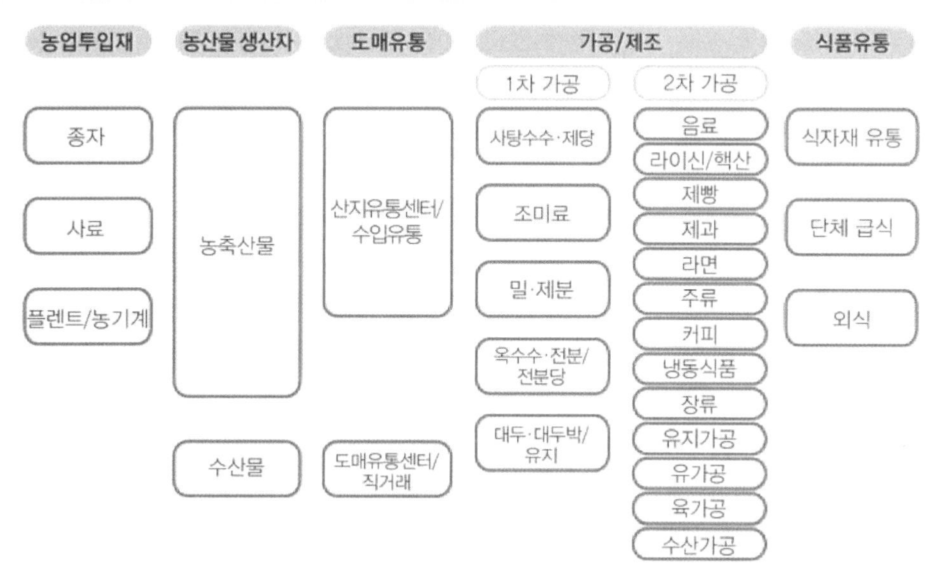

식품산업을 구성하는 하위산업부문들은 기업의 비용구조와 시장경쟁구조 측면에서 서로 다르다. 완전경쟁시장에 가까운 농업생산부문이 있는가 하면, 소수의 대규모 기업과 다수의 영세기업이 상존하거나 치열하게 경쟁하는 부문(농업투입재부문, 2차 식품가공부문, 식품유통부문), 소수의 대기업이 시장을 지배하는 과점형태인 부문(1차 식품가공부문)이 있다.

식품산업 인사이드 1.1

식품산업에서 나타나는 수평적 활동과 수직적 활동 영역의 확대

오늘날 많은 식품기업들이 기존의 사업 영역을 넘어선 다양한 제품 분야로 진출하고 있다. [표 1.1]에서 보듯이 과거와는 달리 유음료업체의 커피시장 진출, 제과·음료업체의 건강기능식품 출시 등 많은 식품기업들이 기존의 사업영역을 넘어선 다양한 제품 분야로 진출하고 있다. 또한, 식품업체들은 기존의 식료품 제조뿐만 아니라, 외식, 단체급식, 식자재유통, 농원 및 목장 운영으로 수직 계열화된 시스템을 구축하고 있다. [표 1.2]는 식품제조업체가 유통업체와 수직적으로 통합하는 과정에서 식자재유통산업 부문에서 대기업의 영향력이 점점 커지고 있음을 보여준다.

표 1.1 **식품기업의 수평적 영역 확대**

산업유형	업체	신규영역 및 제품	외식	건강기능식품	기타
유음료	남양유업	(커피믹스) 프렌치카페 카페믹스	일치프리아니		
	매일유업	(카레) 고베식당	달, 만덴보시, 크리스탈제이드		아동복, 유아스킨케어, 제로투세븐
음료	롯데칠성음료	(커피믹스) 칸타타	엔제리너스		주류사업
제과	롯데삼강	파스퇴르 인수	엔제리너스		식품업진출
	크라운제과		크라운베이커리		
	오리온		마켓오		해외시장확대
식품	CJ제일제당	참치캔	투썸플레이스, 빕스	건강식품	그룹외식, 해외시장확대
	농심	음료(웰치스)	코코이찌방야, 뚝배기		
	풀무원식품	라면, 시리얼제품	아란치오, 엔즐		

표 1.2 **식품기업의 수직적 영역 확대**

업체	사업영역			
	제조업	물류	식자재유통업	소매/유통
CJ	CJ제일제당	CJGLS	CJ프레시웨이	CJ오쇼핑, CJ올리브영
롯데	롯데제과, 롯데삼강	롯데로지스틱	롯데삼강	롯데쇼핑, 코리아세븐, 롯데닷컴
신세계			신세계푸드	이마트, 신세계
현대		현대택배	현대그린푸드	현대백화점, 현대홈쇼핑
풀무원	풀무원식품	엑소후레쉬	푸드머스	ECMD
동원	동원F&B, 동원산업, 삼조쎌텍		동원홈푸드	동원홈푸드

특히, 산지유통인으로부터 농산물 원물을 공급받아 식자재 최종수요자인 외식업체, 급식업체, 가공업체, 유통업체에 공급하는 식자재유통산업에 대기업의 진출이 증가하고 있다. 아래 [그림 1.3]에서 보듯이 대기업 식자재유통업체는 그룹사를 기반으로 전후방산업으로 진출하면서 형성되었다. 식자재유통의 전방산업은 식자재 유통기업으로부터 식자재를 공급받은 후에 가공을 통해 소비자에게 전달하는 기업과 가공 없이 소비자에게 전달하는 기업으로 구성되어 있다. 전자는 외식기업(중소형 음식점, 프랜차이즈 레스토랑), 급식업체, 가공전문업체 등이 있고, 후자는 백화점, 편의점, 할인점을 포함한 식품유통기업들이다. 국내 대표적인 식자재유통기업으로 CJ 프레시웨이, 신세계푸드, 현대그린푸드, 대상 등이 있다. 이들 기업들은 각 기업의 특성에 따라 전방산업을 통합하거나, 계열사 매출을 확보하며 사업을 확장하고 있다.

대기업들이 식자재유통산업으로 진출하면서 수평적 또는 수직적인 영역을 확대하는 사례를 구분하면 ① 가공식품 부문을 배경으로 식자재 유통으로 진출한 경우, ② 급식 등 푸드서비스로부터 식자재 유통으로 진출한 경우, ③ 유통부문의 그룹사를 배경으로 식자재에 진출하는 경우로 구분된다.

가공업체 그룹사를 배경으로 식자재유통에 진출한 사례로는 CJ프레시웨이, 풀무원 푸드머스, 대상베스트코, 동원홈푸드 등이 있다. 최근에는 삼양사와 매일유업이 각각 Serve Q와 엠즈푸드시스템이라는 식자재유통기업을 설립하였다. 삼성에버랜드, 아워홈, 신세계푸드, 현대그린푸드, 한화호텔앤리조트 등은 급식업체로부터 시작하여 식자재 유통으로 진출한 기업들이다. 신세계푸드는 유통업 배경의 신세계 계열사라는 점에서 유통부문의 인프라를 바탕으로 하여 식자재유통에 진출한 기업이다.

그림 1.3 **식자재유통산업의 전방산업**

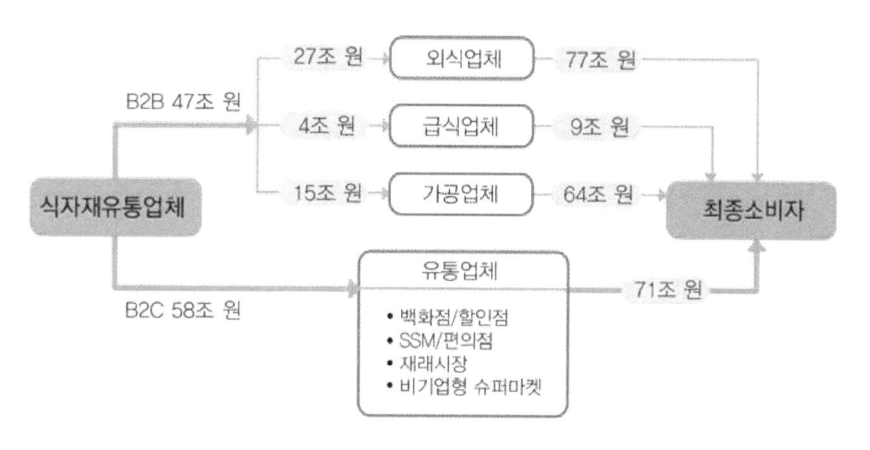

참고: 1. 가공업체 B2B 채널(식자재유통업체, 급식 등)로 가는 금액은 제외.
2. 가공업체 매출액은 소매기준임.
3. 식자재유통산업 규모는 삼성증권의 2013년 추정치를 사용한 것임.

여섯째, 식품 공급의 연결고리에서 원재료인 농축수산물을 생산하는 농축수산업과 농축수산물을 원재료로 하여 식품을 제조·가공하는 식품제조업, 식품의 유통기능을 담당하는 식품소매유통업체들 간의 상호의존성이 매우 강하다. 농업생산자의 경우 자신이 생산한 농산물에 대한 효율적이고 안정적인 판매시장의 존재 여부가 농업경영에서 매우 중요한 요소이다. 식품제조 및 유통업체는 원재료인 농축수산물의 안정적인 확보가 기업 경영에서 매우 중요하다. 글로벌화로 인하여 원재료를 확보할 수 있는 기회가 세계시장으로 다변화되고 확대되고 있지만, 식품제조업과 지역농업 간에 존재하는 높은 수준의 상호 의존성은 다른 산업의 공급망에서는 보기 힘든 특징이다. 식품 공급의 연결고리 내부의 상호의존성과 더불어, 식품에 대한 소비자 요구 변화에 부응하기 위해 식품제조 및 유통업체들이 점점 전문화됨에 따라, 특히 서구에서는 식품산업 부문의 수직적 통합이 강화되는 추세이다.

1.2 식품산업 경영의 기본 경제지식

1.2.1 산업의 범위와 분류

우리는 앞서 식품산업을 명확하게 정의하기보다는 그 산업을 구성하고 있는 기업들의 활동을 중심으로 설명하였다. 하지만 한 산업의 범위를 엄밀하게 정의하기는 쉽지 않다. 경제학에서 산업은 대개 동일 제품을 생산하는 기업들만으로 구성된 생산부문을 말한다. 즉, 한 산업은 한 업종의 기업들로 구성된 집합을 의미한다. 예를 들어, 밀가루를 만드는 기업들의 집합은 제분업, 음료를 생산하는 기업들의 집합은 음료산업이라 한다. 그러나 현실에서 산업 하나하나마다 그 범위를 정하는 것은 대단히 어렵다. 왜냐하면 동일한 제품의 범위를 규정짓는 것이 쉽지 않기 때문이다. 특히, 제품차별화가 많이 이루어지고 있는 현실의 식품산업에서는 비록 같은 먹거리용 제품일지라도 생산기업에 따라 그 제품의 모양과 특성이 다양하다. 예를 들어, 사이다와 콜라를 같은 산업으로 볼 것인지, 우유와 치즈, 또는 녹차와 커피를 같은 산업으로 볼 것인지 등은 결코 간단한 문제가 아니다.

산업의 범위를 정하기 위해서는 먼저 동일 제품의 범위를 정해야 한다. 동일 제품의 범위는 일반적으로 제품 간의 대체성(substitutability)에 의하여 정해진다. 제품 간의 대체성이 높을수록 해당 제품들은 동일한 것으로 간주되며, 해당 제품들을 생산하는 기업들은 같은 산업으로 분류된다. 반대로 서로 간에 대체성이 낮은 제품들은 다른 제품으로 간주되며, 그러한 제품들을 생산하는 기업들은 다른 산업으로 분류된다.

동일 제품이란 그 대체성이 100%인 것을 말한다. 예를 들어 농심라면과 삼양라면은 그 대체성이 거의 100%라고 볼 수 있다. 그러므로 이 회사들의 제품은 동일 제품이라고 볼 수 있으며, 농심라면회사와 삼양라면회사는 같은 라면 산업으로 분류될 수 있다. 그러나 라면과 칼국수 또는 라면과 식빵, 라면과 과자 등은 비록 이들 품목 간에 대체성이 존재할지라도 그리 높지 않으며, 그 대체성의 크기는 점차 감소한다. 그러므로 이 두 제품을 동일하게 보느냐 보지 않느냐에 따라 라면회사와 칼국수회사는 같은 산업으로 분류될 수도 있고 그렇지 않을 수도 있다. 그러나 라면과 생수를 비교한다면, 그 대체성은 거의 0에 가깝다고 볼 수 있다. 그러므로 라면과 생수를 생산하는 기업은 결코 같은 산업으로 분류될 수 없다.

직관적으로 판단하여 제품들은 다음의 세 가지 조건이 성립할 때 대체재일 가능성이 높다.

첫째, 제품들이 똑같거나 유사한 기능을 가질 때

둘째, 제품이 똑같거나 유사한 경우에 사용될 때

셋째, 제품들이 같은 지역시장에서 판매될 때이다.

여기서, 첫 번째 조건은 제품의 기능적 특성에 해당하는 것으로 해당 제품이 소비자를 위하여 무엇을 하는가를 의미한다. 반면에 두 번째 조건은 제품의 용도에 해당하는 것으로 언제, 어디서, 어떻게 제품이 사용되는가를 의미한다.

이 두 개념을 가지고 오렌지주스와 콜라의 대체관계를 살펴보면, 두 제품은 동일 제품일 수도 있고 그렇지 않을 수도 있다. 오렌지주스와 콜라는 제품의 기능적 특징에서 보면 둘 다 갈증을 식혀주는 음료수이지만, 제품의 용도 측면에서 봤을 때 같은 시장에 있다고 보기 어렵다. 왜냐하면 오렌지주스는 주로 아침식사용 음료수로 사용되지만, 콜라는 그렇지 않기 때문이다.

또한, 유사한 기능과 유사한 용도를 갖는 제품이라도 지역적으로 다른 시장이 있다면 이들은 서로 대체재가 아닐 수 있다. 일반적으로 두 제품이 ① 서로 다른 위치에서 판매되거나, ② 재화를 수송하는 데 매우 큰 비용이 들거나, ③ 소비자가 가서 구입하는 데 매우 큰 비용을 지불해야 하는 경우에 해당한다면 서로 다른 지역 시장에 있다고 할 수 있다.

위와 같은 직관적인 판단 방법은 유용하지만 매우 주관적이라는 단점을 가진다. 직관적인 판단을 보완하는 방법으로 수요의 교차탄력성을 이용하여 제품 간의 대체성 정도를 측정한다. 수요의 교차탄력성은 다음과 같이 정의된다.

$$\text{제품 } A\text{와 } B\text{의 수요 교차탄력성} = \frac{\text{제품 } A \text{ 수요량의 \% 변화율}}{\text{제품 } B \text{ 가격의 \% 변화율}}$$

수요의 교차탄력성은 제품 B의 가격이 변할 때 제품 A의 수요량이 얼마만큼 민감하게 변화하느냐를 나타내는 지수이다. 수요의 교차탄력성이 높다는 것은 소비자가 A와 B를 동일 제품으로 간주한다는 것을 의미한다. 예를 들어 삼양라면에 대한 농심라면 수요의 교차탄력성이 매우 높다면 삼양라면의 값이 상승할 때 삼양라면의 수요량이 감소하는 대신 농심라면의 수요량은 급속히 증가할 것이다. 그러므로 이 두 회사는 같은 산업으로 분류된다. 그러나 수요의 교차탄력성이 낮으면 제품 A와 제품 B는 소비자의 입장에서 볼 때 다른 제품으로 여겨진다.[3] 이와 같이 교차탄력성이 높을수록 A와 B는 동일 제품으로 간주되고, 제품 A를 생산하는 기업과 제품 B를 생산하는 기업은 같은 산업으로 분류된다.

오늘날 매장에서 판매되는 식품들의 판매량과 가격이 계산대에 설치된 스캐너(scanner)로 쉽게 파악되기 때문에 기업들이 수요의 교차탄력성을 직접 측정하는 것이 점점 더 가능해지고 있다. 하지만, 교차탄력성은 여전히 측정상에 어려움이 있고 시장조건에 따라 항상 복잡하게 변할 수 있다는 단점이 있다. 이러한 이유로 교차탄력성만을 가지고 산업을 분류하는 것은 현실적으로 한계가 있다. 실제로 산업의 범위를 정하기 위해 교차탄력성 외에도 앞서 설명한 대로 제품의 기능적 특성이나 용도에 관한 주관적인 판단, 가격변화의 상관관계, 품질의 유사성, 소비자들의 태도, 기업 진입의 용이함 정도 등을 종합적으로 고려한다.

산업의 범위를 정하는 데 표준산업분류를 이용하여 확인할 수도 있다. 표준산업분류(Standard Industrial Classification: SIC)는 통계청 등 정부기관이 각종 산업 관련 통계 작성에 통일된 기준을 제시하기 위하여 모든 산업영역의 경제활동을 그 유사성에 따라 하나의 산업으로 체계적으로 유형화한 것이다. 우리나라의 표준산업분류는 통계청에서 정한 '한국표준산업분류(Korean Standard Industrial Classification)'로, 동일 산업의 국가 간 비교·분석 가능하도록 UN이 정한 '국제표준산업분류(International Standard Industrial Classification)'를 따르고 있다.

한국표준산업분류는 산업부문을 영문 알파벳 하나와 아라비아숫자 다섯 자릿수로 구분하고 있다. 맨 처음에는 영문 알파벳으로 대분류를 하고, 그 다음에는 아라비아숫자의 앞자리 두 자릿수로 중분류를, 셋째 자릿수로 소분류를, 넷째 자릿수로 세분류를, 그리고 다섯째 자릿수로 세세분류를 하고 있다. 한국표준산업분류는 원칙적으로 소분류 항목(세 자릿수 항목)까지는 국제표준산업분류를 따르고, 그 이하는 한국 실정에 맞추어 조정한 것이다. 분류기준은 사업체 단위가 수행하는 경제활동의 일반적인 특성들이다. 즉, 각기 사업체들은 생산된 재화나 서비스의 특성, 종류, 용도, 생산과정, 생산기술 및 생산조직 등에 의해 구분된다.

이러한 분류체계에 따라 식료품 제조업을 분류한 예가 [그림 1.4]이다. 먼저 전 산업은 A에서 U까지 21개의 대분류산업으로 나누어진다. 대분류는 영어 알파벳 분류이며, 이 중 C번은 '제조업'을 나타내는 대분류번호이다. 대분류 산업은 다시 아라비아숫자 두 자릿수로 중분류된다. 식료품 제조업은 두 자릿수 분류 중 10번에 해당한다. 두 자릿수 10은 다시 세

3 이러한 구분은 수요의 교차탄력성이 양(+)의 값을 가질 때만 적용되는 개념이다. 수요의 교차탄력성이 음(−)의 값을 가질 때는 이 두 재화는 서로 보완관계에 있는 상품이다.

자릿수로 소분류되는데 세 자릿수 분류 중 103번은 '과실, 채소 가공 및 저장 처리업'이다. 세 자릿수 103은 다시 네 자릿수로 세분류되는데 네 자릿수 분류 중 1030번은 '과실, 채소 가공 및 저장 처리업'이다. 네 자릿수 1030번은 다시 다섯 자릿수로 세세분류되는데, 다섯 자릿수 분류 중 10301번은 '김치류 제조업'이다.

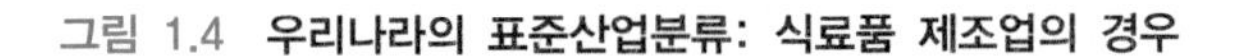

그림 1.4 **우리나라의 표준산업분류: 식료품 제조업의 경우**

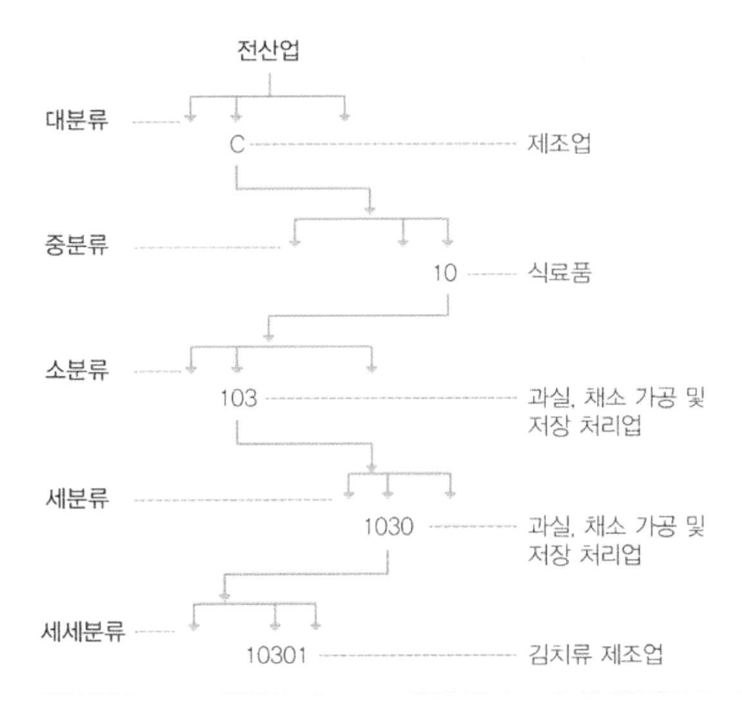

1.2.2 산업과 시장

우리는 각 장에서 산업이라는 용어 이외에도 시장이라는 용어를 자주 사용할 것이다. 산업은 생산을 중심으로 정의되는 개념이지만, 시장은 생산과 소비를 연결시켜 주는 과정인 거래를 중심으로 정의된다. 산업은 분류 기준에 따라 그 범위가 넓게 정해질 수도 있고 좁게 정해질 수도 있다. 하지만 시장은 동일 제품들만의 거래를 중심으로 그 범위가 정해진다. 일반적으로 경제학에서 시장은 동일한 종류의 제품만을 거래하는 판매자와 구매자 집단을 의미한다. 그러므로 한 시장에서는 동일한 종류의 한 가지 제품만 거래된다.

산업의 범위를 동일한 종류의 제품을 생산하는 기업들만의 집합으로 좁게 정의한다면,

산업의 범위와 시장의 범위는 서로 일치한다. 산업분류에서 산업의 범위를 아주 세분시켜 나가면 궁극적으로는 산업이 시장과 일치하게 된다. 하지만 '한국표준산업분류'에서 세세분류산업으로 정해진 산업의 경우, 그 범위가 시장과 일치하는 것도 있고 그렇지 않은 것도 있다.

산업이 동일한 제품의 생산을 의미하는 것으로 세분되지 않으면, 한 산업 내에 많은 시장이 성립될 수 있다. 예를 들어, 가공식품산업이라고 하면 가공식품의 생산부문을 지칭하는데, 이 산업 내에는 구체적인 제품에 따라서 여러 시장이 성립될 수 있다. 예컨대, 육가공품시장이 따로 있을 수 있고, 유가공품시장이 따로 있을 수 있고, 수산가공품시장이 따로 있을 수 있다. 그뿐만 아니라 한 종류의 제품일지라도 법적규제나 운송비 등으로 인해 완전히 격리된 여러 지역에서 독립적인 거래가 이루어지고 있다면, 시장도 여러 개가 형성된다고 볼 수 있다. 예컨대, 우리나라 소주시장은 과거에 각 지역별로 분할되어 독립된 여러 개의 지역시장이 형성되었던 적이 있었다.

이 책에서는 산업을 시장과 일치하도록 세분해 놓고 그 시장의 생산자·공급과 소비자·수요 측면에서 나타나는 다양한 의사결정 문제를 분석한다. 그러므로 이 책에서는 산업이라고 할 때 이는 곧 시장이 된다. 앞으로 우리는 각 장에서 산업과 시장 개념이 일치하도록 식품제조업, 식자재유통업, 외식업 등으로 식품산업의 범위를 좁게 정의할 것이다.

1.2.3 사업체와 경영자

식품산업에 속하는 사업체에는 다양한 형태의 기업들로 구성된다. 기업의 형태는 출자자의 수와 범위, 경영원리 등에 의해 구분된다. 식품산업을 구성하는 각종 기업의 형태와 특징을 설명하면 다음과 같다.

자영업: 개인이 전액 출자하여 직접 경영하며, 채권자에 대해 무한책임을 지는 기업형태이다. 업무집행상 신속성과 통일성, 비밀유지 등의 장점이 있으나 자본 규모 및 조달의 취약성, 대외신용 확보의 어려움, 개인 경영능력의 한계 등의 단점 때문에 많은 자본을 필요로 하는 사업부문에는 적합하지 않다.

합명회사: 2명 이상의 출자자가 공동으로 출자하며, 기업 채무에 대해 전원이 연대하여 무한책임을 지는 기업형태이다. 자영업과 유사하며 대개 소수의 사람들이 인적 신용을 기초로 설립한다.

합자회사: 무한책임을 지는 출자자와 유한책임을 지는 출자자로 구성되는 기업형태이다. 경영은 무한책임을 지는 출자자가 담당하며, 유한책임을 지는 출자자는 출자에 따른 이익 배당만을 받는다.

유한회사: 2인 이상 50명 이하의 유한책임사원으로 구성되며, 주식회사보다 설립이나 조직 절차가 간편하기 때문에 중소기업 형태의 식품사업체에 적합한 기업형태이다. 자본 출자는 균등한 금액의 출자좌수가 기준이며 각 사원은 출자좌수에 비례하여 지분을 가진다. 지분의 양도는 사원총회의 승인을 필요로 한다.

주식회사: 오늘날 식품산업에서 가장 보편화된 기업의 형태이다. 주식회사는 자본의 증권화, 유한책임제도, 소유와 경영의 분리, 규모의 경제 실현 등의 특징을 가진다. 자본의 증권화란 출자 단위가 소액단위의 균일한 주식으로 세분되어 출자가 용이하며 증권시장 매매가 가능하여 소유권 이전이 용이함을 의미한다. 유한책임제도로 인해 주주의 회사에 대한 개인적 책임이 자신의 출자액 한도 내에서 부여되기 때문에, 주주는 안심하여 자신의 자본능력을 고려하여 선별적인 기업 출자가 가능하다. 소유와 경영이 분리됨으로써 다수의 소액투자자들은 자신의 지분율에 비례하여 회사의 소유권을 가지나 경영은 전문경영인에게 맡긴다. 이로 인해 주식회사는 소액단위의 자본을 여러 사람으로부터 집합하여 대규모 자본형성이 용이하다. 주식회사는 형성된 자본의 규모가 커지면 생산원가 절감, 정보수집 용이, 시장지배력 강화 등 규모의 경제 혜택을 얻게 된다.

협동조합: 5인 이상의 조합원이 상호 출자하여 공동사업 경영을 약정함으로써 효력이 발생하는 기업 형태이다. 협동조합은 사기업과 달리 상호부조주의·민주주의·이용주의를 경영 원칙으로 하며 다음의 특징을 가진다. ① 조합 자체의 영리보다 조합원인 소규모 사업자 또는 소비자의 상호부조를 목적으로 한다. ② 조합원의 임의 가입·탈퇴를 인정하며 각 조합원은 출자액에 관계없이 평등한 의결권을 가진다. ③ 조합의 잉여금 배분은 원칙적으로 이용고에 비례하여 행한다. 협동조합의 비중이 다른 산업보다 높은 점이 식품산업이 가진 특징 중의 하나이기도 하다.

다국적 기업: 식품산업의 글로벌화에 따라 제품, 기술, 서비스가 각국으로 자유롭게 이동하면서 인적자원과 자본의 흐름도 자유로워지고 있다. 이러한 생산요소들의 국가 간 자유로운 이동은 각국에 직접투자형식으로 자회사를 설립한 다국적 기업에 의해 활발하게 이루어

지고 있다. 다국적 기업은 다양하게 정의할 수 있으나, 두 개 국가 이상에서 현지법인을 운영하고 있는 기업이면 모두 다국적 기업이라 할 수 있다.

경영자는 위에서 열거한 다양한 형태의 사업체가 추구하는 경영 목표를 달성하기 위해 주어진 자원을 관리하는 사람이다. 이 책의 많은 부분에서 어떤 형태의 기업이라도 그 경영자의 임무가 기업의 이윤을 극대화시키는 것으로 가정하지만, 다른 목표의 극대화도 가능하다. 하지만 극대화라는 기본적인 원칙은 어떠한 의사결정 과정에도 거의 유사하게 적용할 수 있다. 예를 들면 판매협동조합의 경우 조합원의 수취가격 극대화나 출하물량의 극대화가 경영자의 임무일 수도 있다.

1.2.4 의사결정 문제와 비용

식품기업 내의 사람들이 구매와 판매에 관한 의사결정을 할 때 고려해야 하는 중요한 항목이 비용이다. 앞으로 우리는 이 책의 여러 장에서 의사결정 문제를 다룰 때 관련 비용에 대해 언급할 것이다. 그런데 이때 비용으로 손익계산서나 제조원가명세서에서 나타나 있는 금전상의 지출액, 즉 회계적 비용이 항상 적절한 것은 아니다. 식품산업에서 경영 의사결정은 경제적 비용의 측정을 요구하는데, 이때 비용은 기회비용으로 측정해야 한다. 기회비용은 어떤 자원을 특정한 활동에 사용하는 경우에 발생하는 경제적인 비용으로 그 자원이 선택하지 않는 활동들 중 최선의 대안에 사용될 때 갖는 가치이다.

기회비용을 보다 구체적으로 이해하기 위해 다음의 두 가지 사례를 살펴보자.

당신이 음식점을 소유하여 경영한다고 하자. 이 음식점을 운영하려면 매주 평균 72시간을 일해야 한다. 음식점을 운영하지 않는다면 당신이 선택할 수 있는 최선의 대안은 연봉 6천만 원을 받으면서 호텔 레스토랑의 요리사로 동일한 시간만큼 근무하는 것이다. 이때 당신이 음식점 경영에 투입한 시간의 기회비용은 6천만 원이 된다.

어느 식품가공회사는 1억 원을 지불하고 수입한 소맥분 재고를 보유하고 있다. 이 회사는 소맥분을 원료로 사용하여 라면을 100만 상자를 제조하려고 한다. 대안은 보유한 소맥분을 다른 회사에 재판매하는 것이다. 이상기후 현상에 따른 작황 부진으로 세계 곡물가격이 상승함에 따라 소맥분 가격이 인상되었다고 하자. 이로 인해 소맥분을 재판매할 때 이 기업은 1억 2천만 원을 받을 수 있다. 이러한 경우에 라면 100만 상자를 생산하는 데 사용한 소맥분의 기회비용은 1억 2천만 원 또는 라면 1상자당 120원이 된다.

두 번째 예에서 생산요소의 서비스를 사용하는 데 따른 기회비용은 생산요소의 현재 시장가격이라는 점을 유념할 필요가 있다. 예를 들어, 기업이 원료를 현재 시장가격보다 낮은 가격으로 구입했다고 하자. 이때 제조원가명세서에 기록된 구매가격(즉 회계적 비용)이 원료의 경제적 비용을 나타내지는 않는다. 이 기업이 해당 원료를 최종 제품의 생산에 사용한다면 그 원료를 상승된 시장가격으로 되팔 수 있는 차선의 기회를 잃어버리기 때문에, 이러한 사라진 기회를 반영하는 비용이 생산에서 이 원료의 기회비용이 된다.

경제적 비용과 회계적 비용을 구분하는 일은 명시적 비용과 묵시적 비용을 구분하는 것과 관련된다. 회계상의 재무제표는 금융기관이나 투자자 등 기업 외부의 사람이 알 수 있도록 작성된다. 예를 들어, 대차대조표상의 모든 숫자는 노동이나 재료를 구입하는 데 얼마를 지출하였는가와 같이 객관적이며 입증이 가능하다. 손익계산서에는 해당 기업의 공장 사용과 관련된 기회비용이 포함되지 않으며, 자영업자의 경우 소유자가 투입한 시간의 기회비용을 포함하지 않는다. 회계상의 재무제표에는 비용을 계산하는 데 역사적인 비용을 사용하지 현재 시장가격을 적용하지 않기 때문에 위의 예에서 보듯이 소맥분을 구입한 식품회사의 손익계산서에서 비용은 해당 원료의 구매가격인 1억 원을 반영하지 실제로 해당 원료를 사용하여 라면을 생산할 경우 발생하는 기회비용 1억 2천만 원을 반영하지는 않는다.

반면에 경제적 비용에는 의사결정에 관련된 모든 비용이 포함된다. 명시적 비용이든 묵시적 비용이든 의사결정과 관련된 모든 비용이 기회비용이므로 경제적 비용은 명시적 비용과 묵시적 비용을 합산한 것이다.

1.2.5 경제적 이윤과 순현재가치

경제적 비용과 회계적 비용을 구분하듯이 경제적 이윤과 회계적 이윤도 구분하여 그 차이를 이해하는 것이 중요하다. 이를 다음의 사례를 들어 설명하여 보자.

어느 식품회사가 연간 생산능력이 10만 단위인 전처리식품가공공장을 신축할 계획이 있다고 하자. 단위당 생산비용(즉 평균비용)은 5천 원이고, 공장 신축비용은 100억 원이다. 편의상 공장의 수명이 무한대라고 가정하여 감가상각비가 전혀 발생하지 않는다고 하자. 이 회사의 자본비용은 10%이다. 이때 자본비용은 이 회사에 투자하는 투자자들이 다른 차선의 곳에 투자했을 때 얻을 수 있는 수익률로서 이 공장에 대한 투자를 평가할 때 사용할 수 있는 자본의 기회비용을 뜻한다. 제품 한 단위당 시장가격은 2만 원이고, 이 가격수준은 미래에도 지속될 것으로 기대한다고 하자.

먼저 공장 신축의 회계적 이윤을 계산하여 보자. 이 공장 신축으로부터 얻을 수 있는 총수입은 연간 20억 원이고, 이 회사의 회계장부에 기록되는 총생산비용은 연간 5억 원일 것이다. 따라서 회계적 이윤은 연간 15억 원이 된다.

다음으로 경제적 이윤을 생각하여 보자. 경제적 이윤을 계산하려면 회계적 비용 대신에 경제적 비용을 고려해야 한다. 경제적 비용에는 회계적 비용뿐만 아니라 공장 신축으로 인한 기회비용도 포함해야 한다. 공장 신축의 연간 기회비용은 자본비용 10%와 투자액 100억 원을 곱한 금액인 연간 10억 원이기 때문에, 공장 신축의 경제적 비용은 회계적 비용 5억 원을 합하여 연간 15억 원이 된다. 따라서 연간 경제적 이윤은 20－5－10＝5억 원이 된다. 이때 연간 5억 원이라는 경제적 이윤의 의미는 공장에 투자할 때 이 회사는 자신의 소유주들이 차선의 곳에 투자하여 벌어들일 수 있는 금액보다 연간 5억 원을 더 가져다 줄 수 있다는 것이다.

경제적 이윤은 재무관리에서 다루는 순현재가치(Net Present Value: NPV)란 개념과 밀접하다. 결론부터 말하면, 경제적 이윤은 순현재가치에 자본비용을 곱한 값과 동일하다. 경제적 이윤과 순현재가치 간의 관계를 위의 사례를 들어 다시 설명하여 보자. 이를 위해 먼저 현재가치 개념을 알아보자.

이자율이 i일 때 t년 후에 발생하는 현금흐름 R의 현재가치(PV)는 다음과 같이 표현된다.

$$PV = \frac{R}{(1+i)^t}$$

이 식은 현재가치만큼의 금액을 투자하면 i의 이자율로 t년 후에 원금과 이자를 합한 금액(현금흐름)은 R과 같게 됨을 의미한다. 투자로부터 수년간에 걸쳐 발생하는 현금흐름의 현재가치는 각 현금흐름의 현재가치의 합계이다. 따라서 현재로부터 1년 뒤, 2년 뒤… T년 뒤에 발생하는 현금흐름을 R_1, R_2… R_T이라고 할 때 이들의 현재가치는 다음과 같다.

$$PV = \frac{R_1}{(1+i)^1} + \frac{R_2}{(1+i)^2} + ... + \frac{R_T}{(1+i)^T}$$

어떤 투자의 순현재가치는 그 투자가 미래에 발생시키는 현금흐름의 현재가치에서 투자비용(만약 투자가 1년 후에도 이루어진다면 비용들의 현재가치)을 빼준 것이다. 신축공장에 대한 투자는 무한대의 수명을 가지며, 가격과 판매도 현재 수준에서 유지된다고 가정했기 때문에 이 투자의 순현재가치 NPV는 다음과 같게 된다.

$$NPV = \sum_{t=1}^{\infty} \frac{15}{(1+0.1)} - 100$$

위에서 매년 일정한 현금흐름 R을 무한대 기간 동안 발생시키는 투자의 현재가치는 일정한 현금흐름의 크기 R을 이자율 i로 나눈 값인 $\frac{R}{i}$이다. 따라서 이 투자의 순현재가치는 50억 원이 된다.

$$NPV = \frac{15}{0.1} - 100 = 150 - 100 = 50$$

경제적 이윤과 NPV의 계산 결과를 비교하여 보면 투자 수명이 무한대이고 연간 현금흐름이 일정할 때 경제적 이윤은 단순히 NPV와 자본비용을 곱한 것(50억 원 × 10% = 5억 원)임을 알 수 있다. 즉, NPV는 투자 수명기간 동안 투자에 의해 발생하는 경제적 이윤의 현재가치이다. 달리 말하면, 경제적 이윤은 연간 크기로 표현된 NPV이다. 물론 투자의 현금흐름이 일정하지 않거나 투자 수명이 무한정이 아닐 때 위의 식들이 다소 복잡해지지만 두 개념 사이의 관계는 달라지지는 않는다. 따라서 기업의 경제적 이윤이 영이라면 기업의 순현금흐름 크기가 영이 아니라 현금흐름의 현재가치가 투자비용의 현재가치와 정확히 일치한다는 것을 말한다. 다시 말해, 영의 경제적 이윤은 해당 투자의 순현금흐름의 현재가치가 영이라는 것을 의미한다.

경제적 이윤은 회계적 이윤과 큰 차이를 보이기 때문에, 경제적 이윤의 측정치는 기업의 경영성과를 가치를 중심으로 평가하거나 기업 간 경쟁우위를 비교하는 데 적절하다. 이에 대해서는 식품산업 인사이드 1.2와 1.3을 참조하시오.

식품산업 인사이드 1.2

식품기업의 경제적 부가가치

기업의 경제적 이윤을 측정하는 지표로 경제적 부가가치(Economic Value Added: EVA)란 개념이 있다. EVA는 투입된 자본과 비용을 가지고 실제로 얼마나 많은 이익을 얻었는지를 평가하는 경영지표이다. 1980년대 미국의 스튜어트 컨설팅사(Stern Stewart & Company)가 최초로 도입하여, 1990년대 초 '포춘'지에 게재하면서 새로운 경영평가모델로 각광을 받았다. EVA는 기존의 회계적 이익을 대변하는 지표들보다 가치 중심의 경영성과를 평가하는 데 적절하다. EVA는 법인세를 뺀 세후 영업이익에서 타인자본비용과 자기자본비용의 가중평균값인 총자본비용을 차감해 구한다.

- 경제적 부가가치(EVA) = 세후 영업이익(=영업이익 − 법인세) − 자본비용

스튜어트 재무컨설팅회사는 EVA 개념을 사용하여 미국 주요 식음료체인점의 경제적 이윤을 계산하였다. [표 1.3]에서 보듯이 1999년 스타벅스는 1억 달러 이상의 회계적 이윤을 벌었으나 -8천 3백만 달러의 경제적 이윤을 발생시켰다. 경제적 이윤이 -8천 3백만 달러라는 의미는 스타벅스의 자산이 처분되어 다른 곳에 사용되었다면 1999년 스타벅스가 얻은 이윤보다 8천 3백만 달러 더 많은 이윤을 그 소유주들에게 발생시켰을 것이라는 뜻이다. 달리 말하면 소유주들이 자신의 자금을 스타벅스가 아닌 다른 차선의 기회에 투자했더라면 그 해에 소유주들은 8천 3백만 달러를 더 벌 수 있었을 것이라는 의미이다. 반면, 맥도날드는 1999년 24억 달러를 넘는 회계적 이윤을 벌었으며, 3.29억 달러의 경제적 이윤을 발생시켰다. 이러한 양(+)의 경제적 이윤은 맥도날드의 소유주들이 맥도날드의 자산을 처분하여 다른 차선의 곳에 투자했을 때 벌어들일 수 있었던 이윤보다 3.29억 달러 더 많은 이윤을 맥도날드가 그 소유주들에게 발생시켜주었음을 의미한다.

[표 1.3] **미국 주요 식음료체인점의 경제적 이윤, 1995－1999년(단위: 백만 달러)**

기업	1999	1998	1997	1996	1995
McDonald	329	214	180	310	46
Starbucks	−83	−57	−30	−39	−36
Outback Steakhouse	70	46	43	37	38
Wendy's International	9	−19	−9	−19	8
Jack In the Box	34	32	23	−29	−93

출처: Besanko, B., Dranove, D., Schafer, S., and Shanley, M. 2012. *Economics of Strategy*, 6th edition, Wiley.

식품산업 인사이드 1.3

경쟁우위의 측정과 원천

우리는 앞 절에서 경제적 이윤의 개념을 알아보았다. 한 기업이 같은 산업에서 서로 경쟁하는 다른 기업들이 얻고 있는 경제적 이윤율의 평균치보다 높은 경제적 이윤율을 얻고 있다면 그 기업은 경쟁우위를 갖는다고 한다. 식품기업이 가지는 경쟁우위가 어디서 비롯되는지는 식품산업경제학의 중요한 관심사항이다.

기업 간 경쟁우위를 비교하기 위해 [식품산업 인사이드 1.2]에서 언급한 경제적 부가가치 개념보다 좀 더 손쉬운 방법을 사용하여 보자. 그것은 재무제표를 이용하여 기업의 회계적 성과를 측정하는 것이다. 재무비율인 총자산수익률이나 매출액순수익률을 사용하여 식품산업에 속한 기업들의 성과(이윤성, profitability)를 비교해보면 흥미로운 사실을 발견할 수 있다.

한국은행이 수행한 2016년 기업경영분석 자료에 따르면 식품산업별 총자산수익률이 낙농제품 및 식용빙과류 산업의 경우는 5.54%인 반면, 고기·과실·채소 및 유지가공산업은 3.46%, 곡물가공품·전분제품·사료 및 조제식품 산업의 경우는 3.44%, 음료산업의 경우는 3.96%이다. 이러한 사실은 기업의 평균적인 이윤성이 식품산업의 유형에 따라 서로 차이가 나고 있음을 말해준다.

이번에는 다른 자료를 사용하여 같은 식품산업 유형에 속한 기업들의 수익성을 비교하여 보자. 아래의 [표

1.4]는 한국농수산식품유통공사의 식품산업통계정보시스템(www.atfis.or.kr) 자료를 사용하여 개별 식품기업의 매출액 순수익률을 계산한 것이다. [표 1.4]를 보면, 우리는 기업의 성과가 식품산업의 유형에 따라 다를 뿐만 아니라 동일 산업 내에서도 기업마다 차이가 난다는 사실을 발견할 수 있다. 그렇다면 기업 간 이윤성의 차이는 어디에서 비롯되는 것일까? 그 기업이 속한 산업의 구조적인 특성 때문인가 아니면 개별 기업의 역량에 따른 차이인가?

표 1.4 **식품기업별 매출액순이익률 비교(단위: 백만원, %)**

표준산업분류	기업명	매출액	영업이익	순이익	매출액 순이익률
설탕제조업	CJ제일제당	4,862,290	288,524	197,322	4.1
	대한제당	1,144,286	33,496	34,024	3.0
면류제조업	오뚜기	1,959,104	125,859	119,661	6.1
	농심	1,862,187	69,096	194,243	10.4
	삼양식품	353,966	22,425	17,893	5.1
아이스크림제조업	롯데푸드	1,762,404	79,829	58,172	3.3
	빙그레	804,139	35,616	27,539	3.4
과자류제조업	롯데제과	1,766,907	101,708	30,594	1.7
	해태제과	782,604	35,376	5,000	3.2
	오리온홀딩스	679,379	78,674	50,953	7.5

자료: 한국농수산식품유통공사, 식품산업통계정보시스템(www.atfis.or.kr)

마이클 포터의 다섯 가지 힘 모형(five forces model)에 따르면 산업 구조와 해당 산업에서 기업의 경쟁위치가 기업의 성과를 결정한다. 그렇다면 이 두 가지 중 식품기업의 성과를 결정하는 데 어느 것이 더 중요한가? 많은 학자들이 그 대답을 얻기 위해 총자산수익률 자료를 수집하여 기업 성과의 차이가 어디에서 비롯되는지를 분석하였다. 그중 허쉬와 쉬퍼(Hirsch & Schiefer)가 유럽 5개국 식품기업의 재무제표 자료를 분석한 연구결과가 [그림 1.5]이다.[4]

[그림 1.5]에 따르면 기업들 간의 성과가 차이 나는 이유 중 약 27%가 기업효과이며 산업효과는 0.6%에 불과함을 알 수 있다. 기업의 성과에 영향을 줄 수 있는 다른 요소들, 예를 들면 거시적 경제상황이 기업의 성과에 미치는 영향(연도효과)이나, 국가 간 차이에 비롯되는 기업 성과의 차이(해당 기업이 어느 국가에서 활동하고 있는가), 또는 경제여건, 국가, 산업효과 간의 상호효과 등은 상대적으로 미비한 영향을 준다. 하지만 이 사례에 주목해야 할 점은 기업들 간에 이윤성이 차이가 나는 이유 중 상당 부분(65.1%)은 비체계적인 것이라는 것이다. 이는 어떤 체계적인 영향에 의해서도 설명될 수 없는 기업들 간의 이윤성 차이를 대변하는 것이다. 예를 들어, 유제품을 생산하는 C사가 작년에는 높은 이윤성을 보였지만 금년에 낮은 이윤성을 보였다면 이는 유제품산업에서 C사의 경쟁위치가 나빠졌거나 거시경제상황이 좋지 않아졌기 때문이 아니라 단지 운이 나빠서 그렇게 된 것일 수도 있다.

위 사례는 EU 몇몇 국가에 국한된 것이다. 독자들은 기업 간 이윤성의 차이에 대한 실증 분석 결과가 산업유형을 어떻게 분류하느냐, 그리고 산업 분류를 대분류할 것인가, 아니면 중분류 또는 세분류로 할 것이냐에 따라 달라질 수 있음을 유념할 필요가 있다.[5]

---

4 Hirsch, S. and Shiefer, J. 2016. "What Causes Firm Profitability Variation in the EU Food Industry?: A Redux of Classical Approaches of Variance Decomposition." *Agribusiness*, 32(1), 79−92.

또한 식품산업에서는 정부의 환경 또는 안전성 관련 규제가 기업의 이윤성에 미치는 효과가 타 산업에 비해 큰 편이다. 하지만 이 주제는 본서의 범위를 넘어서기 때문에 이 책에서는 다루지 않을 것이다.

그림 1.5 **기업의 이윤성 차이를 설명하는 요인별 효과: 유럽의 식품기업 사례**

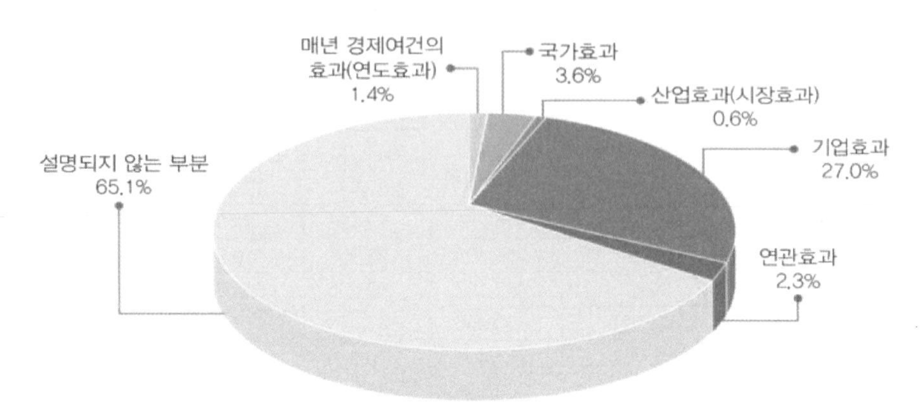

서로 다른 식품기업들 간에 나타나는 성과(이윤성)의 차이를 설명하는 데 있어서 산업구조적인 요인보다는 기업의 효과가 더 중요하다는 것을 보여주고 있다. 유럽 5개국의 경우 식품기업들 간에 나타나는 자산수익률 차이의 27%를 기업효과가 설명해주는 반면, 산업효과가 기여하는 비율은 0.6%로 미미하였다.

1.2.6 한계적 추론과 제약하의 경영 최적화

이 책에서 계속 반복되는 의사결정 문제의 분석 도구 가운데 가장 중요한 것의 하나가 한계적 추론이다. 한계(marginal)라는 용어는 독립변수의 값 한 단위를 늘릴 때 종속변수가 어떻게 변화하는지를 알려준다. 앞으로 우리는 이윤극대화를 위한 생산량의 결정, 가격의 결정, 또는 광고비의 결정 등 여러 장에서 경제학적인 의사결정 문제를 다룰 때 한계적 추론 방식을 적용할 것이다. 다음의 간단한 예를 살펴보자.

당신이 돈육협회의 판촉 담당자라고 하자. 당신은 양돈업자로부터 각출한 자조금에서 돼지고기 판매 촉진을 위한 내년도 예산으로 90억 원을 갖고 있다고 하자. 당신을 이 예산을 돼지고기 소비 홍보 목적으로 텔레비전 광고와 라디오 광고에 배분하려고 한다. 텔레비전 광고는 라디오 광고에 비해 비용이 더 많이 들지만, 훨씬 더 많은 사람들이 시청하고 보다 설득력이 있기 때문에 돼지고기의 신규 판매를 촉진하는 효과가 더 높다고 할 수 있다.

5 미국의 식품제조업과 음료업, 그리고 식품도소매업을 대상으로 수집한 1980~2001년까지 기업의 자산수익률(ROA) 자료를 토대로 식품기업의 이윤성 차이를 규명한 Schumacher & Boland의 사례연구는 유럽연합과 다소 다른 결과를 보여준다. 미국 사례의 경우 이윤성의 차이를 유발하는 요인으로 기업효과 49.3%, 산업효과 19.9%, 연도효과(또는 경제여건 효과) 1.0%, 연관효과(산업과 연도의 결합효과) 2.0%로 나타난 반면, 설명되지 않는 효과는 27.7%이었다. 이에 대한 자세한 내용은 다음의 논문을 참고하시오. Schumacher, S. and Boland, M. 2005. "The Effects of Industry and Firm Resources on Profitability in the Food Economy," *Agribusiness*, 21(1), 97–108.

당신은 90억 원이라는 한정된 광고예산을 돼지고기의 신규 판매를 극대화하기 위해 매체별로 어떻게 배분하겠는가? 텔레비전 광고가 보다 더 설득적이기 때문에 당신은 광고비 예산을 모두 텔레비전 광고에 지출하겠는가? 이것은 식품산업 경영에서 흔히 접할 수 있는 제약하의 경영 최적화 문제의 단적인 사례이다.

이에 대한 해답을 얻기 위해서는 매체별 광고 효과에 대한 정보가 필요할 것이다. [표 1.5]에 제시된 금액은 각 매체별 광고비의 판매에 대한 영향을 예측한 것이다. 예를 들어, 연간 돼지고기의 신규 판매량은 10억 원을 텔레비전 광고에 사용할 경우 555톤 증가하는 반면, 동일한 금액을 라디오 광고에 지출할 경우 185톤 증가한다.[6]

표 1.5 돼지고기 판매량에 대한 광고의 효과

광고비 지출액 (백만 원)	TV 광고		라디오 광고	
	연간 신규 판매량(톤)	1억 원당 한계효과	연간 신규 판매량(톤)	1억 원당 한계효과
0	0	–	0	–
1,000	555	0.055	185	0.019
2,000	1,065	0.051	355	0.017
3,000	1,515	0.045	505	0.015
4,000	1,905	0.039	635	0.013
5,000	2,235	0.033	745	0.011
6,000	2,505	0.027	835	0.009
7,000	2,715	0.021	905	0.007
8,000	2,865	0.015	955	0.005
9,000	2,955	0.009	985	0.003

[표 1.5]의 매체별 광고효과(즉 연간 신규 판매량)만을 보면 광고비 예산이 주어졌을 때 각 매체별 예산 배분이라는 문제의 답을 모든 광고예산을 텔레비전에 사용하고 라디오에는 사용하지 않는 것으로 답할 수 있다. 왜냐하면 한계효과가 말해주듯이 동일한 금액의 광고비를 지출할 때 그로 인한 신규 판매량 증가의 효과를 보면 텔레비전이 라디오보다 약 3배 정도 더 높기 때문이다. 그러나 이러한 대답은 옳지 않다. 그 이유가 한계적 추론 방식이 가지는 경제학적인 의미이다.

전체 예산을 텔레비전 광고에 모두 지출하면 신규 판매량의 증가는 2,955톤이다. 그러나 이제 80억 원만을 텔레비전 광고에 사용하고 나머지 10억 원을 라디오 광고에 지출할 경우 신규 판매의 증가량은 텔레비전 광고로부터 2,865톤, 그리고 라디오 광고로부터 185톤, 합하여 3,050톤이다. 이는 전체 광고비 예산을 모두 텔레비전 광고에 지출할 때보다 95

---

6 [표 1.5]의 수치들은 한계적 추론에 대한 독자의 이해를 돕기 위해 저자가 가상적으로 만든 것이다.

톤이나 많다. 사실 이보다 더 나아질 수 있다. 텔레비전 광고에 70억 원, 라디오 광고에 20억 원을 지출한다면, 신규 판매량은 3,070(=2,715+355)톤이 된다. 언뜻 보면 라디오 광고는 텔레비전 광고에 비해 판매 촉진 효과가 훨씬 더 적은 것처럼 보이지만, 두 매체 사이에 예산을 배분하는 목적에 비추어볼 때 라디오 광고가 보다 의미가 있다.

제약하의 최적화 분석은 광고비의 한계효과를 서로 비교하는 것이다. 즉, 매체별로 지출된 광고비의 추가적인 금액마다 돼지고기의 신규 판매가 얼마나 늘어났는지를 비교하는 것이다. 텔레비전 광고의 효과가 훨씬 큰 것처럼 보이지만 텔레비전 광고에 지출되는 금액이 70억 원일 경우, 추가적인 금액 1억 원당 한계효과는 라디오 광고에 지출되는 추가적인 금액 1억 원당 한계효과보다 작게 된다. 따라서 광고비 예산의 일부를 라디오 광고에 사용하는 것이 더 낫게 된다. 즉, 텔레비전 광고 지출액이 70억 원일 때 추가적인 광고비 지출액 1억 원당 한계효과는 $0.015\left(=\dfrac{2,865-2,715}{80,000-70,000}\right)$인 데 반하여, 라디오 광고에 대한 광고비 1억 원의 한계효과는 금액당 $0.019\left(=\dfrac{185-0}{100,000-0}\right)$이다. 이러한 한계적 추론방식을 적용하면 두 매체에 대한 광고비의 한계효과가 서로 같아지도록 광고비 예산을 배분하는 것이 해답이라고 할 수 있다. 광고비의 한계효과가 0.015로 같아지는 경우가 텔레비전 광고의 경우는 80억 원, 라디오 광고의 경우는 30억 원이다. 따라서 광고비에 대한 예산액이 90억 원이라면 광고비를 텔레비전 광고에 70억 원, 라디오 광고에 20억 원 배분하는 것이 최선의 선택이라고 할 수 있다.

1.3 식품산업경제학의 개념

농축수산물이 산지를 떠나 다양한 형태의 식품으로 가공되어 소비자의 식탁에 오르기까지 구입, 제조, 가공, 판매, 저장 활동 등과 관련된 수많은 의사결정은 자원의 희소성이라는 제약조건하에서 이루어진다. 여기서, 자원이란 재화나 서비스를 생산하기 위해 사용되는 모든 것을 의미한다. 자원이 희소할 때 의사결정은 어렵고 중요해진다. 왜냐하면 하나를 선택할 때 다른 하나는 포기해야 하기 때문이다.

개인이나 조직의 의사결정을 분석하는 도구로 경제학이 사용되는 이유는 경제학의 원리나 경제모형이 희소성하의 의사결정과 관련된 주요 변수, 예를 들면 의사결정자, 목적, 선택(또는 전략적인 변수), 선택에 따른 결과, 소비자 기호나 생산 불확실성에 의한 의사결정 과정의 변화 등을 이해하는 데 통찰력을 제공해줄 수 있기 때문이다.

식품산업경제학이란 개념에 대해 아직 정해진 바가 없다. 논란의 여지가 있을 수 있겠지만, 편의상 이 책에서 의미하는 식품산업경제학이란 식품 공급의 각 단계에 있는 기업이 수평적 경쟁관계와 수직적 거래관계에서 비롯되는 모든 의사결정을 가장 효율적으로 달성하기 위해 희소한 자원과 수집한 정보를 어떻게 관리할 것인가를 다루는 분야로 정의할 것이다.

식품기업의 수평적 경쟁관계에서 나타나는 의사결정은 시장구조의 이해와 시장유형에 따른 개별 기업의 전략적인 행위에 관한 의사결정 문제를 포함한다. 예를 들면, '우리의 경쟁기업은 누구인가?,' '우리 제품시장의 경쟁 강도에 영향을 주는 요인은 무엇인가?,' '경쟁기업의 가격인하 전략을 따라야 하나?,' '우리 기업은 제품을 어떻게 차별화할 것인가?,' '신제품은 어떻게 개발하며 가격은 어떻게 책정하나?,' '소매 점포나 레스토랑은 어느 곳에 입지하는 것이 가장 좋은가?' 등이다.

반면 식품기업의 수직적 거래관계에서 나타나는 의사결정은 원료 구매, 제품 생산 및 판매, 저장, 유통 등에서 발생하는 다양한 중개거래(arbitrage) 행위와 관련된 문제들을 포함한다. 예를 들면, '어떤 원재료를 누구로부터 구매할 것인가?,' '주문물량을 계약 날짜에 맞추어 물류센터로 배송하기 위한 농산물 가공공장의 최적 가동시간은 얼마인가?,' '구매할 원재료의 가격과 판매할 최종 제품의 가격은 어떻게 결정할 것인가?,' '저장을 할 것인가?,' '저장한다면 최적 물량은 얼마인가?,' '식품소매유통점의 재고비용을 최소화하기 위한 재고관리 방법은 무엇인가?,' '외식업체의 사업방식은 직영하는 것이 좋은가 아니면 프랜차이징해야 하는가?,' '우리 레스토랑의 메뉴 가격은 경쟁적인가?' 등이다.

1.4 이 책의 구성

이 책에서는 위에서 언급한 식품기업의 수평적 경쟁관계와 수직적인 거래관계에서 나타나는 다양한 경제적인 문제 가운데 다음의 몇 가지 주제에 초점을 맞추었다.

- 비용최소화를 위한 식품가공공장의 운영 방법(2장)
- 이윤극대화를 위한 원재료 구매가격과 제품 판매가격의 책정 문제(3장)
- 식품시장에서 효과적인 가격 차별화 방법(3장)
- 상품의 현재가치와 미래가치를 고려한 상품 출하 및 저장 의사결정 문제(4장)
- 수송비와 경쟁사 위치를 고려한 식품기업의 입지 결정 문제(5장)
- 불확실한 소비자 수요에 대비한 효율적인 식자재 재고관리 방법(6장)
- 식품기업의 효율적인 공급망 관리 전략(6장)
- 식품 속성에 의한 제품차별화의 수단과 의미(7장)

- 신제품의 개발 절차와 수요 예측(7장)
- 식품 공급망의 단계별 가격 변화에 대한 이해(8장)
- 식품시장 균형에 영향을 주는 수요 및 공급 요인들의 파급효과 분석(8장)
- 불완전경쟁적인 식품시장에서 식품기업의 전략적 행동을 분석하는 방법(9장)
- 식품시장에서 나타나는 기업 경쟁의 여러 형태(9장)
- 외식프랜차이즈에서 계약이 가지는 경제학적인 의미(10장)
- 외식체인사업에서 최적 광고량 결정 및 광고비의 배분(10장)

이들 주제와 관련하여 식품기업의 합리적인 의사결정에 적용할 수 있는 경제학의 원리와 식품기업들의 행동을 이해하고 분석할 수 있는 경제모형을 살펴보는 것이 이 책의 목적이자 식품산업경제학의 주된 내용이다. 앞에서 설명한 바와 같이 식품산업의 경영에서 가장 중요한 것은 식품 공급의 연결고리에서 가장 끝에 있는 소비자에 대한 이해이다. 그리하여 이 책의 마지막 장인 11장에서는 소비자의 식품 구매 행동들을 규명하는 다양한 이론에 대해 설명한다.

요약

- 식품이 생산되어 소비자의 식탁에 오르기까지의 과정은 다양하고 복잡한 활동을 하는 연결고리들로 구성되어 있다.
- 식품산업은 우리나라 표준산업분류에 따라 별도로 분류되어 있지 않지만, 서로 상이한 비용구조와 시장경쟁구조를 가진 다양한 가공·제조·유통 산업과 외식산업이 포함되며 농업부문과 높은 수준의 상호의존성을 갖는다.
- 식품산업경제학에서는 식품기업의 수직적 거래관계와 수평적 경쟁관계에서 비롯되는 모든 의사결정문제를 경제학적인 관점에서 다룬다. 수평적 경쟁관계의 의사결정 문제는 시장구조에 따른 개별 기업의 전략적인 행위에 관한 문제인 반면, 수직적 거래관계의 문제는 다양한 중개거래 행위와 관련된 의사결정 문제들이다.
- 경제학적인 의사결정을 하는 데 회계적 비용이 아닌 경제적 비용의 측정을 요구하는데 이는 어떤 자원이 선택하지 않는 활동들 가운데 최선의 대안에 사용될 때 갖는 가치, 즉 기회비용을 의미한다.
- 경제적 이윤은 회계적 이윤과 구분되며, 투자 수명기간 동안 투자로부터 발생한 현금흐름의 순현재가치를 연간 크기로 표현한 것과 동일하다. 즉, 투자의 순현재가치에 자본비용을 곱한 것이다.
- 식품기업의 성과는 기업이 속한 산업적인 특성과 산업 내에서 그 기업의 경쟁적 위치에 의해 좌우된다.

연습문제

❶ 식품산업의 공급망이 다른 산업부문의 공급망과 비교하여 구별되는 특징은 무엇인가?

❷ 당신의 경쟁기업들을 확인하고, 당신 기업이 속한 시장을 정의하는 데 당신은 어떠한 자료들을 사용하겠는가?

❸ 완전경쟁시장에서 개별 식품기업이 얻게 되는 이윤은 영이다. 여기에서 말하는 이윤은 회계적 이윤을 의미하는가? 설명하여 보시오.

❹ 식품기업들 간에 경제적 이윤의 차이를 유발하는 요인에는 어떠한 것들이 있는가?

❺ 어느 음료수 제조업체는 20억 원 상당의 광고예산을 두 가지 형태의 텔레비전 프로그램, 즉 프로야구 KBO 리그와 프로축구 K 리그에 어떻게 배분할지를 생각하고 있다. 아래의 표는 두 대회 기간에 광고비로 지출될 경우 판매될 음료수의 수량을 예측한 것이다. 이 업체는 광고예산을 어떻게 배분해야 하는가?

광고비 지출액(억원)	연간 판매량(단위: 만톤)	
	KBO 리그	K 리그
0	0	0
5	10	4
10	15	6
15	19	8
20	20	9

참고문헌

Besanko, B., Dranove, D., Schafer, S., and Shanley, M. 2012. *Economics of Strategy*, 6th edition, Wiley.

Hirsch, S., and Shiefer, J. 2016. "What Causes Firm Profitability Variation in the EU Food Industry?: A Redux of Classical Approaches of Variance Decomposition," *Agribusiness*, 32(1), 79－92.

Porter, Michael E. 1979. "How Competitive Forces Shape Strategy," *Harvard Business Review*, 57 (March－April), 137－145.

Schumacher, S. and Boland, M. 2005. "The Effects of Industry and Firm Resources on Profitability in the Food Economy," *Agribusiness*, 21(1), 97－108.

비용최소화

학습목표

- 식품기업의 의사결정에 수반된 다양한 비용에 대한 이해
- 비용함수를 도출하는 방법에 대한 이해
- 비용함수를 사용하여 공장 운영의 최적 방식을 찾는 방법에 대한 이해
- 비용최소화 방법으로 식품기업이 도입하는 공급망 관리에 대한 이해

이번 장에서는 식품기업의 비용최소화 문제를 다룬다. 미시경제학 교과서에서는 비용함수를 정의하고 미분법을 이용하여 비용최소화의 답을 구하는 법을 설명한다. 하지만 비용함수가 어떻게 도출되는지에 대한 자세한 설명은 없다. 여기에서는 식품 공급망의 상류에 있는 기업 가운데 가장 단순한 형태의 농산물 가공공장 사례를 들어 공정 과정으로부터 비용함수를 도출하는 방법에 대해 알아볼 것이다.

농산물 가공공장 사례로 산지에서 생산된 농산물을 수집하여 선별·포장한 후에 소매유통업체나 급식업체로 납품을 하는 산지유통가공업체를 가정할 것이다. 납품해야 할 수량과 가격은 계약에 의해 사전에 정해지기 때문에, 산지유통가공업체가 결정해야 하는 의사결정의 중요한 문제는 계약 물량을 정해진 기간 내에 최소 비용으로 공급하는 일이 될 것이다. 한마디로 비용최소화의 문제이다.

현실의 식품기업에서 모든 투입재가 무한정으로 분리 가능한 것이 아니다. 예를 들어, 산지유통가공공장에 설치된 하나의 선별·포장 라인을 그 절반만 사용할 수는 없다. 즉, 라인 전체를 가동하거나 아니면 가동 자체를 하지 말아야 한다. 근로자, 생산 라인과 같은 투입재는 연속적이 아니라 이산적인 수량, 즉 1명, 2명 또는 라인 1개, 2개 등으로 투입된다. 경제학에서는 이처럼 이산적으로만 조정할 수 있는 투입재를 불가분적 투입재(lumpy inputs)라고 부른다. 불가분적 투입재가 있을 때 식품기업의 비용곡선은 그동안 우리가 친숙하게 본 매끄러운 모양이 아니라 울퉁불퉁한 계단 형태가 될 것이다. 우리는 이러한 경우의 비용최소화 문제에 대한 해법을 찾기 위해 미분법보다는 기초적인 연산과 주의 깊은 사고를 적용할 것이다.

마지막 절에서는 식품산업에서 기업경영자가 최저비용으로 사업체를 운영하기 위한 수단으로 활용되고 있는 공급망 관리를 가장 기본적인 수준에서 설명한다.

2.1 현실에서 고정비용과 가변비용

비용함수를 구축하려면 먼저 비용을 구성하는 항목을 구분할 필요가 있다. 경제학 교과서에서 고정비용과 가변비용의 구분은 매우 간단하다. 고정비용은 산출량 수준에 따라 변하지 않는 비용인 반면, 가변비용은 산출량 수준에 따라 변하는 비용이다. 이러한 구분은 언뜻 쉬워 보이나 현실에서는 구분이 다소 복잡한 경우가 있다. 이를 좀 더 자세하게 살펴보자.

첫째, 비용의 구분은 고려하는 기간의 길이에 따라 달라진다. 비용을 구분할 때 하루 동안의 비용을 말하는 것인지 아니면 1주, 1달, 1년 또는 이보다 긴 시간 동안의 비용인지를 정해야 한다. 최단 기간의 생산을 고려한다면 대다수의 비용은 고정비용이다. 예를 들어 매우 짧은 기간 동안에는 기업이 아무리 적은 양을 생산하더라도 이미 구매 계약을 한 원재료에 대금을 지불해야 하기 때문에, 원재료 구입비용은 고정비용이다. 그러나 이보다 좀 더 긴 기간을 분석한다면 가변비용이 발생한다.

둘째, 어떤 비용은 생산량이 0에서 1로 변할 때에만 발생한다. 생산라인의 가동(또는 정지) 비용이 여기에 해당한다. 농산물 가공공장을 예로 들어보자. 금년 10월부터 이듬 해 3월까지의 비용을 고려할 때, 이 기간 동안 공장은 가동과 정지를 여러 차례 반복했다면 가동·정지 비용은 가변비용이다. 하지만 10월의 어느 한 주 기간만을 고려한다면 이러한 비용은 모두 고정비용이 된다. 또 다른 예는 감가상각비이다. 건물의 감가상각비는 모든 경우에 고정비용이나, 설비 또는 장치의 경우 사용시간이 많을수록 감가상각률이 빨라진다면 그 감가상각비는 가변비용일 수 있다.

가변비용 또한 훨씬 복잡하여 구분이 모호할 수 있다. 어떤 비용은 생산량에 따라 변하지만, 가동시간에 따라 달라지는 비용(예: 냉방비용)이나 생산속도에 따라 변하는 비용도 있다(예를 들어, 전력 사용량은 생산라인의 가동속도를 높이면 늘어난다). 이러한 비용은 엄격히 말하면 산출량에 따라 변하지는 않지만, 생산 수준과 무관하지 않다. 일반적으로 이러한 비용은 모두 가변비용으로 취급하지만, 공장을 운영하는 최적방법을 선택할 때 비용 구분에 주의할 필요가 있다.

식품산업 인사이드 2.1

딸기 온실재배농장의 매몰비용

비용을 분석할 때 의사결정에 실제로 영향을 주는 비용만을 고려하는 것이 중요하다. 고정비용 가운데 일부는 이미 발생한 것으로 어떤 결정이 내려지든지 피할 수 없는 비용이 있다. 이를 매몰비용(sunk cost)이라고 한다. 매몰고정비용은 기업이 폐쇄되어 전혀 생산이 이루어지지 않아도 해당 기업이 피할 수 없는 고정비용이다. 반면에 비매몰고정비용은 기업이 생산할 때 발생하는 고정비용이나 생산을 하지 않는다면 발생하지 않는 비용이다.

예를 들어, 온실에서 딸기를 재배하는 농민이 있다고 하자. 비료, 살충제 등과 같은 비용은 딸기 생산량이 증가하면 늘어나는 가변비용으로, 농장이 폐쇄(딸기 생산을 중단)되면 비료와 살충제에 대한 금전적인 지출이 없어진다. 따라서 이 비용은 비매몰비용이다. 딸기 시설재배 농민이 온실을 짓기 위해 농지를 일정기간 동안 임대하고, 임대기간 동안에는 다른 업체에 재임대할 수 없다고 가정해보자. 이때 토지 임대비용은 딸기생산량과 무관하기 때문에 고정비용이다. 딸기를 생산하지 않더라도 임대료 지급은 피할 수 없기 때문에 이 또한 매몰고정비용이다.

그렇다면 온실을 난방하는 데 소요되는 비용은 어떤가? 생산하는 딸기 수량이 1kg이든 1,000kg이든 온실의 온도는 일정하게 유지해야 한다. 따라서 온실난방비는 고정비이다. 하지만 딸기를 생산하지 않는다면 난방비 지출을 피할 수 있기 때문에 이는 비매몰고정비용이다.

2.2 경제공학에 의한 비용함수의 구축

기업의 생산비용을 분석하기 위해서는 먼저 비용함수를 구축할 필요가 있다. 농산물산지유통센터나 식품가공 공장에서 흔히 볼 수 있는 현실적인 상황에 적합한 비용함수를 구축하기 위한 최선의 방법은 경제공학적인 접근법이다.

기업 비용 분석의 첫 단계는 작업 공정 흐름도 즉, 작업 과정(프로세스)을 그려보는 것이다. 공정의 시작 단계부터 종료 단계까지를 보여주는 순서도를 작성하는 것이다. [그림 2.1]은 농산물 가공에 대한 공정 흐름도를 보여준다. 수확된 농산물이 세척용 용기에 투입되면, 세척 공정을 따라 이동하면서 농산물에 붙어있는 이물질들이 씻겨나간다. 그 다음 단계는 선별공정으로, 여기에서 농산물이 등급에 따라 구분되고 흠집이 있는 것은 제거된다. 그 다음 선별된 농산물은 적절한 가공과정(전처리, 절단 등)을 거친 후 상자 안에 포장되어 운송트럭에 상차할 때까지 공정 흐름도의 마지막 단계인 저장창고에 보관된다.

비용곡선을 구축하는 두 번째 단계는 각 공정별로 최소 인원과 최대 인원을 파악하는 것이다. 이를 위해 공장장이나 그 외 공장 운영을 잘 아는 작업반장 등에게 질의하라. 문의

할 내부 직원이 없다면 공정별 최소 인원과 최대 인원을 결정하기 위한 가장 쉬운 방법은 실험을 하는 것이다. 각 공정이 완전 자동화되었다면 최소 인원과 최대 인원은 영이다. 작업을 담당할 최소 인원을 파악하는 것은 복잡하지 않다. 예를 들어, 농산물은 농장에서 수확한 후 대개 큰 단위로 선별포장 시설로 들어오기 때문에 이를 세척용 용기 안으로 밀어 넣는 데 두 명의 작업인원이 필요하다면, 첫 단계 공정에서 최소인원은 두 명이다. 각 공정별 최대인원은 대개 작업 공간의 규모에 의해 결정된다. 인원을 늘려가되 너무나 많은 인원이 투입되어 생산성이 낮아진다면 그 공정의 최대인원은 생산성 저하 바로 직전의 투입인원이 될 것이다. [그림 2.2]는 이와 같은 과정을 거쳐 각 공정별로 파악된 최소 인원과 최대 인원을 작업공정도에 추가한 것이다.

작업공정 흐름도가 완성되면 비용함수를 구축하기 전에 추가적으로 수집해야 할 정보가 있다. 각 공정의 노동생산성, 최대생산능력, 그리고 임금률이다.

그림 2.1 농산물 가공의 작업공정 흐름도

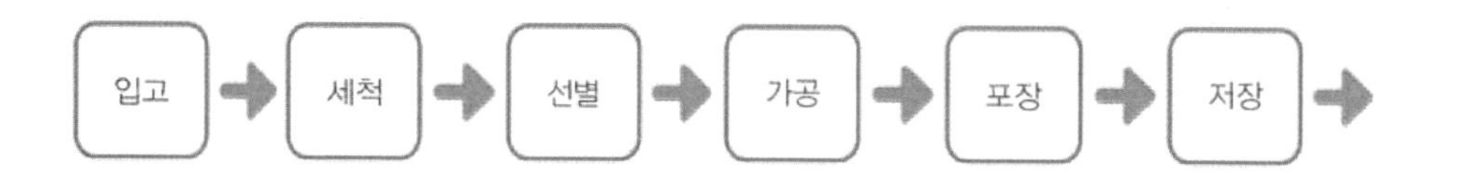

그림 2.2 공정별 소요 인원이 기재된 농산물 가공의 작업공정 흐름도

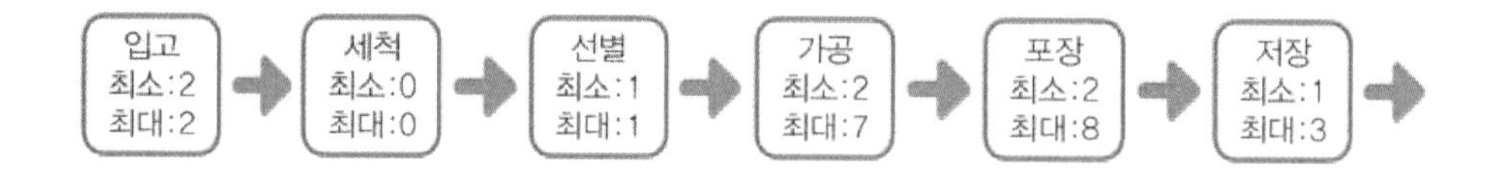

2.2.1 표준노무량 측정

비용곡선을 구축하는 세 번째 단계는 각 공정단계별로 노동생산성, 최대생산능력, 임금률을 파악하는 것이다. 먼저 노동생산성은 표준노무량(labor standard: 작업표준이라고도 한다)을 측정함으로써 알 수 있다. 표준노무량은 작업자 한 사람이 달성할 수 있는 단위시간당 최대 작업량을 의미한다. 이는 공장에서 단위시간당(예: 1시간 동안) 합리적으로 산출이 가능한 수

량으로 측정된다. 농산물 가공공장에서 표준노무량은 대개 시간당 처리 물량(kg)을 의미한다. 때때로 작업 표준은 단체협약이나 정부의 근로기준법에 의해 규제를 받는다. 또는 단순하게 측정해서 시간당 얼마나 많은 양의 작업을 할 수 있느냐에 따라 표준노무량을 정할 수도 있다. 예를 들어 작업장에서 근로자 한 사람이 1시간 동안 선별작업만 일정량(kg)을 할 수 있다고 하자. 만약, 이 근로자에게 더 높은 생산성을 요구한다면 그 사람은 빨라진 작업 속도 때문에 실수를 하게 될 것이다. 이처럼 공장 경영자는 적절한 실험을 통해 각 공정별 표준노무량을 파악할 수 있다.

표준노무량을 측정하기 위한 실험으로는 시간연구(stop watch time study), 작업 표본추출법(work sampling), 표준자료 측정법 등이 있다. 시간연구는 각 공정 작업을 여러 개의 요소작업으로 세분한 다음에 각 요소작업별로 소요 시간을 반복해서 측정하여 정상시간의 평균값을 산출한 후에 이를 토대로 표준시간을 산출하는 방법이다. 여기서 정상시간이란 정상적인 능력을 갖춘 작업자가 정상적인 작업방법으로 정상적인 상황에서 표준적인 단위작업을 수행하는 데 소요되는 시간이다. 표준시간은 정상시간에 개인의 생리적 욕구, 불가피한 작업지연, 작업자의 피로도에 의해 지연되는 시간을 조정하기 위해 일정한 비율(이를 여유율이라고 함)을 곱하여 산출한 작업시간이다.

작업 표본추출법은 각 작업을 수행하는 데 소요되는 시간의 비율을 표본 관찰을 통해 추정하고, 이를 근거로 개인이나 기계가 각 작업 활동에 소요되는 표준시간을 설정하는 방법이다. 시간연구처럼 작업 자체를 계속적으로 관찰하기보다는 어떤 기간 동안에 작업의 종류나 기계의 가동상태 등을 무작위적이며 순간적으로 관측한다. 예를 들어, 어느 작업자가 8시간 동안 200개를 생산했다고 하자. 작업 표본추출법을 통해 실제 작업시간의 비율이 80%이고, 여유율이 15%로 정해졌다면 개당 표준시간은 다음과 같이 2.26분으로 계산된다.

$$\text{개당 표준시간} = \frac{\text{총시간} \times \text{작업시간 비율}}{\text{총작업량}} \times \frac{1}{1 - \text{여유율}}$$

$$= \frac{480\text{분} \times 0.8}{200\text{개}} \times \frac{1}{1 - 0.15} = 2.26\text{분}$$

표준자료 측정법은 주어진 작업을 세밀히 분석하여 여러 개의 기본 동작요소로 나눈 다음 각 동작요소의 소요시간을 합산하여 표준시간으로 이용하는 방법이다. 각 기본동작의 소요시간은 기업 내의 과거자료를 이용할 수 있고, 각 동작에 대해 미리 결정된 표준시간을 이용할 수도 있다.[1]

---

1 일반적으로 작업자가 어떤 활동을 반복하여 생산량을 증가시키면 시킬수록 생산능률이 향상되는 학습효과가 나

최대 생산능력(maximum work capacity)은 기계 설비의 물리적인 생산능력으로 측정하거나 또는 표준노무량과 최대 작업 인원수를 곱하여 계산한다. 예를 들어, 선별기 1대가 시간당 4,000kg 분량의 과일을 선별할 수 있다고 하자. 이 수치(4,000kg)와 표준노무량에 해당 공정의 최대 작업 인원수를 곱하여 계산한 수치 가운데 더 작은 값이 선별 공정의 최대 생산능력이다. 공장 전체의 생산능력은 모든 공정의 생산능력 가운데 가장 작은 값에 의해 결정된다. 일반적으로 공장 안에는 생산능력이 서로 다른 여러 설비가 있고 각 기계 설비들은 서로 다른 공급업체로부터 구입되며 단지 한 가지 용도로만 제작되지 않았기 때문에, 공장 전체의 생산능력은 생산능력이 가장 작은 공정에 의해 제한될 수밖에 없다.

마지막으로 각 공정별로 근로자에게 지불되는 임금률을 공장장이나 기업의 관리부서로부터 수집해야 한다. 임금률은 공정별로 서로 달라, 위험한 장비를 다루거나 전문기술을 요하는 공정일수록 더 높다. 예를 들어 저장 공정의 근로자는 원재료 투입 공정의 근무자보다 보수가 더 높은데, 그 이유는 저장 공정의 근로자는 숙련을 요하는 지게차를 운전하기 때문이다.

이렇게 공정별로 수집된 작업인원, 표준노무량, 생산능력, 임금률에 관한 모든 정보를 하나의 표로 정리한 것을 노동요구표라고 한다. [표 2.1]은 가상적인 농산물 가공공장의 노동요구표이다. [그림 2.1]과 [그림 2.2]의 다이어그램으로 표시된 각 공정이 [표 2.1]에서는 하나의 행으로 나타나고 있음을 주목하라. 여기에 관리 부서를 추가한다. 관리는 접수원, 회계원, 판매원, 공장장과 그 외 생산과정은 아니지만 공장운영에 관여하는 근로자 등을 포함한다. 비용함수를 구축할 때 이러한 인원들도 노동비용에 포함되어야 함을 보여 주기 위해 이를 [표 2.1]에 추가하였다. 공정별 노동요구표가 완성되면, 시간당 노동비용함수를 만들 수 있다. 시간당 노동비용함수는 시간당 노동비용을 시간당 가공된 과일 수량(kg)의 함수로 표현한다.

앞서 가변비용에 대해 설명한 바와 같이 농산물 가공공장의 운영비용을 다양한 기간(시간, 일, 주, 개월)이나 단위(kg, 톤, 상자)에 대해 계산할 수 있다. 그러나 농산물 가공공장의 경우 최적 가동속도의 선택이 중요한 문제이기 때문에 시간당 비용을 분석할 것이다. 따라서 생산량도 단위시간당 kg으로 측정된다.

타난다. 학습효과가 나타나면 작업에 소요되는 단위작업시간이 감소하게 된다. 학습효과(즉, 누적생산량과 단위당 작업시간의 관계)를 나타내는 학습곡선의 모양은 지수함수의 형태를 가진다. 따라서 학습곡선의 그래프 모양이 거의 수평으로 나타나는 시점에서 표준시간을 설정하면 매우 합리적인 표준시간을 정할 수 있다.

표 2.1 **농산물 가공공장의 노동요구표**

공정	최소 작업인원	최대 작업인원	표준노무량(kg/시간)	생산능력(kg/시간)	임금률(원/시간)
입고/투입	2	2	1,500	3,000	8,000
세척	0	0	n/a	4,000	n/a
선별	1	1	3,500	3,500	8,000
가공	2	7	450	3,150	8,500
포장	2	8	450	3,600	8,500
저장	1	3	1,000	3,000	10,000
관리	2	2	n/a	n/a	20,000

2.2.2 시간당 노동비용함수

시간당 노동비용함수는 [그림 2.2]와 [표 2.1]의 정보를 이용하여 구축할 수 있다. 각 공정별로 근로자를 추가로 고용해야 하는 산출량의 수준을 알아낸 다음, 시간당 산출량을 1kg에서 시작하여 점차 늘려나가면서 필요한 근로자의 수를 파악하는 것이다. 그렇다면 근로자를 추가로 고용해야 하는 산출량 수준은 어떻게 알아낼 수 있을까?

먼저, 생산이 시작되려면, 즉 시간당 생산량이 1이 되려면 각 공정별로 최소 작업인원이 있어야 한다. 이들 최소인원을 투입하여 공장 가동속도(시간당 kg으로 측정)가 공정별 표준노무량과 최소 작업인원을 곱한 값과 같을 때까지, 공장은 계속하여 가동할 수 있다. 예를 들어, 공정의 네 번째 단계인 가공단계에서 표준노무량이 시간당 450kg이고 최소인원이 2명이라 하자. 이때 공장은 가동속도가 시간당 $450 \times 2 = 900$kg에 이를 때까지는 근로자를 추가로 고용할 필요가 없다. 공장 가동속도가 시간당 450kg씩 증가할 때마다 근로자 한 명씩 추가로 고용될 것이다. 따라서 가공단계에서 시간당 산출량 수준이 900kg, 1,350kg, 1,800kg, 2,250kg, 2,700kg을 초과할 때마다 해당 공장은 근로자를 한 명씩 추가로 고용할 것이다. 가공단계의 최대 작업인원이 7명이고, 공장의 최대 생산능력은 시간당 3,000kg이기 때문에, 생산량은 시간당 3,000kg에서 더 이상 늘어날 수 없다. 따라서 8번째로 추가하여 고용할 근로자는 필요하지 않다(이 근로자는 생산량이 시간당 3,150kg으로 늘어나면 필요할지도 모른다). 이러한 절차에 따라 각 공정별로 도출한 노동비용함수를 정리한 것이 [표 2.2]이다.

첫째 열은 동일한 수의 근로자로 가능한 공장의 가동 속도, 즉 시간당 생산량의 범위를 나타낸다. 각 행에 나타난 생산량 범위에서 첫째 숫자는 근로자가 추가로 1명 더 고용되어야 하는 생산량을 의미한다. 각 공정별로 생산량에 따른 고용 인원의 수는 점선으로 구분된 셀(cell)의 위쪽에, 시간당 노동비용(원)은 셀의 아래쪽에 표시되어 있다. 근로자 한 명을 추가로 고용해야 하는 공정은 음영으로 구분하였다. 마지막 열의 총노동비용은 각 생산량 범위에 대해 각 공정별 노동비용(임금률)을 합한 것이다. 생산량의 범위와 이에 대응하는 총노동비용이 구해지면 노동비용함수는 단위시간당 생산량(첫째 열)과 총노동비용(마지막 열)을 사용하여 구할 수 있다. 이때 노동비용함수는 공장 가동속도(단위시간당 생산량)에 대한 노동비용을 나타낸다.

[표 2.2]에서 어떤 공정은 작업인원의 수가 전혀 변경되지 않음을 주목하라(왜냐하면 [표 2.1]에서 보듯이 이 공정들에서 최소 작업인원 수와 최대 작업인원 수가 서로 같기 때문이다). 세척공정은 상당히 자동화되어있기 때문에 시간당 노동비용함수를 구축하는 표에 포함되어 있지 않다.

표 2.2 시간당 노동비용함수

생산량 (kg/시간)	공정별 고용인원 및 시간당 임금률						총노동비용
	입고	선별	가공	포장	저장	관리비	
1 – 900	2명 16,000원	1명 8,000원	2명 17,000원	2명 17,000원	1명 10,000원	2명 40,000원	108,000원
901 – 1,000	2명 16,000원	1명 8,000원	3명 25,500원	3명 25,500원	1명 10,000원	2명 40,000원	125,000원
1,001 – 1,350	2명 16,000원	1명 8,000원	3명 25,500원	3명 25,500원	2명 20,000원	2명 40,000원	135,000원
1,351 – 1,800	2명 16,000원	1명 8,000원	4명 34,000원	4명 34,000원	2명 20,000원	2명 40,000원	152,000원
1,801 – 2,000	2명 16,000원	1명 8,000원	5명 42,500원	5명 42,500원	2명 20,000원	2명 40,000원	169,000원
2,001 – 2,250	2명 16,000원	1명 8,000원	5명 42,500원	5명 42,500원	3명 30,000원	2명 40,000원	179,000원
2,251 – 2,700	2명 16,000원	1명 8,000원	6명 51,000원	6명 51,000원	3명 30,000원	2명 40,000원	196,000원
2,701 – 3,000	2명 16,000원	1명 8,000원	7명 59,500원	7명 59,500원	3명 30,000원	2명 40,000원	213,000원

[표 2.2]에서 생산량 범위에 따른 노동비용의 이산적인 증가는 노동비용함수가 매끈하고 연속적인 함수가 아니라 계단모양의 함수 형태를 갖게 한다. [그림 2.3]은 이러한 노동비용함수의 형태를 보여준다.

그림 2.3 **계단모양의 시간당 노동비용함수**

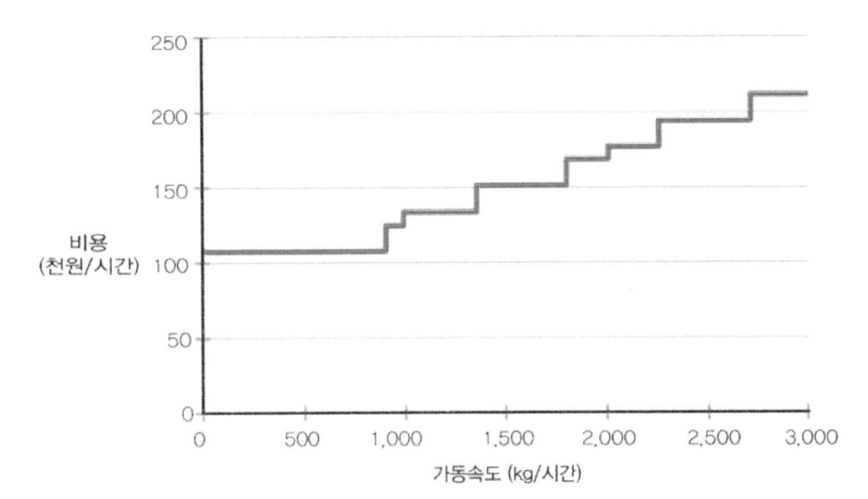

현실적인 노동비용은 매끈한 형태의 곡선이 아니라 계단형태의 모양을 가진다. 왜냐하면 근로자의 수는 공정별 표준노무량에 따라 생산량이 일정한 범위에서는 변하지 않지만, 생산량이 특정 범위를 넘어서게 되면 추가 인원이 고용되기 때문이다.

2.2.3 노동비용 이외의 추가되는 가변 비용

지금까지 우리는 농산물 가공공장의 기본적인 공정 정보에서 출발하여 노동비용함수를 구축하였다. 하지만 [그림 2.4]와 같이 완전한 형태의 가변비용함수를 구하기 위해서는 노동비용 이외의 비용을 추가할 필요가 있다. 일반적으로 이러한 비용에는 원재료 및 포장 비용(투입재비용), 전기 등 에너지비용이 포함된다.

단순화를 위해, 포장재(용기)는 대개 제품의 일부이기 때문에 포장비용은 다른 원재료 비용에 포함된다고 해도 무방하다. 예를 들어, 과일주스 한 병은 당연히 포장 용기(예: 병)를 포함한다. 과일주스의 원재료는 다음과 같다. 과일, 기타 첨가물, 라벨, 용기, 과일주스 포장용 상자 등이다. 일반적으로 생산물 1단위에 투입되는 원재료 수량은 공장 가동속도에 따라 달라지지 않기 때문에, 원재료비용은 kg당 원이라고 말할 수 있다. 가변비용함수에서 이들 원재료비용을 변수 r로 나타내자. 원재료비용을 [표 2.2]의 노동비용처럼 시간당 금액(원) 기준으로 나타내기 위해 공장 가동속도 q(시간당 생산량, 즉 kg 중량)를 곱해주면, 시간당 원재료비용 rq원을 구할 수 있다.

에너지 및 통신 비용에는 전기, 가스, 전화, 인터넷 등의 사용료 항목이 속한다. 이 비

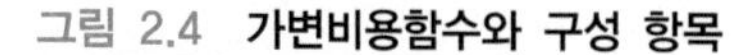

그림 2.4 가변비용함수와 구성 항목

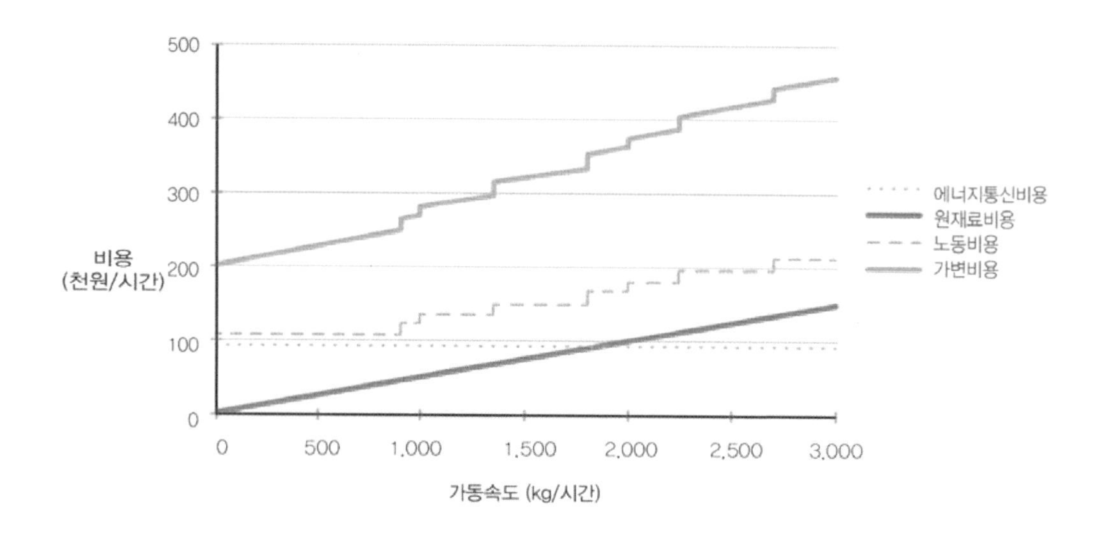

가변비용을 구성하는 항목은 노동비용, 원료비용, 에너지통신비용이며, 이들 비용에 대한 곡선을 가동속도에 대해 합하면 이 가변비용곡선이 구해진다. 가변비용곡선은 다소 조잡한 계단모형을 가지지만, 농산물 가공공장의 최적 가동시간을 찾아내는 데 유용하다.

용들 중 일부(예: 통신 비용)는 생산수준이나 공장 가동속도에 따라 변하지 않고 월정액으로 정해지는 경우가 많다. 공장이 빠른 속도로 가동할 때, 전기와 가스는 보다 높은 비율로 사용되지만 생산량(kg)을 기준으로 하면 일정하다고 봐도 무방하다. 그러나 일부 에너지의 시간당 요금이 가동시간에 따라 달라진다면, 공장 가동속도가 변함에 따라 kg당 원으로 계산된 에너지비용은 변할 수도 있다. 이러한 경우에 최선의 방법은 에너지 및 통신 비용이 1일 또는 1시간 기준에서 일정하다고 보는 것이다. 여기에서는 에너지나 통신 비용 모두 시간당 일정하다고 간주하고, 에너지 및 통신 관련 비용을 모두 합하여 시간당 u원이라고 가정한다.

[표 2.2]의 노동비용은 함수 $c(q)$로 나타낼 수 있다. q는 공장 가동속도로 시간당 kg이다. 공장의 생산능력 범위 내에 있는 q의 각 값에 대해 시간당 노동비용을 $c(q_i) = c_i$라고 표현하자. c_i는 노동비용함수에서 i번째 생산범위에 대응하는 노동비용의 값이다. 지금까지 정의한 가변비용을 구성하는 항목을 종합하면 농산물 가공공장의 가변비용함수는 다음과 같이 쓸 수 있다.

$$VC(q) = c(q) + rq + u \tag{2.1}$$

[그림 2.4]는 가변비용을 구성하는 요소별 비용함수의 모양과 세 구성요소를 모두 합한 총가변비용함수의 모양을 나타낸 것이다. 이는 다소 조잡한 계단 모양의 곡선처럼 보이지만, 다음에 설명할 농산물 가공공장의 최적 운영 방법(즉, 최적 가동시간)을 찾아내는 데 매우 유용하다.

2.3 비용함수를 이용한 공장운영의 최적화

경제공학적 접근은 농산물 가공공장이나 식품제조업체의 비용함수를 구축하기 위한 훌륭한 방법이다. 그러나 공장을 운영하는 최선의 방법을 찾는 것은 공학이 아닌 경제학의 영역이다. 지금부터 언급할 접근방법은 우리가 배워왔던 전통적인 경제학과 맥을 같이 할 것이다. 차이점이 있다면 우리가 구축한 비용함수가 미분이 가능하지 않기 때문에 미분이 아닌 단순한 사칙연산을 사용한다는 점이다.

2.3.1 비용최소화 공장 운영

농산물 가공공장이 직면하는 가장 공통적인 상황은 기업이 정해진 날짜에 약정된 가격으로 공급 물량을 식품소매업체나 급식업체 등에 납품한다는 계약을 맺는 것이다. 이것은 정확하게 비용최소화가 적용되는 상황이다. 이때 기업은 이윤극대화의 세계에 있지 않다. 왜냐하면 수량과 가격이 이미 계약에 의해 결정되었기 때문이다. 더욱이 제품의 품질도 계약서에 명시되었다고 한다면, 기업은 품질이 떨어지는 제품을 공급하여 비용을 절감할 수도 없다. 경영자가 통제할 여지가 있는 모든 것은 계약 물량을 가능한 한 비용을 최소화하는 방식으로 공급하는 것이다.

농산물 가공공장에서 이미 시설장비는 설치되어 있으며 임금률도 정해지고 투입재 비용 또한 계약이 체결될 때 알려져 고정되어 있다. 그리하여 경영자는 공장 가동속도만(즉, 생산라인에서 가공할 수 있는 시간당 물량)을 조정함으로써 비용을 통제할 수 있다. 그래서 목표는 가동속도 q, 즉 기업이 주어진 계약을 가능한 한 최소 비용으로 이행할 수 있는 가동속도를 찾아내는 것이다. 가변비용이 매끄럽고 연속적인 함수라면, 평균가변비용함수의 도함수 값을 0으로 놓고 그것의 최소값을 구하면 된다. 그러나 여기서 그렇게 할 수 없다. 그 대신 가동속도마다 평균가변비용을 계산한 다음에 단순 비교하는 방법으로 최소값을 찾아낼 수 있다.

계약에 의해 이미 생산해야 할 수량은 고정되어 있기 때문에 평균가변비용의 최소화가 총가변비용의 최소화가 된다. 즉, 평균가변비용을 최소화하는 공장 가동속도는 계약서에 명시된 수량을 생산하는 데 소요되는 총가변비용을 최소화시키는 가동속도와 동일하다. 공장이 계약물량(Q)을 전량 생산하는 데 소요되는 시간 동안 일정한 가동속도(q)로 운영된다면 계약물량과 총가동시간(H) 사이에는 다음과 같은 관계식이 성립한다.

$$Q = qH \tag{2.2}$$

계약물량의 총가변비용은 단순히 식 (2.1)의 시간당 가변비용함수에 계약을 이행하는 데 소요되는 시간을 곱한 것이다. 따라서 계약을 이행하는 데 드는 총가변비용 $VC_C(Q)$은 다음과 같은 식으로 표현할 수 있다.

$$\begin{aligned} VC_C(Q) &= VC(q)H \\ &= [c(q) + rq + u]H \end{aligned} \tag{2.3}$$

여기서 Q는 계약에 의해 고정되었기 때문에 공장 경영자가 최적 가동속도(q^*)를 선택할 때, 총가동시간은 미분이 아니라 단순히 나눗셈만으로 쉽게 구해진다.

$$H^* = \frac{Q}{q^*} \tag{2.4}$$

공장 경영자는 의사결정의 선택 변수로 가동속도나 가동시간 중에 어느 하나를 선택할 수 있으나, 한꺼번에 둘 다를 선택할 수는 없다. 앞에서 설명한 비용함수가 가동속도에 따른 비용의 변화를 보여주기 때문에 우리는 가동시간보다는 가동속도에 초점을 맞출 것이다. 식 (2.4)의 시간에 대한 공식을 식 (2.3)에 대입한 후에 계약물량 Q로 나누면, 우리는 kg당 가격(원)으로 표현되는 평균가변비용에 대한 공식을 얻을 수 있다.

$$\begin{aligned} AVC(q) &= \frac{[c(q) + rq + u]\left(\frac{Q}{q}\right)}{Q} \\ &= \frac{[c(q) + rq + u]}{q} \\ &= \frac{c(q)}{q} + r + \frac{u}{q} \end{aligned} \tag{2.5}$$

시간당 가변비용(원/시간)을 가동속도(kg/시간)로 나누면, 단위는 kg당 원이 된다. 즉, $(원/시간)/(kg/시간) = (원/시간)(시간/kg) = (원/kg)$이다.

시간당 가동속도(q)의 모든 가능한 값(즉, 1kg에서 최대생산능력인 3,000kg까지)에 대해 식 (2.5)을 계산하여 평균가변비용의 최소값을 알아낼 수 있다. 그러나 이는 매우 지루한 작업이다. [그림 2.5]는 [그림 2.4]로부터 얻어진 평균가변비용곡선이다. [그림 2.5]의 평균가변비용곡선을 주의 깊게 살펴보면 지루한 계산을 피할 수 있다. 시간당 노동비용함수 $c(q)$는 계단 형태를 가지기 때문에 평균가변비용함수 $AVC(q)$는 여러 개의 국지적인 최소점을 갖게 된다. [그림 2.5]에서 보는 바와 같이 평균가변비용함수는 근로자를 추가로 한 명을 더 고용해야 하는 가동속도 바로 직전의 생산량에서 국지적인 최저점에 도달하고 있음을 알 수 있다. 이러한 현상은 시간당 생산량은 증가하지만, 노동비용은 일정한 범위 내의 생산량 수준에서 변하지 않기 때문에 일어난다. 식 (2.5)에서 분자는 일정하나 분모의 값은 증가하므로 전체 값은 감소한다. 그리고 다시 새로이 근로자가 추가되어 비용함수에서 새로운 계단이 시작할 때, 분자는 증가하지만 분모의 변화는 (생산량의 증가 정도가 1kg으로) 매우 적기 때문에 평균가변비용은 갑자기 상승하게 된다. 따라서 모든 가능한 가동속도에 대하여 비용을 살펴보기보다는 단지 각 생산량 범위의 끝점에서만 평균가변비용을 계산하면 된다.

그림 2.5 **계단모양의 총가변비용함수에 대응하는 평균가변비용함수**

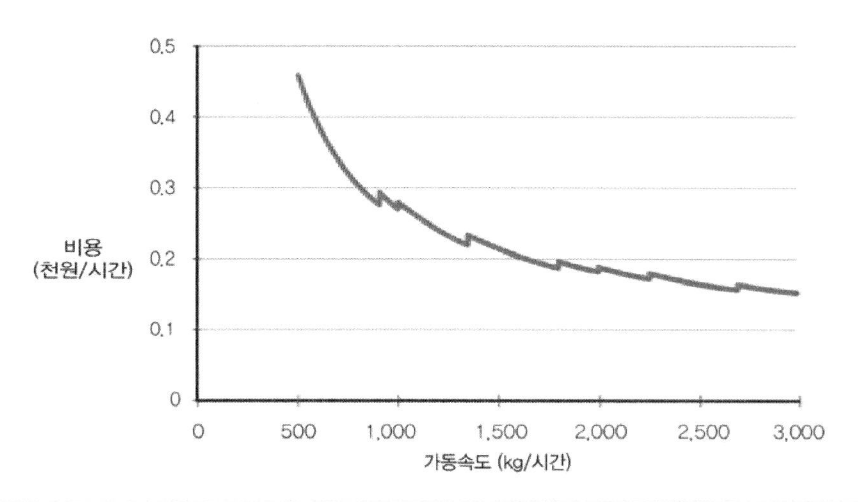

계단 형태를 가지는 노동비용함수의 특성 때문에 평균가변비용이 최소화되는 가동속도(또는 생산량)가 여러 지점에서 나타난다. 즉, 근로자를 추가로 한 명 더 고용해야 하는 가동속도 바로 직전의 생산량에서 평균가변비용은 최소가 된다. 따라서 모든 가능한 가동속도에 대해 찾기보다는 각 생산량 범위의 끝점에서만 평균가변비용을 계산하여 최소가 되는 가동속도를 찾아내면 된다.

이러한 방식을 적용하여 $u=100,000$원/시간, $r=3,000$원/kg라고 가정하고 평균가변비용을 계산한 결과가 [표 2.3]이다(논의의 편의를 위해 [표 2.3]의 원재료비용은 [그림 2.4]와 [그림 2.5]의 수치와 맞지 않지 않게 설정하였다). 자, 이제 우리는 [표 2.3]을 사용하여 평균가변비용이 최소가 되는 생산량을 찾을 수 있다. [표 2.3]에서 보듯이 평균가변비용은 $q=3,000kg$에서 최소값을 갖게 된다. 이 값은 q^*, 즉 계약을 이행하는 데 소요되는 총가변비용을 최소화하는 가동속도이다. 이는 예시로 제시한 가상적인 농산물 가공공장이 계약을 최소비용으로 이행하기 위해서는 최대생산능력인 시간당 3,000kg에서 생산을 해야 함을 의미한다.

q^*가 구해지면, 식 (2.4)를 이용하여 최적 가동속도로 공장을 운영할 때 계약을 이행하는데 소요되는 총시간을 구할 수 있게 된다. 계약 물량이 $Q=100$톤일 때 총소요시간은 다음과 같이 계산된다.

$$H^* = \frac{Q}{q^*} = \frac{100,000kg}{3,000kg/\text{시간}} = 33.3\text{시간}$$

계약을 이행하기 위한 최적 가동속도와 총소요시간에 대한 답이 구해지면, 다음 단계는 구한 해가 실행가능한지를 점검하는 것이다. 계약서에는 납품 날짜(대개 특정 날짜) 및 시간, 장소(이때 납품 장소는 공장, 유통센터, 또는 구매자의 점포) 등이 정해져 있다. 계약을 최적 가동속도로 이행할 때 소요되는 총시간으로 주문량을 제 날짜에 맞출 수 있을지를 점검해야 한다. 만약 그렇지 않다면, 공장을 더 빠른 속도로 가동해야 할 것이다. 물론 위의 사례에서는 주문량을 계약날짜에 맞추는 것이 가능하다. 왜냐하면 농산물 가공공장은 이미 최대생산능력에서 운영되고 있기 때문이다.

표 2.3 평균가변비용을 최소화하는 생산량을 찾아내기

생산량 범위 (kg/시간)	최대생산량 (kg/시간)	총노동비용 (원/시간)	평균노동비용 (원/시간)	평균에너지통신비용 (원/kg)	평균가변비용 (원/kg)
(A)	(B)	(C)	(D)=(C)/(B)	(E)=u/(B)	(F)=(D)+γ+(E)
1～ 900	900	108,000	120	111	3,231
901～1,000	1,000	125,000	125	100	3,225
1,001～1,350	1,350	135,000	100	74	3,174
1,351～1,800	1,800	152,000	84	56	3,140
1,801～2,000	2,000	169,000	85	50	3,135
2,001～2,250	2,250	179,000	80	44	3,124
2,251～2,700	2,700	196,000	73	37	3,110
2,701～3,000	3,000	213,000	71	33	3,104

2.3.2 작업계획의 편성

비용최소화 문제 해법의 마지막 절차는 근로자에 대한 최저임금 지급 기준에 부합하는 작업스케줄을 편성하는 것이다. 미국 등 선진국의 경우 단체협약으로 최저임금 지급 기준을 규정하고 있다. 이 기준에 의하면 근로자가 출근하면 최소 근무시간(대개 4~5시간)에 해당하는 임금을 지불해야 한다. 그러한 기준을 명시한 단체협약이 없는 공장의 경우도 관례에 따른 최저임금 기준이 있다.

위의 농산물 가공공장 사례로 돌아가서, 계약 내용이 1주일 안에 약정된 물량을 출하하는 것이고, 하루에 최소 4시간에 해당하는 임금을 지급해야 하는 기준이 있다고 하자. 계약물량을 생산하는 데 소요되는 총시간이 33.3시간이기 때문에 4일은 8시간씩 일하고 다섯째 날은 1시간 정도 일하는 작업스케줄을 편성하지는 않을 것이다. 이러한 작업스케줄은 법이 정한 최저임금 지불이라는 불필요한 노동비용을 발생시킨다. 그 대신 그 작업을 수행하기 위해 5일 동안 각각 7, 7, 7, 7, 5.3시간씩 일하는 작업스케줄을 계획할 것이다. 물론 공장이 계속되는 계약으로 인해 쉼 없이 바쁘게 가동된다면 위와 같은 최저임금의 지불을 검토할 필요가 없다. 그러나 공장이 계속적으로 가동하지 않을 때라면 최저임금 지불에 관한 법적 기준에 저촉되지 않도록 작업스케줄을 편성해야 한다.

식품산업 인사이드 2.2

농산물 산지유통센터

1990년대 소비지에 대형유통업체가 등장하면서 농산물 유통환경도 빠르게 변화하기 시작하였다. 농산물이 단순한 상품에서 다양한 효용적 가치를 창출하는 개념으로 바뀌면서, 농산물 산지유통시설도 단순한 부가가치 창출에서 소비지 요구를 반영할 수 있는 체계로 변화하기 시작하였고, 산지유통조직과 대형유통업체 간의 직거래가 활성화되었다. 이 시기에 농산물 산지유통시설은 집하, 선별, 포장, 저장 등의 과정을 일괄적으로 처리할 수 있도록 건립되었고, 그 명칭도 농산물 산지유통센터(Agricultural products Processing Center: APC)로 바뀌었다.

산지유통시설은 생산자가 출하한 원물 상태의 농산물을 선별, 저장, 가공 등 일련의 과정을 통하여 부가가치를 창출하는 시설로 산지유통 경쟁력 강화의 핵심요소이다. 산지유통시설 중 대표적인 것이 선별시설과 저온저장시설이다. 선별시설은 농산물을 크기, 모양, 색택, 당도 등의 기준으로 동일하게 선별하여 소비지 기호에 적합하게 소포장 및 규격포장을 하여 부가가치를 창출한다. 저온저장시설은 농산물의 선도를 유지 보관함으로써 시간적 효용을 창출하는 기능을 담당한다. 농산물은 출하가 일시적으로 집중되는 것이 비해 소비는 연중 균일하게 이루어지기 때문에 저온저장시설을 활용하여 소비수준이나 시장가격 등을 고려하여 출하시기를 조절할 수 있다.

KREI의 연구결과(2010년)에 따르면 365일을 기준으로 할 때 선별시설 가동률은 36.6%, 저온저장시설 가동률은 43.5%로 낮은 것으로 조사된 바가 있다. 낮은 가동률은 농산물 산지유통시설의 가동이 최대 생산능력까지 도달하지 못함으로써 최적 조업에 근접하지 못하고 있음을 말해준다.

자료: KREI, 농산물 산지유통시설의 효율적 활용 방안, 2010.10.

2.4 식품산업과 공급망 관리

앞 절에서는 단순한 식품가공업체의 비용최소화 문제를 다루었다. 하지만 현실에서 비용함수를 구축하는 것은 이보다 매우 복잡하고 어려운 작업이다. 식품산업의 수직적 영역과 수평적 영역이 확대됨에 따라, 각 부문별 식품산업에서 경영 활동을 하는 기업의 경영자가 최소비용으로 기업을 운영하기 위한 수단으로 최근 공급망 관리(supply chain management)가 각광을 받고 있다. 식품 공급망은 전술한 바와 같이 공급업체로부터 원재료를 구입하여 이를 중간재와 최종재로 변형시키고 완제품인 식품을 최종소비자에게 공급하는 데 관련된 모든 활동의 통합이다. 공급망 관리란 공급망의 모든 활동, 즉 제품이나 서비스의 생산 또는 공급과 관련된 모든 시설, 기능, 활동을 조정함으로써 공급망 전체의 비용을 최소화하고 고객에게 고품질 식품을 저렴한 가격으로 제공하기 위한 일련의 노력을 말한다.

예를 들어, 닭고기 가공식품의 공급망에는 [그림 2.6]처럼 육계 생산, 닭고기 가공 및 유통과 관련하여 1차, 2차, 3차의 외부 공급업체와 내부 생산기능, 외부 유통업자들이 관여하며 이들 관련 기업들이 수행하는 다양한 기능과 활동들이 포함된다. 공급망에 속해 있는 모든 회사들이 서로 협조하고 협력하면서 정보를 공유하고 의사소통하는 것이 소비자에게 품질 좋은 닭고기 제품을 저가로 적시에 공급하기 위해 필수적이다.

식품기업의 경우 가장 기본적인 수준의 공급망 관리는 원재료와 노동력을 확보하여 필요 시에 이를 사용할 수 있도록 하는 것이다. 아래의 세 가지가 식품 공급망 관리에 수반된 중요한 의사결정 문제들이다.

2.4.1 구매와 조달, 지배구조

식품 제조 및 가공, 유통, 그리고 외식업 등 식품기업들은 자신의 최종 제품(식품, 외식

그림 2.6 **닭고기 가공식품의 공급망**

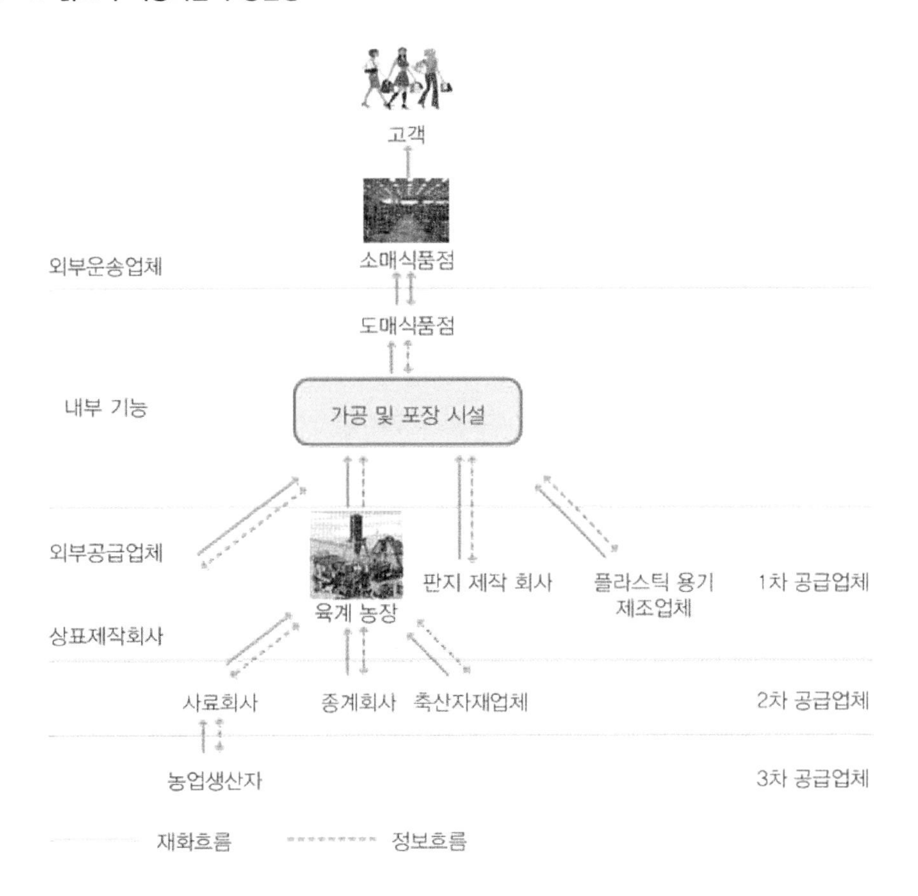

업 서비스 등)을 생산하는 데 필요한 생산요소(농산물 원물, 식자재)나 활동(가공, 물류, 정보기술 등)을 자체적으로 조달할 수도 있고, 이를 시장이나 외부기업로부터 아웃소싱할 수도 있다. 앞에서 이러한 것들에 대한 의사결정 문제를 제조 또는 구매 의사결정이라고 설명하였다. 우리가 앞서 배웠던 경제학 원리 가운데 한계비용과 한계편익의 개념은 식품기업의 제조 또는 구매 의사결정에 적용할 수 있다. 예를 들어, 식품기업은 원료 조달과 최종 제품 판매를 위해 자사의 트럭을 운행할 것인지 아니면, 다른 수송회사와 계약을 맺을 것인지를 결정해야 한다. 경우에 따라서는 구매자가 수송수단을 제공하는 옵션도 있다. 아웃소싱은 대개 저렴하지만 사업 활동(수송, 배송)을 외부기업에 의존하는 것과 관련된 위험 가능성을 분석해야 한다.

또 다른 예로, 유기농 두부를 생산하여 판매하는 경영자를 생각해보자. 최종 제품(두부)을 생산하는 데 필요한 한 가지 생산요소는 원재료 농산물인 유기농 콩이다. 경영자는 원재료인 콩을 세 가지 방식으로 조달할 수 있다. 첫째, 시장에서 필요한 수량만큼의 콩을 구입하고 시장가격을 지불하는 것이다. 둘째, 콩을 생산하는 농업인이나 농업법인과 계약을 맺어 필요한 수량만큼을 구입하고, 계약에서 협의한 가격을 지불하는 것이다. 셋째, 기업이 농장을 인수하여 직접 콩을 재배한다. 원재료인 콩을 조달하는 세 가지 방식은 각각 서로 다른 비용함수를 의미한다. 경영자가 해야 할 일은 해당 생산요소를 조달하는 최상의 방법을 결정하는 것이다.

기업이 생산요소를 구매할 때 생산요소 공급자에게 실제 지불한 액수를 초과하는 비용이 발생하는데 이러한 비용을 거래비용이라고 한다. 생산요소를 구매할 때 거래비용은 생산요소의 공급자를 찾고 그 생산요소가 구매될 가격을 협상하고, 생산요소를 사용하도록 하는 데 소요되는 그 밖의 모든 비용을 포함한다. 예를 들어, 당신에게 콩을 공급하는 공급자가 단위당 10,000원의 가격을 부과하지만 당신에게 당신의 트럭과 운전자로 그 생산요소를 가져가라고 요구한다면, 당신 기업에게 콩 구입과 관련된 거래비용은 구입한 콩의 단가인 10,000원뿐만 아니라 트럭비용과 당신 공장까지 생산요소를 운송할 사람의 인건비까지 포함한다. 구매와 조달 방식을 결정할 때 거래비용 관점에서 고려하는 것이 중요하다. 일반적으로 거래비용에는 다음의 비용들이 포함된다.

- 주어진 생산요소를 판매할 의향이 있는 공급자를 찾는 비용
- 생산요소의 구매가격을 협상하는 비용으로 여기에는 시간, 법률비용 등 기회비용이 포함된다.
- 거래를 원활하게 하는 데 소요되는 다른 투자와 지출

거래비용은 기업의 지배구조나 운영 방식에도 영향을 준다. 예를 들면 체인사업체의 경우 점포를 직영점 형태로 운영할 것인가 아니면 가맹점 형태를 운영할 것인가 하는 문제도 거래비용 관점에서 생각해볼 수 있다. 이러한 문제에 대해서는 11장의 프랜차이즈 경영의 경제원리에서 자세하게 다룰 것이다.

2.4.2 안전재고

식품기업이 운영비용뿐만 아니라 불확실성에 의한 부정적인 영향을 최소화하려면 무엇보다도 원재료인 농축수산물이 지속적으로 공급되어야 한다. 그렇지 않으면 생산의 전 과정이 중단된다. 다시 닭고기 가공업체를 예로 들어보자. 닭고기 가공공장은 최적 인원보다 적은 수의 근로자로도 운영이 어느 정도 가능하겠지만, 원재료인 육계의 공급이 중단되면 닭고기 제품을 더 이상 만들 수 없다. 반면, 많은 재고를 가공시설에 확보할수록 원재료 부족

이나 고갈로 인한 위험에 대처할 수 있지만, 이는 더 많은 비용을 초래한다. 원재료의 저장은 구매 비용과 함께 저장시설의 건설, 운영 및 유지에 관한 추가 비용을 발생시킨다. 최적 저장물량은 경제학적인 기준에 의해 원재료의 저장물량 증가로 인한 한계비용과 안전재고(safety inventory)로 확보된 원재료의 한계편익이 서로 같게 되는 수준에 결정된다. 이 기준은 단순한 듯하나, 안전재고의 한계편익을 계산하는 것이 쉽지 않다.

안전재고의 가치를 평가하는 한 가지 방법은 생산 중단으로 인한 경제적 손실을 추정하는 것이다. 이러한 손실은 두 가지 부분으로 구성된다. 첫째, 기업은 생산중단으로부터 직접적인 경제적 손실을 입는데 이는 생산하지 못한 제품으로 인해 벌어들이지 못한 이윤의 손실분과 같다. 둘째, 기업은 계약을 이행하지 못하여 구매자들이 신뢰할 수 없는 공급자로 인식한다면 장기적인 손실을 입게 된다. 기업 제품의 출하(배송)에 영향을 줄 만큼 장기간의 생산 중단은 고객 감소 또는 판매가격 하락이라는 측면에서 경제적인 손실을 초래할 수 있으며, 이는 생산중단으로 인해 입게 되는 즉각적인 손실보다 매우 클 것이다.

재고 물량이 증가함에 따라 저장의 한계비용은 비교적 일정하지만 추가적인 원재료 저장의 한계혜택은 감소한다. 반면 몇 시간 또는 며칠 분량의 원재료를 확보하는 것의 한계혜택은 매우 클 수 있다. 왜냐하면 단순한 교통사고나 도로 폐쇄로 단기간 원재료 공급이 지연될 수 있기 때문이다. 그러나 식품가공용 원재료가 신선상태이고 저장할 때 품질이 하락할 우려가 있다면, 지나치게 많은 재고는 적절하지 못하다. 공급망(즉 기업의 투입재를 확보하기 위한 원재료 공급자와 수송수단 체계)이 주어지면 공급차질이 지속되는 기간별로 사건 발생 확률을 추정할 수 있을 것이다. 예를 들어, 기업이 1년 안에 적어도 한 가지 원재료가 하루 정도 부족하게 될 확률이 100%이고, 이틀 정도 부족하게 될 확률은 40%, 3일간 부족할 확률 10%, 4일간 부족할 확률 1%, 그 이상은 없을 것이라고 생각할 수 있다. 이 각각의 확률을 해당 일수만큼의 생산중단으로 인한 경제적 손실의 추정액과 결합하면 1, 2, 3, 4일 동안의 안전재고에 대한 한계편익을 계산할 수 있다. 이러한 한계편익은 발생 확률이 곱해진 손실의 기대치이다. 기업은 이러한 방식으로 추정된 한계편익과 저장의 한계비용을 비교하여 저장할 최적 재고 물량을 선택할 수 있다. 이에 대한 자세한 사항은 6장에서 식자재유통기업의 재고관리를 다룰 때 다시 설명할 것이다.

한 가지 더 고려해야 할 점이 있다. 많은 식품가공기업의 경우 투입물은 신선농축수산물이기 때문에 산출물은 투입물보다 더 안정적인 형태(예: 육계와 닭고기 통조림, 복숭아와 복숭아주스)를 가진다. 이러한 사실은 원재료(농축수산물)보다 최종 완제품을 저장하는 것이 비용이 더 적음을 의미한다. 그러므로 기업은 원재료 또는 완제품의 배송 차질로 인한 손실을 피하기 위해 둘 중에 어느 것을 충분히 저장하는 것이 더 비용 효율적인 전략인지를 고려해야 한다. 원재료의 수송 차질은 생산중단으로 인한 손실을 초래하지만, 이는 완제품의 경우에 비해 규모가 작고 추정하기도 훨씬 용이하다.

2.4.3 사업체 입지

오늘날 공급망 관리에서 또 다른 중요한 점은 세계화 진전으로 해외로부터 조달되는 원재료의 증가나, 테러나 심각한 자연재해로 인해 전체 수송망에 발생할 수 있는 혼란의 위험이다. 미국의 경우 9.11테러 이후 항공 운송은 오랫동안 중단되었다. 요즈음 많은 대형 기업들은 특히, 자동차 제조업체들은 주요 부품 공급자들이 자사 공장에서 일정 거리 내에 위치해줄 것을 요구한다. 사실상, 자동차 신축 공장은 공장 옆에 부품 공급자가 함께 위치할 수 있을 만큼의 넓은 부지에 건설된다. 마찬가지로 식품가공시설이 원재료 공급자에 얼마나 가까이 인접해있는가에 따라 또는 원재료 공급자를 어떻게 안정적으로 확보하는가에 따라 공급차질의 위험 정도와 원재료의 최적보유 재고량이 달라질 수 있다. 식품기업들은 입지와 관련된 비용 전체를 최소화시키는 관점에서 가공시설이나 물류시설의 최적 장소를 선택할 것이다.

이 책에서는 물류 관리라는 관점보다는 경제학적인 관점에서 식품 공급망 관리에 수반되는 몇 가지 의사결정 문제를 개괄적으로 설명할 것이다. 공급망 관리와 관련된 위의 주제들은 4장(저장의 경제학), 5장(사업체 입지와 공간적 경쟁), 그리고 6장(재고관리와 정보 수집 및 분석) 등에서 보다 자세하게 다룬다.

요약

- 현실에서 근로자나 생산라인 등과 같은 투입재는 무한정 분리가능하다고 할 수 없기 때문에 수학의 미분법이 아닌 사칙연산 방식으로 최적화된 식품 가공공장의 운영방식을 찾아야 한다.
- 산지유통가공업체가 소매유통점(또는 급식업체)와의 계약으로 이미 고정된 수량을 생산하는 경우 최적 공장운영 방법은 생산에 소요되는 비용의 최소화이다.
- 비용을 분석할 때 의사결정에 실제로 영향을 주는 비용만을 고려하는 것이 중요하다. 고정비용 가운데 일부는 이미 발생한 것으로 어떤 결정이 내려지든지 피할 수 없는 비용인 매몰비용이다.
- 비용함수를 구축하기 위해서는 생산량을 달성하는 데 요구되는 공정의 순서와 각 단계별 작업인원에 대한 상세한 내용이 포함된 공정흐름도가 필요하다.
- 총비용을 계산할 때 각 공정에 따른 노동비용과 함께 원료비와 간접비(에너지, 통신비용 등)도 포함되어야 하며, 총비용의 계산 공식은 $V(q)=c(q)+rq+u$이다.
- 식품 가공공장을 가동하는 최적속도는 평균가변비용 $AVC(q)=c(q)/q+r+u/q$이 최소가 될 때이다. AVC 함수는 톱니 같은 들쭉날쭉한 모양을 가지므로 최소점은 근로자를 추가로 한 명 더 고용하기 바로 직전의 국지적 최저점 가운데 하나(가동속도)이다.
- 최적 공장 가동속도를 알면 공장 운영시간은 공식 $H^*=Q/q^*$에 의해 구해진다.
- 식품산업에서 경영 활동을 하는 기업의 경영자가 최소비용으로 기업을 운영하기 위한 수단으로 최근 공급망 관리가 각광을 받고 있다.
- 식품기업의 공급망 관리에서 고려해야 할 사항은 원재료와 노동력의 확보이다. 이를 위해서는 안전재고, 저장, 아웃소싱의 활용에 대한 경제학적인 이해가 필요하다.

연습문제

❶ 여러분은 채소즙을 생산하는 가공공장의 운영자이다. 채소즙은 다음과 같은 공정 단계를 가진 공장에서 생산된다.

	최소 작업 인원	생산능력 (kg/시간)	최대 작업인원	임금률 (원/시간)	표준 노무량 (kg/시간)
원료입고	2	2,500	4	8,000	750
선별	2	3,000	5	7,500	500
절단/착즙	1	3,000	2	8,000	1,500
배합	2	2,500	4	8,500	750
용기 병입	1	2,500	2	9,500	1,250
포장/상차	2	4,500	4	7,000	750
관리	2	–	2	20,000	–

에너지 및 통신요금은 가동속도와 관계없이 시간당 5,000원이다.

가. 경제공학적 접근법을 이용하여 이 공장의 총노동비용곡선을 구하시오. 시간당 생산량이 0에서 2,500kg로 변할

때 총노동비용을 표와 그림으로 나타내시오(힌트: 생산량 구간을 정확하게 일정 비율로 구분할 필요는 없다).

나. 채소즙이 두 가지 원재료, 채소류와 기타 첨가물로 만들어진다고 가정하자. 채소의 구입비용은 1,000원/kg, 첨가물비용은 250원/병이고, 용기(캔) 비용은 50원, 캔 12개 들이 상자의 비용은 250원이다. 용기 한 개당 채소 1kg이 사용되며 채소즙의 양은 0.5kg이다. 문제 가)의 답을 이용하여 채소즙 수량이 2,500kg일 때 시간당 총가변비용과 kg당 평균가변비용을 구하시오.

다. 1주 안에 이행해야 할 주문량이 35,000kg라고 할 때, 공장을 운영하기 위한 시간당 최적 생산량을 계산하시오. 이때, 초과근무와 교대근무는 불가능하며 최대 운영 시간은 주당 40시간이다.

라. 채소즙 가공공장이 시간당 1,700kg을 목표로 가동되고 있다고 하자. 시간당 총가변비용과 kg당 평균가변비용을 계산하시오.

❷ 닭고기 순살 통조림(캔)을 만드는 어떤 공장의 상자당 총노동비용은 다음과 같다.

수량의 범위 (상자/시간)	총 노동비용 (원/시간)
1~1,000	10,000
1,001~2,000	15,000
2,001~3,000	20,000
3,001~4,000	30,000

공장의 에너지요금은 가동속도와 관계없이 시간당 50,000원이다. 닭고기 통조림의 원재료 비용은 캔 용기와 포장용 상자를 포함하여 상자당 15,000원이다. 이 공장은 주당 5일, 하루 8시간 운영한다.

가. 닭고기 가공공장의 가변비용곡선을 그려보시오.

나. 닭고기 가공공장 운영의 최적 가동속도(상자/시간)를 구하시오.

다. 공장이 한 슈퍼마켓 체인점에 1주일 안에 닭고기 통조림 100,000상자를 배송하기로 공급계약을 맺었다면, 생산비용을 최소화하는 가동속도는 얼마인가? 전체 작업의 소요시간은 얼마인가?

라. 위의 문제에서 만약 계약물량이 150,000상자로 늘어났다면 최적 가동속도와 작업 소요시간은 어떻게 달라지겠는가?

참고문헌

Dorfman, J. M. 2014. *Economics and Management of the Food Industry*, Routledge.

van der Vorst, Jack G.A.J., da Silva, C. A., and Trienekens, J. H. 2007. *Agro-Industrial Supply Chain Management: Concept and Applications*, FAO.

가격 책정

학습목표

- 식품기업이 최종 제품의 가격을 책정하는 방식
- 식품기업이 원재료에 지불하는 가격의 책정 방식
- 가격 책정식을 이용한 원재료와 최종 제품의 선택에 대한 이해
- 가격차별의 이유와 실행 형태에 대한 이해
- 탄력성을 이용하여 세분시장별로 차별화된 가격을 도출하는 방법에 대한 이해
- 소비자의 유보가격 차이를 이용한 묶어팔기 전략에 대한 이해

2장에서는 농산물 가공공장이 계약에 의해 정해진 수량을 생산하는 데 소요되는 비용을 최소화하기 위해 공장을 최적으로 운영하는 문제를 배웠다. 이 장에서는 식품제조업체의 구매부서와 판매부서에서 원재료 구입과 최종 제품 판매의 의사결정을 어떻게 할 것인가에 대한 문제를 살펴볼 것이다. 기본 가정은 구매부서와 판매부서 모두 이윤극대화를 추구한다는 것이다. 즉, 기업은 이윤을 극대화하기 위해 최종 제품을 가능한 한 많이 판매하는 반면, 원재료는 가능한 한 적은 비용으로 구입하기를 원한다. 이 가정이 의미하는 바는 기업은 모든 거래에서 최대의 이익을 얻으려고 노력한다는 점이다. 어떤 경우에 기업이 할 수 있는 최선의 행위는 손실을 보고 있는 사업부문을 폐쇄하는 것이다. 결국 이윤극대화는 이윤이 반드시 영보다 커야 함을 의미하기보다는 단지 가능한 한 크게 함을 뜻한다.

판매부서 직원이 제품을 판매할 때 가격을 가능한 한 높게만 매기는 것은 아니다. 실제 가격 책정에는 이보다 더 많은 지침들이 적용된다. 이번 장에서는 식품제조업체에서 최종 제품의 판매가격과 원재료의 구매가격을 어떻게 결정하는지에 대해 알아볼 것이다.

식품기업은 이윤을 극대화하기 위해 동일한 제품에 대해 서로 다른 가격을 부과한다. 이러한 가격차별화는 고객을 둘 이상의 집단으로 세분하여 각 집단에 서로 다른 가격으로 판매하는 판매자의 행동이다. 이번 장의 후반에서는 가격차별에 관한 다양한 경제학적인 문제를 살펴볼 것이다.

3.1 제품의 판매가격 책정

3.1.1 손익분기점 가격 책정

먼저, 기업이 자신의 제품을 판매할 때 가격을 어떻게 책정하는가에 대해 설명한다. 어느 기업이든지 가장 먼저 알기 원하는 것은 손익분기점 가격일 것이다. 즉, 이윤이 영(0)이 되는 가격이다. 어떤 기업이 손익분기점 가격보다 낮은 가격으로 제품을 판매한다면, 그 기업은 문을 닫아야 할 것이다.

경제학의 정의에 따르면, 이윤=총수입-총비용, 총수입=가격×판매량, 총비용=평균비용×판매량이다. 생산량과 판매량이 같다면, 이윤은 다음과 같이 정의된다.

$$\text{이윤} = (\text{가격} - \text{평균비용}) \times \text{수량}$$

위의 식에서 가격이 평균비용과 같을 때 이윤이 영이 됨을 쉽게 알 수 있다. 따라서 손익분기점 가격은 제품을 생산하는 데 소요되는 평균비용과 같은 가격이다.

평균비용은 평균총비용이거나 또는 평균가변비용일 수 있다(평균총비용=평균가변비용+평균고정비용임을 기억하라). 고정비용이 매몰비용이라서 단기적인 의사결정에 영향을 주지 않는다면, 손익분기점 가격을 결정할 때 평균가변비용을 사용하면 된다. 어떤 기업이 생산하는 제품 모두를 손익분기점 가격으로 판매하고 있다면, 해당 기업의 가변비용은 보전되나 총비용은 보전되지 않기 때문에 결국 공장 문을 닫게 된다. 따라서 기업은 생산한 제품 모두를 손익분기점 가격으로 판매하지는 않겠지만, 간혹 손익분기점 가격이나 또는 그것과 비슷한 가격으로 판매하는 것이 타당할 때(예를 들면, 사업 초기나 신시장에 진입할 때)가 있기 때문에, 기업들은 손익분기점 가격을 알기 원한다.

2장에서 농산물 가공공장의 평균가변비용에 대해 배웠다. 그 평균가변비용에 대한 공식을 다시 써보면 다음과 같다.

$$AVC(q) = \frac{c(q)}{q} + r + \frac{u}{q}$$

위 식에서 모든 단위는 kg당 원이기 때문에 손익분기점 가격을 구하려면 다음과 같이 평균가변비용을 가격과 같게 놓으면 된다.

$$P^{BE} = \frac{c(q)}{q} + r + \frac{u}{q}$$

손익분기점 가격 P^{BE}는 단지 기업이 제품을 생산하는 데 소요되는 비용이다. 이 가격은 판매부서가 거래를 수락하는 최저가격이기도 하다. 손익분기점 가격은 판매부서에 판매가격의 하한값을 제공하지만, 실제 식품기업들이 가격을 책정할 때 이와 다른 많은 방식들을 사용한다.

3.1.2 목표수익률 가격 책정

대부분 기업은 판매부서의 영업사원에게 적어도 한 가지 이상의 목표가격을 제시한다. 목표가격은 손익분기점 가격보다 높으며 특정 수익률을 달성하는 방식으로 책정된다. 수익률은 이윤의 총수입에 대한 비율로 정의되며 때때로 이윤 마진(gross profit margin)이라고도 한다.

$$\text{수익률} = \frac{(\text{총수입} - \text{총가변비용})}{\text{총수입}}$$

기업들은 고정비용을 보전하고, 원하는 만큼의 수익률을 얻는 것을 염두에 두기 때문에 대개 수익률의 목표치를 정한다. 수익률에 관한 위의 식을 수량으로 나누면 수익률을 다음과 같이 제품 단위당 수익률 또는 평균수익률로 표현할 수 있다.

$$\text{단위당 수익률} = \frac{(\text{가격} - \text{평균가변비용})}{\text{가격}}$$

위 식을 가격에 대해 풀면, 정해진 단위당 수익률을 달성하기 위한 목표가격을 얻을 수 있다. 먼저, 우변의 각항을 분리하면

$$\text{단위당 수익률} = 1 - \frac{\text{평균가변비용}}{\text{가격}}$$

다음으로, 위 식을 $\left(\frac{\text{평균가변비용}}{\text{가격}}\right)$에 대해 풀면,

$$\left(\frac{\text{평균가변비용}}{\text{가격}}\right)= 1-\text{단위당 수익률}$$

위의 식 양변에 역을 취하면, $\left(\frac{\text{가격}}{\text{평균가변비용}}\right)= \frac{1}{1-\text{단위당 수익률}}$

마지막으로 양변에 평균가변비용을 곱하면, 목표수익률 가격은 다음과 같게 된다.

$$\text{목표수익률 가격} = \left(\frac{1}{1-\text{단위당 수익률}}\right)\times \text{평균가변비용}$$

단위당 수익률의 목표치를 gm이라 하면 목표수익률 가격 P^{GM}은 다음과 같이 표현된다.

$$\begin{aligned} P^{GM} &= \left[\frac{1}{(1-gm)}\right]\times \text{평균가변비용} \\ &= \left[\frac{1}{(1-gm)}\right]\left[\frac{c(q)}{q}+r+\frac{u}{q}\right] \\ &= \left[\frac{1}{(1-gm)}\right] P^{BE} \end{aligned}$$

위 식에서 보듯이 목표수익률 가격은 손익분기점 가격에 목표수익률 함수를 곱한 것이다. 예를 들어, 기업이 20%의 목표수익률을 얻으려고 한다면 손익분기점 가격보다 25% 더 높은 가격을 매겨야 한다(즉, 1/(1−0.02) = 1.25). 목표수익률 가격에서 수익률은 총비용이 아닌 총수입에 대한 비율로 측정됨을 유념할 필요가 있다.

기업들은 위의 가격 책정식을 이용하여 판매부서의 영업사원에게 여러 개의 목표가격을 제시할 수 있다. 예를 들면 기업이 목표로 하는 수익률을 달성하기 위한 가격, 대량 구매자나 단골 고객을 위한 낮은 수익률 가격, 판매부서의 최저판매가격에 해당하는 손익분기점 가격들이 제시될 수 있다.

식품산업 인사이드 3.1

식품제조업의 수익률 분포

우리나라에서 지난 5년 간(2009~13년) 평균 순이익이 높은 식품제조기업은 CJ제일제당, 오비맥주, 동서식품, 롯데제과, 하이트진로, 농심 등의 순서이다. 그러나 매출액에 대한 순이익의 비율을 나타내는 매출액 순이익률은 오비맥주와 동서식품이 각각 18.6%, 10.6%로 식품제조업체 가운데 가장 높다. 반면, CJ제일제당은 평균 순이익이 가장 높으나 순이익률은 다른 대기업에 비해 다소 낮아 7%에 달한다. 일반적으로 수익률이 낮은 쪽에는 브랜드화나 차별화 정도가 낮은 식품을 가공하는 기업들이 위치한다.

식품제조업의 경우 일률적으로 정해진 수익률 목표치는 없다. 많은 신규기업들은 낮은 수익률 목표에서 출발하여 점차 학습효과를 통해 성장해나감에 따라 목표수익률을 높여나간다.

3.2 원재료의 구매가격 책정

판매부서에서 사용한 판매가격 책정 방식은 구매부서에서도 적용할 수 있다. 기업이 자신의 제품에 대한 판매 계약을 체결할 때, 계약서에 제품 가격이 정해진다. 최종 제품의 판매가격이 주어지면 손익분기점 가격 책정식과 목표수익률 가격 책정식을 원재료 구매가격에 대해 풀어 구매부서에서 원재료를 구입할 때 지불하는 가격에 대한 지침을 얻을 수 있다.

3.2.1 원재료가 하나인 경우

기업이 한 가지 원재료만을 사용하여 제품을 생산한다면 판매제품에 적용한 가격 책정식을 역으로 환산하는 것은 간단하다. 앞 절의 손익분기점 가격 책정식을 이용하여 원재료 비용 r에 대해 풀면 다음을 얻게 된다.

$$r^{BE} = P - \frac{c(q)}{q} - \frac{u}{q} \tag{3.1}$$

이 가격은 기업이 거래 계약의 손익분기점을 맞추기 위해 구입 원재료에 대해 지불할 수 있는 최대가격이다. 목표수익률 가격에 관한 식을 이용하여 r에 대해 풀면 다음과 같다.

$$r^{GM} = (1 - gm)P - \frac{c(q)}{q} - \frac{u}{q} \tag{3.2}$$

위의 목표수익률 구매가격은 계약을 체결할 때 이미 제품의 판매가격이 정해졌다면 목표수익률을 얻기 위해 구매부서가 구입 원재료에 대해 지불할 가격을 의미한다.

3.2.2 원재료가 둘 이상인 경우

앞 절에서는 단지 한 가지 원재료만을 사용하여 제품을 생산할 때 원재료에 대한 가격 책정 방식을 설명하였다. 그러나 현실은 그렇게 단순하지 않다. 농장에서 수확된 농산물을 단순히 선별·포장하여 대형유통매장 등으로 출하하는 농산물산지유통센터의 경우에도 몇 가지의 원재료가 필요하다. 여기에는 원재료인 농산물외에도 상표, 포장용 상자 등이 사용된다. 제품 생산에 여러 복합적인 원재료가 투입될 경우에는 변수 r이 모든 원재료에 대한 비용들을 합한 총원재료 비용을 나타내도록 위의 식들을 다소 수정할 필요가 있다.

개별 원재료 가격을 r_j, 완제품 한 단위당 투입된 원재료의 수량을 n_j라고 하자. j는 완제품 생산에 사용된 원재료의 종류를 의미한다. 완제품 가격이 원/kg이라고 한다면 이때 n_j는 선별 또는 가공 처리 후에 판매용으로 포장된 완제품 1kg을 생산하는 데 필요한 각 원재료의 수량을 나타낸다. 만약 완제품 가격이 상자단위로 매겨진다고 가정하면, 예를 들어 한 상자에 닭고기 통조림 캔 10개가 들어있는 경우라면 n_j는 닭고기 통조림 한 상자를 생산하는 데 투입되는 각 원재료의 수량을 나타낸다. n_j는 완제품 한 단위당 투입된 원재료의 수량을 나타내기 때문에 원재료 함량비율 또는 배합비율이라 부른다.

만약 닭 1마리의 중량이 1.5kg이고, 닭고기 통조림을 10캔 들이 한 상자단위로 판매한다면 한 상자당 닭고기의 함량비율은 (1.5kg중량의 닭고기)/(닭고기 통조림 한 상자)이다. 이러한 개념을 사용하면 총원재료비용은 다음과 같다.

$$r = \sum_{j=1}^{J} r_j n_j \tag{3.3}$$

J개의 원재료 가운데 어느 한 가지 원재료에 대한 가격책정식을 유도하려면 식 (3.3)을 식 (3.1) 또는 (3.2)에 대입한 후에 해당 원재료의 가격을 제외한 모든 항을 우변으로 이항하면 된다. 예를 들어 원재료 1에 대한 손익분기점 가격과 목표수익률 가격은 다음의 방식으로 도출할 수 있다.

$$r_1^{BE} = \frac{\left[P - \frac{c(q)}{q} - \frac{u}{q} - \sum_{j=2}^{J} r_j n_j\right]}{n_1} \tag{3.4}$$

$$r_1^{GM} = \frac{\left[(1-gm)P - \frac{c(q)}{q} - \frac{u}{q} - \sum_{j=2}^{J} r_j n_j\right]}{n_1} \tag{3.5}$$

위의 원재료 구입에 대한 가격 책정식은 최종 제품의 판매수입에서 가공비용, 간접비(overhead cost), 다른 모든 원재료 비용을 차감한 후에 원재료 r_1의 구입에 지출할 수 있는 잔여액을 알려준다. 식 (3.4)는 기업으로 하여금 손실 없이 구매부서가 지불할 수 있는 최대금액인 손익분기점 구매가격이다. 반면, 식 (3.5)는 기업이 원하는 목표수익률을 얻기 위해 원재료 r_1에 대해 구매부서가 지불할 수 있는 원재료의 목표수익률 구매가격이다. 원재료 2, 3, $\cdots, J$에 대해서도 비슷한 방식으로 가격 책정식을 구하면, 원재료 구매를 위한 거래 계약을 할 때 목표치로 사용할 수 있는 구매가격을 얻게 된다.

[실행학습 3.1] 시판김치를 예로 들어 모든 원재료의 비용을 하나의 결합비용 r로 전환하는 과정을 알아보자. 김치의 원재료는 배추, 소금, 고춧가루 등 다양한 양념이 포함된다. 이 예제에서는 단순화하여 원재료를 크게 배추, 고춧가루, 기타 김치용 양념으로 구분하자. 김치 1통(1.8kg 용량의 플라스틱통)을 만들 때, 배추 1.75kg, 고추가루 50g, 기타양념 300g을 사용한다고 하자. 이외에 김치제조업체는 플라스틱 용기(통), 용기에 부착할 상표, 그리고 시판김치를 6통 단위로 포장하여 배송하기 위한 상자가 필요하다. 필요한 모든 원재료의 수량과 비용은 다음과 같다.

원재료명	단위당 비용	상자당 원재료 함량비율(n_j)	상자당 비용(원)
배추	1,200원/kg	(1.75kg/통)(6통/상자)=10.5kg/상자	12,600
고추가루	2,500원/100g	(50g/통)(6통/상자)=300g/상자	7,500
김치용 양념	4,500원/100g	(300g/통)(1kg/1000g)(6통/상자)=1.8kg/상자	81,000
플라스틱통	300원/개	(1개/통)(6통/상자)=6개/상자	1,800
상표	50원/개	(1개/통)(6통/상자)=6개/상자	300
포장용 박스	500원/개	1개/상자	500

위의 표는 각 원재료의 비용을 판매되는 완제품 한 단위당 비용으로 환산하는 과정을

보여준다. 시판김치는 상자 단위로 판매되기 때문에 모든 원재료도 상자당 단위로 전환된다. 세 번째 열의 숫자는 원재료 배합비율 n_j이다. 각 원재료의 상자당 비용을 구하려면 단위당 비용과 배합비율을 서로 곱해주면 된다.

식 (3.3)에서와 같이 네 번째 열의 모든 항목을 더하면 결합비용 r이 도출된다. 여기서 r은 상자당 103,700원이다.

[실행학습 3.2] 원재료의 구매가격을 계산하는 방법을 사례를 들어 설명하여보자. 먼저 원재료 구매에 대한 두 가지 가격 책정식을 다시 써보자.

$$\text{손익분기점 구매가격} \quad r_1^{BE} = \frac{\left[P - \frac{c(q)}{q} - \frac{u}{q} - \sum_{j=2}^{J} r_j n_j\right]}{n_1}$$

$$\text{목표수익률 구매가격} \quad r_1^{GM} = \frac{\left[(1-gm)P - \frac{c(q)}{q} - \frac{u}{q} - \sum_{j=2}^{J} r_j n_j\right]}{n_1}$$

[실행학습 3.1]의 시판김치 사례에 제품의 판매가격 정보를 추가하자. 김치의 원재료 성분과 비용은 이전과 같다. 김치의 판매가격이 상자당 140,000원, 노동비용은 상자당 20,800원, 전기료, 상하수도료 등 간접비가 상자당 5,000원이라고 하자. 배추를 제외한 모든 원재료비용은 상자당 91,100원이다. 목표수익률은 9%라 할 때, 원재료인 배추의 구매가격은 두 가지 방식으로 구할 수 있다.

$$\begin{aligned} r_1^{BE} &= (140{,}000\text{원/상자}) - (20{,}800\text{원/상자}) - (5{,}000\text{원/상자}) - (91{,}000\text{원/상자}) \\ &= 23{,}100\text{원/상자} \end{aligned}$$

$$\begin{aligned} r_1^{GM} &= (1-0.09) \times (140{,}000\text{원/상자}) - (20{,}800\text{원/상자}) - (5{,}000\text{원/상자}) - (91{,}000\text{원/상자}) \\ &= 10{,}500\text{원/상자} \end{aligned}$$

배추 구매가격을 상자 단위에서 kg 단위로 전환하려면 상자당 배추의 무게가 10.5kg이라는 사실을 적용하면 된다. 상자당 가격을 원재료 단위(즉 10.5kg/ 상자)로 나누면 kg당 가격을 산출할 수 있다. 그리하여,

$$r_1^{BE} = (23{,}100\text{원/상자})/(10.5\text{kg/상자}) = 2{,}200\text{원/kg}$$

$$r_1^{GM} = (10{,}500\text{원/상자})/(10.5\text{kg/상자}) = 1{,}000\text{원/kg}$$

배추 구매가격이 kg당 1,200원이므로 이 회사는 손익분기점 가격보다 훨씬 낮은 가격으로 배추를 구입하고 있다. 이는 회사가 수익을 얻고 있음을 의미한다. 그러나 목표수익률 구입 가격에는 못 미치고 있다. 이 회사가 총수익률 목표에 도달하려면 제품을 더 높은 가격에 판매하거나 시판김치의 원가에서 비중이 상대적으로 높은 김치용 양념을 더 낮은 비용으로 구입해야 한다.

3.2.3 가격 책정식의 결합

앞 절에서 원재료 가격 책정식을 도출할 때 판매가격과 식품 제조과정에서 발생하는 비용은 일정하다고 간주하였다. 그러나 실제로 판매부서는 동일한 제품이라도 서로 다른 가격에 판매하며, 구매자 또한 여러 가지 원재료를 서로 다른 가격에 구매할 수 있기 때문에 목표가격은 끊임없이 수정해야 한다.

기업이 영업을 시작하면, 원재료 가격의 평균값이나 기대값을 사용하여 자사 제품의 손익분기점 가격이나 목표수익률 가격을 책정한다. 기업은 책정된 판매가격에 기초하여 구매부서에 원재료의 구매가격을 정해준다. 또는 판매부서의 영업사원이 제품을 판매할 때 실제로 책정한 가격을 원재료 구매가격의 가이드라인으로 이용하게 할 수도 있다.

어느 한 원재료에 대한 가격 책정은 생산에 투입되는 다른 모든 원재료의 가격에 의해 영향을 받는다. 따라서 가격 책정식은 다른 원재료의 가격이 변할 때마다 다시 계산할 필요가 있다. 즉, 구매부서가 원재료를 구입하거나 또는 판매부서의 영업사원이 제품을 판매할 때마다, 새로운 가격이 가격 책정식에 대입된다. 요즘에는 이러한 재계산 과정이 자동적으로 수행된다. 보통 가격 책정식은 마이크로 엑셀(Micro Excel) 같은 프로그램에 프로그래밍이 되어 있다. 구매부서나 판매부서의 사원은 원재료가 구매되거나 또는 제품이 판매될 때마다 거래가격을 본사에 보고한다. 요즈음은 이메일로 전송하거나 또는 데이터베이스 시스템에 직접 접속하여 새로운 가격을 입력한다. 회사들은 가장 최근에 입수된 가격이나 구매 또는 판매한 품목별 수량을 가중치로 사용하여 가중평균한 값을 적용하여 가격 책정식을 다시 계산한다. 그 결과, 구매부서와 판매부서의 사원은 이메일이나 또는 데이터베이스에 직접 접속하여 원재료 구매나 제품 판매를 위한 새로운 가격 정보를 쉽게 얻을 수 있게 된다.

만약 원재료 하나가 서로 다른 두 제품에 사용되었다면 어떻게 해야 하나? 그러한 경우에 동일한 원재료에 대해 서로 다른 두 개의 가격 책정식을 사용하거나 또는 두 가격의 가중평균치를 사용할 수 있다. 예를 들어 구입한 원재료의 40%는 첫 번째 제품의 생산에 사용되고, 나머지 60%는 두 번째 제품의 생산에 투입된다고 하자. 이때 두 가지 가격 책정식을 가중평균하여 사용할 수 있다. 첫 번째 제품의 가격으로부터 얻어진 원재료의 가격 책정식(r^1)에는 가중치(w^1) 0.4를, 두 번째 제품 가격으로부터 계산된 원재료의 가격 책정식(r^2)에는 가중치(w^2) 0.6을 적용한다. 동일 원재료에 대한 가격 책정식을 구분하기 위해 상첨자 1과 2를 사용하고 단순화를 위해 원재료명에 대한 하첨자를 생략하면 가중평균된 원재료 가격은 다음과 같다.

$$r_{avg} = w^1 r^1 + w^2 r^2$$

여기서 가중치 w^1과 w^2의 합은 1이다. 위의 사례에서 두 가중치는 각각 0.4와 0.6이다.

3.3 다양한 의사결정에 가격 책정식 적용하기

3.3.1 원재료 선택

앞에서 설명한 원재료 구매가격의 책정식은 식품가공기업으로 하여금 사용 가능한 둘 이상의 원재료 가운데 어느 하나를 선택할 때에도 적용할 수 있다. 예를 들어, 베이커리제품의 경우 생산과정에 어떤 종류의 식용유를 사용해도 무방하다. 식품기업은 여러 브랜드별로 식용유의 현행 시장 판매가격을 목표수익률 구매가격과 비교하여 자신에게 가장 유리한 식용유 제품을 원재료로 선택할 수 있다.

3.3.2 제품 선택

기업은 원재료의 선택에서 적용한 비교 방식을 최종 제품의 선택에도 적용할 수 있다. 예를 들어, 어느 기업이 토마토를 원재료로 하여 주스와 케첩을 만들 수 있지만, 한 번에 제품 하나밖에 생산할 수 없는 시설용량을 가졌다고 하자. 이때 해당 기업은 앞서 설명한 가격 책정식을 사용하여 두 제품 가운데 수익이 더 높은 것을 선택할 수 있다. 기업이 각 제품의 판매가격을 예측할 수 있다면 현행 원재료 가격에서 얻을 수 있는 총수익(gross profit margin)을 각 제품에 대해 계산할 수 있다.

먼저, 제품에 사용된 모든 원재료의 비용을 합한 원재료 총비용을 목표수익률 가격 책정식에 대입하면 다음과 같이 목표수익률 가격 책정식을 구할 수 있다.

$$P^{GM} = \left[\frac{1}{(1-gm)}\right]\left[\frac{c(q)}{q} + \sum_{j=1}^{J} r_j n_j + \frac{u}{q}\right]$$

위 식을 수정하면 제품 i의 단위당 수익을 나타내는 π_i를 구할 수 있다.[1]

$$\pi_i = P_i^{GM} - \left[\frac{c(q)}{q} + \sum_{j=1}^{J} r_j n_j + \frac{u}{q}\right]$$

위의 제품 한 단위당 수익을 나타내는 식으로부터 각 제품의 판매로부터 얻을 수 있는 총수익을 계산할 수 있다. 각 제품에 대한 총수익의 기대값은 제품 한 단위당 수익 π_i에 해당 제품의 생산량 예측치를 곱하면 구할 수 있다. 가장 높은 수익을 제공하는 제품이 정해지면, 2장에서 논의한 바와 같이 기업의 시설용량하에서 해당 제품을 생산할 최적 가동시간과 가동속도를 선택할 수 있게 된다.

3.3.3 고정비용의 고려

2장과 3장에서 다룬 비용의 대부분은 가변비용에 대한 것이었다. 따라서 전술한 가격 책정식은 고정비용이나 법인세 등을 포함하지 않은 수익률에 기초한 것이다. 그러나 기업은 고정비용을 반드시 감안해야 한다. 수입이 가변비용만을 초과한다면 장기적인 측면에서 보았을 때 문제가 있다. 기업은 손실을 보지 않으려면 적어도 장기의 어떤 기간 내에 고정비용을 보전해야 한다.

경영자가 공장 개시 및 폐쇄 비용, 연간 감가상각비, 이자비용과 같은 고정비용을 어떻게 고려할 것인가? 위의 제품 단위당 수익을 나타내는 식은 기업으로 하여금 생산을 계획하고 있는 제품에 대한 총수익을 추정하도록 해준다. 경영자는 생산에 투입할 원재료에 대

---

1 제품 i의 단위당 수익을 나타내는 π_i은 판매가격에서 평균가변비용을 차감한 것으로 공헌마진(contribution margin)이라고도 한다. 단기에 고정비는 판매량과 관계없이 일정하기 때문에 공헌마진의 총액(=공헌마진×판매량)을 극대화하면 총수익이 자동적으로 극대화된다.

해 현행 시장가격을 적용하고 판매할 제품에 대해서는 기대가격의 평균치를 적용하면 해당 제품의 단위당 수익 추정치를 구할 수 있다. 단위당 수익(위의 식에서 π_i)에 일정 기간 동안(예를 들어, 계절, 월, 연 등)에 예상되는 총생산량을 곱하여 제품 판매로부터 얻게 되는 총수익 기대치를 구할 수 있다. 그 다음에 경영자는 총수익과 고정비용을 비교할 수 있다. 총수익 기대치가 고정비용의 합계를 초과한다면 제품 생산에 착수해야 한다. 이때 기업은 제품을 생산함으로써 수익을 얻게 된다.

총수익이 고정비용의 전부는 아니더라도 일부를 보전할 만큼 충분히 크다면, 경영자는 고정비용을 분해하여 어떤 비용들로 구성되어 있는지 파악할 필요가 있다. 우선 모든 가공 시설에서 가동 개시 및 정지 비용은 공통적인 비용이다. 농산물산지유통센터(APC)처럼 농산물이 수확되는 기간 동안만 운영되는 가공시설에서 가동 개시 및 정지 비용은 설비를 가동하는 시기에만 발생하기 때문에 총수익에 의해 보전되어야 한다. 그렇지 않으면 생산을 중단해야 한다. 장기 관점에서 보면 이들 비용은 가변적이다. 기업이 이러한 비용을 보전할 수 없다면 공장을 폐쇄하는 것이 더 낫다. 감가상각비, 보험료, 이자비용 등은 공장의 운영 여부에 관계없이 동일하다(또는 거의 일정하다). 그리하여 추정된 총수익이 모든 고정비용을 보전할 수 없더라도 생산을 시작할 가치가 있다. 왜냐하면 기업은 당초 기대한 것보다 높은 가격으로 제품을 판매하거나 더 낮은 가격으로 원재료를 구매할 수 있기 때문이다. 이러한 상황하에서 기업은 가동을 멈추는 것보다 운영하는 것이 더 낫다.

3.3.4 신제품의 가격 책정

기업이 신제품을 개발하는 과정에서 결정해야 하는 것 중의 하나는 신제품 가격을 정하는 것이다. 기업은 사업 유형에 따라 판매가격을 정확하게 정해야 하거나 또는 사업계획을 수립하거나 판매부서가 신제품을 판매할 때 참고할 용도로 판매가격 기대치가 필요하다. 우리가 앞에서 배운 가격 책정식은 두 가지 방법으로 신제품 개발에도 적용할 수 있다.

첫 번째는 신제품의 기대가격이나 목표가격을 정하는 데 적용하는 것이다. 신제품의 제조 방법이 정해지면, 기업은 사용 원료에 대한 시장가격과 추정된 생산비용을 사용하여 목표수익률을 달성하는 데 필요한 제품 판매가격을 정할 수 있다. 만약 목표가격에 도달하기 어렵다면, 기업은 그 제품을 출시하지 말아야 한다.

두 번째는 구입할 원재료를 선택하는 데 적용하는 것이다. 식품제조업체나 외식사업체가 신제품을 개발할 때, 제품 아이디어와 목표가격을 먼저 결정한다. 예를 들어, 계획하고 있는 신제품의 가격이 단위당 4,500원이라고 하자. 제품개발팀이 신제품 개발을 시작할 때

목표수익률을 달성하면서 가격 목표치에 맞출 수 있도록 구입할 원재료와 가공방법을 선택한다. 판매가격이 변함에 따라 원재료의 품질과 종류가 달라지며 가공과정에 투입되는 노동량도 변하게 된다.

대다수의 식품제조업체는 하나의 식품 카테고리 내에서 여러 종류의 유사한 제품을 만들어 소매시장에 서로 다른 가격에 판매한다(예를 들어, 슈퍼마켓 브랜드로 저렴하게 판매하거나 그 외 브랜드로 중간 수준의 가격에 판매하며, 레스토랑 판매용일 때는 비싼 가격으로 판매한다). 식품기업들은 이러한 방식을 적용함으로써 다양한 가격수준에서 판매되는 유사한 제품에 대해 서로 비슷한 목표수익률을 달성할 수 있게 된다.

3.4 가격차별

3.4.1 가격차별의 이유와 방법

기업은 이윤을 극대화하기 위해 가격차별을 실행한다. 가격차별은 고객을 둘 이상의 집단으로 세분하여 각 집단에 서로 다른 가격으로 판매하는 기업전략이다. 가장 순수한 형태의 가격차별에서 세분된 고객 집단에게 판매하는 제품(또는 서비스)은 동질적이어야 한다. 하지만 실제로 판매되는 제품들은 대개 약간씩 다르다.

가격차별은 저장활동을 하는 기업이 추구하는 이윤극대화 행동의 좀 더 일반적인 유형이기도 하다. 기업은 제품을 저장함으로써 자신의 고객을 현재 고객과 미래 고객으로 나눌 수 있다. 기업이 미래 고객에게 더 높은 가격을 부과하는 것을 기대할 수 없다면 저장할 이유가 없기 때문에, 가격차별은 최적 저장 전략의 일환이라 할 수 있다(식품기업의 저장행위에 대해서는 4장에서 자세하게 다룰 것이다).

가격차별의 일반적인 정의는 1차, 2차, 3차 가격차별화를 포함한다. 1차(또는 완전) 가격차별화는 판매자가 각 고객이 지불하려는 최대금액을 해당 고객에게 부과하는 경우이다. 이때 고객은 소비자 잉여를 전혀 얻지 못하고, 모든 생산자가 거래에서 발생하는 잉여를 모두 얻게 된다. 현실에서 완전 가격차별에 가장 가까운 사례는 경매이다. 2차 가격차별화는 가격이 수량에 따라 다른 경우로, 대량 구매자에게 수량 할인이 제공되는 경우이다. 3차 가격차별화는 고객을 여러 집단으로 세분하여 각 집단별로 서로 다른 가격을 부과하는 행위를 포괄하며, 이 장에서 주로 다룰 내용이다. 우리는 유사가격차별(quasi-price discrimination)이라 불리는 가격차별 행위도 논의할 것이다. 이러한 행위는 판매자가 통상적인 3차 가격차별화와 동일한 종류의 이윤을 획득하기 위해 서로 다른 가격으로 다소 차별화된 제품을 제공하는 것을 말한다.

기업이 자신의 고객을 서로 다른 수요(정확하게 말하자면 수요의 가격탄성치)를 가진 여러 집단으로 세분할 수 있을 때, 가격을 차별화하여 서로 다른 집단에 상이한 가격을 부과함으로써 이윤을 증가시킬 수 있다. 가격차별의 전제 조건은 판매자는 우하향하는 수요곡선을 가질 만큼 충분한 시장지배력을 가지며 차별화 정도가 충분한 제품을 생산하여 자신의 제품에 가격을 정할 수 있어야 한다는 점이다.

우하향하는 직선형태의 수요곡선에 직면하는 기업은 가격탄력성이 −1(단위 탄력성)과 같도록 가격을 정할 때 수입이 극대화된다. 기업이 수요의 가격탄력성이 비탄력적인(탄력성이 -1과 0 사이인 경우) 구간의 가격에서 판매하고 있다면, 가격을 인상시켜 수입을 증가시킬 수 있을 것이다. 수요가 비탄력적일 때 가격을 인상하면 판매량 감소가 가격 인상분보다 적기 때문에 수입은 증가하는 반면, 이전보다 적은 수량이 생산되기 때문에 비용은 감소하게 되어 이윤은 증가한다. 현행가격이 탄력적인 범위 내에 있다면, 판매량의 증가율을 높이려면 가격을 낮추어야 한다. 이러한 경우에 더 많은 수량이 생산되었기 때문에 비용 증가로 인해 이윤이 증가할지 확실하지 않다. 그러나 가격차별의 핵심은 결코 가격을 낮추기만 하는 것이 아니라 인하와 인상 두 가지를 모두 고려한다는 점이다.

가격을 차별화하려면 두 가지(또는 그 이상) 집단의 고객들이 있어 서로 다른 가격을 부과할 수 있어야 한다. 성공적인 가격차별의 비결은 고객을 비탄력적인 수요를 가진 집단과 탄력적인 수요를 가진 다른 집단으로 나누는 것이다. 그 후에 판매자는 수요 비탄력적인 고객에게는 가격을 인상하고 수요 탄력적인 고객에게는 가격을 낮출 수 있다(식품산업 인사이드 3.2 『커피전문점의 가격차별화』를 참조하시오).

우리는 다음 절에서 가격차별화 방법에 대해 알아볼 것이다. 독자의 이해를 돕기 위해 식품기업의 사례에 국한하지 않고 우리 주변에서 시행되고 있는 다양한 형태의 가격차별화 사례를 살펴볼 것이다.

구매자 속성에 따른 가격차별

가격차별의 가장 일반적인 형태는 고객을 개인적인 속성에 따라 세분화하는 것이다. 이러한 범주의 가격차별에는 학생할인, 경로우대할인, 여성심야할인 등이 속한다. 핵심은 이러한 순수한 형태의 가격차별이 가능하려면 서로 다른 고객 집단들에게 판매하는 제품이 동일해야 한다는 점이다. 예를 들어, 학생할인과 경로우대할인은 순수가격차별이다. 왜냐하면 모든 사람이 동일한 시간에 한 극장에서 같은 영화를 관람하지만, 영화 관람요금은 모두 같지 않기 때문이다. 반면, 패밀리 레스토랑에서 어린이 메뉴는 가격차별이 아니다. 왜냐하면 어린이 메뉴의 음식은 일반 메뉴와 달리 양도 적고 저렴한 식재료를 사용하기 때문이다.

식품산업 인사이드 3.2

커피전문점의 가격차별화 전략

스타벅스나 엔제리너스 등 커피전문점들은 다양한 커피제품을 판매한다. 다음은 스타벅스가 제공하는 커피 음료들이다.

- 핫 초콜릿: 2.20달러
- 카푸치노: 2.55달러
- 화이트 초콜릿 모카: 3.20달러
- 페퍼민트 모카: 3.50달러
- 벤티 사이즈 카페아메리카노: 3.00달러

이들 커피전문점들은 다양한 메뉴를 통해서 단순히 고객에게 더 많은 선택의 기회를 제공하려는 것이 아니다. 이러한 메뉴는 각 고객들이 가격에 얼마나 민감한지(즉, 수요의 가격탄성치)를 스스로 드러나게 만든다. 큰 용량의 커피를 만들기 위해 시럽이나 초콜릿 파우더나 휘핑크림을 조금 더 사용하더라도 원가에는 큰 차이가 없다. 스타벅스가 이러한 모든 상품을 만드는 데 드는 원가는 1~2센트의 미미한 차이밖에 없다.

그렇다면 이는 스타벅스가 고객들에게 바가지를 씌우고 있다는 의미일까? 그렇지 않다. 만약 그렇다면 레귤러 카푸치노 혹은 핫 초콜릿에 3.3달러는 매겨야 한다. 물론 스타벅스는 그러고 싶겠지만 가격에 민감한 고객들을 생각하지 않을 수 없다. 생산원가가 모두 비슷한 제품들에 다양한 가격을 매겨놓음으로써, 스타벅스는 가격에 덜 민감한 고객들과 그렇지 않은 고객들을 모두 만족시킬 수 있다. 위의 메뉴는 다음과 같은 의미로 해석할 수 있다.

- 핫 초코릿: 2.20달러→ 평범함
- 카푸치노: 2.55달러→ 평범함
- 화이트 초코릿 모카: 3.40달러→ 나는 특별하니 휘핑크림을 넣어줘요.
- 페퍼민트 모카: 3.50달러→ 나는 특별하니 색다른 파우더를 추가해줘요
- 벤티 사이즈 카페아메리카노: 3.00달러→ 나는 식탐이 많으니 많이 줘요.

스타벅스는 커피 값을 후하게 지불하는 사람을 완벽하게 확인할 수 있는 방법이 없다. 달리 말하면, 매장을 방문하는 고객마다 커피 수요의 가격탄력성이 탄력적인지 아니면 비탄력적인지를 알 길이 없다. 이 때문에 여러 가지 메뉴를 제공하여 고객 스스로가 호사스러운 선택을 할 수 있는 여건을 갖추어 놓는 것이다.

자료: 팀 하포드의 '경제학 콘서트'에서 발췌

위치에 따른 가격차별

구매자 속성에 추가하여, 고객 집단은 위치에 따라 세분화할 수 있다. 바닷가재를 판매하는 사업의 경우 부둣가에서는 낮은 가격에 판매하고, 수요가 비탄력적이거나 또는 높은 도심에서는 보다 높은 가격에 판매하는 것이다. 가격차별이 이루어지려면, 바닷가재의 도심 판매가격과 부둣가 판매가격의 차이가 부두에서 도심까지의 수송비를 초과해야 한다. 그렇지 않으면 그 차이는 정상적인 유통마진에 지나지 않는다.

고객은 각 위치의 경쟁정도에 따라 세분화할 수 있다. 항공사가 하나인 소규모 공항과 여러 항공사가 있는 대규모 공항이 있다고 하자. 동일한 항공사가 양쪽 공항에서 모두 운행하더라도, 대규모 공항보다 소규모 공항에서 항공요금이 더 비싸다. 항공사는 경쟁이 없는 소규모 공항에서 요금을 더 높게 부과한다. 왜냐하면 그 공항에서 고객들은 대체상품(다른 항공편)의 부족으로 인해 보다 비탄력적인 수요를 가지기 때문이다.

소득에 따른 가격차별

판매자들은 소득이 높은 고객일수록 비탄력적인(또는 제품에 대해 높은 수요를 가진) 고객이라고 생각하여 고객을 소득에 따라 세분화하려고 한다. 이러한 유형의 가격차별로 유명한 것이 주택 수리업체의 가격부과 방식이다. 이들 업체들은 일반적으로 동일한 수리 작업이라도 고가의 집들이 있는 지역일수록 수리비용을 더 많이 부과한다. 고객의 소득수준을 직접적으로 알 수 없기 때문에, 수리업체들은 이에 대한 대리변수로 주택 가치를 이용하여 고객들을 세분한다.

아울렛(outlet) 매장을 운영하는 의류제조업체들도 위와 동일한 방식을 취한다. 먼저, 신제품을 고가 매장과 본점 매장에서 높은 가격으로 판매하고 난 후에, 잔여 제품은 낮은 가격으로 아울렛 매장에서 판매한다. 이러한 가격차별은 고객 스스로가 세분화되는 경우에 적용되는 것으로, 이때 고객은 최신제품을 기다릴 의향을 가진 집단과 애써서 최신제품을 구매하지 않는 집단으로 나뉜다. 이러한 세분화는 어느 정도는 소득수준에 따라 일어나지만 반드시 그렇지는 않다. 왜냐하면 의류제품의 구매 여부나 지불가격은 패션에 대한 개개인의 선호에 의해 달라질 수 있기 때문이다.

시간 또는 계절에 따른 가격차별

많은 경우에 고객들은 제품을 소비하는 시기와 장소가 얼마나 유동적일 수 있는가에 따라 비탄력적인 집단과 탄력적인 집단으로 구분된다. 레스토랑은 이른 시간(오후 6시 전)에 식사하러 오는 고객에 대해 저렴한 가격으로 저녁메뉴를 제공한다. 휴가용 리조트와 유람선

(크루즈 여객선)도 기온이나 다른 조건이 최상인 시기에 휴가를 보내려는 고객에게 높은 가격의 성수기 요금을 부과하고, 수요가 적은 시기에 찾아오는 고객에게는 낮은 요금을 부과한다. 원하는 휴가 시기가 유동적인(수요가 보다 탄력적인) 고객은 낮은 가격으로 휴가를 보내기 위해 비수기를 선택한다. 반면, 보다 비탄력적인 수요를 가진 고객은 자신이 원하는 시기에 휴가를 보내기 위해 값비싼 성수기 요금을 지불하는 데 동의한다.

고객이 시간에 얼마나 유동적일 수 있는가에 따라 고객을 세분화하는 또 다른 예는 항공사 고객의 경우이다. 출장 목적의 여행자는 여행 시기나 장소를 변경하기 어렵다. 또한 여행경비를 자신이 아니라 회사가 지불하기 때문에 출장 목적의 여행자는 가격에 개의치 않는다. 반면, 휴가 목적의 여행자는 휴가 시기를 다소 조정할 수 있고 여러 지역 중에서 가장 매력적인 가격으로 이용할 수 있는 곳으로 휴가를 가려고 한다. 그러므로 출장 목적의 여행자는 비탄력적인 수요를 가지는 반면, 휴가 목적의 여행자는 보다 탄력적인 수요를 가진다.

항공회사들이 고객들을 세분화하는 방법을 찾아내는 것은 묘수이다. 왜냐하면 출장 목적의 여행자들이 자신의 상황을 자발적으로 공개하여 더 높은 가격을 순순히 지불하려고 하지 않기 때문이다. 항공사들은 인터넷 등 정보기술을 통해 수집된 각종 정보를 사용하여 다양한 가격 책정 방식을 적용해왔지만, 실제로 항공사들이 가격차별을 실행할 때 그들이 실행하는 고객 세분화 방식은 단순하다. 항공사들은 출발 일자에 앞서 단시일 안에 항공편을 예약한 고객에게는 출장 목적의 여행자로 간주하여 높은 가격을 부과했다. 반면 오래전(대개 2~3개월 전)에 미리 항공편을 예약한 고객에게는 할인가격을 제공했다. 항공사들은 또한 출장 목적의 여행자들은 출장업무가 끝나면 가족이 있는 집으로 돌아가길 원한다고 생각하여 토요일에 숙박하지 않고 되돌아오는 왕복항공편에 높은 가격을 부과하려고 했다.

오늘날 항공사들은 꽤 복잡한 형태의 가격차별을 실행한다. 항공편 가격은 매일, 매시간, 잔여 좌석 수, 항공사의 미래 수요예측, 타 항공사와의 경쟁(이들이 부과하는 가격), 그외 항공사들이 생각하여 실행할 수 있는 모든 것에 따라 변한다. 요즈음 항공사들은 인터넷에 의한 항공편 예약과 자료 수집 기법을 활용하여 항공편 가격을 거의 즉각적으로 바꿀 수 있다. 항공사의 가격차별이 얼마나 심한지를 보여주는 사례로 [식품산업 인사이드 3.3]의 항공권 가격에 관한 일화를 참고하라.

노력에 의한 가격차별: 쿠폰의 사례

식품기업들이 고객을 세분화하는 데 사용하는 흥미로운 방법 중의 하나는 쿠폰을 발행하는 것이다. 쿠폰은 고객으로 하여금 스스로를 세분화하도록 한다. 여러분이 어떤 회사 제품의 쿠폰을 찾아내고 점포로 가져와서 사용하는 등의 노력을 할 의향이 있다면, 더 낮은 가격으로 해당 제품을 구매할 수 있다. 제품을 보다 낮은 가격으로 구매하기 위해 이러한 노력을 할 의향이 있는 고객은 할인된 가격이 제시될 때에 보다 더 많이 구매하려고 하기 때문에 스스로를 보다 탄력적인 수요를 가진 사람으로 간주한다. 수요가 보다 비탄력적인 고객들은 쿠폰 사용에 들이는 시간과 노력이 쿠폰이 제시하는 가격할인 정도를 상쇄시키는 부가적인 비금전적 비용이라 판단하여 쿠폰을 사용하지 않을 것이다.

쿠폰은 판매자의 입장에서도 혜택이 있다. 첫째, 가격차별을 실행하는 데 소요되는 유일한 비용은 쿠폰 인쇄와 배포 비용이다. 이러한 비용 이외에 고객을 유형별로 식별하여 여러 집단으로 구분하고 세분된 고객 집단을 유지하기 위한 어떠한 비용이나 노력이 들어가지 않는다. 고객 스스로가 이러한 일을 하게 된다. 둘째, 쿠폰은 광고로도 쓰인다. 쿠폰을 사용하지 않는 사람도 신문, 광고 전단지, 점포의 매대 등에서 쿠폰을 보게 된다. 이들 쿠폰은 기존 고객들로 하여금 계속해서 해당 제품을 구매하도록 할 뿐만 아니라 경쟁사 브랜드를 구매하는 고객의 일부가 브랜드를 전환하여 해당 쿠폰의 제품을 구매하도록 하는 광고 효과를 가진다. 새로운 고객에게 할인된 가격(즉, 정상가격에서 쿠폰 할인액만큼을 차감한 가격)을 제공하는 것을 기존 고객 모두에게 할 필요가 없기 때문에, 쿠폰은 많은 식품기업에게 상당히 매력적인 가격차별화 전략일 수 있다. 당연히 기존 고객들 중 일부는 쿠폰을 사용하여 낮은 가격을 지불하려고 할 것이다. 하지만 기업이 해당 제품을 쿠폰 없이 판매한다면, 모든 고객들은 정상가격에 구매하게 된다.

식품산업 인사이드 3.3

항공요금의 가격차별에 관한 일화

1997년 10월 유나이티드 에어라인(United Airline) 815편은 시카고에서 LA로 출발하였다. 보잉 757 기내에는 204명의 승객이 있었고 이들이 지불한 항공료의 평균 금액은 775달러였다. 그러나 항공권의 실제 가격은 [표 3.1]에서 보듯이 큰 폭의 차이가 있었다. 자신들의 항공권에 2천 달러 이상을 지불한 승객이 있는가 하면, 마일리지를 이용하여 전혀 요금을 지불하지 않은 승객도 있었다.

항공권 가격은 승객이 비슷한 좌석에 앉아 같은 서비스를 받는 동일 등급에서도 큰 폭의 차이가 있었다. 예를 들어, 815편의 보통석에 있던 34명의 승객은 199달러가 안 되는 요금을 지불하였고, 23명은 200달러에서 399달러 사이의 요금을 지불하였으며, 또 다른 23명은 400달러에서 599달러 사이의 요금을 지불하였다.

특정 항공편에 상이한 형태의 승객이 존재하기 때문에 항공사들은 요금을 변경하여 특정 항공편에 탑승할 승객의 수를 조정할 수 있게 된다. 그래서 항공사들은 가장 이윤이 많이 남는 방법으로 항공편에 승객을 채우기 위해 수익률관리시스템(Yield Management System)을 이용한다.

수익률관리시스템은 좌석의 종류와 가격 등을 과학적인 근거 및 수요예측에 따라 체계적으로 관리함으로써 좌석운용의 효율성을 높이는 것이 목적이다. 이들 시스템은 축적된 과거의 시기별 수요패턴 및 데이터 등을 기반으로 특정 시기별로 여객수요를 예측한 후, 그 결과에 가장 적합한 좌석운영 기준을 제시해 수익을 증대할 수 있도록 지원한다. 항공사들은 수익률관리시스템을 이용하여 서비스가 다른 등급에 얼마나 많은 좌석을 할당해야 하는지, 그리고 비싼 요금을 지불하는 마지막 순간의 승객을 위해 몇 개의 좌석을 남겨둬야 하는지, 할인된 요금으로 제공할 좌석 수는 얼마인지를 결정할 수 있게 된다.

[표 3.1] **항공요금의 차별화: 유나이티드 에어라인 815편 요금**

항공요금	승객 수	평균 선불 구매 일수
2,000달러 또는 그 이상	18	12
1,000~1,999 달러	15	14
800~999 달러	23	32
600~799 달러	49	46
400~599 달러	23	65
200~399 달러	23	35
199 달러 미만	34	26
0 달러	19	–

자료: Besanko & Braeutigam, 2008, *Microeconomics*에서 재인용

3.4.2 가격차별의 실행과 정책

고객 세분화

식품기업이 가격차별을 실행하기 위한 절차의 첫 번째 단계는 소비자를 세분하기 위한 방법을 찾기 위해 소비자를 연구하는 것이다. 예를 들어, 기업은 가격을 인하하거나 인상하여 수요 탄력성이 수요자에 따라 어떻게 달라지는지에 대한 정보를 수집할 수 있다. 기업이 소비자들을 비탄력적인 수요를 가진 집단과 탄력적인 수요를 가진 집단으로 구분할 수 있다면, 비로소 가격차별이 가능해진다(즉, 가격차별을 시작할 수 있다).

두 번째 단계는 소비자를 둘 이상의 집단으로 세분하여 서로 다른 가격을 부과하는 방법을 결정하는 것이다. 소비자 집단이 학생, 경로자 등과 같이 쉽게 구분되는 인구적인 특성에 따라 세분될 때, 기업은 손쉽게 판매제품에 서로 다른 가격을 책정할 수 있다. 예를 들면, 정상가격과 학생 할인가격이다. 그러나 소비자 집단이 여가 목적의 여행자와 출장 목적의 여행자로 구분되거나, 또는 일반식품 구매자와 고급식품 구매자 등과 같이 감춰진 특성에 따라 세분화될 경우 고객 세분화는 어려울 수 있다.

식품기업이 가격차별화를 위해 일반적으로 사용하는 두 가지 전략은 프리미엄 제품 판매와 회원제 할인점 운영이다. 프리미엄 제품은 기업으로 하여금 고품질이나 보다 좋은 서비스, 좀 더 나은 구입 시기에 대해 가치를 지불하려는 비탄력적인 고객들로 하여금 높은

가격을 지불하게 해준다. 프리미엄 제품의 사례로 항공기 일등석, 고급 에스테이트와인(유명한 포도원 이름이 상표에 표기되는 와인), 특상품의 육류나 어류 및 유제품, 그리고 프리미엄 커피음료나 아이스크림 등이 있다. 통조림이나 건조식품 또는 스프, 파스타, 심지어 케이크 믹스와 같은 제품에서도 프리미엄 브랜드가 있다. 프리미엄 브랜드는 동일한 기업이 적어도 생산비용 측면에서는 거의 동등하나 더 낮은 가격으로 판매하는 일반 제품이 있지 않는 한 가격차별화의 사례라고 할 수 없다. 그러나 슈퍼마켓에는 같은 카테고리의 제품을 다른 브랜드명을 사용하여 고가 상품과 저가 상품으로 판매하는 기업들의 제품들이 있다. 예를 들어, 대형유통매장에서 판매되고 있는 수많은 종류의 세탁기용 세제 제품들은 사실 단지 몇 안 되는 기업의 제품들이다.

반면, 회원제 할인매장, 포인트 카드나 회원제 카드 등과 같은 고객우대 프로그램(loyalty program), 쿠폰 등은 보다 탄력적인 수요를 가진 고객에게는 동일 제품이나 유사 제품을 낮은 가격에 구매하도록 해주는 반면, 비탄력적인 고객에게는 더 높은 가격을 부과하는 데 사용되는 방법들이다. 항공사들은 막판 할인이나 항공권 특가 판매 정보를 알기 원하는 고객의 이메일 주소 목록을 만든다. 아이스크림·제과점이나 패스트푸드점은 일정 횟수 이상을 구매하면 무료 시식할 수 있는 쿠폰을 제공한다. 이 모든 것들은 동일한 제품을 서로 다른 가격에 판매하면서 다음에 설명할 차익거래를 막는 방법이다.

고객이 세분화되면 기업은 세분된 고객 집단을 유지하여 저가제품을 고가제품의 구매자에게 재판매하는 것을 막아야 한다. 어떤 제품의 경우 세분화를 유지하는 것이 쉽다. 영화 관람권은 영화관에 들어가기 바로 직전에 구매하고 주민등록증이나 신분증으로 고객의 특성(연령)을 쉽게 알 수 있기 때문에 학생이나 경로자를 위한 할인 티켓은 실행하기 쉽고, 또한 해당 집단이 아닌 사람에 재판매하기도 어렵다. 프리미엄 브랜드와 저가 브랜드 제품에 기초한 세분화도 사람들이 이득을 취하기 위해 저가 제품을 사서 프리미엄 제품을 구매해오던 사람에게 재판매하려고 하지 않기 때문에 실행하기가 용이하다. 이러한 측면에서 볼 때 가격차별의 실행은 앞서 설명한 고객 집단을 식별하여 세분화하는 것보다 오히려 쉬운 일이다.

상호 관련된 제품 간의 가격차별

가격차별은 아니지만 이와 비슷한 것으로 유사가격차별화가 있다. 유사가격차별은 기업이 서로 유사하지만 동일하지는 않은 제품에 서로 다른 가격을 부과하는데, 그 가격 차이는 생산비용의 차이를 크게 상회하는 경우를 말한다. 유사가격차별화 사례는 식품산업의 외부와 내부에 다수 존재한다.

식품산업의 외부에서 실행되고 있는 유사가격차별은 이·미용(남자보다 여자에게 더 높은 요금 부과), 세탁(여성용 의류의 세탁비가 더 비싸다) 등에서 찾아볼 수 있다. 여성들이 비싼 요금 체계에 항의하지만 이러한 업체의 종사자들은 여성 고객에게 제공되는 서비스가 보다 많은 기술을 요구하기 때문에, 높은 가격은 이에 대한 당연한 보수이지 가격차별은 아니라고 주장한다.[2]

식품산업 내에서도 유사가격차별의 예를 찾아볼 수 있다. 레스토랑의 메뉴 가운데 할인 특가 석식메뉴(early-bird special)가 있다. 이것은 대개 정상적인 저녁식사 메뉴 품목에 대한 할인으로, 당신이 오후 5시의 저녁식사가 오후 8시 때와 동일한 품질과 맛을 가진다고 생각한다면 이것은 명백한 가격차별에 해당한다. 하지만 시간에 따라 제공되는 식사의 질이 다르다면 이는 단지 유사가격차별이다. 유사가격차별의 좀 더 분명한 사례는 신선과일과 냉동 과일(또는 과일 통조림)이다. 신선과일은 가공된 냉동과일보다 생산비용과 유통비용이 더 적게 든다. 하지만 일반적으로 신선과일은 동일 품목의 냉동식품이나 통조림에 비해 더 비싸다. 이것이 유사가격차별의 사례인데, 과일 등 신선식품은 프리미엄 브랜드인 반면, 통조림이나 냉동식품은 저가브랜드라 할 수 있다. 어느 누구도 통조림이나 냉동식품을 구매한 후에 이를 신선식품으로 되돌리려고 하지 않기 때문에 이러한 유형의 가격차별은 시행하는 데 별도의 조치가 필요하지는 않다.

농산물을 원재료로 사용하여 여러 가지 가공식품을 생산하는(예를 들면, 토마토를 페이스트, 소스, 슬라이스 통조림, 피자소스, 스파게티소스 등으로 가공) 산업 분야에서 이러한 유사가격차별 사례가 많다. 식품기업이 이들 관련 제품에 대해 생산비 차이 이상으로 차등된 가격을 부과할 때 이는 명백히 가격을 차별화하는 것이다. 고객들이 한 제품을 다른 제품으로 손쉽게 전환할 수 있을 때 이러한 유형의 가격차별을 깨뜨릴 수 있다. 예를 들어, 당신은 토마토소스나 통조림을 구매한 후 여러 양념과 채소를 더하여 당신 자신의 스파게티 소스를 만든다면 구입비용을 절약할 수 있을 것이다.

가격차별화처럼 보이나 실제는 아닌 경우

몇몇 경우에 기업은 가격차별처럼 보이는 것을 실행하나 실제로는 수요의 차이보다는 비용을 고려한 가격 책정을 하는 경우가 있다. 예를 들면, 레스토랑이 이른 저녁시간 때 할인된 가격으로 석식 메뉴를 제공하는 경우가 있다. 레스토랑은 대부분의 고객이 오기 전에 스프와 소스를 준비하고 다른 예비적인 조리업무를 수행하며 테이블 정돈과 예약 업무를

---

2 미국의 일부 도시에서는 이러한 문제 때문에 남녀에게 동일한 이·미용 요금을 부과하도록 법적으로 규제하고 있다.

담당할 종업원이 있어야 한다. 그래서 레스토랑의 할인 특가 석식은 가격차별의 한 방편일 뿐만 아니라 작업량에 비해 많은 수의 종업원으로 인해 노동의 한계비용이 영에 가까운 영업 시간대에 수입을 얻기 위한 수단이기도 하다. 또 다른 예로, 매장을 방문하여 구매하는 경우 할인을 해주는 매장방문 할인이 있다. 일부 피자전문점에서 온라인으로 주문한 후에 매장을 직접 방문하여 구입하면 할인을 해주는 정책이다. 이는 수요의 탄력성 차이보다는 주문배달에 따른 비용을 절약하기 위한 가격 책정의 일환으로 볼 수 있다.

경제학에서는 이러한 형태의 가격차별을 부하에 따른 가격차별(peak-load pricing)이라 한다. 이러한 가격차별은 소비자 잉여를 차지하기보다는 소비자가 한계비용에 가까운 가격을 지불하게 함으로써 모든 시간대에 동일한 가격을 부과하는 것보다 기업에게 더 많은 이윤을 가져다준다.

[그림 3.1]은 이러한 상황의 전형적인 사례를 보여준다. 두 수요곡선은 제품에 대한 피크시간대의 수요 D_H와 그렇지 않은 시간대의 수요 D_L를 나타낸다. D_L이 D_H보다 아래쪽에 위치함을 주목하라. 한계비용은 생산량이 Q_H 이전까지는 일정하다가 Q_H에서 수직인 형태를 가진다. 이는 기업이 Q_H에서 모든 시설과 노동력을 사용하고 있기 때문에 가격이 높더라도 제품이나 서비스의 추가적인 단위를 공급할 수 없음을 의미한다. 이처럼 두 유형의 수요가 있다면 기업은 이들 두 유형에 서로 상이한 가격을 부과한다. 즉, 수요가 적은 영업 시간대에는 낮은 가격을, 반면 수요가 많은 영업 시간대에는 높은 가격을 부과하는 것이다.

또한 식품산업에서는 신선식품을 가공하여 저가의 통조림이나 냉동식품으로 전환하는 사례가 있다. 식품기업이 이러한 방식으로 신선식품 시장으로 출하되는 수량의 상당 부분을 통제한다면 신선식품 시장에서 우하향하는 수요곡선을 갖게 된다. 기업은 신선과일의 일부를 통조림이나 냉동식품 시장으로 이전함으로써 신선과일 시장에서 가격을 인상시킬 수 있다. 신선과일을 판매하고 있는 어떤 기업이 직면하고 있는 시장수요곡선에서, 해당 기업이 비탄력적인 부분에 위치하고 있다면 과일을 신선상태로 적게 판매하고 많은 양을 냉동이나 통조림 시장으로 이동함으로써(냉동이나 통조림 시장은 훗날 판매를 위한 일종의 저장시장이다) 신선과일 시장에서 판매수입과 이윤을 증가시킬 수 있다. 이것은 엄밀하게 말하자면 가격차별화는 아니다. 왜냐하면 고객을 세분하기 위한 어떤 노력도 없었고 또한 제품도 다르기 때문이다. 하지만 여기에는 저장을 통해 이윤을 증가시킬 수 있다는 여분의 이점과 함께 어느 정도 가격차별의 측면도 있다고 볼 수 있다.

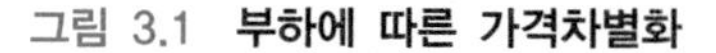

그림 3.1 **부하에 따른 가격차별화**

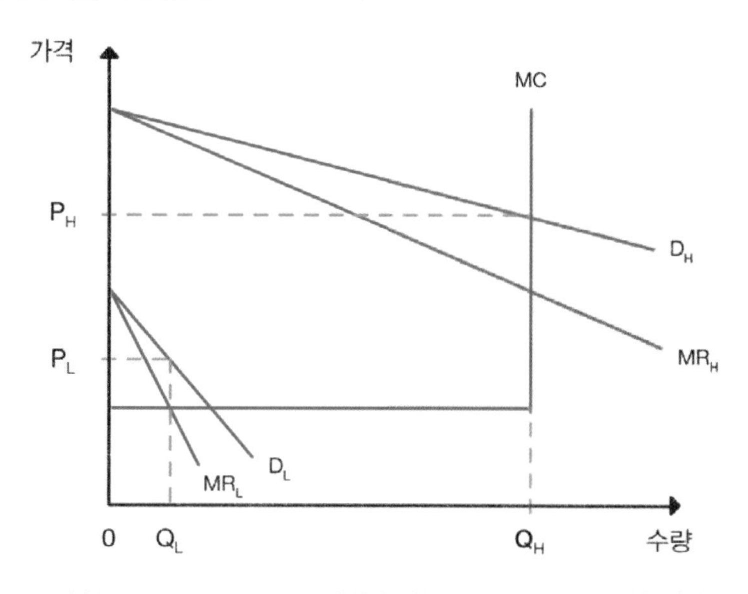

두 수요곡선은 어떤 제품에 대한 피크시간대의 수요 D_H와 그렇지 않은 시간대의 수요 D_L를 나타낸다. 한계비용은 일정하다가 Q_H에서 수직인 형태를 가진다. Q_H에서는 기업이 모든 시설과 노동력을 사용하고 있기 때문에 가격이 높더라도 추가적인 단위를 공급할 수 없다. 이처럼 두 형태의 수요가 있다면 수요가 적은 영업 시간대에는 낮은 가격을, 반면 수요가 많은 영업 시간대에는 높은 가격을 부과함으로써 모든 시간대에 동일한 가격을 부과하는 것보다 더 높은 이윤을 얻게 된다.

3.4.3 가격차별의 수리적 해법

고객 수요곡선의 추정

가격차별이 어떻게 이윤을 증가시킬 수 있는지를 보여주는 가장 쉽고 좋은 예가 있다. 아래의 수치적인 예는 서로 다른 수요탄력성을 가진 두 고객집단에 대해 가격을 차별화함으로써 이윤을 증가시킬 수 있음을 보여준다. 가격차별화에 의한 이윤 증가의 가능성을 분석하기 위해 기업은 비용곡선과 둘 또는 그 이상의 잠재적인 고객집단에 대한 수요곡선을 알 필요가 있다. 대부분 기업들은 자신의 비용곡선에 대해선 어느 정도 정확한 추정치를 가지나, 수요곡선의 경우는 고객 전체에 대한 추정치를 가진 기업이 많지 않으며, 더욱이 세분된 고객집단에 대한 추정치를 가진 기업은 거의 없을 것이다. 아래 보기의 예처럼 수치적 분석에 필요한 정보가 없다면 기업은 세분된 고객 집단의 수요곡선에 대한 근사치를 구하는 방법을 찾아야 한다.

이러한 정보를 얻는 가장 직접적인 방법은 고객을 식별하고 추적할 수 있는 방법을 찾아낸 다음, 가격을 실험적으로 변화시키면서 구매 패턴 자료를 수집하는 것이다. 기업들은 고객을 식별하고 추적하기 위해 회원전용 카드(loyalty cards), 이메일 또는 페이스북의 회원가입 신청서뿐만 아니라 온라인에서 수집된 개인정보나 소비자 행태 정보, 심지어 신용카드 번호까지 이용한다. 온라인 구매는 고객들이 주문한 제품을 받기 위해 사전에 신원정보를 입력해야 하기 때문에 구매이력을 추적하기에 이상적이다. 그 결과, 기업은 가격이 인상되거나 인하될 때 구매가 어떻게 변하는지를 알게 된다. 가격이 변할 때(특히, 가격이 오를 때) 구매가 크게 변하지 않는 고객은 비탄력적인 고객집단에 속하는 계층이다. 가격이 높을 때 구매를 크게 줄이고 가격이 낮아지면 구매를 늘리는 고객은 아마도 탄력적인 고객집단이라 할 수 있다.

판매자는 수집된 데이터를 두 가지 방식으로 사용한다. 첫째, 고객의 인구학적인 정보는 세분화할 고객집단을 구축하는 데 사용할 수 있다. 학생, 노인과 같은 단순한 인구학적인 특성이 고객 집단을 구분하는 데 유용한 속성이라면 식품기업이 가격차별을 비교적 용이하게 시행할 수 있다. 고객의 위치(거주지)나 다른 인구학적인 특성의 경우도 마찬가지이다. 개별적인 기호나 선호 외에 특정 개인이 어느 고객 집단에 속하는지를 설명하는 특별한 변수가 없다면, 기업은 탄력적인 고객들에게는 회원전용 할인매장을 운영하거나 고객우대 프로그램을 시행하는 반면, 비탄력적인 집단에게는 가격 인상을 정당화하는 우수고객 프로그램(elite program)을 실시하여 제공하는 제품의 품질이나 서비스 수준을 더 높이는 것이 최선이다.

수집한 데이터를 사용하는 두 번째 방법은 세분된 고객집단의 수요곡선을 추정하는 것이다. 이는 대개 통계적인 회귀분석기법을 이용하는데, 선형회귀분석 강좌나 계량경제학 수업에서 배울 수 있으므로 이 책에서는 이에 대한 구체적인 설명은 생략한다. 그러나 분명한 것은 구매 가격과 수량에 관한 데이터가 수집되면 기업은 세분된 고객 집단의 수요탄력성을 추정할 수 있다는 점이다.

수치적인 예

이 절에서는 수치적인 예를 사용하여 앞서 설명한 가격차별의 원리를 다시 설명한다. 당신 기업은 차별화된 어떤 제품을 서로 다른 두 집단 A와 B의 고객에게 판매한다. 집단 A와 집단 B에 속하는 고객들은 다음과 같은 수요곡선을 가진다.

$$Q_A = 100 - 0.5P_A \qquad\qquad Q_B = 140 - P_B$$

당신 기업이 두 고객 집단에게 동일한 가격을 부과할 때(즉 $P_A = P_B$, 가격차별이 없을 때), 고객으로부터 얻게 되는 총수요는 다음의 식과 같게 된다.

$$\begin{aligned} Q &= Q_A + Q_B \\ &= (100 - 0.5P_A) + (140 - P_B) \\ &= 240 - 1.5P \end{aligned}$$

당신 기업의 총비용함수는 $TC = 96Q + 100$이라 하자. 이때 한계비용 $MC\left(= \frac{dC}{dQ}\right) = 96$이다.

당신 기업이 가격차별을 하지 않는다면 한계수입과 한계비용을 같게 함으로써 이윤을 가장 크게 하는 판매량을 선택할 것이다. 한계수입을 구하려면 위의 수요함수로부터 가격을 종속변수로 하는 역수요함수를 구한 후에 수량을 곱하고, 이를 수량에 대해 미분하면 된다. 이러한 절차는 다음의 식과 같다.

$$Q = 240 - 1.5P \Rightarrow P = 160 - 0.67Q$$

$$TR = PQ = 160Q - 0.67Q^2$$

$$MR = \frac{dTR}{dQ} = 160 - 1.33Q$$

이제, $MR = MC$이라 두면

$$\begin{aligned} 160 - 1.33Q &= 96 \\ 1.33Q &= 64 \\ Q &= 48 \end{aligned}$$

이렇게 구한 판매량을 위의 수요함수에 대입하면 판매가격 $P = 128$을 얻게 된다. 총수입과 총비용 함수에 판매량과 가격을 대입하여 이윤을 계산하면 1,436이다.

이제 당신 기업이 가격차별을 실시하여 고객을 두 집단으로 구분하고 서로 다른 가격을 매긴다고 하자. 이때 당신은 각 고객집단의 한계수입을 한계비용과 같게 하는 판매량을 선택함으로써 이윤을 가장 크게 할 수 있을 것이다.

$$\text{이윤: } \pi = (200 - 2Q_A)Q_A + (140 - Q_B)Q_B - 96(Q_A + Q_B) - 100$$

$$\text{세분시장 A: } \frac{d\pi}{dQ_A} = 200 - 4Q_A - 96 = 0$$
$$= 104 - 4Q_A = 0$$

$$\text{세분시장 B: } \frac{d\pi}{dQ_B} = 140 - 2Q_B - 96 = 0$$
$$= 44 - 2Q_B = 0$$

위의 식을 풀면 $Q_A = 26$, $Q_B = 22$를 얻게 된다. Q_A와 Q_B를 각 세분시장의 수요곡선에 대입하면 다음과 같이 P_A와 P_B의 값을 구할 수 있다.

$$\text{세분시장 A: } 26 = 100 - 0.5P_A \Rightarrow P_A = \frac{74}{0.5} = 148$$

$$\text{세분시장 B: } 22 = 140 - P_B \Rightarrow P_B = 118$$

총이윤은 $\pi = (148)(26) + (118)(22) - 96(26 + 22) - 100 = 1,736$이다. 1,736은 1,436보다 크므로 당신 기업은 가격차별을 시행하는 데 소요되는 추가비용(예를 들면 고객을 세분화하고 각 집단의 수요 탄성치를 파악하는 비용)이 300보다 적다면 가격차별화를 함으로써 이윤을 증가시킬 수 있다.

위의 수치적인 사례에 제시된 두 집단의 수요곡선을 나타낸 것이 [그림 3.2]이다. 집단 B의 수요곡선이 집단 A의 수요곡선보다 기울기가 완만함을 주목하라. 이는 집단 A보다 집단 B가 가격 변화에 대해 더 탄력적인 수요를 가짐을 의미한다. 따라서 집단 A보다 집단 B의 고객들에게 제품 가격을 낮추어 판매하는 것이 보다 더 많은 이윤을 얻을 수 있는 방법이라고 할 수 있다. 위의 수치적인 사례에서 구한 결과가 그림에서 유추할 수 있는 결과와 정확하게 일치함을 알 수 있다.

그림 3.2 **수요곡선의 기울기와 가격차별**

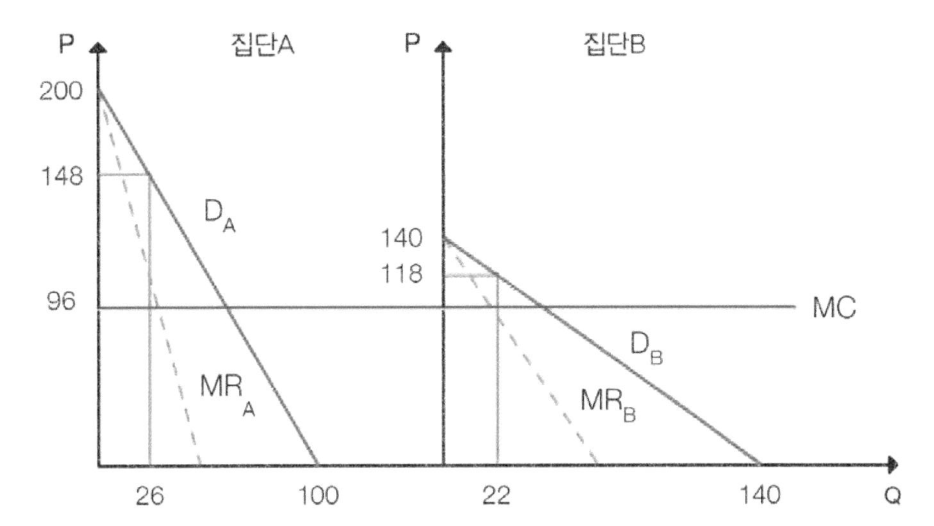

가격차별화가 실행되려면 먼저 의미 있는 시장세분화가 이루어져야 한다. 소비자 시장이 A와 B로 양분되고, 두 시장에서 측정된 수요의 가격탄력성이 시장 B보다 시장 A에서 크다면, 판매가격은 시장 A보다 시장 B에서 더 높아야 가격차별화의 효과가 나타난다.

탄력성과 최적 판매가격 간의 관계

위의 수치적인 예를 좀 더 일반화하기 위해 여러 개의 세분시장이 서로 완벽하게 분리될 때 세분시장별 수요의 가격탄력성과 판매가격 간에 성립하는 관계식을 구해보자. 세분시장 i에서 판매량을 Q_i, 판매가격을 P_i이라고 할 때, 한계수입은 다음과 같이 판매가격과 수요의 가격탄성치 ϵ_i로 표현할 수 있다.

$$MR_i = \frac{dTR_i}{dQ_i} = P_i + \frac{dP_i}{dQ_i}Q_i$$

$$= P_i\left(1 + \frac{dP_i}{dQ_i}\frac{Q_i}{P_i}\right) = P_i\left(1 + \frac{1}{\epsilon_i}\right)$$

두 세분시장 i, j에서 한계비용이 동일하다면, 두 세분시장에서 동일한 제품을 판매할 때 얻게 되는 한계수입은 서로 일치해야 한다. 따라서 세분시장별 수요의 가격탄력성과 최적 판매가격 간에 다음의 관계식이 성립한다.

$$P_i\left(1+\frac{1}{\epsilon_i}\right)=P_j\left(1+\frac{1}{\epsilon_j}\right)$$

여기서, P_i와 P_j는 세분시장 i와 j에서의 판매가격이며 ϵ_i와 ϵ_j는 해당 시장에서 수요의 가격탄력성이다. 위의 공식이 의미하는 것은 기업이 이윤을 극대화시키고자 한다면 수요가 탄력적인 세분시장에서 가격을 더 낮게 매겨야 한다는 것이다. 예를 들어, $\epsilon_i=-2$, $\epsilon_j=-3$으로 세분시장 j에서 탄력성이 세분시장 i보다 1.5배 높다면, $\frac{P_i}{P_j}=\frac{4}{3}$으로 세분시장 i에서 가격은 세분시장 j보다 1/3정도 높게 된다.

가격차별화를 시행할 때 각 세분시장별 최적가격은 각 세분시장에서 수요함수와 비용함수가 선형함수 형태를 가진다면 보다 더 간단하게 공식화할 수 있다. 세분시장에서 수요함수가 선형함수 형태인 $Q_i=a_i-b_iP_i$이고 비용함수도 $C=kQ+c$로 일정하다고 하자. 수요함수와 한계비용함수가 선형형태라면 한계수입은 다음과 같이 표현할 수 있다.

$$\begin{aligned} MR_i &= P_i-\frac{1}{b}Q_i=P_i-\frac{1}{b_i}(a_i-b_iP_i) \\ &= P_i-\frac{a_i}{b_i}+P_i=2P_i-\frac{a_i}{b_i} \end{aligned}$$

$MR_i=MR_j=MC$일 때 세분시장에서 이윤극대화가 이루어지므로

$$\begin{aligned} k &= 2P_i-\frac{a_i}{b_i} \\ 2P_i^* &= k+\frac{a_i}{b_i} \\ P_i^* &= \frac{1}{2}\left(\frac{a_i}{b_i}+k\right) \end{aligned}$$

위의 공식을 이용하여 앞의 예제에서 나왔던 각 세분시장별 최적가격을 구하여 보자.

세분시장 A: $P_A=\frac{1}{2}\left(\frac{100}{0.5}+96\right)=\frac{1}{2}(200+96)=\frac{296}{2}=148$

세분시장 B: $P_B=\frac{1}{2}\left(\frac{140}{1}+96\right)=\frac{1}{2}(140+96)=\frac{236}{2}=118$

반면, 가격차별화를 하지 않을 때 수요곡선은 $Q=240-1.5P$이기 때문에 이윤극대화 판매가격 $P=\frac{1}{2}\left(\frac{240}{1.5}+96\right)=\frac{1}{2}(160+96)=128$와 같다. [표 3.2]는 이러한 가격차별화의 효과를 정리한 것이다.

표 3.2 가격차별의 효과

측정변수	가격차별을 할 때		가격차별을 하지 않을 때
	세분시장 A	세분시장 B	
최적 판매가격	$\frac{1}{2}\left(\frac{100}{0.5}+96\right)=148$	$\frac{1}{2}\left(\frac{140}{1}+96\right)=118$	$\frac{1}{2}\left(\frac{240}{1.5}+96\right)=128$
판매량	100－0.5×(148)=26	140－1×(118)=22	240－1.5×(128)=48
세분시장별 판매수입	148×26=3,848	118×22=2,596	－
전체 판매수입	3,848 + 2,596 = 6,444		128×48=6,144
생산비	4,708		4,708
이윤	1,736		1,436

이번에는 위의 가격차별에 관한 관계식을 이용하여 쿠폰의 적정 할인율을 정하는 문제를 생각하여 보자. [식품산업 인사이드 3.4]에서 보듯이 식품시장에서 쿠폰을 사용하는 소비자가 그렇지 않은 소비자에 비해 수요의 가격탄력성이 더 높다. 따라서 쿠폰을 사용하는 소비자일수록 동일한 상품에 대한 지불가격이 더 낮음을 알 수 있다. 그렇다면 얼마를 할인해주는 쿠폰을 발행하는 것이 최적이겠는가? 예를 들어, 특징 브랜드 제품에 대한 수요의 가격탄력성이 쿠폰 미사용자의 경우는 -2.0이고, 쿠폰 사용자 경우는 -2.5이라고 하자. 브랜드 제품 가격을 P, 쿠폰 할인액을 C라고 할 때 쿠폰 사용자가 지불하는 가격은 $P-C$가 될 것이다. 우리는 수요의 가격탄력성과 최적 판매가격에 관한 식으로부터

$$\frac{P}{P-C}=\frac{1-\frac{1}{2.5}}{1-\frac{1}{2.0}}=1.2$$

이기 때문에 쿠폰 미사용자가 지불할 가격이 쿠폰 사용자 가격보다 1.2배가 높음을 알 수 있다. 따라서 어떤 식품기업이 판매하는 브랜드 제품의 단위당 가격이 3,000원이라면, 500원을 할인해주는 쿠폰을 발행해야 효과가 있다.

식품산업 인사이드 3.4

쿠폰의 경제학

가공식품이나 생활용 소비재를 생산하는 기업은 할인쿠폰을 발행하여 소비자가 자신의 제품을 좀 더 값싸게 구매할 수 있게 해준다. 쿠폰은 일반적으로 제품에 대한 광고의 일부분으로 발행된다. 그렇다면 기업들은 왜 쿠폰을 발행하는가? 왜 그냥 해당 제품의 가격을 낮춰서 판매하지 않고, 쿠폰을 인쇄하고 이를 다시 회수하는 데 드는 비용을 지불하려고 하는 것일까?

쿠폰은 가격차별의 수단이다. 일상적으로 쿠폰을 가위로 잘라서 이를 보관했다가 사용하는 불편을 감수하는 소비자는 전체 소비자의 30~40%에 지나지 않는다. 이러한 소비자는 쿠폰을 무시하는 소비자보다 가격에 더 민감한 소비자이다. 이들은 일반적으로 수요의 가격탄력성이 더 높고, 유보가격(제품을 구매하기 위해 지불하려는 최대금액)이 더 낮다. 따라서 기업은 쿠폰을 발행하여 자신의 고객을 두 그룹으로 나눌 수가 있다. 그리고 가격에 더 민감한 고객에게는 다른 고객보다 더 낮은 가격을 책정한다.

[표 3.4]는 여러 가공식품에 대해 쿠폰 사용자와 미사용자의 수요에 관한 가격탄력성을 조사한 것이다.[3] 아래의 표에서 보듯이 쿠폰 사용자가 미사용자에 비해 가격에 훨씬 더 민감함을 알 수 있다. 그러나 이 자료는 시장수준의 탄력성이지 한 기업의 특정 브랜드의 수요에 관한 가격탄력성이 아니다. 식품 브랜드 제품별로 수요의 가격탄력성은 이보다 훨씬 클 것이다. 일례로 탄산음료의 경우 산업수준의 가격탄력성은 -0.8~-1.0인 반면, 브랜드수준의 가격탄력성은 -3.1~-10.1로 추정되어 매우 탄력적임을 보여주는 연구들이 있다.[4]

표 3.4 소비자의 쿠폰 사용여부별 가공식품 수요의 가격탄력성

제품	쿠폰 미사용자	쿠폰 사용자
드레싱 소스	−0.71	−0.96
저녁식사용 건조식품	−0.88	−1.09
케이크 믹스	−0.21	−0.43
냉동식품	−0.60	−0.95
스파케티 소스	−1.65	−1.81
스프	−1.05	−1.22
핫도그	−0.59	−0.77

3 Narasimhan, C. 1984. "A Price Discrimination Theory of Coupons," *Marketing Science*, 3(2), 128−147.

4 탄산음료를 포함한 식품에 대해 개별 브랜드수준의 탄성치와 산업수준의 탄성치를 추정한 다음의 두 연구를 참조하시오. Lopez, R.A. and Fantuzzi Kristen L. 2012. "Demand for Carbonated Soft Drinks: Implications for Obesity Policy," *Applied Economics*, 44, 2859−2865; Andreyeva, T. Long, M. and Brownell, K. 2010. "The Impact of Food Prices on Consumption A Systematic Review of Research on the Price Elasticity of Demand for Food," *American Journal of Public Health*, 100, 216−222.

3.4.4 묶어팔기

묶어팔기(bundling)는 소비자로 하여금 제품을 패키지로 구매할 것을 요구하는 것이다. 이때 소비자는 제품을 분리해서 따로 구매할 수 없다. 묶어팔기 사례는 흔히 접할 수 있다. 예를 들면, 놀이공원은 입구에서 입장권을 구입해야 입장할 수 있으며, 공원 내 놀이기구를 탈 자격도 주어진다. 유선방송을 신청할 때 일반적으로 채널을 개별적으로 신청하지 않고 패키지로 함께 구입한다. 실제로 식품기업들은 소비자에게 묶어팔기를 제의할 뿐만 아니라 해당 제품을 별개로 구입할 수 있도록 한다.

기업이 이처럼 두 가지 이상의 상품을 개별적으로 판매하지 않고 묶어서 패키지로 판매하는 이유는 무엇인가? 그 이유는 소비자가 두 가지 상품에 지불하고자 하는 금액이 서로 다르지만 가격차별을 할 수 없을 때, 해당 기업은 묶어팔기를 통해 이윤을 증대시킬 수 있기 때문이다. 다음의 예를 살펴보자.

시장에 단지 네 명의 고객만이 있고 기업은 가격차별을 할 수 없다고 하자. [표 3.3]은 각 고객이 두 가지 상품을 구입하기 위해 지불하고자 하는 금액(이를 유보가격이라 한다)과 각 상품의 단위당 생산비용을 보여준다.

표 3.3 세분시장별 고객의 유보가격

	유보가격				단위당 생산비용
	고객 1	고객2	고객 3	고객 4	
상품 1	900원	1,100원	1,300원	1,500원	1,000원
상품 2	800원	600원	400원	200원	300원

여기서 우리가 고려할 수 있는 판매 방식은 세 가지이다. 즉, ① 두 상품을 각각 별개로 판매하는 경우, ② 묶어서 판매할 경우, ③ 묶어서 판매하는 것과 별개로 판매하는 것을 병행하는 경우이다. 판매방식별로 이윤극대화를 위한 최적가격과 이때 기업이 얻게 되는 이윤을 살펴보자.

묶어팔기를 하지 않을 경우

우선, 기업이 상품 1과 상품 2를 묶어서 판매하지 않을 때 얼마나 많은 이윤을 얻을 수 있는지를 알아보자. 해당 기업은 상품 1의 가격(P_1)을 얼마로 책정해야 하는가?

이를 위해 먼저 소비자의 유보가격이 가지는 의미를 알아보자. 소비자는 어떤 상품에 대한 자신의 유보가격이 그 상품의 판매가격보다 크거나 적어도 같을 경우에 해당 상품을 구입할 것이다. 따라서 위의 예에서 $P_1=1{,}300$원으로 책정하는 경우 해당 기업은 고객 3과 4에게 각각 한 단위를 판매하게 된다(왜냐하면 이들의 유보가격이 판매가격보다 높거나 적어도 같기 때문이다). 상품 한 단위의 가격이 1,300원이고 비용은 1,000원이므로 이윤은 $2\times(1{,}300-1{,}000)=600$원이 된다. 반면, 상품 2의 책정가격($P_2$)은 얼마인가? $P_2=600$원으로 책정할 때 고객 1과 2에게 각각 한 단위씩을 판매할 수 있게 되어 해당 기업의 이윤은 $2\times(600-300)=600$원이 된다. 따라서 해당 기업의 총이윤은 1,200원이다.

묶어팔기를 할 경우

이번에는 하나의 패키지로 두 상품을 묶어서 판매하는 경우를 살펴보자. 이때 묶음가격(P_B)은 얼마로 책정해야 하며, 기업이 얻을 수 있는 최대이윤은 얼마나 되나? [표 3.3]에 따르면 고객 모두가 패키지당 1,700원까지 지불하려 한다. 따라서 $P_B=1{,}700$원에서 묶어팔기가 이루어질 경우 고객 모두가 해당 묶음상품을 구매하게 된다. 묶음 한 단위당 수입은 1,700원이고 비용은 1,300원이므로 해당 기업의 총이윤은 1,600원($=400$원$\times 4$)이다. 이러한 형태의 묶어팔기를 순수 묶어팔기라고 한다.

자, 이번에는 묶어서 판매하는 것과 별개로 판매하는 것을 병행하는 경우를 살펴보자. 고객의 유보가격을 보면 고객 1은 상품 1에 900원을 지불하려고 하지만 이는 상품 1의 한계비용에 미치지 못한다. 고객 4는 상품 2에 200원만을 지불하려고 하기 때문에 이 또한 상품 2의 한계비용보다 적게 되어 해당 기업은 이윤을 낼 수 없다. 만약 위의 패키지 예처럼 두 상품을 묶어서 1,700원에 판매한다면 각각 400원의 이윤을 얻게 된다. 하지만 해당 기업은 상품 1과 상품 2를 각각 분리하여 고객 1과 고객 4에게 판매한다면 이들 고객으로부터 보다 더 많은 이윤을 얻을 수 있다. 자, 그렇다면 어떻게 가격을 책정하는 것이 해당 기업에게 가장 유리할까?

그 해답은 고객이 묶음으로 구입하여 얻게 되는 것보다 더 많은 (소비자)잉여를 얻을 수 있도록 가격을 책정하여, 고객 1과 고객 4가 각 상품을 분리하여 구매하도록 유도하는 것이다. 즉, 해당 기업이 상품 2를 분리하여 799원의 가격을 책정할 경우 고객 1은 이를 구매하게 되며 기업은 499원의 이윤을 얻게 된다. 이는 묶음으로 판매할 때보다 99원이 더 많다.

고객 1 또한 묶음이 아닌 상품 2만을 구입함으로써 1원의 소비자 잉여를 얻게 되어 이전보다 이익을 보게 된다(묶음상품의 경우 소비자 잉여는 0이다!).

이와 유사하게 고객 4는 소비자 잉여가 영이 되는 1,700원에 묶음으로 구입하는 대신에 소비자 잉여가 1원이 되는 1,499원에 상품 1만을 구입할 경우 더 만족하게 된다. 고객 4에게 상품 1을 분리하여 판매할 경우 해당 기업은 499원의 이윤을 얻을 수 있으며, 이는 고객 4가 묶음으로 구입할 때 얻게 되는 이윤 400원보다 99원이 더 많다. 따라서 고객 4에 대한 책정 가격은 1,499원이다. 마지막으로 고객 2와 고객 3은 상품 1과 상품 2 각각에 대해 지불하고자 하는 금액이 한계비용을 초과한다. 따라서 해당 기업은 상품 1과 상품 2를 묶음상품으로 1,700원에 판매해야 한다. 앞의 묶어팔기와 비교하여 이러한 형태의 묶어팔기를 혼합 묶어팔기라고 한다.

[표 3.5]는 판매 방식에 따른 최적가격과 그에 따른 기업 이윤을 요약한 것이다. 혼합 묶어팔기에서 고객 1은 상품 2만을 구입하고 고객 4는 상품 1만을 구입하며, 고객 2와 고객 3은 묶음으로 구입하게 된다. 그 결과, 해당 기업은 총이윤으로 1,798원을 얻게 되어 개별 판매나 순수 묶어팔기에 비해 더 높은 이윤을 얻게 된다.

여기서 한 가지 주의할 점은 묶어팔기가 효과를 거두려면 고객의 유보가격이 한계비용을 초과할 뿐만 아니라 서로 다른 상품에 대한 고객들의 수요가 음의 상관관계를 가져야 한다는 점이다. 다시 말해 상품 1에 대해 높은 유보가격을 갖는 소비자가 상품 2에 대해서는 낮은 유보 가격을 갖는 경우이거나, 또는 그 반대인 경우에 묶어서 판매하는 것이 기업에게 이득이 된다. 한편, 위의 예에서 고객 1과 고객 4와 같이 고객의 수요가 음의 상관관계를 가지지만 한계비용이 소비자 지불가격보다 크다면 혼합 묶어팔기가 이상적인 판매 전략이다.

표 3.5 판매방식별 최적가격과 기업 이윤

		개별 판매		순수묶음	혼합묶음		
		상품1	상품2	상품1+상품2	상품1	상품2	상품1+상품2
책정가격		1,300	600	1,700	1,499	799	1,700
구매 여부	고객1	×	○	○	×	○	×
	고객2	×	○	○	×	×	○
	고객3	○	×	○	×	×	○
	고객4	○	×	○	○	×	×
구매고객 수		2	2	4	1	1	2
제품별 이윤		600	600	1600	499	499	800
총이윤		600+600=1,200		1,600	499+499+800=1,798		

위의 사례는 소비자의 수가 적은 경우에 묶음가격을 결정하는 방법을 설명한 것이다.

만약 소비자의 수가 매우 많다면, 그리고 소비자의 유보가격을 알지 못한다면 어떻게 묶음가격을 책정할 수 있겠는가? 기업체에서 모든 소비자에 대해 유보가격을 알 수 없겠지만, 시장조사를 통하여 표본 소비자들로부터 유보가격에 대한 추정치를 얻는 것은 그리 어렵지 않을 것이다. 일례로 [그림 3.3]의 각 점들이 시장조사를 통해 얻어진 소비자의 두 상품에 대한 유보가격(r_1, r_2)을 나타낸 것이라고 하자. 이때 묶음가격을 구하는 절차는 다음과 같다.

- 먼저, 기업은 이들 유보가격을 표시한 점들의 가운데를 지나는 선을 그은 다음에 이를 묶음가격 P_B로 책정한다.
- 그 다음에 개별 상품의 가격 P_1과 P_2를 정한다.
- P_1, P_2, P_B를 가지고 이들 표본 소비자들로부터 얻을 수 있는 이윤을 계산한다.
- 그런 후에 P_1, P_2, P_B를 변화시키면서 이윤이 이전보다 높아지는지를 확인한다.
- 이러한 과정을 이윤이 더 이상 높아지지 않을 때까지 반복한다.

이러한 방식으로 묶음가격을 찾을 때 엑셀의 해 찾기(Solver) 기능을 활용하면 손쉽고 빠르게 이윤을 극대화해주는 가격 P_1, P_2, P_B를 찾을 수 있다.

그림 3.3 소비자의 수가 많을 때 묶어팔기 가격을 정하는 방법

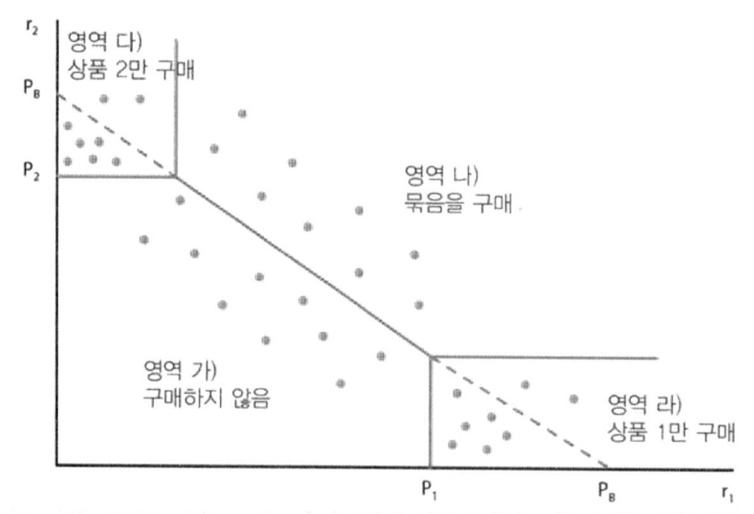

그림의 점들은 시장조사로부터 얻어진 유보가격을 나타낸 것이다. 기업은 먼저 이 점들의 가운데를 지나는 선을 그어 이를 묶음가격 P_B로 책정한다. 그 다음에 개별 가격 P_1, P_2를 책정한다. P_1, P_2, P_B이 주어졌을 때 소비자들은 네 영역으로 구분된다. 영역 가)는 어느 상품도 구매하지 않는 소비자들로 구성된다. 영역 나)는 묶음상품을 구매하는 소비자들의 집합이다. 영역 다)는 상품 2만을 구매하는 소비자들로 구성된다. 영역 라)는 상품 1만을 구매하는 소비자들의 집합이다. 소비자가 이렇게 구분되면 기업은 그에 따른 이윤을 계산할 수 있다. 그 다음에 기업은 P_1, P_2, P_B를 변화시켜 보면서 이윤이 이전보다 증가하는지를 살펴볼 수 있다. 이러한 과정을 반복한다면 이윤을 극대화시키는 가격을 찾을 수 있다.

식품산업 인사이드 3.5

묶어팔기 사례: 햄버거 전문점의 단품과 세트메뉴 가격

많은 레스토랑의 경우 고객이 세트요리와 개별요리 가운데 하나를 골라서 주문하는 것이 일반적이다. 대부분의 소비자는 저녁식사로 지급할 금액을 대강 생각하고 외식을 하며 또한 그에 따라 레스토랑을 선택한다. 레스토랑에서 저녁식사를 하는 고객 중에는 전식을 중요하게 생각하는 사람이 있는가 하면, 전식보다 후식을 중요시하는 사람도 있다. 어떤 고객은 전식과 후식 모두에 어느 정도의 가치를 둔다.

이처럼 고객의 선호가 서로 다르다면, 레스토랑은 혼합 묶어팔기를 하여 고객들로부터 가능한 한 많은 소비자 잉여를 가져올 수 있다. 레스토랑에서 혼합 묶어팔기는 고객이 세트요리(전식, 주요리, 후식이 패키지로 나옴)와 개별요리(전식, 주요리, 후식을 별개로 주문)를 선택하도록 하는 것이다. 혼합 묶어팔기를 통해 레스토랑은 어떤 요리를 다른 요리보다 매우 중요하게 생각하는 고객들로부터 소비자 잉여를 가져올 수 있는 개별 요리의 가격을 책정할 수 있으며, 동시에 각 요리에 대한 유보가격의 차이가 상대적으로 적은 소비자(즉, 전식과 후식에 중간 정도의 가치를 부여하는 고객)가 선택하는 세트요리도 판매함으로써 더 많은 수입을 거둘 수 있다.

현실에서 혼합 묶어팔기의 예를 살펴보자. 아래의 [표 3.6]은 어느 햄버거 전문점에서 판매하는 단품과 세트메뉴들의 가격을 조사한 것이다(맘스터치, 2018년 5월). 고객은 통새우버거, 양념감자, 음료수를 별개로 주문하여 6,200원에 살 수 있으며, 또는 이들을 세트메뉴로 주문하여 5,100원에 살 수도 있다. 만약 양념감자를 원하지 않는다면 통새우버거와 음료수를 별개로 주문해서 총 4,500원을 지불하면 된다. 이는 묶음가격보다 600원 적은 금액이다.

이러한 묶어팔기는 창조적인 메뉴보다 오히려 창조적인 가격 전략이 레스토랑에게 성공을 가져다 줄 수 있음을 말해준다. 고객의 수요 특성을 잘 파악한다면 이를 이용하여 가능한 한 최대의 소비자 잉여를 차지하는 전략이 어려운 것만은 아니다.

표 3.6 **햄버거 전문점의 묶어팔기 사례**

개별 품목	가격(원)	식사(음료수와 양념감자를 포함)	음료수와 양념감자를 따로 선택할 때	묶음가격(음료수와 양념감자를 포함)
디럭스불고기버거	4,200	디럭스불고기버거	7,500	6,200
화이트갈릭버거	4,100	화이트갈릭버거	7,400	6,100
딥치즈버거	4,000	딥치즈버거	7,300	6,000
스파이시불고기버거	3,200	스파이시불고기버거	6,500	5,400
통새우버거	2,900	통새우버거	6,200	5,100
불갈비치킨버거	2,900	불갈비치킨버거	6,200	5,100
음료수(콜라/사이다)	1,600			
케이준양념감자	1,700			

자료: Pyndick et al., 2008. *Microeconomics*, p.479에서 발췌

3.4.5 가격차별의 법적 측면

가격차별은 여러 나라에서 공정거래법상 불법이다. 그러나 어떤 형태의 가격차별은 합법적으로, 또 다른 형태는 불법적인 가격차별화로 여전히 시행되고 있다. 우리나라에서 가격차별은 공정거래법에서 차별적 취급이라는 불공정거래행위로서 다루어지고 있다. 차별적 취급의 구체적인 유형으로는 가격차별, 거래조건 차별, 계열사를 위한 차별, 그리고 집단적 차별이 있다. 거래 상대방에 따라, 거래지역에 따라 어떠한 가격을 매길 것인가 하는 것은 기본적으로 기업의 자유에 속하는 것이며 경쟁의 반영이라 할 수 있다. 그러나 가격차별이 경쟁사업자를 배제하거나 또는 거래상대방을 그 경쟁사업자와의 관계에서 유리하게 또는 불리하게 하는 경우 이는 공정거래법의 규제 대상이 된다.

모든 가격차별화가 위법이 되는 것이 아니고 판매자가 해당 제품이나 관련 제품 시장에서 경쟁을 축소시키려고 하지 않는 한 서로 다른 고객에게 서로 다른 가격을 부과하는 것은 가능하다. 가격차별의 목적이 단지 서로 다른 고객에게 다른 가격을 부과하는 것이며 다른 경쟁기업과 무관하면 가격차별은 법적으로 아무런 문제가 없다. 또한 가격의 차이가 정당한 비용의 차이에 기인하거나, 부패하기 쉬운 계절상품의 처분 등 시장 수급상황의 변화에 대응하기 위한 것이라면 위법이 아니다. 전반적으로 기업들은 가격차별을 실행하기 전에 그것의 적법성을 면밀하게 검토해야 한다. 고객집단이 성별로 구분되지 않고, 목적이 다른 경쟁자에게 해를 끼치지 않는다면 가격차별 전략은 합법적일 수 있다.

요약

- 최종 제품의 판매가격 책정방식으로 손익분기점 판매가격과 목표수익률 판매가격이 있다. 최종 제품 가격이 정해지면 이로부터 원재료 구매가격을 구할 수 있다.
- 한 가지 원재료가 여러 제품의 생산에 사용될 때 원재료 구매가격은 해당 원재료가 사용되는 각 제품의 판매가격을 사용하여 개별적으로 유도할 수 있다.
- 구매가격 책정식이 여러 개일 경우는 구매자에게 최저가격을 제시하거나 또는 각 제품의 원재료 비중을 가중치로 하여 가중 평균한 값을 사용할 수 있다.
- 제품 1단위당 수익을 나타내는 공식 $\pi_i = p_i - \left[\frac{c(q)}{q} + \sum_{j=1}^{J} r_j n_j + \frac{u}{q} \right]$는 제품 간 수익률을 서로 비교하여 생산할 제품을 선택하거나 고정비용을 고려한 생산의사결정에도 적용할 수 있다.
- 목표수익률 가격 책정방식은 신제품의 출시 가격을 정하거나 신제품을 개발할 때 사용되는 원재료의 수량을 산출할 때에도 사용할 수 있다.
- 가격차별은 두 집단의 고객에게 제공되는 동일한 재화나 서비스에 서로 다른 가격을 부과하는 행위이다. 기업은 보다 비탄력적인 수요를 가진 고객에게는 더 높은 가격에 판매하고, 보다 탄력적인 수요를 가진 고객에게는 더 낮은 가격으로 판매한다.
- 식품기업의 가격차별 전략에는 구매자 속성에 따른 차별화, 위치에 따른 차별화, 소득에 따른 차별화, 시간에 따른 차별화, 노력에 따른 차별화 등이 있다.
- 회원전용 신용카드(loyalty cards), 회원전용 할인매장(discount clubs), 쿠폰, 프리미엄 회원권 등은 모두 고객 스스로가 탄력적 또는 비탄력적인 수요 집단으로 구분되도록 하여 판매자가 이들에게 각각 더 낮은 가격이나 또는 더 높은 가격을 부과할 수 있도록 해주는 방법이다.
- 고객을 여러 집단으로 세분화하여 세분된 고객집단별로 가격을 달리 부과하는 것은 세분된 고객집단의 수요곡선에서 각 고객집단을 단위 탄력성에 가깝도록 이동시킴으로써 판매수입과 이윤을 증가시킬 수 있다.
- 소비자가 두 상품에 지불하고자 하는 금액이 서로 다르지만 가격차별을 할 수 없을 때 기업은 묶어팔기를 통해 이윤을 증대시킬 수 있다.
- 대다수 국가에서 특정 유형의 가격차별은 불법이다. 기업은 경쟁자에게 손해를 입히거나, 다른 제품에서 시장을 점유할 목적으로 가격차별을 사용할 수 없다.

연습문제

❶ 당신은 채소즙을 생산하는 기업의 경영자라고 하자. 채소즙은 두 가지 원재료 즉, 채소와 기타 첨가물로 만들어진다. 1포의 중량이 250g인 채소즙을 생산하는데 채소 500g과 첨가물 1 단위가 필요하다. 채소 구입비용은 kg당 2,000원이며, 첨가물은 단위당 250원이고, 채소즙 12포가 들어가는 포장상자는 개당 250원이다. 이러한 정보를 사용하여 채소즙의 총원재료비용 γ을 구하시오.

❷ 다음 정보를 이용하여 각 문제에 답하시오.

시판김치는 한 통당 배추 2kg, 고춧가루 60g, 양념 540g으로 만들어진다. 배추 가격은 1,200원/kg, 고춧가루 가격은 3,000원/100g, 양념가격은 3,000원/kg이다. 김치 생산에 소요되는 노동비용은 상자당 30,000원이며 전기·상하수도 비용과 간접비는 시간당 10,000원이다. 공장은 최저 평균비용인 시간당 1,000상자로 가동 중이다. 배송용 상자마다 6통의 시판김치가 포장되며, 이때 포장용 플라스틱 통의 가격은 개당 500원, 상자 비용은 개당 250원이다.

가. 시판김치의 손익분기점 가격(원/상자)를 구하시오.

나. 40%의 수익률을 달성하기 위한 시판김치의 목표수익률 가격을 구하시오.

❸ 여러분이 일상에서 접하는 가격차별의 4가지 유형을 열거하여 보시오. 고객을 여러 집단으로 구분하기 위해 어떤 특성을 사용하고 있는가? 있다면 재판매에 의한 차익거래를 막기 위해 어떤 조치들이 시행되고 있나?

❹ 당신 회사가 감자스낵을 서울과 부산, 두 도시에 판매할 목적으로 500상자를 생산하고 있다. 공장에서 각 도시로의 수송비용은 상자당 서울은 15천원, 부산은 20천원이다. 서울과 부산에서 수요곡선은 각각 다음과 같다.

$$\text{서울}: P_A = 120 - 0.1Q_A \qquad \text{부산}: P_B = 90 - 0.2Q_B$$

가. 가격차별이 없을 때 도시로의 수송비를 고려하여 각 도시에 판매할 수량과 가격을 구하시오.

나. (가)의 답으로부터 각 도시에 대한 수요의 가격탄력성을 구하시오

다. 가격차별을 시행할 때 어느 도시에서 가격을 인상하고, 어느 도시에서 가격을 인하해야 하나?

라. 가격차별을 실행할 때 각 도시별 최적 판매수량과 가격을 모두 구하시오(이때 수송비의 차이도 고려하시오)

마. 매몰비용인 생산비용을 무시하되 수송비만을 고려하여 가격차별이 있을 때와 없을 때 기업이윤을 비교하시오. 당신은 가격차별로부터 이득을 보고 있는가?

❺ 당신은 유명한 관광지에서 레스토랑을 운영하고 있다고 하자. 당신 레스토랑의 고객은 두 부류로 구분된다. 한 부류의 고객은 다른 도시로부터 관광지에 찾아온 관광객 고객이다. 나머지 한 부류는 관광지가 위치한 도시에 거주하는 주민 고객이다. 관광객 고객은 식사를 레스토랑에서 해야 하기 때문에 레스토랑 식사에 대한 수요의 가격탄력성이 높아 -3.0인 반면, 주민고객은 집에서도 식사가 가능하기 때문에 레스토랑 식사에 대한 수요의 가격탄력성이 낮아 -1.5라고 하자. 당신이 한 끼 식사 비용이 8천 원인 메뉴의 할인쿠폰을 발행하고자 한다. 이때 이 쿠폰의 할인 금액은 얼마로 하는 것이 가장 효과적이겠는가? 그리고 이 쿠폰을 관광객인 고객이 사용하지 못하게 하려면 어떻게 해야 하겠는가?

❻ 당신은 두 가지 식품 A와 B를 판매하고 있다. 두 제품에 대한 고객들의 유보가격이 아래 표와 같으며, 단위당 생산비용은 두 제품 모두 300원이다.

고객	식품 A	식품 B
1	100	800
2	500	500
3	800	100

가. 두 제품을 묶어팔기로 판매하지 않을 경우 각 제품의 최적 판매가격과 두 제품의 판매로부터 얻게 되는 이윤은 모두 얼마인가?

나. 두 제품을 묶어팔기로만 판매할 경우 최적가격은 얼마인가? 얼마나 많은 이윤을 얻을 수 있겠는가?

다. 만약 당신이 혼합 묶어팔기를 실행한다면 어떤 전략이 가장 최선이겠는가?

참고문헌

Dorfman, J. M. 2014. *Economics and Management of the Food Industry*, Routledge.

Besanko, D. and Braeutigam, R. R. 2008. *Microeconomics*, 3rd edition, Wiley.

저장의 경제학

학습목표

- 저장활동의 경제학적인 의미
- 저장비용의 구성 요소와 저장비용함수의 형태
- 그래프를 이용하여 균형저장량과 기간별 소비량을 구하는 방법
- 두 기간 저장모형과 다기간 저장모형의 수리적인 해법
- 저장활동에 관한 독점기업과 완전경쟁기업의 차이점
- 공공비축의 경제원리에 대한 이해

저장활동은 모든 상품의 유통에서 중요하지만 무엇보다도 식품 유통에서 없어서는 안 될 필수적인 요소이다. 왜냐하면 농축수산물 등 신선식품은 생산의 생물학적인 특성으로 인해 소비자가 상품을 소비하고자 하는 시기와 생산 시기가 완전하게 일치하지 않기 때문이다. 생산(수확) 시점과 최종적인 소비 시점 사이에 존재하는 시간 격차 때문에 식품은 공급망을 따라 이동하면서 누군가에 의해 저장된다. 저장은 현재 생산된 식품을 미래의 특정 시점에서도 소비할 수 있도록 해준다. 이 장에서는 식품기업의 저장활동과 관련된 다양한 경제학적인 문제에 대해 알아본다.

4.1 저장의 경제학적 의미

식품산업에서 저장은 상품의 판매 시점과 소비 시점을 변경하는 경제활동을 의미한다. 저장이 가능하다는 것은 상품 판매자에게 두 가지 시장이 있음을 의미한다. 즉, 상품을 지금 시장에 출하하는 것과 나중에 판매하는 것이다. 저장의 개념을 가장 손쉽게 이해하는 방법은 저장 가능한 상품을 일정 기간 동안 물리적으로 보유하는 활동의 경제적 의미를 생각해보는 것이다.

개별 소비자나 시장 전체의 관점에서 저장은 명백하게 소비와 반대되는 경제활동이다. 유통 과정의 어느 시점에서 상품을 저장하거나 재고로 보유하는 것은 미래 시점에 해당 상품의 소비가 가능하도록 한다는 의미이다. 반대로, 현재 소비하는 의사결정은 그만큼의 수량이 미래 소비에 이용하지 못함을 뜻한다. 저장활동은 어느 한 시점에서 다른 시점으로 상품의 이동을 수반한다. 지역 또는 국가 간 교역이 상품의 공간적 이동에 관한 것이라면, 저장은 상품의 시점 간 이동을 의미한다.

저장은 주기적으로 생산되는 상품을 지속적으로 소비하도록 해준다는 측면에서 특별한 형태의 부가가치 활동이라 할 수 있다.[1] 가공, 수송, 도소매 활동 등과 같은 부가가치 관련 활동에서 불가피하게 발생하는 상품의 저장활동과 차익거래를 목적으로 하는 명시적인 저장활동을 서로 구분하는 것이 중요하다. 어떤 품목을 특정 수량만큼 구매하여 일정 기간 동안 보유하는 것은 다른 부가가치 활동을 위해 불가피하다. 예를 들어, 농산물을 식품으로 가공·제조하는 과정에서 원재료 농산물을 일정 수량만큼 보유하거나 재고로 유지하는 일이 발생하게 된다. 또한 생산 지역과 최종적으로 소비되는 지역의 지리적인 분리로 인해 상품이 상류에서 하류로 이동할 때 누군가 상품의 일부를 재고(이를 파이프라인 재고라고 부른다)로 보유한다. 이러한 재고관리에 관한 내용은 6장에서 다루기로 하고, 이 장에서는 주로 차익거래를 목적으로 하는 저장활동에 대해 설명할 것이다.

4.2 저장활동의 주체

저장활동은 저장을 통한 이윤 추구가 목적인 저장업자뿐만 아니라 식품제조업체, 식품유통업체, 소비자, 정부 등 다양한 경제주체들이 수행하는 경제적인 의사결정이다. 식품을 제조하는 개별 기업들은 원재료의 재고 수준을 얼마로 유지하는 것이 가공공장을 효율적으로 가동하는 데 바람직하며, 특정 기간 동안 잠재 고객의 수요를 충족하기 위해 최종 제품의 재고 수준을 얼마로 유지하는 것이 최적인지를 지속적으로 평가한다. 마찬가지로 식품의 도매업자와 소매업자들도 고객의 미래 수요를 예측하여 각 품목별로 최적 재고 수준을 결정한다(앞서 언급한 대로 식자재유통업체의 재고관리는 6장에서 자세하게 논의하고, 여기에서는 순수한 저장업자들의 경제행위만을 다룬다).

소비자들도 자신의 저장시설(식품창고, 냉장고 등)에 다양한 식품을 저장한다는 측면에서

---

1 어떤 사람들은 저장을 부가가치 활동으로 이해하는 데 어려움을 느낀다. 왜냐하면 저장고에서 출고되는 상품은 저장고로 입고할 때와 비교하며 대개는 동일하거나 매우 유사하기 때문이다. 그러나 저장에서 나온 상품이 저장고로 입고되었을 때보다 더 큰 가치를 가진다면 저장은 부가가치 활동이다. 저장된 상품은 다른 시점에 존재하며 상품이 저장되는 동안 시장조건이 변할 수 있기 때문이다. 상품이 동일한 물리적 특성을 가지더라도 다른 시장가치를 가질 수 있다. 경제적 관점에서 보면, 저장으로 인한 가치의 변화는 농산물이 가공식품으로 제조될 때 발생하는 가치 변화나, 상품이 한 시장에서 다른 시장으로 공간적으로 분산될 때 나타나는 가치 변화에 비교하여 다르지 않다. 저장의 경우 가치 변화는 형태나 위치의 변화가 아니라 이용 가능한 시점의 변화에 기인한다.

저장의 한 역할을 담당한다. 시장행위 관점에서 보면, 가계의 식품 저장은 식품 유통의 각 단계에서 일어나는 저장활동과 크게 다르지 않다. 가계가 식품을 저장하는 이유는 해당 식품을 소비할 때마다 소매점으로 가는 번거로움을 피하기 위해서이다. 또한 소비자들은 가격 인상 또는 인하를 예상하여 특정 식품의 보유량을 늘리거나 줄이는 의사결정을 한다. 이러한 의미에서 소비자가 행하는 저장활동도 생산자나 유통기업이 자체적으로 소비하지 않을 상품을 얼마나 오랫동안 보유할 것인지를 결정하는 것과 유사하다.

정부도 식품의 저장활동에 영향을 준다. 예를 들어, 정부는 농산물 생산이 감소할 경우 저장한 물량을 방출할 목적으로 해당 상품의 가격이 낮을 때 이를 수매하여 비축한다. 정부가 행하는 저장활동(이를 공공비축정책이라 한다)의 근본적인 목적은 시간에 따른 상품의 흐름을 평준화시켜 가격 변동을 줄이는 데 있다. 공공비축정책의 또 다른 목적은 자연재해에 따른 생산 감소에 대비할 목적으로 농산물을 일정 수량만큼 비축하는 것이다. 특히 주요 농산물 가격이 생산의 급격한 감소로 높게 상승할 때 공공비축정책이 사회적으로 정당화된다. 정부가 저장활동에 영향을 줄 수 있는 또 다른 방법은 저장비용의 일부 또는 전부를 보조하는 것이다. 상품을 저장하는 사적비용을 효과적으로 줄이는 정부의 보조정책은 비용 보전이 없을 때와 비교하여 더 많은 재고가 더 오랜 기간 동안 보유되도록 할 것이다. 정부의 비축정책에서 고려해야 할 한 가지 중요한 점은 정부의 저장활동이 민간 기업들로 하여금 상품을 저장할 인센티브를 줄일 수 있다는 점이다. 공공비축제의 효과에 대해서는 4.8절에서 자세하게 설명할 것이다.

4.3 식품 유형별 저장문제

식품의 저장활동은 생산자로부터 시작한다. 수확한 농산물의 출하나 판매를 연기하는 것은 엄연히 저장활동이다. 상품을 자가 소비가 아닌 다른 목적으로 소유한 사람이 직면한 가장 중요한 문제는 소유권을 다른 사람에게 이전하기 전에 해당 상품을 얼마동안 가지고 있어야 하는가이다. 식품의 생물학적인 특성 가운데 두 가지가 생산자 또는 유통업자가 상품 판매를 연기하는(달리 말하면, 상품을 저장하는) 최적 기간에 영향을 준다. 첫 번째 특성은 생산된 상품이 공급망을 따라 이동할 때 상품의 부패하기 쉬운 정도이다. 두 번째 특성은 생산의 빈도이다. 예를 들어, 일 년에 한두 번 생산되는 농산물이 있는가 하면, 연중 생산되지만 소비가 항상 안정적인 농산물과 소비 비율이 동일하게 유지되지 않는 농산물이 있다. 식품의 부패 속도와 생산 빈도를 고려할 때, 저장은 세 가지 형태로 구분할 필요가 있다. 첫째는 주기적으로 생산되며 부패하기 쉬운 식품의 저장, 둘째는 주기적으로 생산되며 저장이 가능한 식품의 저장, 셋째는 연중 생산되는 식품의 저장이다. 이들 각각의 경우에 대한 저장문제를 살펴보자.

4.3.1 주기적으로 생산되며 부패하기 쉬운 식품: 채소 및 과일

모든 식품은 적절하게 관리하지 않으면 시간이 지남에 따라 부패하거나 또는 신선도, 맛 등 바람직한 속성을 잃게 된다. 부패 가능성은 본래 모든 식품이 가지는 생물학적인 특성이지만, 바람직한 속성의 변화 속도는 상품에 따라 다르고 유통과정에서 상품을 어떻게 관리하느냐에 따라서도 차이가 난다. 수확 직후에 빠른 속도로 바람직한 속성을 잃게 되는 신선농산물은 판매하거나 소비할 최적 기간이 매우 짧다. 결과적으로 부패하기 쉬운 상품은 공급망을 따라 재빠르게 이동시킬 필요가 있다. 이러한 상황하에서 생산자들은 상품을 저장하거나 판매할 시점을 조절할 여유가 거의 없다. 이러한 상품을 생산하는 생산자들은 수확 후에 가능한 한 빨리 소비자에게 배송하기 위해 도로 사정을 파악하거나, 수확 이전에 유통계약을 수립하는 것이 중요할 수 있다. 신선 채소와 과일처럼 쉽게 부패하는 농산물의 경우 바람직한 속성을 보존하려면 유통 단계마다 비교적 단기간 동안이라도 냉장·냉동시설이나 전문적인 저장시설이 필요하다(식품산업 인사이드 4.1 『식품 저장과 콜드체인 시스템』을 참조하시오).

부패하기 쉬운 농산물을 저장성이 높은 형태로 변형하면 최적 유통기한을 확대하는 것이 가능하다. 주기적으로 생산되며 부패하기 쉬운 농산물을 품질 감소가 줄어든 형태로 변환시키면, 저장을 통해 광범위한 유통과 장기간 소비가 가능하게 된다. 예를 들어, 통조림, 냉동 및 기타 형태의 식품보존 등은 일 년에 한두 번 수확되는 농산물의 연중 소비를 가능하게 한다. 그러나 이러한 가능성은 부패하기 쉬운 농산물을 수확할 때 얼마만큼을 저장 가능한 형태로 전환하고, 얼마만큼을 신선 상태로 판매할 것인지에 대한 의사결정이 이루어져야 함을 의미한다. 이러한 의사결정이 이루어지면, 그 다음 단계는 해당 상품을 얼마동안 저장하며 언제 재판매할지를 정하는 것이다.

4.3.2 주기적으로 생산되며 저장 가능한 식품: 곡물

저장은 부패할 수 있으나 과일이나 채소만큼 부패 속도가 빠르지 않은 농산물(예: 곡물)에 대해서도 매우 중요한 활동이다. 저장은 햇상품이 생산되지 않는 일정 기간 동안 해당 상품을 소비하게 해주는 공급원이 된다. 저장 가능한 상품의 적절한 판매 시점을 결정하는 것은 상품의 생산자나 보유자에게 중요한 마케팅 요소이다. 생산자는 수확한 상품 중 일부를 자가 저장시설에 보유할 것인지 아니면 소유권을 유지하되 저장만을 일정 기간 동안 타인에게 위탁할 것인지를 결정할 수 있다. 또 다른 생산자들은 수확 직후에 전량을 판매하여 저장하지 않는 것을 더 선호하기도 한다. 어느 경우든 상품의 저장활동에는 특별한 형태의 설비와 타 용도에 사용할 수 있는 경제적 자원이 투입된다. 이러한 점은 저장활동에는 자원을 배분하는 것을 정당화할 만한 기대수익이 있어야 함을 의미한다. 저장된 상품이 보장된 고정가격으로 선매되지 않는 한, 저장 의사결정은 상품의 시장가치에서 기대되는 변화를 예측하고 기대수익을 저장비용과 비교하는 것을 수반한다. 저장 상품이 미래의 어느 시점에 재판매될 때 현재시점과 미래시점 간의 판매가격 차이가 저장비용보다 크다면 저장활동은 경제적이다.

유통과정의 어느 단계든 일정 기간 동안 상품을 보유하는 것은 명시적 또는 암묵적 형태의 저장활동을 포함한다. 일부 전문화된 기업은 단지 저장시설만을 제공하여 상품을 계약기간 동안 저장한다. 곡물저장업자, 창고업자, 저온저장 및 냉동설비 업체 등이 그 예이다. 이 기업들은 수수료를 받고 저장 공간을 임대해주거나, 상품을 가격이 더 높은 미래에 재판매할 목적으로 수확기나 가격이 낮은 시기에 구매한다.

식품 시장이 효율적으로 작동한다면 주기적으로 생산되며 저장할 수 있는 상품의 경우 서로 다른 수량을 서로 다른 기간 동안 보유하려는 시장참여자들의 저장활동으로 인해 시장에 공급된 수량에서 소비되는 비율(또는 수량)이 효율적으로 결정된다. 생산자들은 현재와 미래의 시장 조건에 대한 기대와 가격 신호에 따라 생산할 품목의 수량뿐만 아니라 판매하거나 저장할 시점과 수량도 결정하게 된다. 마찬가지로 식품유통기업도 재고 수준을 지속적으로 평가하여 상품의 유입과 유출이 미래 시장여건에 대한 기대와 부합하도록 조정한다. 소비자의 식품 소비량이 달라질 때마다, 생산자들과 식품유통기업들은 시장가격의 변화에 대응하여 저장활동을 변경한다.

4.3.3 연중 지속적으로 생산되는 식품: 축산물

저장활동은 지속적으로 생산되며 저장이 가능하거나, 또는 저장 가능한 다른 형태로 변경할 수 있는 상품의 경우에도 마케팅 활동의 필수적인 부분이다. 대부분의 축산물이 이러한 범주에 속한다. 이 경우 대부분의 저장활동은 공급망을 따라 상품이 상류에서 하류로 이동하는 동안 발생하는 부가가치 활동(예: 가공)에 부수적인 역할을 한다. 일부 경우에 유통의 중간 단계에서 발생하는 상품의 저장은 생산과 수요의 계절적인 변화를 서로 맞추기 위한 목적으로 행해진다. 예를 들어, 우유를 치즈, 버터, 아이스크림 등 부패 속도가 더딘 유제품으로 전환하는 가공활동은 우유의 생산 변동과 수요 변동 사이에 균형을 유지하는 역할을 한다.

식품유통기업이 수요의 계절적 변화를 예측하여 특정 상품에 대해 여분의 재고를 확보하여 저장한다면 그렇지 못할 경우에 발생할 수 있는 가격 변동을 최소화할 수 있다. 예를 들어, 식품유통기업이 특정 식품의 수요가 명절이나 공휴일에 크게 증가한다는 사실을 안다면 이러한 수요 변화를 대응하여 저장 의사결정을 변경할 수 있다. 또한 저장을 통하여 수요량이 계절이나 기온에 따라 달라지는 식품의 수요 변화에 대응함으로써 생산이나 가격의 변동을 줄일 수도 있다.

4.4 저장비용의 구성 요소

저장활동은 비용을 수반한다. 상품을 저장하는 데 소요되는 비용은 세 가지 항목으로 구성된다. 세 가지 비용항목은 ① 직접적인 자원비용, ② 상품 소유에 따른 재정적인 비용, ③ 저장기간 동안 발생하는 상품의 품질 변화와 관련된 비용이다. 이 세 가지 비용 항목에 대해 알아보자.

4.4.1 직접비용

상품을 저장하는 데 소요되는 직접비용은 저장시설을 소유하여 운영하거나 임차하는 비용을 의미한다. 직접비용에는 저장시설에 대한 연간 고정비용과 운영비용이 포함된다. 저장시설은 매우 단순한 저장 창고일 수도 있고, CA저장과 같은 특별한 설비일 수도 있다. 저장시설을 유지하는 운영비용의 대부분은 인건비, 전기요금, 세금, 보험료 등이다. 저장비용을 구성하는 항목 가운데 일부는 고정비용이지만 다른 비용들은 저장기간이 길어질수록 증가하기도 한다. 예를 들어, 상업적인 저장시설은 고정적인 입고료와 출고료(또는 선적 및 하역비용), 그리고 저장 시점과 기간에 따라 달라지는 수수료를 부과한다. 상업적인 저장시설의 저장수수료는 저장공간에 대한 수요와 저장시설의 공급에 의해 결정된다. 저장수수료는 일반적으로 저장수요가 가장 많은 수확기가 다른 시기에 비해 더 높은 반면, 저장수요가 줄어드는 시기에는 낮은 편이다.

식품산업 인사이드 4.1

식품 저장과 콜드체인 시스템

콜드체인 시스템은 최종 상품을 생산·수확에서 소비에 이르기까지 지속적으로 적절한 저온으로 유지하여 생산·수확 직후의 신선 상태로 소비자에게 공급하는 유통체계이다. 콜드체인 시스템의 효과는 다음과 같다.

첫째, 신선도 유지이다. 저온에서 식품을 유통시킴으로써 호흡 속도, 에틸렌 생합성 속도, 갈변 반응, 증산 작용 및 각종 부패 미생물의 생육 등을 억제시켜 품질을 수확 당시와 가깝게 유지시켜준다. 보통 식품의 생화학적인 반응은 온도를 10°C 올리거나 내림에 따라 2～4배 정도 빨라지거나 늦춰진다. 여름철 품온을 30°C에서 0°C로 내릴 경우, 이론적으로 유통기한을 6~10배까지 늘릴 수 있다.

둘째, 선도를 유지하여 출하 조절과 가격 안정을 가능하게 한다. 여름철 폭우가 지속될 경우 6월 중순경에 노지 봄배추를 수확 후 예냉 처리하여 저온 저장하면 길게는 2개월까지도 저장할 수 있기 때문에 배추 품귀에 의한 가격 폭등을 어느 정도 막을 수 있다.

셋째, 소득 증가로 공급이 늘어나는 전처리가공 채소 및 과일(fresh－cut products)은 통조림처럼 열처리가 곤란하기 때문에 저온 처리할 때 유통과정에서 미생물의 생육을 최대한 억제할 수 있다.

콜드체인 시스템과 관련된 주요한 저장기술로 다음의 것들이 있다.

- CA저장(controlled atmosphere storage): 저장고 속의 대기가스를 인공적으로 조절해 과일 등 청과물을 원형에 가깝게 저장하는 기법으로, 질소와 이산화탄소 비율은 증가시키고 산소 비율은 줄여 최적의 환경을 만든다. 일반 저장고가 청과물을 4개월 보관할 수 있는 데 반해, 이 기법으로 저장하면 길게는 9개월 정도까지 보관이 가능하다. 국내에서는 2007년 7월 농협이 전북 장수군에 만든 거점유통센터에 이 방법으로 청과물을 저장하는 CA저장고가 처음 지어졌다.
- MAP(Modified Atmosphere Packaging): 기체치환포장이라 불리며 생물체가 가장 활발하게 활동할 수 있는 대기권의 비율(질소 79%, 산소 20.96%, 이산화탄소 0.04%)을 미생물의 번식과 성장을 억제하는 비율(산소 40%, 질소 30%, 이산화탄소 30%)로 바꾼 혼합기체를 주입하여, 방부제 없이 식품의 신선도를 유지시키는 자연친화적인 신선포장기법이다.
- 이 외에 표면 살균, 기능성 소재 등이 있다.

표 4.1 식품 유통에서 콜드체인 시스템의 효과

항목	품목	상온 유통	예냉 저온 유통
유통기한	양상추	15℃에서 3일	예냉 후 1℃에서 보관할 때 35일
영양성분	시금치	30℃에서 3일 경과 시 비타민 C 85% 손실	예냉 후 10℃에서 21일 경과 시 비타민 C 20% 파괴
중량 감소	체리	10℃에서 3일 경과 시 4.4% 감모	예냉 후 0.6℃에서 3일 경과 시 1.9% 감모
변색	시금치	30℃에서 3일 경과 시 클로로필 55% 손실	예냉 후 10℃에서 3일 경과 시 클로로필 2% 손실
수송중 손상	딸기	10kg(3단 기준) 상온에서 60% 손상	예냉 후 500g 소포장 시 손상 5% 미만

자료: 에너지절감 지식포털(EG－TIPS), 한국에너지공단

4.4.2 금융비용

저장비용 가운데 중요한 항목은 상품을 소유하는 데 묶여있는 자금의 기회비용이다. 만약 상품을 구매하여 저장할 목적으로 자금을 빌렸다면, 저장기간 동안 차입한 금액에 대한 이자비용이 발생한다. 예를 들어, 단위당 가격이 26만 원인 대두를 1,000단위 구매하여 저장하기 위해 2억 6천만 원을 연이자율 6%(단순 계산하여 월 0.5%의 이자율)로 차입하였다고 하자. 이때 대두를 저장하는 매 달마다 130만원의 이자비용이 발생한다. 이자비용은 단위당으로 계산하면 1,300원이다. 이러한 저장비용은 저장 기간이 늘어남에 따라 증가한다.

만약 상품을 저장하는 데 자기 자본을 투자할 경우, 차선의 투자로부터 벌어들일 수 있었던 수익을 간과하거나 무시한다면 실제 저장비용은 저평가되기 쉽다. 금융자원이 상품의 저장에 묶이는 것 대신에 다른 곳에 투자하였다면 벌어들일 수 있는 수익률은 기회비용 관점에서 저장비용에 포함시켜야 한다.

4.4.3 품질 변화

상품을 저장하는 데 소요되는 총비용에 영향을 주는 마지막 구성요소는 상품을 저장하는 동안 품질이 변하는 것이다. 많은 경우에, 상품을 저장하는 동안 통제할 수 없는 환경으로 인하여 품질이 나빠질 수 있다. 이러한 품질 하락은 상품이 지닌 물리적 속성의 자연적인 변화일 수도 있고, 해충으로 인한 손실, 또는 다른 형태의 품질 변화 등을 포함한다. 저장기간 동안 발생한 품질 변화로 인한 상품의 가치 하락은 저장 의사결정에서 고려해야 하는 추가적인 비용이다.

어떤 상품은 저장기간 동안 품질이 오히려 향상되어 가치가 증가하는 경우도 있다. 예를 들어 포도주, 치즈 등과 같이 좋은 품질을 얻으려면 일정 기간의 숙성이 필요한 상품들이다. 이들 상품의 경우 저장으로 인한 가치 변화가 저장에 소요되는 물리적 비용과 금융비용의 일부를 보상한다. 그 결과, 저장의 순비용은 물리적 비용과 금융비용만을 고려할 때에 비해 작아질 수 있다.

직접비용과 금융비용은 상품을 저장하는 시간의 함수이다. 노동비용은 일반적으로 저장공간의 단위 면적당 일정하다. 보험비용과 기회비용은 저장하는 상품 가치의 함수이다. 고가 상품일수록 보험비용이 높고 또한 품질 하락으로 인한 손실이 크기 때문에 보다 큰 수입 손실을 입게 된다. 이러한 관계를 고려할 때 상품 한 단위를 t기에서 $t+k$기까지 저장하는 데 소요되는 저장비용 $SC_{t,t+k}$은 다음의 함수 형태로 표현할 수 있다.

$$SC_{t,t+k} = a + bk + ckP$$

여기서 a, b, c는 상수이고 k는 상품의 저장 기간을 의미한다. 상수 a는 상품을 저장 창고에 입고시키거나 또는 저장 창고에서 방출하는 데 소요되는 비용이다. 상수 b는 물리적인 설비비용, 온도 및 습도 관리비용처럼 저장 기간에 따라 변하는 비용을 나타낸다. c는 상품가치(P)에 따라 변하는 비용을 의미하는데, 기회비용과 보험 프리미엄 등이 여기에 속한다. c의 값은 저장으로 인해 잃게 되는 수입(즉, 판매수입)의 이자비용, 상품 한 단위의 단위기간 당 보험료와 품질 손실률 등을 합한 것이다.

4.5 재고와 가격의 상호 관계

우리는 앞서 저장업자의 의사결정 문제는 생산량의 얼마를 현재 판매하고, 얼마를 미래 판매를 위해 저장하느냐에 관한 것이라고 설명하였다. 그렇다면 시장이 어떻게 저장업자로 하여금 그러한 의사결정을 하도록 적절한 가격신호를 보내는가? 이 절에서는 이 문제와 관련하여 재고 수준과 가격 간에 나타나는 상호 관계를 살펴볼 것이다. 먼저, 다음과 같이 몇 가지 단순한 가정하에서 저장활동과 관련된 기본적인 경제 원리를 설명한 후에 그 가정의 일부를 완화할 것이다.

첫째, 주기적으로 생산되며 저장 가능한 상품의 수요는 일정하며 안정적이다. 둘째로, 해마다 예측된 시점에서 동일한 수량이 생산된다. 마지막으로, 정부는 상품 저장에 개입하지 않으며 저장비용도 보조하지 않는다고 가정하자.

4.5.1 시간에 따른 재고와 가격의 변화

주기적으로 생산되며 저장 가능한 상품의 재고 수준은 수확기에 가장 많다가 다음 수확기 직전까지 지속적으로 감소한다. 재고량은 새로운 수확기 직전에 최소 수준까지 줄어든다. 생산과 소비의 불확실성이 없다고 한다면, 다음 수확기의 햇상품 공급량은 항상 일정하기 때문에 상품의 일부를 시장에서 격리하여 저장할 유인이 없게 된다. 수확기 직전의 최소 재고수준은 반드시 영이 아닐 수 있다. 햇상품은 수확 즉시 바로 소비될 수가 없기 때문에, 상품이 공급망을 따라 상류에서 하류로 원활하게 이동하기 위해서는 일정량의 재고가 반드시 필요하다. 따라서 이 시기의 저장 의사결정은 다른 부가가치 활동에 투입할 수량을 초과하여 보유해야 하는 여분의 재고 수량을 결정하는 것이다.

[그림 4.1]의 왼쪽은 시간의 흐름에 따라 상품의 재고 수준에서 나타나는 전형적인 변화 패턴을 보여준다. 그림에서 상품의 재고량은 수직축에, 시간은 수평축에 표시하였다. [그림 4.1]에서 수확시기인 H_1, H_2, H_3 등에 대응하는 정점은 재고가 새로운 생산으로 보충됨을 나타낸다. 수확이 끝난 직후부터 재고수준은 소비량에 따라 각각 다른 속도로 감소하기 시작한다.

그림 4.1 **시간 경과에 따른 재고와 가격의 변화: 수확이 즉시 일어나는 경우**

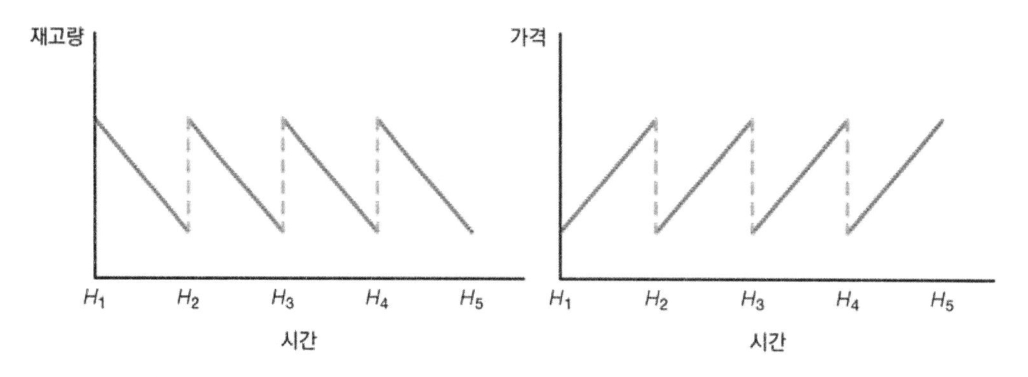

왼쪽 그림은 수확이 끝난 후에 소비량에 따른 재고 변화를 나타내며, 오른쪽은 재고 변화에 따른 가격 변화를 나타낸다. 수확으로 인해 재고가 즉각적으로 보충된다면, 재고량은 수확기에 가장 높고, 수확기 직전에 가장 낮게 된다. 가격은 수량이 가장 많은 수확기에 최저가 되며, 두 수확기 사이의 기간에는 저장비용 때문에 수확기에 비해 높게 형성된다. 최고가격은 공급량이 가장 적은 수확 직전에 나타난다.

[그림 4.1]의 오른쪽은 재고수준의 변화에 대응하는 가격 변화를 보여준다. 최저가격은 상품의 공급량이 가장 많은 수확기에 나타난다. 수확기에 상품 가격이 충분히 낮다면, 저장업자들은 상품의 일부를 미래에 되팔기 위한 목적으로 저장하려고 할 것이다. 왜냐하면 상품이 더 이상 생산되지 않는 시기에 소비자들이 보다 높은 가격을 지불하여 구매할 것으로 기대하기 때문이다. 두 수확기 사이의 기간 동안에 상품 가격은 저장비용 때문에 수확기에 비해 높게 형성된다. 수확기에 상품의 일부가 시장으로 출하되지 않고 저장될 때, 현재가격은 저장이 전혀 없을 경우에 비해 상승하게 된다. 수확된 상품에서 보다 많은 수량이 저장된다면 미래시점에 기대되는 가격의 상승 정도는 줄어든다. 그 이유는 저장량 증가는 두 수확기 사이의 기간에 소비될 수 있는 수량의 증가를 의미하기 때문이다. 최고가격은 상품의 공급량이 가장 적은 시점인 수확 직전에 나타난다. 두 수확기 사이의 기간 동안에 나타나는 가격의 변화 정도는 저장비용의 크기에 따라 달라진다.

수확기 사이의 기간에 발생하는 가격 상승은 저장업자로 하여금 저장비용을 부담하는 유인을 제공한다. 미래에 가격이 상승할 것이라고 기대하지 않는다면 어느 누구도 상품을 저장하려고 하지 않을 것이다. 누군가가 다른 형태의 부가가치 활동(예: 가공, 수송)에 필요한 수량 이상으로 상품을 저장하려고 하는 이유가 있다면 그것은 오직 미래 시점의 가격이 현재가격보다 충분히 높을 것이라는 기대감 때문이다. 미래 시점의 기대가격이 현재가격에 비해 저장비용을 보상할 만큼 충분히 크다면 저장업자들은 상품을 저장하려고 할 것이다.

4.5.2 보다 현실적인 변화 패턴

앞서 했던 가정의 일부를 완화시켰을 때 재고와 가격의 관계가 어떻게 달라지는지를 살펴보자. 예를 들어, 수확이 즉각적이지 않고 일정 기간 동안 지속된다고 할 때 수확기 재고는 [그림 4.1]처럼 순식간에 보충되지 않는다. 재고 보충은 [그림 4.2]의 왼쪽에서 보듯이 점진적으로 일어나게 된다. 마찬가지로 가격수준도 [그림 4.2]의 오른쪽에서 보듯이 수확기간 동안에 서서히 조정된다.

수요와 저장비용이 일정하더라도 연간 생산량에 예기치 못한 변화가 발생한다면, 재고와 가격의 변화 패턴은 [그림 4.2]처럼 규칙적이거나 또는 반복적인 형태로 나타나지 않게 된다. 예를 들어, 농산물은 생물학적인 특성으로 인해 해마다 동일한 면적에 식부하더라도 병충해 발생, 기상여건 변화 등 확률적인 요인으로 인하여 실제 생산량은 변동하기 마련이다. 그리하여 수확기 생산량은 어느 해에는 평년 수준보다 많고, 다른 해는 평년 수준보다 적기도 한다. [그림 4.3]은 이러한 경우에 나타나는 재고 수준과 가격 변화를 보여준다.

새로운 수확기가 다가오면 시장참여자들은 자신의 예측한 생산량을 조정한다. 수확량이 평년 수준보다 적을 것이라고 예측될 때 가격은 상승하고 소비량은 감소한다. 왜냐하면 시장이 새로운 가격신호를 형성하여 공급량을 두 수확기 사이의 기간에 배분하기 때문이다. 예를 들어, 다음 기 수확량이 평년보다 훨씬 적다고 예상한다면 상품의 일부를 다음 기 소비를 위해 저장할 유인이 더 많아진다. 다음 기 가격이 더 높게 형성될 것으로 예상되어 가격은 기대치 이상으로 상승하게 된다(그림 4.3에서 H_3). 반대로 시장참여자들이 다음 기 수확량이 평년에 비해 크게 증가할 것으로 예상한다면 반대의 현상이 나타날 수 있다. 이때 저장업자들은 다음 기의 가격 하락을 예상하여 자신의 저장시설을 가능한 한 많이 비워 재고량을 파이프라인 재고만큼의 최소 수준까지 낮출 것이다(그림 4.3에서 H_4). 이처럼 주기적으로 생산되며 저장 가능한 상품의 경우 연중 평균가격은 낮을지라도 저장할 유인을 제공할

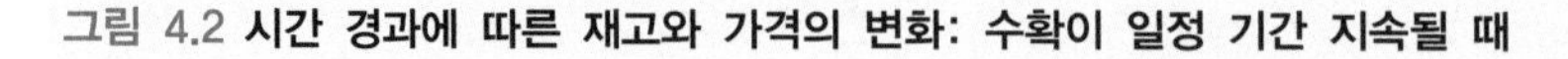
그림 4.2 **시간 경과에 따른 재고와 가격의 변화: 수확이 일정 기간 지속될 때**

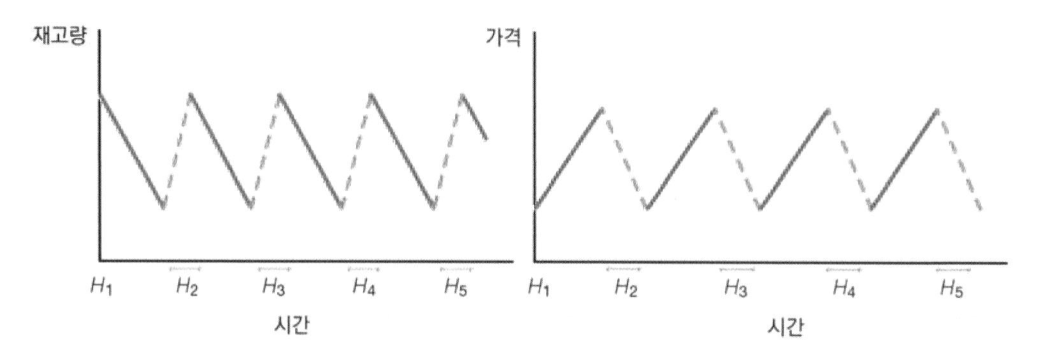

왼쪽 그림은 수확이 일정 기간 동안 서서히 이루어질 때 나타나는 재고수준의 변화를 보여준다. 재고가 완전히 보충되는데 일정 기간이 소요된다면, 이에 따라 가격 조정도 수확기간 동안 서서히 이루어질 것이다.

그림 4.3 **시간에 따른 재고량과 가격의 변화: 생산량이 일정하지 않을 때**

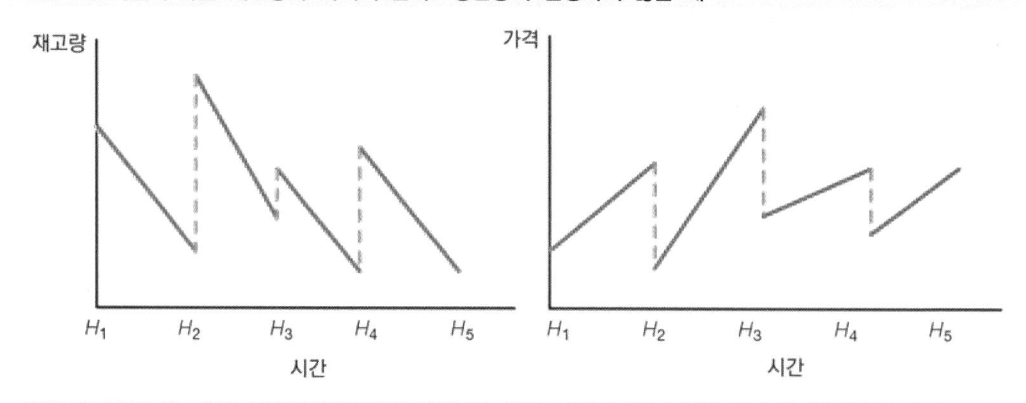

생산량 변화는 병충해 발생, 기상여건 변화 등으로 해마다 달라질 수 있다. 또한 수요와 저장비용이 해마다 다르게 변한다면 시간 흐름에 따른 재고 변화는 더욱 불규칙적인 모양을 갖게 된다. 재고수준이 불규칙하게 변할 때 가격 변화도 불규칙해진다. 하지만 수확 직후에 재고수준이 가장 높고, 가격은 가장 낮다.

만큼의 가격 상승이 두 수확기 사이에 발생할 여지는 있다.[2]

수요와 저장비용에 예기치 못한 변화가 발생할 경우 생산이 해마다 동일하더라도 소비율, 저장률, 그리고 가격은 변동하게 된다. 수요나 저장비용이 변할 때 시간 경과에 따른 재고수준과 가격의 변화 패턴은 [그림 4.2]나 [그림 4.3]의 경우와 달리 매우 불규칙적인 모양을 갖게 된다. 그럼에도 불구하고 여전히 수확 직후에 재고수준이 가장 높고 가격은 가장 낮은 경향이 나타난다. 재고수준은 수확기 사이의 기간 동안에 점차 감소하나, 재고 고갈률

---

2 평년에 비해 수확량이 매우 많을 때, 저장 대신에 산지 폐기를 통해 시장에서 격리하는 경우가 있다. 이는 상품의 부패속도가 빠르고 미래 기대가격이 너무 낮아서 저장비용을 보상해주지 못할 때 발생한다. 저장과 산지폐기는 시장격리라는 측면에서 현재가격에 주는 영향 정도는 같을 수 있지만, 미래 기대가격에 주는 의미는 서로 다르다.

과 이월량은 매 시기마다 달라진다. 예를 들어, 이자율 상승에 따른 저장비용의 증가는 저장업자로 하여금 오랫동안 저장하기로 계획한 상품의 일부를 방출하여 판매하도록 할 것이다. 이러한 조정이 일어나면 재고수준이 감소함에 따라 현재가격은 하락하고 소비량은 늘어나게 된다. 재고수준의 감소는 미래시점의 기대가격을 상승시킨다. 현재가격은 하락하고 미래 기대가격이 증가함에 따라 이들 두 가격 간의 격차가 높아진 저장비용을 보상할 만큼 충분히 커지면 저장업자는 다시 저장하려고 할 것이다.

현실에서 저장업자(또는 생산자)는 상품의 미래 가치와 저장비용을 계속하여 비교하면서 저장(또는 판매)할 수량을 조정하기 때문에 가격, 재고수준, 소비율은 달라진다. 이러한 사실은 미래시점에 상품이 사전에 정해진 가격으로 판매되지 않는 한, 저장 의사결정의 결과가 예측한 대로 실현된다는 보장이 없음을 의미한다. 이 경우에 저장업자는 최적 판매시점을 선택하기보다는 고정수수료를 받고 저장 공간을 제공한다고 할 수 있다.

4.5.3 가격연계식

위에서 살펴본 모든 사례의 공통점은 저장 의사결정은 미래 시장조건이 현재 시장조건과 어떻게 다른가 하는 점에 기초한다는 것이다. 저장 물량이 미래의 어느 시점에 다시 시장으로 출하된다는 점이 미래가격의 예측에 영향을 준다. 기업들은 저장 의사결정과정에서 상품의 미래 기대가치와 현재가치의 차이가 저장비용보다 크다면 저장량을 증가시킬 유인을 갖게 된다. 모든 기업들이 저장량을 늘린다면 현재가격은 증가하는 반면, 더 많은 물량이 미래시점의 소비용으로 이월되기 때문에 미래의 기대가격은 감소하게 된다. 그렇다면 최적 저장물량은 어떻게 결정되겠는가? 저장은 미래 기대가격과 현재가격의 차이가 저장비용과 같게 될 때까지 계속된다. 이러한 관계를 가격연계식(price linkage equation)이라 하며 수식으로 표현하면 다음과 같다.

$$P_i - P_1 = S_{1i}$$

여기서, P_i는 미래시점 i에서 기대된 가격, P_1는 현재가격, S_{1i}는 상품을 시점 1에서 시점 i까지 저장하는 데 소요되는 비용을 의미한다.

저장비용은 다른 경제활동과 마찬가지로 저장기업마다 다르다. 일부 기업은 다른 기업에 비해 저장 서비스를 보다 효율적으로 공급할 수 있기 때문에 더 낮은 저장비용을 가진다. 일부 기업들이 한계기업에 비해 더 낮은 저장비용을 가진다는 점은 한계기업이 손익분기점에 도달할 때, 이 기업들은 양(+)의 수익을 거두고 있음을 의미한다. 저장기업들은 미래의 시장조건을 서로 다르게 예측할 수 있다. 그 결과, 저장에 대한 기대수익은 저장 서비스를 제공하는 비용과 상품 가치의 변화에 대한 기대수준의 차이에 따라 기업별로 서로 다를 수 있다(저장활동도 다른 형태의 시장행위와 마찬가지로, 저장시장 전체의 청산가격은 한계기업에 의해 결정된다).

위의 식에서 P_i가 미래의 여러 시점을 나타내도록 $P_2, P_3, P_4, \ldots$와 같은 값들을 부여할 수 있다. 그러나 저장 의사결정은 순차적으로 이루어지기 때문에 P_1과 P_2에 관한 하나의 관계식만을 고려해도 충분하다. 달리 말하면, 상품을 시점 1에서 시점 3이나 시점 4로 저장하려면 먼저 시점 1에서 시점 2로 저장해야 한다. 따라서 시점 2에서 기대되는 상품의 미래가치는 시점 2에서 소비되는 상품의 기대가치와 시점 3, 4 또는 그 이후 모든 시점에서 소비하기 위해 시점 2에서 상품을 저장할 때의 가치를 반영한 것이라 할 수 있다. 이러한 점은 저장시장의 균형문제를 다룰 때 다시 설명할 것이다.

4.6 저장시장의 균형

우리는 주기적으로 생산되는 상품의 공급량이 소비용과 저장용으로 배분될 때, 시간이 경과함에 따라 저장시장의 균형이 어떻게 이루어지는지를 살펴볼 것이다. 먼저, 두 기간 저장 모형의 균형에 대해 설명한다. 첫 번째 기간은 현재 시점으로 소비와 저장 간의 선택이 이루어지는 시기이다. 두 번째 기간은 재고가 이월되는 다음 시점이다. 주기적으로 생산되는 상품을 대상으로 하여 시장 상황을 네 가지로 구분하여 저장시장의 균형을 비교하여 볼 것이다.

첫 번째 시장 상황은 첫 번째 기간(기간 1이라 부르자)이 햇상품을 수확하는 시점이고, 두 번째 기간(기간 2라고 부르자)은 수확 이후의 시기로 새로운 생산이 더 이상 발생하지 않는 기간을 의미한다. 두 번째 시장 상황은 기간 1과 기간 2가 모두 수확 이후의 기간으로 어느 기간에도 새로운 생산이 일어나지 않는 경우이다. 세 번째 시장 상황은 기간 1이 수확 이후의 기간을, 기간 2는 햇상품이 공급될 것으로 기대되는 수확 직전의 시점을 각각 나타내는 경우이다. 네 번째 시장 상황은 연중 생산되나 소비와 생산의 변화율이 서로 다른 경우이다.

4.6.1 수확 시점과 수확 이후의 두 기간 모형

우리는 현재와 미래 시점의 시장 상황을 나타내기 위해 공급곡선과 수요곡선을 사용할 것이다. 저장시장의 균형을 구하려면 두 시점의 시장행위(즉, 생산, 소비, 저장)를 서로 연결할 필요가 있다. 이를 위해 우리는 초과수요곡선과 초과공급곡선이라는 개념을 사용할 것이다.

먼저, 저장비용이 없다고 가정하고, 두 기간에 대한 수요곡선과 공급곡선이 어떻게 상호작용을 하는지를 살펴볼 것이다. 그 다음에 저장비용을 고려할 때 저장과 소비 활동이 어떻게 달라지는지를 설명할 것이다.

저장비용이 없을 때

[그림 4.4]의 왼쪽은 주기적으로 생산되는 상품에 대한 수확기의 수요와 공급 상황을 보여준다. 수요곡선 D_1은 수확기(현재 시점)의 각 가격에서 소비용으로 구매하고자 하는 상품의 수량을 나타낸다. 공급곡선 S_1은 수확기의 각 가격에 대해 소비 또는 저장용으로 이용 가능한 상품의 총수량 Q_T를 나타낸다. 기간 1의 총공급량은 매우 비탄력적인 형태의 공급곡선으로 표현된다. 왜냐하면 수확이 끝나면, 소비나 저장 용도로 이용 가능한 공급량은 현재가격 수준과 관계없이 고정되기 때문이다. 왼쪽 그림에서 수요곡선 D_1과 공급곡선 S_1이 교차하는 점에서의 가격은 공급량 전량이 수확기에 바로 소비되어 상품의 일부라도 다음 시기로 이월하지 않을 때 형성되는 시장청산가격을 나타낸다. 그리하여 왼쪽 그림은 주기적으로 생산되며 부패하기 쉬운 상품이나 또는 저장이 불가능한 상품에 대한 시장 상황을 나타낸다.

[그림 4.4]의 오른쪽에 있는 수요곡선 D_2는 다음 시기의 예상되는 수요를 나타낸다. 달리 말하면, 수요곡선 D_2는 기간 2에 소비 또는 저장할 목적으로 상품의 일정 수량을 소유하려는 사람들의 관심 정도를 나타낸다. 기간 1의 총공급량을 소비와 저장 사이에 배분할 때 중요한 점은 상품의 일부를 다음 시기인 기간 2로 이월할 때 얼마만큼의 수익이 예상되는가이다. [그림 4.4]의 오른쪽에는 공급곡선이 그려져 있지 않다. 왜냐하면 기간 2에는 상품이 전혀 생산되지 않아 기간 1에서 소비량과 저장량이 결정되기 전까지는 기간 2의 공급량이 얼마가 될지 알 수 없기 때문이다.

[그림 4.4]의 가운데는 두 기간의 시장행위를 연결하는 저장시장을 나타낸다. 저장시장을 나타내는 가운데 그림은 기간 1에서 얻게 되는 수익이 기간 2의 기대 수익과 어떻게 상호작용을 하는지를 보여준다. ES_1은 저장 공급곡선으로 현재 시점의 수요곡선과 공급곡선에서 유도되는 초과공급곡선이다. 달리 말하면 초과공급곡선은 기간 1의 각 가격수준별로 이용 가능한 총공급량에서 소비량을 제외하고 남은 수량으로, 기간 2로 이월되는 저장량을 나타낸다. 기간 2에서 새로운 생산이 일어나지 않는다면, 저장은 기간 2의 예상된 수요를 충족시키는 유일한 공급원이 된다. ED_2는 저장 수요곡선으로 기간 2의 각 가격 수준에서 저장 상품을 보유하려는 잠재 수요이다. 기간 2에서 새로운 생산이 일어나지 않기 때문에, 저장 수요곡선은 이 시기에 예상된 초과수요곡선이라고 할 수 있다.

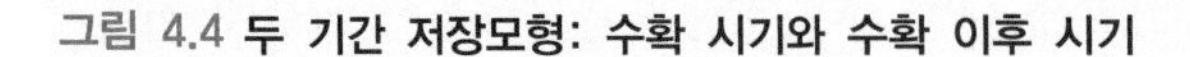
그림 4.4 두 기간 저장모형: 수확 시기와 수확 이후 시기

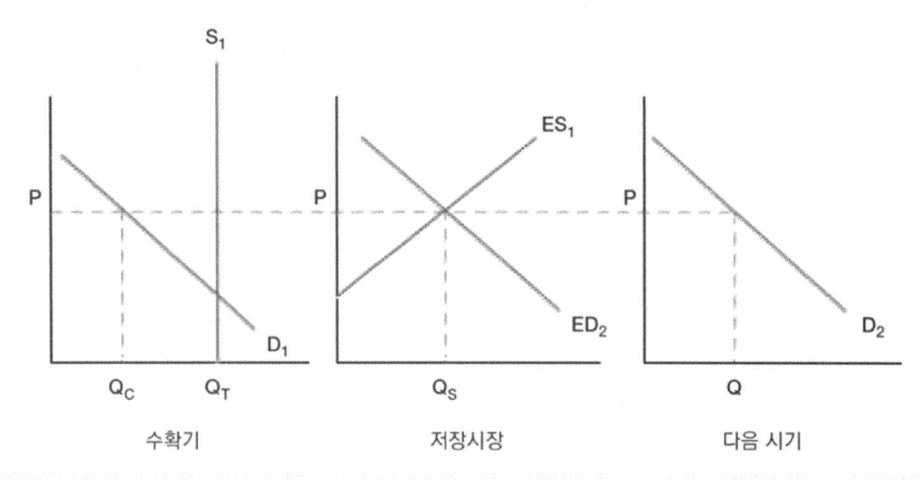

왼쪽 그림은 부패하기 쉬운 상품에 대한 수확기의 수요곡선과 공급곡선을 나타낸다. 오른쪽 그림은 새로운 생산이 발생하지 않는 다음 시기에 예상되는 상품의 수요를 나타낸다. 가운데 그림은 저장 공급곡선과 저장 수요곡선이 서로 교차하는 시장 상황을 나타낸다. 저장 공급곡선은 수확기의 각 가격수준에 대응하는 총공급량에서 소비량을 뺀 수량을 나타낸다. 저장 수요곡선은 다음 시기의 예상 수요곡선과 동일하다. 저장 공급곡선과 저장 수요곡선이 교차하는 점에서 균형저장량과 균형가격이 결정되면, 왼쪽 그림에서는 균형가격에 대응하는 수확기의 균형소비량, 오른쪽 그림에서는 균형가격에 대응하는 다음 시기의 수요량이 결정된다.

[그림 4.4]의 초과공급곡선과 초과수요곡선이 교차하는 점에서 기간 1에서 저장되어 기간 2에 이용 가능한 상품의 수량, 즉 균형저장량 Q_S가 결정된다. 또한 교차점은 현재 수요와 미래의 예상 수요, 그리고 총공급량이 주어질 때 균형저장량에 대응하는 현재 시점의 가격을 알려준다. 이 가격은 상품의 총공급량 가운데 얼마를 현재 소비에 배분하고 나머지 얼마를 미래 소비용으로 저장할 것인가를 결정하는 시장의 힘을 나타낸다. 시장가격을 나타내는 점선이 [그림 4.4]의 왼쪽에 있는 수요곡선 D_1과 교차하는 점에서 기간 1에서 소비되는 상품의 수량, 즉 소비량 Q_C가 결정된다. 그 결과, $Q_S = Q_T - Q_C$인 관계가 성립하며 균형저장량, 균형소비량, 균형가격은 기간 1의 수요와 공급 상황, 기간 2의 예상 수요와 완전하게 맞아 떨어진다. 저장비용이 없다는 가정하에서 구해진 위의 각 균형값들을 살펴보면 두 기간 사이에 상품 가격이 변하지 않았음을 주목하라.

저장비용이 있을 때

저장비용을 고려할 때 앞에서 구한 균형저장량은 어떻게 달라질까? 저장비용을 감안할 경우 [그림 4.4]에서 저장시장 상황을 나타내는 곡선들을 수정할 필요가 있다. 저장비용이 존재할 때 다음 기에 이용할 수 있는 공급량을 나타내는 곡선은 [그림 4.4]의 초과공급곡선에 단위당 저장비용만큼을 수직으로 더하여 구할 수 있다. 기간 1과 기간 2의 수요와 공급

상황이 [그림 4.4]의 경우와 같을 때, 저장비용을 고려한 새로운 저장 공급곡선, 즉 초과공급곡선은 [그림 4.5]의 가운데에 점선으로 그려진 ES_1'이다. 저장비용이 없을 때의 초과공급곡선을 원 초과공급곡선이라고 할 때, 저장비용을 고려한 초과공급곡선은 원 초과공급곡선으로부터 파생된 초과공급곡선이다. 파생 초과공급곡선이 원 초과공급곡선보다 위에 있다는 사실은 누군가 상품을 저장하려면 기간 2 가격이 기간 1 가격보다 저장비용만큼 더 높아야 함을 의미한다. 마찬가지로, 기간 2 가격으로 표현되는 저장 수요곡선, 즉 파생 초과수요곡선을 구하려면 원 초과수요곡선 ED_2을 단위당 저장비용만큼 수직으로 하향 이동하면 된다. [그림 4.5]의 가운데에 점선으로 표현된 ED_2'이 파생 초과수요곡선이다.

기간 1에서 기간 2로 상품을 저장하는 데 소요되는 단위당 비용이 저장량에 관계없이 일정하다면 원 초과수요곡선과 원 초과공급곡선에 평행하는 두 개의 점선이 그려진다. 원 초과수요곡선 ED_2와 파생 초과공급곡선 ES_1'이 교차하고, 원 초과공급곡선 ES_1과 파생 초과수요곡선 ED_2'이 교차하는 두 점에 대응하는 수량 Q_S가 저장비용이 존재할 때의 균형 저장량을 나타낸다. 이 수량은 저장비용이 없는(또는 정부가 저장 비용을 보조하는) 경우와 비교하면 분명히 적다. [그림 4.5]에서 균형저장량으로부터 결정되는 기간 1의 상품가격 P_1과 기간 2의 상품가격 P_2는 정확하게 저장비용만큼 차이가 남을 주목하라.

현 시점의 가격은 현 시점의 시장 수요와 공급에서 실제로 형성되는 가격이다. 그러나 기간 2의 시장청산가격은 다음 시점의 기대가격이다. 기간 2의 기대가격이 실제로 실현될지는 미래 수요에 대한 예측의 정확성 정도에 따라 달라진다. 기간 2에서 상품을 보유하려는 수요가 기간 1의 기대와 크게 달라진다면, 시장청산가격은 소비와 저장 의사결정이 행해진 과거 시점에서 기대한 것과 크게 다를 수 있다. 이것은 상품의 미래 보장가격이 정해지지 않는 한, 상품의 저장으로부터 얻게 되는 수익이 저장비용을 보상할 만큼 충분하지 않을 수도 있음을 의미한다. 어떤 경우에는 상품 저장으로부터 얻게 되는 수익이 저장비용보다 더 클 수도 있고, 다른 경우에는 그 수익이 시장조건에 따라 저장비용보다 적을 수도 있다 (이의 사례에 대해서는 식품산업 인사이드 4.2 『쌀 가격의 역계절진폭』을 참조하시오).

그렇다면 저장비용이 변할 때 총공급량의 현재 소비와 저장으로의 배분은 어떻게 달라질까? [그림 4.5]는 이에 대한 답을 제공한다. 저장비용의 상승은 원 초과수요곡선과 파생 초과수요곡선, 그리고 원 초과공급곡선과 파생 초과공급곡선 사이의 수직 거리를 증가시키는 효과를 갖는다. 원 초과수요곡선과 원 초과공급곡선은 변하지 않지만 파생 초과수요곡선과 파생 초과공급곡선은 아래위로 이동하게 된다. 그 결과, 저장비용의 상승은 저장비용이 낮을 때에 비해 저장량 감소, 현재 소비량 증가, 현재가격 하락과 미래시점의 기대가격 상승을 초래한다.

그림 4.5 **저장비용이 존재할 때의 두 기간 저장모형: 수확 시기와 수확 후 시기**

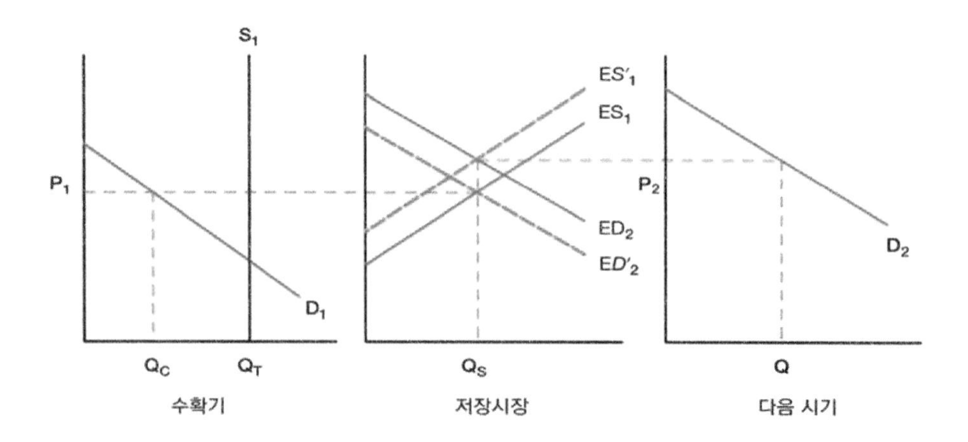

저장비용이 존재할 때 저장 공급곡선인 파생 초과공급곡선은 원 초과공급곡선을 저장비용만큼 수직으로 상향 이동시킨 점선인 반면, 저장 수요곡선은 원 초과수요곡선을 저장비용만큼 수직으로 하향 이동한 점선이다. 원 초과공급곡선과 파생 초과수요곡선이 교차하고, 원 초과수요곡선과 파생초과공급곡선이 교차하는 점에서 균형저장량 Q_S가 결정된다. 이때 균형저장량은 저장비용이 없을 때에 비해 적어짐을 유의하라. 균형저장량 Q_S에서 결정되는 두 시점의 균형가격 P_1과 P_2는 저장비용만큼 차이가 난다.

식품산업 인사이드 4.2

쌀 가격의 역계절진폭

미곡종합처리장(RPC)은 수확기에 싼 값으로 쌀을 사서 단경기에 비싼 가격에 팔아 이윤을 남기는 형태로 쌀의 산지 유통을 담당한다. 그러나 단경기의 쌀 가격이 수확기 쌀 가격보다 오히려 더 떨어지는 이른바 "역계절진폭" 현상이 나타나기도 한다. 아래의 [표 4.2]는 양곡연도(전년 11월 1일부터 당년 10월 31일까지)별 산지 쌀 가격의 변화를 보여준다.

계절진폭은 (단경기 가격 − 수확기 가격)/수확기 가격×100이라는 공식에 의해 계산된다. 계절진폭이 음(−)의 값을 가졌던 해는 2005, 2009, 2010, 2012, 2014, 2015년으로, 지난 10년간 무려 6차례나 역계절진폭 현상이 발생하였다. 이러한 현상의 원인으로는 쌀 소비량 감소, 예기치 않은 작황 변화, 저장시설의 부족 등을 지적할 수 있으나 무엇보다도 가장 큰 원인은 늘어나는 쌀 재고량이다.

쌀 가격의 역계절진폭이 빈번히 발생함에 따라 전년도 수확기에 벼를 사서 저장했던 미곡종합처리장 등 산지유통업체들은 저장비용, 이자비용, 감모손실 등으로 인한 적자를 감수해야 하는 경영난을 겪고 있다. 이로 인해 산지유통업체들이 적자 위험을 줄이기 위해 수확기에 매입가격을 낮추거나 매입물량을 축소하는 사례가 늘고 있다. 이로 인해 쌀 값 안정을 위한 정부의 시장격리용 매입 물량이 늘어나고, 이는 다시 쌀 재고량 증가로 이어져, 이로 인해 역계절진폭이 다시 발생하는 악순환이 거듭되고 있다.

표 4.2 **연도별 쌀 가격의 역계절진폭**

양곡연도	연평균가격 (11~10월)	수확기가격 (10~12월)	단경기가격 (7~9월)	계절진폭 (%)
2005	158,163	162,288	157,572	−2.9
2006	142,367	140,130	149,457	6.7
2007	149,367	148,083	151,142	2.1
2008	157,164	150,200	161,469	7.5
2009	157,016	162,424	150,803	−7.2
2010	136,555	142,861	131,633	−7.9
2011	149,645	137,423	153,207	11.5
2012	165,293	166,068	161,960	−2.5
2013	175,090	173,692	176,418	1.6
2014	170,748	175,279	167,309	−4.5
2015	160,801	167,347	159,758	−4.5

단위: 원/정곡 80kg
자료: 통계청, 한국농촌경제연구원

4.6.2 수확 이후의 두 기간 모형

수확 이후의 두 기간에 대한 저장과 소비의 의사결정 문제는 앞에서 설명한 상황과 매우 유사하다. 유일한 차이점은 기간 1에서 이용 가능한 총공급량이 전적으로 이전 시점에서 저장한 수량에 의해 결정된다는 점이다. 여기서 첫 번째 기간은 앞선 모형의 기간 1에서 한 시점만큼 미래로 이동한 것으로 보면 된다. 달리 말하면, 시간이 경과하여 첫 번째 기간은 앞에서 설명한 저장모형의 기간 2에서 일어날 것으로 예상한 것이 실제로 실현된 시기이다. 이러한 저장시장 상황을 나타낸 것이 [그림 4.6]이다.

[그림 4.6]의 왼쪽에서 수요곡선 D_1은 각 가격수준에서 저장량으로부터 현재 소비용도로 구매하고자 하는 수량을 나타낸다. [그림 4.6]의 가운데에 그려진 초과공급곡선은 각 가격에서 저장량(즉, 재고량)과 현재 소비량 간의 차이를 나타낸다. 초과공급곡선 ES_1은 각 가격에서 다음 기로 저장할 수 있는 수량을 나타낸다. [그림 4.6]의 오른쪽에 그려진 수요곡선 D_2는 다음 기에 상품을 구매하려는 수요 예상치를 나타낸다. 예상된 수요는 저장에 대한 초과수요를 의미하며, 이는 [그림 4.6]에서 ED_2로 표현된다. 초과수요곡선과 초과공급곡선의 교차점은 현재 재고수준에서 얼마만큼을 미래 소비를 위해 저장을 지속해야 하는지를 나타낸다. 앞에서 마찬가지로 시장청산가격, 현재 소비량, 저장량은 그림의 가운데 부분에 그려진 초과수요곡선과 초과공급곡선이 교차하는 점에서 동시에 결정된다.

그림 4.6 저장비용이 존재할 때의 두 기간 저장모형: 수확 이후의 두 시기

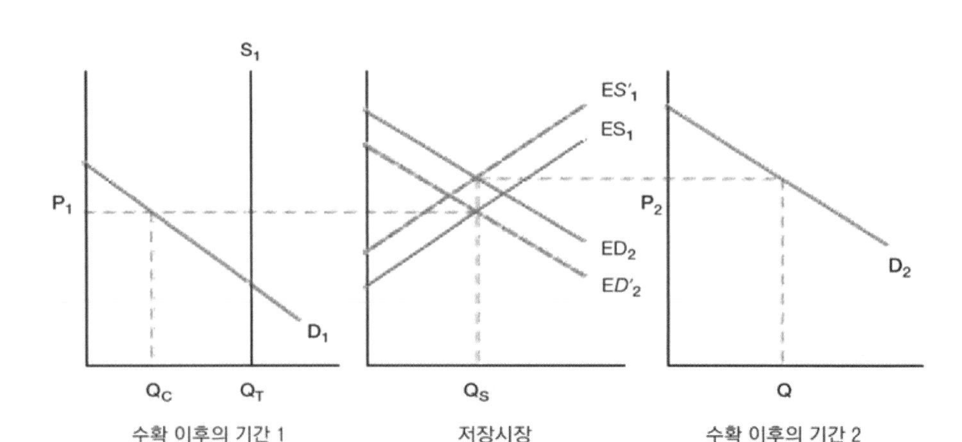

수확 이후의 두 기간 동안 저장이 발생하는 경우를 나타낸다. 저장비용이 존재할 때, 균형저장량, 기간 1과 기간 2의 균형소비량과 균형가격은 [그림 4.5]와 동일하다.

저장비용은 이전과 동일한 방법으로 [그림 4.6]의 가운데 부분에 추가할 수 있다. 이때 저장비용은 현재가격과 다음 기 기대가격의 차이를 초래하여 미래의 예상수요를 충족시킬 수량만큼을 저장하는 데 적절한 가격 인센티브를 제공한다.

4.6.3 수확기 직전과 수확기의 두 기간 모형

[그림 4.7]의 두 기간 모형은 시간이 경과하여 첫 번째 기간이 다음 수확기의 바로 직전 시점(예: 단경기 시점)이 되는 상황을 보여준다. [그림 4.7]의 왼쪽에 있는 수요곡선과 공급곡선은 [그림 4.6]과 유사하게 기간 1에서 현재 소비를 위한 수요량과 연초 재고량(저장량)을 각각 나타낸다. 반면 [그림 4.7]의 오른쪽은 햇상품의 출하가 예상되는 상황을 나타내기 때문에 [그림 4.6]과 매우 다르다. 즉, 오른쪽 그림은 수확기에 시장으로 출하할 햇상품의 예상 공급량을 나타내는 공급곡선을 보여준다.

수확기의 예측된 공급곡선이 주어질 때 기간 2의 초과수요곡선은 상당히 낮은 가격에서만 존재한다. 사실상 [그림 4.7]의 오른쪽에 그려진 곡선들로부터 파생되는 초과수요곡선은 기간 1의 초과공급곡선보다 더 낮은 가격에서 수직축(가격축)과 만나고 있다. 이는 수확 직전의 시점에서 상품의 일부를 수확기로 계속 저장할 유인이 없음을 나타낸다. 시간에 따른 상품의 이동은 단지 한 방향으로만 가능하기 때문에, 상품의 일부를 기간 2에서 기간 1로 이동하는 것은 불가능하다. 달리 말하면, 저장활동의 경우 현재와 미래 시점을 서로 바꾸어 상품을 저장할 수 없다. 이것이 수확기 직전의 가격이 가까운 미래시점의 예상 가격보다 상당히 높게 형성될 수 있는 이유이다. 수확량이 평년 수준으로 예측되고 수확기 가격이 현행 수준보다 더 낮을 것으로 예상된다면 파이프라인 재고를 운영하는 데 필요한 최소 수량을 초과하여 상품을 저장할 인센티브가 없게 된다.

그림 4.7 **두 기간 저장모형: 수확기 직전 시기와 수확 시기**

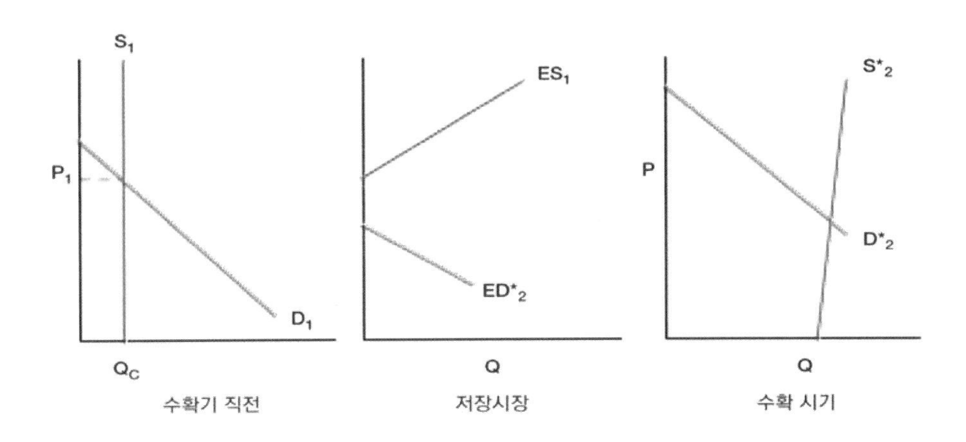

두 기간이 수확기 직전과 수확시기일 때 수확시기에 햇작물의 출하로 인해 가까운 미래의 기대가격이 낮을 것으로 예측된다면, 저장수요는 가격이 매우 낮은 수준에서만 존재하게 된다. 이로 인해 수확기 직전 시점에서 수확기로 저장할 유인이 없게 된다.

4.6.4 연중 생산이 지속되는 상품의 두 기간 모형

앞서 설명한 두 기간 저장모형은 연중 생산이 지속되는 상품의 저장행위를 분석하는 데에도 적용할 수 있다. [그림 4.8]의 오른쪽에 있는 기간 2의 예상된 수요와 공급 상황을 나타내는 곡선들은 현재 시점에서 이용 가능한 상품의 일부를 다음 기간으로 저장할 수 있는 가격의 범위를 알려준다. [그림 4.8]의 왼쪽에 그려진 곡선들은 현재 가격에서 공급 가능한 수량, 현재 소비량, 그리고 다음 기간으로 이월되는 수량을 알려준다. 현 시점의 수요곡선과 공급곡선은 각 가격수준에서 다음 기간으로 저장할 상품의 수량을 나타내는 초과공급곡선의 위치를 결정한다.

다음 기로 상품을 저장할 가격 인센티브가 있는지를 알려면 각 기간의 시장조건, 즉 수요곡선과 공급곡선의 상대적인 위치를 살펴보면 된다. 어떤 시장조건은 현 시점에서 이용 가능한 상품이 전량 소비되어야 하는 상황일 수 있다. [그림 4.8]의 가운데에서 점선으로 표시된 초과수요곡선과 초과공급곡선이 서로 만나지 못하는 경우가 이러한 상황을 보여준다(즉, ES_1'과 ED_2'). 반면 다음 시기의 예측된 수요와 공급이 충분히 높은 수준의 초과수요를 발생시킨다면 상품이 연중 계속하여 생산되더라도 상품의 일부를 저장할 인센티브가 존재하게 된다. [그림 4.8]의 가운데에 실선으로 그려진 초과수요곡선과 초과공급곡선이 서로 교차하는 경우가 이에 해당한다(즉, ES_1과 ED_2). 이러한 상황이 나타날 가능성이 높은 경우는 수요 또는 공급의 계절적인 변동이 매우 심할 때이다. 수요변화에 맞추어 생산 계획을 변경하는 것이 불가능하거나 많은 비용이 소요된다면 연중 생산되는 상품의 일부를 성수기를 대비하여 저장하는 것이 유리할 수가 있다.

그림 4.8 **연중 생산되는 상품의 두 기간 저장모형**

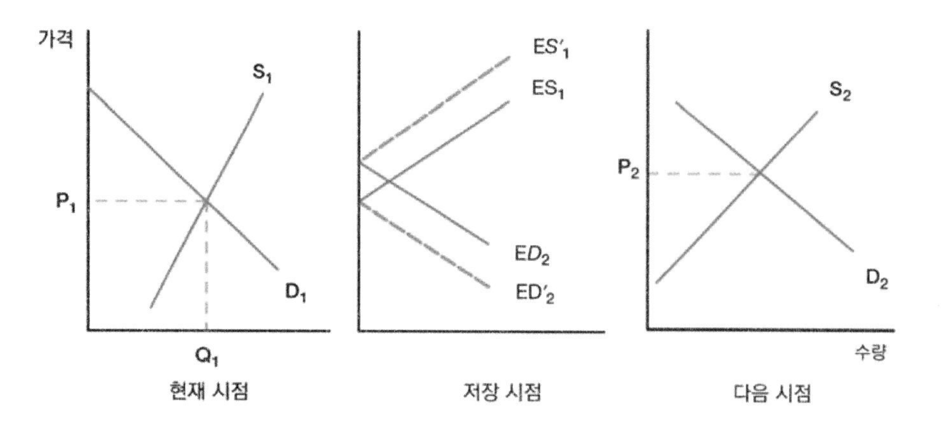

어떤 상품이 연중 생산되더라도 다음 기의 예측된 수요와 공급이 충분히 높은 수준의 초과수요를 발생시킨다면 상품의 일부를 저장할 유인이 있다. 수요 변화에 맞추어 생산 계획을 변경하는 것이 어렵거나, 또는 많은 비용이 소요된다면 성수기 수요에 대비해 연중 생산되는 상품의 일부를 저장하는 것이 유리하다.

위에서 우리는 두 기간 모형을 사용하여 시간의 흐름에 따른 다양한 시장상황하에서 나타날 수 있는 상품의 저장과 방출 흐름을 분석하여 보았다. 우리가 보았던 5가지 유형의 그림들은 시장에 대한 현재 상황과 다음 시기의 예상치를 토대로 하여 시장이 어떻게 작동하여 현재 소비와 저장 의사결정에 영향을 주는지를 보여준다. 저장 및 소비 의사결정과 현 시점의 시장청산가격은 미래의 시장 조건에 대한 기대치에 따라 달라진다. 단위당 저장비용을 고려할 때 현재가격과 미래 기대가격의 차이는 저장의 한계비용과 같게 된다. 새로운 사건이 발생하여 시장 수요와 공급 상황이 달라지면, 가격은 이전에 예상한 것과 다르게 결정된다. 이로 인해 저장활동으로부터 실현되는 수익은 저장할 시점에서 예상한 것과 다를 수 있다. 시장참여자들은 현재와 미래의 시장여건에 대한 새로운 정보가 얻어질 때마다 저장 의사결정을 지속적으로 수정해나가는 것이 중요하다.

4.7 저장문제의 수리적 해법

4.7.1 두 기간 저장문제의 가격연계식

앞 절에서 그래프를 사용하여 설명한 저장시장의 균형문제를 수리적인 방법으로 풀어보자. 판매자가 상품을 지금 시장에 내다팔아 수익을 얻지 않고 저장을 통해 판매를 늦추는 이유는 무엇일까? 그것은 앞서 배운 바와 같이 나중 판매를 위해 상품을 저장할 때 더 높은 이윤을 가져다 줄 것이라는 기대 때문이다. 판매자가 저장여부를 결정할 때 세 가지 요소, 즉 현재가격, 미래 기대가격, 저장비용을 고려할 필요가 있다. 저장문제는 이들 세 가지 요소가 포함된 관계식인 가격연계식을 사용하여 수리적으로 표현할 수 있다. 차익거래의 기회가 있다면 판매(저장)업자는 자신의 판매량과 저장량을 조정하여 가격연계식이 유지되도록 할 것이다. 먼저, 저장할 상품이 동질적이며 다수의 판매자와 구매자가 있는 완전경쟁시장 하에서 저장의 문제를 고려하여 보자.

저장문제의 가격연계식을 알아보기 위해 다음과 같이 몇 가지 변수를 정의해보자. 먼저, $E_t(P_{t+s})$는 미래시점 $t+s$에서의 기대가격이다. 달리 말하면, 판매자가 현재부터 s기간 동안 저장한 상품을 미래시점 $t+s$에서 시장에 판매할 때 받을 수 있을 것이라고 현재시점 t에서 기대하는 가격이다. 다음으로 $SC_{t,t+1}$는 상품 한 단위를 지금부터 다음 시점까지 저장할 때 소요되는 비용이다. 할인율이 r일 때 기업은 현재가격 P_t에서 다음과 같은 조건이 성립한다면 상품을 저장하지 않고 지금 판매할 것이다.

$$\frac{E_t(P_{t+1})}{(1+r)} - SC_{t,t+1} < P_t$$

반대로 다음의 조건이 충족될 때 기업은 상품을 다음 시점까지 저장할 것이다.

$$\frac{E_t(P_{t+1})}{(1+r)} - SC_{t,t+1} \geq P_t$$

위의 조건이 의미하는 바는 미래 기대가격의 현재가치와 현재가격의 차이가 저장비용보다 크다면 저장하는 것이 경제적이라는 점이다.

저장으로 인한 초과이윤이 발생할 경우 저장시장이 경쟁적이라면 다른 기업이 저장시장에 진입하게 된다. 따라서 경쟁적인 저장시장하에서 저장의 차익거래조건을 나타내는 가격연계식은 다음과 같게 된다.

$$\frac{E_t(P_{t+1})}{(1+r)} - SC_{t,t+1} = P_t$$

잠재적인 판매(저장)업자는 위의 식을 비교할 것이다. 즉, 지금 판매하는 것과 저장하여 나중에 판매하는 것 가운데 어느 쪽이 기대 순수익이 더 높은지를 비교한다. 이때 순수익이 의사결정의 주요 변수로 고려되어야 한다. 왜냐하면, 판매자는 자신의 판매수입에서 나중에 판매하기 위해 지불해야 하는 저장비용을 차감해야 하기 때문이다.

앞으로 우리는 이러한 단순한 의사결정 문제에서 출발하여 저장활동에 관한 좀 더 복잡한 문제들을 살펴볼 것이다. 또한 독점기업이 저장을 도맡아서 할 때 저장문제의 경제학이 어떻게 달라지는지를 알아볼 것이다.

4.7.2 두 기간 저장모형의 수치적인 분석

저장모형의 수치적인 사례에서는 보다 일반적인 저장시장 상황을 나타내기 위해 기간 2에 공급곡선 하나를 추가해보자. 공급곡선이 하나 추가된다고 해서, 저장문제의 분석이 복잡해지지는 않는다. 각 기간의 공급곡선과 수요곡선은 [표 4.3]에 나타난 것처럼 가격의 함수(즉, 수량은 종속변수, 가격은 독립변수)로 표현한다. 그리고 논의를 단순화하기 위해 각 기간의 가격은 모두 현재가치로 표현된다고 하자.

표 4.3 두 기간 저장모형을 구성하는 함수식

	기간 1	기간 2	저장비용함수
공급함수	$Q_1 = F(P_1)$	$Q_2 = G(P_2)$	$SC = a + cP_1$
수요함수	$Q_1 = H(P_1)$	$Q_2 = K(P_2)$	

먼저, 저장이 없을 때 균형가격과 균형수량을 구해보자. 균형가격을 찾기 위해서는 기간 i의 수요함수와 공급함수를 같게 놓으면 된다. 예를 들어, 기간 1에서는 $F(P_1) = H(P_1)$, 기

간 2에서는 $G(P_2) = K(P_2)$이다. 각 기간별로 균형가격을 구한 후에, 균형가격을 공급함수나 수요함수에 대입하면 각 기간별 균형수량이 구해진다. 시간은 한쪽 방향으로만 흐르기 때문에 저장은 기간 1에서 기간 2로만 가능하다.

균형저장량(Q^{ST})을 구하기 위해서는 저장에 대한 공급함수와 수요함수를 도출할 필요가 있다(저장에 대한 공급함수와 수요함수는 앞 절에서 언급한 파생 초과공급함수와 파생 초과수요함수를 의미한다). 저장공급함수 $SI(P_1)$는 기간 1의 공급함수 $F(P_1)$에서 기간 1의 수요함수 $H(P_1)$를 빼어주면 다음과 같이 된다.

$$Q^{ST} = SI(P_1) = F(P_1) - H(P_1)$$

다음으로 저장수요함수 $SO(P_1)$는 저장공급함수 $SI(P_1)$에 저장비용 SC를 더하여 도출할 수 있다. 그러나 저장수요함수는 좌측에 수량을 가지기 때문에, 다음과 같이 먼저 저장수요함수를 가격에 대해 푼 다음에 저장비용을 더해주어야 한다.

$$P_1 = SI^{-1}(Q^{ST})$$

$$Q^{ST} = SI^{-1}(Q^{ST}) + SC$$
$$= SI^{-1}(Q^{ST}) + a + cP_1 = SO(P_1)$$

위의 식에서 상첨자 −1는 역함수를 나타내며, 식의 좌변과 우변을 서로 바꾼다는 의미이다. 그래서 $SI^{-1}(Q^{ST})$는 저장공급함수의 역함수로서 가격이 좌변에 있고, $SO(P_1)$는 저장수요함수로서 방출량(저장으로부터의 공급량)이 좌변에 있게 된다.

기간 2에서 총공급량(Q_2^{TOT})은 저장으로부터의 공급량과 기간 2의 생산량을 더하면 된다. 두 곳(즉, 저장과 2기 생산)으로부터 공급되는 각 수량은 동일한 가격에서 더해야 하는데, 이것이 가능하지 않다. 왜냐하면 저장으로부터 공급되는 수량은 P_1에 의해 결정되는 반면, 기간 2의 생산에서 공급되는 수량은 P_2의 함수이기 때문이다. 이러한 문제를 해결하기 위해서는 앞에서 설명한 가격연계식이 필요하다. 두 기간 사이의 할인율이 영이라고 할 때 가격연계식은 다음과 같다.

$$P_2 = P_1 + SC = P_1 + a + cP_1$$

$$P_2 = a + (1 + c)P_1$$

기간 2의 생산량은 [표 4.3]에 주어진 공급함수 $G(P_2)$에 의해 결정된다고 할 때 기간 2의 총공급량은 다음과 같이 구해진다.

$$Q_2^{TOT} = G(P_2) + SO(P_1)$$
$$= G(a + (1+c)P_1) + SO(P_1)$$

위의 두 기간 저장문제에 관한 방정식들(즉, 연립방정식)로 표현된 문제를 풀기 위해서는 미지수 개수와 방정식 개수가 같아야 한다. 두 기간 저장문제에서 미지수는 Q_1, Q_2, Q^{ST}, P_1, P_2로 다섯 개이며, 방정식은 공급함수 2개, 수요함수 2개, 가격연계식 1개로 모두 5개이다. 방정식과 미지수의 개수가 모두 5개로 동일하므로 해를 구할 수 있게 된다.

[실행학습 4.1] 위의 수리적 해법에 대한 수치적인 예를 들어 최적 저장량을 구하는 방법을 단계별로 설명하여 보자. 기간별 공급함수와 수요함수, 그리고 저장비용함수가 아래와 같이 주어져 있다고 가정하자.

공급: $Q_1 = 100,\ Q_2 = 0$

수요: $Q_1 = 100 - P_1,\ Q_2 = 100 - P_2$

저장비용: $SC = 1 + 0.05P_1$

먼저, 저장비용이 없을 때 1기 균형가격 P_1은 0이다. 따라서 균형가격이 너무 낮기 때문에 저장하는 것이 최적이다. 저장문제의 해를 구하기 위해서는 먼저 물리적인 실행가능 조건을 살펴봐야 한다. 이는 두 기간의 소비량은 두 기간의 공급량을 초과할 수 없다는 제약조건이다. 따라서 두 기간의 총수요와 총공급이 같아야 한다고 하면 다음과 같은 관계식이 성립한다.

$$100 + 0 = 100 - P_1 + 100 - P_2$$
$$\Rightarrow P_1 = 100 - P_2$$

둘째, 저장은 두 시점의 가격 차이가 저장비용과 같을 때까지 계속된다는 사실로부터 두 시점 가격 P_1과 P_2사이의 가격연계식은 다음과 같게 된다.

$$\begin{aligned} P_2 &= P_1 + SC \\ &= P_1 + 1 + 0.05P_1 \\ &= 1 + 1.05P_1 \end{aligned}$$

셋째, 두 기간의 총수요와 총공급이 서로 같아야 한다는 조건식을 가격연계식에 대입하여 두 시점 가격 P_1, P_2에 대해 풀면

$$\begin{aligned} & P_2 = 1 + 1.05(100 - P_2) \\ & \Rightarrow P_2 = 106 - 1.05P_2 \\ & \Rightarrow 2.05P_2 = 106 \\ & \Rightarrow P_2 = 51.71 \end{aligned}$$

$$\begin{aligned} P_1 &= 100 - P_2 \\ &= 100 - 51.71 \\ \Rightarrow P_1 &= 48.29 \end{aligned}$$

넷째, 균형가격 P_1과 P_2를 두 수요함수에 대입하여 기간 1과 기간 2의 소비량을 구하면 각각 다음과 같다.

$$\begin{aligned} & Q_2 = 100 - P_2 = 100 - 51.71 \\ & \Rightarrow Q_2 = 48.29 \end{aligned}$$

$$\begin{aligned} & Q_1 = 100 - Q_1 = 100 - 48.29 \\ & \Rightarrow Q_1 = 51.71 \end{aligned}$$

다섯째, 기간 2의 소비량에서 공급량을 빼어 저장량 Q^{ST}를 구한다. 기간 2의 공급량은 0이기 때문에 $Q^{ST} = 48.29$이다. 마지막으로, 모든 가격과 수량이 양의 값인지, 총수요와 총공급이 서로 같은지를 확인한다.

4.7.3 예상 수확량이 확률분포를 가지는 두 기간 저장모형의 해법

앞의 저장문제에서는 기간 2의 생산량이 고정되거나 또는 확실하게 안다고 가정하였다. 그러나 다음 기간의 생산량은 가변적이기 때문에 현재 시점에서 이를 정확히 아는 것은 대단히 어렵다. 여기에서는 생산의 불확실성을 고려하여 보다 현실적인 2기간 저장모형의 균형해를 구하는 방법에 대해 알아보자.

먼저, 두 기간에 대한 상품의 수요와 공급 조건, 그리고 저장비용에 관한 정보를 알아보자. 어떤 작물의 수요는 두 기간에서 모두 $P(Q)=\dfrac{100^6}{Q^5}$와 같은 함수 형태를 가진다고 하자. 다음 기의 수확량은 80, 100, 120 단위 가운데 하나이며, 각 단위의 수량이 발생할 확률은 모두 1/3이라고 하자. 편의상 한계비용과 평균비용이 같은 선형함수 형태의 저장비용함수를 가정하자. 물리적인 저장비용은 단위당 3천원이며, 할인율은 2%이다. 현재 시점에서 작물의 총공급량은 110단위이다.

이 문제의 균형저장량을 구하여 보자. 기간 2의 생산량이 고정되지 않고 확률분포를 가지기 때문에 앞에서처럼 연립방정식의 해를 구하는 방식을 적용하여 균형해를 찾는 것은 다소 복잡한 수학을 필요로 한다. 여기서는 수학적인 방법으로 해를 엄밀하게 구하는 방법 대신에 시행착오(trial and error) 방식으로 해를 찾는 방법을 적용하여 보자. 이러한 방식은 임의의 값을 초기 균형저장량으로 설정한 후에 모형으로부터 구해진 저장량과 비교해보는 것이다. 만약 두 값이 서로 다르다면 새로운 값을 균형저장량으로 설정하여, 임의로 정한 균형저장량과 모형에서 구해진 저장량이 같아질 때까지 이러한 과정을 반복하는 것이다.

현재 시점의 총공급량이 110단위이며 내년도 평균 수확량은 100이기 때문에, 현재 총공급량에서 내년도 수확량 평균치를 뺀 초과분의 절반에 해당하는 5단위를 균형저장량이라고 가정하자. 저장량이 5단위이기 때문에 기간 2의 예상 공급량은 85, 105, 125단위 가운데 하나가 되며, 각 공급량에 대한 균형가격은 225.37, 78.35, 32.77천원이 된다.

먼저, 저장량(Q_t^{ST})이 5단위일 때, 다음 기의 기대가격은 다음과 같게 된다.[3]

$$E_t[P_{t+1}|Q_t^{ST}]=112.17\text{천원}$$

저장의 차익거래조건에 따르면 기대가격이 112.17천원이라면 현재가격이

---

3 기대가격은 $\dfrac{(225.37+78.35+32.77)}{3}$와 같이 구해진다.

$\left(\frac{112.17}{(1+0.02)}-3\right)=106.97$천원과 같게 될 때까지 저장량을 늘릴 것이다. 따라서 현재가격 $P_t=106.97$에 부합하는 저장량은 11.34단위이다. 그러나 이 저장량은 우리가 처음에 가정한 저장량인 5단위와 일치하지 않는다.

다음 단계로 저장량이 5단위보다 많은 8.17단위라 가정하자. 이는 앞서 구한 균형저장량 11.34단위와 처음에 가정한 저장량 5단위의 절반에 해당하는 수량이다. 위와 동일한 방식으로 현재가격, 미래 기대가격, 저장량을 구하면 89.85천원, 94.70천원, 7.84단위이다. 이렇게 구한 저장량은 당초 예상한 저장량 8.17단위와 일치하지 않는다.

이번에는 8단위(즉 8.17단위와 7.84단위의 절반)를 저장한다고 가정하고 이전과 동일한 방식으로 현재가격, 미래 기대가격, 저장량을 구하면 각각 90.65천원, 95.53천원, 8.02단위가 된다. 이때, 저장량 8.02단위는 당초 가정한 저장량 8단위와 거의 일치하기 때문에 완전경쟁시장하의 균형저장량이라고 할 수 있다.

4.7.4 두 기간 저장문제의 비교정태분석

저장문제에 영향을 주는 요인들이 변할 때 균형저장량은 어떻게 달라질까? 저장문제의 비교정태분석을 위해 편의상 단순한 두 기간 모형을 가정하자. 즉 저장은 첫 기간에만 이루어지며 이월된 저장량은 두 번째 기간에 완전히 소진되어 더 이상 재고가 발생하지 않는다고 하자(일례로, 수확이 주기적으로 일어나며 수확 후 일정 기간이 지나면 폐기처분되는 농산물을 가정하자). 생산은 전기에만 이루어지며($H_1>0$), 두 번째 기간에 생산은 없다($H_2=0$)고 하자. 즉, 두 번째 기간에는 전기로부터 저장되어 이월된 생산물이 다음 수확 시기 전까지 시장에 공급된다고 할 수 있다. 단위당 저장비용은 SC라고 하고 두 기간에 적용되는 할인율은 r이다. 기간 t에서 이 상품의 수요함수는 다음과 같다고 하자.

$$Q_t^D=a-bP_t \qquad (a,b>0)$$

만약 저장활동이 완전경쟁시장하에서 이루어지고 있다면, $\delta=\frac{1}{1+r}$이라고 할 때 앞서 설명한 대로 인접한 두 기간의 가격 간에 다음의 가격연계식(또는 저장균형식)이 성립한다.

$$\delta P_{t+1}=P_t+SC$$

이러한 경우 최적 저장량은 다음과 같은 방식으로 구해진다. 먼저, 두 기간에 대한 역수요함수를 구하여 보자. 저장량을 Q^{ST}라 할 때, 기간 1의 소비량은 $H_1 - Q^{ST}$이고, 기간 2의 소비량은 전기에서 저장되어 이월된 저장량 Q^{ST}와 같게 된다. 저장량이 영이 아니라면(즉, $Q^{ST} > 0$), 기간 1과 기간 2의 소비량에 대한 역수요함수는 다음과 같다.

$$\text{기간 1:} \quad P_1 = \frac{a}{b} - \frac{(H_1 - Q^{ST})}{b}$$

$$\text{기간 2:} \quad P_2 = \frac{a}{b} - \frac{Q^{ST}}{b}$$

위의 역수요함수들을 가격연계식(또는 저장균형식)에 대입하고, Q^{ST}에 대하여 풀면

$$\delta\left(\frac{a}{b} - \frac{Q^{ST}}{b}\right) = \frac{a}{b} - \frac{1}{b}(H_1 - Q^{ST}) + SC$$

$$Q^{ST} = \frac{H_1 - (1-\delta)a - bSC}{1+\delta}$$

위의 식으로부터 균형저장량은 할인율, 수요곡선의 기울기, 저장비용의 함수임을 알 수 있다. 저장량에 영향을 주는 각 요인에 대한 비교정태분석을 해보면 다음의 식들을 얻을 수 있다(비교정태분석 사례는 식품산업 인사이드 4.3 『다기간 저장문제의 비교정태 분석』을 참조하시오).

$\dfrac{\partial Q^{ST}}{\partial b} = -\dfrac{SC}{1+\delta} < 0$: 수요곡선의 기울기가 완만할수록 균형저장량은 감소함을 의미한다.

$\dfrac{\partial Q^{ST}}{\partial SC} = -\dfrac{b}{1+\delta} < 0$: 단위당 저장비용이 늘어날 때 균형저장량은 감소함을 나타낸다.

$\dfrac{\partial Q^{ST}}{\partial r} = -\dfrac{2a + bSC - H_1}{(1+\delta)^2(1+r)^2} < 0$ (단, $H_1 < 2a + bSC$): 할인율이 증가할 때 $H_1 < 2a + bSC$이라면 (즉, 이번 기의 수확량이 너무 작아 다음 기에 가격 폭등이 예상되지 않는다면) 균형저장량은 감소함을 의미한다.

4.7.5 다기간 저장문제의 수리적 해법

다기간(multiple-periods) 저장문제를 푸는 것은 두 기간 문제에 비해 특별히 더 어려운 것은 아니다. 판매자가 저장 중인 상품을 판매할 수 있는 시기가 하나 더 추가될 경우 저장 모형의 미지수는 세 개 더 추가된다. 즉, 추가된 시기의 공급량, 판매량, 그리고 저장량이다. 이 추가되는 세 미지수의 해는 세 개의 방정식, 즉 공급곡선, 수요곡선, 가격연계식이 추가되기 때문에 구할 수 있다. 해를 구하는 과정은 앞에서 살펴본 수치적인 예와 유사하다. 저장이 이루어지는 기간 동안 모든 가격들은 일련의 가격연계식들에 의해 서로 연결되어 있다. 따라서 각 기간별 가격은 모두 첫 번째 기간의 가격 함수로 표현된다. 예를 들어, 네 기간 동안 저장이 가능한 다기간 문제를 고려하여 보자. 저장비용함수가 앞에서와 마찬가지로 $SC=a+cP_1$이라면 우리는 다기간 저장문제에 관한 다음의 가격연계식을 얻을 수 있다.

$$P_2 = a + (1+c)P_1$$

$$P_3 = a + (1+c)P_2 = a + (1+c)\ [a + (1+c)P_1]$$
$$= a(2+c) + (1+c)^2 P_1$$

$$P_4 = a + (1+c)P_3 = a + (1+c)\ [a(2+c) + (1+c)^2 P_1]$$
$$= a(3+3c+c^2) + (1+c^3)P_1$$

우리는 위의 가격연계식에서 모든 시점의 가격을 첫 번째 시점의 가격 P_1으로 표현할 수 있음을 알 수 있다. 따라서 네 기간의 총수요와 총공급을 모두 같게 하는 P_1을 찾아냄으로써 다기간 저장문제의 해를 구할 수 있다. 다기간 저장문제를 풀 때에도 전체 기간 동안 생산한 것보다 더 많은 양을 판매할 수 없다는 물리적 제약식이 여전히 필요하다.

이러한 방식의 해법에는 한 가지 위험이 따른다. 즉, 가격연계식에 대한 잘못된 가정이다. 시점 2의 가격연계식을 다음 단계들의 식에 연차적으로 대입하여 마지막 기간까지 가격연계식이 성립하게 하려면, 판매자는 마지막 기간까지 반드시 저장을 해야 한다. 마지막 기간이 끝나기 이전 어느 시점에서 저장량이 영이 되면 가격연계식은 더 이상 성립하지 않게 된다. 가격연계식이 성립해야 쉽게 저장문제의 해를 구할 수 있기 때문에 저장문제의 해를 구하는 최선의 방법은 가격연계식이 항상 성립한다고(즉, 모든 기간에서 저장량이 영보다 크다고)

가정하는 것이다.

저장량은 영보다 커야 한다는 가정이 저장기간 동안 유지되지 않으면 제약식을 충족하지 않는 해를 얻게 된다. 예를 들면, 음의 값을 가진 가격, 저장량, 판매량이 나타나거나 또는 총공급량을 초과하는 총판매량이 나타날 수 있다. 이러한 문제가 발생하는 경우 하나의 기간을 여러 개의 짧은 기간으로 나누거나 또는 여러 기간을 하나의 기간으로 묶는 방식으로 가격연계식을 수정함으로써 해답을 구할 수 있다.

가격연계식은 기대가격을 기반으로 한다는 점도 기억할 필요가 있다. 시간이 지남에 따라 예기치 못한 공급 변화나 수요 이동으로 인해 가격이 기대한 것과 다를 수 있다. 나중 시점의 실제 가격이 알려지면 가격연계식이 성립하지 않을 수 있다. 이러한 경우에는 기간 2에 발생한 것을 기간 1로 간주하여 저장기간이 이전보다 한 단위기간이 짧아진 저장문제로 변경하여 다기간 저장문제를 다시 풀면 된다. 다기간 저장문제를 풀 때 엑셀과 같은 스프레드시트를 이용하면 편리하다.

식품산업 인사이드 4.3

다기간 저장문제의 비교정태 분석

다기간 저장문제의 해를 엑셀을 이용하여 구한 사례를 가지고 전술한 비교정태분석 결과를 살펴보자. 이 사례에서 고려하는 저장문제에서 저장기간의 기본 단위는 월이다. 예시된 농산물은 여러 기간 동안 저장이 가능하며, 수확기 생산량은 3백만 톤으로 일정하다. 이 농산물의 kg당 가격은 4,500원이며, 수요의 가격탄력성은 -0.1로 알려져 있다고 가정하자. 저장비용은 연간 kg당 15원이며, 연간 할인율은 4.8%로 월 단위로 환산하면 $\delta=(1+\frac{0.048}{12})^{-1}=(1+0.004)^{-1}=0.996$ 이다.

[그림 4.9]와 [그림 4.10]은 초기 재고량을 100만 톤이라고 할 때, 기간별 최적 저장량과 가격을 엑셀을 이용하여 구한 결과를 보여준다. 최적 저장량([그림 4.9]에서 기본이라고 표시된 선)은 지속적으로 줄어들다가 12개월 후에 모두 소진되어 영(0)이 되며, 남아 있는 기간까지 최적 저장량은 영의 값을 가진다. 단위당 가격([그림 4.10]에서 기본으로 표시된 선)은 kg당 2,531원에서 지속적으로 상승하여 저장량이 영일 때 4,500원이 되며, 그 후 남은 기간 동안 가격은 이 수준에서 유지된다.

저장 의사결정에 영향을 주는 요인들이 변할 때 다기간 저장행위는 어떻게 달라질까? [그림 4.9]와 [그림 4.10]은 할인율, 단위당 저장비용, 수요의 가격탄력성에 대한 시나리오 변화에 따라 최적 저장량과 가격이 어떻게 달라지는지를 계산한 결과를 보여준다.

두 그림은 ① 할인율이 연간 4.8%에서 12%로 상승할 때, ② 단위당 저장비용이 kg당 15원에서 30원으로 상승할 때, ③ 수요의 가격탄력성이 -0.1에서 -0.25로 변할 때, 기간별 최적 저장량과 단위당 가격을 나타낸 것이다. 시나리오별 분석결과에 따르면 최적 저장기간은 연간 할인율이 12%로 상승할 때 당초 12.98개월에서 12.15개월로 감소하는 반면, 저장비용이 30원으로 상승할 때 9개월로 감소하며, 수요의 가격탄력성이 −0.25일 때는 7개월로 감소한다.

그림 4.9 **시나리오별 최적 저장량의 변화**

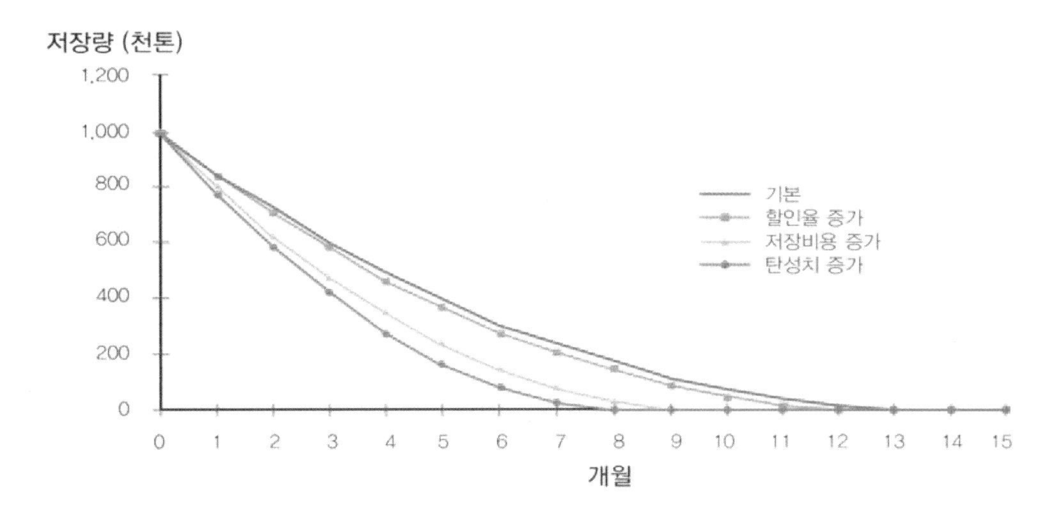

그림 4.10 **시나리오별 가격의 변화**

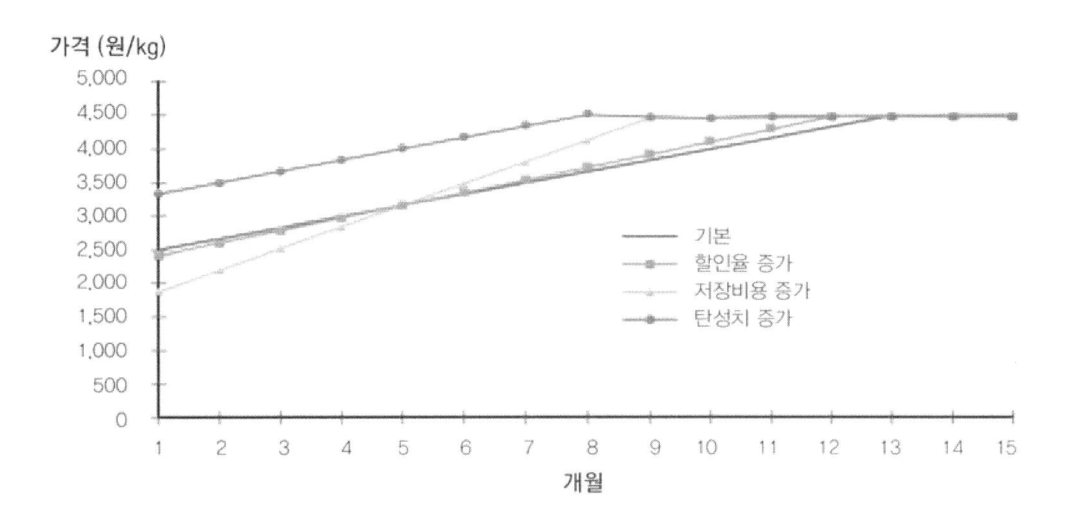

자료: Vercammen, J. 2011. *Agricultural Marketing*의 사례를 수정한 결과임

4.8 저장문제의 특별한 사례와 응용

4.8.1 천연자원의 저장문제

저장문제의 특별한 사례는 직접적인 저장비용을 부담하지 않고 상품을 저장할 수 있는 경우이다. 이러한 저장문제를 현장 저장 또는 지중 저장(in situ storage)이라 부른다. 현장 저장의 사례로 석유, 가스, 석탄, 철광석, 보석, 암석 등의 천연부존자원과 건초와 같은 농산품이 있다. 이러한 상품들은 '지금 팔기를 원하지 않는다면 팔기를 원하는 미래의 시기까지 저장할 수 있다'는 공통점을 가진다. 이때 저장문제는 저장비용으로 이자율만큼의 기회비용만 고려하면 되기 때문에 앞서 우리가 배운 가격연계식은 다음과 같은 단순한 형태를 가진다.

$$P_{t+1} = (1+r)P_t$$

여기서, r은 미래 판매의 기회비용을 반영하는 이자율이다. 위의 식이 의미하는 바는 다음 기의 가격이 현재 시점의 가격보다 이자율만큼 상승한다면 저장하는 것이 유리함을 의미한다.

현장 저장문제는 다기간 문제이다. 왜냐하면 천연부존자원은 천천히 채굴하여 여러 기간에 걸쳐 판매하는 것이 일반적이기 때문이다. 따라서 다기간 저장문제의 경우 초기에 자원의 총부존량이 알려지고 판매자가 자원을 완전히 고갈시키고자 하는 기간의 길이를 안다면 이러한 문제는 쉽게 풀린다.

판매할 자원의 총량과 저장기간을 안다면 현장 저장의 문제는 미지수가 하나인, 즉 첫 시점의 가격 P_1이 미지수인 단일방정식의 해법 문제가 된다. 저장기간의 길이가 S라고 할 때, 저장은 전 기간 동안 이루어지기 때문에 가격연계식은 항상 성립하며 다음과 같이 표현할 수 있다.

$$P_2 = (1+r)P_1$$

$$P_3 = (1+r)P_2 = (1+r)^2 P_1$$

$$\vdots$$

일반적으로,

$$P_{t+s} = (1+r)^s P_1$$

기간별 가격연계식을 각 기간의 수요함수에 대입하면 기간별 수요량은 각 기간의 가격 대신에 P_1의 함수로 표현할 수 있다. 모든 수요량의 합을 총 판매량과 같게 두면 P_1에 대한 단일방정식을 얻게 된다. 초기 가격 P_1이 구해지면 가격연계식을 사용하여 다른 모든 기간의 가격을 구할 수 있게 된다. 각 기간별 판매량은 각 가격을 해당 기간의 수요함수에 대입하여 구할 수 있다.

실제로 이러한 문제를 푸는 가장 좋은 방법은 앞서 설명한 바와 같이 엑셀의 스프레드시트를 이용하는 것이다. 엑셀의 시트(sheet)에서 각 행은 각기 다른 시점을 나타낸다. 엑셀을 이용하여 해를 구하는 절차는 다음과 같다.

1. 어느 한 열에 각 기간별 가격이 전기 가격의 함수로 표현되는 가격연계식을 입력한다.
2. 그 다음 열에 각 기간별 가격에 대한 수요량을 구하는 공식을 입력한다.
3. 같은 열에 입력된 수요량의 합계를 구하는 공식을 입력한다.
4. 첫 번째 기간의 가격을 추측하여 임의의 수를 입력한다. 그 다음에 전 기간 동안 판매될 총수량을 계산한다.
5. 총 판매량이 너무 높다면(즉, 수요>공급) 초기가격을 높이고, 마지막 기간에 도달할 때까지 모든 공급량을 팔지 못한다면 초기 가격을 낮추면 된다.
6. 몇 번의 시행착오를 거친다면 총판매량과 총공급량을 일치시키는 정확한 1기의 균형가격 P_1을 발견할 수 있다.

위의 방식을 사용하면 수리적인 방법보다 더 빠르게 저장문제의 해를 구할 수 있다.

4.8.2 불완전경쟁시장의 저장문제

만약 상품 저장이나 방출이 독점기업에 의해 이루어진다면 어떻게 되겠는가? 이러한 경우를 저장 독점이라고 부른다. 먼저, 저장 독점기업이 생산 활동을 하지 않는 경우부터 살펴보자. 저장 독점기업도 다른 독점기업과 마찬가지로 가격 순응자라기보다는 이윤을 극대화하기 위해 가격과 수량을 함께 결정한다.

저장 독점기업의 경우 저장량을 어떻게 결정하는지를 살펴보기 위해 두 기간 저장 의사결정의 최적화 문제를 생각하여 보자. 저장 독점기업이 두 기간으로부터 얻게 되는 이윤의 현재가치(Π)는 다음의 식으로 표현할 수 있다.

$$\Pi = P_1 Q_1 + \frac{P_2 Q_2}{1+r} - Q^{ST} \cdot SC$$

여기서, P, Q의 의미는 이전과 동일하며, r은 할인율로 화폐의 시간적 가치를 반영하며, Q^{ST}는 저장량, SC는 단위당 저장비용이다.

저장 독점시장의 특징은 완전경쟁시장과 달리 가격연계식이 성립하지 않는다는 점이다. 저장 독점시장에서 두 기간의 가격차 $P_2 - P_1$는 단위당 저장비용에 비해 항상 작다. 그 이유는 저장 독점기업은 저장량을 조정할 수 있으므로, 이윤을 극대화하기 위해 완전경쟁시장처럼 가격과 한계비용이 아닌 한계수입과 한계비용을 같도록 하기 때문이다. 따라서 MR_t를 시점 t에서 저장 독점기업의 한계수입이라고 할 때, 저장 독점기업의 저장을 위한 차익거래 조건은 다음과 같다.

$$\frac{E_t(MR_{t+1})}{(1+r)} - SC_{t,t+1} = MR_t$$

여기서 $E_t(MR_{t+1})$은 $t+1$기에 저장으로 얻게 되는 한계수익의 기대치이다.

위의 차액거래조건에 따르면 독점기업은 저장시장에서 자신의 독점적 지위를 유지할 수 있음을 알 수 있다. 다음 기의 가격 상승이 너무 작아 저장비용을 보전하지 못할 경우 완전경쟁시장의 어떤 기업도 기간 1에서 상품을 저장하여 기간 2에 판매하려고 하지 않을 것이다. 그러나 저장 독점기업에게는 소폭의 가격 상승도 저장할 유인이 되기에 충분하다. 달리 말하면, 독점기업의 한계수입곡선은 수요곡선보다 아래쪽에 있기 때문에 다음 기의 가격이 저장비용과 이자율을 합한 금액을 보상할 만큼 상승하지 않더라도, 가격상승으로 인해 다음 기의 한계수입 증가분이 저장비용과 이자율을 보상하기만 한다면 독점기업은 저장하려고 할 것이다. 이러한 가격 수준하에서는 어느 기업도 저장시장에 진입하여 독점기업과 경쟁할 수 없기 때문에, 저장시장에서 독점기업이 가지는 독점적 지위가 쉽게 훼손되지 않는다.

그렇다면 완전경쟁시장과 비교할 때 독점시장의 균형저장량은 가격안정화에 보다 기여한다고 말할 수 있을까? 이러한 점은 다음의 [그림 4.11]을 보면 쉽게 알 수 있다. 생산량의 변동이 [그림 4.11]과 같은 분포를 가진다고 하자. 생산량이 변할 때 수요와 한계수입이 어떻게 변하는지는 수요곡선과 한계수입곡선이 각각 거울이라고 생각하고 생산의 분포를 비추었을 때 나타나는 가격의 분포를 살펴보면 된다. 그림에서 보듯이 한계수입곡선이 시장수요곡선보다 더 가파르기 때문에 생산량이 변동할 때 독점시장에서 저장기업이 직면하는 한계수입은 완전경쟁시장에서 저장기업이 직면하는 가격에 비해 큰 폭의 변화를 갖게 된다. 이로 인하여 독점저장업자는 완전경쟁적인 저장업자에 비해 더 많은 물량을 저장할 유인을 갖게 된다. 저장이 가격안정에 미치는 영향을 고려할 때 저장 독점기업이 완전경쟁시장의 경우보다 가격안정화에 더 크게 기여한다는 흥미로운 결과를 얻게 된다.

그림 4.11 **완전경쟁적 저장시장과 저장 독점시장의 비교**

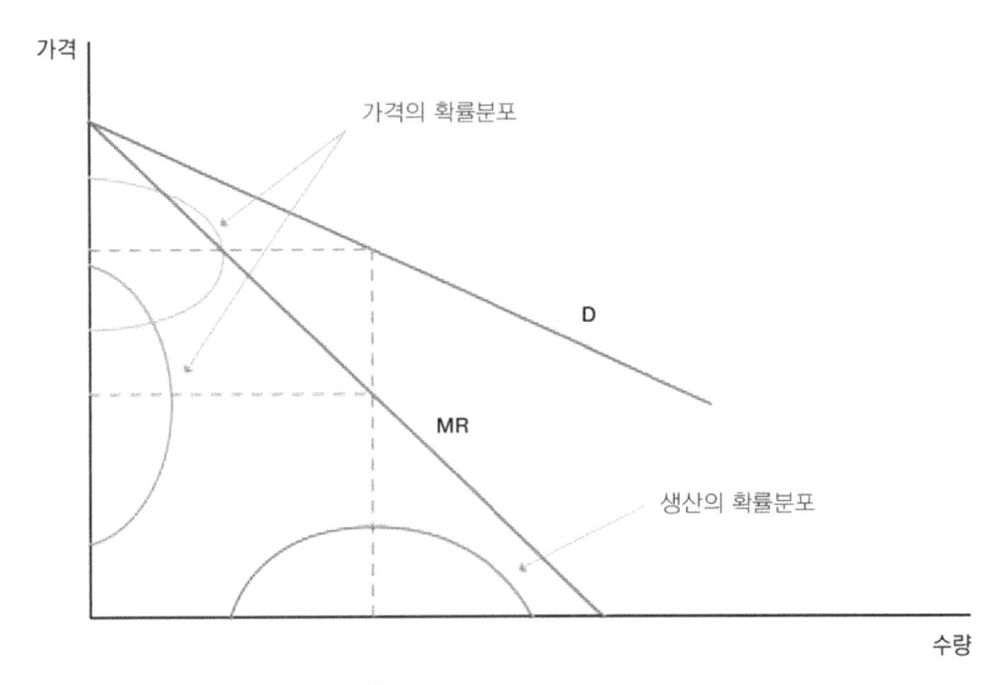

저장 독점기업은 완전경쟁적인 저장기업과 달리 한계수입과 저장비용 간의 상대적인 크기를 고려한다. 수요곡선이 우하향하는 직선일 때 동일한 크기의 생산량 변화에 대해 한계수입이 가격에 비해 보다 더 큰 폭의 변화를 가지기 때문에 독점기업은 완전경쟁기업에 비해 더 많이 저장할 유인을 가진다.

그러나 이러한 결과는 그림에서 보듯이 시장수요가 선형함수 형태를 가질 때 나타나는 것임을 주의할 필요가 있다. 만약, 시장수요가 선형함수 형태가 아닌 경우, 예를 들어 불변탄성치(constant elasticity)를 가지는 원점에 대해 볼록한 함수 형태라면 독점기업 등 시장지배력을 가진 저장기업은 완전경쟁시장의 경우에 비해 저장을 보다 더 적게 함으로써 가격불안정을 초래할 가능성이 있다. 이러한 사실은 원점에 대해 볼록한 수요곡선에 대해 [그림 4.11]과 같은 그림을 그려보면 쉽게 알 수 있다.

위의 결과를 좀 더 일반화하여 저장시장이 불완전경쟁시장인 경우의 균형저장량을 완전경쟁시장의 균형저장량과 비교하여 보자. 저장 독점기업의 저장조건에 관한 식을 수요의 가격탄성치를 사용하여 다시 쓰면 다음과 같다(3장에서 한계수입은 가격과 탄력성으로 표현할 수 있었음을 기억하라).

$$\frac{E_t(P_{t+1})}{(1+r)}\left(1-\frac{1}{\epsilon_{t+1}}\right)> P_t\left(1-\frac{1}{\epsilon_t}\right)+SC_{t,t+1}$$

다음 기의 기대가격을 평균가격이라고 가정하면, 저장 독점기업의 저장조건에 관한 식은 다음과 같게 된다.

$$\frac{\overline{P}}{(1+r)}\left(1-\frac{1}{\overline{\epsilon}}\right)> P_t\left(1-\frac{1}{\epsilon_t}\right)+SC_{t,t+1}$$

여기서 $\overline{\epsilon}$ 는 평균가격에 대한 수요의 탄력성이다.

저장시장에 있는 모든 기업이 기대하는 다음 기의 가격이 평균가격이라고 하고, 동일한 저장기술을 가진다고 하자. 이때, 전술한 완전경쟁시장의 저장 균형조건식

$$P_t=\frac{\overline{P}}{(1+r)}-SC_{t,t+1}$$

을 저장 독점기업의 저장 조건식에 대입하면, 다음의 관계식을 구할 수 있다.

$$\frac{\overline{P}}{(1+r)}\left(1-\frac{1}{\overline{\epsilon}}\right) > \left(\frac{\overline{P}}{(1+r)}-SC_{t,t+1}\right)\left(1-\frac{1}{\epsilon_t}\right)+SC_{t,t+1}$$

$$\frac{\overline{P}}{(1+r)}\left(\frac{1}{\overline{\epsilon}}\right) < \left(\frac{\overline{P}}{(1+r)}-SC_{t,t+1}\right)\left(\frac{1}{\epsilon_t}\right)$$

$$\frac{\epsilon_t}{\overline{\epsilon}} < \left(1-\frac{(1+r)SC_{t,t+1}}{\overline{P}}\right)$$

위의 식이 의미하는 바는 무엇일까? 위 식의 우변에서 일반적으로 저장비용의 미래가치가 평균가격보다 크지 않기 때문에 우측 항은 1보다 작은 값을 갖게 된다. 따라서 시점 t에서 수요의 가격탄성치가 평균 탄성치보다 작다면, 저장시장에서 시장지배력을 가지는

기업은 언제든지 저장할 유인이 갖게 되기 때문에 완전경쟁적인 저장기업보다 더 많은 물량을 저장하게 된다. 이러한 사실은 일반적으로 저장상품에 대한 수요의 가격탄력성이 작으면 작을수록, 독점기업은 완전경쟁기업에 비해 더 많은 물량을 저장하려는 유인을 갖게 됨을 의미한다. 그 결과, 독점 저장의 가격안정화 효과가 더 크게 나타날 수 있다.

식품시장에서 농축수산물의 생산은 수많은 생산자에 의해 이루어지는 완전경쟁시장이지만, 저장은 시장지배력을 가진 기업이 담당하는 경우를 충분히 생각해볼 수 있다. 위의 식은 이러한 경우에 해당하는 저장조건이라고 할 수 있다. 반면 가공식품의 경우는 생산과 저장이 모두 시장지배력을 가진 기업에 의해 이루어질 수 있다. 이러한 경우에도 여전히 시장지배력을 가진 기업이 완전경쟁적인 기업에 비해 가격안정에 기여한다고 할 수 있을까? 그 대답은 '그렇지 않을 수 있다'이다(식품산업 인사이드 4.5 『세계 곡물시장의 전문 트레이더: ABCD회사』를 참조하시오).

이를 위해 수요가 증가하는 경우와 비용이 상승하는 경우로 구분하여 완전경쟁적인 기업과 시장지배력을 가진 기업이 어떻게 반응하는가를 살펴보자. 전술한 대로 이 두 기업은 생산활동과 저장활동 두 가지를 모두 담당한다. 먼저, 수요가 증가하는 상황이 발생할 경우 완전경쟁기업은 생산량뿐만 아니라 저장량, 즉 재고량도 함께 조정하여 수요 변화에 대응할 것이다. 반면 시장지배력을 가진 기업은 생산 증가가 어렵거나 생산이 추가적인 비용 상승을 초래할 경우, 생산 증가보다는 저장했던 재고량을 방출하는 전략을 사용할 것이다. 이로 인해 수요증가에 따른 가격 상승 폭이 독점기업인 경우가 완전경쟁기업보다 크게 나타날 것이다. 두 번째로 비용 상승 요인이 발생한 경우, 생산량(또는 판매량) 감소로 인한 이윤 감소가 완전경쟁기업보다 독점기업의 경우 더 크게 나타난다. 따라서 독점기업은 생산량 감소에 따른 이윤 손실을 피하기 위해 가능한 한 모든 재고를 소진하려고 할 것이다. 비용 상승으로 인한 가격인상이 나타날 때 독점기업의 경우가 완전경쟁기업에 비해 시장변화에 큰 폭으로 대응하기 때문에 오히려 가격안정화에 더 기여하게 된다.

4.8.3 공공비축과 가격 안정

저장의 경제학에서 배운 개념을 가지고 공공목적으로 곡물을 비축하는 정부의 행위를 설명하여 보자. 공공목적의 비축은 전술한 바와 같이 차익거래의 실현이라는 경쟁적인 저장행위라기보다는 식량가격의 급등(또는 급락)을 막아 소비자(또는 생산자) 가격을 안정화하기 위한 목적으로 시행한다.

[그림 4.12]는 이러한 공공비축제의 효과를 나타낸 것이다. 식용이나 가축사료용 등 소

비용도로 사용되는 곡물의 수요곡선 D_C는 가격에 대해 매우 비탄력적인 형태를 가진다. 공공비축이 없을 때, 가뭄, 홍수 등 기상 변화로 인하여 공급량이 b에서 a로 감소한다면 곡물 가격은 B에서 A로 큰 폭으로 상승한다.

그림 4.12 공공비축의 가격 안정 효과

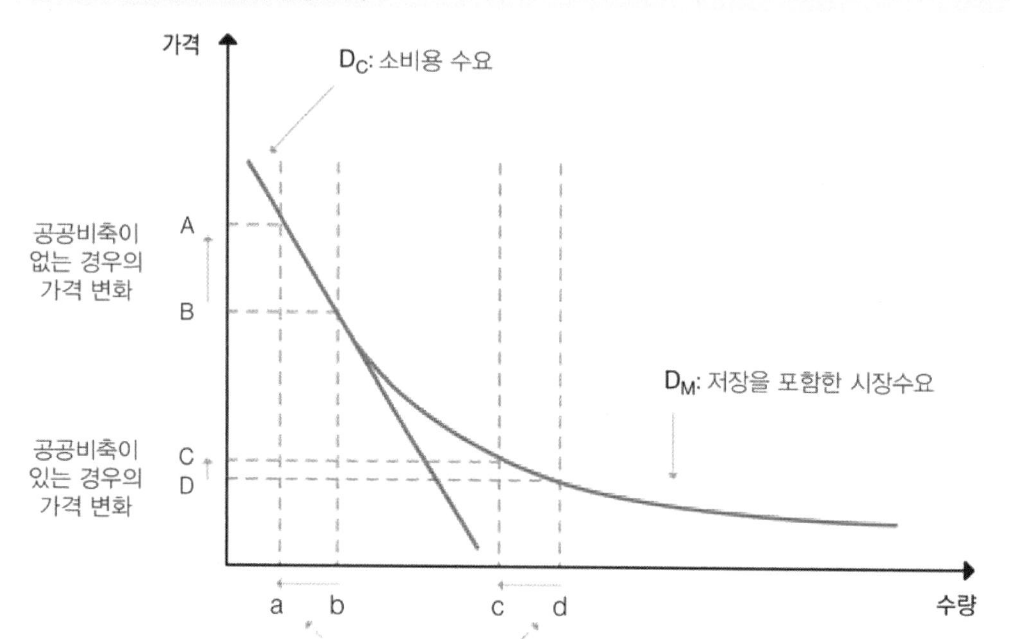

소비용으로 사용되는 곡물의 수요 D_C는 가격에 대해 매우 비탄력적이다. 공공비축은 저장에 대한 추가적인 수요를 발생시켜 수요곡선을 보다 더 탄력적인 형태인 D_M으로 변화시키는 효과를 가진다. 이로 인해 공급량이 d에서 c로 감소할 경우 가격의 변화 폭은 D에서 C로 나타나, 공공비축이 없을 때의 변화 폭인 B에서 A에 비해 훨씬 작아진다.

만약 곡물 생산량의 일부를 비축하여 시장으로부터 격리한다면 상황은 어떻게 달라질까? 이러한 경우는 비축용 수요가 발생하기 때문에, 전체 시장수요곡선은 소비용 수요와 비축용 수요를 합한 D_M이 된다. 이는 공공비축제가 없는 경우의 수요곡선 D_C에 비해 탄력적인 모양을 가진다. 기상 이변으로 인해 공급량이 이전과 동일한 크기 만큼인 d에서 c로 감소하더라도(그림에서 $d-c$와 $b-a$는 서로 같은 크기임을 주의하라) 곡물가격은 D에서 C로 소폭 증가하여, 공공비축이 없을 때와 비교하면 가격 상승 폭은 크게 줄어든다.

공공비축의 가격 안정 효과를 설명하는 위의 그림은 2007~2008년에 국제곡물가격이 큰 폭으로 상승한 원인을 이해하는 데 매우 유용하다. [그림 4.13]은 이용고 대비 재고 비율

그림 4.13 곡물 재고비율과 가격의 관계

① 밀

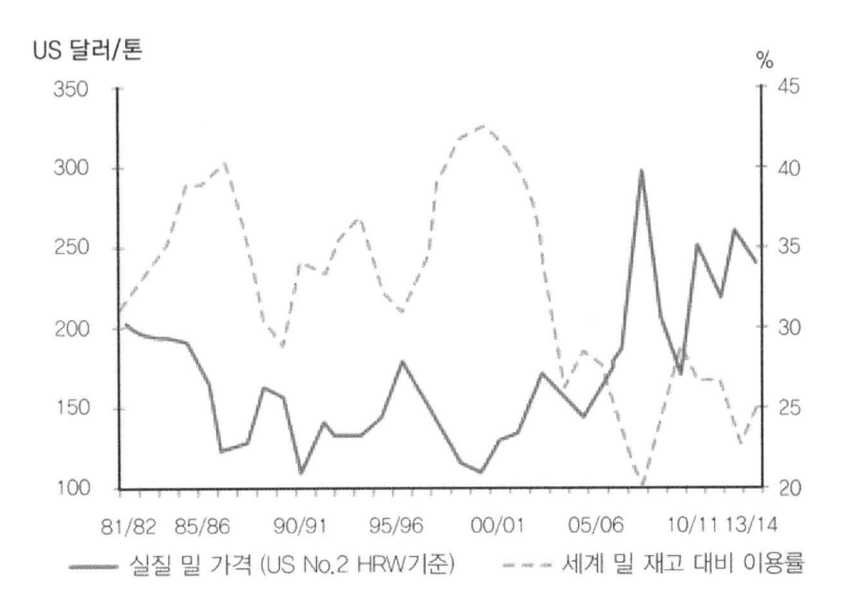

② 쌀

(stock to use ratio: 총재고량을 총소비량으로 나눈 값)과 국제 곡물가격의 관계를 밀과 쌀에 대해 나타낸 것이다. 재고 비율이 매우 낮았던 해인 2007~2008년에 국제 밀 가격은 톤당 300달러까지 치솟았다. 이는 과거 10개년 평균치 150달러보다 2배가량 증가한 수치이다. 쌀 가격도 2007~2008년 톤당 480달러까지 상승하였는데, 이때 재고 비율은 2005~2006년 이후 가장 낮은 수치인 30% 미만에 불과한 수준이었다.

이러한 공공비축제는 생산량 변동 시에 가격 상승의 폭을 억제하는 긍정적인 효과가 있지만 여러 측면에서 부정적인 효과도 있는 것으로 알려지고 있다. 이에 대해서는 [식품산업 인사이드 4.4]의 공공비축제의 효과를 참조하기 바란다.

식품산업 인사이드 4.4

공공비축제의 효과

2007~2008년 발생한 세계 곡물가격 파동으로 인해 해외수입을 통한 식량의 안정적인 확보가 가능한가에 대한 회의감이 대두되었다. 이에 따라 아프리카, 아시아 개발도상국가를 중심으로 공공비축량이 늘어나는 등 곡물가격 변동 및 식량위기의 대응 수단으로 공공비축제(stockholding policies)가 부상하고 있다.

공공비축제에 대한 관심이 늘어난 주된 이유는 [그림 4.13]과 같이 곡물 가격이 상승한 것이 이용고 대비 재고 비율이 낮은 것과 연관된다는 인식 때문이다. 2011년 이후 국제 곡물가격은 가격 파동 이전 수준으로 하락하여 안정되고 가격 파동의 원인이 되었던 수출규제도 없어졌지만, 많은 저개발국에서는 계속해서 공공비축용 재고의 양을 늘려가고 있는 추세이다.

공공비축제는 일반적으로 그 목적에 따라 세 가지 유형으로 구분된다. 완충 재고(buffer stock), 사회안전망 재고(social safety net stock), 긴급구호용 재고(emergency stock)이다. 완충 재고는 상품 가격의 안정을 위한 비축제도로 가격 하락으로부터 생산자를, 가격 인상으로부터 소비자를 보호하는 데 목적이 있다. 사회안전망 재고는 식품 배분을 위한 재고로, 비축된 재고는 빈곤계층이나 만성적인 식품공급 불안정(food insecure) 계층에 보조(할인)된 가격으로 제공된다. 긴급구호용 재고는 자연재해로 인한 일시적인 공급 부족이나 식량위기가 발생한 시기에 식량원조를 위한 재고이다.

공공비축제도가 가격 변동을 줄이고, 생산자가격 인상과 소비자가격 안정이라는 두 마리 토끼를 잡을 수 있는지에 대한 논의가 OECD 등 국제기구뿐만 아니라 많은 학자들에 의해 제기되고 있다. 왜냐하면 공공비축제도는 80~90년대에 유럽연합과 미국에서 시행되었다가 재정부담 가중, 국제시장가격 왜곡 등의 문제점으로 인해 실패한 가격지지프로그램과 유사한 측면이 많기 때문이다. 공공비축제는 비축자체가 정책의 목적인 데 반해, 가격지지는 물량 비축이 정책의 부산물로 수반된다는 측면에서 서로 다르지만, 두 정책 모두 가격을 안정화하고 가격수준에 영향을 줄 수 있다는 점에서 동일한 정책효과가 가진다.

지난 15년간 공공비축제를 운영해온 국가들의 사례를 검토한 FAO(2014)의 연구 결과에 따르면 공공비축제의 가격안정화 효과는 미미하거나 부정적인 것으로 드러나고 있다. 이 보고서에 따르면 공공비축제의 효과를 입증한 일부 연구의 경우 무역정책, 민간재고, 거시경제적 환경 및 생산수준 등이 가격안정에 미치는 영향이나 역할을 고려하지 않았다는 점을 문제로 지적하고 있다.

공공비축제가 가지는 긍정적인 효과는 각 국가의 운영방식, 생산수준, 무역정책, 거시경제적 환경에 따라 다소 다르다. 하지만 역기능적인 소득배분, 재정부담 가중, 민간부문의 저장활동 축소, 다른 국가로의 파급효과(spillover) 측면에서 제기되고 있는 공공비축제도의 부정적인 효과는 다음과 같다.

① 소득분배적 효과: 완충 재고의 경우 가격 인상의 혜택이 부유한 생산자나 대규모 농가에게 귀속되고, 사회안전망 재고의 경우도 제도의 수급자가 혜택을 받지 못하는 사례가 나타나고 있다. 일례로 인도네시아가 시행하는 사회안전망 재고 프로그램의 경우 수급자의 70%가 가난하지 않은 것으로 조사되었다. 필리핀의 경우도 보조(할인)된 가격으로 최빈층에게 공급한 쌀의 비중은 전체 물량의 10%에 불과하였다.

② 정부의 재정부담: 공공비축의 재정적인 효과는 이 제도가 가진 가장 큰 맹점이다. 공적재고의 직접비용에는 저장비, 수송비, 운영비, 수매비용 외에도 방출 및 배분과 관련된 비용이 포함된다. 이러한 비용은 재고량이 증가하고 비축제가 여러 다른 목적과 병행하여 시행할 때 큰 폭으로 증가한다. 인도의 경우 공공비축에 대한 재정지출비용은 GDP의 2%에 달하는데 이는 농업 및 연구부문에 대한 정부 지출보다 큰 액수이다.

③ 민간저장업자에 대한 영향: 공공비축은 민간업자가 국내에서 생산된 곡물이나 수입된 곡물의 저장활동에 참여할 인센티브를 축소시킨다. 특히, 민간업자가 공공비축용 곡물의 수매와 방출을 예측할 수 없다면, 저장활동에 참여하는 것은 민간업자에게 보다 큰 위험과 비용을 초래한다. 저장시장에서 탈퇴하는 민간업자의 수가 많아질수록, 또한 저장시장에서 민간부문의 역할이 줄어들수록 식품가격의 불안정 정도는 증가할 가능성이 높다. 저장시장에서 민간부문의 비중이 줄어들수록 정부의 역할 증가로 재정부담은 가중된다.

④ 다른 국가로의 파급효과: 공공비축제는 국내정책의 일환으로 고안된 것이지만 그 영향은 세계시장으로 파급된다. 국내에서 생산되거나 또는 수입된 물량이든 재고로 비축되며, 비축용으로 수매된 수량만큼 세계시장에서 공급량이 감소되기 때문에 세계시장가격을 인상시킬 가능성이 있다. 반대로 비축된 물량을 한꺼번에 방출할 경우 세계시장가격은 큰 폭으로 하락할 수 있다. 이러한 효과는 대규모 국가에만 국한되는 것이 아니라 여러 개의 소규모 국가가 동일한 조치를 취할 경우에도 나타날 수 있다. 또한 공공비축은 수출입금지 등 무역규제 조치와 함께 시행되는 경우가 많기 때문에 인접국가의 식품가격을 인상시켜 식량안보와 빈곤수준에도 상당한 영향을 줄 수 있다.

이러한 이유로 인해 공공비축제도의 성공 여부는 정책 목적이 얼마나 분명하고, 정책의 혜택을 직접적인 수급자에게 어떻게 효과적으로 전달하느냐에 좌우된다.

자료: FAO, *Safeguarding Food Security in Volatile Global Markets*, Rome, 2014.

식품산업 인사이드 4.5

세계 곡물시장의 전문 트레이더: ABCD 회사

세계 곡물시장은 곡물메이저라고 불리는 전문 트레이더(trader)들의 지배를 받고 있다. 미국, 남미, 유럽 등지에서 오래전부터 활동하던 아처 대니얼스 미드랜드(ADM), 번기(Bunge), 카길(Cargill), 루이드레퓌스(LDC) 4대 기업의 회사명 첫 글자를 따서 ABCD 회사라고 부른다.

이들 기업은 2010년 기준으로 세계 3대 곡물(옥수수, 밀, 대두) 유통 물량의 70% 가량을 장악하고 있다. 또한 마루베니, 이토추 등 일본 종합상사는 1970년대부터 체계적으로 세계 곡물시장에 진출하여 2010년 현재 20%의 시장을 점유하고 있으며, 2000년대에 들어 빠르게 성장하고 있는 스위스의 글렌코어가 5% 정도 차지한다.

이들이 거래하는 곡물은 대두, 종자유, 팜오일, 옥수수, 소맥, 주스, 코코아, 커피, 설탕, 면화, 쌀 등 다양하다. 그 중 옥수수, 밀, 대두 등 3대 곡물의 전 세계 유통금액은 2010년 624억 달러에 달하는데, 이들 곡물메이저가 취급하는 물량은 600억 달러 규모이다.

그렇다면 ABCD 곡물메이저는 어떻게 세계 곡물시장을 장악할 수 있었을까? 이들은 오래전부터 생산 현지의 곡물 엘리베이터, 저장 및 항만 시설 등 물류기능을 확보해 경쟁력을 키워왔다. 4대 곡물메이저는 세계 곡물 저장시설의 75%를 점유하고 있고, 전 세계에서 생산된 곡물을 운송할 수 있는 선적 능력 점유율 또한 47%에 이른다(일례로, 카길은 Ocean Transportation, 루이드레퓌스는 Amateurs, 번기는 미국 내륙수로에서 바지선을 운영한다).

그림 4.14 **곡물메이저 시장점유율(2012)**

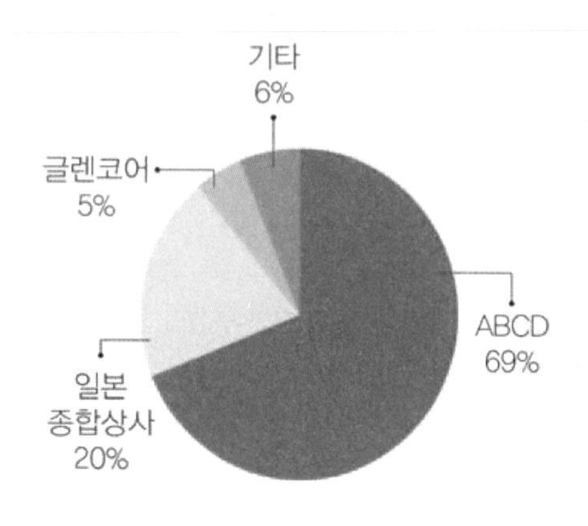

주: 곡물은 옥수수, 밀, 대두 시장을 포함

이러한 점은 4대 곡물메이저를 통하지 않고서는 곡물의 국제 거래, 저장, 운송이 쉽지 않을 만큼 이들은 세계 곡물 시장에서 막강한 영향력을 행사하고 있음을 의미한다. 또한 곡물메이저의 힘은 놀라운 정보력에서 나온다. 이들은 각국 정부보다도 더 신속하게 농업 작황을 파악한다. 카길은 자체 인공위성을 통해 미국은 물론 러시아 등 전 세계의 주요 곡창 지대를 매일 수차례씩 점검한다. 그리하여 흉작이 들 것이라고 예상되면 전 세계의 곡물을 매점매석한다.

우리나라는 3대 곡물을 해마다 1,400만 톤가량을 수입한다. 금액으로는 50억 달러 규모로 세계 5위의 곡물수입국이다. 이 가운데 40억 달러 이상을 이들 곡물메이저로부터 수입한다.

곡물메이저들은 가격 상승기나 불안정기에 시세보다 높은 가격으로 공급해 큰 이익을 취하는 경향이 있다. 2006~2008년 곡물가격 급등기에 옥수수는 1톤당 약 20달러, 소맥은 1톤당 약 50달러 더 높은 가격으로 공급한바 있다. [그림 4.15]에서 보듯이 곡물가격이 급등한 시기에 ADM, 번기, 카길 모두 평년보다 높은 이윤을 거두었다. 특히, 카길의 이윤은 큰 폭으로 상승하였다.

그림 4.15 **ABCD 곡물메이저 회사의 이윤(단위: 백만 달러)**

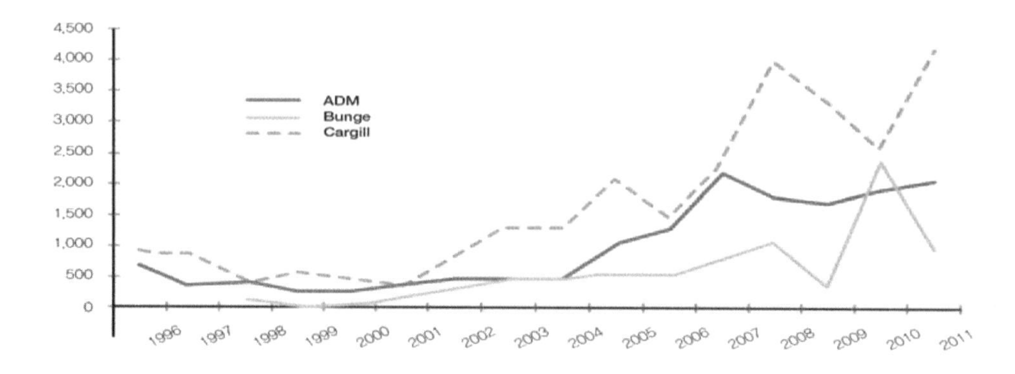

자료: KDI, 나라경제 2012년 10월호에서 발췌

요약

- 두 시점 간 저장은 생산자 또는 판매자가 이윤을 증가시키고 상품을 기간별로 보다 더 잘 배분할 수 있도록 하는 부가가치 활동의 또 다른 형태이다.
- 상품 저장에 소요되는 비용에는 (1) 직접적인 자원비용 (2) 상품을 소유하는 금융 비용 (3) 저장기간 중 발생하는 상품의 품질 변화와 관련된 비용이 있다.
- 기업들은 저장 의사결정과정에서 상품의 미래 기대가격과 현재가격의 차이가 상품의 저장비용보다 크다면 저장량을 증가시킬 유인을 갖게 된다. 저장은 미래 기대가격과 현재가격의 차이가 저장비용과 같게 될 때까지 계속된다.
- 현재시점의 수요곡선과 공급곡선으로부터 유도되는 초과공급곡선은 저장에 대한 공급곡선을 나타내는 반면, 미래시점의 수요곡선과 공급곡선에서 유도되는 초과수요곡선은 저장에 대한 수요곡선을 나타낸다. 저장시장의 균형은 두 곡선이 만나는 교차점에서 결정되며, 저장비용의 유무, 미래시점에서의 생산 여부, 연중 생산 여부 등에 따라 균형저장량은 달라진다.
- 저장문제의 가격연계식은 두 시점 간의 가격이 시장에서 차익거래를 통해 균형에 도달하는 과정을 보여준다. 이때 가격 차이는 후일 판매가 이루어질 때까지 소요되는 저장비용의 현재가치와 같다.
- 저장 독점의 특징은 판매가격이 저장비용보다 적은 폭으로 상승하더라도 저장을 한다는 점이다. 이것은 저장 독점기업이 가격보다는 한계수입에 초점을 맞추기 때문이다. 이러한 이유로 인해 저장 독점기업은 완전경쟁시장하의 저장기업에 비해 가격 안정에 기여하는 효과가 클 수 있다.
- 여러 국가에서 정부에 의한 저장활동이 이루어지고 있다. 이는 차익거래의 실현이라는 경쟁적 저장행위보다는 식량가격의 급등(또는 급락)을 막아 국내가격을 안정화하기 위한 공공비축 목적으로 시행된다.

연습문제

❶ 제주산 양파의 저장은 습도를 조절하고 품질 손실을 줄이는 특수한 저장시설을 요구한다. 모든 양파는 100kg 포대에 저장되며 양파를 저장고에 입고하고 후에 방출하는 비용은 포대당 천원이다. 저장시설의 감가상각비는 포대당 월 100원이다. 보험비용은 포대당 월 30원이다. 품질 저하는 가격 하락으로 나타나는데, 양파회사는 이러한 품질 저하로 인한 손실을 화폐가치로 환산하면 대략 개월당 저장 이전의 양파 가격의 1%에 달할 것으로 추정하고 있다.

가. 양파회사의 연간 저장비용함수를 구하라.

나. 양파를 2개월 동안 저장할 때의 저장비용함수를 구하라.

다. 왜 저장비용은 저장 개월 수만큼 비례하여 늘어나지 않는가?

❷ 농산물에 대한 수요가 연중 일정함에도 불구하고 연중 저장량(재고량)과 가격이 불규칙하게 변하는 이유에 대해 설명하여 보시오.

❸ 수확기와 수확 이후의 시기, 두 기간에 대한 저장모형에서 저장비용이 상승할 때 균형저장량이 어떻게 달라지는지 적절한 그림을 사용하여 설명하여 보시오.

❹ 생산량이 기간 1에서 250단위이고 기간 2에서 150단위인 두 기간 저장 문제가 있다고 하자. 기간별 수요는 $Q_1 = 200 - P_1$, $Q_2 = 220 - P_2$이며, 단위당 저장비용은 $SC = 5 + 0.10P_1$이라고 하자. 두 기간의 판매가격, 판매량, 저장량을 모두 구하시오.

❺ 생산 및 저장, 소비활동은 두 기간 동안만 이루어진다. 첫 시기에만 80단위가 생산되며 두 번째 시기에는 생산이 이루어지지 않는다. t기의 수요함수는 $Q_t^D = 100 - P_t$ 이며, 단위당 저장비용 SC=7.3천원이다. 두 기간에 대한 할인율이 9%일 때, 최적 저장량, 두 기간의 소비량과 균형가격을 각각 구하시오(단, 가격의 단위는 천원이다).

❻ 저장기업이 독점이라고 할 때 문제 ❹의 해답을 구하시오. 이때 $P_2 - P_1 < SC$이 성립함을 보이시오. 독점기업이 저장할 때 완전경쟁에 비해 이윤이 증가하는지를 알아보기 위해 두 기간에 대한 가격, 수량, 할인된 이윤의 현재가치를 문제 ❹의 해답과 비교하여 보시오.

참고문헌

Deaton, A., and Laroque, G. 1992. "On Behaviour of Commodity Prices," *The Review of Economic Studies*, 59(1), 1–23.

Dorfman, J. M. 2014. *Economics and Management of the Food Industry*, Routledge.

Newbery, D. M. 1984. "Commodity Price Stabilization in Imperfect or Cartelized Markets," *Econometrica*, 52(3), 563–578.

Norwood, B. and Lusk, J. 2007. *Agricultural Marketing and Price Analysis*, Pearson.

Vercammen, J. 2011. *Agricultural Marketing: Structural Models for Price Analysis*, Routledge.

Williams, J., and Wright, B.D. 1991. *Storage and Commodity Markets*, Cambridge: Cambridge University Press.

Wright, B. D. 2011. "The Economics of Grain Price Volatility," *Applied Economic Perspectives and Policy*, 33(1), 32–58.

입지와 공간적 경쟁

학습목표

- 가공공장 입지와 수송비의 경제적인 교환관계
- 계량 기법에 의한 입지 결정 방법의 이해
- 순가치 개념의 이해와 적용
- 입지와 부지 지대의 이해
- 식품기업들의 공간적 경쟁에 대한 이해

이 장에서는 식품기업 활동의 개시와 확대에 관한 의사결정 문제의 하나로 입지와 규모 결정을 다룬다. 식품기업의 입지는 큰 규모의 자본투자가 이루어지는 장기적인 의사결정문제이다. 입지가 선정되면 시장범위, 노동시장, 관계법규 등과 같은 조건들이 제품의 생산과 유통 비용 등에 중대한 영향을 주게 된다. 입지와 규모 결정은 경제적 균형 개념보다는 다양한 영향 요인들을 복합적으로 고려하면서 여러 가지 대안을 서로 비교하는 과정을 수반한다.

기업 입지에 영향을 주는 요인은 자연자원, 인구 수, 노동력, 수송비, 에너지, 법적 규제, 세금 및 보조금, 기타 사회문화적 여건, 생활환경, 경쟁사 위치 등 매우 다양하다. 하지만 이 장에서는 식품기업의 입지에서 가장 큰 비용 요소를 구성하고 있는 수송비 측면에서 입지와 관련된 다양한 경제학적인 문제를 다룰 것이다. 식품산업에서 경쟁사 위치는 사업체의 입지 결정에 중요한 요인이다. 마지막 절에는 입지와 관련하여 식품기업들의 공간적 경쟁에 대해 알아본다.

5.1 수송비와 입지 문제

5.1.1 식품의 공간적 이동과 가치 변화

대부분의 식품은 생산 장소와 최종적인 소비 장소가 서로 다르기 때문에 유통과정에서 상품이 위치한 장소가 바뀌는 경우가 빈번하게 발생한다. 식품의 공간적 이동은 상품의 물리적 특성은 변하지 않으나 상품을 본래 생산된 곳에 비해 가치가 더 높은 곳으로 이동시킨다는 의미에서 부가가치 활동의 하나라고 할 수 있다.

상품의 공간적 위치를 변경하여 가치를 부가한다는 것은 예상된 부가가치가 수송비를 보전할 만큼 충분히 크지 않다면 상품을 이동하는 것이 합리적이지 않음을 의미한다. 그러나 이러한 점이 상품의 공간적 이동으로부터 발생하는 부가가치의 사후 변화가 항상 수송비를 보전할 만큼 크다는 사실을 의미하는 것은 아니다. 부가가치의 실현된 변화는 기대한 것과 다를 수 있다. 왜냐하면 개별 시장참여자들이 각 위치에서의 상품 가치를 잘못 판단하거나 상품이 이동하는 중에 시장여건의 변화로 가치가 달라질 수 있기 때문이다. 두 지점에서 가격 차이는 상품을 이동하는 것이 이득이 될 만큼 충분하지만, 상품 인도가격이 보장되거나 고정되어 있지 않는 한 실현된 수익은 시장여건의 변화로 인해 상품의 수송비보다 적을 수 있다. 반면에 예기치 못한 호재로 인하여 가격이 당초 기대한 것보다 높게 형성된다면 실현된 수익은 수송비용을 충분히 보전하고도 남을 만큼 클 수도 있다.

식품의 수송에는 여러 경제적인 자원들이 투입된다. 식품의 생산과 소비를 연결하는 데 소요되는 수송비는 식품의 물류비에 큰 비중을 차지하는 요소이다(식품산업 인사이드 5.1 『우리나라 농산물 물류비 산정』을 참조하시오). 이 때문에 식품을 수송하는 서비스를 제공하는 데 고용된 사람들과 자원들은 식품산업의 중요한 부문을 구성한다.

5.1.2 수송비와 공장 입지의 교환관계

대부분의 농산물은 1차 가공을 통해 중량을 감소시켜 이전보다 적은 중량으로 공급망을 따라 이동하는 것이 일반적이다. 예를 들어 소, 닭 등 생축을 도축하거나(예를 들어, 한우 거세 수소를 도축하면 출하중량 721kg에서 도체중량 416kg으로 크게 감소한다) 원유를 낙농품으로 가공하면 수분이 제거되어 중량을 감소시킬 수 있다. 과일과 채소의 가공도 공급망을 따라 이동할 필요가 없는 부분을 제거하여 중량의 일부를 줄인다. 수송되는 상품의 중량을 줄여 수송비를 감소시키는 관점에서 보면, 상품 품질이 유통과정에서 변하지 않는 한 가공시설의 입지는 가능한 한 원재료의 생산지에 근접하는 것이 바람직할 수 있다. 따라서 원재료와 최종 제품의 수송비는 식품 가공공장의 입지 결정에서 특별히 고려해야 하는 매우 중요한 요소이다.

수송비는 규모가 매우 큰 비용이다. 수송비는 원재료를 구입해올 때와 최종 제품을 시장으로 출하할 때에 큰 차이를 보인다. 예를 들어, 사과 원물이 사과주스(최종 제품)보다 중량이 더 많이 나간다. 따라서 식품 가공기업은 사과주스 공장을 사과 농장 인근에 세우고 먼 거리에 위치한 시장으로 제품(사과주스)을 출하할 때 수송비를 상당 부분 절감할 수 있다. 마찬가지로 원재료나 최종 제품이 냉장수송 등 특별한 수송 수단이나 기술을 필요로 할 때, 과도한 수송비 부담을 줄이기 위해 수송거리를 최소화하는 입지를 선택할 필요가 있다.

그러나 각 생산지의 생산밀도를 고려할 때, 원재료를 생산된 장소나 그 인근에서 가공하는 것은 생산량이 가공에서 요구하는 규모의 경제를 충족시킬 만큼 충분하지 않기 때문에 경제적이지 않을 수 있다. 원재료를 가공이 경제적인(즉, 가공에서 규모의 경제를 달성할 수 있는) 장소로 충분한 수량을 수집하기 위해서는 일차적으로 원재료를 여러 생산지로부터 수송해오는 것이 필요하다. 다른 한편으로, 가공시설의 단위당 물량을 늘리는 것이 원재료 수집에 따른 수송비를 고려할 때 경제적이지 않을 수도 있다. 어떤 생산지들은 너무 분산되어 필요한 원재료 전량을 가공공장으로 수송하는 데 따른 추가적인 비용이 규모의 경제로 인한 가공비용의 추가적인 감소분을 초과할 수 있기 때문이다. 또한 시간이 경과함에 따라 생산지 분포와 지역별 생산량이 달라질 수 있으므로, 가공공장의 입지, 크기 그리고 최적 숫자는 변하게 된다.

우리는 식품 가공시설의 입지를 결정할 때, 충분한 수량의 원재료를 수집하는 데 소요되는 비용의 증가와 대량 가공으로 인한 단위당 가공비용의 절감 사이에 존재하는 경제적인 교환관계(trade-off)를 유념할 필요가 있다. [그림 5.1]은 수송비를 제외한 다른 비용이 각 입지별로 동일하다고 할 때, 공장까지의 원재료 수집비용과 판매시장으로의 최종 제품 배송비용이 최적 입지를 결정하는 데 어떻게 결합하는지를 보여준다. 수송비용이 거리에 따라 비례적으로 증가할 때, 공장을 주 원재료의 생산지나 최종 제품시장에 근접하여 세우는 것이 유리하다.

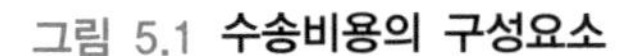
그림 5.1 **수송비용의 구성요소**

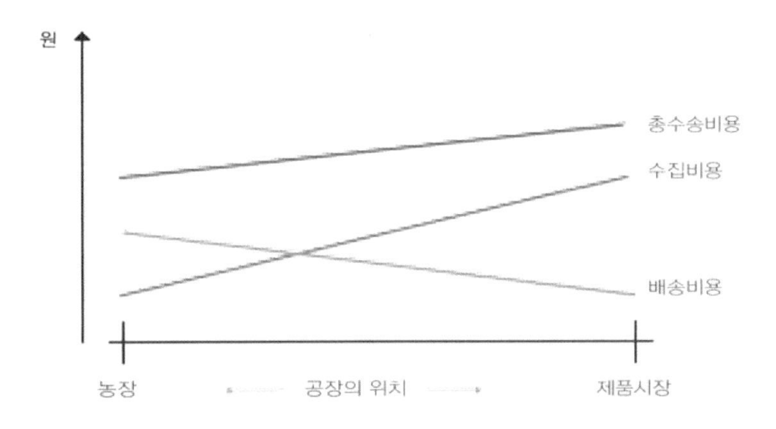

수송비용은 크게 가공공장으로의 원재료 수집비용과 소비지역으로의 최종 제품 배송비용으로 구성된다. 수송비가 거리에 따라 비례적으로 증가할 때, 공장위치는 총수송비용을 고려하여 주 원재료의 생산 농장이나 최종 제품시장에 근접시키는 것이 유리하다.

5.1.3 복수 공장의 입지 결정

수송비용(수집비용과 배송비용)은 몇 개의 공장을 건설할 것인가 하는 공장의 수를 결정하는 문제에도 고려해야 하는 중요한 비용 요인이다. 식품기업이 원재료를 여러 지역에서 조달할 때, 수집비용을 줄이는 방법은 식품 가공공장을 원재료 공급자들과 가까운 곳에 여러 개 세우는 것이다. 배송비용도 다수의 공장이 여러 도시의 인근 지역이나 수요자가 밀집한 지역에 위치할 때, 한 개의 공장에서 여러 곳으로 출하하여 배송거리가 길어지는 경우와 비교하여 상당히 줄어든다. 따라서 수송비용은 공장의 수가 증가하고 공장들이 공간적으로 분산될 때 감소하게 된다.

다수의 가공공장을 건설하는 것의 또 다른 장점은 어느 한 공장에서는 일정 규모를 초과하여 공장을 가동하는 것이 어려울 수 있고, 인프라나 지역 노동시장이 미흡하여 물량 전체를 생산하는 것이 곤란할 수 있다는 점이다. 생산의 공간적 배분은 화재, 기상 악화, 설비 고장 등으로 발생할 수 있는 생산 위험을 감소시키는 효과도 있다.

식품산업 인사이드 5.1

우리나라의 농산물 물류비 구성

물류정책기본법(구. 화물유통촉진법)에 따르면, 물류란 유형·무형의 모든 재화에 대해 공급과 수요를 연결하는 공간과 시간의 극복에 관한 물리적인 경제활동으로, 수송뿐만 아니라 보관, 포장, 하역의 물자유통과 물류에 관련된 정보활동까지도 포함된다. 반면, 상류란 수요자가 공급자에게 상품의 대금을 지불함으로써 상품의 소유권이 수요자에게 이전되는 것과 관련된 제반활동을 말하며 구매기능과 판매기능으로 구분된다. 구매기능은 구매처 발굴 및 수집, 기타 구매에 따른 활동을 말하며, 판매기능은 가격결정과 판매촉진활동을 말한다.

농산물 물류란 농산물이 상품으로서 생산자의 손을 떠나 소비자에 이르기까지의 물리적인 흐름을 의미하며, 수배송, 보관, 선별 및 포장, 하역 등의 기본활동과 정보, 표준화 등 지원활동으로 구성된다. 농산물 물류비는 농산물이 생산자로부터 소비자에 이르는 물적인 흐름에 소요되는 제비용의 합계로, 포장가공비(포장, 가공, 선별비), 운송비, 하역비, 보관비, 감모청소비, 물류관리비 등을 포함한다.

농산물은 공산품과 달리 유통과정에서 부패하기 쉽고 선별이 필요하여 선별비, 감모비, 쓰레기처리비용 등도 물류비에 포함한다. 농산물 유통비용은 위와 같은 농산물 물류비에 상거래비용(상장수수료, 소개료, 일반관리비, 이윤 등)을 합한 비용이다.

농산물 유통비용에서 물류비가 차지하는 비중이 높아감에 따라 물류비 절감이 정부의 중요한 정책과제로 등장하여, 농수산식품유통공사는 해마다 주요 농수산물 및 임산물에 대해 물류비를 산정하여 발표하고 있다. 한관순(2010)의 연구에 따르면 2007년 기준으로 농산물 물류비의 각 항목별 구성비를 보면 포장비(선별가공 포함)가 41.1%로 가장 높고, 운송비 30.5%, 보관비 9.9%, 하역비 6.4%, 물류관리비 5.4%, 기타(물류정보, 감모청소비), 6.7% 등의 순서로 나타나고 있다.

자료: 한관순, 2010. "신선 농산물 물류체계 현황 분석과 발전 방안." 『식품유통연구』, 27(2), 67－104.

수송비 이외에도 공장 가동비용이나 건설투자비용도 공장의 수와 입지를 결정할 때 고려해야 하는 비용 항목이다. 식품 가공공장은 비교적 적은 생산수준에서도 규모수익 불변(즉, 일정한 평균비용)을 가지는 규모에 도달할 수 있기 때문에, 공장 가동비용은 공장의 수와 입지에 관계없이 일정하다. 하지만 공장 건설투자비용은 공장의 수와 입지에 따라 크게 달라질 수 있다. 왜냐하면 부지비용과 건축비용, 지자체 또는 중앙정부가 제공하는 각종 지원(보조금이나 세제 감면 등)의 차이 때문이다.

가공공장의 최적 수를 결정하는 의사결정은 공장 하나의 입지를 결정할 때 적용한 절차를 여러 차례 반복하면 된다. 그러나 이전과는 달리 여러 장소에 둘 이상의 공장을 선택할 수 있다. [표 5.1]은 공장 수와 입지에 관한 의사결정에서 기업이 고려할 수 있는 가능한 대안들을 예로 제시한 것이다. 만약 5개의 선택 가능한 입지 A, B, C, D, E가 있으며 각 입지별로 1개에서 5개까지의 공장을 운영할 수 있다고 할 때, 공장 수와 입지가 서로 다른 31개의 조합을 고려할 수 있다. 단일 입지 선택과 마찬가지로 둘 이상의 공장에 대한 입지의 선택도 공장 건설투자비용, 운영비, 세금, 수송비 등 총비용과 투자로 인한 수익을 31개 조합의 공장 설립안에 대해 각각 계산하는 것부터 시작한다.

공장 신축 투자의 소요 기간과 할인율이 주어지면, 1장에서 다루었던 투자에 대한 순현재가치의 계산방식을 적용하여 31개 조합의 설립안에 대한 순현재가치를 서로 비교하여 최적인 조합을 선택할 수 있다. 공장의 공간적인 분산으로 인한 위험 감소 효과처럼 금액으로 정량화하기 어려운 항목은 경제적 비용이 서로 비슷한 공장 설립안들을 서로 비교할 때 적용할 수 있다. 순현재가치법에 의한 최적 조합의 선택 방식은 명확하지만 복잡하고 많은 자료를 수집해야 하며, 그중 일부 자료는 이용할 수 없는 경우도 있다. 이러한 이유로 인해 대규모 기업들은 관련 전문가나 자문가를 고용하여 최종적인 입지 선택에 필요한 정보들을 조직적으로 수집한다.

표 5.1 공장 수와 입지의 가능한 조합

공장 수	공장 입지의 가능한 조합
1	A, B, C, D, E
2	AB, AC, AD, AE, BC, BD, BE, CD, CE, DE
3	ABC, ABD, ABE, ACD, ACE, ADE, BCD, BCE, BDE, CDE
4	ABCD, ABCE, ABDE, ACDE, BCDE
5	ABCDE

5.2 계량기법에 의한 입지 결정

입지를 결정할 때 가장 이상적인 방법은 가능한 모든 부지에 대하여 모든 요인들을 평가하여 최적 입지를 선택하는 것이다. 하지만 이 방식은 기업으로 하여금 막대한 시간과 비용 부담을 초래한다. 더욱이 입지 결정이란 장기적인 의사결정으로 미래의 각 입지요인들을 정확하게 예측하기가 대단히 어렵다. 따라서 최적 입지를 결정하기보다는 근사적인 방법으로 만족스러운 입지를 선택하는 것이 더 나을 수 있다. 여기에서는 수송비 이외에 다른 영향 요인들을 고려하여 입지를 결정할 때 일반적으로 사용할 수 있는 방법으로 손익분기점 분석, 요인평가법, 운반량-거리모형을 설명한다.

5.2.1 손익분기점 분석

입지가 수요량에 영향을 주지 않는다면 입지 요인들을 고정비 성격의 비용 요인과 변동비 성격의 비용 요인으로 구분하여 각 입지별로 손익분기점 분석을 해 봄으로써 최적입지를 선택할 수 있다. 즉, 특정 수요량에 대하여 최소비용을 나타내는 입지가 어디인가를 찾는 것이다. 이는 공장이나 물류창고의 입지와 같이 시설 위치에 따라 수요량이 크게 달라지지 않고 다만 수송비와 같은 변동비용이 차이가 나는 경우에 보다 적합한 방법이다. [실행학습 5.1]의 예제를 살펴보자.

[실행학습 5.1] 예를 들어 가공공장의 입지로 가능한 부지가 A, B, C가 있다고 하자. 각 부지별로 비용 구조가 아래의 표와 같을 때 각 입지가 유리한 수요량의 범위를 계산하여 보자.

입지	연 고정비	단위당 변동비
A	100	6
B	200	5
C	400	4

각 입지별 총비용은 생산량을 Q라 할 때, 각각 $TC_A = 100 + 6Q$, $TC_B = 200 + 5Q$, $TC_C = 400 + 4Q$이다. $TC_A = TC_B$로 놓으면 $Q = 100$이고, $TC_B = TC_C$로 놓으면 $Q = 200$이 된다. 따라서 입지별로 유리한 생산량의 범위는 입지 A는 0~100단위, 입지 B는 100~200단위, 입지 C는 200단위 이상이다. 만약 제품 수요량이 80단위로 예상이 된다

면 공장은 A에 입지하는 것이 유리한 반면, 예측된 수요량이 180단위라면 공장을 B지역에 위치하는 것이 유리할 것이다. 손익분기점 분석에 의해 구한 입지별 생산량과 총비용은 [그림 5.2]와 같다. 그림에서 굵은 선은 생산량 구간별 최소비용을 나타낸다.

표 5.2 생산량에 따른 최적 입지

생산량(단위)	최적 입지
0~100	A
100~200	B
200 이상	C

그림 5.2 입지별 생산량과 총비용

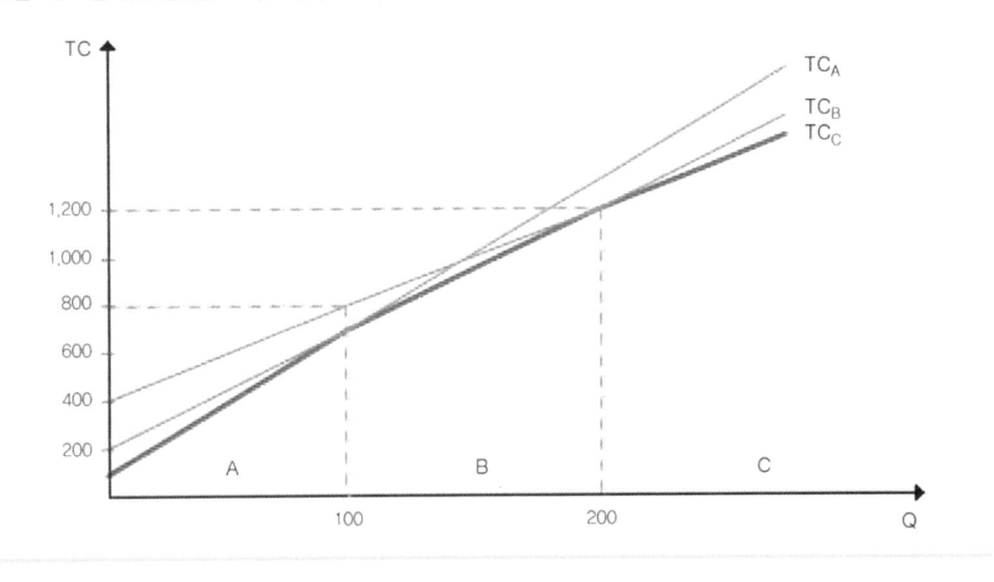

5.2.2 요인평가법

요인평가법은 입지와 관련된 양적 요인과 질적 요인을 동시에 고려하여, 각 부지를 요인별로 평가하여 다음의 식과 같은 방식으로 점수를 계산하는 방법이다.

$$S_j = \sum_{i=1}^{m} W_i F_{ij} \qquad (j = 1, ..., n)$$

S_j = 입지 j의 총점수

W_i = 요인 i의 가중치

F_{ij} = 입지 j의 요인 i의 점수

n = 입지의 수

m = 요인의 수

먼저, 입지 결정에 고려해야 할 요인(i)들을 나열하고, 이들의 상대적 중요성에 따라 가중치(W_i)를 부여한다. 그 다음에, 각 부지(j)에 대해 요인별로 평가점수(F_{ij})를 측정하고, 여기에 요인별 가중치를 곱한 후에 이를 합산한다. 이때 합산한 점수(S_j)가 가장 높은 부지를 최적 입지로 선택한다. [실행학습 5.2]에서 요인평가법을 사용하여 최적입지를 찾아보자.

[실행학습 5.2] 어느 식품유통회사가 대형유통매장의 입지로 가, 나, 다 세 부지를 고려하고 있다. 입지에 영향을 주는 요인으로 여섯 가지가 선택되었는데, (1) 지역사회의 태도 (2) 인구 수 (3) 수송의 편리성 (4) 생활비 수준 (5) 경쟁업체 수 (6) 예상 투자수익률이다. 각 부지에 대한 입지 요인별 평가 결과와 가중치 정보는 아래의 표와 같다.

입지 요인	가중치	부지		
		가	나	다
(1) 지역사회의 태도	0.15	우수	좋음	보통
(2) 인구 수	0.20	보통	좋음	우수
(3) 수송의 편리성	0.20	보통	보통	좋음
(4) 생활비 수준	0.10	나쁨	우수	보통
(5) 경쟁업체 수	0.20	좋음	나쁨	좋음
(6) 예상투자수익률	0.15	9%	12%	8%

입지 요인별 평가는 10점 만점으로 우수=10점, 좋음=8점, 보통=6점, 나쁨=4점으로 점수화한다. 동일한 방식으로 투자수익률도 12%는 10점, 9%는 8점, 8%는 6점을 부여한다. 요인평가법을 적용하여 유통매장의 입지를 선정하여 보자.

요인평가법에 따라 각 대안(부지)별로 점수를 매겨보면 아래의 표와 같다. $S_{가} = 7.1$, $S_{나} = 7.3$, $S_{다} = 7.6$이므로 부지 (다)가 선택된다.

입지 요인	가중치	부지		
		가	나	다
(1)	0.15	10×0.15=1.5	8×0.15=1.2	6×0.15=0.9
(2)	0.20	6×0.20=1.2	8×0.20=1.6	10×0.20=2.0
(3)	0.20	6×0.20=1.2	6×0.20=1.2	8×0.20=1.6
(4)	0.10	4×0.10=0.4	10×0.10=1.0	6×0.10=0.6
(5)	0.20	8×0.20=1.6	4×0.20=0.8	8×0.20=1.6
(6)	0.15	8×0.15=1.2	10×0.15=1.5	6×0.15=0.9
합계	1.00	7.1	7.3	7.6

식품산업 인사이드 5.2

파리바게뜨 '상권不敗' 비밀

외식업계에서 파리바게뜨의 입지 분석 노하우는 관심 대상이다. 국내 대표 분식 프랜차이즈인 A사 대표는 “우리의 입점 전략은 파리바게뜨 옆에 매장을 내는 것”이라고 대놓고 말할 정도다. 다른 프랜차이즈 업체들의 폐점률(해당연도 총 매장 수 대비 1년 동안 계약 해지 및 종료 매장 수)이 10~20% 사이를 오갈 때, 파리바게뜨는 항상 0~1%대 폐점률을 유지하고 있기 때문이다.

파리바게뜨가 ‘모이는 상권’을 찾기 위해 고려하는 세 가지 핵심 요소는 횡단보도, 정류장, 주차공간 여부이다. 지나가는 사람과 멈춰 선 사람, 목적을 갖고 온 소비자 모두를 잡을 수 있어서다. 매장을 열려는 건물이 병원이나 관공서처럼 자체 집객력이 있는 곳이라면 무조건 잡아야 할 타깃 1순위다. 이런 곳은 상대적으로 임차료가 비싸지만 그 값을 하기 때문에 거의 입점한다. 지형적 특성도 고려한다. 점포 앞에 배전기구, 실외기, 지하철 환풍구가 있는 곳은 가급적 피한다. 왜냐하면 심리적으로 소비자들의 점포 접근성을 막을 수 있기 때문이다. 주변 점포의 노후 정도가 심하거나 반지하 혹은 2층 이상에 있는 곳도 입점 위치로 피하는 자리다.

출퇴근 동선도 중요하게 고려해야 할 요소이다. 파리바게뜨의 경우 퇴근 동선이 1순위, 출근 동선이 2순위다. 그 이유는 퇴근길에 구매하는 빵의 단가가 더 높기 때문이다. 아파트 대단지 같은 배후가구의 주요 동선과 주변 상가의 집객력도 함께 고려한다. 쉽게 말하면 집으로 가는 길에 매장이 있어야 하고, 인근에 파리바게뜨 말고도 들를 만한 가게가 있어야 더 좋다는 얘기다.

파리바게트 점포 개발 체크리스트

1. 기본사항: 배후가구 주요 출퇴근 동선 / 요일, 시간, 날씨별 유동인구를 조사해 데이터화
2. 선호사항: 횡단보도, 정류장, 임시주차장 여부 / 자체 집객력 있는 건물 내 입점 가능 여부(병원, 관공서 1층)
3. 제한사항(감점요인): 매장 앞 배전기구, 실외기, 지하철 환풍구 여부 / 노후화 진행 정도가 심한 건물, 반지하, 2층 이상 / 지하철 입구와 입구 사이 갇힌 곳

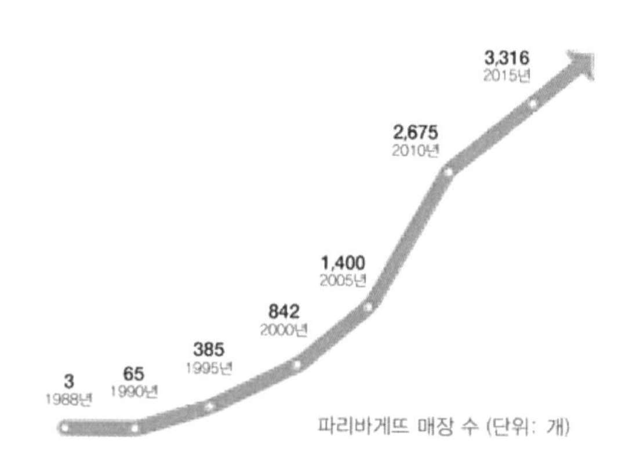

배후가구, 유동인구를 파악하기 위해서 요일, 시간, 날씨 같은 변수에 따라 유동인구가 어떻게 달라지는지도 관찰한다. 지하철 입구 근처라고 무조건 입점하는 것도 금물이다. 서로 반대편으로 나 있는 지하철 입구 사이 매장엔 사람들의 발길이 잘 닿지 않는다. 지하철 입구가 어느 방향으로 뚫릴지 미리 알아내는 것도 점포개발자들이 촉각을 곤두세우며 하는 일이다. 점포개발자들은 상권을 살아 움직이는 '생물'로 본다. 지금은 안 좋더라도 나중에 도시개발계획에 따라 유동인구가 풍부해질 수도 있다는 것이다. 신도시는 점포개발자들의 '진짜 실력'을 알아볼 수 있는 무대로 꼽힌다. 지금은 허허벌판이지만 나중에 금싸라기 땅이 될 것으로 예상될 경우 과연 어디에 매장을 내야 '신의 한수'가 될 수 있을지가 외식기업들의 관심사다.

자료: 한국경제신문, 2016.5.25

5.2.3 운반량 - 거리 모형

운반량-거리 모형은 거리에 입각하여 입지 대안들을 평가하는 방법이다. 측정할 거리는 판매시장 근접성, 공급자 또는 다른 자원에 대한 근접성을 의미한다. 이 모형은 이동거리로 가중된 이동 총운반량이 최소인 부지를 입지로 선정한다. 즉, 각 입지별로 운반량-거리 값(load-distance value: LD)을 구하여 가장 작은 값을 가지는 입지를 선정한다. 각 입지별 운반량-거리 값은 다음과 같이 구해진다.

$$LD = \sum l_{ij} d_{ij}$$

여기서 l_{ij}는 두 입지 i와 j 사이의 운반량이며, d_{ij}는 두 입지 i와 j 사이의 거리이다.

이 모형에서 두 입지 간의 거리는 계산 과정을 단순화하기 위하여 직선거리(rectilinear distance)를 사용한다. 즉, 서로 다른 두 입지를 연결하는 도로가 좌표상에서 수평 또는 수직으로만 놓여 있다고 가정한다. 예를 들어, 두 입지 A와 B의 좌표(x, y)가 A(40, 50), B(25, 35)라고 할 때 두 입지 간의 거리는 다음과 같이 구한다.

$$d_{AB} = |x_A - x_B| + |y_A + y_B|$$
$$= |40 - 25| + |50 - 35| = 30$$

[실행학습 5.3]에서 운반량-거리 모형을 사용하여 최적 입지를 찾아보자.

[실행학습 5.3] A, B, C, D 네 개의 도시에 있는 대형마트에 필요한 제품을 공급하기 위하여 두 입지 대안 I와 II에 물류센터를 건립하려고 한다. 대형마트와 물류센터의 좌표는 아래 그림과 같으며 A, B, C, D 각 도시와 물류센터 사이의 운반량은 각각 15, 10, 12, 5이다. 이때 어느 곳에 물류센터를 세우는 것이 가장 좋겠는가?

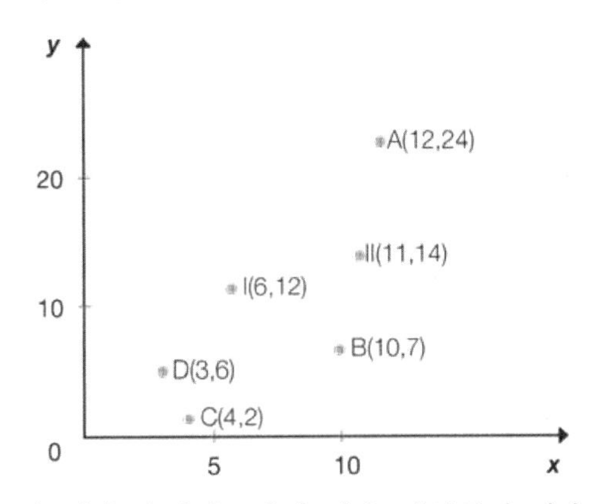

먼저, 입지 대안 I에 대한 운반량-거리 값을 계산하면 다음과 같다.

도시	운반량(l_{ij})	I까지의 거리(d_{ij})	$l_{ij}d_{ij}$
A	15	|12−6| + |24−12|=18	270
B	10	|10−6| + |7−12| = 9	90
C	12	|4−6| + |2−12| = 12	144
D	5	|3−6| + |6−12| = 9	45
합계			549

다음으로 입지 대안 II에 대한 운반량-거리 값을 계산하면 다음과 같다.

도시	운반량(l_{ij})	II까지의 거리(d_{ij})	$l_{ij}d_{ij}$
A	15	|12−11| + |24−14|=11	165
B	10	|10−11| + |7−14| = 8	80
C	12	|4−11| + |2−14| = 19	228
D	5	|3−11| + |6−14| = 16	80
합계			553

입지대안 I의 운반량-거리 값이 입지 대안 II보다 작다. 따라서 물류센터는 입지 I에 건립하는 것이 경제적이다.

5.3 순가치곡면

수송은 부가가치 활동의 하나이기 때문에 원재료나 최종 제품의 가치가 수송비에 따라 달라질 수 있다. 이 절에서는 가공공장이나 소비지(대형유통업체, 외식업체, 식자재유통업체, 단체급식소, 기타 도소매상 등)의 입지에 따라 수송비가 원재료와 최종 제품의 가치에 어떠한 영향을 주는지를 설명할 것이다. 이를 위해 순가치곡면이라는 개념을 사용한다. 먼저, 원재료를 1차 구매자나 가공공장으로 수송하는 생산자 측면에서 이 문제를 논의할 것이다. 그 이후에 이 개념을 소매시장에서 소비자가 제품을 구매할 때 직면하는 가격의 문제로 확대할 것이다.

5.3.1 생산자 순가치곡면

식품 가공공장은 원재료의 구매가격과 최종 제품의 판매가격을 정할 때 원재료를 수집하거나 최종 제품을 배송하는 데 소요되는 수송비를 고려한다. 3장에서 가격책정 방식을 논의할 때 수송비를 고려하지 않았지만, 대부분의 식품기업들은 원재료 수집비용과 최종 제품의 배송비용을 자신이 직접 지불한다.

식품 가공공장이 원재료 수송비용(예를 들면, 육계처럼 사육업자로부터 사들이는 경우)을 지불한다면, 가공공장에 인접한 지역에서 생산되는 원재료의 가치가 더 높게 된다. 가공공장이 구입하는 원재료의 가치는 원재료 수집비용의 함수로 표현되는 순가격(net price) 또는 순가치(net value)라는 개념을 사용하여 설명할 수 있다. 원재료의 순가치는 3장에서 논의한 원재료의 구매가격에서 가공공장까지 원재료를 운반하는 데 소요되는 수송비를 차감한 것이다. 가공공장은 원재료가 어느 지역에서 생산되었는지에 관계없이 동일한 상품에 대해 동일한 가격을 지불한다고 가정하자. 수송비가 산지(농장)에서 공장까지의 거리에 비례한다면 가공공장이 구입하는 원재료의 순가치 NV는 다음 식과 같다.

$$NV(d) = r - s - td$$

여기서 r은 가공공장의 원재료 구매가격, s는 상하차 비용 등 고정수송비용, t는 가변수송비용을 나타내는 km당 원재료 수송비, d는 산지에서 가공공장까지의 거리(km)이다. 예를 들어, 가공공장이 구매하는 원재료의 가격이 단위당 10,000원이고, 가공공장까지 원재료의 단위당 수송비가 km당 250원이며 상하차비용은 없다고 하자. 이때, 가공공장에서 15km 떨어진 지역에서 생산되는 원재료의 순가치는 10,000－250×15 ＝6,250원이다.

[그림 5.3]의 순가치곡면(net value surface)은 위의 순가치 방정식을 그래프로 나타낸 것이다. 점 A에 위치한 가공공장이 원재료 농산물을 구매한다고 하자. 가공공장으로부터 서로 다른 거리만큼 떨어진 생산자의 위치는 그림의 수평축 위에 있는 하나의 점으로 표시할 수 있다. 점 A 위에 좌우로 그려진 두 경사면은 가공공장이 수평축에 있는 생산자(농장) *F*로부터 구매하는 원재료의 순가치를 나타낸다. 순가치곡면은 가공공장이 위치한 점 A를 중심으로 좌우로 하향하는 형태를 가진다. 이는 생산지가 가공공장에서 멀어질수록 이들이 공급하는 원재료의 순가치가 감소함을 의미한다. 점 A에서 순가치곡면의 기울기는 산지와 가공공장까지의 단위당 수송비에 따라 달라진다.

순가치곡면은 가공공장이 위치한 점 A에서 일정 거리 이상 떨어진 산지에서 농산물을 구매하는 것이 경제적이지 못함을 말해준다. 왜냐하면 그 지역에서는 높은 수송비로 인하여 농산물의 가치가 완전히 소멸하기 때문이다. 이처럼 가공공장에 출하(판매)하는 농산물의 순가치가 영(0)보다 큰 영역을 수익성 영역(profitability region) 또는 구매 영역(market area)이라고 부른다. 이때 구매 영역의 양쪽 경계는 [그림 5.3]에서 순가치곡면이 수평축과 만나는 점들에 의해 결정된다.

그림 5.3 **순가치곡면**

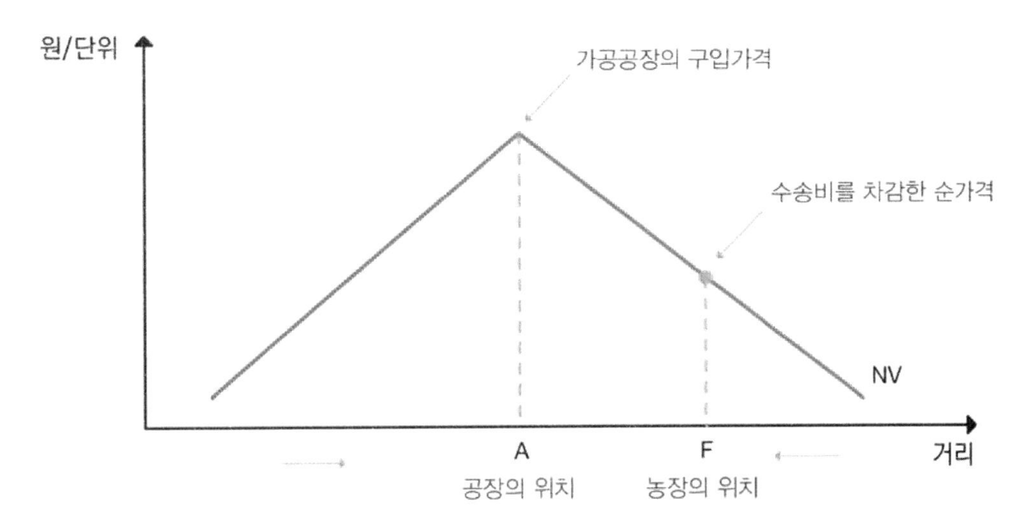

점 A에 있는 가공공장에 원재료를 공급하는 생산자는 수평축을 따라 분포한다. 생산자의 각 입지에서 원재료 농산물의 단위당 가치는 가공공장의 구매가격에서 가공공장까지의 원재료 운송비를 차감한 것과 같다. 순가치곡면은 점 A에서 가장 높고 언덕 모양을 가지며 두 개의 경사면을 갖는다. 경사면의 기울기는 각 생산자에서 가공공장까지의 수송비 때문에 원재료 가치가 거리에 따라 감소하는 정도를 나타낸다.

수익성 측면에서 산지(농장)가 점 A에서 멀어질 수 있는 최대의 거리 즉, 농산물의 순가치가 영이 되는 경계까지의 거리는 가공공장의 구매가격과 수송비용에 의해 결정된다. 그러나 가공공장의 실제 집수력(集收力)은 순가치가 영이 되는 거리보다 적을 수 있다. 그 이유는 다음과 같다. 첫째, 생산자들이 최대 거리의 이전 지점에서 가공공장으로 출하하려는 농산물의 가격이 지나치게 낮다고 판단한다면, 동일한 자원을 투입하여 해당 농산물보다 더 높은 가치를 주는 다른 농산물을 생산하려고 하기 때문이다. 둘째, 가공공장의 농산물 구매가격이 너무 낮으면 가공공장에 판매하기보다는 시장 판매나 다른 곳에 판매하는 것이 보다 더 가치가 있을 수 있기 때문이다.

순가치곡면은 누가 수송비를 부담하느냐와 무관하게 동일한 형태를 가진다. 왜냐하면 누가 수송비를 지불하든 그 금액은 운송회사로 귀속되기 때문이다. 수송비용이 수송 효율성이나 지형, 도로 조건 등 지리적인 요인 때문에 거리에 따라 비례적으로 증가하지 않는 비선형함수라고 한다면, 순가치곡면은 [그림 5.3]과 달리 복잡하고 불규칙한 형태를 갖게 된다. 이러한 경우는 상품을 수송할 때 수송거리에 따라 서로 다른 수송수단을 사용해야 할 때 나타난다. 예를 들어, 원재료를 농장에서 가공공장까지 수송하는 전 과정에서 모두 동일한 수송수단을 이용하는 것이 가능하지 않을 수 있다. 이때 순가치곡면은 각 지점에서 가장 저렴한 수송수단을 사용할 때 소요되는 비용을 반영한다. 지리적 요인, 수송수단, 상하차 비용이나 소유권 이전 등의 고정비용 등을 반영하여 보다 현실적인 상황에 맞게 그려진 순가치곡면은 점 A에서 불연속적인 모양을 갖게 된다.

그림 5.4 품질이 다른 두 원재료의 순가치곡면

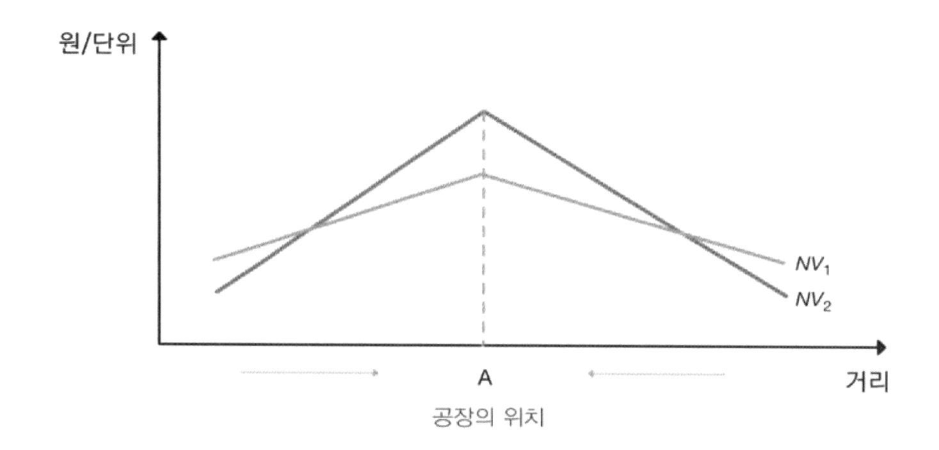

농산물은 중량대비 부피(밀도), 저장 필요성, 기타 취급상 주의 때문에 품목마다 수송비가 다르다. 원재료 농산물의 품질 차이로 구매가격이 다를 때 순가치곡면은 이러한 품질 차이를 반영하여 서로 다른 높이를 가진다.

농산물은 밀도(중량대비 부피), 저장의 필요성, 기타 취급상의 주의점 때문에 품목마다 수송비가 각각 다르다. 이러한 이유로 인해 원재료 농산물의 순가치곡면은 품목에 따라 서로 다른 기울기를 갖게 된다. 원재료 농산물이 품질 차이로 인해 구매가격이 서로 다르다면, 순가치곡면은 품질 차이를 반영하여 서로 다른 높이를 가진다. [그림 5.4]는 품질이 서로 다른 두 원재료에 대한 순가치곡면을 보여준다.

수송기술 향상이나 시장여건 변화가 일어날 때, 순가치곡면은 어떻게 달라질까? 이에 대한 해답을 나타낸 것이 [그림 5.5]이다.

그림 5.5 **순가치곡면의 변화: 수송비 감소와 상품가치 증가**

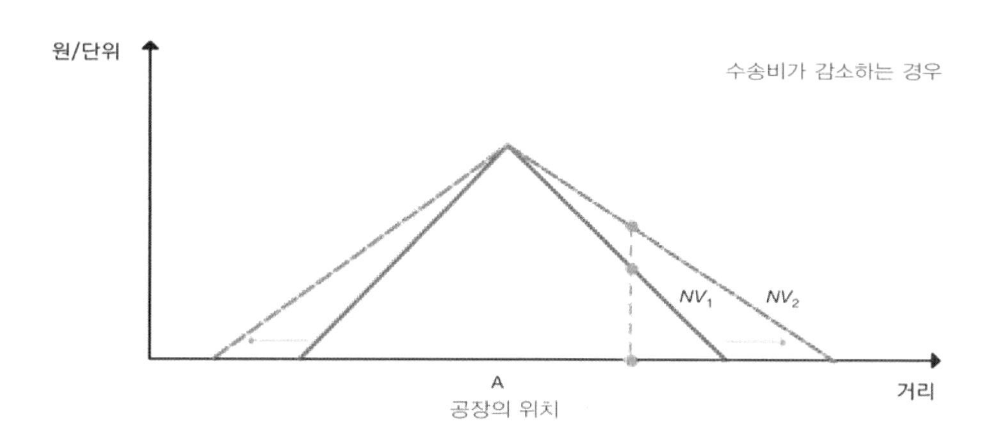

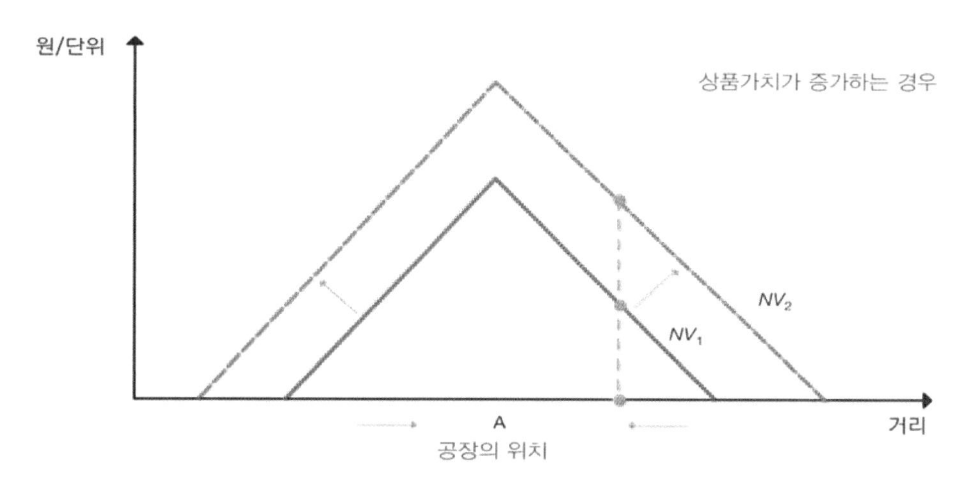

수송비용을 줄이는 기술향상이 일어나면 그림의 위쪽처럼 순가치곡면의 기울기가 완만해진다. 이는 가공공장까지의 거리에 따라 농산물 가치가 감소하는 속도가 줄어듦을 의미한다. 점 A에서 농산물 가치의 변화를 초래하는 시장여건의 변화는 그림의 아래쪽에서 보듯이 순가치곡면 전체를 일정 크기만큼 위 아래로 수직 이동시킨다. 수송비나 농산물 가치의 변화로 인해 구매 영역은 확대되거나 또는 축소한다.

먼저, [그림 5.5]의 위쪽은 수송비용을 줄이는 기술 개발이 일어날 때 나타나는 순가치곡면의 변화를 보여준다. 수송비 절감은 순가치곡면의 기울기 변화로 나타나는데, 기울기가 이전보다 완만해짐은 가공공장까지의 거리가 증가함에 따라 원재료 가치가 감소하는 정도가 줄어듦을 의미한다. 이때 기울기의 변화는 두 가지 효과를 가진다. 첫째, 공장에 아주 근접해 있는 생산자의 원재료 순가치는 변화가 없으나, 구매 영역이 이전보다 확대됨에 따라 기존 생산자의 농산물 순가치는 증가한다. 둘째, 새로운 생산자가 구매 영역으로 진입하게 된다.

[그림 5.5]의 아래쪽은 원재료 농산물의 가치를 증가시키는 시장여건의 변화가 순가치곡면에 미치는 영향을 보여준다. 그림에서 보듯이 원재료 가치의 변화는 순가치곡면 전체를 일정 크기만큼 위아래의 방향으로 수직 이동시킨다. 순가치곡면이 위로 수직 이동할 경우 기존의 모든 원재료 생산자들이 이전보다 높은 수익을 얻게 되며, 구매 영역의 확대로 새로운 생산자가 이 영역에 진입하게 된다. 반면 순가치곡면이 아래로 수직 이동한다면 구매 영역은 축소하게 되고, 기존 생산자의 일부는 가공공장에 더 이상 원재료를 판매하려고 하지 않을 것이다.

앞의 그림들은 1차원 공간에 그려진 순가치곡면의 특성을 말해주지만, 이 개념을 2차원 공간으로도 쉽게 확대할 수 있다. 2차원 형태의 순가치곡면을 그리는 방법은 [그림 5.3]의 삼각형 모양을 점 A를 중심으로 회전시키는 것이다. [그림 5.6]은 점 A을 중심으로 하여 서로 다른 반경을 가지는 순가치곡면에 대응하는 동심원들을 보여준다. 이러한 동심원을 등가격선(isoprice lines) 또는 등가치선(isovalue lines)이라고 한다.

그림 5.6 가공공장에 원재료를 판매하는 생산자에 대한 등가격선 지도

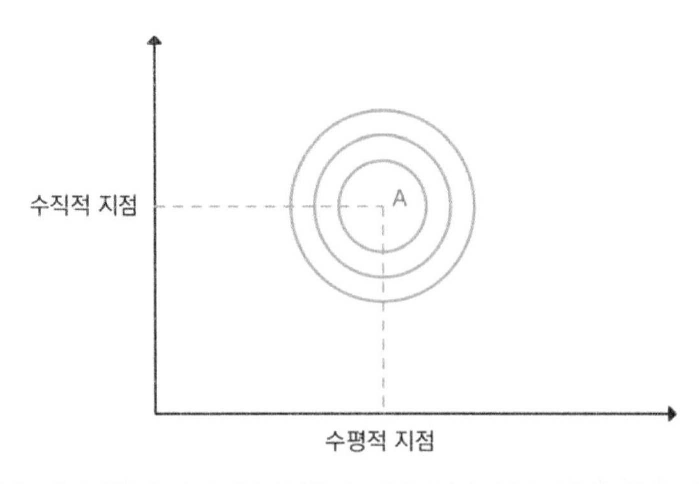

등가격선을 구성하는 각 동심원들은 가공공장이 위치한 점 A에서 고정된 가격에 판매되는 원재료의 순가치가 서로 동일한 생산자들의 궤적(집합점)을 나타낸다. 그러나 지리적인 불규칙성과 수송 가능 여부 등을 고려할 때 실제 등가격선의 모양은 대칭적이지 않을 수 있다.

[그림 5.6]의 등가격선을 구성하는 각 동심원들은 가공공장이 위치한 점 A에서 고정된 가격으로 판매되는 농산물의 순가치가 서로 동일한 생산자들의 궤적을 나타낸다. 현실에서 나타나는 등가격선의 모양은 지형 또는 도로 여건의 차이, 수송 가능성이나 효율성 등에 따라 [그림 5.6]처럼 대칭적이지 않을 수 있다. 순가치곡면 개념은 상품 가치가 생산자 또는 가공업자의 입지에 따라 어떻게 달라지며, 상품이 산지에서 소비지로 이동할 때 상품 가치에 영향을 주는 요인이 무엇인지를 고찰하는 데 적용할 수 있는 아주 유용한 개념이다.

5.3.2 가공공장의 경계와 전속 공급

경계의 문제

우리가 앞에서 배운 순가치곡면은 다음의 두 가지 의사결정 문제에 대한 답을 얻는 데 매우 유용하다. 첫째, 생산자들이 수확한 농산물을 어느 공장에 출하하느냐 하는 문제이다. 둘째, 어떤 농산물을 어느 곳에 재배할지를 결정하는 문제이다. 이러한 문제를 순가치곡면과 관련하여 경계문제(boundary problem)라고 한다. 먼저, 농산물을 어느 공장에 출하하느냐 하는 문제부터 살펴보자.

이번에는 이전과 달리 일직선상에 두 공장 A와 B가 위치하며 농장들은 그 일직선을 따라 두 공장 사이에 분포하고 있다고 가정하자. [그림 5.7]은 이러한 상황은 보여준다. 이때 생산자들은 자신의 농산물을 순가치가 더 높은 공장으로 출하할 것이다. [그림 5.7]에서 가공공장 A의 순가치곡면이 가공공장 B의 순가치곡면과 서로 교차하는 점의 우측에 있는 생산자들은 공장 A보다는 공장 B로 자신의 상품을 출하할 것이다. 왜냐하면, 공장 A보다는 공장 B로 출하할 때 더 높은 순이익을 실현할 수 있기 때문이다. 마찬가지로 두 순가치곡면이 교차하는 점의 좌측에 있는 모든 생산자들은 자신의 상품을 공장 A로 출하하는 것이 유리할 것이다. 순가치곡면이 서로 교차하는 곳에서 두 공장에 판매하는 농산물의 순가치는 서로 같게 되고 생산자들은 자신의 농산물을 어느 공장으로 출하할지에 대해 무차별하게 된다. 그 결과, 두 공장이 제시하는 순가격은 같게 될 것이다. 이 가격이 원재료에 대한 두 공장의 경제적인 구매 영역을 구분하는 경계가 된다. 이러한 경계를 시장경계(market boundary)라고 부른다.

그렇다면 두 공장의 시장경계는 어떻게 구할 수 있을까? 미지수인 시장경계점에 대하여 두 순가치식을 같게 두고, 이를 경계점에 대해 풀면 두 공장의 구매 영역에 대한 경계를 구할 수 있다. 예를 들어, 0에서 100까지 뻗은 일직선 도로상에서 두 기업 A와 B가 각각 30과 70에 위치한다고 하자. 이때 시장경계(M)는 다음의 식을 풀어 구할 수 있다(아래 식에서 하첨자 A, B는 해당 농산물을 원재료로 구매하려는 공장을 나타낸다).

$$r_A - s_A - t_A(M-30) = r_B - s_B - t_B(70-M)$$

이때 주의할 점은 시장경계에 위치한 농장으로부터 각 공장에 이르는 거리는 시장경계로부터 공장이 위치한 지점을 빼거나 또는 그 반대를 취하여 항상 거리 차가 양의 값을 갖도록 해야 한다는 것이다(연습문제 ❶을 참조하시오). 위의 식은 M를 제외한 모든 변수의 값이 알려져 있는 미지수가 하나인 단일 방정식이기 때문에, 경계의 문제는 쉽게 풀 수 있다.

그림 5.7 경쟁하는 두 공장에 대한 순가치곡면

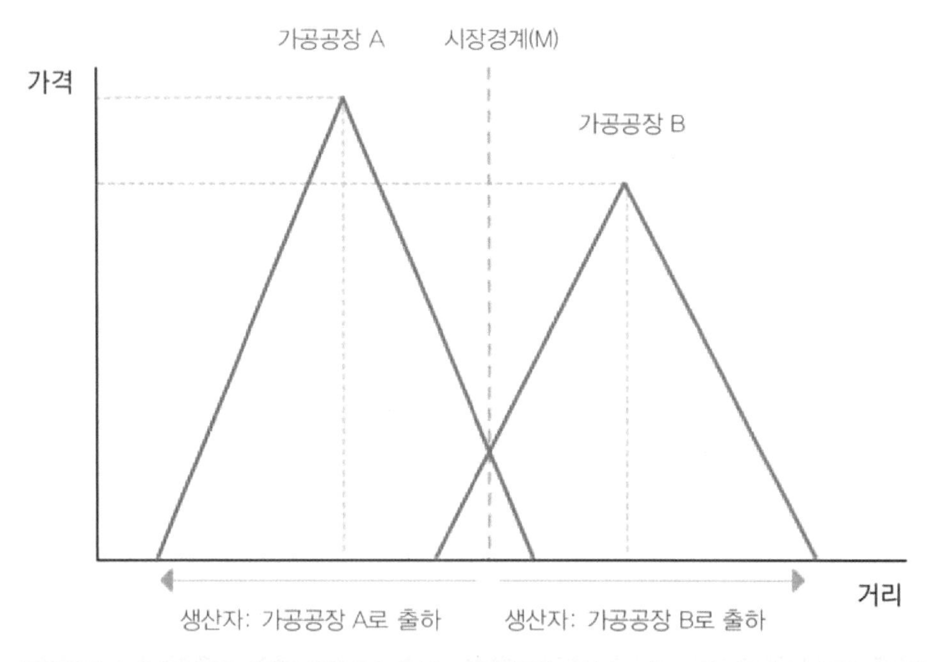

두 가공공장의 순가치곡면이 교차하는 점의 우측에 있는 생산자들은 공장 A보다는 B에 자신의 농산물을 판매할 것이다. 순가치곡면의 교차점에서 두 공장에 대한 농산물의 순가치는 서로 같기 때문에 교차점에 위치한 생산자들은 자신의 농산물을 어느 공장으로 출하할지에 대해 무차별하게 된다.

공장이 제시한 가격에서 원재료를 필요한 수량만큼 확보할 수 없다면 구매량을 늘리기 위해 구매가격을 인상해야 한다. 구매가격 r의 증가는 순가치곡면을 공장의 모든 방향에서 확대시킨다. 다른 공장이 원재료 구매가격을 인상하지 않는다면 순가치곡면의 확대는 해당 공장의 시장경계를 확장시키게 되어 더 많은 원재료를 확보할 수 있게 된다. 각 공장들이 확보할 수 있는 원재료 수량, 경쟁 공장에 대한 원재료 공급자의 상대적인 위치를 안다면,

자신들이 필요한 수량만큼의 원재료를 확보하기 위한 구매가격을 산출할 수 있다. 이러한 구매가격의 선택은 앞서 말한 구매 영역의 경계를 정하는 문제와 동일하게 된다. 왜냐하면 공장은 그 가격으로 구매 영역 내에서 공급하는 원재료 물량 전체를 확보할 수 있기 때문이다.

전속공급의 문제

경계 문제와 관련된 중요한 개념으로 전속공급(captive supply)이라는 용어가 있다. 전속공급은 경제학자들이 구매자가 확보된 공급을 일컬을 때 사용하는 용어이다. 식품 가공공장에 원재료 농산물을 공급하는 다른 생산자들보다 그 공장에 더 가까이 위치한 생산자들이 그 가공공장의 전속공급자들을 대표한다.

앞에서 설명한 순가치곡면에 따르면, 어떤 가공공장의 구매 영역 안에 위치한 농장들은 그 공장에 대한 원재료 농산물의 전속공급자가 된다. 식품 가공공장의 전속공급량은 원재료 구매가격의 함수로 표현할 수 있다. 다음의 예를 살펴보자.

먼저, 모든 원재료 생산자는 100km에 달하는 일직선 도로상에 있으며, 중앙의 50km 지점에 가공공장이 하나 있는 상황을 가정하자. 가공공장은 한 가지 원재료만을 구매하고 그 원재료는 생산자들이 재배할 수 있는 유일한 작물이라고 하자. 생산자들은 단위당 1,000원의 생산비용으로 원재료 작물을 생산하며, 생산량은 거리(km)당 10단위이라고 하자. 가공공장은 생산자가 수확한 작물을 수송비용을 제외하여 단위당 2,000원의 가격으로 구매한다. 이때 이 공장에 대한 전속공급량을 구해보자. 수송비용은 다음과 같이 계산된다.

$$50\text{원} + (20\text{원/km}) \times d,\ d\text{는 농장에서 공장까지 거리이다.}$$

생산자들로부터 구입하는 원재료의 순가치곡면은 단위당 판매가격 2,000원에서 생산비용 1,000원과 수송비를 차감하여 $950 - 20 \times d (= 2000 - 1000 - 50 - 20 \times d)$이다. 다른 가공공장이 없다면 구매 영역의 경계는 원재료의 순가치가 0(영)과 같게 되는 지점이다. 그 지점에서 농산물 생산자의 수익과 부지 지대는 모두 영이 된다.[1]

$$950 - 20d = 0$$

$$d = \frac{950}{20} = 47.5$$

그리하여 구매 영역의 경계는 2.5km(=50−47.5)인 지점과 95.5km(50+47.5)인 지점에

1 부지 지대에 대해서는 5.5절에서 설명할 것이다.

있게 된다. 이 가공공장에 대한 전속공급 영역은 95km(=97.5−2.5)가 되며, km당 생산량이 10단위라고 할 때 가공공장은 단위당 2,000원의 가격을 원재료 생산자들에게 제시함으로써 원재료 950(=95×10)단위를 구매할 수 있다.

위의 수학적인 식에서 알 수 있듯이 공장이 원재료 구매가격을 인상하면 경계와 공장 간 거리는 얼마나 확대될까? 그에 대한 해답은 단위 거리당 수송비의 역수만큼 늘어난다. 만약 원재료 구매가격이 10원 인상된다면 구매 영역의 한쪽 경계와 공장 간 거리는 0.5(=0.05×10)km 바깥으로 이동하게 되어, 전속공급 영역이 1km 늘어난다. 이는 전속공급량이 10단위 더 증가하는 것과 동일한 의미이다. 이러한 방법으로 공장들은 구매가격을 인상하거나 인하하여 공급 가능한 원재료의 수량을 적절하게 조정함으로써 이윤을 극대화시킬 수 있다.

만약, [그림 5.7]에서처럼 일직선상에 두 개의 공장이 있다면, 앞에서 설명한 것처럼 순가치곡면을 사용하여 시장경계와 각 공장의 구매 영역에 대한 경계를 구분할 수 있다. 즉, 두 순가치곡면을 같게 놓고 두 공장 사이의 시장경계(M)에 대해 풀면 된다(구매 영역의 경계 밖에 있는 생산자들은 공장에서 너무나 멀리 떨어져 있어 원재료 농산물을 판매하여 수익을 얻을 수 없게 된다). 모든 경계가 알려지면, 전속공급량은 두 경계(구매 영역의 한쪽 경계와 시장경계) 간 거리에 생산밀도를 곱한 것이다(연습문제 ❶의 (다)를 참조하시오).

현실에서 생산자들은 일직선상에 위치하기보다는 여러 지역에 불규칙적으로 분포해 있다. 만약 농장들이 1차원 직선이 아닌 2차원 공간에 위치한다면 경계문제는 어떻게 될까? 좌표 (0, 0)를 원점으로 하는 평면 (x, y)상에 위치한 가공공장을 가정하자. 구매가격, 수송비, 생산비는 이전과 동일하고 생산밀도만 ㎢당 100단위라고 하자. 이 가공공장의 전속공급량은 얼마인가? 구매 영역의 두 경계 간 거리는 이전과 마찬가지로 $d=47.5$km이지만, 경계 안에 포함되는 영역은 공장으로부터 반경(r)이 47.5km인 원이 될 것이다. 원 모양 영역 내의 총공급량은 원의 면적과 생산밀도를 곱하여 다음과 같이 계산한다.

$$S = \pi(47.5^2)(100\text{단위}/km^2)$$
$$= 708,822\text{단위}$$

원 모양의 공급영역에서 경계를 1km 가량 밖으로 이동시키는 것은 이전에 비해 총공급량에 복잡한 영향을 주게 된다. 그 영향 정도는 다음과 같이 공급영역의 면적(S)을 반경(r)에 대해 미분하여 계산할 수 있다.

$$\frac{dS}{dr} = 2\pi r \times (\text{생산밀도})$$

위의 예는 경계 간 거리가 47.5km일 때 경계를 1km 밖으로 확대하면(즉, 구매가격을 10원 가량 인상하면), 전속공급량은 $(2\pi \times 47.5 \times 100)$만큼 증가함을 의미한다. 일직선의 경우와는 달리 원 모양의 공급영역에서 한계효과는 경계 간의 거리가 변함에 따라 달라지기 때문에 공장 운영자는 이러한 점을 감안하여 구매가격의 변화에 따른 공급량 변화가 일정하지 않음을 유념해야 한다.

5.3.3 가공공장 입지와 재배 작물의 선택

이번에는 순가치곡면의 경계와 관련된 두 번째 문제인 재배 작물의 선택 문제에 대해 알아보자. 농업생산자가 자신의 농산물을 구매하려는 가공공장의 경계 내에 농장을 가지고 있다면(즉, 가공공장의 전속공급자라면), 앞에서 논의한 순가치에 관한 식을 농산물 생산 의사결정에 적용할 수 있다.

특정 가공식품에 사용되는 원재료 i의 한 단위당 순가치식을 농산물 생산 의사결정에 적용하기 위해서는 측정 단위를 원재료 한 단위에서 재배면적으로 바꾸고 생산비용도 포함할 필요가 있다. 이러한 과정을 거치면 농산물 생산자에 대한 재배면적당 순가치(Net Value per Acreage: NVA)를 나타내는 다음의 식을 얻을 수 있다.

$$NVA_i(d) = (r_i - s - t_i d)\, Y_i - PC_i$$

여기서 d는 농장에서 가공공장까지의 거리이며, Y는 농산물의 단위면적당 수량, PC는 단위면적당 생산비를 나타낸다. 위의 식은 가공공장의 원재료로 사용될 수 있는 농산물의 상대적인 수익률을 나타내기 때문에 어떤 지역에 있는 각 가공공장에 어느 농산물을 재배하여 판매하는 것이 유리할지를 알려줄 수 있다.

사실상 위 식은 공장 경영자의 의사결정 문제에도 활용할 수 있다. 이를 위해서는 위의 식을 다소 변경할 필요가 있다. 먼저 순가치를 나타내는 식에서 구매가격 r을 3장에서 설명한 구매가격 책정식으로 대체하면 다음과 같게 된다.

$$NV_i(d) = [(1-gm)P - c(q)/q - u/q - \sum_{j \neq i}^{J} r_j n_j]/n_i - s - t_i d$$

위의 순가치식을 재배면적당 순가치를 나타내는 식으로 표현하면 다음과 같다.

$$NVA_i(d) = \left\{[(1-gm)P - c(q)/q - u/q - \sum_{j \neq i} r_j n_j]/n_i - s - t_i d\right\} Y_i - PC_i$$

위의 식에는 농산물 원재료 가격뿐만 아니라 가공공장의 제품가격, 가공비용 및 다른 원재료 가격 등이 반영되어 있음을 주목하라. 따라서 공장 운영자는 위 식을 사용하여 원재료 농산물을 필요한 양만큼 확보하기 위해 어떤 항목을 변경시켜야 할지를 파악하거나, 또는 평균 가공비용을 절감할 때 구매하고자 하는 원재료 농산물들의 매력도가 어떻게 달라질 것인지를(그리하여 원재료 농산물을 다른 것으로 바꾸어야 하는지, 아니면 원재료 공급자를 다른 사람으로 변경해야 하는지를) 예측할 수 있다.

5.3.4 소매시장의 경계와 확대

최근 식품의 소매유통에서 거래 금액이나 수량 측면에서 재래시장 비중은 줄어드는 반면, 대형유통매장이나 슈퍼마켓, 온라인 시장의 비중은 늘어나고 있다. 기존 시장이 사라지고 새로운 시장이 나타나거나, 시장이 국내 지역뿐만 아니라 해외로 확대되는 사례도 있다. 이러한 현상들은 우리가 배운 순가치곡면을 가지고 설명할 수 있다.

앞에서 설명한 순가치곡면을 다시 살펴보자. 이번에는 점 A에 가공공장이 아닌 소매시장이 위치한다고 하자. 그리고 수평선 위에는 소매시장으로 가공식품을 배송하는 가공공장이나, 자신의 수확한 농산물을 출하하는 농업생산자가 위치해 있다. 이러한 상황을 나타낸 것이 [그림 5.8]이다. 순가치곡면 개념을 적용하면 상품 가치와 수송비가 소매시장의 크기에 어떠한 영향을 주는지를 살펴볼 수 있다. 예를 들어, 순가치곡면의 점 A에 위치한 시장에 추가하여 점 B에 또 다른 형태의 소매시장이 위치한다고 가정하다. 두 시장에서 가격 차이를 유발하는 일시적인 요인을 무시하더라도, 시장 B의 가격은 시장 A와 동일하거나 또는 다를 수 있다. [그림 5.8]은 각 시장에서 가격과 수송비의 차이를 고려한 순가치곡면을 보여준다. 그림에서 수평선의 일부분은 어느 시장의 구매 영역에도 포함되지 않음을 주목하라. 이 부분은 낮은 시장가격이나 높은 수송비 때문에 어느 시장으로도 출하하는 것이 경제적

그림 5.8 **소매시장의 순가치곡면과 경계 확대**

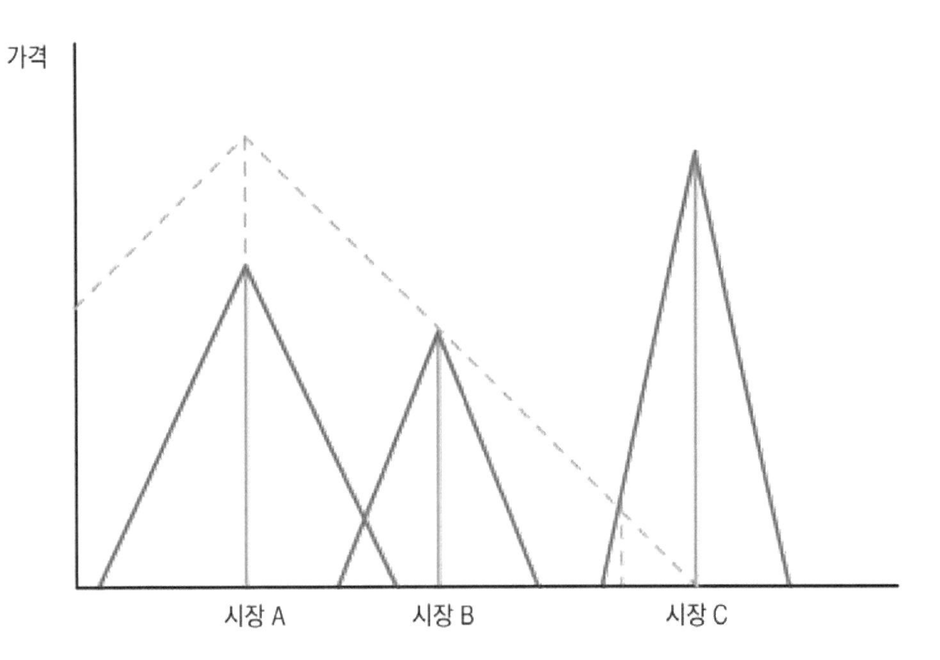

수송기술의 발달로 수송비가 감소하거나 시장가치의 증가에 따라 점 A에 위치한 시장의 순가치곡면은 확대하게 된다. 만약 시장 A의 순가치곡면이 점점 확대되어 시장 A의 경계가 시장 C의 영역까지 확대된다면 B에 위치한 시장은 생존할 수 없게 되어 사라지게 된다. 이러한 시장경계의 확대 과정을 소비자 순가치곡면에 적용하면, 식품시장에서 나타나는 대형유통매장이나 온라인 쇼핑몰 시장의 확대 현상을 설명할 수 있다.

이지 못하여 가공공장이나 농업생산자가 입지할 수 없는 영역이다. 반면, 두 시장이 서로 경쟁하여 순가치곡면이 서로 교차하는 부분도 있다.

두 순가치곡면이 서로 교차하는 점, 즉 시장경계는 어느 한 시장 또는 양쪽 시장에서 발생하는 수송 인프라의 개선으로 수송비가 감소하거나 또는 시장가격의 차이에 의해 바뀔 수 있다. 이러한 점을 설명하기 위해 점 C에 위치한 제3의 시장을 추가하자. 다른 모든 것은 일정하다고 할 때 시장 A에 대한 수송비나 가격의 변화로 인하여 시장 A의 순가치곡면이 확장하여 시장 B의 순가치곡면보다 우월하게 되었다고 하자. 그러면 [그림 5.8]에서 점선으로 나타난 바와 같이 시장 A의 경계가 시장 A의 순가치곡면과 시장 C의 순가치곡면이 교차하는 점까지 이동하게 된다. 이러한 변화는 시장 B의 생존 가능성이나 영역을 축소시킨다. 시장 B가 생존할 수 있는 유일한 길은 다른 시장과 경합하도록 가격을 인상하는 것이다.

5.3.5 소비자 순가격곡면

앞에서 설명한 순가치곡면의 개념은 구매장소에서 각기 다른 거리만큼 떨어져 위치한 소비자가 구매하는 상품의 가격을 설명할 때에도 동일하게 적용할 수 있다. 이 경우는 점 A의 위치에 시장이나 소매점포가 있고, 일직선상에는 소비자들이 위치한다. 소비자의 상품 구매가격에 상품을 구매 장소에서 최종 소비 장소로 이동하는 데 소요되는 비용을 더하면 소비자가 거주하는 곳에서 평가된 상품의 총비용이 된다(이때 가치가 아니라 비용 또는 순가격이 됨을 주의하시오). 즉, 단위거리당 수송비용이 α라고 할 때 점 X에 위치한 소비자가 시장 A에서 P_1의 가격으로 구매하는 상품의 순가격(또는 총비용)은 $P_1 + \alpha(A - X)$이다.

[그림 5.9]는 점 A의 시장에서 각각 다른 거리만큼 떨어진 지점에 위치한 소비자가 직면하는 순가격곡면을 보여준다. 이때 순가격곡면의 기울기는 상품을 소비자의 거주지로 이동하기 위한 여분의 비용을 반영한다.

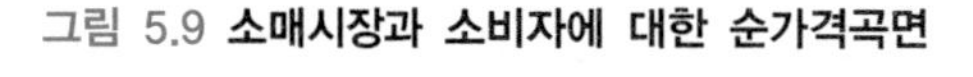
그림 5.9 소매시장과 소비자에 대한 순가격곡면

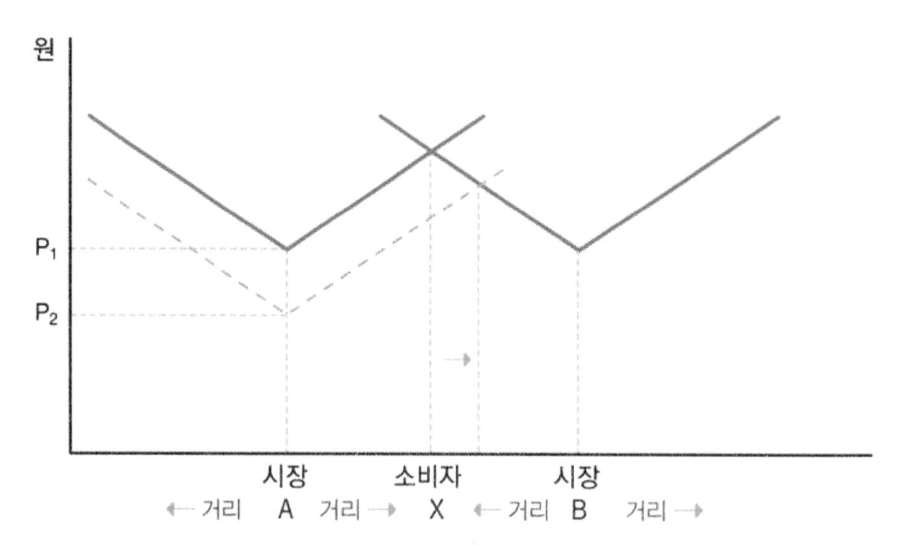

소비자에 대한 순가격곡면은 소비자가 거주하는 곳에서 평가한 상품의 총비용이다. 순가격곡면의 기울기는 소비자가 해당 상품을 구매할 때 소요되는 총비용 또는 순가격을 반영한다.

순가격 개념을 이용하여 소매시장의 확대를 설명하여 보자. 교통수단의 발달, 접근성 향상, 정보수집의 용이성 등으로 특정 소매기업(예: 대형마트, 온라인 소매업체 등)에 대한 소비자의 탐색비용(수송비)이 더 낮아짐에 따라 이들 기업의 경제적인 영역은 점차 확대된다. 소매시장 영역의 확대는 소매기업들로 하여금 부가적인 규모의 경제를 실현하도록 함으로써 주어진 입지에서 순가격곡면의 높이를 [그림 5.9]에서 보듯이 P_1에서 P_2로 낮추어 시장 경쟁을 초래한다. 독자들은 [그림 5.8]에 나타난 순가격곡면의 변화를 통해 소비자의 식품 구매장소로 대형유통매장이나 온라인 쇼핑몰의 비중이 증가하게 된 이유를 이해할 수 있을 것이다. 이처럼 순가격곡면은 식품 소매시장의 구조가 시간의 경과에 따라 어떻게 변화했는지를 이해하는 데 통찰력을 제공해준다.

생산자 순가치곡면과 소비자 순가격곡면은 생산자로부터 수집한 상품(원재료 또는 최종 제품)을 구매자에게 분산시킨다는 측면에서 두 곡면의 기본적인 개념은 서로 유사하다. 하지만, 가격이 시장으로부터의 거리에 따라 변하는 형태나 의미에서 두 개념은 서로 다르다. 생산자로부터 수집된 상품이 소비자가 구매할 수 있는 지점에 이르기까지 여러 부가가치 활동들이 일어난다. 이러한 이유로 인해 생산자의 순가치곡면과 소비자의 순가격곡면은 전적으로 서로 다른 상품에 관한 것임을 유념할 필요가 있다.

수송을 제외한 다른 모든 부가가치 활동들이 점 A에서 일어난다면, 1차 원재료 농산물과 최종 제품(예를 들면, 선별·포장된 농산물이나 가공식품 등)에 대한 순가치곡면은 [그림 5.10]에 나타난 바와 같이 1차원 공간에 함께 그릴 수 있다. 소매시장이 위치한 지점에서 생산자 순가치곡면과 소비자 순가격곡면의 차이는 수송을 제외한 다른 부가가치 활동으로 인한 상품 가치의 증가분을 나타낸다.

그림 5.10 **소매시장에서 생산자 순가치곡면과 소비자 순가격곡면**

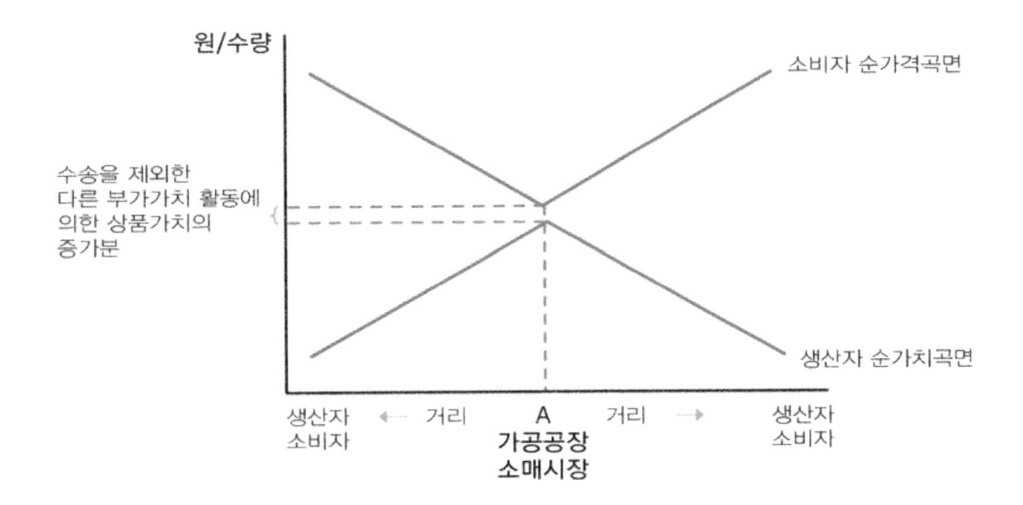

소매시장에서 원재료 농산물에 대한 생산자 순가치곡면과 농산물을 원재료로 가공한 식품에 대한 소비자 순가격곡면을 동시에 그릴 수 있다. 이때 소매시장이 위치한 지점 A에서 나타나는 두 순가격의 차이는 생산자 또는 소비자가 부담하는 수송비 이외에 다른 부가가치활동(예를 들면, 선별, 포장 또는 가공 등)으로 인한 상품가치의 차이를 반영한다.

5.4 부지 지대와 입지 문제

부지 지대(site rent)는 오래된 경제용어로 기업이 입지로 인해 벌어들이는 이윤을 의미한다. 레스토랑이 좋은 경치 때문에 추가 요금을 부과한다면 그 이윤의 일부분은 부지 지대이다. 마찬가지로 농장이 가공공장 인근에 입지하여 수송비용을 절약함으로써 추가적인 이윤을 벌 수 있다면, 그 여분의 이윤 또한 부지 지대이다.

[그림 5.11]에서 보듯이 동일한 평균비용과 한계비용 곡선을 가진 서로 다른 두 개의 농장이 있을 때, 농산물을 원재료로 구매하는 가공공장까지 농산물을 수송하는 데 소요되는 비용 측면에서 한 농장이 다른 농장보다 유리한 위치에 있다고 하자. 이때 두 농장은 동일한 농산물의 재배로부터 서로 다른 이윤을 얻게 되는데 이러한 이윤의 차이를 부지 지대라고 한다(부지 지대를 계산하는 예제는 연습문제 ❷를 참조하시오).

새로운 가공공장이 세워지면 그 공장의 원재료로 사용되는 농산물을 생산할 수 있는 인근 농장들은 부지 지대와 소득 증가를 얻게 된다. 이때 소득 증가는 명백히 농업생산자에게 혜택이지만, 해당 농장이 팔리면 어떻게 될까? 그 농장의 구매자가 여전히 부지 지대의 혜택을 얻을 것인가? 아니면 미래의 부지 지대가 농장 부지의 높은 가격이란 형태로 판매자에게 귀속할 것인가? 그 해답은 확실하지 않다.

그림 5.11 가공공장으로부터 서로 다른 위치에 입지한 두 농장의 부지 지대

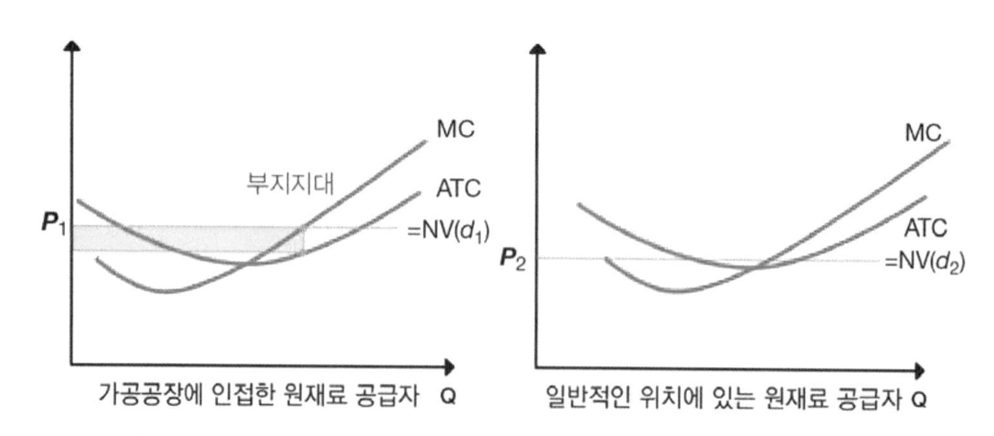

농장이 가공공장 인근에 입지하여 수송비용을 절약함으로써 얻게되는 추가적인 이윤이 부지 지대이다. 부지 지대는 동일한 평균비용과 한계비용 곡선을 가진 서로 다른 두 개의 농장이 있을 때, 공장까지의 농산물 수송비 측면에서 한 농장이 다른 농장 보다 유리한 위치에 있기 때문에 동일한 작물의 재배로부터 서로 다른 이윤을 얻을 수 있다는 실재를 반영한다.

부지 지대를 얻고 있는 농장의 소유자는 농장 입지와 공장이 구입하는 원재료 농산물의 높은 순가치 둘 다를 반영하는 가격으로 농장 부지를 팔려고 한다. 사실 농지 판매자는 인근 공장에 원재료 농산물을 판매하여 얻게 되는 미래 기대이윤의 흐름을 현재가치로 환산한 금액만큼을 농지가격으로 요구할 것이다. 농지 판매자가 그 가격을 받게 된다면, 농지 구매자는 부지 지대를 얻지 못하고, 농산물 수취가격은 평균 총비용과 같게 되어 영의 이윤을 얻게 되는 상황에 직면한다. 왜냐하면 새로운 농지 구매자가 농장부지에 높은 가격을 지불하기 때문에, 평균 총비용곡선은 구입 이전에 비해 위로 이동하기 때문이다.

이러한 이유로 구매자는 농장 부지의 구매 이후에도 부지 지대의 일정 부분을 얻기 위해 더 낮은 가격을 요구할 것이다. 기대이윤이 영이라면 농장 부지를 왜 구입하겠는가? 구매자는 미래 부지 지대가 앞으로 공장이 문을 닫을 수도 있는 가능성을 반영하여 더 많이 할인되어야 함을 주장할 것이다. 농지 구매가격은 새로운 공장이 건립되기 전의 농장 부지 공정가격(fair price)과 부지 지대를 모두 없애는 가격 사이에서 결정될 것이다. 이러한 가격 범위 내에서 농장 부지가 거래되는 실제 가격은 구매자와 판매자의 협상력 차이, 농장 부지의 잠재적 구매자 수에 의해 달라질 것이다. 그러나 일반적으로 농장 부지의 소유자가 얻는 부지 지대는 새로운 공장이 가동하기 시작하는 시점에서 가장 높다. 해당 농장 부지의 다음 소유자들은 그 부지의 가격이 입지 상의 혜택을 반영하여 상승하기 때문에 계속하여 더 낮은 부지 지대를 얻게 된다.

식품산업 인사이드 5.3

부지 지대의 자본화

농지가 팔릴 때 부지 지대가 농지가격으로 어떻게 자본화되는지에 대한 연구가 있다. 굿윈 교수와 올타로마네(Goodwin & Ortalo-Magnė) 교수 두 사람은 정부의 농장에 대한 보조금이 농지가격에 어떻게 영향을 주는지를 미국과 캐나다의 몇몇 주를 사례로 하여 분석한 바가 있다. 비록 이들은 부지 지대와 가공공장 위치 간의 관계를 분석하지는 않았지만 이들 연구를 통해 부지 지대가 어떻게 자본화가 되는지를 알 수 있다.

이들의 연구결과에 따르면 정부 보조금 지불로 인해 농지가격은 15~20% 상승하는 것으로 나타났는데, 이는 보조금 지불액의 50%에 달하는 금액이다. 즉, 보조금 전체보다 적은 금액이 농지가격에 반영됨을 알 수 있다. 이러한 결과가 나타난 이유는 정부의 보조금 지불이 지속된다는 보장이 없기 때문이다.

이 연구의 결과를 적용하면, 농장의 주변에 위치한 가공공장은 문을 닫거나 다른 곳으로 옮길 수 있기 때문에 해당 농장이 누리고 있는 부지 지대는 미래의 농지 구매자에 대해 구매가격을 상승시킬 수는 있지만 부지 지대가 영원히 지속될 때의 가격만큼 높지는 않다는 사실을 알 수 있다.

자료: Goodwin, B.K. and Ortalo-Magnė, F. 1992. “The Capitalization of Wheat Subsidies into Agricultural Land Values,” *Canadian Journal of Agricultural Economics*, 40, 37-54.

5.5 공간적 경쟁

공간적 경쟁은 식품산업에서 중요한 전략적인 요소이다. 식품기업은 자신의 가공공장을 건설할 위치를 결정해야 하며, 이때 입지 결정은 식품기업에 원재료를 공급하는 농업생산자의 입지뿐만 아니라 식품기업의 최종 제품을 구매하려는 소매업자, 소비자, 그리고 경쟁관계에 있는 다른 식품기업의 위치에 의해서도 영향을 받는다. 소매업자들도 자신의 고객과 경쟁업체의 위치를 고려하여 자신의 점포를 세울 장소를 결정한다. 자신의 공장(또는 점포)을 경쟁자로부터 떨어진 지역에 세우는 것과 경쟁자 가까이에 세우는 것 모두 장점이 있다. 앞으로 우리는 식품산업별 특성에 따라 어느 쪽 입지가 더 유리하며, 식품산업의 각 부문별로 기업들이 서로 떨어져 입지하려는지, 아니면 서로 근접하는지를 살펴볼 것이다.

5.5.1 호텔링 입지모형

식품기업 간의 공간적 경쟁을 설명하는 가장 단순한 형태의 모형은 [그림 5.12]의 해롤드 호텔링(Harold Hotelling) 입지모형이다. 이 모형은 매우 간단하여 식품산업에서 나타나는 기업들의 공간적인 입지경쟁을 이해하는 데 대단히 유용하다.

먼저, 이 모형은 직선상에 위치한 소비자에게 하나의 상품만을 판매하는 두 소매업자(a와 b)를 가정한다. 이러한 모형에 적합한 사례를 예시하면 길거리에서 간단한 편의식품을 만들어 판매하는 푸드트럭이나, 해변에 위치한 두 개의 아이스크림 노점상이다.

소비자들은 해변을 따라 고르게 분포해 있고, 아이스크림 노점상은 해변에서 자신이 원하는 장소에 위치할 수 있다고 가정해보자. 만약 해변의 좌표 위치를 0(해변의 한쪽 끝)에서부터 100(해변의 다른 쪽 끝)까지의 숫자로 나타낸다면, 두 노점상은 각각 어디에 위치할 것인가? 이 문제의 해답은 ① 각 노점상들이 상대방의 행위에 어떻게 반응할 것인가, ② 노점상이 해변에서 자신의 위치에 따라 가격을 다르게 매길 수 있는지의 여부, ③ 구매자의 반응 등에 따라 달라질 것이다.

모든 구매자가 아이스크림 한 개만을 사서 먹고, 두 노점상은 동질적인 아이스크림을 판매하며 가격 경쟁을 할 수 없다(예를 들면, 정부가 피서기에 아이스크림 가격을 규제한다)고 할 때 노점상들은 해변의 중간지점(즉, 숫자로 나타내면 50)에서 상대방 노점상 바로 옆에 위치하려고 할 것이다. 왜 이러한 현상이 나타나는가? 두 노점상이 해변의 양 끝(즉, 0과 100)에 위치한다고 하자. 각 노점상은 소비자들이 두 노점상 중에 자신에게 가까운 곳으로 가서 아이스크림을 사 먹을 것이라 생각할 것이다. 이러한 가정하에 각 노점상은 더 많은 고객을 얻기 위해 해변의 중간 지점으로 이동하려는 유인이 있게 된다. 왜냐하면 중간 지점으로 이동할 때 상대 노점상이 다른 곳으로 자리를 옮기지 않는다면 자신의 상점에 가까운 구매자의 비율이 늘어나기 때문이다.

그림 5.12 **아이스크림 노점상 간의 공간적 경쟁**

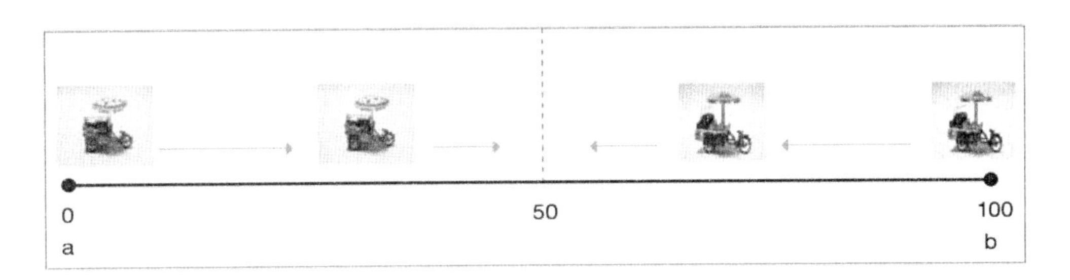

해변가의 양 끝에 위치한 두 아이스크림 가게가 판매하는 아이스크림은 동질적이고 가격도 똑같다고 하자. 이때 두 아이스크림 가게는 더 많은 고객을 확보하기 위해 이동할 것이다. 아이스크림 가게가 해변가에 위치할 장소에 대한 어떠한 물리적, 제도적 제약이 없다고 한다면 이 두 가게는 결국 해변가의 중간 지점까지 이동할 것이다. 그 결과 두 아이스크림 가게는 해변 가에 있는 소비자의 절반씩을 자신의 고객으로 확보하게 된다.

두 노점상이 결국은 해변의 중앙까지 이동하게 된다는 결론은 전술한 몇 가지 가정에서 비롯된 것이다. 이러한 결과는 많은 요인에 의해 달라질 수 있다. 예를 들어, 고객이 아이스크림을 사기 위해 일정 거리(해변의 절반 거리, 또는 50)만큼 걷기를 원한다면, 노점상들은 중간 지점 쪽으로 이동하지만 항상 중간 지점까지는 이동하지 않을 것이다. 또한 노점상이 가격을 자유롭게 매길 수 있고 고객들이 가격과 (자신이 걸어야 하는) 거리 간의 교환관계(trade-off)를 고려한다면, 노점상들은 중간 지점 쪽으로 이동하지만 중간 지점에 위치하지 않을 것이다. 노점상과 고객의 행위에 대한 적절한 가정을 한다면 우리는 결국 두 노점상이 25와 75 근방에 위치하게 됨을 알 수 있다. 고객들은 가격에 반응하기 때문에 두 노점상이 서로에게 지나치게 근접한다면, 가격이 결정적인 요인이 되어 경쟁은 두 노점상으로 하여금 이윤이 없어질 때까지 가격을 낮추는 가격인하 경쟁을 하게 할 것이다. 하지만 두 노점상이 서로에게 일정한 거리를 두어 위치한다면 맹렬하게 가격 경쟁을 할 필요가 없다.

아이스크림 가게에 적용한 공간적 모형이 주는 경제학적인 의미를 요약하면 다음과 같다. 노점상 주인들은 해변의 중간 지점 쪽으로 이동하여 경쟁자의 고객을 빼앗아오고 싶은 욕구와 경쟁자로부터 떨어져 좀 더 높은 가격을 받기 원하는 욕구 가운데 선택을 해야 하는 교환관계에 직면하게 된다. 자신의 위치를 상대 노점상 가까이로 접근할수록 가격을 낮추어야 한다면, 경쟁자에 근접하여 위치하는 노점상은 새로운 고객으로부터 수익을 얻게 되지만, 가격을 낮추어야 하기 때문에 기존 고객으로부터의 수입은 줄게 된다. 현실에서 식품기업들은 이러한 두 가지 요인을 고려하여 자신의 위치를 결정할 것이다. 이러한 영향 가운데 어느 것이 더 큰가를 알기 위해서는 해당 기업과 경쟁기업이 가격측면에서 어떻게 경쟁하는지, 그리고 소비자들이 가격변화에 어떻게 반응하는지, 즉 수요의 가격탄력성을 알 필요가 있다. 식품기업의 입지가 수요의 가격탄력성에 따라 어떻게 달라지는지는 7장에서 제품차별화모형의 하나인 입지모형을 다룰 때 다시 설명할 것이다.

5.5.2 공간적 경쟁 균형의 수치적인 예

앞의 아이스크림 가게들이 자신의 입지 결정을 위한 공간적인 경쟁을 통하여 어떻게 균형에 도달하는지를 설명하기 위해 수치적인 예를 들어보자. [그림 5.13]과 같이 L의 길이를 가진 해변 가에 두 상점 A와 B가 있다고 하자. 두 상점은 서로 동일한 품질의 아이스크림을 판매하고 있으며 아이스크림 생산비용은 없다고 하자. 해변가에서 두 상점의 위치는 각각 a와 b이다. 아이스크림 소비자들은 해변가를 따라 일양분포(uniform distribution) 형태로 위치하고 있는데, 편의상 해변가의 1m마다 1명씩 있다고 하자. 각 소비자들이 상점까지 걸어가는 데 비용이 소요된다. 이러한 비용은 온도가 t이고, 상점까지의 거리가 d라고 할 때 td^2이다. 이러한 형태의 비용이 의미하는 바는 온도가 높고, 상점까지의 거리가 멀수록 아이스크림이 녹는 속도가 빨라진다는 것이다.

먼저, 두 상점에 대해 무차별한 소비자를 고려하자. 해변에서 이 소비자가 위치한 지점을 x라고 하면, 다음의 조건이 충족될 것이다.

$$p_A + t(x-a)^2 = p_B + t(b-x)^2$$

위 식의 좌변은 상점 A로부터 아이스크림을 구입할 때의 총비용을 나타낸다. 이 비용은 아이스크림 가격(p_A)과 $(x-a)$ 거리만큼 아이스크림을 운반하는 데 소요되는 비용을 포함한다. 마찬가지로 위 식의 우변은 상점 B로부터 아이스크림을 구입할 때의 총비용이다. 위 식을 x에 대하여 풀면 다음을 얻게 된다.

$$x = \frac{b+a}{2} + \frac{p_B - p_A}{2t(b-a)}$$

위의 식이 의미하는 바는 무엇일까? 만약 두 상점의 가격이 같다면 무차별한 소비자는 두 상점의 중앙($x = \frac{b+a}{2}$)에 위치하게 된다. 상점 A가 상점 B보다 아이스크림을 싸게 판매한다면 x는 해변 가의 끝점인 L로 이동하게 될 것이다.

영(0)과 x 사이에 있는 모든 소비자들은 상점 A에서 아이스크림을 사게 되고, 단위거리(1m)마다 1명의 소비자가 있기 때문에 상점 A에서 아이스크림을 사 먹게 되는 소비자의 수 q_A는 x와 같게 된다.

$$q_A(p_A, p_B, a, b) = x = \frac{b+a}{2} + \frac{p_B - p_A}{2t(b-a)}$$

그림 5.13 공간적 경쟁과 소비자 수요

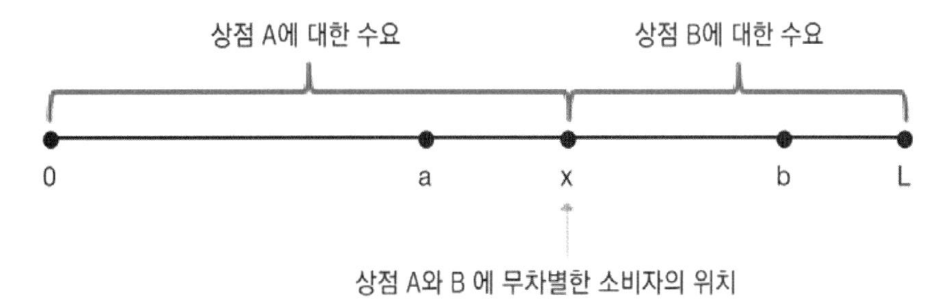

길이가 L인 해변가에 위치한 두 상점에 대해 무차별한 소비자의 위치가 x라고 하자. 이때 0과 x 사이에 있는 모든 소비자들은 상점 A에서 아이스크림을 사게 된다. 단위 거리마다 1명의 소비자가 있기 때문에 상점 A에서 아이스크림을 사 먹게 되는 소비자 수는 x인 반면, 상점 B에 대한 소비자 수는 $L-x$와 같게 된다.

한편, 상점 B에서 아이스크림을 사 먹게 되는 소비자의 수 q_B는 $L-x$과 같게 된다.

$$q_B(p_A, p_B, a, b) = L - x = L - \frac{b+a}{2} + \frac{p_A - p_B}{2t(b-a)}$$

위와 같은 공간적 경쟁 상황에서 두 상점은 자신의 가격을 어떻게 결정하겠는가? 각 상점에 대한 이윤극대화 문제의 1계 조건에서 구해진 균형가격은 다음과 같다.

$$p_A^* = \frac{t}{3}(b-a)(2L+a+b)$$
$$p_B^* = \frac{t}{3}(b-a)(4L-a-b)$$

두 상점의 균형가격으로부터 우리는 균형가격이 각 상점의 위치(a 또는 b의 값)에 의해 결정될 뿐만 아니라 두 상점의 상대적인 위치, 즉 $(b-a)$의 값에 따라 서로 다름을 알 수 있다. 예를 들어, $L=1,000m$이고 $a=400m$, $b=700m$이라고 하자. $t=0.01$원이라고 할 때 두 상점의 균형가격은 $p_A^*=3,100$원, $p_B^*=2,900$원이다. 상점 A가 B보다 입지 측면에서 유리하기 때문에 더 높은 가격을 부과할 수 있게 된다. x에 관한 위 식의 각 변수에 해당 값들을 대입하면 무차별한 소비자의 위치를 나타내는 x는 다음의 값을 갖게 된다.

$$x=\frac{1100}{2}-\frac{3100-2900}{(2)(0.01)(300)}=517$$

이제 각 상점에 대한 수요를 계산하여 보자. 상점 A는 517개의 아이스크림을 판매하는 반면, 상점 B는 낮은 가격에도 불구하고 483개의 아이스크림을 팔게 된다. 점 x에 위치한 소비자는 상점 A까지 117m를 걸어가서 3,100원을 지불하고 아이스크림을 사 먹는 것과 상점 B까지 193m를 걸어가서 2,900원을 지불하여 아이스크림을 사 먹는 것이 서로 무차별하게 된다.

이러한 상황하에서 두 아이스크림 가게가 서로 인접한다면 가격 경쟁이 치열해져서 결국 영의 이윤을 얻게 된다. 반면 서로 멀리 떨어져서 해변가의 양 끝에 나누어 위치한다면 가능한 높은 가격으로 자신의 아이스크림을 판매할 수 있게 될 것이다.

5.5.3 서로 근접할 것인가? 말 것인가? 그것이 문제로다

앞에서 설명한 공간적 경쟁모형이 주는 의미를 현실에 적용하여 보자. 우리 주변을 둘러보면 서로 근접하여 무리를 이루는 소매점들과 따로 떨어져서 경쟁적으로 영업하는 소매점들을 쉽게 찾아볼 수 있다. 예를 들어 패스트푸드점이나 커피전문점들은 함께 모여 있는 반면, 슈퍼마켓들은 서로 떨어져 입지하는 경향이 있다. 소매점들이 서로 공간적 경쟁을 하는 현실에서 수많은 요인들이 이들의 입지 결정에 영향을 준다.

무엇보다도 수익에 대한 반대급부가 입지 결정에 중요한 역할을 한다. 어느 한 식품기업이 인접한 경쟁자들로부터 혜택을 얻는다면 서로 근접하여 무리를 짓는 것이 더 많은 고객을 불러올 수 있다. 그러나 이러한 밀집(clustering)이 판매가격 인하를 초래한다면 그 기업은 이로 인해 수익을 잃게 된다. 또한 고객들은 상품을 구매할 때 탐색비용과 거래비용을 부담하게 되는데, 특정 상품을 구매하고자 할 때 이러한 비용은 절대적으로 혹은 구매가격에 대비하여 상대적으로 매우 크다. 서로 근접하여 위치하는 소매업자들은 고객들에게 탐색과 거래에 소요되는 비용을 낮추어준다. 마지막으로, 몇몇 유형의 식품소매업에서 점포의 입지는 이들 기업의 사업성과에 막대한 영향을 준다. 이러한 경우, 밀집이 요구된다. 왜냐하면 이들 업체들이 다른 경쟁자들이 이미 입점해 있는 그 위치에 같이 입점하지 않는다면, 그 이외 다른 어떤 장소도 그들에게 더 좋지 않기 때문이다.

식품산업에서 패스트푸드점은 밀집의 좋은 사례가 된다. 당신이 어느 한 브랜드 패스트푸드점을 발견한다면 그 곳에서 서로 다른 브랜드 패스트푸드점이 여러 개 있음을 알게 된다. 패스트푸드점과 같은 외식산업은 입지가 매우 중요하기 때문에 패스트푸드점의 소유주들은 가시성이 좋고, 교통량이 많으며, 고속도로 휴게소나 중간경유지 등에 입지하길 원한다. 모든 패스트푸드점들이 똑같은 속성을 가진 입점 장소를 찾기 때문에, 패스트푸드점들은 대개 서로 인접하여 위치하게 된다. 어느 한 브랜드의 간판을 보고 찾아온 고객들이 서로 근접해 있는 많은 패스트푸드점들 가운데 어느 한 곳을 선택할 수 있기 때문에 이러한 공동입점(co-location)은 고객의 탐색비용을 낮춘다.

패스트푸드점 소유주들은 서로 근접함으로 인해 가격 경쟁이 심해지는 것을 크게 걱정하지 않는다. 왜냐하면 그들은 이미 낮은 제품가격과 자체가격 탄력성 측면에서 자기 제품의 수요곡선을 상당히 비탄력적으로 유지하게 하는 브랜드 충성도를 보유하고 있기 때문이다. 일반적으로 패스트푸드점 소유자들은 좋은 위치에 입점한다면, 같은 위치에 있는 패스트푸드점을 식사 장소로 선택한 소비자 중 꽤 많은 수가 자신의 가게로 올 것이라는 생각을 갖고 있다. 또한 이들은 그러한 위치에 입점함으로써 얻게 되는 혜택이 그 위치를 경쟁자와 함께 공유하여 얻게 되는 부정적인 효과를 능가할 것이라 믿는다. 고속도로 휴게소(또는 출구)나 대형시설물 또는 쇼핑몰 안의 푸드코트(food court)에 밀집한 패스트푸드점들은 이러한 믿음에 대한 단적인 증거이다.

이와 반대되는 공간적 경쟁의 사례는 슈퍼마켓 부문에서 찾아볼 수 있다. 슈퍼마켓은 밀집하지 않으려고 애를 쓴다. 서로 인접한 곳에 두 개의 슈퍼마켓이 입점하는 경우는 흔치 않다. 대부분의 경우 슈퍼마켓들은 서로 떨어져 입점하여, 자신의 점포 규모에 부합하는 수만큼의 고객 집단이 거주하는 지역에 가장 인접하여 입점하려고 한다. 슈퍼마켓은 대개 자사의 브랜드를 자주 구매하는 고객들을 보상하는 고객우대 프로그램을 가지고 있다. 이러한 공간적인 분리(分離)와 고객우대 프로그램은 슈퍼마켓들 간의 가격 경쟁을 줄이기 위한 전략의 일환이다. 동일한 목적으로 슈퍼마켓 체인점들은 쇼핑센터와 정기적으로 점포임대 계약을 하여 쇼핑센터 내의 유일한 슈퍼마켓이라는 입지를 확보하려고 한다. 사실 어느 한 점포를 폐점한 체인점이 다른 경쟁 체인점이 동일 장소에 입점하는 것을 막기 위하여 폐점한 점포의 임대료를 수년 동안 지불한다는 것은 잘 알려진 사실이다. 이는 체인점이 도심 내

여러 점포를 가지고 있을 때 폐점한 점포의 고객들을 체인점의 다른 점포를 이용하도록 유인할 때 주로 나타난다. 슈퍼마켓들의 이러한 전략들은 고객들이 가격은 보다 저렴하지만 거리가 먼 다른 소매점을 이용하고자 할 때 쇼핑 비용을 증가시킴으로써 가격 경쟁을 덜 하려는 의도에서 비롯된 것이다. 식품소매업에서 마진율이 너무 낮기 때문에(미국의 경우 슈퍼마켓은 평균적으로 총수입에 대해 2%의 이윤을 얻고 있다!!) 더 이상 가격 경쟁을 할 여유가 없다.

기업이 분산하여 입지하려고 하는 공간적 경쟁의 또 다른 사례는 식품가공업이다. 특별히 원재료의 가격이 비싸고 수송하기 어렵다면(예를 들면, 복숭아 또는 배처럼) 식품가공업자들은 해당 원재료를 공급하는 농업생산자에 가까이 입지하려고 할 것이다. 그러나 자신의 공장을 동종의 상대기업에 인접하여 위치하지는 않을 것이다. 식품가공업자는 자신에게 가장 가까운 농업생산자에 대해 지역적인 수요독점을 형성함으로써 원재료를 공급하는 농업생산자에게 더 낮은 가격을 제시할 수 있다. 만약 식품가공업체들이 서로 인접하여 위치한다면 해당 원재료를 확보하기 위해 가격 경쟁을 하게 되고 이로 인한 원재료의 가격 상승으로 생산비용이 증가하게 된다. 농업생산자의 경우 품질 하락으로 인한 손실을 막기 위해 가급적 빠른 시일 내에 자신의 농산물을 판매하려고 하는 반면 구매자는 어떤 가격에서는 제품을 전혀 구매하려고 하지 않기 때문에, 공간적 수요독점자가 공간적 공급독점자에 비해 가격 결정에서 더 큰 힘을 가진다.

식품산업 인사이드 5.4

프랜차이즈 커피전문점의 입지 특성

대한민국 어느 도시를 가도 커피 전문점을 쉽게 찾아볼 수 있다. 거리마다 다양한 커피전문점 로고가 새겨진 테이크아웃 잔을 손에 든 사람을 만나는 것이 어렵지 않다. 식품의약품안전처에 따르면 2011년 우리 국민이 마신 커피는 하루 평균 3백톤으로 국내 경제활동인구 2천 4백 명이 하루에 한 잔 반씩, 연간 5백 잔 이상의 커피를 마시고 있는 셈이다. 스타벅스 1호점이 국내에 처음 문을 연 1999년 이후, 커피전문점 시장은 급속하게 확대되어 2015년 말 국내 커피전문점은 5만여 곳이며, 시장규모는 약 3조 5천억 원에 달할 만큼 거대산업으로 성장하였다.

동일한 프랜차이즈에 속하는 커피전문점의 경우 커피 맛이나 매장 실내인테리어가 매우 유사하기 때문에, 이들 요인들이 매출액을 좌우하지 않을 것이다. 그렇다면 이들 커피전문점의 매출액에 영향을 주는 요인이 무엇일까? 당연히 점포의 입지일 것이다. 서울에 위치한 동일한 회사의 프랜차이즈 커피전문점 117개 점포를 대상으로 점포특성, 접근특성, 입지특성을 나타내는 각 요인들과 점포의 월평균 매출액 간의 관계를 통계적으로 분석한 흥미로운 연구가 있다.

이 연구결과에 따르면 점포특성 요인에서는 매장면적, 접근특성 요인에서는 횡단보도까지의 거리, 입지특성

요인에서는 매장 인근의 유흥주점 수, 기차역, 버스·화물터미널 등 교통시설의 개수, 매장의 대형마트 내 입지 여부, 매장의 종합병원, 기차역 등 대형시설 내 입지 여부 등이 매출액에 유의미한 영향을 주는 변수로 나타났다.

저자들은 헤도닉가격모형(이에 대해서는 식품산업 인사이드 7.1을 참조)을 적용하여 이들 각 변수들의 점포 매출액에 대한 영향을 계산하였다. 그 결과에 따르면 매장면적이 1㎡ 넓어질수록 매출액은 0.5% 증가하였고, 매장에서 가장 가까운 횡단보도까지의 거리가 1m 증가할수록 매출액은 0.1% 감소하였다. 한편 점포 매장에서 반경 300m 이내에 있는 유흥주점의 수가 1개 늘어날수록 매출액은 0.15% 증가하고, 지하철역이나 버스터미널 개수가 1개 늘어날수록 매출액은 4.4% 증가하는 것으로 나타났다. 백화점이나 대형마트 내에 위치한 점포는 그렇지 않는 점포에 비해 매출액이 17.1%가 더 높았고, 종합병원, 종합운동장, 공항에 위치한 점포는 그 외 지역에 위치한 점포보다 매출액이 16.1% 더 높았다.

이 연구결과가 알려주듯이 커피전문점, 편의점, 패스트푸드점 등은 대형마트나 대형시설 내에 입점하려는 경향이 높다. 그 이유는 주택지 인근이나 지역상권보다 유사 점포의 입점이 상대적으로 어려워 매출액 증가에 보다 유리하기 때문이다.

자료: 신우진 · 문소연, 2011, “프랜차이즈 커피전문점의 입지특성이 매출액에 미치는 영향 분석,” 『부동산학연구』 17(2): 111－123.

요약

- 사업체 입지는 여러 입지에 대한 투자액, 운영비, 수송비용 등 소요비용과 투자수익의 현재가치를 비교하여 결정한다. 동일한 과정을 적용하면 최적 공장의 수와 입지를 결정할 수 있다.
- 둘 이상의 공장 입지는 하나만 있을 경우에 나타날 수 있는 생산 차질에서 비롯되는 위험을 줄여준다.
- 순가치곡면은 농산물의 가치가 해당 농산물을 원재료로 구매하는 공장까지의 거리에 의해 영향을 받는 정도를 나타낸다. 순가치곡면을 이용하면 농장이 자신의 농산물을 어느 공장에 출하할 것인가, 그리고 어떤 농산물을 생산할 것인가를 결정할 때, 또한 농산물의 생산이 가공공장 주변에 지리적으로 집중되는 이유를 이해하는 데 유용하다.
- 동일한 원재료를 구매하며 서로 경쟁하는 두 개의 공장 사이의 시장경계는 두 개의 순가치곡면이 교차하여 원재료의 순가치가 서로 같게 되는 곳에서 나타난다.
- 한 공장이 보다 많은 양의 농산물을 확보하기 위해서는 더 높은 가격을 제시해야 하는데, 이는 순가치곡면을 상승시켜 전속공급자에 대한 영역의 경계가 확대된다.
- 부지 지대는 가공공장 인근에 위치한 농장의 유리한 입지 때문에 얻게 되는 이윤이다. 농장 부지가 팔리면 부지 지대는 더 높은 가격으로 자본화되어 시간이 지남에 따라 소멸하게 된다.
- 식품기업들의 공간적 경쟁과 관련하여 자신의 사업체를 경쟁자로부터 떨어진 지역에 세우는 것과 경쟁자에 근접시키는 것 모두 장점이 있다. 자신의 사업체를 경쟁 사업체에 가깝게 접근시킬수록 가격을 낮추어야 한다면, 경쟁 사업체에 근접한 사업체는 새로운 고객으로부터 수익을 얻게 되나 가격을 낮추어야 하기 때문에 기존고객으로부터의 수입은 잃게 되는 교환관계가 존재한다.

연습문제

❶ 두 개의 토마토 가공공장이 100km 직선 도로를 따라 위치해 있다. 공장 1은 30km 지점에 있고 원재료 토마토에 대해 kg당 2,000원에서 수송비를 차감한 가격을 제시한다. 공장 2는 70km 지점에 있고 원재료 토마토에 대해 kg당 1,750원에서 수송비를 차감한 가격을 지불한다. 두 기업에 대해 kg당 수송비(원)는 동일하며 다음과 같이 계산된다.

$$50+20\times D$$, D는 농장에서 공장까지 수송거리

가. 두 공장의 시장경계를 구하시오.

나. 공장 2가 토마토 구매가격을 공장 1과 같게 책정한다면 시장경계는 어디로 이동하겠는가?

다. 두 공장에 대한 전속공급량을 구하시오.

❷ 문제 ❶의 정보를 이용하여, 농장이 40km 지점에 위치하고 단위 면적당 총비용 곡선이 $TC=1000+0.10q+0.0001q^2$ (q: 단위 면적당 수량)일 때, 단위 면적당 최적 생산량, 이윤, 부지 지대를 각각 구하시오.

❸ 어느 지역에서 농지가 단위 면적당 100만 원에 팔리고 있다. 새로운 가공공장이 들어서면 농장은 단위 면적당 연간 10만 원의 추가 이윤을 얻을 것으로 예상된다. 공장이 향후 20년간 운영될 것이 확실하다고 하자. 연간

할인율이 5%라고 할 때, 농지 거래 협상이 이루어질 수 있는 농지가격의 범위를 계산하시오.

❹ 수송비가 kg당 20원/km이고, 생산비용이 kg당 1,000원, 생산량이 단위 면적(㎢)당 640톤인 생산지역이 있다고 하자. 공장이 2백만 톤의 공급물량을 확보하려면 원재료 농산물의 구매가격을 얼마로 제시해야 하나?

❺ 부산에 동서방향으로 3km 길이의 해변에 떡볶이를 파는 가판대가 두 개 있다. 하나는 해변의 동쪽 끝에서 300m에, 다른 하나는 서쪽 끝에서 500m지점에 위치한다. 각 가판대는 떡볶이 1봉지를 2,000원에 판매한다. 해수욕장에 온 사람들은 두 가판대에서 파는 떡볶이에 무차별하고, 가격과 가판대까지의 거리 비용을 합하여 4,000원 미만이면 떡볶이를 구매할 의향이 있다.

가. 가판대까지 해변을 걷는 비용이 1보당 1원일 때 각 떡볶이 가판대의 구매 영역은 얼마인가?

나. 두 가판대가 떡볶이에 동일한 가격을 매길 때, 두 가판대의 시장 영역이 서로 겹치도록 하는 최고 가격은 얼마인가?

다. 서쪽 가판대에서 떡볶이 가격을 1,500원으로 낮출 때 구매 영역은 얼마인가?

라. 해변의 서쪽 절반(1,500m지점에서 3,000m 지점까지)이 걷기 편하여 걷는 비용이 1보당 0.5원이라고 하자. 서쪽 가판대가 2,000원을 매길 때와 1,500원을 매길 때의 구매 영역을 각각 구하시오.

참고문헌

Dorfman, J. M. 2014. *Economics and Management of the Food Industry*, Routledge.

Norwood, B., and Lusk, J. 2007. *Agricultural Marketing and Price Analysis*, Pearson.

재고관리

학습목표

- 재고 비축과 감축의 상쇄 관계에 대한 이해
- 식품유통기업의 고정주문량 모형과 고정주문시기 모형의 이해
- 안전재고의 유지와 풀링에 대한 이해
- 부패하기 쉬운 신선식품의 재고관리에 대한 이해
- 식품 공급망에서 나타나는 채찍 효과의 의미와 원인에 대한 이해
- 식품의 판매정보를 수집, 교환, 처리하기 위한 정보기술의 이해

식품산업에서 재고는 고객수요를 만족시키고 서비스나 재화 생산을 지원하기 위해 비축한 원재료 농산물, 1차 가공된 식품, 최종 제품 등을 말한다. 재고의 계획과 통제는 모든 유형의 기업이 조직의 경쟁우위를 실현하기 위해 중요한 사항이지만, 식자재유통기업의 경우 재고관리가 무엇보다도 더 중요한 이유가 있다. 첫째, 식품은 특성상 부패하기 쉽고, 가공식품의 경우에도 정해진 유통기한이 비교적 길지 않다. 둘째, 생산의 계절성이나 자연적인 영향으로 공급의 불확실성이 높다. 셋째, 품목의 가짓수가 많고, 품목당 마진이 다른 산업의 제품에 비해 높지 않다. 이러한 이유로 재고관리의 효율성 여부가 식품기업의 수익성에 큰 영향을 주게 된다. 여기서 우리는 식자재유통기업이나 식품소매기업의 재고관리 문제를 다룬다. 재고관리의 경제적인 문제는 가장 효율적으로 경쟁우위를 달성하기 위한 적절한 양의 재고를 찾는 것이다. 또한 최근 재고관리의 효과적인 수단으로 식자재유통기업이 도입하고 있는 정보수집 및 공유 기술, 그리고 공급망 관리 전략들에 대해 간략하게 설명한다.

6.1 재고관리의 기본 개념

6.1.1 재고 비축의 이유

재고는 생산과 판매 사이에 완충적인 역할을 한다. 이로 인해 생산량과 판매량을 정확하게 일치시켜야 할 필요성이 없어진다. 이러한 점은 기업들로 하여금 작업 흐름을 일정하게 유지해줌으로써 경영 효율성 증가, 유휴시설로 인한 생산성 감소 위험 축소라는 두 가지 측면의 혜택을 제공한다. 다음의 예를 살펴보자. [표 6.1]은 어느 식품기업의 여섯 분기 동안 생산량과 판매량 그리고 이에 따른 재고수준의 변화를 기록한 것이다. [표 6.1]에서 보듯이 재고는 생산량이 안정적으로 유지되도록 한다. 판매량이 전기에 비해 57%까지 증가하는 기간(2분기)에도 생산량의 변화는 10%보다 적다. 3분기에서 기업은 생산량을 늘리지 않아도 높은 수요를 충당할 수 있었고, 오히려 재고감소로 인해 비용이 줄어들었다. 만약 이 기업이 피크타임의 수요를 맞추기 위해 시설용량을 (생산량 수준으로 120개만큼) 확대했다면 1분기에 생산량의 58%(=70/120)만이 판매되었을 것이다. 이처럼 적절한 재고관리는 판매를 늘리고 생산비용을 낮춤으로써 더 높은 이윤을 가져다준다.

표 6.1 생산량 및 판매량에 따른 재고수준의 변화

분기		1	2	3	4	5	6
판매	수량(개)	70	110	120	105	90	80
	변화율(%)		57	9	−4	−14	−11
생산	수량(개)	100	105	105	95	95	95
	변화율(%)		5	0	−10	0	0
재고 변화(개)		30	−5	−15	−10	5	15

6.1.2 재고 비축과 감축의 교환관계

식품기업이 재고를 어떻게 잘 관리하는가에 따라 경영 성과가 달라질 수 있다. 재고에는 돈이 투자되며, 투자된 돈만큼 다른 곳에 투자할 기회를 잃어버리기 때문에 재고는 기업의 현금유출로 나타난다. 너무 많은 재고는 기업의 이익을 감소시키는 반면, 너무 적은 재고는 품절을 초래하여 고객의 신뢰를 낮춘다. 이러한 교환관계가 식품기업의 재고관리를 어렵게 한다. 재고관리는 로트 크기(lot size)에 관한 의사결정문제로, 각 재고품목을 얼마나 자주, 그리고 얼마만큼을 주문할지를 결정하는 것이다. 여기서 로트 크기는 각 재고품목에 대해 한 번에 공급자로부터 구매하거나 내부적으로 제조해야 하는 양을 말한다. 식품기업은 재고유지비를 줄이려면 재고를 줄여야 하지만, 주문이나 가동준비 횟수를 줄이려면 재고를 늘려야 하는 갈등에 직면한다. 재고관리의 의사결정에서 가장 중요한 것은 재고 감축과 비축에 따른 이익과 불이익의 균형을 맞추어 둘 사이의 균형점을 찾는 것이다.

6.1.3 재고 변화 패턴

어떤 품목의 재고수준이 시간에 따라 변하는 모양은 대개 [그림 6.1]과 같다. 재고수준은 주문이 도착하면 순간적으로 증가하고, 그 이후에 소비자 수요를 충족시킴에 따라 점차 감소한다.

재고는 사용 목적에 따라 주기재고, 파이프라인재고, 안전재고, 예상재고 네 가지로 분류된다. 주기재고는 1회 주문할 때 발생하는 재고를 말한다. 로트 크기를 Q라고 할 때 주기재고는 [그림 6.1]에서 보듯이 제품을 주문할 때 최대 Q가 되며, 새 로트가 도착하기 직전에 최소 0이 된다. 평균 주기재고는 주기의 양 끝점의 평균값인 $(Q+0)/2=0.5Q$이다.

식품소매점이 제품을 주문하면 제품 계획부터 완제품 생산 및 출하, 그리고 주문량이 도착하여 재고로 존재하기까지 일정 시간이 소요된다. 이러한 시간을 리드타임(lead time)이라 부른다. 파이프라인재고는 리드타임과 관련된 재고로 이미 발주는 하였으나 도착하지 않은 주문량의 합이다. 예를 들어, 리드타임이 2주이고, 평균 수요량이 주당 50단위라면, 파이프라인재고는 평균수요에 리드타임을 곱한 100단위이다. 파이프라인재고는 리드타임이 길거나 주당 수요가 높을수록 더 많게 된다.

안전재고는 식품기업들이 제품수요, 리드타임, 원재료 공급 등의 불확실성에 대처하기 위해 보유하는 여유재고이다. 공급자가 주문량과 납품기일을 지키지 않는다면 안전재고를 유지할 필요가 있다.

예상재고는 사업상 직면하게 되는 불규칙한 수요와 공급에 대응하기 위한 재고이다. 수요가 계절성이 있고 예측 가능하다면 예상재고를 사용한다. 수요가 불규칙할 경우 수요가 적은 기간 동안 재고를 비축한다면 수요 절정기에 생산수준을 많이 높이지 않아도 되기 때문에 설비 용량을 줄일 수 있다.

그림 6.1 **시간에 따라 재고수준의 변화**

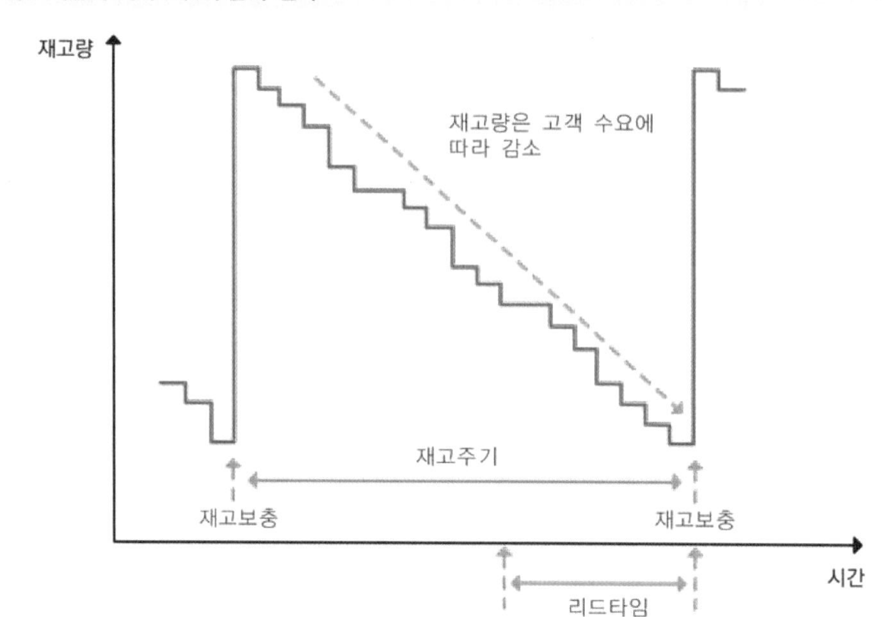

재고수준은 주문이 도착하면 순간적으로 증가하며, 그 이후부터 소비자 수요를 충족시킴에 따라 점차 감소한다. 제품을 주문한 후에, 주문량이 도착하여 재고가 보충되기까지 소요되는 시간을 리드타임이라 부른다.

6.2 재고관리 모형

재고관리를 위한 모형은 크게 단일기간 모형과 복수기간 모형으로 구분된다. 단일기간 모형은 어떤 품목의 주문이 단 한 번만 발생하여 재주문이 일어나지 않는 경우이다. 단일기간 모형은 공급량이 한철인 계절적인 농산물이나 유통기한이 매우 짧은 신선식품의 재고관리에 적합하다. 반면 복수기간 모형은 어떤 품목의 주문이 연중 내내 지속적으로 발생하는 경우를 말한다. 복수기간 모형은 주문량이 고정되는 모형과 주문시기가 고정되는 모형으로 구분된다. 먼저 복수기간 모형부터 알아보자. 단일기간 모형은 6.2.5절에서 살펴볼 것이다.

6.2.1 경제적 주문량 모형

경제적 주문량 모형은 고정주문량 모형(fixed-order quantity model 또는 Q-Model)으로 불리며, 주문이 이루어지는 재고수준인 R과 주문량 Q를 결정하는 모형이다. 주문점인 R은 특정한 값을 가지는 재고 단위로서, 예를 들면 재고수준이 R점(예: 36개)까지 떨어졌을 때 Q(예: 57개)만큼의 주문이 발생한다. 이 모형은 재고관리에 관한 모든 상황이 확실하게 알려졌다는(특히, 긴 기간 동안 안정된 수요를 알고 있다는) 다소 비현실적인 가정에 기초한다. 하지만 앞으로 논의할 다양한 형태의 재고모형을 이해하는 데 이론적인 기초와 통찰력을 제공한다.

이 모형에 따르면 최적 주문량은 다음의 가정들에 근거하여 산출된다.

- 제품 수요는 단위기간(주, 월, 분기 등) 동안에 일정하며 확실히 알려져 있다.
- 리드타임(주문에서 입고까지 소요되는 시간)은 일정하며 확실히 알려져 있다.
- 제품의 단위당 가격은 변하지 않는다.
- 재고유지비용은 평균 재고수준에 의해 결정된다.
- 주문비용이나 가동준비비용은 일정하다.
- 제품에 대한 수요는 모두 충족된다.

위의 가정들이 충족되었을 때 주문량 Q에 따른 재고수준 R의 변화는 [그림 6.2]과 같이 톱니 형태를 가진다. 즉, 수요가 일정하기 때문에 재고는 균일하게 줄어들어 점 R에 도달하면 재주문이 발생한다. 주문은 리드타임 L의 끝에 도착하며, 주문량이 도착하면 재고량은 0에서 Q로 증가한다. 단위 시간당(예를 들면, 일별, 주별, 월별, 분기별 등) 수요를 a라 할 때 재고량 감소는 $Q-at$로 표현된다. 따라서 재고가 완전히 소진되는 시점은 Q/a이다.

주문량과 재주문점을 결정하기 위해 가장 먼저 할 일은 재고총비용을 산출하는 것이다. 재고총비용은 재고유지비용, 주문비용, 가동준비비용으로 구성된다. 재고유지비용은 자본비용과 보유재고 유지에 드는 변동비용의 합이다. 자본비용은 다른 목적에 사용될 수 있는 자금이 재고에 묶이기 때문에 발생하는 일종의 기회비용이다. 재고유지비용에는 보관·취급비용, 세금, 보험료, 재고 유실 또는 감모 등의 손실비용이 포함된다. 주문비용은 공급자에게 구매 주문을 내거나 작업장에 제조 주문을 내는 데 소요되는 처리비용을 의미하며, 가동준비비용은 다른 품목을 생산하기 위해 기계 설정을 변경하는 데 소요되는 비용이다. 단위 시간당 수요가 일정하다고 가정하였기 때문에, 단위 시간당 재고비용을 일일, 주간, 월간 등 어떤 기준을 사용하여 표현해도 무방하다.

그림 6.2 경제적 주문량 모형

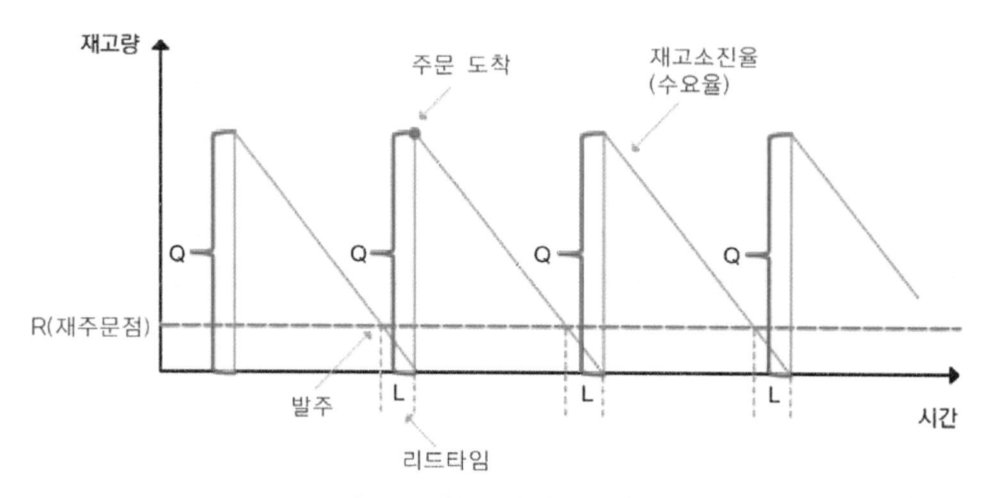

수요가 일정하다면 재고가 재주문점인 R까지 떨어질 때 새로운 주문이 발생한다. 주문량 Q가 리드타임 L 동안 도착하지 않기 때문에, 재고량은 계속 줄어 리드타임의 끝 시점에 0이 된다. 주문량이 도착하면 재고수준은 다시 Q로 증가한다.

경제적 주문량 모형은 재고총비용을 최소화시키는 주문량을 찾는 것이다. 이를 위해 재고총비용을 연간 기준으로 나타내면 다음의 식과 같다.

$$TC = DC + \frac{D}{Q}S + \frac{Q}{2}H$$

TC: 연간 총비용
D: 연간 수요량
C: 단위당 구입원가
Q: 주문수량
S: 주문비용 또는 가동준비비용
R: 재주문점
L: 리드타임
H: 연간 재고단위당 유지비용(일반적으로 재고유지비용은 재고단가의 일정비율(i)로 간주하여 $H = iC$ 라고 표현한다)

위의 비용함수에서 DC는 연간 총구입원가이며, $(D/Q)S$는 연간 주문비용으로 주문횟

수 D/Q에 주문단위당 비용 S를 곱한 값이며, $(Q/2)H$는 연간유지비용으로 평균재고량 $Q/2$에 단위당 재고유지비용 H를 곱한 값이다.

[그림 6.3]은 재고비용을 구성하는 항목들의 관계를 보여준다. 경제적인 주문량을 구하기 위해서는 [그림 6.3]의 Q^*처럼 총비용이 최소가 되는 주문량을 찾아내면 된다. 미분공식을 적용하여, 최적 주문량(로트크기)을 구하면 다음과 같다.

$$\frac{dTC}{dQ} = 0 + \left(\frac{-DS}{Q^2}\right) + \frac{H}{2} = 0$$

$$\frac{HQ}{2} = \frac{DS}{Q}$$

위 식이 의미하는 바는 최적 주문량이 연간 평균 재고유지비용과 연간 주문비용이 서로 같아지는 수준에서 결정된다는 것이다. 위 식으로부터 최적 주문량을 구하면 다음과 같다.

$$Q^* = \sqrt{\frac{2DS}{H}}$$

이 모형에서는 일정한 수요와 리드타임을 가정하여 안전재고나 재고고갈비용이 없기 때문에 재주문점 R은 다음과 같다.

$$R = \bar{d}L$$

여기서 $\bar{d}$는 일일 평균수요량을, L는 리드타임 일수를 각각 나타낸다.

그림 6.3 재고비용함수의 구성 항목과 경제적 주문량

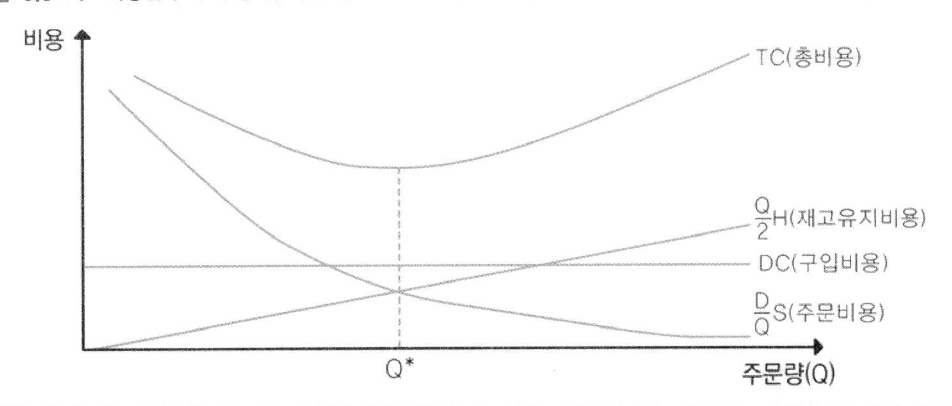

재고총비용함수를 나타내는 곡선 TC의 최하점에서 결정되는 주문량 Q^*을 경제적 주문량이라고 한다. 경제적 주문량은 재고유지비용이 증가할수록 적어지는 반면, 구입단가 또는 주문비용이 증가할수록 많아진다.

재고정책은 일회 주문량 대신에 주문간격으로 결정하는 것이 편리할 수 있다. 주문간격(TBO: time between orders)이란 주문이 도착하는 시간 간격의 평균치이다. 즉, 보충된 재고가 완전히 소진되기까지의 기간을 의미하는 재고주기로 경제적 주문량을 수요량으로 나눈 값이다. 따라서 주문간격을 월, 주, 일 단위로 환산하기 위해서는 다음과 같이 각각 연간 개월수, 주수, 일수를 곱하면 된다.

$$TBO = \frac{Q^*}{D} \times (12\text{월/년})$$

$$TBO = \frac{Q^*}{D} \times (52\text{주/년})$$

$$TBO = \frac{Q^*}{D} \times (365\text{일/년})$$

[실행학습 6.1] 어느 편의점에서 판매되고 있는 햇반의 연간 수요는 1,000상자이다(1 상자에 중량이 210g인 햇반 20개씩 포장되어 있다고 하자). 주문비용은 주문건수(로트)당 5천 원, 연간 유지비용은 상자당 1,250원이며, 리드타임은 5일, 상자당 구입원가는 12,500원이다. 이때 경제적 주문량은 얼마인가?

[풀이] 최적 주문량은 다음과 같이 구해진다.

$$Q^* = \sqrt{\frac{2DS}{H}} = \sqrt{\frac{2(1,000)5}{1.25}} = \sqrt{8,000} = 89.4$$

이때, 재주문점은 $R = \bar{d}L = \frac{1,000}{365}(5) = 13.7$이다. 주문간격을 주(week)로 나타내면 $TBO = \frac{Q^*}{D} = \frac{89.4}{1,000}(52) = 4.65$이다. 이 편의점의 재고정책은 소수점 단위를 반올림하여 재고수준이 14상자로 줄어들 때 89상자를 다시 주문하는 것이다. 햇반의 주간 수요가 일정하다면 4.65주마다 주문하면 된다.

6.2.2 안전재고를 고려한 고정주문량 모형

앞에서 우리는 수요가 일정하며 확실하게 알려져 있다고 가정하였다. 그러나 현실은 그렇지 않다. 수요는 일정하지 않으며 매일 변하기 때문에 예상치 못한 재고 고갈이 발생할 수 있다. 재고가 고갈되면, 손실이 발생하기 때문에 이에 대비하여 안전재고를 유지할 필요가 있다. 여기서 안전재고란 예측된 수요량에 추가로 보유하는 재고량을 의미한다. 예를 들어, 월평균 수요가 100단위이며 다음 달에도 수요량이 동일할 것으로 기대할 때, 재고를 120단위로 유지한다면 20단위가 안전재고이다.

그렇다면 안전재고의 수량은 어떻게 결정할 수 있는가? 이에 대한 해답은 수요량에 관한 확률분포를 사용하는 것이다. 이를 좀 더 자세하게 설명하기 위해 간단한 예를 들어 보자. 한 편의점에서 특정 브랜드의 햇반에 대한 다음 달 수요가 100단위로 예상된다고 하자. 이 편의점에서 해당 햇반에 대한 과거 판매 자료를 토대로 월 수요의 평균치가 100단위이고, 표준편차가 20단위임을 알고 있다. 만약, 이 편의점이 재고수준을 100단위로 유지한다면, 수요량이 정규분포를 따른다고 할 때 재고가 고갈될 확률은 50%이다. 왜냐하면 수요량의 확률분포에 따르면 1년 중 반 정도는 수요가 100단위를 초과할 것이고, 나머지 반은 수요가 100단위에 못 미치게 되기 때문이다. 달리 말하면, 편의점이 매번 100단위만큼을 한 달 보유 재고량으로 주문한다면, 1년 중 6개월 동안은 재고가 고갈되는 상황이 발생한다는 의미이다.

해당 편의점에서 재고 고갈이 발생할 위험을 줄이기 위해 20단위를 여분의 재고, 즉 안전재고로 보유한다고 하자. 이때 20단위만큼의 안전재고가 가지는 의미는 무엇일까? 그것은 주문할 양은 이전과 동일하게 한 달 평균 수요량인 100단위이지만, 주문할 시점은 주문량이 도착하는 시점에 재고가 20단위 남아있을 때가 되도록 한다는 점이다. 자, 그렇다면 안전재고수준이 20단위일 때 재고 고갈의 위험에 처할 확률은 어떻게 되겠는가를 알아보자. 이에 대한 해답은 표준정규분포의 z-스코어 값을 이용하여 계산하면 편리하다.

안전재고가 20단위일 때 재고가 고갈될 확률은 [그림 6.4]에서 보듯이 수요량이 120보다 클 확률을 의미한다. 수요량이 120일 때 이에 대응하는 z-스코어 값은 $(120-100)/20=1$이기 때문에, 재고가 고갈될 확률은 표준정규분포에서 확률변수가 1보다 큰 값을 가질 확률과 같게 된다. z-스코어 값 1에 대응하는 누적확률밀도함수 값을 엑셀에 있는 표준정규분포의 누적밀도함수를 이용하면 계산하면 @NORMSDIST(1) =0.8413이다. 따라서 수요량이 120단위보다 커서 재고가 고갈될 확률은 $1-0.8413=0.1587$, 약 16%이다. 따라서 편의점에서 20단위만큼을 안전재고를 유지하며 월 단위로 주문한다면 1년 중 2달(12개월×0.16=1.92개월)은 재고가 고갈될 가능성이 있다고 할 수 있다.

안전재고의 수량을 결정할 때 중요한 개념이 서비스수준이다. 서비스수준은 재고가 고갈되지 않아 고객의 주문을 충족시킬 수 있는 확률을 의미한다. 대다수의 식품업체들은 보통 재고가 고갈될 확률을 5%, 달리 말하면 서비스수준을 95%로 정한다. 달리 말하면 재고가 1년에 0.6개월 또는 20개월에 한 달 정도 고갈되도록 한다. 그렇다면 95% 서비스수준에 대응하는 안전재고 수량은 어떻게 구할 수 있을까?

먼저, 위에 설명한 바와 같이 확률분포의 특성을 이용하여 95% 서비스수준에 대응하는 z-스코어 값을 계산하여 보자. 이는 엑셀의 통계함수 가운데 표준정규누적분포의 역함수 값을 구해주는 @NORMSINV로부터 다음과 같이 손쉽게 계산된다.

- 95% 서비스수준에 대응하는 z-스코어 값: @NORMSINV(0.95) = 1.64

표준정규분포는 정규분포를 따르는 확률변수에서 평균을 빼고 표준편차로 나눈 것이기 때문에 1.64에 대응하는 정규분포의 확률변수 값은 1.64에 표준편차를 곱해준 것과 같다. 따라서 위의 예에서 95% 서비스수준에 대응하는 안전재고 수준은 1.645 × 20 = 32.8로 약 33단위가 된다. 다시 강조하지만, 안전재고수준이 33단위라는 의미는 매번 주문 시 33단위를 추가로 주문하는 것이 아니라, 주문한 수량이 도착할 때 업체가 보유하고 있는 재고량이 33단위가 되어야 함을 의미한다.

그림 6.4 서비스수준에 따른 안전재고의 산출

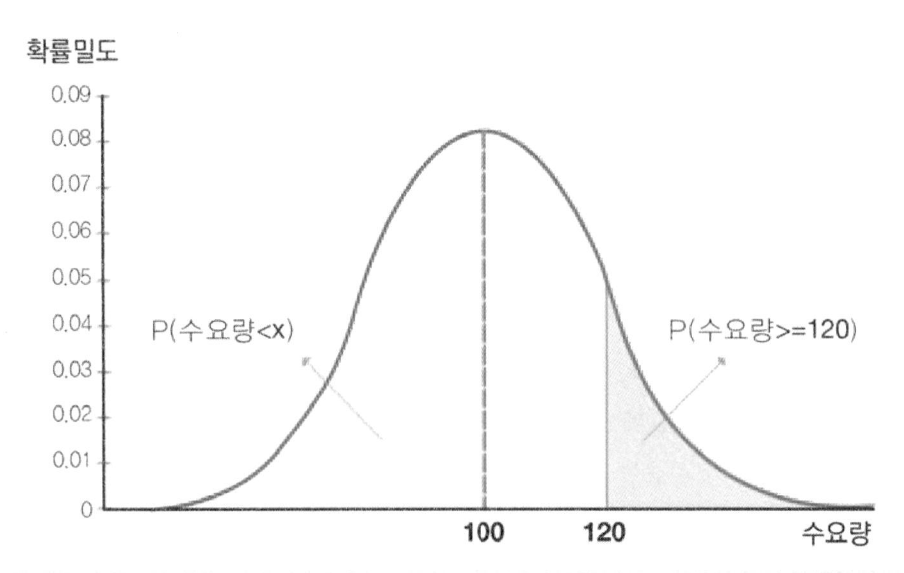

안전재고가 20일 때 재고가 고갈될 확률은 $P(수요량 \geq 120)$일 확률은 같다. 표준정규분포의 누적밀도함수에 관한 엑셀의 통계함수를 이용하여 확률값을 구하면 $1 - F\left(\frac{120-100}{20}\right) = 1 - @NORMSDIST(1)$=0.1587=16%이다. 재고가 고갈되지 않을 확률을 서비스수준이라고 할 때 95% 서비스수준에 대응하는 z-스코어 값은 엑셀의 통계함수로부터 $@NORMSDIST(1.64) = 0.95$, $@NORMDINV(0.95) = 1.64$이다.

수요가 일정하지 않고 불확실하다면, 재고가 줄어드는 모양은 [그림 6.2]처럼 일직선의 형태로 나타나지 않는다. 고정주문량 모형에서 재고가 고갈되는 경우는 주문한 시기와 주문량이 도착하는 시점 사이인 리드타임(L)에서 발생한다. 리드타임에서 재고수준은 [그림 6.5]에서 보듯이 수요의 변화에 따라 달라진다. A는 수요가 예측한 대로 일어나는 경우에 재고가 줄어드는 상황을 나타내는 반면, B는 수요가 예측한 것보다 크게 늘어나 재고가 빠른 속도로 감소하는 상황을 나타낸다. 이때 여분의 재고가 없다면 재고 고갈이 발생하게 된다. 전술한 바와 같이 안전재고량은 재고가 고갈되지 않을 확률 값을 나타내는 서비스수준에 따라 달라진다는 점을 기억한다면, 재주문점은 다음과 같이 나타낼 수 있다.

$$R = \bar{d}L + z\sigma_L$$

여기서, R: 재주문점(수량)

$\bar{d}$: 일일 평균수요량

L: 리드타임 일수

z: 서비스수준에 대응하는 z-스코어 값

σ_L: 리드타임동안 수요의 표준편차

그림 6.5 안전재고와 고정주문량 모형

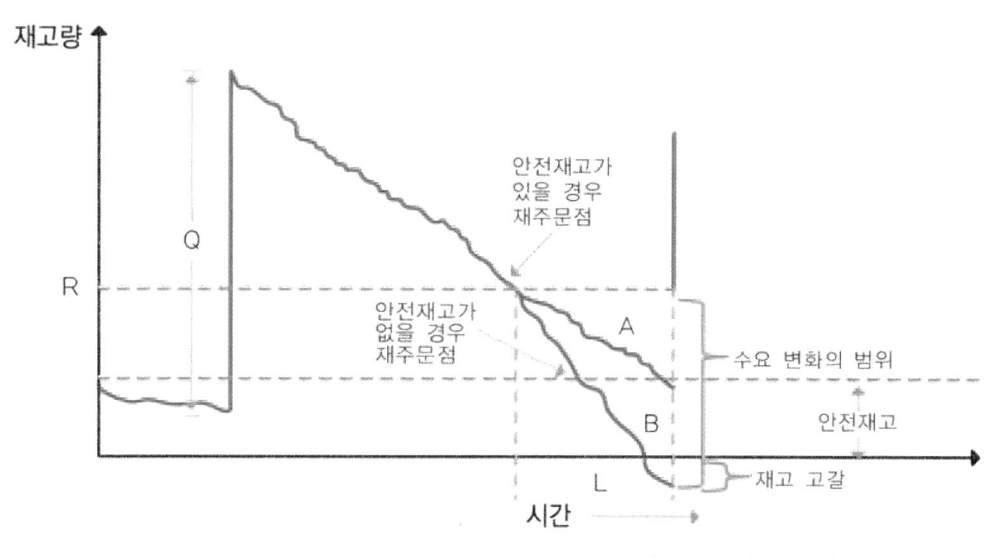

수요량이 일정하지 않고 불확실하다면 재고 고갈의 위험을 줄이기 위해 안전재고가 필요하다. 안전재고가 있을 경우 재주문점은 이전과 마찬가지로 재고수준이 R만큼 떨어질 때이다. 그러나 R은 리드타임의 평균수요와 안전재고를 합한 수량이기 때문에 주문시기가 안전재고가 없을 경우에 비해 빨라진다. 주문량이 도착하기 바로 직전의 재고수준이 안전재고량이다.

이때, 안전재고량은 $z\sigma_L$이다. 안전재고는 재주문시기(R)를 앞당기는 효과를 가진다. 안전재고가 없다면 재주문점은 리드타임 동안의 평균 수요량이다. 주문은 이전과 마찬가지로 재고수준이 재주문점인 R에 도달하면 일어나며, 경제적 주문량 Q도 이전과 동일한 방법으로 구해진다. 하지만 재주문점 R은 수요가 알려진 고정주문량 모형과 달리 리드타임 동안의 평균수요량과 안전재고를 합한 수량에서 결정된다. 예를 들어, 리드타임 기간의 수요량이 20단위이고 안전재고가 5단위라면, 주문은 재고가 25단위일 때 발생하기 때문에, 주문시기가 이전보다 빨라진다. 안전재고량이 많을수록 주문시기는 더욱 빨라지게 됨을 알 수 있다.

리드타임 동안의 수요는 어떻게 계산할 수 있을까? 그것은 리드타임을 측정하는 시간단위에 따라 달라진다. 만약 리드타임이 1개월이라면 수요량은 지난 해의 수요량을 12로 나누거나, 아니면 30일간의 일일수요량을 모두 합하여 계산할 수 있다. 수요를 일일 기준(d_i)으로 측정한다면, 리드타임 기간의 평균 수요는 다음과 같다.

$$\bar{d} = \frac{\sum_{i=1}^{L} d_i}{L} = \frac{\sum_{i=1}^{30} d_i}{30}$$

또한, 일일 수요의 표준편차(σ_d)는 다음과 같이 계산된다.

$$\sigma_d = \sqrt{\frac{\sum_{i=1}^{L} (d_i - \bar{d})^2}{L}} = \sqrt{\frac{\sum_{i=1}^{30} (d_i - \bar{d})^2}{30}}$$

σ_d는 하루 동안 수요의 표준편차를 의미하기 때문에 리드타임이 하루를 초과할 경우, 일일 수요가 서로 독립적이라면 리드타임(L) 기간 동안 수요의 표준편차는 다음과 같게 된다.

$$\sigma_L = \sqrt{\sigma_1^2 + \sigma_2^2 + \sigma_3^2 + ... + \sigma_L^2}$$

예를 들어, 일일 수요의 표준편차가 10단위이며 서로 독립적이라면, 리드타임 5일 동안 수요의 표준편차는 $\sigma_5 = \sqrt{(10)^2 + (10)^2 + (10)^2 + (10)^2 + (10)^2} = 22.36$이다.

자, 다음으로 안전재고에 대한 z-스코어 값을 계산하여 보자. 리드타임 동안 재고가 고갈되지 않을 확률이 95%라고 하자. 앞서 설명한 대로 이 확률값에 대응하는 z-스코어 값은 엑셀의 통계함수 @NORMSINV를 사용하면, @NORMSINV$(0.95) = 1.64$가 된다. 따라서 안전재고량은 다음과 같게 된다.

$$z\sigma_L = (1.64) \times (22.36)$$
$$= 36.67$$

[실행학습 6.2] 한 편의점에서 생수에 대한 일일 수요는 정규분포를 따르며 평균이 60개이며, 표준편차가 7개라고 하자. 생수 공급업체는 신뢰할 만하며 리드타임은 6일로 항상 일정하다. 주문비용은 10,000원이며, 연간 유지비용은 개당 500원이다. 판매는 1년 365일 동안 발생한다고 하자. 리드타임 동안 재고가 고갈되지 않을 확률이 95%가 되도록 하기 위한 주문량과 재주문점, 그리고 연간 재고비용을 구하시오.

[풀이] 먼저, 경제적 주문량을 구하여 보자.

$$Q^* = \sqrt{\frac{2DS}{H}} = \sqrt{\frac{2(60)365(10)}{0.5}} = \sqrt{876,000} = 936$$

재주문점을 계산하기 위해서는 먼저 리드타임 수요를 구한 다음, 그 수요량에 안전재고를 더해주어야 한다. 리드타임 기간 동안 수요의 표준편차는 다음과 같다.

$$\sigma_L = \sqrt{\sum_{d=1}^{L} \sigma_d^2} = \sqrt{6(7)^2} = 17.15$$

z-스코어 값은 1.64이기 때문에 재주문점은 다음과 같다.

$$R = \bar{d}L + z\sigma_L = (60 \times 6) + (1.64 \times 17.15) = 388$$

이 편의점의 재고정책은 생수 재고가 388개일 때마다 936개를 발주하는 것이다. 연간 재고비용은 연간 재고유지비용, 연간 주문비용, 그리고 연간 안전재고유지비용을 합한 것이다. 이를 계산하면 다음과 같다.

$$TC = \frac{Q}{2}H + \frac{D}{Q}S + (H)(\text{안전재고})$$

$$= \frac{936}{2}(500) + \frac{365 \times 60}{936}(10{,}000) + (500)(28) = 481{,}974\text{원}$$

6.2.3 유통 기한을 갖는 가공식품의 재고관리

전술한 경제적 주문량 모형은 제품의 유통기한이 무한대라는 암묵적인 가정에 기초하고 있다. 하지만 저장이 가능하나 부패하기 쉬운 신선식품이나, 유통기한이 그리 길지 않는 가공식품의 경우 경제적 주문량 모형을 적용하려면 앞에서 배운 재고비용을 나타내는 식의 구성 항목을 다소 수정해야 할 필요가 있다.

유한한 유통 기한(m)을 가진 식품에 대한 고정주문량 모형을 나타낸 것이 [그림 6.6]이다. 우선, 팔리지 않고 재고로 남아있는 식품 중 유통기한이 지난 것은 모두 폐기되기 때문에, 재고수준은 그만큼 감소하게 된다(그림에서 A 부분). 유통기한 초과로 폐기되는 식품은 비용 부담을 초래한다. 폐기되는 식품의 양은 각 제품별 유통기한과 수요량의 변화에 따라 달라진다. 즉, 유통기한 내에 재고량이 모두 고갈된다면 폐기로 인한 비용이 발생하지 않지만, 수요 감소로 인해 재고의 감소 속도가 더디어 유통기한 내에 재고를 모두 소진하지 못하게 된다면 폐기로 인한 비용 부담이 발생한다.

둘째, 재고가 소진되는 방식이 선입선출(FIFO)일 경우, 리드타임 기간 동안 재고로 있는 제품들이 (유통기한까지) 남아있는 수명은 서로 다를 수 있다. 따라서 리드타임 기간 동안 폐기되는 식품이 발생할 경우, 고객의 수요를 충족시키지 못하여 손실을 입게 되는 일이 발생할 수 있다([그림 6.6]에서 B 부분).

셋째, 제품의 유통기한과 부패 가능성을 고려할 경우 재고수준도 이전처럼 확정적이지 않고 확률변수의 형태를 가지기 때문에 재고유지비용도 확률변수 값을 갖게 된다.

따라서 재고비용함수에서 위의 세 가지 항목이 모두 확률변수로 표현되기 때문에 이전과 같이 한계분석 기법을 이용하여 재고비용을 최소화시키는 경제적 주문량을 도출하는 것은 거의 불가능하다. 이러한 경우 동태적인 수리계획법이라는 방법을 사용하여 최적 주문량과 재주문점을 구하는 것이 가능하지만, 이러한 내용은 본서의 범위를 벗어나기 때문에 다루지 않는다.

그림 6.6 **유통기한을 갖는 식품의 주문량 모형**

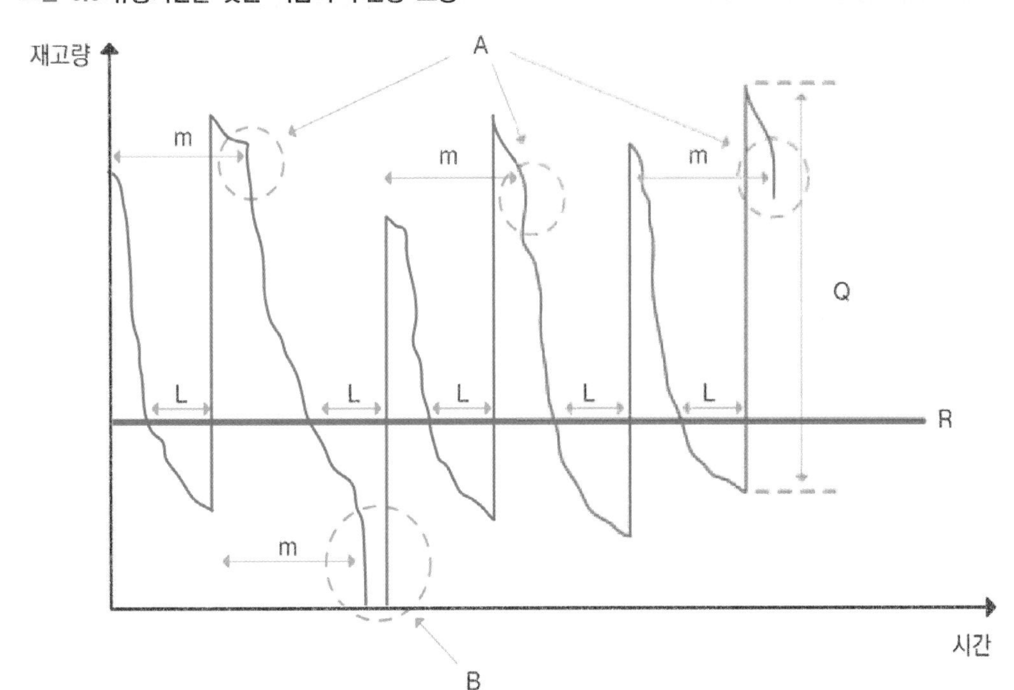

부패 가능성과 유통기한을 가지는 식품의 경우 유통기한 내에 재고가 소진되지 않으면 모두 폐기 처분되어 이로 인한 비용 부담이 발생한다. 유통기간 동안 재고로 남아있는 제품의 수명 또한 입고 시기별로 상이하기 때문에 재고수준은 확정적이지 않고 확률변수의 값을 가지게 된다. 이로 인해 재고유지에 소요되는 비용도 확률변수의 함수로 표현되기 때문에 경제적 주문량을 구하기 위해서는 한계분석보다 복잡한 기법인 수리계획법을 적용할 필요가 있다.

6.2.4 고정주문시기 모형

음료수 제조회사가 매주 편의점을 순회하면서 편의점의 재고를 조사하고 다음 주까지 수요량과 안전재고량만큼의 재고를 보충해주는 경우를 생각하여 보자. 이러한 상황에 해당하는 재고관리 모형이 고정주문시기 모형(fixed-time period model 또는 P-Model)이다. 고정주문시기 모형에서는 수요량이 시기별로 변하기 때문에 주문량이 주문시기에 따라 달라질 수 있음을 주목할 필요가 있다. 따라서 고정주문시기 모형은 고정주문량 모형에 비해 더 많은 수량의 안전재고를 요구한다. 고정주문량 모형에서는 재고조사가 연속적으로 이루어지며, 재고량이 재주문점까지 떨어지면 즉각적으로 주문이 일어난다. 반면, 고정주문시기 모형에서는 재고조사를 연속적이 하지 않고 매달 15일 또는 매달 말일 등 일정한 주기에 따라 실행한다. 이때 수요는 재고조사의 두 시점 사이에서 매번 달라질 수 있다. 경우에 따라서는 재고조사가 이루어진 다음날 큰 폭의 수요 증가로 재고가 순식간에 줄어들어, 다음 주기조사 때까지 재고가 없는 상황이 발생할 수도 있다. 따라서 안전재고는 재고조사 주기 동안의 수요와 리드타임 동안의 수요 둘 다를 충당할 만큼 보유할 필요가 있다.

[그림 6.7]은 재고조사 주기가 T이고 리드타임이 L인 고정주문시기 모형을 보여준다. 그림에서 보듯이 조사주기 시점에 도달하면 현 재고량과 예측된 수요량을 토대로 적절한 수량을 주문하게 된다. 수요량은 조사주기에 따라 달라질 수 있기 때문에, 주문량(로트 크기)은 재주문 시점마다 달라진다.

고정주문시기 모형에서 안전재고량은 고정주문량 모형에서처럼 수요분포를 알아야 한다. 두 모형의 차이점은 안전재고의 수량이다. 고정주문시기 모형의 안전재고는 $T+L$ 기간 동안의 수요 불확실성에 대비하기 위한 수량이어야 한다. 수요가 정규분포를 따르고, $T+L$ 기간 동안 수요의 표준편차 σ_{T+L}이라고 하면, 서비스수준 z에 대응하는 안전재고(SS)는 다음과 같다.

$$SS = z\sigma_{T+L}$$

수요가 평균 $\bar{d}$인 확률분포를 가진다고 할 때, 주문량은 조사주기와 리드타임 기간 동안의 평균수요와 안전재고를 합한 수량에서 현행 재고량을 차감한 수량이다. 이를 수식으로 표현하면 다음과 같다.

$$Q = \bar{d}(T+L) + z\sigma_{T+L} - I$$

Q: 주문량

T: 조사주기 일수

L: 리드타임 일수

$\bar{d}$: 일일수요의 평균값

z: 서비스수준에 대응하는 표준편차 값

σ_{T+L}: 조사주기와 리드타임 기간 동안의 수요의 표준편차

I: 현행 재고량

그림 6.7 **고정주문시기 모형**

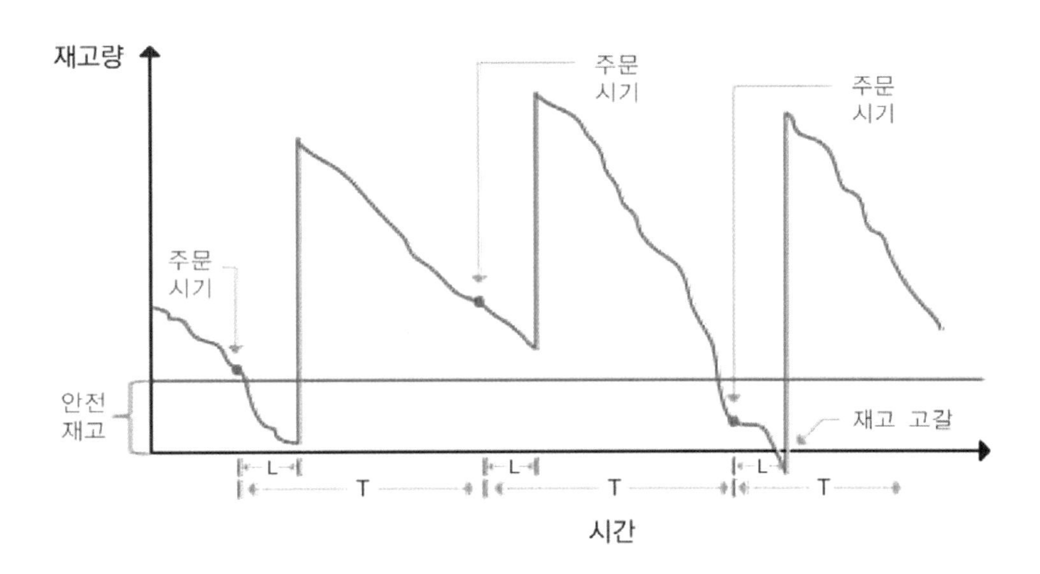

고정주문시기 모형에서 재주문점은 조사주기(T)의 시점에 발생하며, 수요량이 조사주기에 따라 불확실하기 때문에 재고 고갈의 위험을 줄이기 위해서는 조사주기와 리드타임을 포함하는 기간에 대한 안전재고가 필요하다.

수요량, 리드타임, 조사주기 등은 일, 주, 월, 년 등 다양한 시간 단위로 표현할 수 있다. 이 모형에서 수요는 예측된 수량이며 재고조사 때마다 수정되거나 또는 과거 자료로부터 구해진 적절한 연간 평균치가 있다면 이것으로 대체할 수 있다. 수요가 정규분포를 따른다고 가정한다면, z의 값은 전술할 바와 같이 재고가 바닥날 확률 값에 따라 달라지며, 엑셀의 @NORMSINV에 의해 계산할 수 있을 것이다. 다음의 예를 살펴보자.

[실행학습 6.3: 고정주문시기 모형의 주문량 결정] 어느 슈퍼마켓에서 팔리는 컵라면의 일일 수요량이 평균 10단위이며 표준편차가 3단위라고 하자. 조사주기는 30일이며 리드타임은 14일이다. 보유한 재고로부터 수요의 98%를 만족시키려고 한다. 재고조사 시기가 도래하여 재고량을 조사한 결과 현재 재고량은 150단위이다. 그렇다면 얼마나 주문해야 하나?

[풀이]

$$Q = \bar{d}(T+L) + z\sigma_{T+L} - I$$

$$= 10(30+14) + z\sigma_{T+L} - 150$$

$$\sigma_{T+L} = \sqrt{\sum_{i=1}^{T+L} \sigma_d^2}$$

$T+L$ 기간 동안 일일 수요량은 서로 다른 날짜에 대해 독립적이며, 일일 수요량의 표준편차 σ_d는 3으로 모든 날짜에 대해 동일하므로, $T+L$ 기간 동안 수요의 표준편차는 다음과 같다.

$$\sigma_{T+L} = \sqrt{\sum_{i=1}^{T+L} \sigma_d^2} = \sqrt{(T+L)\sigma_d^2}$$

$$= \sqrt{(30+14)3^2} = 19.9$$

서비스수준 98%에 대응하는 z의 값은 2.05이다. 따라서 주문량은 다음과 같이 계산된다.

$$Q = 10(30+14) + (2.05)(19.90) - 150$$
$$= 331$$

즉, 해당 상품에 대한 재고관리는 다음과 같다. 재고 고갈로 인해 고객의 수요를 충족시키지 못하지 않을 확률을 98%로 유지하려면 이번 재고조사 시점에서 331단위를 주문해야 한다.

고정주문시기 모형에서 연간 재고비용은 고정주문량 모형과 같이 세 가지로 구성된다. 평균주문량은 주문간격(즉 조사주기)인 T 동안의 평균수요와 같다. 즉 $Q = \bar{d}T$이다. 고정주문시기 모형에서 연간 재고비용을 계산하기 위한 수식은 다음과 같다.

$$TC = \frac{\bar{d}T}{2}(H) + \frac{D}{\bar{d}T}(S) + (H)(\text{안전재고})$$

6.2.5 신선식품의 재고관리

부패하기 쉽거나 유통기한이 짧은 신선식품의 경우 앞에서 다룬 고정주문량이나 고정주문시기 모형이 적합하지 않다. 왜냐하면, 이들 품목의 경우 수요와 관계없이 일정 기간이

지나면 판매가 불가능하거나 판매가 가능하더라도 싼 가격으로 판매해야 하기 때문에 주문량 결정은 단지 한 번에 불과하다. 이러한 경우 적절한 재고관리 방법은 재고를 너무 많이 보유하거나 또는 너무 적게 보유함으로써 발생할 수 있는 잠재적인 이윤이나 손실의 크기를 고려하는 것이다.

예를 들어, 어떤 소매점에서 생산자로부터 신선채소를 단위당 2만원에 구입하여 5만원에 판매한다고 하자. 구입한 신선채소는 1주일 이내 모두 판매해야 하며 1주일을 초과한 채소는 모두 쓰레기로 처분된다. 오랜 판매 경험으로 주당 판매량은 평균이 90단위이며 표준편차가 10단위인 것으로 알려져 있다. 만약 한 주간 실제 수요량이 예측한 것보다 더 많게 된다면, 해당 소매점은 재고부족으로 채소 한 단위당 3만원의 손실(즉, 한계비용)을 입게 된다. 반면, 수요를 과다하게 예측하여 매장에 신선채소를 너무 많이 쌓아 두어 판매가 되지 않았다면, 2만원의 손실(한계비용)이 발생한다.

이러한 경우에 보유해야 할 최적 재고량은 얼마일까? 이에 대한 해답은 한계분석방법을 사용하여 얻을 수 있다 즉, 재고 한 단위를 더 보유할 때 얻게 되는 기대수익이 기대비용보다 적게 되는 점까지 재고를 보유하는 것이다. 이를 일반화하기 위해 다음과 같이 재고관리의 중요한 변수들을 고려하여 보자.

C : 단위당 구입비용
R : 단위당 판매가격
S : 처분가치(또는 할인가치)
MP : 재고 한 단위를 판매할 때 얻게 되는 한계수익($R-C$)
ML : 재고 한 단위를 판매하지 못할 때 입게 되는 한계손실($C-S$)
X : 재고 보유량
$P(X)$: X번째 재고가 판매될 확률

X^*를 최적 재고수준이라고 하자. 위에서 정의한 변수들을 사용하여 신선식품의 최적 재고관리 원리를 수식으로 표현하면 다음과 같다.

$$P(X^*)\,MP-(1-P(X^*))ML \geq 0$$

$$P(X^*) \geq \frac{ML}{MP+ML}$$

위의 식에서 $\frac{ML}{MP+ML}$을 임계율(critical ratio)이라고 부른다. 위의 식이 의미하는 바는 수요량이 최적 재고량과 같거나 그보다 많기 때문에 최적 재고량까지 팔릴 확률을 뜻한다. 즉, 최적 재고관리는 기대순수익이 영이 될 때까지 재고량을 계속 늘려가는 것이다. 수요량의 평균을 $\overline{X}$, 표준편차를 σ_X라고 하면, 위의 식을 충족시키는 최적 재고수준 X^*를 구하는 것은 다음의 식을 만족하는 z-스코어 값을 찾는 것과 같다.

$$P(X^*) = P(\overline{X} + z\sigma_X) = \frac{ML}{MP+ML}$$

위 사례에서 $MP = R - C = 50,000 - 20,000 = 30,000$, $ML = C - S = 20,000 - 0 = 20,000$이기 때문에 확률값은 20,000/(30,000+20,000)=0.4이다. 수요량이 정규분포를 따른다고 가정한다면, 수요량의 누적확률분포에서 확률값 0.6에 대응하는 z-스코어 값을 찾으면 된다. 엑셀의 @NORMSINV를 이용하면 $z = 0.253$이다. 따라서 신선채소의 최적 재고관리는 $X^* = 90 + 0.253(10) = 92.5$ 또는 반올림하여 93상자를 보유하는 것이다.

이번에는 보다 실제적인 사례를 들어보자. 즉 신선식품이지만 영이 아닌 처분가치를 가지며 판매량의 확률분포도 연속적이 아닌 이산적인 형태를 가지는 경우이다. 어떤 과일 가게는 생산자로부터 신선과일을 상자당 7만원에 구입하여 10만원에 판매한다. 판매할 수 있는 기간은 단 1주일이며, 이를 초과한 경우 남아있는 과일은 가공공장에 상자당 2만원씩 처분한다고 하자. 오랜 판매 경험으로 신선과일의 주당 판매량은 최소 35상자이며 최대 40상자를 초과하지 못하고, 수량별 판매확률은 다음의 표와 같음을 알고 있다고 하자.

판매량(상자)	판매확률	누적확률
35	0.10	0.10
36	0.15	0.25
37	0.25	0.50
38	0.25	0.75
39	0.15	0.90
40	0.10	1.00

자, 이제 위에서 언급한 한계분석기법을 사용하여 최적 재고량을 계산하여 보자. 이전과 마찬가지로 한 단위의 재고를 더 보유할 때 얻게 되는 기대순수익이 영보다 크다면 계속하여 재고량을 증가시키는 것이 유리하다. 위의 판매량 분포를 사용하여 판매량별 기대수익과 기대손실을 계산하여 보자. 우선, 35번째 상자를 판매할 때의 기대순수익을 계산해보면 수요량은 35상자 이상 40상자 이하이기 때문에 해당 상자가 팔릴 확률이 1이 되며, 이때 기

대수익은 3만원이며 기대손실은 영이 된다. 36번째 상자에 대한 기대수익은, 수요량이 36상자 이상일 확률은 0.9이기 때문에, 3만원×0.9=27,000원이 된다. 반면, 기대손실은 만약 수요량이 35상자라면 36번째 상자는 팔리지 않게 되기 때문에, 팔리지 않고 처분될 때의 손실액인 5만원에 수요량이 35상자일 확률을 0.1를 곱한 5,000원이 된다. 이 두 금액의 차이인 22,000원이 36번째 상자에 대한 기대순수익이 된다.

[표 6.2]는 이러한 방식으로 각 판매량별로 계산한 기대순수익을 보여준다. 기대순수익은 판매량이 늘어남에 따라 감소하게 되는데, 37상자일 때 가장 작은 양(+)의 값을 갖게 된다. 따라서 최적 재고수준은 37상자라고 할 수 있다.

[표 6.2] 판매량별 기대수익과 기대손실

판매량(X)	수요량이 X일 확률	X번째 단위를 판매할 확률	X번째 단위를 팔지 못할 확률	X번째 단위를 판매할 때 기대수익	X번째 단위를 팔지 못할 때 기대손실	기대순수익
<35	0					
35	0.10	1.00	0	30,000	0	30,000
36	0.15	0.90	0.10	27,000	5,000	22,000
37	0.25	0.75	0.25	22,500	12,500	10,000
38	0.25	0.50	0.50	15,000	25,000	−10,000
39	0.15	0.25	0.75	7,500	37,500	−30,000
40	0.10	0.10	0.9	3,000	45,000	−42,000
>40	0					

자 이제, 위에서 살펴본 최적 재고관리에 관한 식을 사용하여 최적 재고수준을 다시 산출하여 보자. 위 사례의 경우 MP=30,000, ML=50,000이므로 최적 재고량까지 팔릴 확률을 나타내는 임계율은 다음과 같다.

$$P(X^*) = \frac{ML}{MP + ML} = \frac{50,000}{30,000 + 50,000} = \frac{50,000}{80,000} = 0.625$$

위의 확률값에 대응하는 z값을 표준정규분포표에서 찾으면 −0.32가 된다. 위의 사례에서 수요량의 평균과 표준편차를 구하면 다음과 같다.

$$\text{평균: } \overline{X} = 35 \times 0.1 + 36 \times 0.15 + \ldots + 40 \times 0.1 = 37.5$$

$$\text{표준편차: } \sigma_X = \sqrt{(35 - 37.5)^2 \times 0.1 + (36 - 37.5)^2 \times 0.15 + \ldots + (40 - 37.5)^2 \times 0.1} = 1.43$$

따라서 $X^* = 37.5 - 0.319(1.43) = 37.04$로, 최적 재고수준은 약 37상자이다.

6.3 재고관리 문제의 확장

6.3.1 유통망과 안전재고의 풀링

어느 식품제조업체가 여러 도시에 분산되어 있는 수요에 대비하여 각 지역별로 물류센터를 구축하고 각 물류센터마다 필요한 안전재고를 보유한다고 가정하자. 각 지역에서 발생하는 예상치 못한 불규칙한 수요는 해당 물류센터의 안전재고로 대처한다. 이 경우 지역별 수요패턴에 따라 어느 한 물류센터의 재고는 고갈될 수 있지만 다른 물류센터의 재고는 상당한 여유가 있을 수도 있다. 여유 재고가 있는 물류센터에서 그렇지 못한 물류센터로 급히 배송해 줌으로써 품절을 막을 수 있지만, 여러 곳에 퍼져 있는 물류센터 간에 신속한 업무 협조를 유지하기는 쉽지 않다. 물류센터 간 운송비용도 부담해야 하며, 각 물류센터별로 수익과 성과를 평가할 때 관련 상품의 처리로부터 발생하는 비용과 수익을 할당하는 것도 매우 번거롭다. 예를 들어, 상품의 보관, 서비스 처리 비용은 물류센터 C에서 발생하지만 수익은 물류센터 D에서 챙길 수 있다.

만약 두 지역의 물류센터 C와 D에서 보유하고 있는 안전재고를 한 곳에 집중시켜 이곳에서만 서비스를 제공한다고 가정해 보자. 즉, 재고 풀링(pooling) 또는 집중화(centralization)를 고려하는 것이다. 한 곳에 재고를 몰아놓으면 C와 D 두 곳에서 재고를 나누어 처리할 때보다 재고 불균형을 줄일 수 있어 고객에 대한 서비스수준은 개선될 수 있다. 이전과 같은 수준의 안전재고를 보유하더라도 품절의 가능성을 조금 더 줄일 수 있으며, 동일한 서비스수준을 유지하려고 할 때에도 안전재고 보유량이 다소 줄어든다. 다음의 간단한 사례를 가지고 이 문제를 좀 더 설명해 보자.

가공식품을 생산하여 여러 지역의 소매점들에 판매하는 식품 제조업체가 두 지역에 물류센터를 운영하고 있다고 하자. 생산시설에서 물류센터까지의 리드타임은 약 1주일이다. 현재 이 기업의 재고전략은 서비스수준을 97%로 유지하는 것이다. 즉, 두 물류센터에서 재고가 부족할 확률이 3% 이하가 되도록 하는 것이다. 지금 이 식품 제조업체는 2개 물류센터를 하나로 통합하여 운영할 것을 고려하고 있다. 통합된 물류센터에서도 이전과 같이 서비스수준을 97%로 유지하려고 한다. 공장에서 두 제품에 대한 주문비용은 주문당 60,000원이고, 재고유지비용은 1주당 270원이다. 현재 유통시스템하에서 물류센터에서 소매점으로의 수송비용은 제품 1단위당 1,050원이다. 반면 통합 물류센터에서 소매점으로의 수송비용은 제품 1단위당 1,100원이다.

[표 6.3]과 [표 6.4]는 제품 A와 B에 대한 8주 동안의 수요량 변화와 이에 대한 통계분석 결과를 나타낸 것이다. 주별 평균 판매량은 제품 A가 제품 B보다 많지만, 판매량의 변동성은 변이계수에서 보듯이 제품 B가 제품 A에 비해 상당히 크다. 만약 두 물류센터를 하나로 통합한다면 판매량의 변동성은 어떻게 달라질까? 이에 대한 해답은 [표 6.4]의 세 번째 행에 나타난 합계를 보면 알 수 있다. 통합 물류센터에서 제품 A의 수요는 분산된 두 물류센터에서 제품 A에 대한 수요들의 합과 동일하다. 하지만, 통합 물류센터에서 제품 A에 대한 수요의 표준편차 또는 변이계수의 값은 분산된 두 물류센터에서 수요의 표준편차나 변이계수의 합보다는 훨씬 적음을 주목할 필요가 있다. 이러한 결과는 제품 B의 경우도 동일하다.

표 6.3 서로 다른 물류센터의 주별 제품 판매량

		1	2	3	4	5	6	7	8
제품 A	물류센터 C	33	45	37	38	55	30	18	58
	물류센터 D	46	35	41	40	26	48	18	55
	계	79	80	78	78	81	78	36	113
제품 B	물류센터 C	2	30	40	1	1	15	30	1
	물류센터 D	20	40	1	2	30	15	1	2
	계	22	70	41	3	31	30	31	3

표 6.4 제품별 판매량에 대한 통계분석

	제품	평균수요	수요의 표준편차	변이계수
물류센터 C	A	39.25	13.18	0.34
	B	15.00	16.18	1.08
물류센터 D	A	38.63	12.05	0.31
	B	13.88	15.09	1.09
합계	A	77.88	20.71	0.27
	B	28.88	21.50	0.74

자, 그렇다면 분산된 물류센터를 하나로 통합할 때 주문량과 재고량에는 어떠한 변화가 나타날까? [표 6.5]는 분산된 두 개의 물류센터와 하나로 통합된 물류센터의 경제적 주문량과 평균재고량을 계산한 것이다(이들 수치들은 독자 스스로가 계산할 수 있어야 한다!). 물류센터가 통합될 때 제품 A의 경제적 주문량은 13.0%, 평균재고량은 26.3% 줄일 수 있다. 반면 제품 B의 경제적 주문량은 45.9%, 평균재고량은 30.1% 낮출 수 있음을 알 수 있다.

이 사례는 안전재고 풀링의 개념을 보여준다. 안전재고 풀링은 여러 지역의 수요를 하나로 통합했을 때 수요의 변동성이 감소함을 의미한다. 지역별로 다른 수요를 합치면 특정 고객의 높은 수요를 수요가 낮은 다른 지역에서 상쇄할 수 있기 때문에 가능하다. 이러한 변동성의 감소는 안전재고 감소를 가져와 결과적으로 평균재고도 감소하게 된다.

표 6.5 물류센터 운영방식별 안전재고, 재주문점 및 경제적 주문량

			리드타임 평균수요	안전재고	재주문점	경제적 주문량	평균재고[+]
분산 운영	C	A	39.25	24.79	64.04	132.08	178.99
		B	38.63	22.66	61.28	131.02	
	D	A	15.00	30.43	45.43	81.65	138.90
		B	13.88	28.39	42.26	78.53	
통합 운영	A		77.88	38.95	116.83	186.04	131.98
	B		28.88	40.43	69.31	113.28	97.07

[+] 각 물류센터에서 제품별 평균재고는 경제적 주문량의 절반과 안전재고량의 합계이다. 각 물류센터의 평균재고는 두 제품 A와 B의 평균재고량을 합한 것이다.

위의 안전재고 풀링 사례로부터 다음과 같은 의미 있는 시사점을 얻을 수 있다.

첫째, 통합된 물류센터를 통한 중앙집중화된 재고관리는 안전재고와 평균재고를 감소시킨다. 중앙집중된 물류센터에서는 한 지역의 수요가 전체 지역의 평균보다 높다면 다른 지역의 수요는 평균보다 낮음을 의미하기 때문에, 여분의 재고를 평균보다 높은 지역의 수요를 위해 재분배를 할 수 있게 된다.

둘째, 변이계수가 높아질수록 중앙집중화된 재고관리로부터 얻게 되는 이익은 커진다. 평균재고는 전술한 바와 같이 주별 수요에 따른 주문량과 수요 변동과 관련된 안전재고의 합이다. 평균재고 감소는 주로 안전재고 감소를 통해 이루어지기 때문에 변이계수가 높을수록 안전재고가 재고 감소에 미치는 영향은 커진다.

셋째, 두 지역에서 수요의 변화가 음의 상관관계를 보일 때 안전재고 풀링에 의한 이익은 증가하며, 수요 변화가 정반대라면 통합의 효과는 극대화된다(여기서 음의 상관관계는 한 지역의 수요량이 증가할 때 다른 지역의 수요량을 감소하는 경우를 말한다). 즉, 전체 시장에 있는 여러 세분시장들의 수요변화가 음의 상관관계를 가질 때 안전재고 풀링에 의한 이익은 증가한다. 반면 수요량 변화가 지역별로 큰 차이가 없는 경우에는 물류센터를 한 곳에 집중하여 통합·운영하여도 그로 인한 혜택이 발생하지 않는다.

그렇지만 재고의 집중화 또는 물류센터의 통합적 운영은 고객 입장에서 보았을 때 단점도 많다. 우선 서비스 처리나 배송 소요시간이 상대적으로 증가할 수 있으며, 고객이 해당센터에 방문해야 하는 경우에는 여러 곳에 서비스센터가 분산해 있는 경우보다 더 불편하게 되어 고객 만족도는 떨어질 수 있다.

6.3.2 ABC 재고관리

재고관리에는 시간과 비용 등 인적자원과 물적자원이 수반된다. 이들 자원의 사용이 제한된다면, 재고관리에 이용 가능한 자원을 최선의 방법으로 사용할 필요가 있다. 달리 말하면 기업에는 수천 가지의 품목을 재고로 보유하고 있지만, 효율적인 재고관리는 모든 품목이 아닌 중요한 몇 개 품목의 재고관리에 한정된 가용자원을 집중하는 것이다. ABC 재고분류는 재고품목의 종류가 매우 많을 때 재고품목을 재고가액에 따라 A, B, C 세 가지로 분류하여 경영자가 고가 품목의 재고관리에 집중하도록 하는 것이다. 다음의 예를 살펴보자.

[표 6.6]에는 10개의 재고품목에 대한 연간 매출량(또는 생산에 투입되는 원재료라면 사용량)과 단가가 나타나 있는데, 재고가액이 높은 품목에서 낮은 품목 순서로 정리되어 있다. 재고가액은 품목의 연간 매출량(사용량)에 단가를 곱한 매출액(사용액)이다.

ABC 분석의 첫 단계는 품목별로 연간 수요량과 단가를 곱하는 것이다. 다음 단계는 이 가액을 기준으로 순위를 정하여 [그림 6.8]과 같은 파레토 도표를 그리는 것이다. 마지막으로 파레토 도표 모양의 변화를 관찰하여 재고 품목을 A, B, C로 분류한다. A부류로 분류되는 품목은 품목 수 비중이 20%이지만 금전적인 가치의 비중은 72.4%에 해당한다. B부류는 품목 수 비중이 30%이나 금전적인 가치의 비중은 21%에 해당하며, C부류는 품목 수 비중 50%, 금전적인 가치 비중 6.7%에 해당한다.

표 6.6 재고품목별 연간 사용량 및 단가

품목번호	연간 매출량 (상자)	단가 (천원)	연간 매출액 (천원)	매출액		품목 수 누적비율(%)	분류
				비중(%)	누적 비중(%)		
5	4,000	21	84,000	53.3	53.3	10.0	A
3	2,000	15	30,000	19.0	72.4	20.0	A
4	1,100	20	22,000	14.0	86.3	30.0	B
7	3,000	2	6,000	3.8	90.2	40.0	B
9	500	10	5,000	3.2	93.3	50.0	B
1	700	6	4,200	2.7	96.0	60.0	C
8	2,500	1	2,500	1.6	97.6	70.0	C
10	1,000	2	2,000	1.3	98.9	80.0	C
6	100	10	1,000	0.6	99.5	90.0	C
2	200	4	800	0.5	100.0	100.0	C

A부류에 속하는 품목은 자주 재고를 관찰하여 평균 주문량(로트 크기)을 줄여 높은 재고회전율을 유지하는 것이 중요하다. 반면 B부류에 해당하는 품목은 중간 정도 수준의 재고관리가 요구된다. 재고조사 빈도를 줄이는 대신에 적절한 안전재고를 보유함으로써 비용 효율적으로 수요 변화에 대응할 수 있다. C부류의 품목은 재고유지비용이 낮기 때문에 재고수준이 높아도 큰 문제가 되지 않는다. 따라서 이들 품목의 재고관리는 안전재고와 로트크기를 증가시키는 것으로 충분하다.

그림 6.8 ABC 분석의 도표

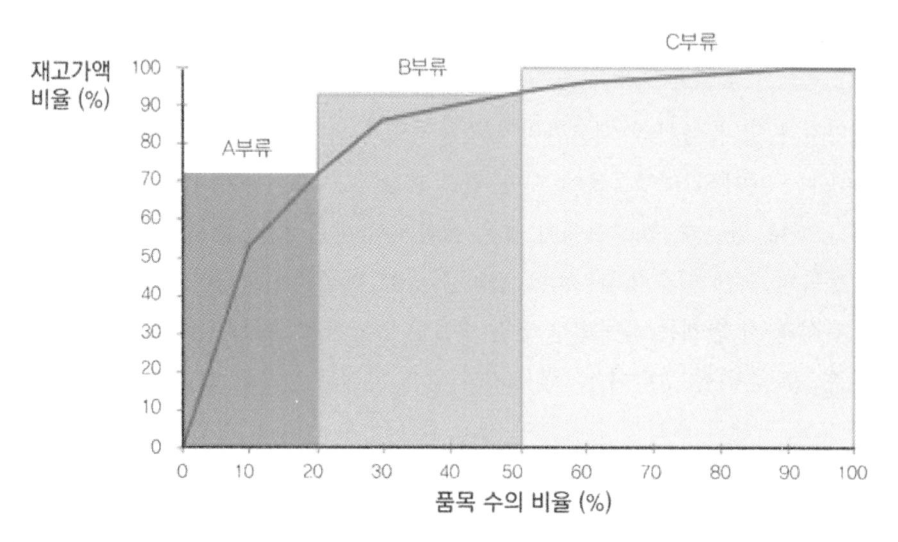

ABC 분석은 재고품목을 재고가액에 따라 세 가지로 분류하여 경영자가 고가 품목의 재고관리에 집중할 수 있도록 하는 기법이다. 보통 A부류에 품목 수는 20% 내외이면서 가액은 상당한 비중을 차지하도록 분류한다. A부류에 속한 품목은 자주 관찰하여 평균 로트크기를 줄여 높은 재고회전율을 유지하도록 한다.

ABC 재고관리에서 중요한 점은 정확한 재고기록이다. 많은 회사들이 RFID를 통해 재고가 공급망의 어느 지점에 있는지 추적한다. 제품과 함께 포장된 RFID 칩은 제품 정보를 포함하고 있어 수신기로 이 칩을 인식하면 해당 신호가 중앙으로 전송되어 처리된다. 이외에도 주기적인 재고실사(cycle counting)도 시행한다. 이는 재고 보관 장소에서 사람이 직접 전체 재고품목에서 일부 품목을 매일 세어봄으로써 오류를 수정하는 방법이다.

ABC 분석은 기본적으로 매출액을 위주로 하지만 그 외에도 리드타임, 진부화, 공급·획득가능성, 대체가능성, 중요성 등과 같은 비금전적인 가치를 기준으로 삼을 수 있다. 비금전적 가치의 평가기준은 비용 외적인 여러 요소들이 얼마만큼 중요한가에 대한 경영자의 주관적인 평가를 나타내는 종합적 지표라고 할 수 있다.

6.4 정보 수집과 공급망 관리 기술

6.4.1 채찍효과

앞의 재고관리 모형은 리드타임과 수요예측을 고려한 최적화 모형이다. 하지만 이러한 재고관리 모형이 갖는 문제는 예측한 수요가 항상 맞지 않다는 점에 있다. 잘못된 수요 예측에 근거한 전통적인 재고관리 방식이 오히려 공급망의 각 단계에 변동성을 증가시키는 주요한 요인이 될 수 있다.

1980년대 미국의 대학교수들이 기업의 실제 현장 자료를 분석하다가 유통경로상에 내재되어 있는 독특한 현상을 알게 되었다. 어떤 제품에 대한 소비자의 수요는 변화가 거의 없는 반면에, 재고나 이월주문 수준은 소매업체에서 도매업체, 제조업자 등 공급망을 거슬러 상류로 올라갈수록 변동이 심해진다는 것이다. 즉, 소매상의 제품 판매량은 거의 일정하고 다른 때에 비해 수요가 특별히 높거나 낮은 날이 없었는데도 불구하고 유통업자들이 제조업자에게 내는 주문량은 소매점의 판매에 비해 변동 폭이 컸다.

공급망에서 나타나는 이러한 변동 폭의 증가를 채찍효과(bullwhip effect)라고 부른다. 채찍효과는 소를 몰 때 긴 채찍을 사용하면 손잡이에서 작은 힘이 가해져도 끝 부분에서 큰 힘이 생기는 현상과 유사하여 붙여진 이름이다. 달리 말하면 최종소비자의 수요량은 변동이 크지 않으나 소매상, 도매상, 제조업체 등 공급망을 거슬러 올라갈 때 수요량의 변동이 확대되는 현상을 칭한다.

채찍효과는 [그림 6.9]에 나타난 바와 같이 다음과 같은 방식으로 이해할 수 있다. 어떤 상품의 유통경로가 제조업자, 도매상, 소매상, 최종소비자라고 하자. 최종소비자의 수요가 일정 부분 늘어나게 되면, 소매상에서는 수요가 늘어난 만큼 재고가 부족하게 되고 재고부족분과 예측의 불확실성을 감안하여 주문량을 늘이게 되는데, 이때 늘어난 수요보다 많은 수량을 구매하게 되고, 재고도 자연스럽게 많이 비축을 하게 된다. 도매상이 최종 소비자의 수요 자료를 직접 알 수 없다면 수요 예측을 위해 소매상이 낸 주문을 이용하게 된다. 도매상은 소매상에서 주문을 늘린 만큼 수요의 증가분과 불확실성에 대한 안전재고를 구매하게 되고, 그 구매물량은 실제 소매상의 수요 증가분보다 많게 된다. 도매상이 제조업자에 구매할 때에도 똑같은 현상이 발생하게 된다. 즉 소비자들이 주문을 약간 늘리면 소매상들은 주문을 좀 더 많이 하고, 도매상들은 아주 많이 하며, 제조업체에서는 엄청난 양을 생산하게 된다(식품산업 인사이드 6.1 『비어게임과 채찍효과』를 참고하시오). 결론적으로, 채찍효과는 최종 소비자의 약간의 수요 변화가 제조업자의 생산 계획에 큰 영향을 줄 수 있다는 현상을 설명한다. 채찍효과의 영향은 공급망의 상류로 올라갈수록 재고가 증가한다는 것에 있다.

그림 6.9 채찍효과

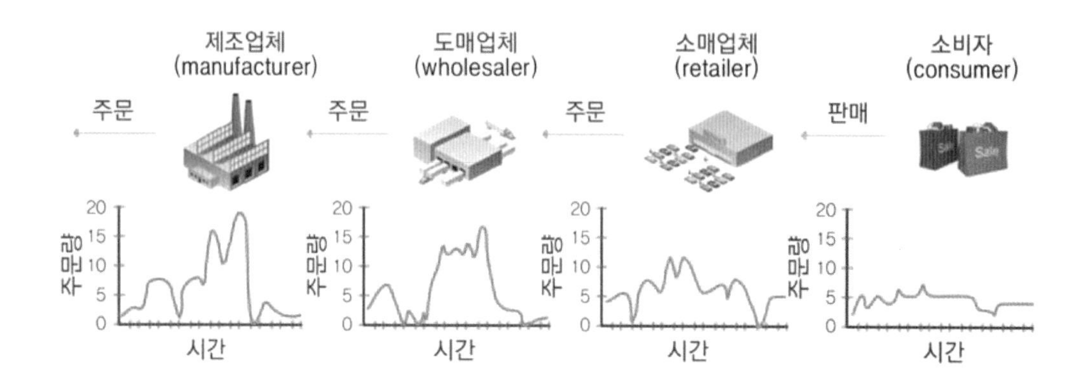

식품의 공급망 전체에서 각 참여자들이 최종 소비자의 실제 수요량보다는 주문량에 의존하여 각자 수요 예측을 할 때 주문량의 변동은 상류 쪽으로 갈수록 점점 커진다. 이러한 현상을 채찍효과라고 한다. 채찍효과의 영향은 각 유통단계별로 재고가 증가한다는 것에 있다. 채찍효과를 방지하기 위한 방법은 공급망의 각 단계에서 실제 소비자의 수요에 대한 완전한 정보를 제공하는 것이다.

이러한 채찍 효과를 방지하기 위한 방법으로 정확한 수요예측, 리드타임 단축, 전략적 파트너십 등이 있을 수 있다. 공급망의 각 단계에서 실제 소비자의 수요에 대한 완전한 정보를 제공한다면 채찍효과를 감소시킬 수 있을 것이다.

우리는 앞의 6.2.4절에서 리드타임의 증가가 안전재고와 재주문량을 증가시킬 수 있음을 보았다. 이런 이유로 인하여 리드타임을 단축할 수 있다면 공급망 내의 채찍효과를 충분히 감소시킬 수 있다. 리드타임은 일반적으로 두 가지로 구성되어 있다. 제품을 생산하고 공급하는 데 소요되는 주문 리드타임과 주문이 처리되는 데 소요되는 정보 리드타임이다. 주문 리드타임은 후술할 크로스도킹(Cross-Docking)의 사용을 통해 감소시킬 수 있으며, 정보 리드타임은 EDI(전자식문서교환방식)에 의해 감소시킬 수 있다.

이와 유사하게 소매점에서 공급업자에게로 판매시점정보(POS)를 전달하는 것은 공급업자가 POS데이터를 분석함으로써 미래에 발생할 수요를 예측할 수 있기 때문에 리드타임을 줄이는 데 큰 도움을 줄 수 있다. 이러한 점은 후술할 정보 수집 및 교환, 처리 기술에 관한 절에서 좀 더 상세하게 설명한다. 전략적 파트너십도 정보가 공유되고 재고가 공급망 전체 차원에서 관리되기 때문에 채찍효과의 영향을 제거할 수 있다. 예를 들어 [식품산업 인사이드 6.3]에 소개된 VMI(Vender Management Inventory)이라 불리는 공급자 재고관리 방식은 생산자가 직접 소매점 진열대의 재고를 관리한다. 또한 자체적으로 얼마만큼의 재고를 보유할지와 매시기 소매점에 얼마만큼의 제품을 공급할 것인가를 결정한다. 그러므로 공급자 재고관리에서는 생산자가 소매점의 주문에 의존하지 않게 되어 채찍효과를 회피할 수 있게 된다 (이에 대한 자세한 사항은 식품산업 인사이드 6.3을 참고하시오).

식품산업 인사이드 6.1

비어게임과 채찍효과

비어게임(Beer Distribution Game)은 1960년대 MIT 대학교의 포레스터(Jay Forrester) 교수에 의하여 개발된 시뮬레이션 게임이다. 물류의 기본을 익히기 위하여 많은 MBA학교들이 수업과정에 도입하여 진행하고 있다. 이 게임은 유통과정에서 재고가 필요 이상으로 발생하는 원인을 파악하기 위한 게임이다. 한 팀은 4명으로 구성되고, 각 팀원은 소매상, 도매상, 물류창고, 공장 가운데 하나를 담당하게 된다. 각 팀원은 게임 시작 전에, 12개의 재고를 가지고 있다. 각 팀원이 주문을 할 경우, 해당 주문이 상류 단계로 전달되기까지 2일이 소요되며, 하류 단계로의 배송 처리에 2일이 소요된다. 따라서 주문건을 배송받기까지 총 4일이 소요된다. 재고가 모자라서 전량을 배송하지 못한 경우, 다음날 추가로 배송할 수 없으며 손실로 처리된다. 각 팀원은 게임 도중 서로 대화를 나눌 수 없으며, 주문과 배송 역시 다른 팀원이 볼 수 없다. 재고가 모자라서 발생한 손실은 1개당 15달러이고, 재고유지비용은 1개당 5달러라고 가정한다. 게임의 목표는 재고가 모자라거나 넘치지 않도록 유지하는 것이다.

게임 방식은 다음과 같다. [고객]으로부터 매일 4~8개의 맥주 주문이 임의로 발생한다. 주문을 접수받은 [소매상]은 주문량을 소비자에게 배송하고 자신의 재고량과 주문량을 고려하여 적절한 수량을 [도매상]에게 주문한다. 주문을 접수받은 [도매상]은 주문량을 [소매상]에게 배송하고 자신의 재고량과 주문량을 고려하여 적절한 수량을 [물류창고]에게 주문한다. 주문을 접수받은 [물류창고]는 주문량을 [도매상]에게 배송하고 자신의 재고량과 주문량을 고려하여 적절한 수량을 [공장]에게 주문한다. 주문을 접수받은 [공장]은 주문량을 [물류창고]에게 배송하고 자신의 재고량과 주문량을 고려하여 적절한 수량을 생산한다.

위 과정을 약 60일 반복한다. 각 팀원은 매일 발생하는 재고와 주문 및 배송 수량을 기록한다. 60일의 반복과정을 마친 뒤, 데이터를 비교해본다. 소비자 측에서의 맥주 구입은 4~8개로 고정되어 있었다. 따라서 상식적으로 생각해보면 소매상과 도매상, 물류창고 또한 8개 이상의 재고를 유지할 이유가 없다. 하지만 게임의 결과는 어떻게 되었을까? 대부분의 팀에서 각 유통단계의 팀원들이 가진 재고는 100개 이상이었다. 왜 이러한 현상이 발생하는 것일까? 잘못된 수요예측과 재고관리로 인해 채찍효과가 발생한 것이다.

자료: Simchi-Levi, David et al., 2012. *Designing and Managing the Supply Chain: Concepts, Strategies and Case Studies*, 3rd ed., McGraw-Hill.

6.4.2 판매정보 수집 및 처리 기술

전술한 바와 같이 식품의 유통단계에서 발생할 수 있는 채찍효과에 효율적으로 대응하기 위한 수단의 하나가 정보의 수집과 공유이다. 재고관리비용을 낮추기 위해서는 최종 소비자의 구매 동향을 파악하고 이에 대응한 식품 생산 및 재고관리가 필요하다. 이러한 점에서 최종 소비자의 구매처라고 할 수 있는 판매점 단계에서 판매정보를 어떻게 정확하고 신속하게 수집하여 이를 공급망에 참여하는 참여자들과 공유하느냐가 중요해진다. 식품산업에서 각 기업들이 사용하는 정보 수집, 교환 및 처리 기술에 대해 간략하게 살펴보자.

POS

POS(point of Sale: 판매시점관리) 시스템은 식품 판매점에서 각 상품별로 발생하는 판매데이터를 단말기로 수집하고, 수집된 정보를 상품의 주문과 생산에 반영하는 시스템이다. 판매데이터는 매출이 발생하는 시점에서 판독기를 이용하여 상품의 바코드(Barcode)나 OCR(Optical Character Recognition)을 통해 읽어들인 후에, 온라인에 의해 주 컴퓨터(Host Computer)에 연결된다. POS 시스템은 [그림 6.10]에서 보듯이 바코드(Barcode), 판독기(Scanner), 단말기(Terminal)로 구성된다. 종래의 직접 손으로 입력하는 키인(key-in) 방식이 아닌 광학판독방식의 판독기를 통해 자동으로 상품의 판매정보를 수집하고 상품의 매입, 배송 등에서 발생하는 각종 정보를 각 업무별로 활용 가능하도록 컴퓨터로 정보를 가공, 전달하는 시스템이다. 달리 말하면, 소매업의 종합경영정보시스템이라 할 수 있다.

상품이 판매되면 판매점의 점원은 POS 단말기에 부착된 판독기로 바코드를 읽어들여 터미널에 저장한다. 터미널은 저장된 바코드 정보를 점포 내에 설치된 점포 제어기(Store Controller)로 전송한다. 각 점포 내에 설치된 점포 제어기는 구매본부의 호스트 컴퓨터와 인터넷으로 연결되어 있어, 상품명, 가격 등 상품의 최신정보가 항상 저장되어 있다. 점포 제어기가 전송받은 바코드 정보를 상품 마스터 정보와 비교하여 일치하는 상품 마스터 정보를 다시 터미널로 전송하면, 터미널은 상품 마스터 정보를 받아 영수증을 출력한다. POS시스템은 이러한 절차를 거치면서 점포제어기에 판매정보를 차곡차곡 기록한다. 이렇게 기록한 정보를 모아 판매점의 판매량, 재고량 등 필요한 정보를 만들 수 있다. 또한 이 정보를 인터넷을 통해 본부의 호스트 컴퓨터로 전송하여 상품별 판매량·재고량의 파악, 점포별 일일, 주간, 월간 판매실적 등의 자료를 실시간으로 분석할 수 있도록 집계된다. 소매유통업체에서는 집계된 판매정보를 각 지역에 있는 유통센터에 전달하고 유통센터에 설치되어 있는 EOS(전자주문시스템: Electronic Ordering System)와 연결시켜 발주와 동시에 출하하는 물류시스템을 사용하고 있다(식품산업 인사이드 6.4의 사례를 참조하시오).

그림 6.10 POS 시스템의 구성

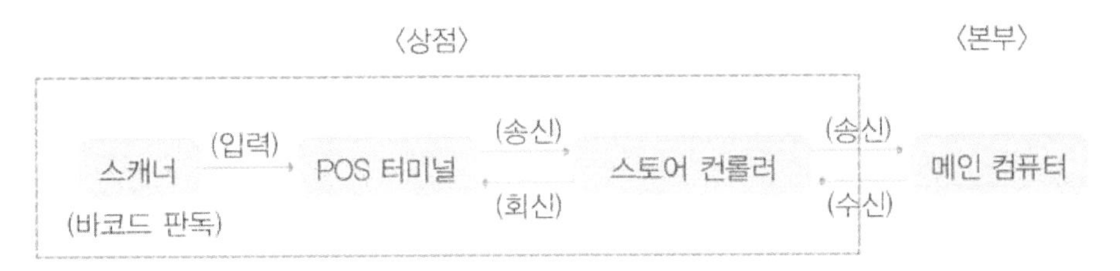

식품의 POS시스템은 식품 판매점에서 각 상품별로 발생하는 판매 데이터를 단말기로 수집하고, 수집된 정보를 상품의 주문과 생산에 반영하는 소매업의 종합경영정보시스템이다. POS시스템은 바코드(Barcode), 판독기(Scanner), 단말기(Terminal)로 구성된다. 광학판독방식의 판독기를 통해 자동으로 수집되어 기록된 상품의 판매정보는 인터넷을 통해 본부의 호스트 컴퓨터로 전송하여 상품별 판매량·재고량의 파악, 점포별 일일, 주간, 월간 판매실적 등의 자료를 실시간으로 분석할 수 있도록 집계된다.

이러한 물류시스템은 각 점포의 수발주 업무를 신속하고 합리화함으로써 각 지역 물류센터의 재고를 최소화하는 효과를 가진다. 또한 월별, 주별, 일별로 집계된 매출정보를 기초로 정확한 마케팅정책을 수립할 수 있으며 상품계획에서도 판매상품을 ABC분석에 따라 분류하여 인기, 비인기 상품별로 마케팅전략을 수립하거나 현재 상황에 시기적절한 상품 구색을 갖출 수 있다. 고객관리 측면에서도 고객의 연령별 및 성별 구입 금액 등의 정보를 통해 고객 동향을 빠르고 쉽게 파악할 수 있다(식품산업 인사이드 6.2『편의점의 숨은 과학』을 참고하시오).

RFID

RFID(Radio Frequency Identification: 무선식별시스템)는 물체나 동물 또는 사람 등을 식별하기 위한 통합기술로 반도체 칩과 안테나, 리더기로 구성된 무선주파수시스템이다. 주로 개별 상품, 케이스(박스), 파렛트 등에 태그(tag)를 부착하여 사용하는데, 태그 안에 내장된 반도체 칩에는 태그가 부착된 상품의 정보가 저장되어 있고, 안테나는 이러한 정보를 무선으로 수 미터에서 수십 미터까지 전송하며, 리더기는 이 신호를 받아 상품정보를 해독한 후에 컴퓨터로 보낸다. 따라서 태그가 달린 모든 상품은 언제 어디서나 자동적으로 확인 또는 추적이 가능하다. 바코드는 가격, 제조일 등 제한된 정보만을 담을 수 있는 반면, RFID는 기억용량에 제한이 없어 기존 바코드에 기록할 수 있는 정보 외에 제품의 원산지, 중간이동과정, 현재 상태, 구매 이력 등 다양한 정보를 저장할 수 있는 장점이 있다.

EDI

EDI(Electronic Data Interchange: 전자문서교환방식)는 식품기업 간의 거래문서를 정형화된 양식 및 코드체계를 이용하여 컴퓨터가 처리 가능한 형태로 교환하는 시스템이다. 즉, 문서나 전자우편(e-mail)처럼 사람이 판독 가능한 형태가 아닌 전자적으로 부호화된 문서를 기업의 전산통신설비로부터 거래 상대방의 전산통신설비로 전송함으로써 기업 간 거래 정보의 교환을 지원하는 시스템이다. EDI는 서류가 없는 거래를 가능하게 하여 물류정보처리의 시간과 비용을 단축하고 신속, 정확한 주문과 전달을 통해 고객서비스를 향상시킬 수 있다는 장점이 있다.

식품산업 인사이드 6.2

편의점의 숨은 과학

편의점 주인이 날씨 예보를 가장 많이 접하는 곳은 어딜까? 신문, TV, 라디오…. 모두 정답이 아니다. 정답은 바로 편의점 매장에 비치된 POS(판매시점관리) 단말기다. 대부분의 국내 편의점 본부에서는 전국 가맹점에 하루 2~4차례 지역단위로 세분화된 날씨 정보를 전송한다.

똑똑한 매장관리가 매출증대

날씨가 중요한 이유는 주문량과 매출액에 큰 영향을 미치는 핵심 정보이기 때문이다. 단말기에 비 예보가 뜨면 업주는 본사에 컵라면이나 따뜻한 캔커피 주문을 늘린다. 소나기 예보는 우산 주문량을 늘리라는 신호다. 단말기에는 날씨가 비슷했을 때의 매출량을 기준으로 삼아 분석한 권장주문량까지 뜬다. 어느 편의점 체인은 이렇게 날씨 정보에 따라 발주량을 조절하는 체계를 도입했더니 전체 매출이 30%가량 뛰었다고 한다.

편의점에서 파는 모든 상품은 매주 매출 기여도에 따른 주간 성적표를 받는다. 매출 기여도 순으로 'A, B, C' 등급으로 분류해 A등급 상품은 손님이 꺼내기 쉬운 매대 앞자리로 모신다. 매출 기여도가 현저히 떨어지는 F학점 상품은 퇴출 수순을 밟는다. 판매대 사이에서도 치열한 '땅따먹기'가 벌어진다.

POS 시스템은 각 편의점에 설치된 판매대의 생산성을 색깔로 표시해 해당 매장의 단말기로 전송한다. 생산성이 높은 판매대는 파란색, 낮은 매대는 빨간색 등과 같은 방식이다. 평균 66㎡(20평) 남짓한 매장에 1,500여 가지 상품을 판매하고 몇몇 인기상품이 전체 매출에서 차지하는 비중이 큰 편의점의 특성상 과학적인 관리 없이는 매출 극대화가 어려울 수밖에 없다.

신선식품 관리시스템도 작동

삼각김밥, 샌드위치 등 편의점의 신선식품은 다른 물품보다 '바코드'가 길다. 편의점 업계는 신선함이 생명인 이들 품목의 바코드에는 기존의 13자리에 유통기한 정보를 담은 바코드 3자리를 추가해 유통기한이 지나면 아예 계산이 안 되게 한다. 유통기한 30분~1시간 전에는 단말기로 '유통기한 알람'도 보내준다.

이처럼 체계적인 관리는 판매시점에서 스캐너로 상품의 바코드를 읽는 것과 동시에 판매된 품목, 가격, 수량 등의 정보를 컴퓨터로 입력시키는 POS 시스템이 구축돼 있어 가능하다. 이 정보로 매출 동향을 분석해 적정재고량과 주문량을 유지할 수 있다. 좀 더 상세한 분석을 위해 편의점 종업원은 계산대에서 고객의 나이를 짐작해 10여 개 군으로 분류한 고객정보도 입력한다.

자료: 동아일보, 2010.2.26

식품산업 인사이드 6.3

식품산업의 공급망 관리 전략

식품 제조기업, 식자재유통기업, 식품소매업체 등이 식품의 공급망 관리를 효율적으로 수행함으로써 채찍효과나 불확실성에 기인한 여러 비용을 줄이고 고객 만족도와 기업수익률을 높이기 위해 도입하고 있는 물류 및 재고관리 전략으로 QR, JIT, ECR, VMI, CRP 등이 있다.

신속대응(Quick Response: QR)기법 소매업과 제조업자가 협력하여 판매점에서 발생하는 판매정보를 신속하게 생산에 반영시켜 재고 삭감과 히트 상품 개발, 추가 생산을 가능케 하는 경영전략이다. QR은 1980년대 미국 의류업계를 중심으로 시작되었는데, 고객과 생산자 경로 사이에 걸쳐 있는 많은 재고를 줄여 상품 공급망의 효율을 극대화했다는 측면에서 공급망 관리의 시초가 되었다.

QR의 실현에는 소매업과 제조업의 정보 공유가 필요하다. 소매업은 POS 데이터를 제조사에게 공개하고 제조사는 상품 재고, 현재 일어나고 있는 상황 등의 데이터를 실시간으로 관리하여 소매업과 공유한다. 이러한 신속대응시스템은 기업의 원자재 조달부터 상품이 소매점에 진열되기까지의 리드타임을 단축하고 재고를 감축시키는 효과를 가져왔다.

효율적인 고객대응(Efficient Consumer Response: ECR) 식품산업에서 적용된 일종의 QR 기법으로 고객의 만족에 초점을 두고 공급망의 효율을 극대화하기 위해 고안된 수요기반의 재고보충시스템이다. ECR은 공급업자와 소매업자가 서로 적대적이 아닌 협동의 자세로 소비자 수요와 POS 데이터 정보를 공유하여 공급망에 상존해 있는 비효율적인 요소들을 제거함으로써 생산성을 높이고 동시에 소비자에게 양질의 제품과 서비스를 제공하는 효과를 가져왔다.

적시생산시스템(Just in Time: JIT) 고객이 필요로 하는 상품을 적시에 생산하는 것으로 이는 대량생산방식에서 불필요한 생산요소를 철저히 배제하면서 부가가치를 높이기 위한 생산방식이다. 이 방식은 본질적으로 낭비의 제거를 목적으로 한다. JIT는 주로 외식업체의 재고관리에 사용되며, 고객에게 판매될 제품과 그 제품의 판매될 수량만을 생산하여 고객이 요구하는 시간에 납품을 하는 것이 목적이다.

JIT는 고품질의 식자재나 원료를 필요한 만큼 소량으로 구입할 수 있으므로 결과적으로 품질 향상뿐만 아니라 재고비용의 절감을 통해 경쟁력을 확보할 수 있다. 또한 JIT시스템은 로트의 크기를 최소화하여 작업준비시간의 단축, 재고 감소, 리드타임 단축, 자재조달량 감소, 자재 운반 및 관리의 편의 등의 효과가 있는 것으로 알려져 있다.

VMI(Vender Management Inventory)시스템 소매점의 재고관리를 소매점이 아닌 공급업자(제조업체 또는 도매업자)가 담당하는 방식을 말한다. 재고관리이론에서 언급한 방식을 적용하여 소매업자가 자동보충 발주를 치밀하게 하더라도 제조업체와 도매업체에서 해당 상품이 없거나 또는 출하까지 필요 이상의 시간이 걸려 납기를 지키지 못하게 될 수 있다. 이러한 문제점 때문에 VMI하에서는 소매점의 재고관리를 공급업자에게 맡긴다. VMI 시스템에 의한 재고관리는 공급업자가 구매자의 재고 데이터에 대한 접근 권한을 가지고 구매주문도 처리한다는 측면에서, 구매자가 공급업자에게 제품을 주문하는 시기와 구매 규모를 결정하며 재고 계획을 유지, 관리하는 기존의 재고관리 방식과 크게 다르다. 즉 VMI 시스템하에서는 공급업자가 EDI 혹은 인터넷을 통해 구매자의 판매 및 재고량에 대한 정보를 공유하며, 공급업자는 구매자가 취급하는 모든 제품을 살펴보고 판매량도 확인하며 구매자의 재고계획을 기획, 유지, 수행한다. 그러나 재고에 대한 소유권을 기존 방식처럼 여전히 구매자가 갖는다.

크로스도킹(Cross Docking) 종래의 창고는 상품을 체계적으로 저장, 보관하고 입출하를 용이하게 하는 것이 주된 역할이었다. 이와는 달리 물류센터는 무재고 또는 최소 재고를 유지하면서 고객의 주문을 충족시키는 것이 주된 목적이다. 특히 다수의 매장을 운영하는 식자재유통업체의 경우 상품 회전을 빨리 하여 고객이 원하는 상품을 매장에 항시 구비하면서 재고를 줄이는 것이 판매를 늘리고 비용을 절감하는 데 필수적이다. 이를 위해 물류센터를 상품 저장 장소가 아닌 상품 이동의 중개기지로서 기능하도록 하는 것이 크로스도킹이다. 이는 말 그대로 대량의 여러 상품이 물류센터에 도착하면 보관하지 않고 바로 각 매장이나 고객의 주문에 맞게 소량으로 나누어 해당 매장이나 고객에게 배달하는 것이다.

크로스도킹은 보관 및 피킹 작업 등을 제거함으로써 물류비용을 상당히 절감시키는 것 외에도, 재고 감축, 리드타임 단축, 수송량 증대, 고객 만족도 증대 효과를 갖는다. 이것을 효과적으로 수행하려면 고객의 정확한 주문 내역과 구매 요청한 상품의 정확한 선적 내역, 도착시간 등이 사전에 물류센터에 통보되어야 한다. 즉, 입고와 출고에 필요한 모든 작업의 긴밀한 동기화를 필요로 한다.

연속재고보충프로그램(Continuous Replenishment Programs: CRP) 상품을 소비자 수요에 기초하여 소매점에 공급하는 방법이다. 기존에 소매점에 재고가 있음에도 불구하고 공급업자가 상품을 공급했던 방식을 푸쉬(Push)방식이라면, CRP는 풀(Pull)방식이라고 한다. CRP의 근간은 바로 전자문서교환시스템(EDI)이다. 초기단계에서는 소매업체 창고의 출고 데이터를 기초로 EDI 문서를 전송하게 되지만, POS데이터의 통합관리 능력이 증대됨에 따라 점포에서 실제로 판매된 판매량에 근거하여 EDI 문서 전송이 가능해진다.

공급업체는 소매점에서 보내온 단품별 판매실적과 판매예측 등 소비자 수요정보에 기초하여 상품보충이 단품별로 이루어진다. 한 번에 많은 양의 상품을 배송할 필요가 없기 때문에 소매업체의 재고수준과 운영비를 절감시키는 효과가 있다.

CPFR(Collaborative Planning Forecasting and Replenishment) VMI와 연속재고보충시스템을 구현하기 위해 마련된 웹 베이스 표준이다. 소매상, 공급업자, 솔루션 제공자들이 참여하며, CPFR의 표준을 이용하여 각 참여자들은 다양한 수요 정보를 한데 모으게 된다. 수요정보에는 과거의 판매추세나 판촉활동 등 수요 예측을 위해 필요한 모든 정보가 포함된다. 취합된 정보를 바탕으로 각 참여자들이 함께 미래 수요를 예측한다. 중요한 것은 수요 예측치와 실제치를 비교하여 그 차이를 줄이기 위해 공동으로 노력한다는 점이다. 이렇게 공급망에 참여하는 각 참여자들 간의 수요 예측을 위한 공동노력은 전술한 채찍효과를 제거하여 재고량을 상당히 줄일 수 있다. CPFR은 수요자와 공급자 주변 프로세스들의 통합으로 고객의 니즈를 만족시키면서 공급망 전체의 재고, 운전자본, 고정자산을 절감시키고 효율성과 판매량을 증가시키는 효과를 갖는다.

자료: Simchi-Levi, David et al., 2012. *Designing and Managing the Supply Chain: Concepts, Strategies and Case Studies*, 3rd ed., McGraw-Hill.

식품산업 인사이드 6.4

대형유통업체의 농식품 공급망 관리: 이마트의 GOT 시스템 사례

우리나라의 대표적인 대형유통업체인 이마트는 1993년 11월 서울 창동점 개점 이후 전국에 142개의 점포를 운영하고 있다. 현재 이마트는 6개의 물류센터가 있으며, 이 중 농산물을 취급하는 물류센터는 여주, 시화, 대구에 위치한 3개소이다.

이마트의 재고관리 원칙은 정확한 수요 예측에 의한 재고물량과 재고기간의 최소화이다. 이마트의 재고관리는 TC 방식, GOT 시스템, POS 시스템, E-Today 시스템으로 구성되어 있다. E-Today 시스템은 1일(당일) 유통망 확보를 목표로 실시간으로 매출 및 고객정보를 파악하여 상품 바이어가 산지에서 무선 발주 단말기를 통해 상품을 매입하는 시스템이다. 이로 인해 정확한 물량발주와 수요예측이 이루어져 재고관리의 효율화와 적정 상품의 적시 공급이 가능해진다. 이마트는 이 시스템을 통해 전국 점포에 대해 단기적으로 수급 동기화가 가능하도록 하고 있다.

먼저, 구매본부에서 자체 수요 예측에 따라 협력공급업체와 계약을 맺어 조달계획을 수립한다. 점포별로 매장 책임자가 하루에 한 번씩 판매현황을 즉석에서 휴대정보처리기(PDA)에 입력하여 EDI로 공급협력업체(영농조합법인, 산지농협, 산지유통인, 개별 농가 등)에게 통보한다. 협력업체는 점포별 실시간 판매정보를 토대로 발주된 물량을 구매본부, 물류센터, 점포에 통보하고 물류센터에 입고한다. 이러한 시스템을 GOT 시스템(Graphic Ordering Terminal System)라고 부른다.

그림 6.11 **이마트의 GOT 시스템**

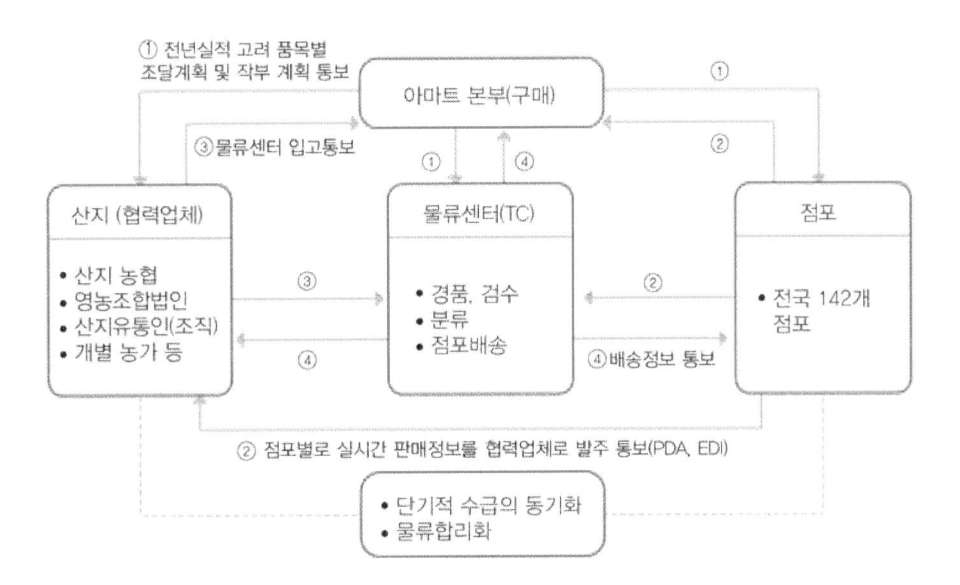

GOT 시스템에 의해 수주된 물량이 물류센터에 입고됨과 동시에 검품, 검수 후 점포별 발주물량 정보에 따라 점포별로 분류되어 즉시 이마트 자체 차량으로 배송된다. 이러한 물류센터를 통과형 물류센터(TC: Transfer Center)라 부른다. TC 방식은 산지에서 입고된 상품이 물류센터 내에서 저장, 보관되지 않고 배송되는 방식이다.

이로 인해 물류 지체시간과 재고량을 최소화함으로써 농산물의 품질과 신선도를 유지할 뿐만 아니라 재고비용 등 물류비용 절감이 가능해진다. 이러한 TC 방식의 물류센터가 가진 핵심기능은 저장, 보관, 상품화(선별, 소분소포장) 기능이 아니라 검품, 검수, 점포별 분류, 배송 등의 기능이라는 점에 주목할 필요가 있다. 이외에도 이마트는 EAN-14(표준물류바코드) 시스템을 도입하여 협력업체, 물류센터, 각 점포의 입·출하 지점에서 물류 흐름의 판독이 가능하도록 하고 있다.

이 시스템은 실시간 재고 및 창고 관리의 효율화, 산지에서 점포까지의 신속·정확한 배송, 하역단계 축소, 인력 절감, 무서류화 등의 장점이 있다. 또한 DWH(Data Ware-House) 시스템을 통하여 수집된 매출, 손익, 단품 관리 등 각종 정보를 사용하여 지역별·상황별 매출관리, 기상변화와 매출관리, 특정 상품 및 특정 시간대 매출관리 등을 분석함으로써 산지별 품목 조달과 재고관리의 효율성을 높이고 있다.

자료: KREI, 농산물 유통구조 개선을 위한 공급망관리시스템 구축방안, 2016.

요약

- 재고관리 의사결정에서 가장 중요한 것은 재고 감축과 비축에 따른 이익과 불이익의 균형을 맞추어 둘 사이의 균형점을 찾는 것이다.
- 재고관리 모형은 단일기간 모형과 복수기간 모형으로 구분되며, 복수기간 모형은 다시 고정주문량 모형과 고정주문시기 모형으로 구분된다.
- 경제적 주문량 모형 또는 고정주문량 모형은 재고총비용을 최소로 하는 주문량을 결정하는 모형이다. 이때 주문량은 수요량이 많을수록, 주문비용이 높을수록 증가하며, 반대로 재고유지비용이 높을수록 감소한다.
- 수요량이 불확실할 때 식품유통기업은 안전재고를 보유하게 되는데, 리드타임 동안의 수요의 표준편차와 서비스 수준에 따라 그 크기가 결정된다.
- 고정주문시기 모형의 안전재고는 주기조사 기간 동안의 수요와 리드타임 동안의 수요를 충족시킬 만큼을 보유하기 때문에 고정주문량 모형에 비해 그 수량이 많다.
- 부패하기 쉽거나 유통기한이 짧은 신선식품의 경우 적정한 재고량은 재고 보유에 따른 기대수익과 기대손실의 차이를 비교해봄으로써 결정할 수 있다.
- 여러 지역에 분산된 물류센터를 한 곳으로 집중시킬 때 안전재고의 감소로 평균 재고량이 줄어든다. 이때 안전재고 수준이 감소하는 정도는 수요 변동이 심한 품목일수록 더 크게 나타난다.
- 수많은 품목을 재고로 보유하고 있는 식품유통기업에게 적합한 효율적인 재고관리는 재고품목을 재고가액에 따라 A, B, C 세 가지로 분류하여 경영자가 모든 품목이 아닌 중요한 몇 개 품목의 재고관리에 한정된 가용자원을 집중하는 것이다.
- 식품의 공급망이 긴 경우에 하류시장에서 상류시장으로 갈수록 수요량(또는 주문량)의 변동이 더 크게 나타나는 채찍효과 현상이 나타난다. 이러한 현상이 나타나는 이유는 잘못된 수요 예측과 리드타임 때문이다.
- 식품유통기업은 채찍효과에 효과적으로 대응하기 위해 POS, RFID 등의 다양한 정보기술을 활용하여 제품의 판매정보를 수집, 분석하여 이를 생산자 및 공급업체들과 공유하고 있다.
- 식품기업들은 공급망 관리를 효율적으로 수행함으로써 채찍효과나 불확실성에 기인한 재고관련 비용을 줄이고 고객 만족도, 기업 수익률을 향상시키기 위해 공급업체와 유통업체 간의 전략적 파트너쉽을 형성하여 QR, JIT, ECR, VMI, CRP 등 현대화된 물류 및 재고관리 전략을 도입하고 있다.

연습문제

❶ 어느 식자재유통회사는 연간 50주 근무하며 재고관리를 하고 있는 어떤 품목에 대한 자료가 다음과 같다고 하자.

- 수요량=50,000개/연
- 주문비용=35,000원/회
- 연간 유지비용=2,000원/개
- 평균리드타임=3주
- 주간 수요의 표준편차=125개

가. 이 품목의 경제적 주문량을 계산하시오.

나. 주간 서비스수준을 95%로 유지하려고 할 때 안전재고와 재주문점은 얼마로 해야 하나?

다. 연간 주문비용과 연간 재고유지비용을 각각 구하시오.

❷ 1년에 50주 동안 점포를 여는 편의점이 있다. 이 점포의 경영자는 먹는 샘물에 대한 재고정책을 결정하려고 자료를 조사한 결과가 다음과 같다.

- 수요량=2,000개/연
- 주간 수요의 표준편차=12개
- 연간 유지비용=500원/개
- 주문비용=5,000원/회
- 주간 서비스율=95%
- 리드타임=1주

가. 거의 매일 재고조사를 한다고 할 때 경제적 주문량과 재주문점은 얼마인가?

나. 재고조사 방식을 바꾸어 주문 간격만큼을 주기로 재고조사를 하려고 한다. 현재 재고량이 없다고 한다면 적정 주문량은 얼마인가?

다. 재고비용만을 고려한다면 두 재고관리 모형(즉, Q모형과 P모형) 가운데 어느 것이 더 낫겠는가?

❸ 어느 식품소매업체는 ABC분석을 적용하여 주요 재고품목에 집중하려고 한다. 8개 재고품목에 대한 단가와 연간 수요가 다음과 같을 때 이 재고품목을 A, B, C 부류로 분류하라.

품목코드	단가(원)	수요량(상자)
22	2,100	2,500
68	2,500	30
03	850	350
41	250	250
36	4,750	20
27	20	4,000
19	350	1,020
82	4,250	50

❹ 설 연휴 기간 동안 어떤 신선식품이 단위당 20,000원에 팔린다고 하자. 정해진 기간 내에 팔리지 않은 제품은 4,000원을 받고 애견용 사료 공장으로 넘겨진다. 수요는 300개에서 800개 사이에 있을 것으로 예상하고 있다. 해당 식품의 단위당 구입비용은 8,000원이며, 수량별로 판매될 확률이 다음과 같이 주어졌다고 할 때 얼마나 주문해야 하는가?

수량	판매 확률
300	0.05
400	0.10
500	0.40
600	0.30
700	0.10
800	0.05

❺ 국내외 식품 소매유통업체들이 고객 수요에 부합한 식품의 조달 및 판매, 그리고 효율적인 재고관리를 위해 사물인터넷(Internet of things) 등의 정보기술을 어떻게 활용하고 있는지 인터넷에서 적절한 사례를 찾아 설명하여 보시오.

참고문헌

Bourlakis, M., and Weightman, P. W. 2004. *Food Supply Chain Management*, Blackwell Publishing.

Jacobs, F. R., and Chase, R. 2012. *Operations and Supply Chain Management*, 14th edition, McGraw-Hill Education.

Simchi-Levi, D. et al. 2012. *Designing and Managing the Supply Chain: Concepts, Strategies and Case Studies*, 3rd ed., McGraw-Hill.

van der Vorst, Jack G.A.J, da Silva, C. A., and Trienekens, J. H. 2007. *Agro-Industrial Supply Chain Management: Concept and Applications*, FAO.

제품차별화

학습목표

- 제품믹스의 폭과 넓이에 대한 이해
- 식품 품질의 속성과 제품차별화 방법에 대한 이해
- 정보의 비대칭성 문제로 인한 시장실패와 식품표시제의 역할에 대한 이해
- 목표마케팅과 신제품의 개발 과정에 대한 이해
- 신제품의 수요 예측 방법에 대한 이해

식품시장에서 제품의 품질을 구성하는 속성은 외관, 맛, 원재료 성분, 원산지, 생산방식, 조리 및 섭취의 편의성 등 매우 다양하다. 또한 이들 품질 속성에 대한 가치 평가도 소비자마다 크게 차이가 난다. 이러한 점은 식품시장에서 의미 있는 제품차별화를 달성할 수 있는 상당한 기회가 존재함을 의미한다. 이 장에서는 식품시장의 제품차별화와 관련된 다양한 경제학적인 문제를 다룬다.

우선, 제품차별화 이론으로 상품 자체보다는 상품을 구성하는 속성에 따른 제품차별화 문제에 대해 논의한다. 차별화의 수단이 되는 식품의 품질 속성 정보(예: 유기농 생산 여부)는 소비자가 해당 식품의 소비 이후에도 그 정보의 진위 여부를 알기 어렵다. 이러한 품질 정보의 비대칭성 문제를 해결하기 위한 정책수단으로 식품표시제의 역할에 대해 알아본다.

식품산업에 있는 기업들은 다른 기업들로부터 자신의 제품을 더 차별화하기 위해 종종 새로운 제품을 시장에 출시한다. 이러한 것들은 새로이 개선된 제품뿐만 아니라 완전히 다른 제품 라인(product line: 외형적인 것만 다르고 기본적인 것은 같은 제품)을 포함하기도 한다. 이 장의 후반부에는 제품차별화의 일환으로 기업의 신제품 고안에서부터 개발, 출시에 이르는 과정을 살펴본다. 신제품 개발은 식료품 제조업과 외식업에서 사업 성장의 중요한 요소 가운데 하나이다. 신제품을 통해 사업을 성장시키는 것이 용이하기 때문에, 식품기업들은 신제품 연구개발에 역점을 둔다. 외식업체들도 단골 고객들이 기존 메뉴에 싫증을 느끼는 것을 막기 위해 끊임없이 새로운 메뉴를 개발한다. 프랜차이즈가 아닌 독립적인 외식 자영업체는 요리법을 바꿈으로써 새로운 메뉴 품목을 내놓지만, 외식 체인업체의 경우 새로운 메뉴 품목의 추가는 식품 제조업체의 신제품 출시 과정과 많은 부분에서 유사하다.

7.1 제품의 개념

일반적으로 제품이라고 하면 스마트폰, 노트북, 티셔츠, 청바지 등과 같이 계획과 생산 과정을 통해 만들어진 특정한 형태를 가진 제조품을 생각하게 된다. 하지만 식품산업에서 소비자가 구매하려고 하는 것은 제조품과 같이 단순히 눈에 보이는 유형적인 재화뿐만 아니라 무형의 서비스도 제품의 중요한 일부분이 될 수 있다. 특히 외식산업 분야에서는 더욱 그러하다. 외식산업에서는 소비자가 단지 음식이나 서비스에 대해서만 값을 지불하는 것이 아니라 구매하는 과정에서 겪는 총체적인 경험, 예를 들면 매장 분위기, 편안함, 편리한 주차시설 등에 대해서도 가격을 지불하기 때문에 무형의 경험까지도 광의의 제품 개념에 포함할 수 있다. 따라서 식품산업에서 제품은 폭넓게 정의하여 소비자가 필요로 하고 만족하는 유형인 재화뿐만 아니라 서비스, 또는 이 두 가지가 모두 혼합된 기업의 제공물이라 정의할 수 있다. 식품산업에서 제품의 개념은 일률적이고 고정되기보다는 시장 환경과 소비자 선호 변화에 따라 끊임없이 진화한다.

식품산업에서 한 가지 제품만을 생산하여 판매하는 기업은 많지 않다. 대부분 다양한 제품을 생산하거나 또는 판매하며, 식품기업들이 성장함에 따라 처음보다 많고 다양한 제품들이 추가된다. 그리하여 식품기업의 제품차별화에 관한 의사결정은 제품 믹스에 관한 것이라 할 수 있다. 제품 믹스(product mix)는 기업이 소비자에게 판매하기 위해 생산하는 모든 품목들의 집합을 말한다. 예를 들어, 풀무원은 수십 가지 종류의 가공식품들을 생산하고 있다. 식품기업들이 생산하는 제품을 보면 신선농산물, 육가공식품, 음료 등 서로 다른 유형의 제품이 있는가 하면 커피, 우유, 주스 등 유사한 종류의 제품도 있다. 이처럼 식품기업이 생산하는 제품들 중에서 유사한 것끼리 묶은 것을 제품 라인(product line)이라고 말한다. 이때 제품 라인의 수를 제품 믹스의 너비(width)라고 부르는 반면, 제품 라인에 속한 품목들의 숫자를 제품 라인의 길이(length)라고 한다. [표 7.1]에서 보듯이 많은 식품기업들은 제품 믹스의 너비를 넓힘으로써 경쟁자의 진입을 저지하고 영업에 따른 위험을 분산시키며, 다른 한편으로는 제품 라인의 길이를 길게 함으로써 가격차별화를 통해 수익률을 높이려고 한다.

표 7.1 식품기업의 제품 라인과 믹스: 스타벅스 사례

제품 라인 1: 음료	제품 라인 2: 푸드	제품 라인 3: 기타제품
콜드브루	베이커리	기타제품
브루드커피	케익	머그
에스프레소	샌드위치와 샐러드	텀블러
프라푸치노	따뜻한 푸드	보온병
티	과일과 요거트	악세서리
블랜디드음료	스낵과 미니디저트	커피용품
기타 제조음료	초콜릿, 기타	플래너
주스(병음료)	아이스크림	실물카드

자료: 스타벅스코리아 홈페이지

제품 라인 길이

제품 믹스 너비

7.2 식품 속성과 제품차별화

7.2.1 품질 속성과 시장 실패

설명의 단순화를 위해 제품이 가진 모든 비가격속성들을 품질이라고 지칭하자. 제품차별화는 이러한 품질 속성의 선택에 관한 의사결정이라고 할 수 있다. 식품산업에서 제품이 가진 품질 속성은 소비자가 제품의 품질 속성을 어느 시점에 확인할 수 있는가에 따라 세 가지 유형으로 구분된다. 즉, 탐색적 속성, 경험적 속성, 신뢰적 속성이다. 이에 대해 자세하게 알아보자.

탐색적 속성은 크기, 모양, 색택, 흠집여부 등으로 소비자가 구매시점에 해당 속성에 대해 완전한 정보를 가질 수 있는 경우에 해당한다. 반면, 맛, 육질, 식감 등은 경험적 속성이다. 이들 속성들은 구매 이후에야 그 속성의 진위 여부를 파악할 수 있다. 최근 식품시장에서 수요가 증가하고 있는 부가가치와 관련된 품질 속성은 과정 속성(process attributes)이다. 과정 속성은 품질 속성이 생산이나 유통 방식의 차이에서 비롯된 것으로 유기식품, 무농약농산물, 지속가능한 방식으로 생산된 식품, 특정한 지역에서 생산된 식품, 동물복지축산식품, 공정무역식품 등이 그 예이다. 과정 속성에 의해 차별화된 식품은 소비자의 식탁에 도달하기까지 비교적 긴 공급망을 거치며, 소비자가 이들 식품의 생산 과정에 대한 정보를 얻기가 대단히 어렵다. 그리하여 이러한 과정 속성들은 식품의 구매 이전뿐만 아니라 그 이후에도 그 진위 여부를 알기 어렵기 때문에 신뢰적 속성이라고 한다.

오늘날 식품시장에서 차별화된 식품 속성들은 부가가치 기능을 가지나 생산자(또는 판

매자)와 구매자 사이에 정보의 비대칭이라는 문제를 발생시킨다. 예를 들어, 소비자들은 친환경식품을 구입하려고 하지만, 탐색적 식품이나 경험적 식품과 달리 소비자들은 해당 식품이 친환경적으로 생산되었는지 오랫동안의 탐색 활동과 소비 경험에도 불구하고 제대로 알 수가 없다.

생산자와 소비자 사이에 식품 품질에 대한 정보의 비대칭이 존재할 때, 정보가 없는 소비자들은 시판되고 있는 제품들의 평균적인 품질에 기초하여 구매 여부를 결정한다. 따라서 소비자가 이들 식품을 구입하기 위해 지불하려는 금액은 소비자가 해당 식품의 품질을 정확하게 인지할 때와 비교하여 낮아지게 된다. 이러한 상황은 이들 식품의 시장 실패를 초래하게 된다. 즉, 소비자의 낮은 지불의사 금액 때문에 고품질 식품의 생산은 수지가 맞지 않아 공급되지 않게 되어, 시장에는 단지 낮은 품질의 식품만 팔리게 된다. 이로 인해 고품질 식품의 생산자(판매자)는 시장에서 탈퇴하거나 저품질 식품의 생산자로 전환하게 된다. 왜냐하면 소비자는 평균 품질 이상의 식품에 대해서 높은 가격을 지불하려고 하지 않기 때문이다. 고품질 식품 판매자의 시장 탈퇴는 시장에 판매되는 식품들의 평균적인 품질을 떨어뜨려 결과적으로 소비자의 지불의사금액도 감소시키게 된다. 가장 심각한 경우, 애컬로프(Akerlorf, 1970)가 지적한 대로, 최하 품질의 식품만 시장에서 거래되는 이른바 '개살구시장 문제(lemons problem)'가 발생하게 된다. 그러나 판매자가 구매자에게 식품의 품질을 신뢰성 있게 전달할 수 있다면 고품질 식품시장과 저품질 식품시장 사이에 분리된 균형이 발생하고 그로 인해 식품의 품질이 알려지며 분리된 두 시장에서 서로 다른 균형가격이 형성된다(이를 분리균형이라 부른다). 품질이 서로 다른 두 식품 시장에서 형성되는 분리균형은 비분리균형에 비해 더 효율적이라 할 수 있다.

식품시장에서 식품의 품질 속성에 대한 공적인 신호(예를 들면, 식품표시제)가 없어 소비자가 해당 식품의 속성을 구매 이전뿐만 아니라 이후에도 알 수 없다면 이들 식품의 수요는 극소수에 불과하게 되고, 시장은 비효율적이게 된다. 차별화된 식품이 가지는 품질의 신뢰적 속성으로 인해 발생하는 생산자와 소비자 사이의 정보 비대칭 문제를 경감하여 경험적 또는 신뢰적 속성을 탐색적 속성으로 전환하는 수단으로 다양한 형태의 표시(labeling) 및 인증(certification) 제도가 있다(우리나라에서 시행되고 있는 식품표시인증제도에 대해서는 식품산업 인사이드 7.2를 참조하시오). 반면, 반복하여 구매하는 식품의 경우 품질 보증, 브랜드 명성, 그리고 기타 물적 보상 등이 정보의 비대칭 문제를 해소하는 유효한 수단이라고 할 수 있다. 다음 절에서 이에 대하여 자세히 알아보자.

7.2.2 광고와 표시인증제도

경험적 또는 신뢰적 속성을 가진 식품시장에서 제품차별화 수단으로 광고와 표시인증제가 가지는 의미를 살펴보자. 식품시장에서 유용한 제품차별화의 수단은 식품이 가진 품질의 속성에 따라 달라진다. 소비자가 반복하여 구매하는 식품의 경우 광고, 브랜드 명성, 품질 보증, 그리고 물적 보상 등은 경험적 품질 속성을 가진 식품의 시장에서 고품질 식품의 판매자가 분리 균형을 획득하는 데 유효한 수단이라고 할 수 있다. 하지만 식품의 신뢰적 속성은 제품차별화를 위해 품질을 인증하려는 생산자와 산업에 큰 도전을 부여한다.

식품의 품질 속성에 대한 표시제, 인증제, 등급 등은 식품기업이 자신 제품의 신뢰적 속성에 대한 정보를 소비자에게 제공하기 위한 잠재적인 장치이다. 그러나 이들 표시의 공적인 인증이나 법적 실행을 위한 장치가 없이 기업 자체에 의한 신뢰적 품질의 표시는 대개 소비자로부터 신뢰를 얻지 못하게 된다. 그러한 품질 표시는 단지 칩 토크(cheap talk)를 만들어낸다.[1] 칩 토크는 어떤 환경에서는 믿을 만한 정보를 제공하지만, 신뢰적 속성을 갖는 식품의 경우 일부 소비자들에게만 가격프리미엄을 요구한다. 또한 신뢰적 속성은 소비자에 의해 쉽게 인식되지 않기 때문에 품질의 신뢰성이 결여되더라도 평판 감소와 같은 벌칙이 해당 기업에 부과되지 않는다. 그리하여 기업의 자체 인증제는 일반적으로 신뢰적 속성을 가진 식품의 시장에서 분리균형을 제공하지 못한다. 따라서 민간에 의한 신호 전달(signaling)의 일환인 브랜드 명성이나 광고, 품질 표시 등은 신뢰적 속성을 가진 식품의 차별화에 효과적이지 않다.

식품표시제의 유용성 여부는 표시를 통해 소비자에게 전달하려는 식품의 속성이 무엇인가에 의해 좌우된다. 탐색적 속성에 의해 차별화되는 식품의 경우 식품표시제는 제도화하기 어렵다. 소비자들은 이러한 식품에 대한 정보를 손쉽게 얻을 수 있고, 정보 획득에도 비용이 수반되지 않는다. 예를 들어, 매장에서 구입하려는 식품의 신선도와 같은 속성 정보는 단지 식품을 주의 깊게 관찰하기만 하면 쉽게 얻을 수 있다. 따라서 생산자나 판매자가 해당 식품의 품질을 속일 이유가 없다. 만약 식품표시를 통해 식품의 탐색적 속성 정보를 제공할 경우, 오히려 이들 정보에 대한 탐색비용의 증가로 인해 소비자의 지불의사금액은 낮아지게 되어 생산자로 하여금 다양한 품질의 제품을 공급하지 못하게 할 수 있다. 탐색적 속성을 가진 정보의 비대칭성 문제는 단지 광고를 통해 제품에 대한 설명을 자세하게 해줌

1 칩 토크란 비용이 들지 않고(costless) 책임도 따르지 않는(non-binding) 의사 전달 수단을 말한다. 흔히 지인들끼리 지나가는 말로 "C사 제품을 먹어보았더니 참 맛있더라"고 하는 것이다.

으로써 해결할 수 있기 때문에 식품표시제를 시행할 필요가 없다.

경험적 속성을 가진 식품의 경우 소비자들은 제품의 구입 이후에 해당 정보를 얻게 된다. 이러한 제품의 속성 정보는 식품시장에서 신뢰(trust) 또는 명성(reputation) 메커니즘을 형성함으로써 정보의 비대칭 문제를 해결할 수 있다. 경제학에서는 신뢰 메커니즘과 명성 메커니즘을 하나로 묶어 명성 메커니즘으로 언급하지만, 이 두 개념은 다소 차이가 있다. 신뢰 메커니즘은 반복적인 구매와 처벌 가능성(예: 구매 중단)을 기반으로 하며 공급자가 제품의 품질을 시간이 흐름에 따라 바꿀 수 있을 때 형성된다. 소비자가 구매 이후에 획득한 제품의 품질 정보는 해당 제품의 품질에 대한 신뢰를 형성하여 생산자로 하여금 신뢰로부터 발생하는 지대(rent)를 얻게 한다. 브랜드 식품의 경우가 신뢰 메커니즘의 좋은 사례이다. 예를 들면, 식품의 맛을 유지하기 위한 특별한 포장기술을 사용하는 브랜드 제품이 있다고 하자. 이러한 포장기술은 식품이 지닌 맛이 오랫동안 지속하도록 해준다. 식품의 맛은 해당 제품을 구매하기 전에는 눈으로 확인할 수 없기 때문에 맛은 경험적 속성이라 할 수 있다. 소비자들이 반복적인 구매를 통해 제품의 품질을 알게 되고 이로 인해 소비자 신뢰가 확보되면 소비자들은 그 브랜드 제품에 대해 높은 가격을 지불하려고 할 것이다. 이러한 높은 가격은 해당 제품의 생산자로 하여금 동일한 품질의 제품을 계속 생산하도록 하여 소비자 신뢰가 유지되도록 한다. 반면, 소비자가 제품의 품질이 낮다고 인식한다면 소비자들은 구매를 중단하게 되고, 이때 신뢰는 사라지게 된다.

경험적 속성에 대한 정보의 비대칭 문제를 해결할 수 있는 또 다른 메커니즘은 명성이다. 명성 메커니즘의 중요한 점은 소비자가 제품을 구매하기 전에 자신의 믿음을 갱신하는 데에 있다. 명성 메커니즘은 신뢰 메커니즘과 달리 생산자가 제품의 품질을 변화시킬 수 없을 때 나타난다. 이러한 경우에 생산자는 소비자들에게 제품 품질의 우수성을 전달하기 위해 광고와 같은 신호를 사용한다. 우수한 품질의 제품 생산자는 소비자들로 하여금 자신이 우수한 품질의 제품을 공급하는 신뢰할 만한 생산자라고 인식되도록 하기 위해 광고에 충분한 액수의 금액을 지출한다. 하지만 낮은 품질의 제품 생산자는 고품질 제품 생산자만큼 광고에 충분한 액수의 지출을 할 수 없다. 왜냐하면 품질이 낮은 제품의 매출은 판매 초기에는 품질이 높은 제품과 비슷할 수 있으나, 그 이후의 매출은 제품의 품질에 상응하는 수준을 넘지 않기 때문이다. 광고 기능은 소비자에게 해당 제품의 존재가 알려지도록 하는 것이다. 광고를 신뢰하게 만드는 것은 광고의 내용(message)이 아니라 광고비로 지출된 금액이다. 만약 생산자들이 광고를 통해 소비자들로 하여금 경험재적 제품이 고품질임을 확신하게 할 수 있다면 정부가 제품 정보를 규제할 필요가 없다.

과정 속성과 같은 신뢰적 속성의 경우 신호 보내기(signaling)는 가능하지만 정부 또는 독립된 전문기관처럼 신뢰할 수 있는 기관에 의한 인증을 필요로 한다. 민간 기업에 의한 신뢰와 명성 메커니즘은 식품의 신뢰적 품질 속성에 적용하기 어렵다. 이러한 메커니즘의 본질은 소비자가 제품의 구매나 소비 이후에 해당 제품의 속성을 알 수 있다는 것이기 때문에 신뢰적 속성을 가진 식품에 적용할 수 없다. 소비자가 제품의 품질을 파악하고 속임수를 쓴 생산자를 처벌할 방법이 없다면 시장에 의한 자기규제는 가능하지 않다. 이러한 경우 정부가 소비자들로 하여금 식품의 품질 속성을 제대로 평가할 수 있도록 식품표시제를 시행하는 것이 바람직하다.

7.3 제품차별화 모형

7.3.1 입지모형과 상품모형

식품시장에서 제품차별화를 설명하는 경제학적인 모형은 두 가지 유형으로 구분된다. 하나는 주소모형(address model)으로 불리는 입지모형(location model)이고, 다른 하나는 상품모형(goods model)인 비주소모형(non-address model)이다.

입지모형의 가장 기본적인 특성은 소비자들이 외부 제품(outside good, 예를 들면 비식품)에 추가하여 구매 가능한 식품군에서 단지 한 가지 식품만을 구매한다는 것이다. 이런 측면에서 입지모형에서 가정하는 기업 간 경쟁은 국지적인 경쟁이다. 여기서 국지적 경쟁이라는 말은 여러 가지 제품, 브랜드, 품질 수준 등이 주어졌을 때, 어떤 한 제품이 다른 모든 제품들과 경쟁하기보다는 제품의 특정한 속성 공간에서 해당 제품에 인접하여 위치한(달리 말하면, 유사한) 다른 제품들과 직접적으로 경쟁한다는 의미를 가진다. 식품시장에서 특정 제품은 소비자 관점에서 대체정도가 덜한 제품보다 대체정도가 강한 다른 제품들과 맹렬하게 경쟁한다. 소비자 눈에는 특정 제품이 다른 제품보다 대체정도가 강한 것으로 보인다. 예를 들어, 어떤 브랜드 제품은 다른 브랜드 제품이 가지지 않은 특별한 속성을 가진 경우가 있다. 특정 우유 브랜드는 칼슘 성분이 강화되어 있는 반면, 다른 우유 제품들은 그렇지 않다. 보다 이해하기 쉬운 다른 예로 자신에게 먼 상점보다는 가까운 상점에서 판매되는 제품이 소비자 입장에서 보면 대체정도가 높다.

입지모형은 독점적 경쟁모형의 일환으로, 소비자들은 각 기업의 제품이 지리적 공간이나 상품의 품질 속성 공간에서 특별한 위치를 가지는 것으로 간주한다. 두 제품이 지리적 또는 품질 속성 공간에서 서로에게 가깝게 위치해 있다면, 두 제품은 대체정도가 높다고 말할 수 있다. 입지모형에서는 소비자도 지리적 또는 품질 속성 공간에 위치한다고 가정한다. 소비자들은 자신의 집에서 멀리 떨어진 가게에서 물건을 구매하기 위해서는 더 많은 비용을 지불해야 하는 것처럼, 소비자가 구매하려는 제품의 속성이 소비자 자신이 이상적으로 생각한 것과 멀리 떨어질수록 소비자의 만족도는 감소하게 된다. 각 기업이나 제품이 단지 자신과 인접한 기업들 또는 제품들과 경쟁하기 때문에 시장지배력을 가지게 된다. 이러한 기업(또는 제품)의 시장지배력은 소비자 자신에게 인접한 기업에서 제품을 구매하려고 하거나 또는 자신이 더 선호하는 속성을 가진 제품을 구매하려는 소비자 성향에서 비롯된다.

입지모형이 아닌 제품차별화 모형, 즉 상품모형에서 제품 간 경쟁은 국지적이지 않다. 각 제품들은 속성 측면에서 서로 다르며, 소비자들은 한 가지 제품 카테고리에서 여러 가지 종류를 구매한다. 이러한 모형 하에서 소비자들은 제품 다양성에 대한 선호를 가지며 제품 카테고리에 포함된 모든 제품들을 일정 수량 구매한다. 예를 들면, 소비자들은 육류라는 제품 카테고리 안에서 쇠고기, 닭고기, 돼지고기 등 다양한 육류들을 구매한다.

입지모형은 어느 한 시점에서 좁게 정의된 식품군(예: 쇠고기)에서 단지 한 가지 제품(예: 유기농쇠고기, 한우쇠고기, 1^{++}등급 쇠고기)만을 구매하는 경우에 가장 적절한 모형이다. 반면, 상품모형은 특정 브랜드나 식품 유형이 해당 식품 카테고리 내의 다른 모든 식품들과 경쟁하며, 소비자들이 해당 식품 카테고리에서 다수의 제품을 구매하는 경우에 적절한 모형이다. 따라서 상품모형은 식품시장을 넓게 정의할 때 제품차별화나 제품 다양성에 대한 수요를 분석하는 데 적합하다.

식품시장의 제품차별화를 논의할 때 입지모형과 상품모형 가운데 어느 모형을 선택할 것인가는 연구 문제에 따라 달라진다. 예를 들어, 육류시장의 제품차별화를 분석하는데 적용해야 하는 모형은 닭고기제품시장의 제품차별화를 분석할 때 사용할 모형과 달라야 한다. 쇠고기, 돼지고기, 닭고기 등 여러 종류의 육류를 포괄하는 제품차별화 분석에서는 소비자로 하여금 여러 종류의 육류제품을 선택하도록 하는 상품모형이 필요하다. 반면, 입지모형은 연구 관심이 특정 기업이나 특정 브랜드가 시장에 진입할 것인지의 여부를 다루는 경우보다는 제품차별화를 위해 특정 식품이나 브랜드 제품이 가진 속성의 어떤 측면을 부각시킬 것인가 하는 포지셔닝(positioning) 방법에 관한 문제일 때가 보다 더 적절하다(식품산업 인사이드 7.1 『제품차별화 방법과 최대만족가격』을 참조하시오).

식품산업 인사이드 7.1

제품차별화 방법과 최대만족가격

식품시장에서 가능한 제품차별화 방법은 매우 다양하다. 그렇다면 식품시장에 존재할 수 있는 모든 가능한 제품차별화의 방법들 중에서 어떻게 실제로 이용된 특정한 방법을 정확하게 집어낼 수 있는가? 전략경영과 마케팅의 연구자들은 다중회귀분석 기법을 이용하면 제품차별화의 방법을 찾아낼 수 있다고 주장한다. 그 기법은 최대만족가격(hedonic price)을 추정하는 것이다. 최대만족가격은 제품이나 서비스의 여러 특징이나 품질 속성이 가격의 일정 부분을 구성한다는 생각을 기반으로 한다.

이 논리는 간단하다. 만약 구매자들이 어떤 품질 속성을 가진 식품에 대해 그 속성을 지니지 않은 식품보다 높은 가격을 지불할 용의가 있다면 그 품질 속성을 가진 식품은 그렇지 않은 식품과 차별화된다. 즉, 이 품질 속성은 그 식품시장에서 차별화 방법이 되는 것이다.

최대만족가격에 대한 독자들의 이해를 돕기 위한 가장 쉬운 예로 중고차 가격을 생각하여 보자. 모든 중고차가 가지고 있는 기본 사양(라디오, 보통 엔진, 히터 등)을 갖춘 차는 최소한의 가격을 받을 수 있다. 그러나 이러한 제품 특성은 거의 모든 중고차가 가지고 있기 때문에 제품차별화의 방법이 될 수 없다. 그러나 이 기본 사양들 이외에 FM 스테레오 시스템이나, 대형엔진, 냉방장치가 추가된다면 구매자들은 좋은 사양의 중고차에 대해 기본 가격보다 높은 가격을 지불할 용의가 있기 때문에 제품차별화의 방법으로 간주될 수 있다.

그렇다면 식품시장에서 각각의 품질 속성에 대해 얼마나 더 비싼 가격을 매길 수 있겠는가? 다중회귀분석 기법을 이용하여 계란의 품질 속성에 대한 최대만족가격을 추정한 다음의 사례를 가지고 설명하여보자.

$$\text{가격}=345.5+37\times(\text{무항생제})+225\times(\text{유기축산})+58\times(\text{동물복지})+18\times(\text{환경친화축산농장})+100\times(\text{유정란})+9\times(\text{왕란})$$

여기서 345.5원은 일반란의 개당 평균가격이다. 무항생제, 유기축산, 동물복지, 환경친화축산농장, 유정란, 왕란은 해당 품질 속성의 포함 여부를 나타낸다. 추정 결과에 따르면 무항생제라는 품질 속성은 37원, 유기축산 225원, 동물복지 58원, 환경친화축산농장 18원, 유정란 100원, 왕란 9원이 이들 품질 속성의 최대만족가격이 된다. 따라서 제품차별화를 통해 유기축산 방식으로 유정란을 생산하여 판매한다면 일반란에 비해 325원을 추가로 받을 수 있게 된다.

자료: 1. Barney, J.B. & Hesterly, W.S. 2007. *Strategic Management and Competitive Advantage: Concepts and Cases*, 2nd Edition. Prentice Hall.
2. 김현중, 송유진, 최승철. 2015. “계란의 속성가격 분석을 이용한 인증 축산물의 가치 평가.” 『농업경영정책연구』, 42(3): 339－360.

7.3.2 수평적 차별화와 수직적 차별화

제품차별화에서 중요한 점은 생산자 입장에서 차별화시켰다고 할지라도 소비자들이 그렇게 받아들이지 않는다면 이를 제품차별화라고 보기 어렵다는 것이다. 제품이 차별화되어 있는지, 또 어떻게 차별화되어 있는지 등은 소비자 관점에서 평가된다. 그런데 소비자들은 각각 기호가 서로 다르기 때문에 소비자마다 제품차별화를 평가하는 정도나 방식에 차이가 있다. 예컨대 소비자 A는 식품기업 a의 제품이 더 좋다고 하지만, 소비자 B는 식품기업 b의 제품이 더 좋다고 평가할 수 있다. 이러한 경우에 기업 a의 제품과 기업 b의 제품이 서로 차별화되어 있는 것은 분명하지만, 소비자에 따라 그 차별화에 대한 평가가 달라질 수 있다. 이런 형태의 차별화를 수평적 차별화라고 한다.

반면, 소비자들이 모두 똑같은 평가를 내리는 제품차별화도 있다. 예를 들어, 소비자 A, B, C 모두가 기업 a의 제품을 기업 b의 제품보다 더 선호할 수 있다. 두 식품기업이 같은 중량과 동일한 가격을 가진 쇠고기 가공식품을 만들었는데 기업 a의 제품은 국내산 한우 쇠고기를 원재료로 사용한 반면, 기업 b는 수입산 쇠고기를 사용했다면 모든 소비자들은 기업 a의 제품을 더 낫다고 판단할 것이다. 이런 제품차별화를 수직적 차별화라고 한다.

농산물이 가지는 객관적인 품질(예를 들면, 크기, 색택, 흠집 정도 등)의 차이는 생산과정에서 농약이나 유전자변형물질의 사용 여부 등과 마찬가지로 수직적 차별화의 영역에 잘 들어맞는다. 식품시장에서 나타나는 수평적 차별화의 전형적인 사례는 공간적으로 분포한 구매자의 지리적·공간적 환경과 판매자의 물리적인 입지이다. 다른 사례는 식품 속성의 바람직한 함량 정도에 대해 소비자마다 서로 일치하지 않는 경우이다. 예를 들면, 아침식사용 시리얼이나 과자류의 설탕 함유량, 우유의 유지방 비율, 쌀이나 밀의 단백질 함량 등이다.

식품시장에서 차별화는 수평적 차별화와 수직적 차별화가 혼합되어 있는 경우가 많다. 식품의 경우 품질을 결정하는 속성이 매우 다양하다. 따라서 제품의 품질을 평가하는 여러 가지 속성들을 그 중요도에 따라 각각 어떻게 배치하느냐에 따라 차별화의 정도가 다르며, 수평적 차별화가 나타날 수 있고 수직적 차별화가 나타나기도 한다. 여러 가지 속성을 가진 제품에서 한 특성만을 기준으로 제품을 평가한다면 이때는 수직적 차별화에 직면한다. 예를 들어, 생산에 사용된 원재료의 원산지만을 가지고 그 제품의 선호를 판단한다면 국내산 원재료를 사용한 제품이 더 선호될 것이다. 반면에 원재료의 원산지 외에 맛, 영양성분, 기능성, 편의성 등 여러 가지 속성을 동시에 고려한다면 수평적 차별화에 직면하게 된다. 각 특성에 대한 소비자의 선호에 따라 어떤 소비자들은 일반우유보다 칼슘 성분이 강화된 우유를 선호하고, 다른 소비자들은 칼슘 성분은 일반 우유와 동일하지만 무지방 우유를 선호할 수도 있다.

식품시장에서 수평적 차별화와 수직적 차별화가 가지는 의미는 무엇일까? 이에 대해 [표 7.2]의 예를 들어 좀 더 자세하게 설명하여 보자. 어떤 식품시장에 당신 기업과 경쟁기업, 두 기업이 있다고 하자. 당신은 제품 A를 만들고 경쟁기업은 제품 B를 만들어 판매한다. 경쟁기업은 제품 한 단위에 1,000원의 판매가격을 매기고, 이 가격은 변하지 않는다고 가정하자. [표 7.2]는 가상적인 사례이지만 제품차별화의 방법에 따라 두 제품 A와 B의 가격 변화에 따른 시장점유율 변화가 어떻게 달라지는지를 이해하는 데 아주 유용하다.

[표 7.2]에서 첫 번째 열은 당신이 판매하려는 제품에 부과할 수 있는 가격의 범위이다. 나머지 열은 경쟁기업의 제품 가격이 1,000원일 때 당신이 부과하는 각 가격에 대한 당신 제품의 시장점유율을 보여준다. 소비자가 두 제품이 서로 대체재라고 생각한다면 당신 제품의 가격이 경쟁제품 가격보다 낮을 때 당신은 전체 시장을 얻게 된다. 반대의 경우에 당신은 한 단위의 제품도 판매를 할 수 없게 된다. 두 제품의 가격이 동일하다면 두 기업은 시장을 반반씩 나누어 갖는다. 제품차별화가 없다면 고객은 전적으로 가격에 기초하여 제품을 선택하게 된다. 두 제품 간의 조그마한 가격 차이도 시장점유율의 큰 변화를 초래한다.

표 7.2 제품차별화 유형과 상대가격 변화에 따른 시장점유율의 변화

제품 A의 가격(원)	제품 A의 시장 점유율			
	제품차별화가 없을 때	두 제품이 서로 수직적 차별화일 때		두 제품이 서로 수평적 차별화일 때
		제품 A가 고품질	제품 B가 고품질	
250	1.0	1.00	0.80	0.99
500	1.0	1.00	0.60	0.90
750	1.0	1.00	0.20	0.70
990	1.0	1.00	0.05	0.58
1,000	0.5	1.00	0.00	0.50
1,010	0.0	0.95	0.00	0.42
1,250	0.0	0.80	0.00	0.30
1,500	0.0	0.40	0.00	0.10
1,750	0.0	0.20	0.00	0.01

이번에는 소비자가 두 제품을 수평적으로 차별화된 제품으로 간주한다고 하자. 이때 당신 기업은 모든 가격에서 일정 정도의 시장점유율을 얻게 된다. 당신이 경쟁기업보다 높은 가격을 부과한다면 당신의 시장점유율은 줄어들지만 당신은 여전히 일정 정도의 시장점유율을 얻는다. 왜 이러한 현상이 나타나는 것일까? 그것은 구매자마다 선호가 각각 달라

자신이 선호하는 제품이 따로 있기 때문이다. 달리 말하면, 두 제품의 가격이 서로 동일했을 때 소비자마다 늘 구매하던 제품이 있었기 때문이다. 그래서 두 제품의 가격이 동일하지 않게 되었을 때 어떤 구매자들은 저렴한 제품으로 전환하지만, 다른 소비자들은 비싼 브랜드 제품을 고집하게 된다. 후자에 속하는 소비자들은 프리미엄을 지불하더라도 비싼 브랜드 제품을 선호하는 소비자 계층이다.

자, 이제는 제품들이 수직적으로 차별화되었고 소비자들이 당신 회사의 제품을 고품질이라 생각한다고 가정하자. 소비자들은 당신 제품을 구입하기 위해 프리미엄을 지불하려고 할 것이다. 이때 두 제품의 가격 차이에 따른 시장점유율의 변화는 수평적 차별화와 비교하여 달라질 것이다. 가령, 당신 제품의 가격이 경쟁기업과 같거나 또는 낮다면 당신은 시장 전체를 얻게 된다. 소비자들이 당신 제품의 품질이 경쟁제품의 품질보다 더 낫다고 생각하기 때문에, 경쟁제품 가격이 당신 제품과 동일하거나 더 높다면 경쟁기업의 제품을 사려고 하지 않을 것이다. 반면, 당신 제품의 가격이 경쟁기업의 가격보다 높다고 한다면, 당신 제품의 시장점유율은 경쟁제품과의 가격 차이에 따라 감소할 것이다. 하지만 가격 차이에 따른 시장점유율의 하락 정도는 수평적 차별화의 경우에 비해 작게 된다.

위의 보기는 제품의 판매가격을 책정할 때 제품이 어떻게 차별화되었는지를 이해하는 것이 시장점유율 확보와 그로 인한 수익률 향상에 중요하다는 점을 말해준다. 또한 제품차별화 형태에 따라 잠재적인 수요자의 여건 변화가 제품 수요에 미치는 영향이 달라질 수 있다. 예를 들면, 경기침체로 인해 소비자의 실질 소득이 감소하였다고 가정하자. 이때 제품들이 수평적으로 차별화되었다면 모든 제품의 수요는 동일한 비율만큼 감소할 것이다. 하지만 제품들이 수직적으로 차별화되었다면 소득 감소는 품질이 낮은 제품의 수요를 오히려 증가시킬 것이다.

7.4 제품차별화의 효과

7.4.1 수평적 차별화의 경우

제품차별화가 식품시장의 경쟁 강도에 미치는 영향에 대해 살펴보자. 대다수 경제학 교과서는 수리 모형을 사용하여 제품차별화가 소비자 후생과 기업 이윤에 미치는 영향을 비교적 엄밀하게 분석한다. 그러나 우리는 수리 모형 대신에 5장에서 설명한 순가치곡면이라는 개념을 사용하여 제품차별화의 효과에 대해 알아볼 것이다.

제품차별화 사례로 라면 제품을 들어보자. 논의를 단순화하기 위해 생산비용과 판매비용(예: 판매관리비)이 없다고 하자. 한계비용이 영이기 때문에 기업은 판매수입을 극대화할 때 최대 이윤을 얻게 된다. [그림 7.1]과 같이 일직선을 따라 소비자를 위치시킴으로써 제품에 대한 소비자의 선호를 나타낼 수 있다고 하자. 우선, 라면시장에 C사의 제품이 유일한 브랜드라고 하자. 또한 소비자는 균등하게 분포하여 있다고 가정한다. 이는 일직선을 따라 모든 지점마다 동일한 수의 소비자가 분포해 있음을 의미한다.[2]

그러나 일반적으로 식품에 대한 소비자 선호는 한 가지 속성에 의해 좌우되지 않는다. 만약 소비자 선호를 결정하는 속성이 두 가지 이상이라면 소비자의 위치는 5장에서 논의한 바와 같이 일직선이 아닌 2차원 이상의 공간에 나타날 수 있을 것이다. 라면의 선호를 결정하는 다양한 속성이 있을 수 있으나 논의를 단순화하기 위해 매운 맛 정도가 유일하다고 하자. 라면시장에서 대다수의 소비자들은 적당하게 매운 맛을 양극단적인(지나치게 맵거나 또는 전혀 맵지 않은) 맛보다 더 선호할 것이라고 생각할 수 있다. 그렇다면 매운 맛 정도에 따른 소비자의 분포는 종 모양의 정규분포를 따를 것이다. 그러나 단순화를 위해 매운 맛에 대한 소비자의 선호가 균등하게 분포한다고(즉, 일양분포를 따른다고) 가정하자. 더 나아가 모든 소비자들은 자신들의 이상적인(ideal) 제품, 즉 자신이 바라는 이상적인 매운 맛을 가진 제품에 대해 V원 만큼의 가치를 매긴다고 하자. 만약 C사의 브랜드가 자신들이 바라는 이상적인 매운 맛 정도를 정확하게 가졌다고 믿는 소비자들은 C사의 제품을 구입하기 위해 V원을 지불하려고 할 것이다. 반면 자신들의 바라는 이상적인 매운 맛이 C사 브랜드보다 더 맵거나 덜 맵다고 생각한다면 C사 제품에 V원보다 적은 금액의 가치를 부여할 것이다.

제품 가치는 단순하게 가정하여 [그림 7.1]처럼 제품의 맛이 소비자가 원하는 이상적인 매운 맛에서 멀어질수록, 달리 말하면 소비자가 위치한 점과 제품이 위치한 점 사이의 거리가 늘어남에 따라 선형적으로 감소한다고 하자. 이를 수치로 표현하여 소비자가 지불하려는 가치의 감소 정도는 w원이라 하자. 이때 매운 맛에 대한 선호 정도(즉, 자신의 이상치)가 점 A에 있는 소비자는 자신의 이상적인 라면 제품에 대해 V원을 지불할 것이다. 하지만 이 소비자는 C사 브랜드에는 $(V-w)$원만을 지불하려고 할 것이다. 왜냐하면 이 소비자가 해당 제품을 구매하기 위해 이동해야 하는 거리만큼(달리 말하면 자신의 이상적인 제품과 C사 브랜드 제품을 서로 절충해야 한다는 의미에서) C사 제품의 가치가 감소하기 때문이다. 이때 자신의 선호에 정확하게 부합하는 제품을 구매하는 것과 비교하여 소비자가 갖는 손실은 w원이다.

2 통계학 용어를 빌려 말하자면 일직선을 따라 위치한 소비자의 수가 일양분포(uniform distribution)를 따른다고 말할 수 있다.

그림 7.1 **차별화된 제품에 대한 소비자 지불가격과 잠재시장**

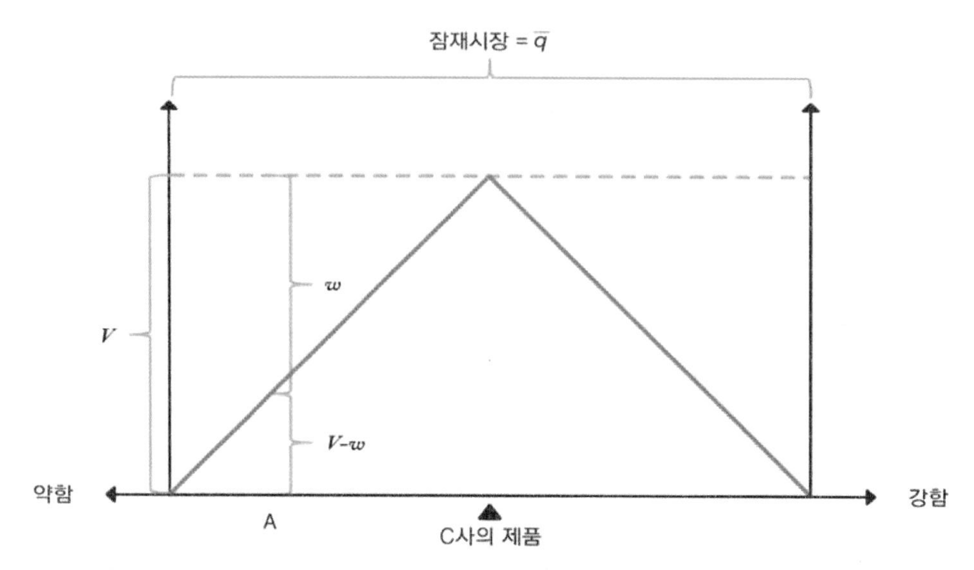

라면 제품이 가진 유일한 속성이 매운 맛의 정도라고 하자. 라면시장에서 소비자들은 자신이 선호하는 라면의 매운 맛 정도에 따라 일양분포하며, 자신이 가장 선호하는 제품에 V원 만큼을 지불한다고 하자. 라면에 대한 소비자의 지불가격은 제품이 소비자가 원하는 이상적인 매운 맛에서 멀어질수록 감소하는데 그 감소 정도는 w원으로 측정된다. 따라서 점 A에 위치한 소비자는 C사 라면에 대해 $(V-w)$원만을 지불하려고 할 것이다. 소비자 지불가격 $(V-w)>0$인 소비자의 총수가 C사 제품에 대한 잠재시장의 크기이며 이는 그림에서 $\bar{q}$로 표시된다.

결과적으로 소비자 선호가 C사 제품이 위치한 지점에서 멀리 떨어져 소비자의 이상적인 제품이 C사 제품의 속성과 크게 차이가 난다면 소비자들은 C사 제품에 정(+)의 가치를 부여하지 않게 된다. 따라서 일직선상에 위치한 어떤 소비자들에게 $V-w \leq 0$이 된다. 여기에서 우리는 잠재시장의 개념을 도출할 수 있다. 제품 한 단위에 대한 순가치 $(V-w)$가 영보다 큰 소비자의 총수를 그 제품에 대한 잠재시장의 크기라고 한다면, 이는 [그림 7.1]에서 $\bar{q}$로 표시된다. 만약 C사 제품의 가격이 영이라면 잠재시장에 있는 모든 소비자들이 C사 제품을 구매하게 된다.

자, 이제 라면시장에 다른 경쟁기업인 A사와 B사의 라면 브랜드가 존재하며, 이 브랜드들은 C사 브랜드 제품처럼 매운 맛을 가졌다고 하자. 다른 기업들의 라면 브랜드가 C사 브랜드로부터 충분히 멀리 떨어져 위치해 있다면, C사 제품의 수요에 어떠한 영향도 주지 않을 것이다. [그림 7.2]의 위쪽에는 C사, A사, B사의 브랜드에 대한 잠재시장들이 서로 중첩되지 않게 그려져 있다. 즉, 어느 소비자도 C사와 A사(또는 C사와 B사)의 브랜드 둘 다에 영보다 큰 가치를 부여하지 않는다. 왜냐하면 소비자의 속성을 나타내는 일직선상에서 이들 브랜드의 순가치곡면이 서로 중첩되지 않아 다른 브랜드들이 C사 브랜드의 잠재시장에 아무런 영향을 주지 못하기 때문이다. 달리 말하면 C사 브랜드의 잠재시장 규모는 여전히 $\bar{q}$이다. 이는 C사의 제품차별화 정도가 세 브랜드 제품 간 경쟁을 무효화시킬 만큼 강하다는 의미이다. C사 브랜드에 인접한 경쟁회사들의 제품이 C사 제품과 아무런 경쟁관계를 가지지 않기 때문에 C사는 자신의 제품에 독점기업처럼 이윤을 극대화하는 가격을 부여하게 된다.

그림 7.2 **식품시장에서 제품차별화의 효과**

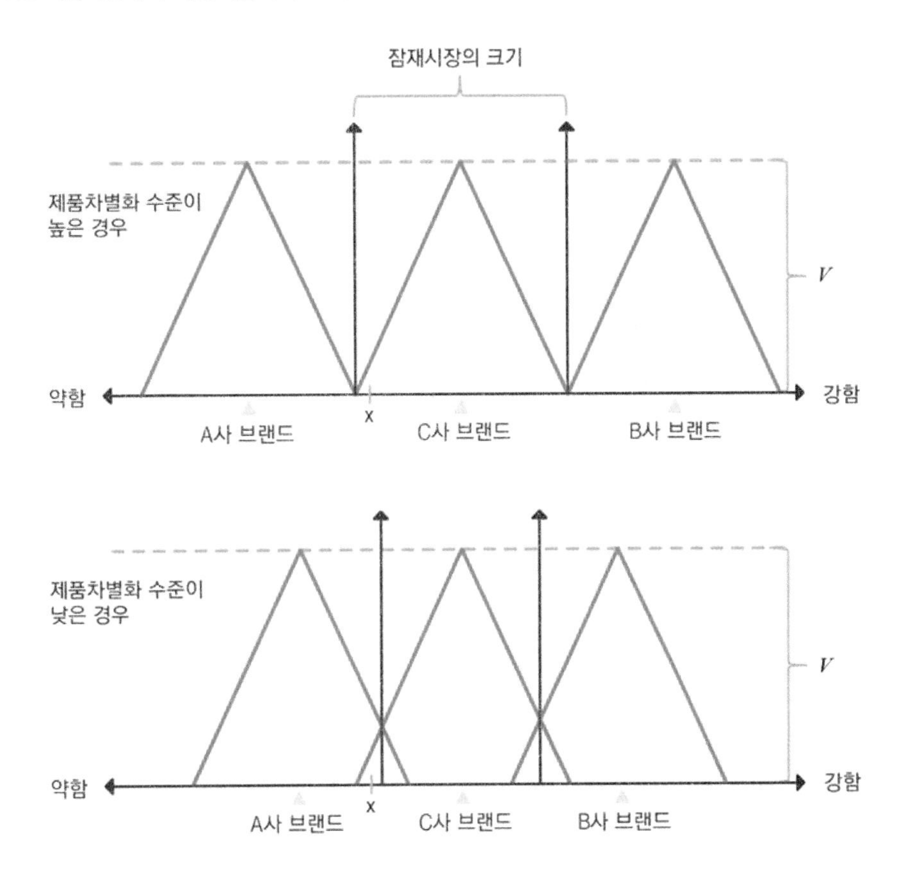

그림의 윗부분에서 점 x에 위치한 소비자의 경우 C사 제품에 대해서만 $(V-w)>0$이다. 따라서 가격이 영일 때 이 소비자는 C사 브랜드만을 구매할 것이다. 그러나 C사 브랜드에 매우 가깝게 위치한 경쟁 브랜드들이 있다면 소비자 선택은 달라진다. 그림의 아래쪽은 두 개의 경쟁 브랜드가 C사 브랜드의 잠재시장 영역으로 들어와 있는 상황을 보여준다. 모든 기업이 자신의 제품에 영의 가격을 매길 경우 소비자는 C사 제품보다는 A사 제품으로부터 더 많은 가치를 얻게 된다. 소비자 선호가 바뀌지 않는 한 C사 제품에 가까이 인접하여 경쟁하는 다른 브랜드들이 시장에 진입함에 따라, C사 브랜드에 대한 잠재시장의 크기는 이전보다 줄어든다.

[그림 7.2]의 아래쪽은 라면시장에서 C사가 다른 기업들과 경쟁에 직면해 있는 좀 더 실제적인 상황을 보여준다. C사 제품의 잠재시장은 이웃하는 브랜드들의 잠재시장과 겹친다. 각 브랜드의 순가치를 나타내는 선이 서로 교차하는 지점에 있는 소비자들은 이웃하는

다른 기업 브랜드를 C사 브랜드만큼 가치가 있다고 생각한다. 두 교차점의 바깥쪽에 위치한 소비자들은 C사 제품의 잠재시장에 속한 소비자이지만 다른 경쟁회사의 브랜드를 더 선호한다. 세 기업이 모두 자신의 제품 가격을 영으로 책정한다면 두 교차점의 안쪽에 위치한 소비자들은 C사 브랜드를 선택하는 반면, 그 교차점의 바깥에 있는 소비자들은 이웃한 다른 기업의 제품을 구입할 것이다.

이러한 점을 좀 더 명확하게 이해하기 위해 [그림 7.2]에서 점 X에 위치한 소비자를 생각하여 보자. 소비자 X는 C사 제품에 영보다 큰 가치를 부여할 것이다. 즉, 이 소비자가 C사 제품에 부여하는 가치는 $(V-w)>0$이다. [그림 7.2]의 윗부분에서(제품차별화 수준이 높은 경우) 점 X에 위치한 소비자가 구매할 라면 제품은 C사 브랜드밖에 없다. 따라서 가격이 영일 때 해당 소비자는 C사 브랜드를 구매할 것이다. 그러나 C사 브랜드에 매우 가깝게 위치한 경쟁 브랜드들이 존재한다면 소비자의 선택은 달라질 것이다. [그림 7.2]의 아래쪽에서(제품차별화 수준이 낮은 경우) 보듯이 C사 브랜드와 소비자 X가 이전과 동일한 위치에 있지만, 경쟁하는 두 개의 브랜드가 C사 브랜드의 잠재시장 영역 안으로 들어와 있음을 알 수 있다. 이때 소비자 X는 A사 브랜드에도 정(+)의 가치를 부여하게 된다. 모든 기업이 자신의 제품에 영의 가격을 매길 경우 이 소비자는 C사 제품보다는 A사 제품으로부터 더 많은 가치를 얻게 된다. 소비자의 선호가 바뀌지 않는 한 라면시장에 C사 제품에 가까이 인접하여 경쟁하는 다른 브랜드들이 진입함에 따라, 어떤 경쟁 브랜드는 C사 브랜드보다 소비자의 선호에 가깝게 위치하게 된다.

[그림 7.2]의 윗부분에서 C사 브랜드의 잠재시장은 이전과 동일하게 $\bar{q}$만큼이다. 만약 이웃하는 경쟁기업이 매우 높은 가격을 부과한다면 기업 C는 $\bar{q}$만큼의 시장을 얻게 된다. 그러나 [그림 7.2]의 아래쪽과 비교할 때 다른 점은 세 브랜드가 동일한 가격으로 판매될 때 C사 브랜드를 구매하는 소비자의 수가 줄어든다는 점이다. 이로부터 우리는 다음과 같은 사실을 알게 된다.

"어느 한 기업의 제품이 경쟁기업의 제품과 차별화되면 될수록 해당 기업의 판매는 증가할 것이다."

[그림 7.2]의 위쪽에서는 C사 브랜드의 잠재시장에서 C사 브랜드를 구매하는 소비자의 수는 전적으로 기업 C에 의해 결정된다. 즉, C사는 다른 기업 브랜드를 고려할 필요가 없이 자신의 이윤을 극대화시키는 가격을 설정하면 된다. 그러나 [그림 7.2]의 아래쪽에서는 각 가격에서 C사 브랜드를 구매하는 소비자의 수는 이웃하는 기업들의 제품 가격에 따라 달라진다. C사 브랜드의 실제 시장점유율은 경쟁기업 위치, 기업 C와 경쟁기업들이 매기는 가격에 따라 달라진다.

차별화된 제품시장에서 가격의 영향을 좀 더 정확하게 알아보기 위해 C사 브랜드에 인접한 경쟁 브랜드가 없어서 단지 자신이 부과하는 가격의 효과만을 고려하는 경우로 되돌아가 보자. 잠재시장 규모는 앞서 말한 대로 가격이 영일 때 C사 브랜드의 순가치가 영보다 큰 값을 가지는 소비자의 수를 나타낸다. 따라서 가격이 영보다 크다면 잠재시장의 모든 소비자들이 C사 브랜드를 구매하지는 않을 것이다.

자, 이제 기업 C가 자신의 브랜드 제품에 대해 P원만큼의 가격을 부과한다고 하자. [그림 7.3]은 기업 C의 제품으로부터 소비자가 얻게 되는 순가치를 보여주는데, 가격이 영일 때의 [그림 7.1]과 비교하여 P만큼 작아짐을 알 수 있다. [그림 7.3]에서 소비자 A는 C사 브랜드를 더 이상 구매하지 않을 것이다. 왜냐하면 $V-w-P=0$이기 때문이다. 소비자 A의 왼쪽에 위치한 소비자들도 이전에는 C사 브랜드의 잠재시장에 속하지만 지금은 C사 브랜드를 더 이상 구매하려고 하지 않을 것이다.

차별화된 제품시장에서 각 기업은 자신의 이윤을 극대화하기 위한 가격을 설정하기 위해 높은 가격에서 얻게 되는 수입의 증가와 그 가격에서 구매하려는 소비자 수의 감소로 인한 손실 간에 균형을 맞추려고 할 것이다. [그림 7.3]에서 음영 처리된 직사각형은 C사 브

그림 7.3 수평적으로 차별화된 식품시장에서 가격 인상의 효과

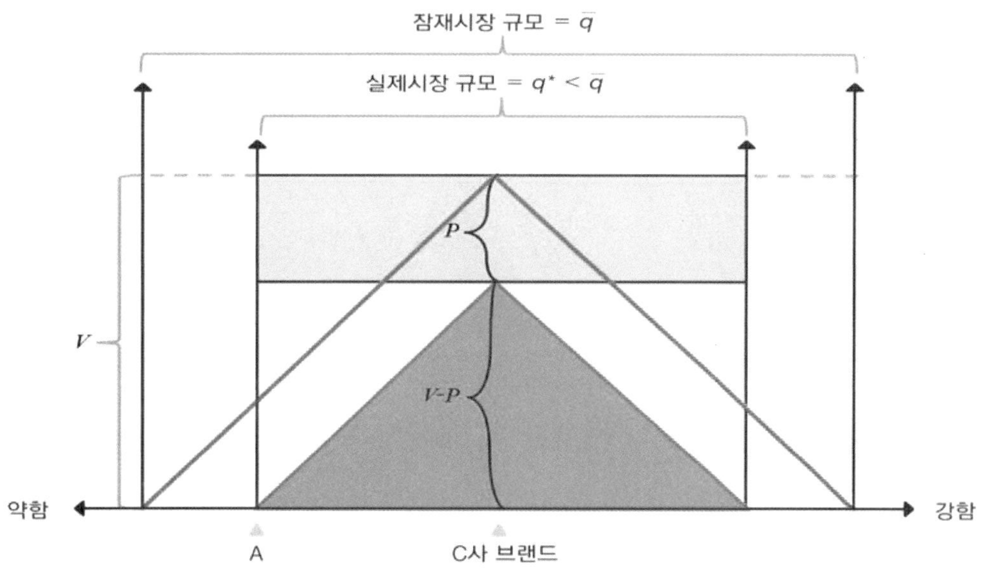

기업 C가 자사 제품에 대해 P원의 가격을 부과한다면 소비자 순가치는 이전보다 P만큼 작게 된다. $V-w-P=0$이기 때문에 소비자 A는 C사 제품을 더 이상 구매하지 않을 것이다. 점 A의 왼쪽에 위치한 소비자들도 C사 브랜드를 더 이상 구매하지 않을 것이다. 음영 처리된 직사각형은 C사 브랜드의 수입을 나타낸다. 가격이 높을수록 사각형의 높이는 더 커지나 사각형의 폭은 소비자 수의 감소로 인해 줄어든다.

랜드의 수입을 나타낸다. 가격이 높을수록 그 사각형의 높이는 더 크게 되지만 사각형의 폭은 구매하려는 소비자 수가 감소하게 되어 줄어들게 된다. C사 브랜드는 독점력을 가지기 때문에 가격이 지나치게 높다고 생각하는 소비자는 구매하지 않을 것이다. 독점기업의 가격 책정 방식에서 보듯이 기업 C는 가격 변화로 인해 얻게 되는 한계수입과 한계비용이 같도록 자신의 판매가격을 정할 것이다.

[그림 7.4]는 C사 브랜드가 경쟁자를 가질 때 기업 C가 가격 P를 부과하지만 경쟁기업들은 영의 가격을 부과할 때 나타나는 상황을 보여준다. 기업 C가 경쟁기업보다 더 높은 가격을 부과하기 때문에, 동일한 가격에서 C사 브랜드를 더 선호했던 일부 소비자들은 A사 브랜드나 B사 브랜드를 선택하게 된다. 만약 기업 C가 이윤을 극대화하기 위해 가격을 낮추려고 한다면, 가격 인하의 판매 수입에 대한 두 가지 효과를 고려할 것이다. 먼저, 가격을 P보다 낮게 매기면 기존의 구매자로부터 얻게 되는 수입은 이전보다 줄어들게 된다. 두 번째로, 가격 P에서 이웃하는 경쟁기업의 브랜드를 구입했던 소비자의 일부가 가격이 저렴해진 C사 브랜드로 구매를 전환하여 부가적인 판매 수입을 얻게 된다.

그림 7.4 수평적으로 차별화된 식품시장에서 기업들의 가격 경쟁 효과

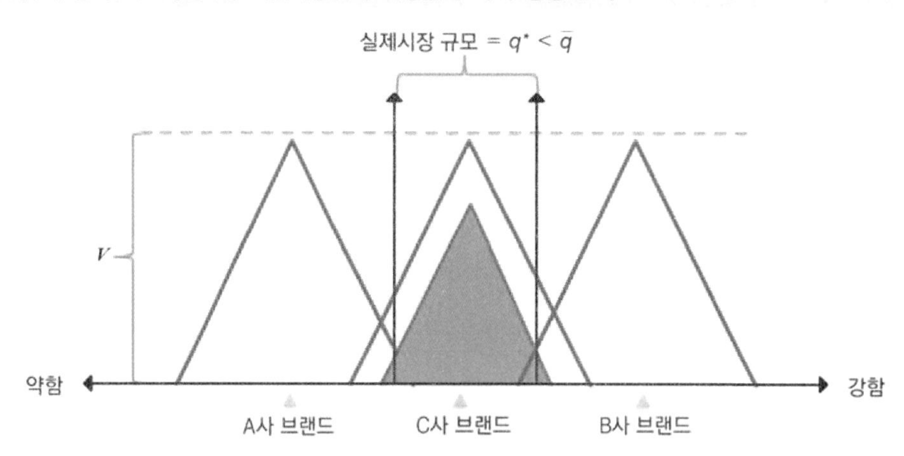

만약 기업 C와 경쟁하는 기업들이 낮은 가격을 부과한다면 동일한 가격에서 C사 브랜드를 더 선호했던 일부 소비자들은 A사 브랜드나 B사 브랜드를 선택하게 된다. 각 기업들은 이윤을 극대화하기 위하여 현재의 높은 가격에서 자신의 고객들로부터 얻는 혜택과 낮은 가격을 부과하여 이웃하는 경쟁기업으로부터 시장점유율을 빼앗아올 때 추가로 얻게 되는 이익을 서로 같게 하는 가격을 설정할 것이다. 기업은 제품차별화 수준이 높을 때에 비해 낮을 때가 가격을 인하할 보다 더 큰 유인을 갖게 된다.

기업 C가 자신의 제품 가격을 인하할 때 이웃하는 경쟁기업들도 자신들의 제품 가격을 이전과 동일하게 유지하지 않을 것이다. 경쟁기업들도 다른 기업이 부과하는 가격에서 자신의 이윤이 어떻게 달라지는지를 살펴보고 이윤을 극대화시키는 가격을 찾으려고 할 것이다.

그 결과, 각 기업들은 현재의 높은 가격에서 자신의 고객들로부터 얻는 혜택과 낮은 가격을 부과하여 이웃하는 경쟁기업으로부터 시장점유율을 빼앗아올 때 추가로 얻게 되는 이익 간에 균형을 맞추는 수준에서 가격을 설정할 것이다.

각 기업들의 제품이 서로 멀어지면 멀어질수록, 즉 서로 차별화되면 될수록 가격 경쟁은 더 많이 줄어든다. 이러한 현상이 나타나는 이유는 기존 고객으로부터 얻는 혜택과 시장점유율을 빼앗아오는 혜택 사이의 교환관계가 이웃하는 경쟁기업이 해당 기업으로부터 멀어짐에 따라 달라지기 때문이다. 이것을 좀 더 명확하게 살펴보기 위해 [그림 7.2]를 다시 살펴보자. 모든 기업이 제품 가격을 영으로 매긴다면, 수직선은 C사 브랜드를 구매하는 소비자의 경계를 나타낸다. [그림 7.2]의 윗부분은 높은 수준의 차별화 사례를 보여준다. 이제 [그림 7.2]의 아래쪽에서 보듯이 이웃하는 경쟁기업들이 소비자가 위치한 지점에 보다 가까이 입지한다고 하자. 이러한 제품차별화의 감소는 경쟁기업의 잠재시장을 수직선 안으로 이동시켜 C사 브랜드의 시장을 축소시킨다. 이것은 낮은 수준의 차별화 사례에 해당한다. 자, 이제 기업 C가 경쟁기업으로부터 고객을 빼앗아올 수 있을 만큼 자신의 제품 가격을 인하하였다고 하자. 가격 인하는 차별화 수준에 따라 서로 상반된 효과를 가진다. 기업 C는 가격을 인하함으로써 기존 가격에서도 자신의 제품을 구매하였던 고객들로부터 판매수입이 감소하는 손실을 입는다. 하지만 가격 인하로 인한 수입의 감소는 차별화 수준이 높은 경우가 그렇지 않은 경우에 비해 더 크다. 왜냐하면 차별화 수준이 높을 때에 보다 많은 고객이 있었기 때문이다. 그러므로 기업은 제품차별화 수준이 낮을 때 가격을 인하할 보다 큰 유인을 갖게 된다. 이러한 가격 인하에 대한 유인은 기업 간 가격 경쟁을 격화시켜 더 낮은 균형가격을 초래하게 된다.

7.4.2 수직적 차별화의 경우

앞서 말한 바와 같이 농산물과 같은 신선식품의 경우 제품차별화는 가공식품과 달리 대개 수직적 차별화의 형태로 나타난다. 농산물 차별화의 수단으로 언급되는 품질 속성은 대개 객관적인 품질의 차이(예를 들면, 크기, 색택, 흠집 정도 등)나 등급, 생산과정에서 농약이나 GMO 종자의 사용 여부, 친환경 또는 유기농 생산 여부, 지리적 표시 등으로 수직적 차별화 영역에 적합하기 때문이다. 이 절에서는 수직적 차별화가 일어날 때와 그렇지 않은 경우를 비교하여 소비자 후생과 생산자 이윤에 어떠한 변화가 일어나는지를 알아볼 것이다. 수직적 차별화의 효과는 앞 절에서처럼 순가치를 나타내는 그림으로 설명하기가 어렵다. 여기에서는 차별화로 인해 제품에 대한 수요곡선과 공급곡선에서 나타나는 변화를 사용하여 차별화의 효과를 설명할 것이다.

수직적으로 차별화된 신선식품의 사례로 지리적 표시 농산물을 생각하여보자. 지리적 표시는 상품 품질이 생산지의 기후, 풍토 등과 밀접한 관련이 있을 경우 상품의 생산지를 알리는 표시를 말한다. 이는 지리적 표시가 상표로서 식별력을 갖고 있음을 인정하는 것으로 차, 와인, 커피, 치즈 등의 농산물에 적용된다(식품산업 인사이드 7.2 『우리나라 농식품 국가인증제도』를 참조하시오).

[그림 7.5]는 지리적 표시인증제를 통한 수직적 차별화의 효과를 나타낸 것이다. 먼저, 지리적 표시인증제가 시행되기(그리하여 수직적 차별화의 효과가 나타나기) 이전에 농산물이 직면하는 수요곡선을 D라고 하자. 이 농산물의 공급곡선이 S일 때 균형가격과 균형수량은 각각 p_0와 q_0이다. 자, 이제 지리적 표시 농산물이 정부가 인증하는 제도에 의해 법적인 보호를 받는다고 하자. 또한 생산자단체가 각 생산자로부터 갹출한 자조금을 재원으로 한 광고를 통해 지리적 표시 제품을 홍보한다고 하자. 이러한 표시인증이 유효하고 광고 효과가 나타난다면(그리하여 수직적 차별화가 이루어진다면) 지리적 표시 농산물의 수요 곡선은 D에서 D'로 이동할 것이다. 이와 동시에 지리적 표시 농산물의 생산비용은 인증비용, 광고비, 인증기관의 규제를 준수하기 위한 비용 등이 추가되어 이전보다 상승하게 될 것이다. 그리하여 공급곡선은 S에서 S'로 이동한다. 공급곡선 S'와 수요곡선 D'이 교차하는 점에서 새로운 균형가격 p_c와 균형수량 q_1이 결정된다. 균형가격 p_c는 지리적 표시 농산물의 소비자 가격인 반면, 균형수량 q_1이 공급곡선 S와 만나는 점에서 결정되는 가격 p_p는 생산자 가격이다. 즉, 가격 p_p은 지리적 표시 농산물의 순가격으로 해당 농산물의 생산과 유통에 대한 한계비용을 나타낸다.

[그림 7.5]는 지리적 표시 인증으로부터 가격 프리미엄이 나타나고 있음을 보여준다. 가격 프리미엄은 수직적 차별화의 효과를 분석할 때 중요한 개념이다. [그림 7.5]에서 수요곡선의 이동 폭이 공급곡선의 이동 폭보다 훨씬 더 큰 점에 주목할 필요가 있다. 이는 생산자가 지리적 표시로부터 혜택을 얻기 위한 필요조건이라 할 수 있다. 소비자에게 신뢰할 만한 표시정보가 주어지고 시장이 경쟁적이라면 수직적 차별화에 의한 가격 프리미엄은 $p_p - p_0$이다. 이는 수직적 차별화가 이루어질 때와 그렇지 않을 때에 발생하는 생산자 가격의 차이이다. 이 개념을 사용하면 표시인증제도에 의한 수직적 차별화가 고품질 식품시장에 미치는 후생 효과를 생산자와 수요자 측면에서 분석할 수 있다. 그러나 표시인증제도에 의한 식품의 품질정보 제공이 소비자 후생에 미치는 효과는 그리 단순하지 않다.[3]

3 정보경제학에 관한 연구에 따르면 소비자에 대한 품질 정보 제공의 후생효과는 ① 소비자에게 제공된 식품 품질 정보의 진위 여부, ② 품질에 대한 소비자 인식의 정확성 여부, ③ 품질 정보 제공으로 인한 소비자 선호의 변화 여부 등에 따라 달라진다.

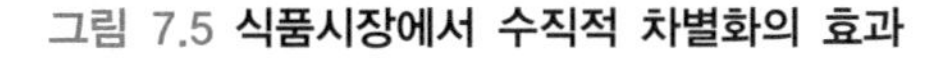
그림 7.5 식품시장에서 수직적 차별화의 효과

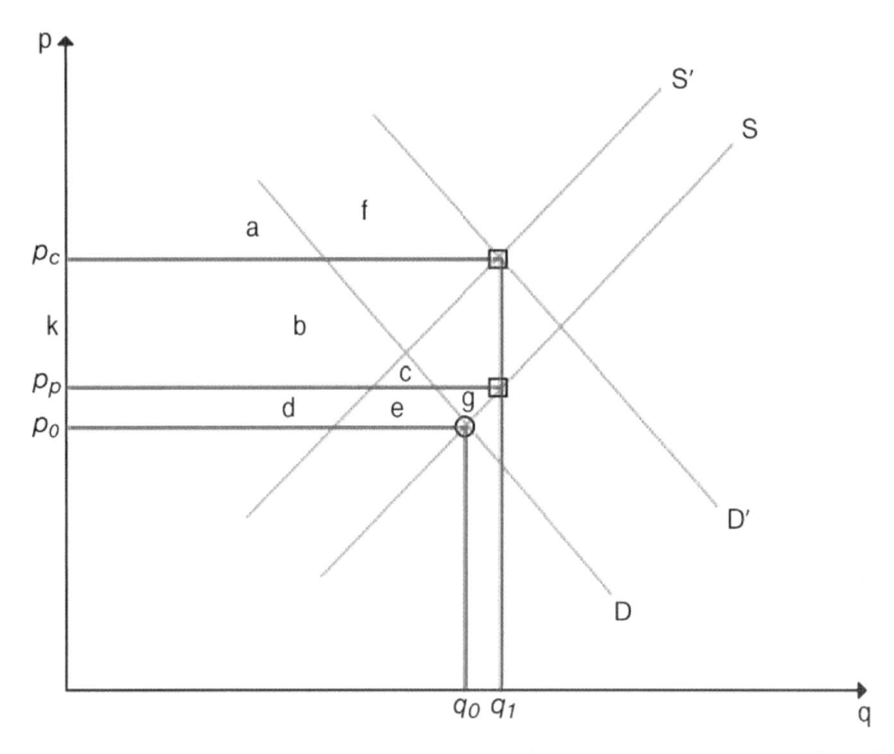

지리적 표시 농산물에 대한 정부 인증과 해당 농산물에 대한 광고가 시행될 때 수요곡선은 D에서 D'로 이동하며, 공급곡선은 인증비용, 광고비, 규제 순응에 따른 비용 추가 등으로 S에서 S'로 이동한다. 수요곡선의 이동 폭이 공급곡선의 이동 폭보다 크다면 수직적으로 차별화된 지리적 표시 농산물의 수요량은 증가한다. 지리적 표시에 의한 수직적 차별화가 소비자에게 주는 후생효과는 품질 정보의 가치를 나타내는 면적 f와 가격 상승으로 인한 소비자 잉여의 감소분은 나타내는 $(b+c+d+e)$로 구성되며, $f>(b+c+d+e)$이라면 소비자들은 수직적 차별화로부터 순이득을 얻게 된다.

지리적 표시에 관한 품질 정보가 완전하고 신뢰할 만하여 표시인증이 없을 경우에 품질에 관한 불확실성이 발생한다면, 표시인증은 지리적 표시 농산물의 수요를 D에서 D'로 이동시킨다. D'는 표시인증에 의해 소비자에게 정확한 품질 정보가 제공될 때 예상되는 수요를 나타낸다. 이때 소비자에 대한 수직적 차별화의 후생효과는 다음과 같다. 품질 정보가 없다면 어느 가격에서도 소비자들은 최적보다 못한(suboptimal) 소비수준을 갖게 된다. 이로 인해 소비자가 직면하는 수요곡선은 D'가 아니라 D가 된다. 품질 정보는 시장균형을 새로운 점으로 이동시켜, 소비를 최적수준으로 증가시킨다. 즉, 소비량은 q_0에서 q_1으로 늘어난다. 소비자에 대한 순후생효과는 표시인증제도가 시행될 경우의 소비자 잉여 $a+f$와 표시인증제도가 없을 때의 소비자 잉여 $(a+b+c+d+e)$의 차이로 나타난다. 따라서 수직적 차별화로 인한 소비자 잉여의 변화는 $(f-b-c-d-e)$이다.

소비자에 대한 제품차별화의 순후생효과는 두 가지 요소로 구성된다. 첫째는 새로운 가격에서 소비가 최적수준으로 늘어남으로써 얻게 되는 후생 증가분이다. 이러한 측면에서 발생하는 소비자 잉여는 그림에서 면적 f로 나타낼 수 있는데 이는 새로운 균형가격에서 소비자에게 제공되는 품질 정보의 가치이다. 달리 말하면, 품질에 대한 탐색비용의 절감으로 인해 소비자가 얻게 되는 후생 증가분이라고 해석할 수 있다. 두 번째는 가격이 p_0에서 p_c로 상승할 때 가격에 의한 소비자 잉여의 손실은 $(b+c+d+e)$만큼 늘어난다. 결과적으로 탐색비용의 절감 정도가 가격 상승으로 인한 후생의 손실분을 충분히 보상한다면, 즉 $f > (b+c+d+e)$이라면 소비자들은 순혜택을 얻게 된다.

한편, 수직적 차별화의 생산자 후생에 대한 효과는 생산자들이 받는 가격 프리미엄의 함수이다. 생산자들은 지리적 표시의 법적 보호와 광고 효과로 인하여 생산자들이 수취하는 순가격이 증가하기 때문에, 생산자 후생의 크기는 [그림 7.5]에서 보듯이 면적 $(d+e+g)$이다. 공급곡선의 이동 폭이 크지 않는 한, 즉 표시인증을 하는 데 소요되는 부가적인 비용이 수요의 이동보다 크지 않다면, 생산자에 대한 후생효과는 정(+)의 값을 가지게 된다.

지리적 표시로 인한 수직적 차별화의 총후생효과는 소비자에 대한 후생효과와 생산자에 대한 후생효과를 합한 면적인 $(f+g-b-c)$이다. 총후생효과는 $f+g > (b+c)$이 성립하는 한 정(+)의 값을 가지게 된다. 하지만 공급이동이 수요이동을 초과하여 부(−)의 가격 프리미엄이 발생할 경우 수직적 차별화의 총후생효과는 부(−)의 값을 갖게 된다. 여기서 주의할 점은 현실적으로 수직적 차별화 효과는 우리가 다룬 모형과 다를 수 있다는 점이다. 이에 대한 몇 가지 사례를 들어보자.

첫째, 소비자에 대한 품질 정보의 제공이 정보 전달적(informative)이라기보다는 설득적(persuasive)일 경우일 때이다. 이러한 경우에 생산자에 대해 부가적인 지대(rent)가 발생하지만, 소비가 사회적으로 최적인 수준을 초과하기 때문에 수직적 차별화의 총후생효과는 부(−)의 값을 가질 수 있다.

둘째, 지리적 표시의 법적 보호가 해당 농산물의 생산자가 시장지배력을 가지고 있는 식품시장에서 시행되거나 또는 지리적 표시제가 해당 농산물의 생산자에게 시장지배력을 갖도록 해주는 경우이다. 시장지배력이 있는 경우 수직적 차별화로 인한 가격 프리미엄의 크기, 생산자 집단과 소비자 집단 간 후생의 재분배 효과 등은 경쟁시장의 경우와 다를 수 있다(이에 대해서는 공적표시제의 효과에서 다시 설명할 것이다).

셋째, 수직적으로 차별화된 식품의 품질 정보가 제공될 경우, 해당 식품에 대한 소비자의 선호가 변할 수 있다. 후생의 효과가 소비자의 사전적인 선호보다는 사후적인 선호를 기준으로 하여 측정될 경우 [그림 7.5]와 달리 나빠질 수도 있다.

7.4.3 공적표시제의 효과와 문제점

앞서 우리는 수직적 차별화의 효과를 알아보기 위해 지리적 표시 식품의 사례를 살펴보았다. 이 절에서는 신뢰적 속성이 차별화 수단인 시장 상황하에서 지리적 표시와 같은 공적인 표시나 인증제도가 가지는 효과와 문제점에 대해 알아보자.

어느 식품시장에서 특정한 품질 q를 가진 제품이 판매되고 있다고 하자. 이 제품 한 단위를 가격 p를 지불하고 구매할 때 소비자가 얻게 되는 잉여가 다음과 같은 형태를 가진다고 하자(아래의 식은 수평적 차별화에서 설명한 순가치곡면과 유사한 상황을 보여주고 있음을 주목하라).

$$CS(\theta) = \theta q - p$$

여기서 CS는 소비자 잉여를 나타내며, 제품의 품질을 나타내는 q는 그 값이 높을수록 더 좋은 품질을 의미하며 $[\underline{q}, \overline{q}]$의 범위를 가진다고 하자. θ는 제품 품질에 대한 소비자의 선호도를 나타내는 파라메타로 값이 높을수록 품질 선호도가 더 높다. 전체 소비자들은 품질 선호 정도에 따라 $[\underline{\theta}, \overline{\theta}]$의 범위 안에 분포해있다고 가정하자. 표시제가 없다면 소비자들은 제품의 품질을 알 수 없기 때문에 자신이 이용할 수 있는 정보에 기초하여 시장에서 판매되고 있는 제품들의 평균적인 품질 수준을 판단할 것이다.

소비자들이 시장에서 판매되고 있는 제품의 품질을 구분할 수 없다면(달리 말하면 모든 제품을 동일한 품질의 제품으로 인식한다면) 소비자들은 제품에 대해 동일한 가격(p^U)을 지불하려고 할 것이며, 기업들은 베르뜨랑 가격 경쟁을 할 것이다(가격 경쟁은 $p^U = 0$일 때까지 심해질 수 있다).[4] 하지만 표시제가 시행되면 고품질 제품을 생산하는 기업은 품질에 높은 지불의사가 있는 소비자들에게 높은 가격을 부과하는 반면, 저품질 제품을 생산하는 기업은 자신의 제품에 낮은 가격을 부과함으로써 기업 간 경쟁은 완화되고 두 기업 모두 한계비용을 초과하여 가격을 부과하는 것이 가능하게 된다. 그로 인해 가격 경쟁은 완화되며 π_2^L를 고품질 제품을 생산하는 기업의 이윤, π_1^L를 저품질 제품을 생산하는 기업의 이윤이라고 할 때 $\pi_2^L > \pi_1^L > 0$이 될 것이다. 표시제가 기업에게 상당히 높은 비용(예: 인증비용)을 부담시키지 않는 한 모든 기업은 표시제로부터 혜택을 얻게 된다.

하지만, 표시제가 시행될 때 소비자에게 기업과는 다른 후생효과가 나타난다. 또한 기업이 속한 식품산업의 구조에 따라 표시제의 효과는 달라질 수 있다. 다음 절에서 표시제의

---

4 베르뜨랑 가격 경쟁에 대해서는 9장에서 자세하게 설명할 것이다.

효과를 ① 시장세분화 효과, ② 차별화 효과, ③ 순위효과 세 가지로 구분하여 자세하게 살펴보자.

표시제의 시장세분화 효과

표시제가 시행되면 하나로 통합되었던 시장이 여러 개의 시장으로 세분화된다. 예를 들어 유기식품 인증처럼 표시제 시행으로 인해 전체 시장이 단순하게 고품질(유기식품) 시장과 저품질(일반 식품) 시장으로 양분된다고 하자. 일반적으로 고품질 식품시장에 속한 기업의 수가 저품질 식품시장에 속한 기업의 수보다 적다. 따라서 표시제 시행으로 고품질 시장에서 기업 집중도가 늘어나게 된다. 표시제 시행으로 인해 고품질 시장으로 기업의 진입이 어렵게 된다면, 고품질 식품시장에서 기업 집중은 더욱 심화될 것이다. 고품질 식품시장에서 기업의 시장지배력이 강화된다면 기업들은 이전보다 시장점유율은 줄어들더라도 더 높은 가격을 부과함으로써 보다 많은 이윤을 얻으려고 할 것이다. 이로 인해 표시제의 후생효과가 상쇄될 수 있다. 즉 표시제는 정보의 불완전성(또는 비대칭성) 문제를 해결할 수 있으나 시장왜곡이라는 문제를 해결하지 못할 수 있다. 따라서 표시제가 시행된다면 고품질 제품의 가격이 한계비용 수준에서 결정되지 않는 한, 두 제품 간의 비용 격차(그리하여 가격 차이)가 너무 크지 않을 경우에만 사회적 후생이 증가할 것이다.

둘째로 p^U를 표시제가 시행되기 전의 제품 가격이라고 하고, p_2^L를 표시제 시행 이후의 고품질 제품 가격, p_1^L를 표시제 시행 이후의 저품질 제품 가격이라고 하자. 표시제가 시행될 경우 제품 시장은 품질수준에 따라 두 세분시장으로 나누어지기 때문에 일반적으로 $p_2^L > p^U > p_1^L$인 관계가 성립한다. 그리하여 고품질 제품의 시장점유율은 증가하는 반면, 저품질 제품의 시장점유율은 감소하게 된다. 하지만, 소비자의 품질에 대한 선호가 앞서 가정한 대로 일양분포를 따르지 않는다면 표시제의 효과가 이전과 달라질 수 있다. 예를 들어, 시장 전체에 두 종류의 소비자 집단이 있다고 하자. 즉, 고품질에 높은 가격을 지불할 의사가 있는 집단과 두 제품에 무차별한 집단이다. 후자(제품 품질에 무관심한 집단)는 제품 가격을 비교하여 더 저렴한 제품을 선택할 것이다. 두 제품에 대해 무차별한 소비자의 비율이 높다면 높은 수요로 인해 제품들 간의 가격 대소 관계가 $p_2^L > p^U > p_1^L$에서 $p_2^L \geq p_1^L > p^U$으로 바뀔 수 있다. 표시제 시행으로 고품질 제품의 가격뿐만 아니라 저품질 제품의 가격도 상승하게 된다면, 저품질 제품(예를 들면, 친환경이지 않는 방식으로 생산되는 식품)의 판매를 줄이려는 표시제의 당초 목적이 달성되지 못할 수 있다.

표시제의 제품차별화 효과

표시제의 제품차별화 효과는 표시제가 소비자로 하여금 기업들의 제품들을 불완전한 대체재로 인식하게 하여 기업 간 가격 경쟁을 줄이는 효과를 말한다. 기업은 표시제로 인해 혜택을 얻게 되지만, 어떤 소비자에게 표시제는 달갑지 않을 수 있다. 표시제가 시행되기 전에 소비자들은 50%의 확률로 고품질 제품을 살 수 있었다고 하자. 표시제가 시행되면 품질에 대한 선호가 낮은 소비자 집단은 품질이 낮은 제품을 이전보다 높은 가격($p_1^L > p^U$)으로 구매하게 되고 품질에 대한 선호도가 매우 낮은 소비자들은 이전보다 높아진 가격으로 인해 시장을 떠날 수 있다. 고품질 제품을 구매하는 소비자 집단에서도 품질에 대한 선호도가 매우 높은 소비자만이 혜택을 얻을 수 있다. 이로 인해 품질에 대한 선호도가 비교적 낮은 소비자들은 표시제 시행 이전의 상황을 더 원할 수 있다.

하지만, 이와 다른 결과가 나타날 수도 있다. 앞에서 우리는 표시제가 없을 때 두 개의 기업이 존재하는 복점 시장을 가정하였다. 이번에는 기업의 시장 진입에 매몰비용이 발생한다고 하자. 표시제가 없다면 두 기업 가운데 어느 한 기업만 시장에 진입할 것이다. 왜냐하면 소비자들의 눈에는 두 기업의 제품이 동일하기 때문에 가격 경쟁이 심해지게 되어 어느 기업도 매몰비용을 회수(보상)하지 못하게 된다. 따라서 어느 하나의 기업만 시장에 진입하여 제품에 독점 가격을 부과하게 되고, 품질 선호도 $\theta > 0.5$인 소비자들만 제품을 구입할 것이다. 이제 표시제가 시행된다면 고품질 제품에 대해 매몰비용을 초과하는 수준으로 가격을 매길 수 있게 된다. 이로 인해 새로운 기업이 고품질 제품 시장으로 진입하게 된다. 고품질 시장으로 진입하는 기업의 수가 증가할 때 기업 간 가격 경쟁이 심화될 것이다. 이러한 경우 소비자들은 표시제 시행으로 인해 후생이 증가할 수 있다.

이번에는 차별화가 제품에 대한 소비자의 기호가 아니라 믿음에 기초한다고 할 때, 표시제의 시행 효과가 어떻게 달라지는지 알아보자. 표시제가 없을 때 소비자들은 품질에 대해 동일한 선호를 가지나, 어느 기업이 어떤 품질의 제품을 공급하는지에 대해 정확하게 알지 못하고 단지 주관적인 믿음을 가진다고 하자. 즉, 소비자는 α%의 확률로 기업 1이 고품질 제품을 생산하고 기업 2가 저품질 제품을 생산한다고 믿는다. 기업 1이 저품질 제품을 생산하는 기업이라고 할 때 α의 값이 작을수록 소비자의 믿음이 맞다고 할 수 있다. 표시제가 없다고 할 때 α의 값에 따라 두 기업들은 성공적인 제품차별화를 달성할 수 있게 된다.

표시제가 시행될 때 소비자의 믿음에 기초한 제품차별화는 더 이상 효과를 발휘할 수 없게 된다. 왜냐하면 표시제 시행으로 어느 기업이 저품질 제품을 생산하는지 판명난다면 그 기업은 시장에서 퇴출되기 때문이다. 이 경우에 효율적인 기업인 어느 한 기업만 생존하게 된다. h를 고품질 제품, l를 저품질 제품이라고 하고, q_i를 제품의 품질, c_i를 한계비용을 나타낸다고 하자. 이때 $\frac{q_i}{c_i}$ $(i = h, l)$가 높은 기업이 효율적이라고 정의할 수 있다. 만약 고품질 제품을 생산하는 기업이 효율적이라면, 이 기업은 독점이 되고 제품에 독점가격을 부과할 것이다. 하지만 이때 이 기업이 부과하는 독점가격은 표시제 시행 전에 자신의 틈새 시장에서 자신을 고품질 제품 기업으로 믿었던 소비자들에게 부과했던 가격보다 낮을 수 있다. 따라서 이러한 경우에는 기업 모두가 표시제 도입에 저항할 것이다.

표시제가 불완전하여 정보의 비대칭성을 완전하게 해소하지 못한다면 어떻게 될까? 여기서 표시제가 불완전하다는 의미는 모든 소비자가 표시정보의 내용을 완전하게 이해하는 것은 아니라는 뜻이다. 예를 들어, 두 형태의 제품표시가 있다고 하자. 하나는 색깔이나 마크 등으로 이해하기 쉬운 형태이고, 다른 하나는 제품 특성에 대해 아주 자세한 설명을 제공하는 형태이다. 전자 형태의 표시는 정보 요구 수준이 낮은 소비자의 믿음을 향상시켜주지만, 정보 요구 수준이 높고 까다로운 소비자에게는 추가적인 정보를 제공해주지 못한다. 반면 후자 형태의 표시는 정보 요구 수준이 낮은 소비자로부터 완전히 외면당하지만 정보 요구 수준이 높은 소비자의 믿음을 향상시켜줄 것이다. 그 결과, 두 형태의 표시는 소비자의 평균적인 믿음을 향상시켜주지만, 전자는 소비자의 믿음에 대한 분포를 좁히는 반면, 후자는 그 분포를 넓히는 효과가 있다. 이해하기 쉬운 표시제의 도입은 소비자에게 항상 혜택을 제공하지만, 복잡한 표시제는 두 가지 효과를 가진다. 하나는 평균적인 믿음을 향상시키는 것이고, 다른 하나는 소비자 믿음에서 차별화를 증가시켜 기업 간 가격 경쟁을 완화함으로써 기업 이윤을 증가시키는 것이다. 이러한 경우 소비자에 대한 후생 효과는 불확실하다.

요약하자면 표시제가 소비자의 품질에 대한 믿음(α)의 분산을 줄이거나 또는 소비자의 품질에 대한 선호(θ) 분포가 넓지 않다면, 표시제 시행으로 기업 간 가격 경쟁이 심화되어 소비자 후생은 증가할 수 있다. 하지만 표시제가 소비자의 제품 품질에 대한 믿음의 분산을 늘리거나 또는 소비자의 품질에 대한 선호 분포가 매우 넓어 차별화 여지가 많다면 기업 간 가격 경쟁을 줄어들어, 기업들은 자신의 세분시장에서 소비자에게 높은 가격을 부과할 수 있게 된다. 이러한 경우에 표시제의 소비자 후생에 미치는 효과는 확실하지 않게 된다.

표시제의 순위(선호 역전) 효과

어떤 식품의 공급망이 있다고 하자. 이 식품의 상류시장은 농업생산자들로 구성되어 있으며 생산물 측면에서 수직적으로 차별화된 복점시장(즉, GMO 농산물과 일반 농산물, 또는 관행 농산물과 친환경 농산물 등으로 구분되는 시장)이다. 반면, 농업생산자들이 생산한 농산물을 원재료로 사용하여 가공식품을 생산하여 판매하는 하류시장은 경쟁시장이다. 상류시장에 있는 농업생산자들은 단위 금액당 더 높은 금전적인 수익률을 제공하는 (달리 말하면, 투입재의 단위당 생산성 ω이 더 높은) 투입재를 더 선호한다. 특정한 투입재의 경우 예를 들면, 비료를 과다하게 투입하는 생산방식이나 GMO 종자는 농업생산자에게 비용우위의 투입재이다. 하지만 이러한 투입재는 소비자에게는 해가 된다. 상류시장에 생산되는 농산물의 특성은 ω에 의해 나타내어진다. 논의를 쉽게 하기 위해 몇 가지 기호를 사용하자. 1은 GMO 농산물을 나타내고, 2는 GMO가 아닌 농산물을 의미하며, U는 GMO 농산물에 대한 표시제가 없는 경우, L은 해당 표시제가 있는 경우를 나타낸다고 하자.

하류시장에 있는 기업들은 자신의 생산하는 식품에 어떠한 농산물이 원재료로 사용되고 있는지 알 수 있지만, 소비자들은 원재료 성분에 대한 표시제가 없다면 이를 전혀 알 수 없다. 표시제가 없다면 하류시장에 있는 식품기업들은 투입재 한 단위당 더 많은 산출물(즉 평균생산성 γ이라고 하자)을 제공하는 투입재에 대해 더 높은 가격을 지불할 것이다. 즉 $\gamma_1^U > \gamma_2^U$이다. 하류시장에서 표시제가 시행된다면 소비자들은 원재료 농산물에 대한 자신의 선호를 표출하게 된다. 이때 표시제의 효과는 두 가지로 구분할 수 있다. 첫째는 하류시장에서 나타나는 차별화 효과로 인해 상류시장에서 가격 경쟁이 줄어들게 된다. 그 결과 두 종류의 원재료 농산물 가격은 모두 상승하게 된다. 즉, $\gamma_2^L > \gamma_2^U$와 $\gamma_1^L > \gamma_1^U$인 관계가 성립한다. 둘째, 표시제는 농업생산자들이 자신이 생산하는 농산물에 대한 선호에 영향을 주게 된다. 하류시장에서 GMO 농산물을 원재료로 하는 가공식품에 대한 소비자의 선호가 낮기 때문에 GMO 종자에 대한 농업생산자의 선호가 바뀌게 된다. 그리하여 $\gamma_1^U > \gamma_2^U$인 관계가 $\gamma_1^L < \gamma_2^L$ 로 바뀌게 된다. 이러한 선호 역전 현상을 표시제의 순위 효과(ranking effect)라고 한다. 표시제가 시행될 때 차별화 효과와 순위 효과가 서로 상반되는 결과를 초래하기 때문에 두 효과 가운데 어느 것이 더 큰가에 따라 표시제의 후생효과는 달라진다. θ의 값이 크면 클수록 표시제로 인한 차별화 효과로 인해 기업 간 가격 경쟁은 완화되는 반면, ω의 값이 크면 클수록 표시제로 인한 순위 효과가 크게 나타나 GMO 농산물을 원재료로 하는 식품 간에 가격 경쟁이 심해질 수 있다.

식품산업의 어떤 부문에서는 구매자가 생산자를 압박하여 표시제를 채택하도록 하는 경우가 있다. 대표적인 사례가 소매업자의 경우이다. 예를 들어, 소매업자들은 자신들의 시장지배력을 이용하여 조직화되지 않는 생산자들을 압박하여 친환경이 아닌 제품은 구매하지 않겠다고 압력을 행사한다. 친환경인증제(eco-certification)의 시행은 생산자에 대한 소매업자의 지배력을 증가시킨다. 생산자가 소매업자의 요구에 따라 자신의 생산을 친환경적인 방식으로 실행하려면 이에 수반된 투자를 해야 한다. 이러한 투자는 생산자로 하여금 친환경인증 공급망 이외의 다른 경로로 자신의 제품을 거래할 기회를 줄인다. 이로 인해 생산자는 소매업자로부터 속박(hold-up)의 위험에 직면할 수 있다. 즉, 거래상대방의 기회주의적인 행위에 의해 제품 생산자의 잉여가 빼앗길 수 있다. 이러한 위험을 회피하기 위한 방편으로 대개 인증을 받은 생산자들은 공동조직을 수립한다. 공동조직은 생산자들의 시장지배력을 강화시키고 인증표시된 제품의 출시나 생산에 수반되는 매몰비용을 서로 분담하는 역할을 한다.

이상의 내용을 요약하면 다음과 같다. 과정 속성은 생산 과정에 대한 정보를 가진 생산자와 구매 또는 소비 이후에도 해당 정보를 얻을 수 없는 소비자 사이에 정보의 비대칭성을 발생시킨다. 이러한 정보의 비대칭은 시장실패를 초래하고 시장신호는 시장실패를 회피하기에 비효율적이다. 이러한 상황하에서 공적인 식품표시나 인증제도의 필요성이 정당화된다. 그러나 시장 참여자에 대한 표시제의 효과는 품질에 대한 소비자의 선호 정도, 표시 정보의 내용, 식품시장 구조 등에 따라 매우 다를 수 있다.

식품산업 인사이드 7.2

우리나라 농식품 국가인증제도

우리나라에서는 원산지표시제도 외에도 농식품 품질 향상, 안전한 농식품 생산 공급 및 생산자·소비자 보호라는 목적을 달성하기 위해 필요에 따라 각종 인증제도를 시행하고 있다. 농식품에 관한 국가인증제도를 소개하면 아래의 표와 같다.

제도 명칭 (도입시기)	인증표시	근거 법령	주요 내용
지리적 표시 등록제도('99~)	지리적표시 (PGI) 농림축산식품부	농수산물 품질관리법 제32조(지리적 표시의 등록)	우수한 지리적 특성을 가진 농산물 및 가공품의 지리적 표시를 등록·보호
농산물우수관리 인증(GAP)제도 ('06~)	GAP (우수관리인증) 농림축산식품부	농수산물 품질관리법 제6조(농산물우수관리의 인증)	농약, 중금속, 위해생물 등 위해요소를 생산단계부터 유통단계까지 안전하게 관리한 농산물
안전관리인증 (HACCP)제도 ('98~)	안전관리인증 HACCP	축산물 위생관리법 제9조(안전관리인증기준), 같은법 시행령 제31조(권한의 위임·위탁) 제5항	가축 사육에서 최종 판매까지 위해요소를 분석하여 중점 관리하는 사전 예방적 식품안전관리 체계
유기식품등 인증제도 (유기농 '01~) (유기식품 '08~)	유기농 (ORGANIC) 농림축산식품부 / 유기가공식품 (ORGANIC) 농림축산식품부	친환경농어업 육성 및 유기식품 등의 관리·지원에 관한 법률 제19조(유기식품등의 인증)	• 유기농축산물: 합성농약·화학비료를 사용하지 않은 농산물과 100% 유기사료를 먹여 사육한 축산물 • 유기가공식품: 유기농축산물을 사용하여 제조·가공한 식품
(친환경)무농약 농산물 인증제도 ('01~)	무농약 (NON PESTICIDE) 농림축산식품부	친환경농어업 육성 및 유기식품 등의 관리·지원에 관한 법률 제34조(무농약 농수산물등의 인증 등)	• 합성농약을 사용하지 않고, 화학비료는 최소화하여 생산한 친환경 농산물 * 저농약농산물 '16년 폐지('15년 생산품이 일부 유통 가능)

(친환경) 무항생제축산물 인증제도('07~)	무항생제 (NON ANTIBIOTIC) 농림축산식품부	친환경농어업 육성 및 유기식품 등의 관리 · 지원에 관한 법률 제34조(무농약 농수산물등의 인증 등)	항생제 · 항균제 등이 첨가되지 않은 사료를 먹이고, 생산성 촉진을 위한 성장촉진제나 호르몬제를 사용하지 않으며, 축사와 사육 조건, 질병관리 등의 엄격한 인증기준을 지켜 키운 친환경 축산물
동물복지 축산농장 인증제도('12~)	동물복지 (ANIMAL WELFARE) 농림축산식품부	동물보호법 제29조(동물복지축산농장의 인증)	쾌적한 일정수준 이상의 동물복지기준에 따라 사육하는 농장
전통식품 품질 인증 제도 ('93~)	전통식품 (TRADITIONAL FOOD) 농림축산식품부	식품산업진흥법 제22조(전통식품의 품질인증)	국산 농산물을 주원료로 하여 전통 제조 방식 등으로 만든 식품
식품명인 지정 제도('94~)	식품명인 (GRAND MASTER) 농림축산식품부	식품산업진흥법 제14조(식품명인의 지정 등)	우수한 우리 식품의 가공·조리 분야 장인을 식품명인으로 지정
가공식품 한국 산업표준 인증 제도('86~)	K 가공식품	식품산업진흥법 제20조(식품의 산업표준인증)	가공식품에 대한 산업표준에 따라 생산된 가공식품
저탄소농축산물 인증제도 ('12~, 시범사업) ('14, 고시제정)	저탄소 (LOW CARBON) 농림축산식품부	저탄소 녹색성장 기본법 제32조(녹색기술 · 녹색산업의 표준화 및 인증 등) 저탄소 농축산물 인증제 운영규정(농식품부고시)	온실가스 배출량을 줄이는 '저탄소농업기술'을 적용하여 생산한 농산물
술 품질인증 제도('11~)	("가"형) ("나"형)	전통주 등의 산업진흥에 관한 법률 제22조(품질인증)	술 품질인증 기준에 적합한 막걸리(탁주), 약주, 청주, 과실주, 증류식 소주, 일반증류주, 리큐르, "가"형과 "나"형으로 구분, "나"형의 경우 주원료, 누룩 제조에 사용된 농산물이 100% 국내산
가공식품 및 음식점등 원산지 인증제도('16~)	한국산 100% 한국산 100%	식품산업진흥법 제22조의2(가공식품 및 음식점등의 원산지인증)	제조 및 음식점등을 대상으로 가공식품과 음식의 주원료가 동일 국가산 95% 이상일 경우 원산지 인증

7.5 신제품 개발

신제품은 현재 기업에서 판매하고 있지 않는 제품이다. 다른 기업이 이미 어떤 제품을 판매하더라도 현재 자신의 기업에서 판매하고 있지 않다면 신제품으로 볼 수 있다. 새로운 상품에 대한 아이디어가 있거나, 또는 기존 것을 더 나은 제품으로 개선할 수 있는 기술을 가질 때 신제품이 등장하게 된다. 새로운 제품이 출시되면 그 이후에 주의 깊은 조사 연구와 계획을 거쳐 새로운 제품 라인으로 추가되는 것이 일반적이다. 신제품 개발은 아이디어를 창출하고 시장성이 있는 아이디어를 선별하여 제품개념을 개발하고, 개발된 제품에 대한 소비자 반응과 시험마케팅을 거쳐 상업화에 이르는 단계를 거친다.

7.5.1 목표마케팅

신제품 개발을 위해 식품기업들은 먼저 고객에 대한 조사 연구부터 시작한다. 즉, 앞으로 어떤 범주에 속하는 식품에서 수요가 증가할까? 식품 소비의 최신 트렌드는 무엇인가? 칼로리가 낮은 식품을 개발해야 하는가? 아니면 유기농 식품, HMR(Home Meal Replacement, 가정식 대체식품)인가? 아니면 1인 가구를 겨냥한 신선샐러드 제품은 어떨까? 기업은 이러한 경향들을 분석한 후에 충분한 수의 잠재적인 소비자가 존재하여 신제품 개발에 따른 위험을 감수할 충분한 판매가 보장되는 사업기회를 찾기 위해 여러 인구학적 요인들을 검토한다. 종종 미래의 트렌드 분석이 이루어져 기존 고객보다는 앞으로 부상할 고객층이나 또는 향후 수년 이내에 등장할 것으로 기대하는 소비자 집단을 염두에 두어 제품 개발 계획을 수립할 수도 있다. 대개 신제품 개발 계획은 목표마케팅(target marketing)이라고 불리는 과정을 수반한다.

목표마케팅은 목표인구 집단(가설적인 소비자 유형) 또는 목표시장을 식별하고 그 집단에 속한 소비자를 위한 제품을 고안하는 것을 의미한다. 예를 들어, 목표인구 집단이 건강에 관심이 많은 40대 여성이라면 기업은 이러한 소비자의 관심을 끄는 제품 한 가지 또는 그 이상을 고안하려고 할 것이다. 반면, 고령층 소비자 또는 어린이, 싱글족, 또는 다이어트 중인 소비자가 목표시장일 수도 있다. 목표시장은 연령, 소득, 건강 관심도 등과 같이 기업으로 하여금 제품 카테고리 내에서 유사한 선호와 기호를 가진 소비자 집단을 식별하게끔 하는 인구사회적 요인에 의해 파악된다. 기업이 목표시장의 프로파일을 수립할 때, 프로파일은 소비자의 인구사회적인 특성뿐만 아니라 제품의 프로파일도 함께 고려하는데 여기에는 가격, 요리 소요시간, 새로운 제품의 사양(맛, 외관, 영양성분, 제조법 등) 등이 포함된다.

조사 연구에 근거한 목표마케팅은 기업이 새로운 제품을 개발할 때, 목표소비자 집단의 요구부터 시작하여 이들 소비자의 관심을 끄는 신제품을 개발하는 방식으로 진행해야 함을 의미한다. 즉, 식품기업들은 제품 개발부터 시작해서 그 후에 시장을 찾기보다는 먼저 시장을 탐색하고 그 목표시장을 위한 제품을 개발한다. 소비자로부터 아이디어를 얻기 위해 대표성을 가진 소비자 표본을 대상으로 표적집단 면접(focus group interview)을 실시하거나 또는 소비자들이 기존 제품을 사용하는 과정에서 나타난 문제점을 분석함으로써 신제품 개발의 단서가 되는 아이디어를 발견할 수도 있다. 최근에 기업들은 기업 내외부의 사람들로 구성된 창조적 집단을 활용하거나 개방형 혁신을 도입해 신제품의 아이디어를 확보하는 방식을 도입하고 있다. 예를 들면 6~10명의 인원이 다양한 아이디어를 제안하고 서로 토론하면서 아이디어를 수정·보완하는 과정에서 발전적인 아이디어를 발견해내는 브레인스토밍(brainstorming)기법이 있다. 개방형 혁신은 기업 외부에 있는 사람들의 혁신역량을 기업내부의 신제품 개발과정에 연계시켜 보다 폭넓은 신제품 개발 기회를 창출하는 방법이다.

데이터 처리와 정보기술의 발달로 유통업자들이 소비자에 대해 이전보다 많은 것을 알게 되어 세분시장을 파악하고 세분시장 내의 소비자를 찾아내어 적절한 마케팅 전략으로 이들에게 접근하는 것이 점점 용이하게 되었다(식품산업 인사이드 7.3을 참조하시오). 소비자의 온라인 거래실적을 추적하여 수집한 정보를 토대로 소비자 개개인에게 구체적이고 특별한 광고를 할 수 있는 인터넷 덕택에 광고비 지출을 이전에 비해 보다 정확한 곳에 사용하는 것이 가능해졌다. 유통업자들이 제품을 원하지 않는 소비자를 대상으로 돈을 낭비하지 않고 구체적인 세분시장을 파악할 수 있기 때문에, 오늘날에는 세분시장에 맞게 상품을 고안하는 것이 보다 적절하다. 그리하여 신제품 개발은 대중의 관심을 끌 신제품에 대한 연구뿐만 아니라 특정 세분시장에 있는 소비자가 관심을 가질 제품에 대한 연구도 함께 진행하게 된다.

모든 조사연구와 목표마케팅 활동의 결과가 제품 개발 부서에게 넘겨지면, 목표 고객의 수요에 부합하는 새로운 상품을 개발하는 것이 이들 부서의 업무이다.

7.5.2 신제품 개발 과정

소비자 조사 부서에 의해 개발할 제품 카테고리와 생산원가 등 관련 수치들이 확보되면, 제품 개발 부서는 신제품 개발 업무에 착수한다. 이 부서에는 식품과학자와 요리사들이 있어 소비자 조사로부터 얻은 아이디어를 가지고 신제품 개발을 시작한다. 예를 들어, 밥 대신 손쉽게 먹을 수 있는 대용식과 같은 일반적인 것에서 출발하여 플라스틱 용기에 담겨진 오곡 즉석밥처럼 구체적인 제품 아이디어로 진행하게 된다. 이때 소비자 조사 부서가 찾아낸 하나의 목표시장에 대해 수많은 제품 아이디어가 등장하는 경우가 대부분이다. 신제품에 대한 아이디어 목록이 얻어지면, 그 다음 단계는 여러 대안들을 몇 가지로 좁혀나가는 것이다. 각 제품 아이디어는 세 가지의 테스트를 통과해야 하는 과정을 밟게 된다. 첫째, 제품은 제조과정에 의해 생산될 수 있는 것이어야 한다. 둘째, 맛이 있고 외관상 보기가 좋아야 한다. 셋째, 초기 비용 추정치가 소비자 조사 부서가 제공한 수치와 부합해야 한다. 제품 개발 부서는 제품화가 가능한 제품 목록을 토대로 제조법을 개발하고 식미검사를 통해 제조법을 수정하는 작업을 하게 된다. 개발이 가능한 신제품의 가짓수가 몇 개로 줄어들면,

검증 과정은 다음 단계로 넘어간다(보충학습 7.1의 신제품 아이디어 스크리닝 방법을 참조하라).

제품 개발 부서가 중점적으로 추진할 가치가 있다고 판단하는 신제품의 후보군이 결정되면 식미검사용 패널을 구성하게 된다. 신제품이 목표로 하는 인구집단에 부합하는 소비자들을 패널로 선택하여 개발 중인 제품이나 동일 제품의 다른 형태들을 맛보도록 한다. 소비자 패널로부터 피드백은 개발 가능한 제품의 가짓수를 줄이고 신제품의 제조법을 수정하는데 사용한다. 신제품은 제품 개발부터 출시까지 여러 단계에 걸쳐 패널의 식미검사를 받게 되며, 패널 평가 결과를 토대로 테스트 키친(시험 주방)에서 실제 생산으로 이동하는 과정에서 지속적으로 변경, 개선된다.

제품 검사 과정의 초기 단계에서는 제품 원형이 숙련 조리사에 의해 시험 주방에서 만들어진다. 이것은 첫 번째 식미검사에 사용될 제품의 형태이다. 그러나 제품 개발 과정이 어느 정도 진행되면 생산의 실제성이 고려된다. 제품 개발 부서는 신제품 개발의 최종 완제품 단계에 이르게 되면, 특별하고 고품질의 원료대신에 대량 생산에 적합한 원료를 사용하고, 특별한 요리 기술에서 대량생산에 사용가능한 기술형태로 전환한다. 시험 주방에서 시식용 샘플 제품을 만들지만 좀 더 현실성 있는 피드백을 얻기 위해 식미검사에 참여한 패널에게 보다 실제적인 형태의 제품(즉, 대량 생산될 때의 제품과 유사한 형태)을 제공한다. 이러한 과정은 제품의 맛과 외관 측면에서 실제와 유사한 제품에 대한 소비자의 반응 정도를 알 수 있도록 해준다. 최종적인 제품 정교화 작업과 테스트가 충분하게 진행된 이후에, 제품 개발 부서가 해당 제품이 성공에 필요한 요건을 다 갖추었다고 판단할 때 신제품 출시의 다음 단계로 진행하여 대량생산을 위한 테스트를 받게 된다.

신제품이 소비자 테스트, 주방실험, 배치(batches)생산에서 성공적이라고 해도 곧바로 출시가 되는 것은 아니다. 신제품이 공장 생산의 조건에 적합한지를 알기 위해서는 공장에서 직접 제품을 생산해 봐야 한다. 대부분 식품 제조업체들은 유사한 제품을 생산하고 있기 때문에 시범 생산을 하기 위해 기존 공장을 이용할 수 있다. 시범 생산은 기존 제품의 생산이 방해되지 않도록 야간이나 주말에 이루어진다. 공장 설비의 재조정, 원료 구매, 생산비 지불 등 시범 생산에 소요되는 비용 지출이 적지 않기 때문에 성공할 여지가 있는 제품만이 단계에 이르게 된다.

어떤 제품은 공장에서 만족할 만한 방법(적어도 비용 측면에서는 합리적인 방법)으로 생산하지 못할 수 있다. 품질이 의도한 일관성에 도달하지 못하고, 외관이 좋지 않을 수도 있으며, 원료가 생산과정에서 문제를 일으키거나 생산설비의 변경이나 추가 시설을 요구할 수도 있다. 때때로 시범 생산에서 제품 개발 부서가 생산을 용이하게 하거나 또는 원하는 품질을 얻기 위해 제조방식을 변경하거나, 신제품의 제형을 바꿔야 하는 문제가 발생하기도 한다.

이러한 모든 장애들이 시범 생산 과정에서 해소된다.

시범 생산에서 제조방법 및 생산과정이 확정되면 제품은 마지막 식미검사를 위해 패널로 이동하게 된다. 이전에 시험 주방에서 했던 것처럼 패널로부터의 피드백과 시범 생산에서 얻어진 새로운 사항들이 최종 제품이 완성되기까지 신제품을 수정하고 정교하게 만드는 데 사용된다. 이 단계에서 식품제조의 공정 단계가 완성되고 최종 제품의 출시여부에 대한 경제적인 검토가 이루어진다.

7.5.3 법적 규제 문제

신제품 개발 과정에서 중요한 점은 개발된 신제품이 법적인 규제를 준수해야 한다는 점이다. 무엇보다도 식품 안전성 규제는 반드시 통과해야 한다. 신제품은 식품 안전 기준과 규제에 부합하게 생산되고 또한 배송, 판매, 소비 단계에서도 안전해야 한다. 제품이 식품 안전성 기준에 부합한다는 것은 원료의 선택, 생산과정 또는 두 가지 모두를 포괄한다. 그리하여 기업 내의 식품 안전 관리 및 법률 전문가들이 신제품 개발 과정에 참여하여 신제품이 기준에 부합하는지, 아니면 규정에 맞게 재수정해야 하는지를 확인해야 한다.

식품산업 인사이드 7.3

빅데이터를 활용한 식품기업들의 목표마케팅

빅데이터(Big Data)는 일반적으로 기존의 분석 도구로는 감당할 수 없을 만큼 엄청난 양의 데이터로 디지털 환경에서 생성되는 문자와 영상을 포함하는 모든 데이터를 말한다. 식품업계에서는 다양한 블로그, 트위터 등 온라인상의 정보들을 망라한 빅데이터를 분석하고, 이를 토대로 마케팅 전략을 수립하고 있다.

CJ제일제당은 식품업계 최초로 빅데이터를 활용한 마케팅을 시작했다. CJ제일제당은 빅데이터 분석 결과를 신제품 검토와 출시, 기존 제품 리뉴얼, 마케팅, 소비자 커뮤니케이션 등의 분야에 다양하게 활용하고 있다. 빅데이터 분석을 통해 도출된 전략의 실행률은 90%에 육박하는데, 그 가운데 가장 적극적으로 활용되는 부분은 제품 마케팅 분야다. 최근 몇 년간 수백 억 건의 자료를 토대로집에서 먹는 메뉴에 대한 트렌드를 발굴했다. 실제로 알래스카 연어캔 제품의 경우 빅데이터 분석을 통해 아직은 생소한 연어캔 요리에 대한 검색량이 증가하고 있는 점에 주목하여, 소비자들이 연어캔을 주로 한식이나 김치와 함께 먹는 취식 양상을 보인다는 점에 착안했다. 또한 쁘띠첼 스윗푸딩이라는 신제품 출시에 맞춰 진행된 '피곤한 월요일 2시 16분, 푸딩하자'라는 소비자 커뮤니케이션 메시지 역시 빅데이터에 근거한 마케팅 사례다. CJ제일제당은 '비비고 왕교자' 출시 전 만두 소비와 관련된 데이터 41억 7,700만건을 분석했다. '만두와 맥주 안주'를 키워드로 언급한 글이 2013년 3만 5,692건에서 지난해 7만 3,080건으로 늘었다는 사실에 착안한 CJ제일제당은 교자 스타일의 비비고 왕교자를 출시했다. 또 해당 키워드가 23시 이후 야식 시간대에 주로 등록된다는 점을 확인하여 '왕맥' 마케팅을 진행, 2012년 24%에 불과했던 냉동교자만두 시장점유율을 47.1%로 끌어올렸다.

GS리테일의 고객분석팀은 같은 기간(2016년 1~6월) 온라인 버즈 분석을 통해 오모리김치찌개라면에 대한 키워드가 '매콤한', '김치찌개', '깊은 맛'이라는 것을 확인했다. 이후 오모리김치찌개의 익숙한 맛을 감자스낵과 조화시키기 위해 오모리김치로 만든 시즈닝을 개발하고 감자칩과 시즈닝의 최적 배합 비율을 찾기 위해 연구를 거듭한 끝에 신제품을 선보이고 있다.

해태제과 허니버터칩도 감자칩의 주요 구매층인 10~20대 여성들이 단맛과 버터향을 좋아한다는 빅데이터 분석 결과를 기반으로 개발된 제품으로, 출시 당시 없어서 못 팔 정도의 돌풍을 일으킨 바 있다.

자료: 동아일보, 2015.6.17.일자. 그 외 주요 일간지에서 관련 내용 발췌

보충학습 7.1 신제품 아이디어의 스크리닝 방법

신제품 개발을 위해 제시된 아이디어들을 모두 제품으로 개발할 수 없다. 제시된 아이디어들이 성공할 확률이 있는가를 평가해야 한다. 이러한 평가방법을 제품 스크리닝(product screening) 또는 컨셉 스크리닝(concept screening)이라 부른다. 스크리닝은 평가기준을 설정하고 그 기준에 따라 평가하여 적절하지 못한 아이디어는 제품 개발에서 제외시키는 절차를 말한다. 제품 스크리닝은 아이디어의 가능성, 수용성, 취약성 등을 마케팅, 생산, 재무 측면에서 평가하는 과정을 거친다. 아래의 표는 세 가지 측면에서 아이디어를 평가하기 위한 전형적인 질문항목이다.

평가기준	마케팅측면	생산측면	재무측면
가능성	판매 가능성이 충분한가?	생산이 가능한가?	신제품으로 개발하여 출시할 수 있는 충분한 재무능력이 되는가?
수용성	시장점유율은 얼마 얻을 수 있을까?	생산할 수 있는 능력은 얼마나 되나?	투자에 따른 재무적 수익률은 얼마인가?
취약성	시장에서 실패할 위험은 무엇인가?	만족스럽게 생산하지 못하는 위험은 무엇인가?	만약 계획이 실패할 경우 비용은 얼마나 될 것인가?

위의 질문항목에 따라 아이디어의 타당성을 평가할 수 있는 세부적인 평가 체크리스트가 다음에 예시된 표와 같이 만들어진다. 이때 각 항목의 중요도에 따라 항목별 가중치가 주어진다. 각 항목별로 평가한 점수에 항목별 가중치를 곱하면 각각의 아이디어별로 평가 합계 점수가 계산된다. 이 점수가 사전에 설정된 기준점수 이상일 때 신제품 개발의 아이디

어로 선정된다.

평가 항목	가중치(A)	평점(B)					평가 (A×B)
		매우우수 (5점)	우수 (4점)	보통 (3점)	미흡 (2점)	매우미흡 (1점)	
판매가격	0.15	✓					0.75
제품품질	0.20			✓			0.60
판매량	0.25				✓		0.50
경쟁상의 이점	0.10					✓	010
기술적 위험수준	0.10		✓				0.40
경영전략과의 부합성	0.20		✓				0.80
합계	1.00						3.15

자료: Slack, S., Chambers, R. J. & A. Bettes, *Operations and Process Management*, Prentice Hall, 2006.

식품산업 인사이드 7.4

신제품 개발 성공사례: 햇반

사람들은 즉석밥을 '햇반'이라고 부른다. 1996년 12월 CJ제일제당이 내놓은 제품명이 즉석밥을 일컫는 대명사가 됐다. 국내 최초의 즉석밥인 햇반은 20년간 이 시장을 이끌며 키워왔다. 2016년 올해 매출은 1997년의 40배에 달한다. 햇반은 전체 즉석밥 시장의 67%를 점유하고 있다. 시장을 처음 연 선두기업에 대한 소비자들의 답이라는 평가다. 여성의 사회 진출이 활발해지고, 혼자 밥 먹는 사람이 증가할 것이라는 트렌드를 정확히 예측하고 과감하게 투자한 것이 성공 비결로 꼽힌다.

계속 성장할 햇반 시장

CJ제일제당에 따르면 햇반의 20년 누적 판매량은 17억개가 넘는다. 국민 한 명당 30개 이상 먹은 셈이다. 누적 매출은 1조 1,400억원에 달한다. 2016년 올해 매출만 1,600억원이다. 햇반은 전체 즉석밥 시장도 키웠다. 즉석밥 시장은 2011년 1,150억원 규모에서 올해 2,400억원으로 5년 만에 두배 넘게 커졌다. 내년엔 3,000억원 규모로 성장할 전망이다. 즉석밥 시장이 빠르게 성장한 가장 큰 이유는 1~2인 가구의 증가다. 통계청에 따르면 1990년 9%이던 1인 가구 비중이 올해 27%를 넘었다. 이 비중은 2025년 31.3%, 2035년 34.3% 등으로 계속 높아질 것이라는 관측이다. 이들이 즉석밥 시장의 주요 고객이 되고 있다.

출시 당시에는 반대도 많았다. "밥을 지어 먹지 않고 즉석밥을 사먹는 사람이 별로 없을 것"이라는 반대 목소리가 나왔다. 즉석밥 무균포장 설비를 구입하는 데 100억원 이상이 필요한 것도 걸림돌이었다. 이는 당시 CJ제일제당 1년치 영업이익의 10%에 해당하는 금액이었다. 시장이 형성되지 않았지만 경영진은 미래를 보고 과감히 투자했다. 다음 그림에서 보듯이 '밥맛을 살리면서도 오래 보관할 수 있는 즉석밥'이 제품 콘셉트였다. 상품밥 시장은 편리성과 집밥 수준의 맛을 제공해주면 시장 기회가 존재한다는 것을 인식하여 상품밥을 출시하였다. 무균포장 기술을 활용해 상온에서 오래 보관할 수 있게 하고 유통기한도 늘렸다. 반도체 공정 수준의 클린룸에서 살균한 포장재를 사용했다.

당일 도정에서 슈퍼 곡물까지

경쟁자들이 나타나자 CJ제일제당은 제품의 품질로 차별화를 꾀했다. 2010년 국내 최초로 자체 도정 설비를 도입했다. 생산 직전 쌀을 도정해 바로 밥을 짓기 위해서였다. 쌀은 도정하는 순간부터 수분 함량과 밥맛이 동시에 떨어지기 때문이다. 또 한 번 새로운 쌀을 구입하면 물 온도와 양을 조금씩 바꿔가며 최적의 맛을 찾는 시험 생산을 1~2년 정도 한다. 어떤 쌀을 사용해도 같은 맛을 내기 위해서다. 이 기간 쌀은 섭씨 15도에서 저온 보관해 품질을 유지한다.

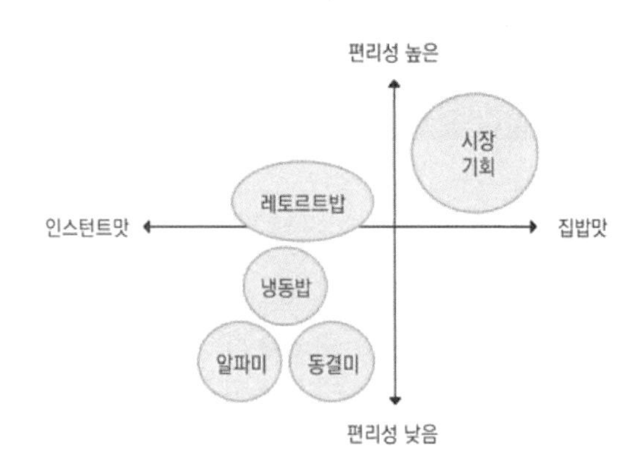

즉석밥 제품도 다양해지고 있다. 오곡밥, 발아현미밥 등에 이어 최근에는 렌틸콩밥, 귀리밥 등으로 종류를 늘렸다. 지난해에는 국밥 또는 덮밥용 소스를 넣어 한 끼 식사를 할 수 있는 '햇반 컵반'을 내놨다. 이 제품은 출시 1년 반 만에 3,000만개 이상 팔렸다. CJ제일제당 편의식 마케팅 담당자는 "주 소비층으로 부상하고 있는 2030세대는 즉석밥이 익숙하고 편리함을 추구하는 성향이 있어 즉석밥 시장 성장에 긍정적"이라며 "새로운 제품을 선보이는 한편 투자도 지속해 나갈 것"이라고 말했다.

자료: 한국경제신문, 2016년 12월 16일자에서 발췌

식품에 적용되는 다른 법적 규제로 표시(labeling)와 회수 조치가 있다. 모든 나라에서 식품 표시에 수록되어야 할 정보와 제품에 대한 클레임 요건을 엄격하게 규제하고 있다. 예를 들어, 건강식품이나 영양성분 강조 표시는 과학적인 증거가 뒷받침되지 않으면 사용할 수 없다. 각 나라마다 제품 특성에 대한 표시 기준을 마련하고 있는데, 예를 들어 지리적 표시제는 제품이 어느 곳에서 생산되었는지를 명시한다. 이것은 캘리포니아에서 스파클링 와인만 생산할 수 있고 샴페인은 허용되지 않는 이유이다. 왜냐하면 샴페인은 프랑스의 지정된 지역에서만 생산할 수 있기 때문이다. 원료명 기재나 유전자변형식품 여부의 표시 방식

은 국가마다 서로 다르며 빠르게 변하고 있다. 제품 포장과 마케팅 전략도 법적 문제를 야기할 단어나 문장이 포함되지 않도록 관련 전문가의 점검을 받아야 한다. 식품 제조업자는 법적 규제와 충돌로 인한 문제를 피하기 위해 법률전문가를 신제품 개발 과정에 참여시켜 원재료, 표시, 포장, 마케팅 분야에 적절한 조언을 받을 필요가 있다.

식품산업 인사이드 7.5

우리나라 식품공급망 단계별 관련 법률

우리나라에서 식품 안전을 규정하는 법률은 매우 다양한다. 이를 식품 공급망의 연결고리를 따라 생산단계, 제조단계, 수입단계, 유통단계, 소비단계로 구분하여 보면 다음의 표와 같다.

구분	관련 법률
생산단계	식품안전기본법, 식품위생법, 축산물위생관리법, 건강기능식품법, 축산법, 양곡관리법, 소금산업진흥법, 유전자변형생물체의 국가 간 이동 등에 관한 법률, 농산물품질관리법, 감염병예방법, 가축전염병예방법, 인삼산업법, 보건범죄단속에 관한 특별조치법, 친환경농어업 육성 및 유기식품 등의 관리 · 지원에 관한 법률, 사료관리법, 농약관리법, 비료관리법
제조단계	식품안전기본법, 식품위생법, 축산물위생관리법, 건강기능식품법, 양곡관리법, 소금산업진흥법, 유전자변형생물체의 국가 간 이동 등에 관한 법률, 농산물품질관리법, 감염병예방법, 인삼산업법, 보건범죄단속에 관한 특별조치법, 수도법, 대외무역법, 국민건강진흥법, 주세법, 식품산업진흥법, 먹는물관리법
수입단계	식품안전기본법, 식품위생법, 축산물위생관리법, 건강기능식품법, 축산법, 소금산업진흥법, 유전자변형생물체의 국가 간 이동 등에 관한 법률, 농산물품질관리법, 감염병예방법, 가축전염병예방법, 인삼산업법, 보건범죄단속에 관한 특별조치법, 대외무역법, 국민건강진흥법, 주세법
유통단계	식품안전기본법, 식품위생법, 축산물위생관리법, 건강기능식품법, 양곡관리법, 소금산업진흥법, 유전자변형생물체의 국가간 이동 등에 관한 법률, 농산물품질관리법, 인삼산업법, 보건범죄단속에 관한 특별조치법, 대외무역법, 국민건강진흥법, 주세법, 어린이식생활안전관리특별법
소비단계	식품안전기본법, 식품위생법, 축산물위생관리법, 건강기능식품법, 유전자변형생물체의 국가간 이동 등에 관한 법률, 농산물품질관리법, 수도법, 대외무역법, 국민건강진흥법, 어린이식생활안전관리특별법, 학교급식법, 학교보건법

요약하면, 사료관리법, 농약관리법, 비료관리법 등은 주로 농축산물 생산을 위한 중간투입재를 관리하는 주로 생산단계와 관련된 법률이다. 식품산업진흥법, 산업표준화법은 주로 제조단계와 관련된 법률이다. 어린이식생활안전관리특별법, 학교급식법, 학교보건법 등은 주로 유통·소비단계 관련 법률이다. 식품안전기본법, 식품위생법, 축산물위생관리법, 건강기능식품법, 농산물품질관리법, 유전자변형생물체의 국가 간 이동 등에 관한 법률은 식품 공급의 모든 단계에 걸쳐 식품 안전에 관한 사항을 규정을 하고 있다.

7.5.4 생산비용과 수요예측

제품 개발 부서는 신제품 개발 과정에서 당초 목표마케팅과 소비자 조사로부터 얻어진 비용 목표치를 고려하지만, 이에 대한 적절한 추정값을 구해야 할 필요가 있다. 제품 개발

부서는 2장의 경제공학방법을 사용하여 신제품에 대한 가공, 노동, 원료 등의 비용을 추정할 수 있다. 이들 항목을 합하면 신제품의 총비용 추정치를 얻게 된다. 이 추정치에 예측하지 못하는 상황이나 생산의 문제, 품질 기준에 미흡한 제품 발생 등에 대처하도록 완충적인 추가 비용을 더하는 것이 일반적이다. 이러한 여분의 비용은 신제품 생산을 확대하는 초기에 발생하지만, 생산설비가 신제품에 적응함에 따라 점차 줄어든다.

신제품에 대한 공장도가격(또는 도매가격) 추정치를 얻기 위해 위의 비용항목 추정치에 이윤 마진을 더할 필요가 있다. 이윤 마진은 기업의 평균 영업마진이거나 또는 제품 카테고리 안에 있는 개별 상품에 대해 적용하는 영업마진이다. 많은 경우에 기업은 신제품의 공장도가격을 책정할 때 정상이윤보다 높은 이윤 마진을 부과한다. 이러한 높은 마진은 기업으로 하여금 신제품 마케팅의 초기 단계에 할인을 제공하여 소매업자로 하여금 신제품 유통을 촉진하도록 하는 역할을 한다. 제품을 출시할 즈음에 제조업체들은 자사 제품을 입점하기 위해 소매업자에게 높은 입점비(slotting fees)를 지불한다.[5] 이러한 입점비용을 충당하기 위해 제조업체는 이윤 마진을 높게 정하게 된다. 식품제조업체가 신제품으로부터 생산 및 유통 비용을 보전할 만큼 높은 이윤 마진을 실현하기 위해서는 신제품이 얼마나 팔릴 것인지를 알아야 한다.

제품 출시 과정의 중요한 부분은 신제품의 잠재수요를 추정하는 것이다. 제조업자는 식미검사 패널에 참여한 소비자들을 대상으로 제시된 가격에 해당 제품을 구매할지를 질문해봄으로써 잠재수요 정보를 수집할 수 있다. 소비자로부터 수집된 정보와 기존 시장에 출시된 유사제품에 대한 자료를 결합한 후에 표준적인 통계기법을 이용하여 기업은 판매가 이루어지는 가격 범위에 대해 소비자가 구매할 신제품의 수량을 추정할 수 있다(이에 대한 자세한 설명은 보충학습 7.2와 7.3을 참조하시오).

신제품의 수요량 추정치가 구해지면, 제조업체는 신제품에 적용할 소매 마크업 추정치를 결합하여 신제품으로부터 얻게 되는 수입과 이윤을 추정할 수 있는데, 이는 도매가격과 소매가격의 책정 수준에 따라 달라진다. 이러한 정보들이 수집되면 제조업체는 생산비와 입점비 등의 마케팅 비용을 모두 보전하는 충분한 수입을 얻을 수 있는 가격-판매수량의 조합을 결정할 수 있다. 수요 예측 결과, 수익이 예상된다면 기업은 신제품의 도매가격을 적어도 제품 출시로부터 충분한 이윤을 얻고자 기대하는 수준에서 결정한다.

만약 수요 예측 결과, 제안된 신제품이 출시로 인한 위험을 부담할 만큼 충분하며 합리적인 투자 수익률을 발생시키는 판매 수량과 가격의 조합에 도달하지 못한다면 기업은 신

5 미국의 경우 신제품의 입점비용은 작게는 10만 달러에서 주요 슈퍼마켓의 경우에는 백만 달러를 초과하는 경우도 있다.

제품을 출시하지 말아야 한다. 기업이 많은 시간과 노력, 자금을 신제품 개발에 투입했어도, 신제품의 상당수가 개발 과정에서 테스트를 통과하지 못하여, 특히 충분한 시장 수요라는 최종적인 경제적 검증을 통과하지 못하여 시장으로 출시되지 않는 경우가 대부분이다.

7.5.5 제품 출시

일단 신제품이 시장에 출시되기 전까지의 모든 장애 요소를 제거하고 모든 테스트를 통과하면 신제품을 실제로 출시할 시기가 된다. 신제품 출시에는 핵심적인 네 가지 단계가 있는데, 첫째, 필요한 원재료와 제조 시설용량의 확보, 둘째, 수요를 충족시킬 만큼의 충분한 양의 제품 생산, 셋째 신제품을 판매할 소매판로의 확보, 넷째 소비자가 신제품을 인지하고 구매하도록 하는 제품 홍보이다. 이들 네 가지 단계 중 첫 번째는 종종 간과되지만 매우 중요하다. 충분한 양의 원재료가 확보되지 않았다면, 원재료 구매 계약을 체결하고 제품 출시를 진행해도 좋을 만큼 충분한 수량의 제품이 생산되기 전까지는 신제품의 출시를 미루어야 한다. 신제품 출시 이전의 원재료 확보 문제는 필요한 원재료를 구매하기 위한 공급처의 확보뿐만 아니라 해당 원재료가 제조업체의 품질관리 기준에 부합하도록 하는 것까지를 포함한다. 원재료가 품질 기준에 맞고 표준화(균일화)되어야 소비자가 제품의 품질(예를 들면, 크기, 맛, 그 외 소비자가 인지하는 다른 모든 특성)에 대해 불평하지 않을 만큼의 품질 수준을 유지할 수 있게 된다.

제품 출시의 생산 측면을 살펴보면 식품제조업체는 기대된 판매 수준을 충족하는 수량의 신제품을 생산하는 데 필요한 생산능력을 갖추기 위해, 또는 출시가 기대이상으로 성공적이라면 기존 시설의 일부나 전부를 교체하거나 또는 더 많은 신제품을 생산하기 위해 공장을 신축해야 한다. 제품 출시 과정의 이러한 부분은 시범 생산이 이미 수행되었기 때문에 비교적 다루기가 용이하다. 식품과학자와 공학자들이 설비를 고안하고 잘 정비하여 생산이 가능한 한 빨리 순조롭게 진행되도록 할 것이다. 기업은 제품 출시 시점 이전에 미리 충분한 수량을 생산하여 신제품을 본격적으로 판매하는 시기에 소매점으로 배송할 재고를 비축해야 한다. 기업이 생산과정을 충분히 점검하여 신제품을 판매 일정에 맞게 생산할 수 있다면, 제품 출시의 생산측면은 신제품 출시의 전 과정에서 문제가 발생할 여지가 가장 적은 부분이 될 것이다.

▌보충학습 7.2 제품의 수요 추정 방법

기업은 자신의 제품에 대한 수요 곡선을 어떻게 추정할까? 기업이 사용할 수 있는 두 가지 방법이 있다. 하나는 기존 제품에 관한 것이고 다른 하나는 신제품에 관한 것이다.

① **기존제품의 경우:** 기업은 가격-수량 조합에 대한 데이터를 구축할 수 있다. 제품 가격(예: 주간 가격)이 변할 때 나타나는 주간 판매량을 기록함으로써 가격별로 판매된 수량에 관한 데이터베이스를 구축할 수 있다. 해당 제품의 판매수준에 영향을 주는 다른 변수가 있다면 이러한 변수에 대한 정보도 같이 수집할 수 있다. 그 후에 통계적인 회귀분석방법을 사용하여 가격-수량의 조합점을 통과하는 직선이나 곡선을 찾아낼 수 있다. 이 회귀선을 사용하여 기업은 특정 가격에 주간 판매량이 얼마일지를 추정할 수 있게 된다.

② **신제품의 경우:** 신제품은 해당 제품의 구매 실적이 없기 때문에, 기업은 수요 추정에 필요한 자료를 갖고 있지 않다. 기업은 자료를 수집하기 위해 소비자를 대상으로 서베이(survey)를 수행하여 특정가격에 신제품을 구매할 것인지를 알아볼 수 있다. 기업은 여러 유형의 소비자에게 서로 다른 가격을 제시하면서 신제품의 구매 여부를 질문할 수 있다. 이러한 방식으로 기업은 각 사람에게 제시된 가격에 대한 예/아니오의 답변을 포함하는 데이터베이스를 구축할 수 있다. 기업이 판단하기에 신제품의 구매의사 결정에 관련되는 소득, 성별, 연령 및 다른 인구사회적 특성에 관한 정보와 신제품 구매여부 자료를 결합하면 수요를 추정하는 데 충분한 정보를 수집할 수 있게 된다.

기업이 이러한 방식으로 수집한 가설적인 구매 의사결정에 관한 데이터는 이산적인 자료이기 때문에 수요곡선을 추정하기 위해서는 특별한 통계적 모형을 사용할 필요가 있다. 이러한 모형으로 가장 대표적인 것이 로짓(logit)과 프로빗(probit) 모형이다. 일반적으로 통계 소프트웨어 패키지를 사용하면 어려움 없이 로짓이나 프로빗 모형의 추정이 가능하다.

모형이 추정되면, 추정된 함수식에 가격과 목표 고객집단의 인구사회적인 특성(연령, 성별, 소득수준, 지역 등)을 대입하면 해당 가격에 신제품을 구매할 집단의 비율을 추정할 수 있다. 그 다음에 해당 인구집단의 인구 수를 곱해주면 목표 고객집단에 의한 신제품의 수요 추정치를 얻을 수 있게 된다. 다른 인구집단이나 가격에 대해 이러한 과정을 반복하여 실행하면 신제품에 대한 총수요를 예측할 수 있고, 이윤을 극대화하거나 또는 기업이 정한 목표를 충족하기 위한 가격을 선택할 수 있게 된다. ▌

▌보충학습 7.3 판매가격의 선택

기업이 최종 제품을 개발하고 시장에 출시할 준비가 되었다면 가격을 매길 필요가 있다. 이를 위해서 세 가지 요소, 즉 신제품의 수요 예측치, 신제품 생산비용의 추정치, 도매시장과 소매시장 간 가격 마크업을 고려할 필요가 있다.

신제품 가격 책정의 첫 단계는 도매시장과 소매시장 간 가격 마크업을 고려하여 소비자 수요의 예측치를 도매가격 기준으로 환산하는 것이다. 예를 들어, 소매업자가 평균 30%의 가격 마크업을 적용한다는 것을 알고 있다면, 기업은 예측된 소비자 수요로부터 얻은 가격과 수량 조합을 가지고 마크업 비율에 맞도록 판매량 예측치에 상응하는 도매가격을 산출하면 된다. 예를 들어 30%의 가격 마크업을 사용할 때 도매가격은 다음과 같이 구해진다.

$$P_w = P_R / (1 + 0.30)$$

여기서, P는 가격, 하첨자 W와 R는 각각 도매시장과 소매시장을 나타낸다.

위와 같은 방식을 적용하여 도매가격으로 표현된 수요 추정치가 구해지면, 기업은 추정된 수요곡선을 이용하여 한계수입 추정치를 도출할 수 있다. 한계수입이 추가적인 한 단위 판매로부터 얻게 되는 수입의 변화를 의미하므로 기업은 서로 다른 두 판매량에 대한 총수입을 계산한 후에 두 판매량에서 총수입의 차이를 구하고 그 차이를 판매량의 변화로 나누면 한계수입의 근사치를 구할 수 있게 된다. 이렇게 하면 각 판매량에 대한 한계수입을 나타내는 표를 얻게 된다.

그 다음, 기업은 생산비용 추정치를 가지고 한계생산비용을 계산할 수 있다. 한계생산비용은 생산이 어느 수준에 이르면 일정하게 되지만, 판매량이 낮을 때는 높다가 판매량이 늘어남에 따라 빠른 속도로 감소한다.

기업은 한계비용과 한계수입의 추정치를 사용하여, 이 두 값이 같게 되는 판매량 수준을 찾을 수 있다. 이것이 이윤극대화 판매량이다. 그 후에 기업은 이윤극대화 판매량으로 예측된 수량에서 도매가격을 정하게 된다. 이러한 방법으로 기업은 제품 출시 전에 이용 가능한 최신 정보를 사용하여 신제품 판매로부터 이윤을 극대화하려고 한다. ▌

제품 개발과 출시 과정의 나머지 모든 부분이 순조롭게 진행되고 소비자가 해당 제품을 선호하더라도 제조업자가 실제로 제품을 판매할 소매점 등 판로를 가지지 못한다면 신제품 출시는 실패할 수 있다. 몇몇 레스토랑 체인점은 제조업체이자 소매업체이다(이들의 제조업 활동은 식재료나 조리된 식품의 생산을 위한 아웃소싱 또는 계약을 통해 이루어진다). 그래서 레스토랑 체인점은 자사 제품의 판매를 위해 별도의 소매 판로를 찾을 필요가 없다. 왜냐하면 이 체인점은 소매업체이기 때문이기도 하다(이에 대해서는 11장 자세하게 설명할 것이다).

그러나 식품 소매업체에 제품을 판매하는 식품 제조업체의 경우 단지 신제품의 생산이 성공적인 제품 출시를 위한 충분조건이 아니다. 제품을 판매할 충분한 수의 소매점과 판로를 확보할 필요가 있다. 제품 판매량이 당초 의도하거나 계획한 수준에 도달하려면 소매점에 판매 제품에 대한 입점비(또는 입점장려금)를 지불할 필요가 있다. 앞서 언급한 대로 초기에는 대형마트나 슈퍼마켓 체인점들은 신제품의 입점비로 꽤 높은 수수료를 요구한다. 시간이 지남에 따라 소매업자가 해당 제품의 판매로부터 수익을 얻을 수 있다고 확신하게 되면 인하된 입점비로 해당 제품을 진열하려고 할 것이다. 인지도가 높은 식품 제조업체는 신제품을 보다 용이하게 판매할 수 있는 슈퍼마켓에 쉽게 접근할 수 있다. 왜냐하면 이미 기존 제품이 점포에 판매되고 있으며, 판매 실적과 브랜드 인지도로 인해 신제품의 슈퍼마켓 입점에 따른 위험이 적기 때문이다. 하지만 주요 식품 소매업체의 매대(shelf space)에 자사의 제품 라인을 가지고 있지 않은 새로운 제조업체는 대형 소매업체를 설득하여 새롭고 검증이 안 된 제품을 위한 매대를 확보하는 데 상당한 비용과 시간이 소요된다. 이러한 신규 식품 제조업체들이 성공적인 사업 운영에 필요한 충분한 수의 소매점을 확보하는 데 지불할 막대한 입점비용 자금을 마련하는 것은 신제품 출시의 중요한 부분이다. 따라서 소매업자를 확보하는 비용을 사전에 예측하는 것은 성공적인 신제품 출시의 중요한 단계이다.

제품 출시 과정의 마지막 부분은 마케팅 홍보이다. 이는 소비자를 불러 모아 신제품 정보를 전달하여, 제품 출시 시점부터 가능한 한 빨리 제조업체와 소매업자 모두에게 적정한 이윤을 줄 수 있는 판매량을 달성하기 위한 것이다. 광고는 신제품이 목표로 하는 시장에서 관심을 끌도록 고안되어야 한다. 이 책은 성공적인 마케팅 홍보에 대한 책이 아니기 때문에 관심 있는 독자는 홍보 전략을 수립하는 방법을 배우기 위해 별도의 공부를 할 필요가 있다(광고에 대한 경제학적인 고찰은 11장에서 부분적으로 살펴볼 것이다). 신제품이 특별하지 않다면, 잘 고안된 마케팅 홍보 없이 성공적인 제품 출시는 매우 어렵다는 점은 분명하다.

요약

- 식품시장에서 제품차별화 수단은 상품자체보다는 상품을 구성하고 있는 속성이다.
- 속성에 의한 제품차별화에는 수평적 차별화와 수직적 차별화가 있다. 수평적 차별화에서 소비자들은 구매 가능한 제품들의 선호에 대해 서로 다른 순위를 가지는 반면, 수직적 차별화에서는 소비자들은 여러 제품의 선호에 대해 서로 일치하는 서수적인 순위를 가진다. 농산물시장에서 판매자의 지리적인 입지나 특정 영양성분의 함유량 등은 수평적 차별화에 해당하는 반면, 객관적인 품질이나 생산과정의 차이는 수직적 차별화에 해당한다.
- 제품을 소비한 이후에도 제품 품질의 진위 여부를 알기 어려운 신뢰적 속성을 가진 식품의 시장에서 정부의 표시인증제도는 수직적 제품차별화 효과를 가진다.
- 식품시장 참여자에 대한 표시인증제의 효과는 품질에 대한 소비자의 선호 수준, 표시 정보의 내용, 식품시장 구조 등에 따라 달라진다.
- 신제품은 특정 제품이 아닌 특정한 목표시장을 염두에 두어 개발한다. 기업은 목표시장의 관심을 끌 만한 제품에 대해 목표로 삼는 소비자 유형을 정하는 것부터 역으로 시작하여 제품 개발에 나선다.
- 제품이 개발 과정을 거치면서 개념적인 제품에서 시험 주방에서 숙련된 조리사에 의해 만들어진 시제품, 대량생산에 적합한 제품 등으로 바뀌어 나간다. 기업은 이러한 과정을 통하여 해당 제품이 시장에 출시될 때 요구되는 실제 생산 과정에 적합한지를 알아볼 수 있다.
- 신제품 개발 과정의 중요한 부분은 사용 원재료, 생산과정, 배송체계, 표시, 포장, 마케팅 등 관련 요소들이 식품의 생산, 판매 및 유통에 관한 법률 및 규제에 부합한지를 확인하는 것이다. 잠재적인 신제품을 점검하여 필요할 경우 법률과 규제와 부합하도록 수정할 필요가 있다.
- 신제품 출시를 준비하는 기업은 제품을 판매할 소매 판로를 확보할 필요가 있다. 때때로 소매점은 입점비를 지불할 것을 요구하는데, 신규 기업이거나 슈퍼마켓에 대한 영향력이 적은 소규모 제조업체의 경우는 입점비용이 커질 수 있다.
- 잘 고안된 마케팅 홍보 또한 신제품 출시의 필수적인 요소이다. 목표소비자들이 신제품에 대해 잘 알고 있어야 구매할 수 있고 구매를 촉진할 수 있다.

연습문제

❶ 무엇이 식품기업으로 하여금 제품의 속성 공간에서 다른 기업에 인접하도록 하는가? 또한 어떤 요인이 식품기업으로 하여금 경쟁기업으로부터 차별화하도록 하는가?

❷ 식품시장에서 나타나는 수직적 차별화의 사례를 제시하여 보시오. 식품의 수직적 차별화는 다른 비식품과 비교하여 수요와 비용 측면에서 어떠한 특징을 가지는가?

❸ 식품시장에서 제품차별화 수단으로서 식품표시인증제도가 가지는 역할과 유효성에 대해 설명하여 보시오.

❹ 요즈음 간편하게 먹을 수 있는 즉석밥에 대한 수요가 증가하고 있다. 세분화 변수로 연령대, 성별, 결혼상태, 가족 수 등을 사용하여 즉석밥에 대한 세 가지 가능한 목표소비자 집단을 규정하여 보시오. 우리나라 인구센서스 자료를 이용하여 목표시장에 속하는 소비자(인구)의 수를 말해보시오.

❺ 현재 시장에 출시되고 있는 신제품 중 식품 카테고리를 세 가지 이상 말해보시오.

❻ 당신 회사가 새로운 음료를 개발하려고 한다. 신제품 개발 과정에서 당신은 어떤 법적 규제들을 숙지하거나 고려해야 되나?

참고문헌

Dorfman, J. M. 2014. *Economics and Management of the Food Industry*, Routledge.

Besanko, D., and Braeutigam, R. R. 2008. *Microeconomics*, 3rd edition, Wiley.

Borony, O., and Constantatos, C. 2008. "On the Economics of Labels: How Their Introduction Affects the Functioning of Markets and the Welfare of All Participants." *American Journal of Agricultural Economics*, 97(1), 239－259.

Bonroy, O., and Lemarie, S. 2008. "Downstream Labeling and Upstream Price Competition." *European Economic Review* 56(3), 347－360.

Saloner, CT., Shepard, A., and Podolny, J. 2001. *Strategic Management*, John wiley & Sons, Inc.

식품 유통과 시장균형

학습목표

- 식품 유통비용과 유통마진에 대한 이해
- 식품의 파생수요와 파생공급에 대한 이해
- 식품 유통단계별 균형 수량과 가격을 구하는 방법에 대한 이해
- 가격 전이의 비대칭적 현상과 발생 원인에 대한 이해
- 균형대체모형과 일반균형모형에 의한 식품시장의 분석에 대한 이해

이 장에서는 식품 유통부문의 경제학을 설명하면서 앞장에서 논의한 원재료 비용과 가공비용 외에 최종 제품 가격에 포함되는 모든 비용인 유통비용에 대해 알아볼 것이다. 식품기업은 가격을 책정할 때 광고비, 포장비, 수송비, 판매관리비 등을 모두 고려해야 한다. 그렇지 않으면 기업은 목표한 수익률을 달성하지 못하게 된다. 또한 식품이 산지에서 소비자로 도달하는 과정에서 서로 상호작용하는 시장들의 균형 문제를 분석하는 방법에 대해서도 공부한다. 마지막 절에서는 식품 가격 등 시장정보가 유통단계를 따라 전이되는 과정과 그에 따른 문제점을 알아본다.

8.1 유통비용

일반적으로 유통부문은 제품의 원재료를 생산하는 첫 단계와 완제품이 최종적으로 소비되는 단계 사이에 있는 모든 것을 포괄한다. 식품 유통부문은 식품의 원재료인 농축수산물이 산지를 떠나는 단계부터 시작하여 원재료 농축수산물로 가공·제조된 식품을 최종적으로 소비자가 구매할 때까지의 모든 단계를 지칭한다. 식품이 산지에서부터 식탁까지 공급망을 따라 이동할 때 형태, 시간, 공간 측면에서 생산물의 변형이 발생하며 구매·판매되는 각 거래단계마다 공급과 수요가 균형을 이루게 된다.

예를 들어, 한우 쇠고기의 유통과정에서 생축 한우(韓牛)를 사육하는 농가가 불고기용 한우쇠고기를 원하는 소비자와 시장에서 직접적으로 만나는 상호작용을 하지 않는다. 그 대신 한우쇠고기의 유통단계에서 여러 시장들이 상호작용을 하게 되는데, 일반적으로 6개의 서로 다른 단계에 있는 시장(농가→수집반출상(우시장, 농협)→도축장→1차 가공업체→2차 가공업체 →도매상→소매상)에서 수요와 공급이 서로 균형을 이룬다. 신선 농산물의 경우는 유통경로를 따라 1~2개의 도매업체가 있지만, 대다수의 가공식품은 최종 제품시장에 이를 때까지 여러 단계의 시장이 서로 관련된다.

유통비용은 농산물이 최종 소비용도의 식품으로 변형되는 과정에서 발생하는 모든 비용을 의미한다. 유통비용에는 명확한 비용(가공, 포장, 수송, 광고) 항목과 간과하기 쉬운 비용(판매관리비, 감가상각비, 상표 표시 관련 비용, 관련 법령 준수에 따른 비용, 연구개발비, 보험료, 감모 및 품질 저하에 따른 손실, 채무상환금, 세금 등) 항목이 포함된다(식품산업 인사이드 8.1 『신선농산물의 유통비용과 유통마진』을 참조하라). 식품의 유통단계마다 각 기업들은 이러한 모든 비용에 추가하여 이윤을 얻고자 하기 때문에 각 단계별로 이윤마진이 고려되어야 한다. 하지만, 각 단계별 이윤마진은 양이거나 음, 또는 영일 수 있다.

유통비용을 구성하는 항목은 고정비용적인 항목(감가상각, 채무상환, 연구개발 등)과 가변비용적인 항목(가공비, 포장비, 수송비, 상표 표시 관련 비용, 중량 감소 및 품질 손실에 따른 비용 등)이 있다. 하지만 상황에 따라 고정비용 또는 가변비용으로 분류될 수 있는 비용(판매관리비, 관련 법령 준수에 따른 비용, 보험료 등)도 있다. 법인세는 판매가격, 판매량, 원가 등에 따라 달라지므로 가변항목이나 고정항목으로 구분하기가 쉽지 않다. 법인세는 명백하게 고정비용은 아니지만 그렇다고 판매량에 따라 달라지는 선형함수나 단조증가함수 형태를 가지지는 않는다. 사실 법인세는 판매량이 변하지 않아도 이전과 다를 수 있기 때문에 자체 범주로 분류되는 비용으로 보는 것이 낫다. 보험료, 판매관리비와 같은 비용도 판매량의 함수일 뿐만 아니라 판매액의 함수이기 때문에, 이 또한 분류하기가 어렵다.

유통비용은 규모의 경제와 밀접하게 관련된다. 유통비용을 구성하는 항목 중 어떤 비용은 규모수익 증가(즉, 판매량이 증가할 때 평균비용이 감소하는 형태)를 보이나, 다른 비용은 규모수익 감소를 보인다. 예를 들면, 판매관리비는 종종 강한 규모수익 증가를 나타내어 사업이 성장함에 따라 평균비용이 크게 감소한다. 또한 유통비용을 구성하는 항목과 그 구성비도 시장 단계에 따라서 다르다. 우리는 2장에서 식품가공업체의 비용에 대해 배웠다. 식품소매업자의 비용은 고정비용(임대료, 전기상하수도, 광고)과 인건비가 대부분이며, 이는 판매량보다는 영업시간에 따라 달라진다. 유통비용은 규모수익 감소보다는 규모수익 증가를 가질 때가 더 많기 때문에, 일반적으로 제품 1단위당 유통비용은 다음과 같은 함수 형태를 가진다.

$$m(q) = a - bq$$

여기서, $m(q)$는 평균유통비용, q는 기업의 판매량을 각각 나타내며, a와 b는 양의 상수이다. 유통비용 함수가 규모수익 감소라면, 위의 식에서 판매수량을 나타내는 항은 고정비용을 의미하는 상수항(a)에서 빼기보다는 더해져야 한다. 하지만 위의 식은 평균유통비용을 의미하는 것이기 때문에 판매량 q가 증가할 때 총유통비용은 늘어나게 됨을 주의해야 한다. 즉, 수량이 증가할 때 감소하는 것은 평균유통비용이지 총유통비용이 아니다.

식품산업 인사이드 8.1

신선 농산물의 유통비용과 유통마진

아래의 표는 2016년 11월 전라남도 해남에서 수확된 배추가 서울 가락도매시장을 거쳐 소매점에 도달하기까지 유통단계별로 소요된 비용과 유통마진을 조사한 것이다.

(단위 : 원/포기, %, 상품)

구 분		금 액	비 율	산 출 근 거
생산자	생산자 수취가격	2,032.0	48.4	• 2,890,000원÷2,700포기(900망) • 5톤 1대 작업면적 : 340평 • 3.3㎡당 포전거래가 : 8,500원 • 포전관리비 : 3.3㎡당 2,000원
	수확상차비	203.7	4.9	550,000원(차당작업비)÷2,700포기
	포장재비	53.3	1.3	144,000원, 160원(그물망)÷3포기
	운송비	277.8	6.6	750,000원÷2,700포기
도매시장	하차비	–	–	도매법인이 부담 (81원/3입망)
	상장수수료	193.2	4.6	경락가의 7%
	경락가격	2,760.0	65.7	정상가: 9,000원/망, 재가격: 5,400원
중도매인	청소비	7.4	0.2	20,000원÷2,700포기
	감모	55.2	1.3	구입금액의 2%
	간접비	140.8	3.4	점포유지관리비, 인건비, 제세공과금 등
	이윤	236.6	5.6	
	판매가격	3,200.0	76.2	9,600원/망
소매상	운송비	133.3	3.2	20,000원÷50망(150포기)
	감모	160.0	3.8	구입금액의 5%
	간접비	348.8	8.3	점포유지관리비, 인건비, 제세공과금,
	이윤	357.9	8.5	감가상각비 등
	판매가격	4,200.0	100.0	12,600원/망

주: 생산단계에서 산지유통인이 생산자 역할을 수행함에 따라 농가와 산지유통인을 구분하지 않고 '생산자'로 통합하여 명세표를 작성함

자료: 2016 주요 농산물 유통실태, 농수산식품유통공사, 2017.

8.2 유통마진

평균유통비용과 아주 밀접한 개념이 유통마진이다. 유통마진은 시장의 두 단계 사이에 존재하는 가격의 차이를 나타낸다. 예를 들어, 산지-도매시장 간 유통마진은 도매업자(가공업자)가 산지에서 농산물을 구입할 때 농업생산자에게 지불한 가격과 도매업자(가공업자)가 자신의 제품을 판매할 때 받은 판매가격 간의 차이이다. 현실에서 특정 식품의 유통마진을 계산하는 일은 쉽지 않을 수 있다. 육계에 대한 유통마진을 계산하기 위해 육계 한 마리의 산지가격과 조리용으로 가공된 생닭 한 마리의 도매가격을 서로 비교하는 것은 도체중량이라는 단위 개념을 적용하면 그다지 복잡하지 않다. 그러나 밀의 산지가격과 식빵의 도매가격을 비교하는 것은 대단히 복잡하기 때문에 별도의 가정 없이 유통마진을 계산하는 것은 거의 불가능하다.

경제학자들은 대개 유통마진을 가격의 차이나 비율로 계산한다. 즉, 유통마진은

$$M_{FW} = P_W - P_F \tag{8.1}$$

또는

$$M_{FW} = (P_W - P_F)/P_F \tag{8.2}$$

로 정의된다. 여기서 M_{FW}는 산지-도매 시장단계의 유통마진을, P_W는 도매가격, P_F는 산지가격을 나타낸다. 우리가 앞으로 자주 사용하게 될 식 (8.1)과 같은 형태의 유통마진은 소매단계와 도매단계처럼 서로 인접한 시장단계의 가격 차이로 정의하거나 또는 소매단계와 산지처럼 다소 떨어진 시장단계의 가격 차이로도 정의할 수 있다.

유통마진이 평균유통비용과 다른 중요한 점은 유통마진은 실제 가격들의 차이이기 때문에 평균유통비용에 단위당 평균이윤을 더한 것과 같다는 점이다. 유통마진을 수식으로 나타내면 다음과 같다.

$$M_{FW} = m(q) + \pi$$

여기서, $m(q)$는 평균유통비용이며, π는 단위당 평균이윤이다. 이윤이 양(+)의 값을 가지면 유통마진은 평균유통비용을 초과한다. 이윤이 음(-)이라면 반대의 경우가 발생하게

되어 유통마진이 유통비용보다 작게 된다.

유통마진은 사람들에 따라서 비율 형태로 표현하는 경우도 있고 또는 가격 차이로 나타내는 경우도 있다. 따라서 독자들은 유통마진이 어떤 형태로 표현되었는지를 주의 깊게 살펴봐야 한다. 실제로 유통마진을 계산할 때 어려운 점은 측정 단위의 차이 문제이다. 앞서 말한 대로 닭의 유통마진을 계산하는 것은 간단하지만 밀이 빵으로 변형되었거나, 배추가 고추, 양념 등과 혼합되어 김치로 변형되었을 때 유통마진을 어떻게 계산해야 하나? 가공식품이 가공 이전단계의 산물 형태인 원재료와 크게 차이가 나지 않는다면 측정 단위의 문제를 무시해도 무방하다. 왜냐하면 전술한 대로 도체중량의 개념을 적용하면 한우 소 한 마리는 소 한 마리의 가치를 가진 한우 쇠고기제품이 되고, 육계 한 마리는 가공된 생닭 한 마리가 될 뿐이기 때문이다. 사과주스의 경우에도 주스 한 통을 만드는 데 원재료로 사용되는 사과의 수량에 대해 단위당 산지가격을 계산하고 그것을 사과주스 1통의 가격과 비교하는 것은 단지 좀 더 복잡할 뿐이지, 유통마진의 계산은 그리 어렵지 않다.

그러나 가공과정이 복잡하고 여러 가지 원재료가 사용되는 빵, 시판김치, 닭고기스프 등과 같은 가공식품의 유통마진을 계산하려면 몇 가지의 가정이 필요하다. 산지가격과 도매가격(또는 산지-소매단계, 도매단계-소매단계 간 가격)의 차이는 세 가지 요소 즉, 투입재비용, 유통비용, 이윤에서 비롯된다. 여러 복합적인 재료로 만들어진 식품의 유통마진을 계산할 때 어려운 점은 유통비용과 이윤을 각 원재료에 어떻게 배분할 것인가이다. 가장 단순한 방법은 원재료 각각의 비중을 사용하는 것이다.

예를 들어, 시판김치의 모든 원재료 비용이 용기, 상표, 기타 등등을 포함하여 1통당 10,000원이고 유통비용은 1통당 5,000원, 가공업자의 이윤은 1통당 3,000원이라 하자. 이때 김치의 도매가격은 1통당 18,000원이 된다. 배추(또는 김치)에 대한 산지-도매시장 간 유통마진을 구하려면 김치 1통당 배추가 얼마나 들어있고 배추의 산지가격이 얼마인지 알아야 한다. 김치 1통당 배추 2kg이 사용되고 배추의 산지가격이 kg당 2,500원이라면, 배추는 전체 원재료 비용의 50%(=2×2,500/10,000)를 점한다. 전체 원재료 비용에 점하는 배추의 비중이 50%이기 때문에 도매가격의 50% 기준을 적용한다면 산지-도매시장 간 배추의 유통마진은 1통당 9,000원(=0.5× 18,000)-5,000원=4,000원, 또는 배추 kg당 2,000원이다. 이러한 방식은 배추가 원재료 비용에서 차지하는 비율이 50%이기 때문에 총유통마진의 50%를 배추에 적용한 것이다. 유통마진을 비율 형태로 계산하면 (9,000-5,000)/5,000=0.8이다. 어떤 방식으로 계산하든 유통마진을 배추 산지가격과 비교하면, 배추가 산지를 떠날 때와 가공업자 또는 도매업자의 김치 판매 사이에 얼마나 많은 부가가치 활동들이 일어나고 있는지를 알 수 있다.

유통마진이 높거나 또는 낮음은 무엇을 의미하나? 농업옹호론자들은 종종 산지-도매시장 간 또는 산지-소매시장 간 높은 유통마진이 도매업자(또는 가공업자)나 소매업자에 의한 불공정한 가격 책정의 증거라고 비판한다. 이들은 시장지배력의 불균형(소수의 대량 구매자가 다수의 소규모 농업생산자와 거래함)이 농산물 산지가격을 깎아 농업생산자들이 재배한 농산물로부터 과도하게 이윤을 취한다고 비판한다. 그러나 이러한 비판은 유통마진의 크기 이외의 증거를 제시하지 않는 한 타당한 주장이라고 말하기 어렵다(식품산업 인사이드 8.2 『유통마진에 관한 네 가지 오해와 진실』을 참조하시오). 높은 유통마진은 높은 가공비용, 대규모의 광고비 지출이나 다른 요인들에 의해서도 발생할 수 있다. 가공업자(또는 소매업자) 이윤은 유통마진을 구성하는 요소 가운데 하나일 뿐이다. 사실, 농민단체들은 유통마진(대개 산지-소매시장 간 마진)의 지속적인 증가를 가공업자의 불공정 관행에 대한 증거로 지적하지만, 산지와 소매단계 사이에서 이루어지는 농산물의 가공 정도가 증가함에 따라 유통마진이 커진 결과이기도 하다. 발골·발피되고 부위별로 포장되어 슈퍼마켓에서 판매되는 닭의 산지-소매시장 간 유통마진은 생닭 한 마리를 통째로 판매할 때에 비해 확실히 높아진다. 지난 50년 간 소매업자들은 판매 제품의 상당수를 농축수산물에서 1, 2차 가공된 식품이나 편이식품으로 전환해왔음을 볼 때 유통마진의 확대는 예견된 것이다. 독자들은 유통마진과 그 마진의 변화를 주의 깊게 해석하고 식품 특성과 유통마진의 계산에 적용된 가정들을 확인할 필요가 있다.

식품산업 인사이드 8.2

유통마진에 관한 네 가지 오해와 진실

식품의 유통 과정에서 발생하는 유통마진에 관해 몇 가지 오해가 있다.

첫째, 많은 사람들, 특히 농업생산자나 소비자들은 유통마진이 작을수록 유통 효율성이 높다고 생각하여 유통마진이 작은 것이 더 바람직하다고 주장한다. 이것이 사실이라면 농업생산자로부터 소비자에게로 직접 판매하거나 또는 농업생산자에 의한 노상 판매가 유통마진이 없기 때문에 유통효율성이 가장 높은 유통경로가 될 것이다. 그러나 사실상 유통 효율성은 단지 유통마진의 크기만으로 판단할 수 없다.

둘째, 유통경로상에 존재하는 너무나 많은 중간유통상인으로 인해 유통마진이 증가하기 때문에 이들 중간상인을 줄이거나 아예 없앴을 수 있다면 유통마진을 줄일 수 있다고 생각한다. 그러나 사실은 중간상인들을 줄이거나 없앨 수는 있지만 유통마진 증가의 직접적인 원인이 되는 유통기능을 제거할 수는 없다.

셋째, 높은 유통마진이 낮은 농가수취가격을 초래한다는 주장이다. 사실 유통기능은 농산물 원물에 비용뿐만 아니라 가치도 부가한다. 그리하여 유통마진의 증가는 유통 과정에 수반되는 여러 기능에 대해 지불된 비용으로 인하여 식품의 소매가치와 가격을 증가시키게 된다. 물론, 불필요한 광고나 촉진 등으로 인해 소매가격이 증가할 수 있음은 당연하다.

마지막으로, 유통마진은 유통기업에 대한 이윤이기 때문에 그 일부를 농업생산자나 소비자에게 귀속시킬 수 있다는 믿음이 있다. 그 결과, 농업생산자협동조합이나 소비자협동조합이 유통마진과 이윤을 줄일 목적으로 설립되어 운영되어 왔다. 그러나 사실은, 유통마진에는 이윤뿐만 아니라 비용도 포함되어 있기 때문에 이들 협동조합이 이러한 비용 부담 없이 운영하거나 또는 전문적인 유통기업만큼 유통기능을 효율적으로 담당할 수 있다는 보장이 없다.

8.3 식품 공급망의 단계별 시장균형

8.3.1 파생공급과 파생수요

앞 절에서 식품이 소비자에게 도달하기까지 여러 단계의 시장을 거칠 때마다 발생하는 유통비용과 유통마진에 대해 설명하였다. 그렇다면 유통마진에 의해 서로 연계된 여러 단계의 시장들에서 수요와 공급이 어떻게 균형을 이루는가? 수직적으로 서로 상호작용하는 시장들의 결합 균형은 어떻게 분석할 수 있는가? 이러한 문제를 복수 단계 시장(multiple-level markets) 또는 결합시장(joint market)의 균형 분석이라 부르며 이 절에서 다룰 주제이다.

복수 단계 시장의 균형 분석에는 4장의 저장문제에서 다루었던 원수요곡선과 원공급곡선, 파생수요곡선과 파생공급곡선의 개념이 적용된다. 앞서 말한 바와 같이 원공급곡선은 농산물(원물)에 대한 공급곡선으로 산지단계의 공급을 나타낸다. 원수요곡선은 재판매되지 않는 최종 식품에 대한 소비자(또는 소매)수요이며 소매단계 수요를 나타낸다. 다른 형태의 공급(또는 수요)곡선은 파생공급(또는 수요)곡선으로 원공급(또는 수요)곡선에서 유도된다.

이러한 파생곡선을 도출할 때의 문제점은 유통마진의 계산에서 언급한 바와 같은 측정단위의 문제이다. 산지에서의 복숭아와 슈퍼마켓에서의 복숭아에 대한 수요곡선과 공급곡선은 손쉽게 도출할 수 있다. 하지만 우리 밀에 대한 산지공급곡선과 우리 밀로 만든 빵에 대한 소매수요곡선을 그릴 때, 수량을 나타내는 축의 단위는 서로 일치하지 않는 문제점이 발생한다(왜 그런가?). 이러한 경우 시장단계별 상품을 원재료로 사용된 원물의 단위 수로 환산하여 표준화함으로써 단위 문제를 해결할 수 있다. 다시 시판김치의 예를 들어보자. 배추 2kg를 원재료로 사용하여 제조된 김치 1통에 대한 수요곡선은 배추 수량으로 표시된 수량축에 그릴 수 있다. 즉, 시판김치 1통을 2kg의 배추로 환산하면 된다. 이 방법을 적용할 경우 시장의 모든 단계가 균형 상태에 있다면, 각 단계의 시장균형점들은 동일한 단위를 가지는 수량 축에 대해 그려진 수직선상에 있게 된다(이는 그림 8.2에서 다시 설명할 것이다).

단위 문제가 해결되면 식품 유통의 시장단계별로 공급곡선과 수요곡선을 도출할 수 있다. 먼저 공급부터 시작하자. 단순화를 위해 세 단계를 가진 결합시장이 있다고 가정하자.

즉 산지, 도매, 소매 세 단계이다. 비록 두 단계의 가공과정을 가지는 경우도 없지 않지만, 식품 유통에서 세 단계의 시장은 매우 일반적인 경우라고 할 수 있다. 시장에는 때때로 도매와 소매 단계 사이에 유통(배분)업자 단계(또는 중간상인)가 있기도 한다. 예를 들어, 많은 급식업체나 레스토랑들은 CJ프레시웨이와 같은 대규모 식자재유통업체로부터 식자재를 구입한다. 이들 공급자는 식품을 직접 가공하는 대신에 많은 가공업자로부터 식자재를 공급받아 이를 통합 관리함으로써 자신들의 고객에 대한 주문 및 배송 과정을 단순화시키는 역할을 한다. 이것이 시장에 또 다른 단계 하나를 추가하는 식자재유통업자의 사례이다. 그러나 우리는 세 가지 단계에 국한하여 설명할 것이다.

산지에서 공급곡선은 농업생산자가 서로 다른 가격에서 공급하려고 하는(또한 실제로 할 수 있는) 수량을 나타내기 때문에 가공 이후의 도매단계 공급곡선은 농산물 원물 가격, 다른 원재료 비용, 그 외 모든 유통비용과 이윤을 반영해야 한다. 따라서 앞서 논의한 대로 유통비용을 투입된 원재료의 비중에 따라 원재료별로 배분하여 유통마진을 계산하는 방식은 현실적으로 적용할 수 없다. 왜냐하면 이렇게 계산할 경우 유통마진이 작게 평가되어 자칫하면 식품가공업자가 자신의 제품을 실제 판매가격보다 낮은 가격으로 도매시장에 판매하는 셈이 될 수 있기 때문이다. 가공식품 생산에 원재료의 하나로 사용되는 농산물의 수요와 공급을 시장단계별로 분석하기 위해서는 해당 농산물의 유통마진이 다른 원재료비용 등 모든 유통비용과 이윤을 포함하도록 수정해야 한다. 다시 배추와 시판김치의 예로 돌아가 보자. 배추의 유통마진을 위의 방식으로 다시 계산하면 배추 1통(배추 2kg)당 $M_{FW} = 18,000 - 5,000 = 13,000$원 또는 배추 kg당 6,500원이 된다.

유통마진이 규모수익 불변일 때(즉, 수량의 함수가 아니라면) 도매 공급곡선은 산지 공급곡선에 산지-도매단계 간 유통마진을 더하여 구해진다. 예를 들어, 시판김치의 수량 단위를 kg당 배추로 나타낸다면 김치의 도매 공급곡선은 산지 공급곡선보다 6,500원 위에 있게 된다. 즉, 도매 공급곡선은 산지 공급곡선보다 6,500원만큼 수직으로 상향 이동하게 된다. 가공업자가 소매업자에게 직접 김치를 판매한다고 가정할 때, 소매 공급곡선은 도매 공급곡선을 도매단계-소매단계 간 유통마진만큼 상향 이동함으로써 구할 수 있다. 이러한 과정은 [그림 8.1]에 나타나 있다. 유통마진을 사용하여 파생공급곡선을 구할 때 주의할 점은 유통마진의 형태이다. 시장단계별 공급곡선을 구할 때 유통마진을 시장단계별로 서로 곱하는 것이 아니라 더하는 것이기 때문에 차이로 표현된 유통마진을 사용해야 하며, 비율 형태를 적용해서는 안 된다.

파생수요곡선도 비슷한 과정으로 도출되나, 공급 때와는 반대이다. 원수요는 최종 제품의 소비자 또는 소매 수요이다. 따라서 파생수요는 여기에서 출발하여 유통마진을 차감한

그림 8.1 **식품에 대한 산지, 도매, 소매 공급곡선**

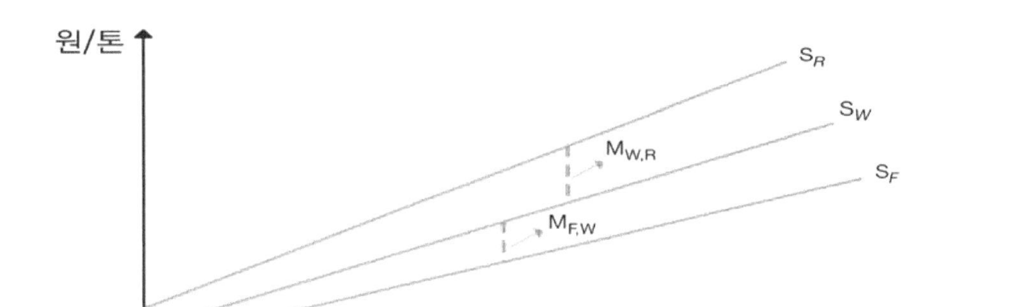

원공급곡선인 산지 공급곡선으로부터 두 파생공급곡선인 도매 공급곡선과 소매 공급곡선을 도출할 수 있다. 도매 공급곡선 S_W은 산지 공급곡선 S_F을 산지-도매시장 간 유통마진($M_{F,W}$)만큼 수직으로 상향 이동시킴으로써, 소매 공급곡선 S_R은 도매 공급곡선을 도매-소매 단계 간 유통마진($M_{W,R}$)만큼 상향 이동함으로써 도출할 수 있다. 원공급곡선에서 파생공급곡선을 도출할 때 차이로 표현된 유통마진을 사용해야 한다.

후에 구하면 된다. 따라서 도매 수요곡선은 소매 수요곡선에서 도매-소매 간 유통마진을 뺀 것이며, 산지단계의 수요곡선은 도매단계 수요곡선에서 산지-도매 간 유통마진을 차감한 것이다. 이때 차감한 유통마진의 크기는 단계별로 시장공급곡선을 도출할 때 더한 것과 정확하게 같다.

공급 측면에서 원공급곡선은 가격축을 기준으로 할 때 맨 아래쪽에 산지 공급곡선이 있기 때문에 이에 각 단계별 유통마진을 더하여 파생공급곡선이 구해진다. 반면 수요 측면에서는 [그림 8.2]에서 보듯이 원곡선이 맨 위쪽(즉, 소비자)에 있기 때문에 이에 각 단계별 유통마진을 차감하여 파생수요곡선을 도출하면 된다. 판매량 단위당 유통마진이 일정하다면 각 판매량에서 시장단계별 두 공급곡선 간의 수직적인 차이는 대응하는 두 수요곡선 간의 수직적인 차이와 서로 같게 된다. 왜냐하면 동일한 유통마진이 두 공급(또는 수요)곡선을 서로 분리하고 있기 때문이다. 하지만 유통마진은 판매량의 함수이므로 유통마진이 변할 때 두 곡선은 서로 근접하거나 또는 더 멀어지게 된다.

시장단계별 균형은 동일한 단계의 공급곡선과 수요곡선이 교차하는 점에서 이루어진다. 서로 다른 시장단계에 있는 수요곡선과 공급곡선이 서로 교차하는 점은 아무런 의미를 가지지 않는다. 단지 동일한 시장단계에 있는 수요곡선과 공급곡선의 교차점만이 경제적인 의미가 있을 뿐이다. 모든 단계의 시장 공급곡선과 수요곡선을 한 곳에 그려보면 [그림 8.2]

와 같다. 앞서 말한 바와 같이 결합시장의 모든 단계가 균형 상태에 있다면, 균형가격들은 동일한 수량에 대해 그려진 수직선상에 있게 된다. 달리 말하면 세 단계의 결합시장에서 균형가격들이 모두 동일한 판매량에서 발생하고 있음을 알 수 있다.

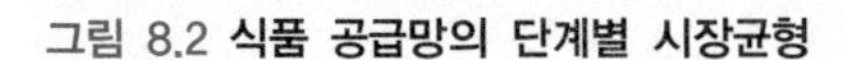
그림 8.2 **식품 공급망의 단계별 시장균형**

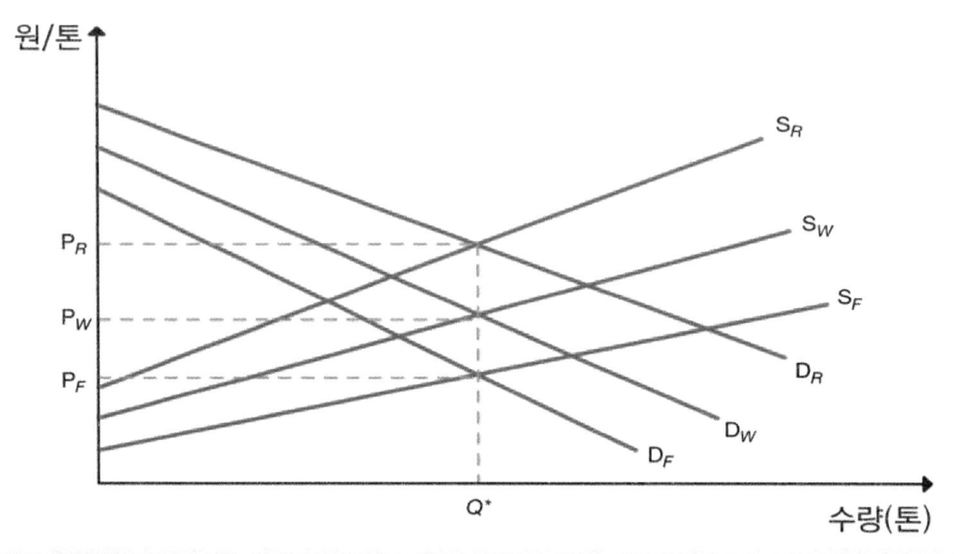

공급 측면에서 원공급곡선은 산지 공급곡선이기 때문에 파생공급곡선은 산지 공급곡선에 각 단계별 유통마진을 더하면 된다. 반면 수요 측면에서는 원수요곡선이 소매 수요곡선(D_R)이기 때문에 여기에 각 단계별 유통마진을 차감하여 파생수요곡선 D_W와 D_F를 도출하면 된다. 결합시장의 각 단계별 균형은 각 단계의 공급곡선과 수요곡선이 교차하는 점에서 이루어진다. 세 단계의 결합시장에서 모든 균형점들은 동일한 판매량에서 나타난다.

8.3.2 유통마진의 계산

특정 식품에 대한 복수 단계의 시장균형을 분석하기 위해 앞서 설명한 파생수요 또는 파생공급이라는 접근방식을 적용하려면 유통마진의 근사치를 구하기 위한 함수식이 필요하다. 이러한 함수식은 수리적 방법을 적용하여 시장에 대한 정책의 효과나 영향을 분석하고 예측하는 데 사용할 수 있다.

유통마진은 대개 규모 증가에 따른 수익 변화를 나타내는 함수나 일정 비율의 마크업(markup)에 의해 가장 잘 표현할 수 있다. 규모수익 증가 또는 규모수익 불변 형태의 함수는 식품가공업체의 유통마진을 가장 잘 근사시키는 함수이다. 소규모 식품가공업체는 규모가 늘어남에 따라 간접비(특히, 공장 설비 및 관리 비용)를 보다 많은 산출물에 대해 분산시켜 효율성을 얻을 수 있기 때문에, 유통마진은 대개 규모수익 증가를 나타낸다. 대규모 식품가공업체는 유통비용이 산출량 변화에 대해 일정하기 때문에, 유통마진은 규모수익 불변 함수에 의해 잘 나타낼 수 있다. 그러나 대규모 식품가공업체라도 규모가 늘어남에 따라 적게나마 규모수익 증가를 보일 수 있어서 어느 정도 비용우위를 가지기도 한다.

산지와 가공단계에서 나타나는 규모수익 불변 유통마진은 함수식으로 표현하면 다음과 같다.

$$M_{FW} = a$$

여기서 a는 양의 상수이다. 반면, 규모수익 증가 형태의 유통마진함수는 판매량의 감소 함수로서 다음과 같이 표현할 수 있다.

$$M_{FW} = a - bq \tag{8.3}$$

위의 식에서 q는 판매량, a와 b는 각각 양의 상수이다. b의 값이 클수록 판매량이 증가할 때 평균비용(또는 단위당 마진)이 보다 더 빠른 속도로 감소한다. 규모수익 감소 형태의 유통마진 함수는 식 (8.3)과 같지만 판매량의 계수값이 양(+)의 부호를 가진다.

중간유통업자나 소매업자들은 대개 일정 비율의 마크업으로 표현되는 유통마진을 가진다. 이때 제품 판매가격은 중간유통업자나 소매업자 원가의 일정 비율만큼 인상된다. 많은 소매업체들은 단순하게 퍼센트 마크업을 사용하는데, 품목마다 다른 퍼센트 비율을 적용한다. 퍼센트 마크업은 수식으로 표현하면 다음과 같이 나타낼 수 있다.

$$M_{WR} = cP_W$$

여기서 M_{WR}은 도매-소매 간 유통마진, P_W는 도매가격, c는 마크업 비율이다. $c = 0.50$은 50% 마크업을, $c = 1.00$은 원가지향 또는 100% 마크업을 의미한다. 소매업자들이 퍼센트 마크업 유통마진을 적용할 때 기준 가격은 소매단계 이전의 가격, 예를 들면 도매가격임을 주목하라. 왜냐하면 더 높은 단계(예: 소매단계)의 가격을 정하려면 먼저 마진이 결정되어야 하기 때문이다.

8.3.3 복수 단계 시장균형의 수치적인 풀이

복수 단계의 시장에서 균형수량과 각 시장단계별 균형가격을 구하는 일반적인 방법은 적어도 어느 한 시장단계의 공급곡선과 수요곡선을 같게 놓고 그 단계에서 균형수량을 구하고, 구한 균형수량과 다른 시장단계의 수요곡선 또는 공급곡선을 이용하여 각 시장단계별로 균형가격을 구하는 것이다. 예를 들어, 산지 공급곡선, 소매 수요곡선, 두 개의 유통마진(산지-도매와 도매-소매)이 있다면 각 유통마진을 더하면 도매 공급함수와 소매 공급함수가 각각 도출된다. 파생공급함수는 가격이 좌변에 있도록 원래의 공급함수를 역공급함수 형태로 변형한 다음에 유통마진을 더하면 구할 수 있다. 일단 소매 역공급함수가 유도되면 이를 소매 역수요함수와 같게 놓고 균형수량을 구할 수 있다. 균형수량을 세 개의 역공급함수에 대입하면 균형산지가격, 균형도매가격, 균형소매가격이 각각 구해진다. [실행학습 8.1]에서 실제 수치를 사용하여 각 시장단계별로 균형점을 구해보자.

[실행학습 8.1] 복수 단계 시장에서 균형 수량과 가격 구하기: 수치적인 예

산지, 도매, 소매 세 단계로 구성된 식품시장이 있다고 하자. 모든 시장단계에서 판매되는 수량은 동일한 단위로 표현할 수 있기 때문에 수량을 Q라고 하자. 산지 공급곡선(S_F), 소매 수요곡선(D_R)과 두 개의 유통마진(M_{FW}, M_{WR})이 다음의 식과 같을 때 시장 균형수량과 각 시장단계별 균형가격을 각각 구하여 보자.

$$S_F : Q = -50 + 10P_F,\ \ D_R : Q = 100 - P_R,\ \ M_{FW} = 7 - 0.05Q,\ \ M_{WR} = 0.4P_W$$

위의 식에서 산지-도매 간 유통마진(M_{FW})은 규모수익 증가 함수, 도매-소매 간 유통마진(M_{WR})은 일정 비율의 마크업으로 나타남을 주목하라. 일정 비율의 마크업 유통마진이 있다면 유통단계의 상류에서 시작하여 하류로 이동하면서 관련 수식들을 풀어가는 것이 보다 쉽다. 즉, 이 문제의 풀이 과정은 산지 공급곡선에서 시작하여 먼저 도매 공급곡선을 도출하고 그 다음에 소매 공급곡선을 구하는 것이다. 해답은 다음과 같이 단계별로 구해진다.

1. 산지 공급곡선을 가격에 대해 풀어 산지 역공급곡선을 구한다.
   $Q = -50 + 10P_F \Rightarrow 10P_F = 50 + Q \Rightarrow P_F = 5 + 0.1Q$

2. 산지-도매 간 유통마진을 더하여 도매 역공급곡선을 도출한다.

$$P_w = P_F + M_{Fw} \Rightarrow P_w = 5 + 0.1Q + 7 - 0.05Q \Rightarrow P_w = 12 + 0.05Q$$

3. 도매-소매 간 유통마진을 더하여 소매 역공급곡선을 도출한다.

$$P_R = 1.4 \times (12 + 0.05Q) \Rightarrow P_R = 16.8 + 0.07Q$$

4. 소매 공급과 소매 수요를 같게 하여 균형수량을 구한다.

$$Q = 100 - P_R = 100 - (16.8 + 0.07Q) = 83.2 - 0.07Q$$

$$\Rightarrow 1.07Q = 83.2 \Rightarrow Q = 77.76$$

5. 균형수량을 각 단계별 역공급곡선에 대입하여 세 개의 균형가격을 구한다.

$$P_F = 5 + 0.1Q = 5 + 0.1 \times 77.75 \Rightarrow P_F = 12.78$$

$$P_w = 12 + 0.05Q = 12 + 0.05 \times 77.75 \Rightarrow P_w = 15.89$$

$$P_R = 16.8 + 0.07Q = 16.8 + 0.07 \times 77.75 \Rightarrow P_R = 22.24$$

위의 풀이과정에서 도매 수요곡선이나 산지 수요곡선을 도출하지 않고 문제의 답을 구할 수 있음을 주목하라. 이들 수요곡선은 소매 역수요곡선에서 유통마진을 차감하여 구할 수 있다. 위에서 구한 해답이 맞는지를 확인하려면, 구한 균형가격들을 각각의 수요곡선에 대입하여 동일한 수량이 나오는지를 확인하면 된다.

8.3.4 복수 단계 시장에 대한 정책 변화의 효과

복수 단계의 시장 모형은 정부정책, 규제, 공급 및 수요 등에 대한 다양한 시나리오 변화가 시장 참여자에 주는 영향을 분석하는 데 매우 유용하다. 이러한 시나리오 변화의 영향을 분석하기 위한 첫 단계는 분석할 초기 값을 정하는 것이다. 초기 값은 두 개의 원곡선 중 하나(산지 공급곡선 또는 소매 수요곡선)이거나 유통마진에 관한 것이어야 한다. 그 후에 모형을 사용하여 시나리오 변화의 간접적인 영향을 파악할 수 있다. 예를 들어, 정부가 생산 장려 목적으로 우리 밀 생산농가에 보조금을 지불하기로 결정했다고 하자. 보조금이 우리 밀의 소매가격과 소비자 구매량에 어떤 영향을 줄지를 분석하는 데 복수 단계의 시장 모형을 사용할 수 있다.

세 단계, 즉 농업생산자, 도매업자(가공업자), 소매업자로 구성된 시장에서 우리 밀 생산자에 대한 보조는 산지 공급곡선을 하향 이동시킨다. 도매 공급곡선과 소매 공급곡선은 두 개의 유통마진을 각각 더해 도출되며, 유통마진은 정부 정책 변화의 영향을 받지 않기 때문에 도매 공급곡선과 소매 공급곡선 모두 산지 공급곡선이 이동한 만큼 하향으로 이동한다. 두 공급곡선이 같은 폭만큼 이동했기 때문에 도매 공급곡선과 소매 공급곡선 간의 관계는 변하지 않고 이전과 같다. 그 이유는 두 유통마진의 크기가 변하지 않았기 때문이다. 소매 수요와 두 유통마진이 영향을 받지 않기 때문에 세 개의 수요곡선 중 그 어느 것도 이동하지 않는다. [그림 8.2]에 새로운 공급곡선들을 그려보면 공급측면의 이동으로 인해 세 단계의 시장에서 모두 이전과 비교하여 균형수량은 늘어나는 반면, 균형가격들은 하락하게 됨을 알 수 있다. 정부의 우리 밀 생산 장려 정책의 효과로 소비자들은 더 많은 우리 밀을 먹게 된다. 그러나 [그림 8.2]에서 보듯이 수요곡선이 완전히 비탄력적이지 않는 한 가격 변화는 단위당 보조금보다 적음을 알 수 있다. 보조금의 일부는 소비자에게 이전되기보다는 생산자에게 귀속되고, 또 일부는 가공업자가, 또 다른 일부는 소매업자가 취한다. 각 집단에게 귀속되는 보조금의 비율은 곡선의 형태, 즉 탄력성에 의해 결정된다.

정책 변화 또는 산지 공급이나 소매 수요에 대한 영향 요인의 변화가 두 개의 원곡선 중 어느 하나를 이동시킬 때 그것은 공급측면이든 수요측면이든 동일한 측면의 모든 파생곡선을 같은 방향으로 이동시킨다. 이때 가격은 시장의 모든 단계에서 같은 방향으로 변한다. 그러나 정책 변화 또는 영향 요인이 유통마진의 하나를 변화시킨다면, 가격은 유통마진만큼 위아래의 반대 방향으로 움직인다. 예를 들어, 식품 가공업자가 지불하는 에너지비용의 상승으로 인하여 산지-도매시장 간 유통마진이 늘어나면 균형 산지가격은 하락하는 반면, 균형 도매가격과 소매가격은 상승한다. 즉 유통마진의 증가는 그것과 관련된 시장단계의 가격들을 위아래 방향으로 밀어 내는 반면, 유통마진의 감소는 관련 시장 단계의 가격들을 위아래 방향에서 잡아당기는 효과를 갖는다.

이상의 효과 분석은 정성적인 분석의 결과이다. 하지만 공급곡선과 수요곡선, 두 유통마진의 추정치들이 있다면 모형을 산술적으로 풀어서 소매가격 변화의 정량적인 값을 얻을 수 있을 것이다. 이러한 문제는 8.5절에서 설명할 균형대체모형이나 일반균형모형에서 다시 설명할 것이다.

8.4 식품 공급망의 단계별 가격 전이

8.4.1 공급망 단계별 가격 변동

식품시장의 수요와 공급에 의해 결정되는 가격은 자원 배분뿐만 아니라 최종 제품의 선택에 관한 의사결정도 좌우한다. 또한 가격은 식품 공급망을 통하여 여러 단계, 예를 들면, 산지에서 도매단계, 소매단계 등으로 전이되면서 유통시장을 수평적 또는 수직적으로 통합하는 역할을 한다. 그러나 현실적으로 [식품산업 인사이드 8.3, 8.4]에서 보듯이 하류시장(소매시장)에서의 가격 반응이 상류시장(산지 또는 도매시장)에서 가격이 상승할 때와 하락할 때 서로 다르게 나타나는 것을 쉽게 관찰할 수 있다. 상류시장보다 하류시장에서 가격변화가 더 크거나 또는 가격변화가 더디게 나타나기도 한다. 이러한 현상은 가격뿐만 아니라 이자율, 수요, 공급 등에서도 나타나는데, 이를 경직성 또는 비신축성이라고 한다. 경제학자들은 식품유통에서 나타나는 가격경직 현상을 가격 전이의 비대칭(asymmetric price transmission)이라 부른다. 가격 전이의 비대칭은 식품 유통시장의 효율성을 판단하는 기준이 될 뿐만 아니라, 식품 공급망에 참여하는 기업이나 최종소비자가 가격 인하나 인상에 따른 혜택을 받지 못하는 등 후생분배 문제와도 밀접하게 관련된다.

식품산업 인사이드 8.3

요상하네 한우값…도매가격은 떨어지는데 소매가격은 올라

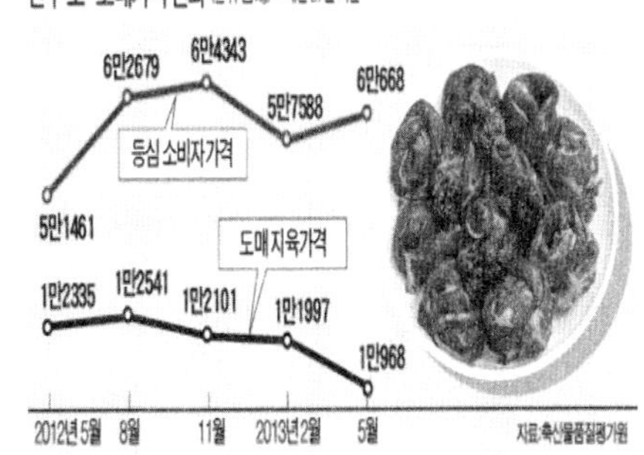

한우 산지 도매가격은 계속 떨어지는데 소비자가격은 오르는 이상 현상이 일어나고 있다. 한우협회는 재고 축소 및 농가 손실 보전을 위해 대형마트와 한우 특별할인행사에 나서는 등 한우 쇠고기가 돼지 삼겹살 가격에 팔리는 '굴욕'을 겪고 있다. 28일 축산물품질평가원의 축산물 가격동향에 따르면 지난 27일 거래된 1등급 한우 지육(가죽, 내장, 머리 등을 제거한 상태) 도매가격은 kg당 1만 968원으로 지난해 동기(1만 2,335원)보다 11% 떨어졌다. 그러나 소비자가격은 정반대로 움직이고 있다. 한국농수산식품유통공사에 따르면 이날 거래된 한우 등심 1등급 소비자 가격은 6만 668원으로 지난해 5만 1,461원보다 17.9% 올랐다.

한우값이 떨어진 것은 최근 1년 새 사료값이 20%가량 오르면서 원가 압박에 시달리다 폐업하는 축산 농가가 늘어난 게 주요 원인 중 하나다. 이 같은 한우 가격 약세가 소비자가격으로 이어지지 않는 까닭은 여러 가지가 있을 수 있으나 복잡한 유통구조가 그 중 한 가지 원인이다. 한국농수산식품유통공사에 따르면 한우 가격에서 유통비용은 42.2%를 차지한다. 소고기는 '농가→수집 반출상(우시장, 농협)→도축장→1차 가공→2차 가공→도매상(대형 유통업체, 대형 정육점)→소매상' 등의 단계를 거쳐 소비자의 손에 전달된다. 이강우 한우협회장은 "소고기값 외 다른 유통비용이 올라가면서 소비자가격은 요지부동인 현상이 반복되고 있다"고 말했다. 최근 식습관 변화로 사골 등 한우 부산물 소비가 줄어든 것도 원인으로 꼽힌다. 소비자들이 등심 등 특정 부위만 선호하면서 다른 부위의 재고가 증가함에 따라 냉동보관료 등 원가가 상승했다는 분석이다.

자료: 한국경제신문, 2013.5.28.

식품산업 인사이드 8.4

밀의 공급망 단계별 가격 변동

2007년 이후 두 차례의 세계 곡물 파동으로 곡물 가격은 매우 불안정해졌다. 곡물은 축산업과 식품산업의 기본적인 원재료가 되기 때문에 곡물 가격 변화는 식품 공급망의 여러 단계에 걸쳐 영향을 준다. 곡물 가격은 가금육 및 돼지고기의 공급과 가격 형성에 영향을 주는 중요한 요인이다. 곡물을 주재료로 하는 식품의 경우 이러한 곡물 가격의 파급효과는 더욱 분명하게 나타난다. 밀가루, 빵 등의 가격은 곡물 가격 변화에 따라 직접적으로 영향을 받는다. 곡물을 주재료로 만들어진 식품의 가격 변동은 일반적으로 곡물의 가격 변동에 비해 크지 않다. 왜냐하면 원재료인 곡물의 비용이 식품의 최종(소비자) 판매가격에 차지하는 비중이 작기 때문이다. 유럽의 경우 빵의 소매가격에서 곡물 비용이 점하는 비중은 5~20% 정도이다. 식품 공급망의 하류(소비자)로 갈수록 최종 판매가격에서 원재료가 차지하는 비중은 점점 감소하기 때문에 원재료(곡물)의 가격 변동에 따른 식품가격의 변동 폭은 점점 작아진다.

[그림 8.3]은 덴마크에서 2007년 이후 곡물 가격과 빵 가격 간에 나타난 상관관계를 보여준다. 2007년 곡물 가격 상승 이후에 빵 가격은 가파르게(약 15%의 증가율) 올랐다. 빵 가격에서 곡물 원재료가 차지하는 비중은 5% 정도에 지나지 않기 때문에 이만큼의 빵 가격 상승은 매우 큰 폭이다. 이후 곡물 가격이 감소하였지만 빵 가격은 더디게 하락하였고, 하락 폭도 상대적으로 작았다.

그림 8.3 **세계 곡물 파동 이후 밀 가격과 빵 가격의 변화**

동일한 현상이 2010년 2차 곡물 가격 인상 이후에도 나타났다. 빵 가격은 1~3개월의 시차를 두고 비교적 빠른 속도로 상승하였다. 하지만 곡물 가격이 하락했을 때 빵 가격의 하락은 7개월이나 지연되었고 그 하락 폭도 작았다. 요약하자면, [그림 8.3]은 곡물에서 빵까지의 가치망에서 나타난 두 가격의 변화에 비가역성, 시간 지체, 그리고 과도한 반응이 있음을 보여준다.

곡물은 [그림 8.4]에서 보듯이 가치망의 여러 단계를 거친다. 곡물회사가 사들인 곡물은 제분업자에게 다시 팔리며, 제분업자는 곡물을 가공하여 밀가루를 생산한다. 밀가루는 빵의 주원료로 제빵업자에게 판매되거나, 직접 최종소비자에게 판매된다. 제빵업자는 소매업자나 최종소비자에게 판매할 빵을 생산한다. 따라서 곡물은 최종 소비자에게 도달하기까지 적어도 3~4개의 중간 단계를 거친다. 그 결과, 곡물 가격은 가치망에서 판매가격이나 구매가격 형태로 여러 차례 정해진다.

[그림 8.5]는 가치망을 따라 형성된 소맥, 밀가루, 빵의 가격들이 2007년과 2010년 두 차례의 곡물 파동 이후 어떻게 변화하였는지를 보여준다. 그림은 가치망에서 하류(소매단계)로 이동함에 따라 가격 변동 폭이 감소하는 것을 보여준다. 또한 우리는 가치망의 상류에서 가격 상승은 비교적 빠르고 큰 폭으로 나타나지만, 가치망의 하류로 가면 갈수록 가격 감소는 더 작고 상당히 천천히 일어나고 있다는 사실을 발견할 수 있다. 이처럼 식품 가치망에서 관찰되는 비가역적이고 지연되며, 때때로 과도한 가격 전이 현상은 식품시장의 불완전성 또는 이로 인한 식품기업의 이윤 증가를 말해준다.

그림 8.4 **밀가루와 빵의 가치망**

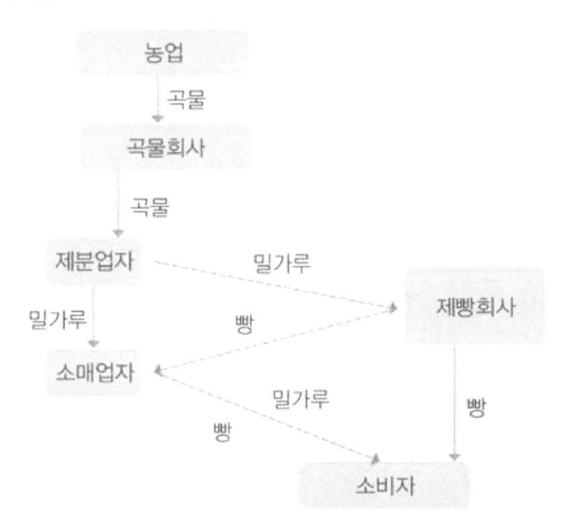

덴마크의 관계부처는 2007~2009년 가격 자료를 근거로 하여 소매단계의 가격 상승이 농산물 가격 증가에 의해 완전하게 설명되지 않는다고 결론을 내렸다. 그 대신 가치망에 있는 제분업자와 슈퍼마켓이 취하는 이윤 마진의 증가가 소비자가격을 상승시킨 원인이었다고 지적하였다.

그림 8.5 **밀, 밀가루, 빵 가격의 변화**

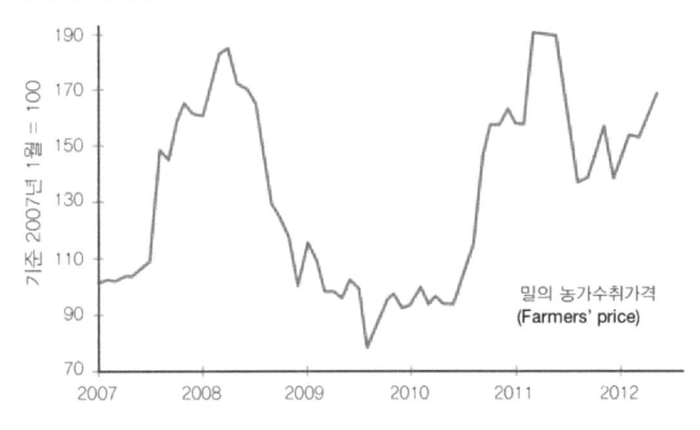

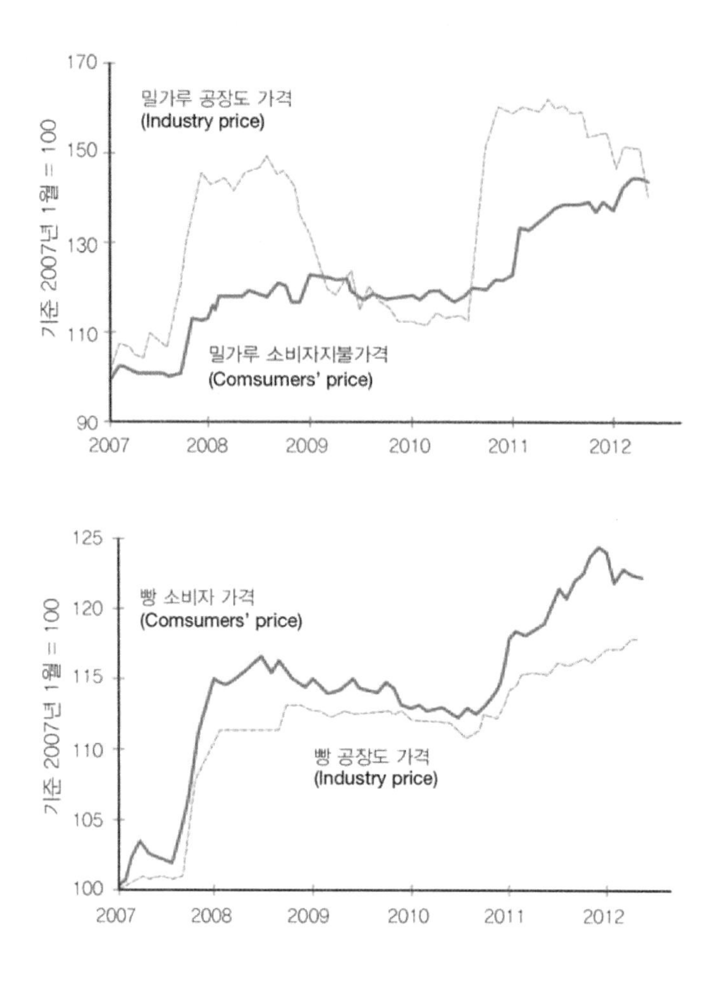

자료: Hansen, H. O.,2013. *Food Economics: Industry and Markets*, pp.364–367.

8.4.2 비대칭적 가격 전이의 유형

식품유통에서 나타나는 가격의 비대칭적인 전이 현상을 명확하게 구분하는 통일된 기준은 없다. 하지만 대개 경제학자들은 가격 전이의 비대칭 현상을 세 가지 기준에 따라 그 유형을 구분하고 있다.

첫 번째는 가격 전이의 크기 또는 속도에 따른 구분이다. [그림 8.6]의 왼쪽 그림 (a)은 비대칭성이 가격 전이의 크기와 관련된 것으로, 상류시장 가격 P^1이 하락할 때 하류시장 가격 P^2가 P^1의 감소 폭만큼 하락하지 않는 것을 보여준다(그림에서 음영은 변화하지 않은 크기를 나타냄을 주목하시오). 오른쪽 그림 (b)은 비대칭성이 가격 전이의 속도와 관련된 것으로,

P^1이 하락할 때 가격하락이 하류시장 가격 P^2에 완전하게 반영(전이)되는데 두 기간 t_1, t_{1+n}이 소요되고 있음을 나타낸다. 한편, [그림 8.6]의 아래쪽 그림 (c)는 가격 전이의 비대칭성이 속도와 크기에서 모두 발생하고 있음을 나타낸다.

그림 8.6 비대칭적인 가격 전이 현상의 유형

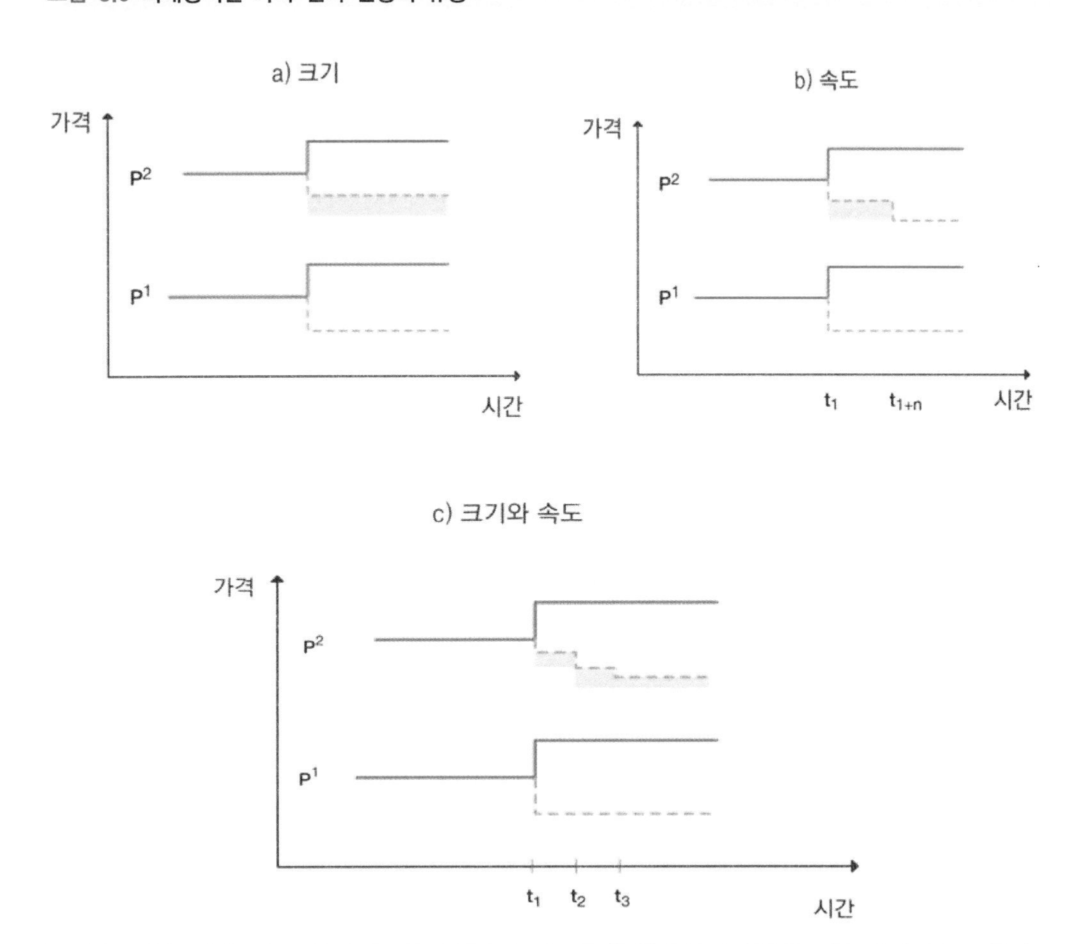

산지 가격의 변화가 도매시장이나 소매시장으로 완전하고 신속하게 전달이 되지 않는 경우를 가격의 비대칭적인 전이 현상이라고 한다. 비대칭적인 가격 전이의 유형에는 비대칭이 가격 반응의 크기를 나타내는 경우(그림 a), 가격 반응의 속도를 나타내는 경우(그림 b), 그리고 가격 반응의 크기와 속도 모두를 나타내는 경우로 구분할 수 있다. 일부 경제학자들은, 유통마진을 축소시키는 가격변화에 비해 유통마진을 확대시키는 가격변화에 보다 민감하고 신속하게 반응할 경우 이를 양의 비대칭적인 가격 전이라고 부른다. 반대의 경우는 음의 비대칭적인 가격 전이라고 부른다.

이러한 가격의 비대칭적인 전이는 [그림 8.6]에서 음영으로 나타난 것과 같이 판매자와 소비자 간에 후생을 이전시키는 효과를 초래한다. 논의를 단순화하기 위해, 시간 경과에 따른 거래량의 변화가 없다(즉, 제품에 대한 수요의 가격탄력성이 완전하게 비탄력적이다)고 가정하자.

이때 속도 측면의 비대칭적인 가격 전이는 [그림 8.6]에서 보듯이 구매자에서 판매자로 후생을 이전시키지만 그 효과는 일시적이다. 반면, 크기 측면의 비대칭적인 가격 전이로 인한 후생 이전의 효과는 영속적이며 가격 변화와 거래량에 따라 달라진다. 가격의 비대칭적인 전이가 유통업자의 시장지배력에 의해 발생했다면 소비자로부터 유통업자로의 후생 이전뿐만 아니라 사회적 후생의 손실까지도 초래하는 결과를 낳는다.

두 번째 기준은 가격의 비대칭적인 전이를 유통마진의 변화를 기준으로 하여 양의 비대칭과 음의 비대칭으로 구분하는 것이다. P^1이 하락할 때에 비해 상승할 때, P^2가 P^1의 변화에 보다 더 완전하거나 신속하게 반응한다면 이를 양의 비대칭 현상이라고 부른다. 반면 음의 비대칭 현상은 P^1이 상승할 때에 비해 하락할 때, P^2가 P^1의 변화에 보다 더 완전하거나 신속하게 반응하는 상황을 의미한다.

가격의 비대칭적인 전이는 최종 제품의 가격 변화가 역으로 원재료 가격에 영향을 주는 경우에도 나타난다. 일부 경제학자들은 하류시장뿐만 아니라 상류시장에서 발생하는 비대칭적인 전이 문제도 함께 다루기 위해 가격변화가 유통단계의 어느 시장에서 발생하든지에 관계없이, 가격변화에 따른 유통마진의 변화를 기준으로 비대칭 현상을 구분하기도 한다. 상류시장에서 가격이 인상되거나 또는 하류시장에서 가격이 인하된다면 두 시장에서의 유통마진은 축소된다. 반대 경우는 유통마진이 확대된다. 따라서 유통마진을 축소시키는 가격변화가 발생할 경우가 유통마진을 확대시키는 가격변화에 비해 가격 전이가 보다 빠르거나 또는 완전하게 나타난다면, 이를 양의 비대칭적인 가격 전이라고 지칭한다. 반대로 음의 비대칭적인 가격 전이는 유통마진을 확대시키는 가격변화가 발생할 때가 유통마진을 축소시키는 경우에 비해 가격 전이가 보다 빠르거나 또는 완전하게 나타나는 현상을 말한다. 양의 비대칭적인 가격 전이가 발생한다면, 산지가격이 하락함에도 불구하고 소비자가 이득을 볼 수 없다는 것을 의미한다.

세 번째 기준은 가격 전이의 비대칭이 수직적인 시장유통단계에서 발생하는지 아니면 수평적(공간적)인 시장유통단계에서 발생하는지에 따라 구분하는 것이다. 수직적인 비대칭은 농업생산자와 소비자들이 산지가격 상승은 도매나 소매시장으로 빠르고 완전하게 전이되지만, 산지가격 하락은 그렇지 않다고 비판하는 경우이다. 수평적인 가격 전이는 공간적인 시장에서 가격들 간의 연관성을 의미하는 것으로 서로 다른 두 지역에서 가격 차이가 수송비보다 작거나 같다면 두 지역시장은 서로 통합되었다고, 또는 일물일가법칙이 성립한다고 말한다. 수평적인 비대칭은 국제 곡물시장에서 나타나는 곡물 수출국가 간의 가격 전이 현상에서 그 사례를 찾아볼 수 있다(식품산업인사이드 8.5 『수평적 가격 전이의 비대칭 사례: 국제 쌀 수출 시장』을 참조하시오). 즉, 수직적 가격 전이는 유통단계에 있는 각 시장들이 얼마나 경쟁적인가를 나타내는 개념인 반면, 수평적 가격 전이는 시장 간 통합여부나 구매력 차이(purchasing power parity)를 분석할 때 사용하는 개념이다.

식품산업 인사이드 8.5

수평적 가격 전이의 비대칭 사례: 국제 쌀 수출시장

세계 쌀 시장은 변동성이 심한 얇은 시장(thin market)으로 알려져 있다. 그 이유는 다음과 같이 세계 쌀 시장이 가지는 독특한 특성에 기인한다. 첫째는 세계 쌀 시장에서 거래되는 물량은 아주 적어 전체 생산의 7%에 불과하다는 점이다. 이로 인해 가격이 쌀 시장의 수급상황을 제대로 반영하지 못하게 되어 탐색비용이 늘어나고, 그로 인해 심한 가격변동이 나타난다. 둘째는 세계 쌀 시장에서 거래되는 쌀은 품종, 품질 측면에서 서로 간에 대체정도가 낮다는 점이다. 이러한 특성 때문에 세계 쌀 시장은 더 작고 관련성도 낮은 여러 개의 세분시장으로 쪼개져서 가격정보를 발견하기가 더더욱 어려워진다.

이러한 세계 쌀 시장의 특성으로 인해 서로 다른 지역에 위치한 쌀 수출국 간에 수평적인 가격 전이는 일어나기 어렵다고 생각할 수 있다. 그러나 2007~2008년에 세계 쌀 가격이 큰 폭으로 상승하자, 이 여파가 아시아, 아프리카, 남미 국가의 국내 쌀 시장으로 이전되었다. 이러한 점은 세계 쌀 시장에서 수출국가들의 쌀 가격은 서로 어느 정도 연관성이 있으며, 수출국들이 서로 가격 경쟁을 하고 있음을 반증하는 것으로 해석할 수 있다.

말레이시아 푸드라대학교의 농식품정책연구소에서 2000년 이후 세계 쌀 시장에서 나타난 쌀 가격 변화를 분석한 바가 있다. 아시아와 미주 지역의 주요 쌀 수출국가인 태국, 베트남, 파키스탄, 미국, 아르헨티나 5개 국가들의 쌀 수출 가격들 간에 나타나는 수평적인 전이 현상에 대한 연구결과(John, 2014)에 따르면 이들 국가들의 쌀 수출가격이 서로 연관성이 있는 것으로 분석되었다. 아시아 쌀 시장에서 태국과 베트남 간에, 파키스탄과 베트남 간에 단기적으로 쌀 가격의 수평적인 전이 현상이 나타났는데, 가격 전이의 방향은 양방향이었다. 아시아 쌀 시장은 다른 수출국 시장에 대해 가격선도자의 역할을 하며, 특히 베트남과 파키스탄의 쌀 수출가격은 파급력이 커서 이들 국가의 쌀 가격 변동은 미국을 제외한 다른 모든 국가로 전이된 것으로 나타났다.

이러한 연구결과는 세계 쌀 생산과 교역의 대다수를 점하는 인디카쌀 시장은 분리되어 서로 연관성이 없는 시장이 아님을 말해준다. 따라서 아시아 주요 쌀 수출국가의 가격 왜곡 조치는 다른 국가로의 수평적인 가격 전이를 통하여 세계 쌀 가격을 불안정하게 할 가능성이 있음을 시사한다.

자료: John, A., 2014. "Price Relations Between International Rice Markets," *Agricultural and Food Economics*, 2(1), 1–16.

8.4.3 비대칭적 가격 전이의 원인

가격 전이의 비대칭 현상이 발생하는 원인은 대개 비경쟁적인 시장구조와 조정비용 두 가지로 요약된다. 이외에도 정부 개입, 생산자와 소비자 간 정보의 비대칭성, 재고관리 등을 그 원인으로 보기도 한다.

먼저, 시장지배력에 의한 가격 전이의 비대칭 문제부터 살펴보자. 가격 전이 현상을 분석한 대다수의 연구들은 비경쟁적인 시장구조를 비대칭적인 가격 전이의 원인으로 지목한다. 특히, 많은 수의 농업경제학자들은 농산물 등 신선식품의 유통에서 발생하는 양의 비대칭적인 가격 전이 현상이 중간유통업자들의 시장지배력에 기인한다고 지적한다. 그리하여 유통마진을 확대시키는 산지 농산물 가격 하락에 비해, 유통마진을 축소시키는 산지 농산물 가격 상승이 일어날 때 그 가격변화가 도매시장이나 소매시장으로 신속하고 완전하게 전달되는 비대칭현상이 발생한다고 주장한다.

그러나 이에 대해 반론을 제기하는 연구도 다수 있다. 이들의 주장을 요약하면 다음과 같다. 과점시장에서 기업들이 제품가격 인상으로 인해 시장점유율이 하락할 위험을 꺼린다면, 시장지배력이 가격 전이 과정에서 양이 아닌 음의 비대칭을 초래할 수 있다는 점이다. 만약에 기업이 원점에 대해 볼록하거나 오목한 형태를 모두 가진 굴절수요곡선(kinked demand curve)에 직면하고 있다면, 양의 비대칭과 음의 비대칭이 모두 나타날 수 있다.[1] 어떤 기업이 모든 경쟁기업들이 가격 인상에는 동조하지 않지만 가격 인하에는 모두 동조한다고 믿는다면(즉 굴절수요곡선의 오목한 영역에서는), 음의 비대칭이 나타난다. 반면, 해당 기업이 모든 경쟁기업들이 가격 인상에는 동조하나 가격 인하에는 동조하지 않을 것이라고 예상한다면(즉, 굴절수요곡선의 볼록한 영역에서는) 양의 비대칭 현상이 발생한다.

과점시장에서 기업들이 암묵적인 담합을 통해 높은 이윤을 실현하고 있는 경우, 양의 비대칭적인 가격 전이가 일어날 수도 있다. 투입재 가격이 상승할 때 모든 과점시장 내의 기업들은 경쟁자들에게 담합이 계속 유지될 것이라는 신호를 보내기 위해 신속하게 제품가격을 인상한다. 그러나 투입재 가격이 하락한다면 모든 기업은 제품가격을 인하하는 것을 늦출 것이다. 왜냐하면 가격을 인하시켜 경쟁기업에게 암묵적인 담합을 깨뜨린다는 신호를 보내는 것을 꺼리기 때문이다.

일부 학자들은 비대칭적인 가격 전이가 투입재(예: 산지 농산물) 가격이 아니라 소매시장에서 발생한 제품수요의 변화에 의해 나타난다고 주장한다. 이들은 복점시장에서 상대기업에 의한 처벌가능성을 비대칭적인 가격 전이의 원인으로 지목한다. 처벌은 상대기업이 가격 담합을 저해할 때 가해진다. 이러한 처벌 가능성이 존재할 때 각 기업은 수요가 낮을 때에는 가격 인하를 꺼리는 반면, 수요가 높은 상태로 전환되면 처벌을 두려워하지 않고 가격을 인상하게 된다.

요약하자면, 시장지배력이 비대칭적인 가격 전이를 초래할 수 있지만, 반드시 양의 비

---

1 굴절수요곡선에 대한 자세한 설명은 [그림 9.5]를 참조하시오.

대칭 현상만 나타나는 것이 아니라는 점이다. 순수 독점의 경우에는 양의 비대칭성 현상이 발생하겠지만, 식품시장처럼 과점형태가 일반적인 경우에는 시장구조와 행위에 따라 양의 비대칭과 음의 비대칭이 모두 발생할 가능성이 있다.

다음으로 비대칭적인 가격 전이의 원인으로 제기되는 조정비용에 대해 알아보자. 조정비용(adjustment costs)은 기업이 단위당 수량이나 가격을 변경할 때 발생하는 비용이다. 특히, 조정비용이 가격을 변경할 때 발생한다면, 이러한 비용은 메뉴 비용(menu costs)이라고도 부른다.[2] 조정비용이 판매 가격이 상승할 때와 하락할 때 서로 다르게 변한다면, 비대칭적인 가격 전이가 발생할 수 있다. 1997년 에모리대학교의 레비교수팀과 1999년 남캘리포니아대학교의 두타교수팀은 미국의 소매시장에서 메뉴 비용이 순이익(net profit margin)의 27~35%에 달한다는 조사 결과를 발표한 바가 있다.[3] 이들의 연구결과에 따르면 조정비용이 비대칭적인 가격 전이 현상의 원인이라는 주장은 신빙성이 높다. 가격 변경은 제품 가격 목록의 변경, 광고 전단지 재인쇄, 거래 상대방에 대한 새로운 정보 제공 등으로 인해 비용 상승을 초래하기 때문에, 소매점들은 가격 변경을 꺼릴 수 있다. 이로 인해 식품 기업들은 가격 조정으로 인한 혜택이 메뉴 비용을 초과하지 않는다면 가격 조정을 하려고 하지 않을 것이다.

그러나 조정비용에 의한 가격 전이의 비대칭은 시장지배력에 의한 것과 두 가지 측면에서 서로 다름을 아는 것이 중요하다. 첫 번째 차이점은 조정비용과 시장지배력 모두 가격 전이의 속도 측면에서는 비대칭성을 초래하지만, 비대칭성의 크기 측면에서 오래 지속되는 경우는 시장지배력이 원인이라는 점이다. 두 번째 차이점은 조정비용이 비대칭 현상의 원인이라면 시장지배력에 의한 경우처럼 정책적으로 개입해야 하는 후생변화가 나타나지 않아야 한다는 점이다. 이러한 이유로 시장지배력에 의한 가격 전이의 비대칭문제 때문에 비난을 받고 있는 기업들은 대개 이를 조정비용의 탓으로 돌리는 경우가 많다.

위의 두 가지 외에 비대칭적인 가격 전이의 원인으로 제기되는 것은 정부 개입과 정보의 비대칭성이다. 도소매업자가 생각하기에 산지 농산물가격이 하락할 경우는 정부 개입으로 가격 하락이 일시적인 현상에 그치는 반면, 농산물가격 상승은 오랫동안 지속될 것으로 믿는다면, 가격의 비대칭적인 전이 현상이 나타날 수 있다. 규모가 큰 가공기업일수록 가격 정보를 수집하고 공표하는데 규모의 경제를 실현하거나 또는 가공업자 등 특정 집단이 기

2 메뉴 비용은 문자 그대로 새로운 카탈로그를 만드는 데 드는 비용뿐만 아니라 판매원에게 변경된 가격을 교육시키는 것, 공급자와 재협상하고 소비자에게 새로운 가격정보를 제공하는 등의 가격을 변화시키는 데 따르는 모든 영역의 비용이다.

3 Levy, D. Bergen, N. Dutta, S., and Venable, R. 1997. "The Magnitude of Menu Costs: Direct Evidence from Large U.S. Supermarket Chains," *Quarterly Journal of Economics*, vol. 112(3), pp.791–825; Dutta, S. Bergen, N. Levy, D., and Venable, R. 1999. "Menu Costs, Posted Prices, and Multiproduct Retailers," *Journal of Money, Credit and Banking*, vol.31(4), pp.683–703.

준 가격의 결정과 공개를 독점하고 있다면, 생산자와 가공업자 또는 가공업자와 소비자 사이에 정보 비대칭성이 발생할 수 있다. 가격정보를 독점하고 있는 가공업자는 산지가격이 하락할 때보다 상승할 때 가격 공표를 더 신속하게 할 수 있다면 이로 인해 비대칭적인 가격 전이가 나타난다.

8.5 식품시장에 대한 정책의 효과 분석

앞서 우리는 식품시장에 영향을 주는 수요 또는 공급 측면의 요인이나 유통마진의 변화가 시장단계별 균형가격과 균형수량에 어떤 영향을 주는지를 그래프를 통해 살펴보았다. 이 절에서는 이들 영향 요인이나 정책의 변화가 나타날 때 식품시장에서 균형가격과 균형수량이 어떻게 달라지는지를 수치적으로 파악할 수 있는 좀 더 엄밀한 분석방법에 대해 알아보자. 우리는 수요곡선이나 공급곡선을 직접 도출하지 않고 단지 탄력성을 이용하여 정책변화로 인한 가격과 수량의 변화를 쉽게 파악할 수 있는 방법인 균형대체모형(EDM: equilibrium displacement model)과 일반균형모형(general equilibrium model)에 대해 살펴볼 것이다.

8.5.1 균형대체모형

식품 수요와 공급의 이동 요인들이 변하면 식품시장은 한 균형점에서 다른 균형점으로 이동하게 되는데 이를 균형대체라고 부른다. 균형대체모형의 큰 장점은 가격과 수량의 변화를 예측하기 위해 정확한 수요곡선과 공급곡선을 알 필요가 없다는 점이다. 균형대체모형을 사용하기 위해 필요한 것은 탄력성의 값(탄성치)이다. 탄성치를 균형대체모형이라 불리는 방정식에 대입하면 수많은 외부적인 요인에 의해 야기되는 가격과 수량의 변화를 쉽게 계산할 수 있다.

균형대체모형은 개념적으로 수요와 공급에 영향을 주는 모든 변수를 외생변수 또는 내생변수로 구분하는 것에서부터 출발한다. 우리는 수요곡선과 공급곡선으로 이루어진 수급모형이 있을 때 가격과 수량이 두 곡선의 교차점에서 결정된다는 사실을 잘 알고 있다. 가격과 수량은 모형에 의해 또는 모형 내부에서 결정되기 때문에 이들 변수들을 내생변수라고 한다. 반면 수요곡선과 공급곡선을 이동시키는 요인들을 외생변수라고 한다. 이러한 외생적인 영향 요인들은 매우 많다. 예를 들어, 투입재 가격 변화는 공급곡선을 이동시키는 반면, 소비자의 소득증가는 수요곡선을 이동시킨다. 수급모형에서 수요와 공급의 이동요인들이 가지는 값은 주어진 것으로 간주한다. 이들 이동요인들이 가지는 고정된 값은 수요와 공급 모형의 외부에서 결정된다. 이들 변수들의 값은 모형 밖에서 결정되기 때문에 외생변수라 불린다.

아래에서 우리는 돼지고기 시장의 수급모형을 논의할 것이다. 돼지고기 공급곡선은 외생변수인 투입재 가격과 생산기술에 의해 결정된다. 돼지고기 수요곡선은 소비자 소득, 인구 수, 육류 가격, 그 외 기호 및 선호에 의해 결정되는데 이들 변수들도 투입재 가격이나 생산기술처럼 외생변수이다. 외생변수의 값들은 돼지고기 공급곡선과 수요곡선의 모양을 결정한다. 돼지고기 가격과 수량은 이 두 곡선의 교차점에서 결정된다. 이러한 사실은 가격과 수량이 내생변수라는 점을 우리에게 알려준다.

균형대체모형은 내생변수들이 외생변수의 변화에 어떻게 반응하는가를 측정한다. 한 가지 외생적인 충격을 가정하자. 즉 육류 가격이 상승하거나, 또는 생산비가 증가하였다고 하자. 이러한 충격은 수요곡선이나 공급곡선 가운데 어느 하나 또는 둘 다를 이동시킨다. 이들 곡선이 이동하면 시장은 새로운 곡선이 교차하는 점에서 새로운 균형을 찾게 된다. 이러한 개념을 공식화하여 수요곡선의 변화를 수식으로 표현하면 다음과 같다.

$$\% \triangle Q_D = \varepsilon_D \times (\% \triangle P) + S_D$$

여기서 $\% \triangle Q_D$는 수요량의 퍼센트 변화를, $\% \triangle P$는 가격의 퍼센트 변화, ε_D는 수요의 자체가격탄력성을 각각 나타낸다. 새로운 변수 S_D는 외생적인 수요이동 요인을 나타낸다. 예를 들어, 외생변수의 변화가 수요량을 7% 변화시킨다면 $S_D = 7\%$이다. 나중에 S_D에 대해 좀 더 자세한 사례를 제시할 것이다.

균형점에서 가격과 수량의 변화를 계산하기 위해 공급곡선에 대한 수식이 필요하다. 공급곡선의 변화는 다음과 같은 수식으로 나타낼 수 있다.

$$\% \triangle Q_S = \varepsilon_S \times (\% \triangle P) + S_S$$

여기서 $\% \triangle Q_S$는 공급량의 퍼센트 변화를, $\% \triangle P$는 가격의 퍼센트 변화, ε_S는 공급의 자체가격탄력성을 각각 나타낸다. 새로운 변수 S_S는 외생변수 값의 변화에 따른 공급량의 퍼센트 변화를 나타낸다. 변수 S_D와 S_S는 대개 수요와 공급의 충격이라 불리며, 시장으로 하여금 새로운 균형 가격과 수량에 도달하게 하는 수요곡선과 공급곡선의 이동을 의미한다.

시장균형에서 수요량의 퍼센트 변화는 공급량의 퍼센트 변화와 같아야 한다. 그리하여 다음의 식 (8.4)과 같이 수요곡선과 공급곡선을 같게 놓으면, 내생변수 $\% \triangle P$는 식 (8.5)처럼 외생적인 충격의 함수로 풀어낼 수 있다.

$$\% \Delta Q_S = \% \Delta Q_D \tag{8.4}$$

$$\varepsilon_S \times (\% \Delta P) + S_S = \varepsilon_D \times (\% \Delta P) + S_D$$

$$\varepsilon_S \times (\% \Delta P) - \varepsilon_D \times (\% \Delta P) = S_D - S_S$$

$$(\varepsilon_S - \varepsilon_D) \times (\% \Delta P) = S_D - S_S$$

$$\% \Delta P = (S_D - S_S)/(\varepsilon_S - \varepsilon_D) \tag{8.5}$$

위의 식 (8.5)에 숨어있는 의미를 주목하자. 분모는 항상 양(+)의 부호를 가진다(왜 그런가?). S_D가 양수이면 외생변수의 값은 수요를 증가시키는 방향으로 변하게 된다. 즉, 수요곡선이 바깥쪽으로 이동한다. 예를 들어, 소득이 늘어나면 식품에 대한 수요가 증가한다. 이것은 가격 상승을 유발한다. $S_D > 0$이고 $S_S = 0$일 때 위의 식은 가격 상승을 의미한다. 이제 $S_D = 0$이고 $S_S > 0$일 때를 가정해보자. 새로운 기술로 생산비가 하락하게 되면 공급이 늘어나 공급곡선이 우로 이동하게 된다. 공급 증가는 가격을 하락시키는데 위의 식 또한 가격이 하락하는 것을 보여준다. 그리하여 충격 S_S와 S_D의 값을 알게 되면 가격의 퍼센트 변화를 쉽게 계산할 수 있다. 가격의 퍼센트 변화가 알려지면 이를 공급식($\% \Delta Q_S$)이나 수요식($\% \Delta Q_D$)에 대입하여 수량의 퍼센트 변화를 계산할 수 있다. 실행학습으로 넘어가기 전에 균형대체모형의 해법과 절차를 요약하여 보자.

- 1 단계: 수요와 공급의 충격 S_S와 S_D의 값을 결정한다. S_S 또는 S_D가 영의 값을 가질 수 있으나 둘 다 영의 값을 갖지는 않는다(왜냐하면 이러한 경우 균형점은 변하지 않게 되어 $\% \Delta Q = \% \Delta P = 0$이 된다).
- 2 단계: 공급량의 변화를 $\% \Delta Q_S = \varepsilon_S \times (\% \Delta P) + S_S$로 나타낸다.
- 3 단계: 수요량의 변화를 $\% \Delta Q_D = \varepsilon_D \times (\% \Delta P) + S_D$로 나타낸다.
- 4 단계: $\% \Delta Q_D = \% \Delta Q_S$라 놓고 $\% \Delta P$에 대해 푼다.
- 5 단계: $\% \Delta P$의 값을 $\% \Delta Q_S$ 또는 $\% \Delta Q_D$의 식에 대입하여 수량의 퍼센트 변화를 계산한다. 수량의 퍼센트 변화는 수요와 공급의 어느 식에 대입하든 두 경우에 대해 동일해야 한다. 그렇지 않을 경우, 여러분의 계산은 잘못된 것이다.

[실행학습 8.2] 돼지고기 시장에 대한 식품안전성 관련 정부 규제의 영향

돼지고기 생산업체들이 생산 과정에서 발생할 수 있는 위해요소 관리에 대해 보다 강화된 정부규제에 직면해있다고 하자. 이러한 정부 규제는 식품 위해요소를 관리하기 위한 새로운 기술의 도입, 전담인력의 추가 배치, 관리비용 증가 등을 초래하여 결과적으로 돼지고기 생산비가 증가하게 된다. 이러한 식품안전성 규제가 돼지고기 시장에 어떻게 영향을 줄 것인가? 특히, 돼지고기 가격과 수량은 이로 인해 어떤 변화를 받게 될 것인가? 정부의 식품안전성 관리 강화로 인한 비용의 추가 부담에 대한 추정값이 있다면 탄력성과 균형대체모형을 사용하여 위의 질문에 대한 답을 구할 수 있다. 돼지고기 생산비가 강화된 규제로 인하여 상승하게 되면 공급곡선은 왼쪽으로 이동하게 되어 가격은 상승하는 반면, 수량은 감소하게 된다. 돼지고기 시장은 한 균형점에서 다른 균형점으로 이동하게 되는데 우리가 해야 할 것은 이러한 균형 대체(균형점의 변화)로 인해 발생하게 되는 가격과 수량의 변화를 측정하는 것이다.

편의상 돼지고기 가격이 kg당 원으로 표시된다고 하자. 정부의 식품안전성 관리 강화가 kg당 돼지고기 생산비를 현행가격의 2%만큼 증가시킨다고 가정하자. 예를 들어 돼지고기 가격이 kg당 12,500원이라고 할 때, 돼지고기 생산비는 kg당 250원 상승하게 된다. 돼지고기를 한 단위 더 생산하기 위해 비용을 kg당 250원 더 지불하는 것은 가격으로 환산하면 kg당 250원을 적게 받는 것과 동일하다. 그리하여 생산비가 kg당 250원 상승한다는 것은 돼지고기 생산자 입장에서는 수취가격이 2% 하락한 것과 같게 된다. 가격이 2% 하락하면 돼지고기 생산자는 공급량을 $\%\Delta Q_S = \varepsilon_S \times (-2\%)$만큼 줄이게 된다. 그리하여 규제 강화는 2%의 가격 하락과 동일한 효과를 가진다. 즉, $S_S = \varepsilon_S(2\%)$이다. 반면, 돼지고기 수요는 규제 강화로 인하여 영향을 받지 않기 때문에 $S_D = 0$이다.

정부의 안전성 규제 강화로 인한 돼지고기 생산비 상승은 돼지고기 공급량을 얼마나 감소시킬까? 이에 대한 수치적인 해답을 얻기 위해 아래에 제시된 여러 탄력성 값들을 이용하여 보자. 예를 들어, 돼지고기의 공급탄력성이 2.15라는 것은 돼지고기 가격이 1% 하락할 때 공급량은 (2.15) × (−1%) = −2.15%만큼 떨어짐을 의미한다.

• 돼지고기 공급탄력성	2.15
• 돼지고기 수요의 자체가격 탄력성	−1.96
• 돼지고기 수요의 쇠고기 가격에 대한 교차가격탄력성	0.60
• 쇠고기 공급탄력성	0.40

• 쇠고기 수요의 자체가격 탄력성	-0.90
• 쇠고기 수요의 돼지고기 가격에 대한 교차가격탄력성	0.26

안전성 규제 강화의 비용은 돼지고기 가격의 2% 하락과 동일한 효과를 가지므로 돼지고기 공급량은 (2.15)×(-2%)=-4.3%만큼 변하게 된다. 즉 돼지고기 가격이 변하지 않는다고 가정할 때 돼지고기 공급량은 4.3% 감소한다는 의미이다. 이러한 공급량의 감소는 돼지고기 시장의 내생적인 조정과정을 유발하게 하는 외부적(또는 외생적)인 충격이라 할 수 있다. 여기서 언급한 외생적인 충격은 공급량 감소를 의미하는 반면, 내생적인 조정은 수요와 공급을 다시금 서로 같도록 하는 가격 상승을 의미한다. 공급량 감소는 시장의 내생적 조정을 통하여 돼지고기 가격을 상승시키게 되고, 이로 인해 생산비용의 인상분이 어느 정도 상쇄된다.

위에서 설명한 돼지고기 공급량의 변화는 다음의 수식으로 표현할 수 있다.

$$\%\Delta Q_S = \varepsilon_S \times (\%\Delta P) + S_S = 2.15(\%\Delta P) + 2.15(-2\%)$$

위의 식에서 방정식이 하나이고 미지수가 $\%\Delta P$와 $\%\Delta Q_S$로 둘이기 때문에 방정식의 해를 구하기 위해서는 또 다른 방정식이 하나 더, 즉 수요함수식이 추가될 필요가 있다(시장균형에서 공급량은 수요량과 같아야 한다).

수요 측면에서는 외생적인 충격이 없기 때문에 수요곡선의 변화를 $\%\Delta Q_D = \varepsilon_D \times (\%\Delta P)$라 쓸 수 있다. 돼지고기의 수요탄력성은 -1.96이다. 공급곡선이 규제 강화로 상향 이동할 때 가격은 증가한다. 이전보다 더 높은 가격에서 시장이 새로운 균형점에 도달할 때 수요량의 퍼센트 변화는 공급량의 퍼센트 변화와 같아야 한다. 이는 아래와 같이 수요와 공급에 관한 두 식을 같게 놓고 가격의 퍼센트 변화를 구할 수 있음을 의미한다.

$$\%\Delta Q_S = \%\Delta Q_D$$

$$\varepsilon_S \times (\%\Delta P) + S_S = \varepsilon_D \times (\%\Delta P) + S_D$$

즉, 위의 수식에 각각의 탄성치를 대입하고 이를 가격의 퍼센트 변화에 대해 풀면

$$2.15 \times (\%\Delta P) + 2.15 \times (-2) = -1.96(\%\Delta P) + 0$$

$$2.15 \times (\% \triangle P) + 1.96(\% \triangle P) = 2.15(2)$$

$$(2.15 + 1.96) \times (\% \triangle P) = (2.15) \times 2$$

$$\% \triangle P = (2.15) \times 2 / (2.15 + 1.96) = 1.05\%$$

돼지고기 생산비가 식품안전성 규제 강화로 2% 증가하지만, 돼지고기 가격은 1.05%만큼만 상승한다. 다음으로 공급함수식 또는 수요함수식을 사용하여 공급량의 퍼센트 변화율을 계산하여 보자.

$$\% \triangle Q_S = \varepsilon_S \times (\% \triangle P) + \varepsilon_S \times (-2) = 2.15(1.05) + (2.15)(-2) = -2.05\%$$

$$\% \triangle Q_D = \varepsilon_D \times (\% \triangle P) = -1.96 \times (1.05) = -2.05\%$$

공급량과 수요량이 동일한 수량만큼 변화해야 한다. 그렇지 않으면 시장은 균형상태가 아니다. 결과적으로 돼지고기 생산비 상승은 돼지고기 가격을 1.05% 인상시키고 돼지고기 생산량을 2.05% 감소시킨다. 이러한 변화들은 장기적인 조정과정으로부터 나타난 결과이다. 즉, 시장이 새로운 규제에 적응하는데 충분히 많은 시간이 있음을 의미한다. 만약 규제의 단기적인 영향을 계산하려면 장기 탄성치 대신에 단기 탄성치를 사용하면 된다.

8.5.2 일반균형모형

위의 식품안전성 규제 강화가 돼지고기 시장에 미친 영향을 다룬 사례에서 돼지고기 생산비용의 상승은 돼지고기 공급곡선을 좌로 이동시켜 새로운 균형점에서 더 높은 돼지고기 가격과 더 낮은 돼지고기 수량을 초래한다. 그러나 실제로 이는 일차적인 효과에 지나지 않는다. 왜냐하면 돼지고기 가격 상승이 다른 시장에 주는 영향과, 다른 시장에 대한 영향이 또다시 돼지고기 가격에 미치는 영향을 고려하지 않았기 때문이다. 시장이 마치 로빈슨 크루소가 표류한 무인도처럼 고립된 섬에 있지 않는다면 이차적인 효과가 나타날 수 있다. 돼지고기와 쇠고기는 서로 대체재이기 때문에 돼지고기의 가격 상승은 쇠고기 수요를 증가시키고 이는 다시 쇠고기 가격을 인상시킨다. 쇠고기의 가격 상승은 반대로 돼지고기의 수요를 증가시킨다. 즉, 돼지고기 가격의 변화가 쇠고기 가격에 영향을 주며, 역으로 쇠고기 가격 변화는 돼지고기 가격에 영향을 주게 된다. 이러한 두 육류 시장 간의 상호작용은 두 시장에서 수요와 공급이 모두 일치하는 점에서 가격들이 안정될 때까지 계속된다. 이러한 과정을 일반균형이라 한다. 왜냐하면 서로 다른 시장에서 수요와 공급이 서로 연관된 사실을 고려하기 때문이다.

지금까지 우리는 부분균형모형만을 고려하여, 한 시장에서 발생한 수요 또는 공급의 이동이 다른 시장의 수요와 공급을 이동시키지 않는다고 가정하였다. 달리 말하면 우리는 고립된 한 시장에 대한 수요와 공급만을 고려하였다. 반면, 일반균형모형은 한 상품에 대한 수요와 공급이 다른 상품들의 수요와 공급과 관련된다고 가정한다.

[그림 8.7]은 일반균형모형에 의한 돼지고기 생산비 상승의 효과를 보여준다. 정부의 안전성 규제 강화로 인해 돼지고기 공급곡선은 우측으로 이동한다. 부분균형점은 새로운 공급곡선과 기존의 수요곡선이 만나는 점(그림에서 사각형으로 표시된 점)이다. 일반균형모형은 한걸음 더 나아가 돼지고기 가격 상승이 쇠고기 가격에 미치는 영향과 쇠고기 가격 변화가 돼지고기 가격에 미치는 차후의 영향까지를 감안한다. 돼지고기는 쇠고기와 대체관계를 가지므로 [그림 8.7]의 오른쪽에 나타난 바와 같이 돼지고기의 가격 상승은 쇠고기 수요와 가격의 증가를 초래한다. 결과적으로 더 높은 쇠고기 가격으로 인해 돼지고기 수요와 가격은 증가하게 된다.

그림 8.7 일반균형모형에서 돼지고기 생산비용 상승의 영향

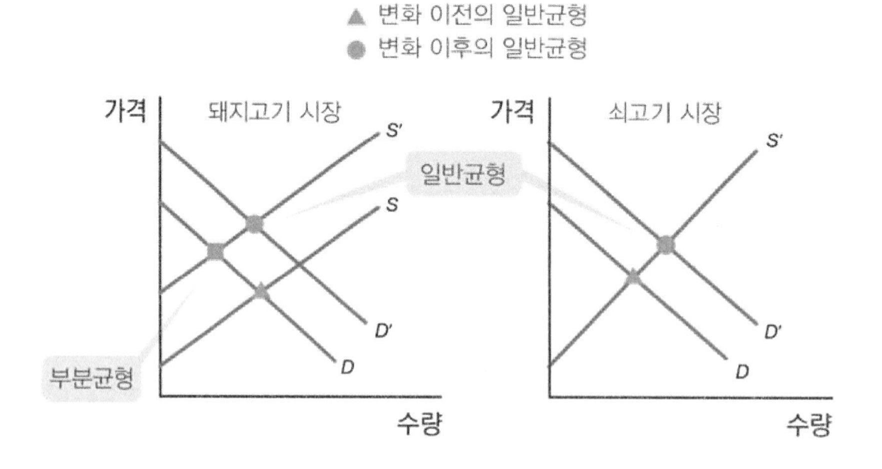

정부의 식품안전성에 대한 강화된 규제는 돼지고기 생산비를 상승시켜 돼지고기 공급곡선을 좌측으로 이동시킴으로써 돼지고기 가격을 인상시킨다. 쇠고기와 돼지고기는 서로 대체재이므로, 돼지고기 가격 인상은 쇠고기 수요를 증가시키고 쇠고기 수요곡선을 우로 이동시켜, 쇠고기 가격이 상승한다. 쇠고기 가격 상승은 돼지고기 수요를 증가시켜 돼지고기 가격은 이전보다 더 상승하게 된다. 새로운 일반균형점은 돼지고기 시장과 쇠고기 시장에서 수요와 공급을 동시에 같게 하는 가격들이다.

그리하여 정부 규제로 인한 돼지고기 가격 인상은 부분균형모형보다는 일반균형모형에서 더 크다. 부분균형모형은 정부규제가 간접적으로 쇠고기 가격을 인상시킴으로써 궁극적으로 돼지고기 가격을 증가시킨다는 사실을 고려하지 않는다. 돼지고기 수요의 증가는 돼지고기 생산비 상승을 부분적으로 상쇄한다. 일반균형모형이 부분균형모형에 비해 보다 현실적이기 때문에 더 선호된다. 이미 보았듯이, 부분균형모형은 정부규제로 인해 돼지고기 생산자가 부담해야 하는 비용(즉 생산비용 상승분)을 과대평가할 수 있음을 주목하라. 앞에서 언급한 균형대체모형은 부분균형모형이지만 일반균형모형으로 확대하는 것은 그리 어렵지 않다. 방정식이 몇 개 더 추가될 뿐, 기본적인 모형구조와 논리는 이전과 동일하다. [실행학습 8.3]에서 이를 살펴보자.

[실행학습 8.3] 일반균형모형에 의한 정부의 식품안전성 규제 강화가 돼지고기 시장에 대해 미친 영향 분석

Q^P와 Q^B를 각각 쇠고기와 돼지고기의 수량이라 하고, P^P와 P^B을 쇠고기와 돼지고기의 가격이라 하자. 이전과 마찬가지로, $\%\Delta X$를 변수 X의 퍼센트 변화라고 하자. 앞의 사례에서처럼 정부의 식품안전성 규제 강화가 돼지고기 생산자의 한계비용을 돼지고기 현행가격의 2%에 해당하는 금액만큼 상승시켰다고 하자. 즉 돼지고기 생산비용의 상승이 이윤에 미치는 영향은 돼지고기 가격의 2% 하락과 동일하다. 이때 돼지고기 공급곡선은 좌측으로 이동한다. 앞서 사용한 탄력성 값을 적용하면 돼지고기 공급량의 퍼센트 변화는 다음과 같이 쓸 수 있다.

$$\%\Delta Q_S^P = \varepsilon_S^P \times (\%\Delta P^P) + \varepsilon_S^P \times (-2) = 2.15(\%\Delta P^P) + 2.15(-2\%)$$

일반균형모형에서 공급 감소는 돼지고기 가격과 쇠고기 가격을 인상시킨다. 쇠고기 가격이 변할 때, 돼지고기 수요곡선의 이동에 따른 돼지고기 수요량의 변화는 다음의 공식에 의해 나타낼 수 있다.

$$\begin{aligned}\%\Delta Q_D^P &= \varepsilon_D^P \times (\%\Delta P^P) + \varepsilon_{P,B}^P \times (\%\Delta P^B) \\ &= (-1.96) \times (\%\Delta P^P) + (0.60) \times (\%\Delta P^B)\end{aligned}$$

위의 식에서 첫 번째 항인 $(-1.96) \times (\%\Delta P^P)$은 돼지고기 수요량의 퍼센트 변화가 돼

지고기 가격 변화에 의해 영향을 받는 정도를 나타낸다. 이는 돼지고기 가격의 퍼센트 변화에 돼지고기 수요의 자체가격 탄력성을 곱하여 계산된다. 두 번째 항인 $(0.60)\times(\%\triangle P^B)$는 쇠고기 가격의 퍼센트 변화에 쇠고기 가격에 대한 돼지고기 수요의 교차가격탄력성을 곱한 것으로, 돼지고기 수요가 쇠고기 가격 변화에 의해 영향을 받는 정도를 나타낸다. 돼지고기 생산비 상승이 돼지고기 가격을 인상시키고, 이는 돼지고기에 대한 쇠고기의 대체성 때문에 쇠고기 수요를 증가시키게 되며, 이로 인해 쇠고기 가격이 상승하며 결국에는 돼지고기 수요가 증가하게 됨을 기억하라. 이 모든 효과를 고려할 때, 돼지고기 시장에서 수요와 공급은 다음과 같다.

$$\%\triangle Q_S^P = 2.15(\%\triangle P) + 2.15(-2\%)$$

$$\%\triangle Q_D^P = (-1.96)\times(\%\triangle P^P) + (0.60)\times(\%\triangle P^B)$$

위의 식은 두 개의 방정식과 세 개의 미지수를 가지고 있다. 균형해를 구하기 위해서는 방정식이 추가로 필요하다. 돼지고기 시장에 관한 식에 포함된 $\%\triangle P^B$는 일반균형모형 내에서 계산되어야 하는 내생변수이다. 그렇다면 쇠고기 시장의 변화를 살펴보자. 쇠고기 시장에서는 돼지고기 가격 변화에 대응하여 쇠고기 수요곡선이 이동하기 때문에 쇠고기 가격이 변화한다. 이러한 쇠고기 수요곡선의 변화는 $\%\triangle Q_D^B = (-0.90)\times(\%\triangle P^B) + (0.26)\times(\%\triangle P^P)$와 같다. 이 식에서 첫째 항은 자체 가격변화에 따른 쇠고기 수요량의 변화를 나타내고, 둘째 항은 쇠고기 수요곡선이 돼지고기 가격 변화에 어떻게 반응하는가를 나타낸다.

쇠고기 공급량은 쇠고기 가격 상승으로 변하지만, 쇠고기 공급곡선은 이동하지 않는다. 마지막으로 추가할 식은 쇠고기 공급곡선으로 다음과 같이 쓸 수 있다.

$$\%\triangle Q_S^B = (0.40)\times(\%\triangle P^B)$$

이제 돼지고기와 쇠고기 시장의 일반균형모형은 네 개의 방정식으로 구성된다. 즉 ① 돼지고기 공급, ② 돼지고기 수요, ③ 쇠고기 공급, ④ 쇠고기 수요이다. 이들 방정식으로 구성된 일반균형모형은 다음과 같다.

$$\%\triangle Q_S^P = 2.15(\%\triangle P) + 2.15(-2\%)$$

$$\%\triangle Q_D^P = (-1.96)\times(\%\triangle P^P) + (0.60)\times(\%\triangle P^B)$$

$$\%\Delta Q_S^B = (0.40) \times (\%\Delta P^B)$$

$$\%\Delta Q_D^B = (-0.90) \times (\%\Delta P^B) + (0.26) \times (\%\Delta P^P)$$

위의 모형은 네 개의 방정식과 네 개의 미지수가 있기 때문에 해를 구할 수 있다. 위의 모형을 손으로 풀기는 쉽지 않다. 엑셀의 해 찾기 기능(solver add-in)을 이용하면 손쉽게 해를 구할 수 있다. 위의 일반균형모형의 해는 다음과 같다.

$$\%\Delta Q^P = -1.98\%, \quad \%\Delta Q^B = 0.09\%, \quad \%\Delta P^P = 1.08\%, \quad \%\Delta P^B = 0.22\%$$

요약

- 식품 유통부문은 원재료 농축수산물과 소비단계의 최종 제품사이에 형태, 위치, 시간 또는 이들의 결합한 변형을 수행한다. 이러한 변형은 최소일 때도 있지만, 상당히 일어날 때도 있다.
- 식품 유통비용은 식품기업이 원재료로 구입한 생산물을 판매용 최종 제품으로 변형하는데 수반되는 모든 비용을 말한다.
- 유통마진은 단위당 화폐가치로 측정되며 평균유통비용과 평균이윤으로 구성된다. 유통마진에는 이윤 외에도 유통비용이 포함되므로, 공정한 농산물가격이나 시장지배력을 논의할 때 이를 주의하여 사용해야 한다.
- 유통마진은 상수(규모수익 불변을 의미) 또는 판매량의 선형함수로 어느 정도 규모수익 증가를 나타내는 함수나 퍼센트 마크업에 의해 나타낼 수 있다. 앞의 두 형태는 가공업자에게 일반적인 반면, 퍼센트 마크업 형태는 유통업자와 소매업자에게서 볼 수 있다.
- 산지 공급곡선과 소매 수요곡선은 원곡선인 반면, 파생곡선은 원곡선에 유통마진을 더하거나 빼어줌으로써 도출된다.
- 식품시장의 상류에서 농축수산물의 가격이 하락하지만 하류에서는 그에 상응하는 제품의 가격이 변하지 않거나 또는 상당한 시차를 두고 소폭 하락하는 이른바 가격 전이의 비대칭이 나타나기도 한다. 이러한 현상의 이유로 비경쟁적인 시장구조나 조정비용이 거론되지만, 어느 요인이라고 단정하기는 대단히 어렵다.
- 식품공급망의 어느 한 시장단계에 영향을 주는 정책은 각 단계별로 수요곡선과 공급 곡선을 가지며 유통마진에 의해 서로 연계된 복수 단계 시장모형을 사용하여 분석할 수 있다. 정책의 변화는 원곡선(산지 공급곡선 또는 소매 수요곡선)이나 유통마진에 영향을 준다. 정책의 영향은 각 시장단계별로 가격과 수량의 변화를 측정함으로써 파악할 수 있다.
- 정책 변화로 유통마진이 증가할 때 각 시장단계별 가격변화는 유통마진만큼 위 아래로 항상 반대 방향으로 일어난다. 반면, 정책 변화가 산지 공급곡선이나 소매 수요곡선의 이동을 초래할 때, 각 시장단계별 가격변화는 모두 동일한 방향으로 나타난다. 정책 변화가 식품시장에서 균형 수량과 가격에 미치는 영향 정도는 균형대체모형이나 일반균형모형을 사용하면 정량적으로 측정할 수 있다.

연습문제

❶ 다음과 같이 산지공급, 소매수요, 산지－도매 간 유통마진과 도매－소매 간 유통마진에 관한 정보가 주어졌을 때 후라이드치킨 시장의 균형 가격과 수량을 구하시오.

$$S_F : Q = 1000 + 1000P_F, \qquad D_R : Q = 2000 - 5P$$

$$M_{FW} = 0.30 - 0.00001Q, \qquad M_{WR} = 0.30P_W$$

❷ 다음과 같이 산지공급, 소매수요, 농장－도매 간 유통마진, 도매－소매 간 유통마진에 관한 정보가 주어졌을 때 우유시장의 균형 가격과 수량을 구하시오.

$$S_F : Q = -100 + 20P_F, \qquad D_R : Q = 200 - 5P_R$$

$$M_{FW} = 5 - 0.005Q, \qquad M_{WR} = 4$$

❸ 여러분이 국회의원으로부터 새로운 정책이 지역 경제의 주요 산업인 육계 산업에 미치는 영향을 분석해달라는 요청을 받았다. 육계 산업은 산지단계(생육계의 공급), 도매단계(육계의 가공), 소매단계(조리가공, 부분육, 포장육 등 2차 가공) 등 세 단계의 시장으로 구성되어 있다. 아래의 각 시나리오별로 각 시장의 단계별 균형가격과 균형수량의 변화를 기술하시오.

가. 정부가 식품안전성 사고를 줄이기 위해 새로운 HACCP 조치를 시행한다.

나. 육계용 사료인 옥수수의 가격이 오른다.

다. 쇠고기업계에서 소비 확대를 위해 대규모로 홍보용 TV광고를 하기로 결정한다.

라. 육계시장의 세 단계에서 지불되는 임금수준에 영향을 주는 최저임금이 인상된다.

마. 대형마트에서 소비자의 조리시간을 줄이는 새로운 치킨편의식품을 판매한다.

❹ [식품산업 인사이드 8.1]에 나타난 가을배추의 단계별 유통비용에 관한 수치를 이용하여 가을배추의 산지와 소매시장 간 유통마진율을 계산하여 보시오.

❺ 우리나라에서 식품산업의 평균유통마진이 지난 20여 년 동안 큰 폭으로 증가해왔다. 이러한 경향을 촉발시킨 사회적 변화에 대해 설명하시오.

❻ 식품시장에서 나타나는 가격 전이의 비대칭 사례를 신문기사에 찾아보고, 이러한 현상이 나타나는 이유에 대해 논의하여 보시오.

❼ 정부의 식품안전성 규제로 인한 돼지고기 가격과 수량의 변화를 균형대체모형과 일반균형모형으로 분석할 때 모형별로 그 변화의 정도가 어떻게 다른가? 그 이유는 무엇인가?

참고문헌

Dorfman, J. M. 2014. *Economics and Management of the Food Industry*, Routledge.

Hansen, H.D. 2013. *Food Economics: Industry and Market*, Routledge.

Meyer, J., and S. von Cramon－Taubadel. "Asymmetric Price Transmission: A Survey." *Journal of Agricultural Economics*, vol.55(3), pp. 581－611.

Norwood, B., and Lusk, J. 2007, *Agricultural Marketing and Price Analysis*, Pearson.

시장 경쟁과 게임이론

학습목표

- 불완전경쟁 식품시장의 분석 도구로서 게임이론의 개념과 해법에 대한 이해
- 두 경기자 게임의 내쉬 균형에 대한 이해
- 1회 게임과 반복 게임의 차이점에 대한 이해
- 순차적 게임의 이해
- 꾸르노 게임과 베르뜨랑 게임의 차이점에 대한 이해
- 식품기업의 담합 행위와 협력에 대한 이해

이번 장에서는 불완전경쟁시장인 식품시장에서 경쟁하는 기업들의 전략적 행동을 분석한다. 식품시장의 대부분은 독점적 경쟁이나 과점의 특징을 보여준다. 어떤 식품시장에는 강한 대체성을 가지면서 제품의 품질, 형태, 인지도 측면에서 각기 다른 제품들이 다양하게 존재한다. 또 다른 식품시장에서는 동일한 제품을 생산하는 소수의 기업들이 서로 경쟁하며 시장전체의 공급량 또는 그 대부분을 생산하는 사례도 있다. 어떤 경우는 독점적 경쟁과 과점적 특징을 모두 가지기도 한다. 즉, 동일한 상품을 생산하지만 몇몇 기업은 다른 기업보다 높은 가격을 책정할 수 있기도 한다. 이러한 불완전경쟁시장의 중요한 특징은 경쟁적인 상호의존성이다. 즉 각 기업은 자신의 행동이 경쟁기업에 어떠한 영향을 주며 그에 따라 경쟁기업이 어떤 반응(대응 행동)을 할 가능성이 있는지를 충분히 판단하여 의사결정을 해야 한다는 점이다. 이러한 상황에서의 의사결정에 유용하게 적용할 있는 경제학의 도구가 게임이론(game theory)이다. 게임이론에서는 모든 의사결정자가 합리적이며 또한 경쟁자들의 대응 행동을 고려하여 자신의 의사결정을 한다는 가정하에서 자신이 취할 수 있는 최적 의사결정에 대해 분석한다. 이 장에서는 먼저 게임이론의 기본 개념을 설명하고 좀 더 복잡한 게임을 사용하여 식품기업들의 전략적 행동을 모형화하는 방법을 배울 것이다.

9.1 식품시장의 특성과 게임이론의 유용성

완전경쟁기업은 많은 경쟁자와 부딪히게 된다. 그러나 완전경쟁기업이 자신의 생산량을 결정할 때는 경쟁기업이 취할 대응 행동을 전혀 고려하지 않는다. 왜냐하면 어떤 한 경쟁기업의 의사결정이 시장가격에 미치는 영향이 극히 미미하기 때문이다. 완전경쟁기업의 가장 중요한 경영전략은 자신이 속한 산업에서 미래 가격이 어떻게 변할 것인가를 예측하고 그에 따라 가능한 한 최대 이윤을 획득하는 것이다.

그러나 식품산업을 구성하는 세부산업을 보면 기업의 수가 많지 않은 경우가 오히려 더 일반적이다. 예를 들어, 라면시장의 경우는 250여 개의 브랜드 라면이 치열한 경쟁을 하지만 시장수요의 대부분은 주요 4개 기업(농심, 삼양식품, 오뚜기, 한국야쿠르트)에 의해 공급되고 있다. 국내 맥주시장의 경우도 OB와 하이트진로 2개 기업의 시장점유율이 88%에 달한다. 기업의 수가 적은 상황에서는 전략적 의사결정(가격책정, 새로운 시설투자 등)에서 중요한 점은 상대방 경쟁기업의 대응 행동을 예측하는 것이다. 경쟁기업의 대응 행동을 고려하는 가장 일반적인 방법은 경쟁기업이 취할 수 있는 행동이나 대응의 각각에 대해 확률을 배정하고 그러한 확률분포하에서 자신의 기대이윤을 극대화하는 전략을 선택하는 것이다. 그러나 이러한 방법은 경쟁기업이 취할지 아니면 취하지 않을지를 모르는 각각의 선택에 대해서 어떤 확률 값들을 부여해야 하는가 하는 어려움이 있다. 경쟁기업 입장에서 볼 때 매우 어리석은 선택임에도 이에 대해 양(+)의 확률을 부여한다면 의사결정의 신뢰성은 심각하게 훼손될 것이다.

그렇다면 보다 나은 접근방법은 무엇일까? 그것은 경쟁기업의 마음속에 들어가 그들에게 이득이 되는 것이 무엇인가를 알아내고 그에 따라 자신의 이득을 극대화하는 것이다. 그러나 경쟁기업의 최적 선택은 당신이 무엇을 하려고 하는지를 그들이 예상하는 것에 달려 있는 경우가 많으며, 이는 다시 그들의 선택에 대한 당신의 평가에 대해서 그들이 평가하는 것에 달려 있다.

이와 같은 복잡한 환경하에서 나타나는 식품기업의 생산량, 가격, 광고수준 등에 관한 의사결정 문제를 분석하는 데 유용한 도구가 게임이론이다. 전통적인 경제 분석에서 기업은 비용구조와 수요곡선을 주어진 것으로 받아들여 이윤이나 다른 목적함수(예를 들면 시장점유율이나 다년간 투자에 따른 수익 흐름의 현재가치)를 극대화하기 위한 전략을 찾아낸다. 게임이론에서는 대부분의 기업은 보다 현명하여(또는 이보다 좀 더 복잡한 경제 환경하에서 사업체를 운영하기 때문에) 자신의 선택한 전략에 경쟁기업이 반응한다고 간주한다. 어떤 한 기업이 게임이론적인 틀에서 의사결정을 한다고 할 때 그 기업은 비용구조와 수요곡선, 경쟁자의 반응에 대한 예측이 주어졌다고 보고 최적 전략을 선택하는 방법을 고려한다. 예를 들어, 농심라면이 최적 가격과 광고 전략을 결정한다고 할 때, 경쟁 상대인 삼양라면이 단지 과거부터 해온 관행대로 의사결정을 할 것이라는 전통적인 경제학적인 가정 대신에 삼양라면의 가장 가능성 있는 반응을 자신의 의사결정에 고려할 것이다.

게임이론에서 의사결정 모형은 의사결정의 결과에 대한 인식을 포함한다. 의사결정의 결과는 경쟁자가 책정한 가격에 대응하는 기업체의 반응일 수도 있고, 기업이 생산한 제품의 품질에 반응하여 미래수요를 낮추는 것과 같은 소비자의 반응일 수도 있다. 게임은 심지어 불법적인 담합수준까지 서로 협력하거나, 또는 서로 협력하기로 한 합의를 깨뜨리는 경쟁자를 포함하기도 하며, 협약을 깨는 기업을 처벌하기 위한 실행전략도 포함할 수 있다.

식품산업 인사이드 9.1

국민 간식 라면 전쟁

라면은 식량이 부족했던 1960년대 쌀을 대체하는 구호품이었다. 부자들은 쌀밥을 먹었지만, 일반 서민은 수제비, 칼국수로, 극빈층은 꿀꿀이죽으로 연명했다. 국내 최초 라면은 1963년 첫 선을 보인 닭고기 맛 '삼양라면'이다. 삼양식품 창업주인 고(故) 전중윤 회장이 일본 묘조식품으로부터 기술을 전수받아 제품화했다. 당시 국민소득이 100달러를 밑돌던 때여서 정부로부터 달러를 빌려 사업을 시작했다.

라면 1봉지 가격은 10원, 김치찌개 백반이 30원, 꿀꿀이죽이 5원이었으니 비싼 음식은 아니었다. 하지만 시판 초기에는 평소 먹던 음식과 다른 국물, 생소한 조리법 때문에 소비자들로부터 외면 받았다. 서민음식의 대명사로 자리 잡고 보릿고개를 넘는 데 일등공신이 된 것은 1960년대 후반부터다. 정부가 쌀 부족 문제를 해결하기 위해 혼·분식 장려 정책을 펼치면서 라면시장도 폭발적으로 성장했다.

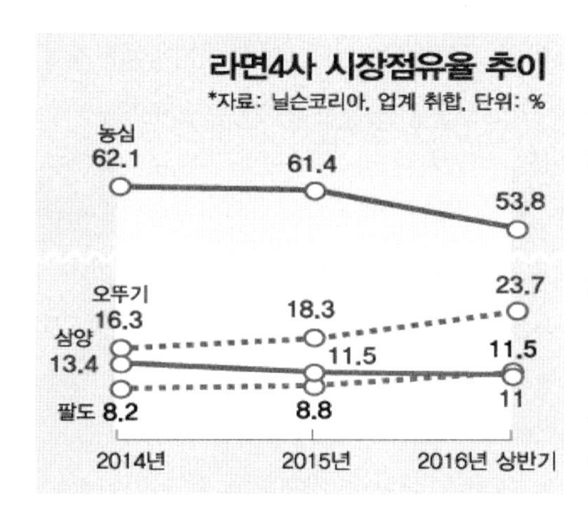

국내 라면시장 규모는 1998년 1조원을 돌파했고, 제품이 처음 출시된 지 50년 만인 2013년에는 2조원대로 성장했다. 최근 1~2년 사이에 일반 라면보다 2배 비싼 프리미엄 라면(개당 1,500원 안팎) 출시 경쟁이 뜨겁지만 시장 규모는 크게 늘지 않았다. 지난해 시장규모는 2조 16억 원. 국내 라면시장이 포화라는 분석이 나오는 이유다.

1960~1970년대 삼양식품의 입지는 대단했다. 삼양식품은 라면을 처음 들여와 시장을 선점한 효과를 톡톡히 누렸다. 삼양은 라면의 대명사였고 시장점유율은 80%를 웃돌았다. 하지만 삼양식품은 1980년대 말 비식용 소기름으로 라면을 만들었다는 이른바 '우

지파동'을 겪으며 내리막길을 걸었다. 이 사건은 1997년 대법원에서 사실무근으로 판결났지만, 삼양라면 점유율은 10%대로 추락했다. 삼양라면의 자리를 꿰찬 업체는 농심(당시 롯데공업)이다. 농심은 1982년 '너구리', 1983년 '안성탕면', 1984년 '짜파게티' 등을 잇달아 출시하며 삼양의 뒤를 쫓다가 1986년 국민라면으로 불리는 최대 히트작 '신라면'을 내놓으며 1위로 올라섰다. 라면시장을 재패한 농심은 30년 넘게 업계 1위를 놓치지 않고 있다.

하지만 소비자들의 입맛과 소비 트렌드가 달라지면서 라면시장 판도에도 변화가 생겼다. 80%에 육박했던 농심의 시장점유율은 2010년 이후 계속 낮아지고 있다. 올 상반기 기준 농심의 시장점유율은 53.8%로 지난해 말(61.4%)보다 7.6%포인트 낮아졌다. 이는 농심이 사업보고서를 공개한 이후 가장 낮은 수준이다.

2016년 국내 라면업계 상위 4개사가 생산하는 라면은 농심 67종, 오뚜기 57종, 팔도 22종, 삼양식품 18종 등 총 164종이다. 여기에 풀무원 등 후발업체와 중소 브랜드 제품까지 더하면 200종에 달한다. 매년 업체별로 3~5개 안팎, 총20여 종의 신제품이 시장에 나온다. 업계 선두인 농심이 신제품을 내놓으면 후발업체들이 짧게는 일주일, 길게는 한 달 안에 비슷한 제품을 내놓고 경쟁을 벌인다. 4개 업체 모두 자체 연구소에서 라면 제품화가 가능한 수천 가지 레시피를 보유하고 있어 단기간 내에 신제품 생산이 가능한 구조다.

국내 라면의 품질은 세계 최고 수준이다. 급변하는 소비 트렌드, 까다로운 소비자 입맛을 사로잡기 위해 경쟁을 벌이다 보니 세계무대에서도 인정받는 품질을 갖췄다.

자료: 머니투데이 2016.10.20.일자에서 발췌

9.2 게임이론의 개념과 해법

9.2.1 게임의 구성과 형태

게임을 구성하는 요소는 경기자, 전략, 보수 세 가지이다. 일반적으로 게임이론에는 둘 또는 그 이상의 경기자가 참여하는데, 경기자는 전략(strategies)이라고 불리는 의사결정을 하는 사람이나 기업을 말한다. 일단 모든 경기자의 의사결정이나 전략이 알려지면 각 경기자는 경기자들이 선택한 모든 의사결정의 결과에 기초하여 보수(pay-off)를 받게 된다. 보수는 판매량, 이윤, 시장점유율 또는 손실액 등 게임의 구조에 따라 다양하다. 보수는 경기자가 선택하는 전략의 연속함수이거나 또는 선택된 전략이 이산적이라면 이산함수일 수 있다.

게임이론은 보수의 특성, 경기자 수, 게임 횟수 등에 따라 다양하게 구분된다. 먼저, 모든 보수의 합이 고정된 게임을 일정합 게임(constant sum game)이라 부른다. 가변합 게임(variable sum game)은 보수의 합이 전략선택에 따라 변하는 게임이다. 가변합 게임은 협동과 담합을 조장하는 경향이 있다. 왜냐하면 이 게임에서는 분배할 몫의 크기를 크게 하여 보다 더 커진 보수를 배분함으로써 모든 경기자에게 혜택을 준다는 기대하에 이면거래(매수)가 이루어질 수 있기 때문이다.

복점 게임(duopoly game)에는 두 경기자가 있는 반면, 과점 게임(oligopoly game)은 그 이상의 경기자가 있는데 일반적으로 3명에서 10명 사이인 것으로 받아들여지고 있다. 게임이론은 경기자의 수가 많아질 때 점점 복잡해진다. 왜냐하면 각 경기자들이 다른 모든 개개인의 개별적인 전략들을 모두 다 고려하기가 어렵기 때문이다. 따라서 다수의 경기자를 가진 게임의 경우 각 경기자가 자신의 선택한 전략에 대해 다른 경기자들이 개별적으로 혹은 집단적으로 어떻게 반응할 것이라고 기대하는지를 몇 가지로 공식화할 필요가 있다. 간혹 게임은 전략적으로 행동하는 몇몇 경기자와 경쟁적 주변부로 분류되는 나머지 경기자로 구성되는데, 이때 주변부 기업들은 완전경쟁하에서 행동하며 전략적인 행동을 취하지 않는다고 가정한다.

반복 게임(repetition game)은 동일한 경기자들이 동일한 게임을 주어진 횟수(라운드라고 부른다) 동안이나 또는 무한히 반복하는 게임이다. 반복 게임은 단기간 게임(또는 비반복 게임)에 비해 더 많은 전략들이 추가된다. 왜냐하면 반복 게임에서 경기자들은 협력뿐만 아니라 나중 게임에서 처벌로 상대방을 위협할 수 있기 때문이다. 처벌은 처벌받는 경기자에게 불리한 보수를 초래하는 전략을 선택하는 방식으로 경기자 상대방이 실행한다. 나중에 자세히 설명하겠지만, 처벌의 실행여부는 심사숙고하여 결정할 필요가 있다. 왜냐하면, 처벌을 실행하는 경기자가 의도한 대상을 처벌하기 위해서는 스스로도 낮은 보수를 감당해야하기 때문이다.

반복 게임에서 어떤 전략이 게임의 진행 기간 동안 어느 시점에서 최적이라면 미래의 다른 시점에서도 여전히 최적일 때, 이를 시간 일치적인(time-consistent) 전략이라고 한다. 반대의 경우가 시간 비일치적인 전략이다. 협력과 속임의 가능성을 가진 반복 게임에서는 협력과 더불어 경기자 상대방이 속였을 때 실행할 처벌이 포함된 전략을 발표하는 것이 최적이다. 그러나 많은 경우에 어느 시점에 도달하면 처벌을 실행하는 것이 최적이 아닌 차선이 되기도 한다. 왜냐하면 처벌은 실행하는 경기자의 보수를 낮추기 때문이다. 특히 반복 게임에서는 남아있는 라운드가 적을수록 처벌이 차선이 될 가능성이 더 많다. 그리하여 게임 초기에 공표된 전략은 공표 시점에서는 바른 전략이지만 게임의 후반 라운드에서는 계속하여 최적이 아닐 수 있기 때문에 시간 불일치적이다.

9.2.2 단순한 두 경기자 게임

게임이론의 개념을 보다 더 잘 이해하기 실제 게임의 사례를 살펴보자. [표 9.1]은 두 경기자가 있는 가변합 게임의 기본적인 특징을 보여준다. 경기자 1의 두 가지 가능한 전략

A와 B는 [표 9.1]의 열에 나타나 있다. 반면 경기자 2의 전략은 [표 9.1]의 행에 각각 나타나 있다. 2X2 행렬 모양의 상자는 경기자가 선택하는 전략의 쌍에 따라 나타날 수 있는 네 가지 가능한 전략들의 조합을 보여준다. 네 가지 전략에 따른 보수는 각 사분면 안에 나타나 있는데, 뒤에 있는 숫자는 경기자 1의 보수이며, 앞에 있는 숫자는 경기자 2의 보수이다. 예를 들어, 경기자 1이 전략 A를 선택하고, 경기자 2가 전략 B를 선택하면, 보수는 경기자 1에게 4, 경기자 2에게는 8이 주어진다. 이 게임은 가변합 게임이다. 왜냐하면 각 사분면 안의 보수들의 합이 서로 다르기 때문이다. 하지만 게임이 반복될 것인지 아닌지 말할 수 없다. 전략 선택은 (A, B), (B, B) 등으로 표현할 수도 있는데, 첫 번째 것은 경기자 2의 선택, 두 번째 것은 경기자 1의 선택을 의미한다.

게임을 분석하여 각 경기자가 선택할 전략을 결정하려면 각 경기자가 극대화하려는 목적함수를 정할 필요가 있다. [표 9.1]과 같은 이산적인 게임에 적합한 두 가지 목적함수로 최대최대화(Maxi-Max)와 최소최대화(Maxi-Min)가 있다. 최대최대화 목적함수를 가진 경기자는 자신에게 가능한 한 가장 높은 보수를 가져올 기회를 주는 전략을 선택할 것이다. 이는 위험애호자 또는 낙관주의자의 목적함수이다. [표 9.1]에서 두 경기자가 모두 최대최대화 목적함수를 따랐다면 각 경기자는 전략 B를 선택할 것이다(그리하여 어느 경기자도 자신이 원하는 보수를 얻지 못하게 된다). 반면, 최소최대화 목적함수를 가진 경기자는 가능한 최악의 결과에서 가장 높은 값을 선택할 것이다. 이는 위험기피적 또는 비관주의적 목적함수이다. [표 9.1]에서 두 경기자 모두 최소최대화 목적함수를 따른다면, 이들은 모두 전략 B를 선택할 것이다. 왜냐하면 이 전략이 가능한 최소의 보수 중에서 가장 큰 값을 제공하기 때문이다. 게임경기자들은 보다 복잡한 목적함수를 가질 수 있다. 예를 들면, 이윤, 시간에 따른 수익흐름의 현재가치(반복 게임의 경우), 매출액, 시장점유율 등 경제 분석에서 일반적으로 사용하는 목적함수가 다 가능하다.

표 9.1 2×2의 기본적 게임

		경기자 1	
		A	B
경기자 2	A	4, 9	7, 10
	B	8, 4	6, 5

모든 경기자가 전략을 선택하고 보수가 결정되면, 그 결과를 분석하여 해가 균형인지를 판단하는 것이 가능하다. 게임에서 균형은 해가 안정적일 때 성립한다. 특별히 유명한

게임 균형의 형태가 내쉬 균형(Nash equilibrium)이다. 내쉬 균형은 게임에 대한 매우 안정적인 해로서, 여기서 안정적인 해라는 것은 서로 경쟁하는 모든 경기자가 선택한 전략이 알려진 후에 자신의 전략을 바꿀 기회가 주어지더라도 어느 경기자라도 자신의 공표한 선택을 변경하길 원하지 않는다는 의미를 가진다. 최소최대화 목적함수를 가지는 [표 9.1]의 게임을 다시 살펴보자. 이때 두 경기자가 선택한 전략은 (B, B)이다. 이 해는 경기자의 전략을 조사해보면 알 수 있듯이 내쉬 균형이 아니다. 경기자 1은 경기자 2가 B를 선택한 것을 알고 난 후에 5 대신 4를 얻기 위해 전략 A로 전환하길 원하지 않는다. 그러나 경기자 2는 경기자 1이 B를 선택한 것을 알고 난 후에 6 대신에 7를 얻기 위해 전략 A로 바꾸길 원할 것이다. 한 경기자라도 경기자 상대방의 선택을 알고 난 후에 전략을 바꾸길 원한다면 그 해는 내쉬 균형이 아니다. 내쉬 균형이 매우 안정적인 이유는 어느 경기자도 이미 공표한 전략으로부터 이탈하거나 또는 속임수를 취하지 않기 때문이다. 왜냐하면 그러한 변화는 더 낮은(열등한) 보수를 가져오기 때문이다.

9.2.3 우월전략과 안전전략

[표 9.1]의 예에서 경기자 1은 상대방이 어떠한 전략을 선택하는지에 관계없이 "B"라는 전략을 선택하는 것이 "A"라는 전략보다 더 낫다. 예를 들면, 경기자 2가 A를 선택하면 경기자 1의 최상 전략은 B인데 그 이유는 보수 10단위가 A를 선택함으로써 얻을 수 있는 9단위보다 낫기 때문이다. 만약 경기자 2가 B를 선택한다면 경기자 1의 최상 전략은 B이다. 왜냐하면, 보수 5단위가 A를 선택하여 얻게 되는 4단위보다 더 낫기 때문이다. 이러한 상황에서 경기자 1에게 "B는 우월전략이다"라고 한다. 우월전략은 다른 게임 참가자가 어떤 전략을 선택하는지에 관계없이 게임 참가자가 다른 전략보다 더 낫다고 선택한 전략이다. 어떤 게임 참가자가 우월전략을 갖게 되는 경우 전략은 해당 게임 참가자의 내쉬 균형 전략이 된다.

그러나 우월전략이 항상 존재하는 것은 아니다. 어떤 게임에서는 일부 또는 모든 게임 참가자가 우월전략을 갖지 못할 수 있다. [표 9.1]의 예에서 경기자 2는 우월전략을 갖지 못한다. 왜냐하면 경기자 2의 최상 전략은 경기자 1이 무엇을 선택하느냐에 달려있기 때문이다. 예를 들어, 경기자 1이 A를 선택한다면 경기자 2의 최상의 선택은 B인데 이는 A를 선택함으로써 얻게 되는 보수 4단위보다 높은 8단위를 얻게 되기 때문이다. 그러나 경기자 1이 B를 선택하면 경기자 2의 최상의 선택은 A가 되는데 이는 보수 7단위가 B를 선택함으로써 얻게 되는 6단위보다 더 낫기 때문이다. 경기자 1이 A를 선택한다면 경기자 2는 B를 선택하는 것이 최선인 반면, 경기자 1이 B를 선택한다면 경기자 2의 최선의 선택은 A를 선택하는 것이다. 따라서 경기자 2에게 우월전략이 없다.

경기자가 우월전략을 갖지 못할 경우 어떻게 하는 것이 최선인가? 한 가지 가능성은 안전한 전략의 경기를 하는 것이다. 안전한 전략은 최악의 가능한 시나리오가 주어졌을 때 가장 높은 보수를 지불하는 전략이다. 안전한 전략을 찾기 위해서는 경기자는 자신의 행동에서 일어날 수 있는 최악의 보상을 조사하고 이러한 최악의 보상 중에서 가장 높은 것을 선택하는 것이다. 위의 예에서 경기자 2의 안전한 전략은 B이다. 왜냐하면 A를 선택할 때 최악의 경우 4단위의 보상을 보장할 수 있지만, B를 선택하면 6단위의 보상을 보장할 수 있기 때문이다.

안전한 전략은 유용하지만 문제가 있을 수 있다. 경기자 상대방의 최적 의사결정을 고려하지 않기 때문에 당신에게 더 높은 보상을 주지 못할 수 있다. [표 9.1]의 예를 다시 보면 경기자 2는 경기자 1의 우월전략이 B라는 것을 알아야 한다. 그래서 경기자 2는 다음과 같은 판단을 내려야 할 것이다.

“경기자 1은 확실히 B를 선택할 것인데, 이는 B가 우월적인 전략이기 때문이다. 그래서 나(경기자 2)는 안전한 전략인 B를 선택하지 말아야 하며, 그 대신에 A를 선택한다. 왜냐하면 안전한 전략 B를 선택하면 보수 6단위를 얻지만 A를 선택함으로써 보수 7단위를 얻게 되기 때문이다.”

이처럼 경기자가 우월전략을 갖지 못할 경우 최선의 전략은 경쟁자의 입장에서 게임을 하여, 경쟁자가 우월전략을 갖고 있다면 그 전략을 선택할 것이라고 예측하고 자신이 할 수 있는 최상의 것을 하는 것이다.

9.2.4 죄인의 딜레마

모든 게임이론 가운데 가장 유명한 게임은 죄인의 딜레마(prisoner’s dilemma)라고 불리는 게임이다. [표 9.2]는 죄인의 딜레마 게임의 형태를 보여준다. 정확한 보수는 변할 수 있지만, 변하지 않는 것은 두 경기자가 전략 B를 선택할 때 총보수가 가장 높다는 점이다. 즉 (B, B)를 협력해(cooperative solution)로 생각하라. 그러나 각 경기자는 상대방이 전략 B를 선택할 때 전략 A를 선택함으로써 더 높은 보수를 얻게 된다. 그 결과, 불행하게도 두 경기자 모두 전략 A를 선택하여 이들은 가능한 모든 결과 가운데 최악의 결과를 얻게 된다. 즉, 논리적으로 자신의 이익을 추구할 경우 각 경기자는 궁극적으로 공동의 이익과 합치되지 않는 행동을 취하게 된다. 이처럼 공동의 이익과 자신의 이익이 충돌하는 현상을 죄인의 딜레마라고 한다.

죄인의 딜레마라는 이 게임은 다음의 이야기에서 비롯된다. 범죄 용의자인 칠수와 만수는 체포되어 구치소 독방에 구금되었다. 어느 한 명도 유죄임을 입증할 실질적인 증거를 가지지 못한 검찰로서는 각 용의자에게 상대방의 혐의를 자백하도록 다음과 같은 전략을 세웠다. 첫째, 어느 누구도 자백하지 않을 경우 둘 모두 경범죄로 유죄를 입증받아 단지 1년 동안의 형기를 살게 된다. 둘째, 둘 다 자백하게 되면 둘 다 중대한 범죄에 대해 유죄를 입증받게 되지만 수사에 협조를 했으므로 다소 관대한 처벌을 받게 된다. 그 결과, 각각 5년의 형을 살아야 한다. 셋째, 한 용의자만 자백하고 다른 용의자는 자백하지 않을 경우, 자백한 사람은 방면되지만 다른 용의자는 해당 범죄에 대해 유죄를 입증받아 형무소에서 10년을 보내야 한다. [표 9.2]는 이 게임의 보수를 보여주는데 형기는 음(−)의 보수에 해당한다.

이 게임에서 내쉬 균형은 각 게임의 참가자가 모두 자백을 하는 것이다. 칠수가 자백을 할 경우, 만수는 자백을 하지 않기보다는 자백을 함으로써 자신의 형기는 더 짧게 된다. 만수가 자백을 할 경우, 칠수도 자백을 하지 않기보다는 자백을 함으로써 보다 짧은 형기를 살 수 있다. 두 용의자가 자백을 하지 않고 1년 동안의 형기를 마치게 되면 두 사람 모두에게 이득이 되지만, 결국 이들 두 용의자는 자백을 하게 되어 5년 동안의 형기를 살게 된다.

죄인의 딜레마 사례로 사회현상에서 공동이익과 사적이익 간의 관계가 서로 상반하는 경우를 쉽게 찾아볼 수 있다. 예를 들어, 식품산업의 어떤 기업들은 결과적으로 피해를 입게 되지만 서로 가격전쟁을 시작한다. 정치가들은 상대방 후보를 서로 비난함으로써 생긴 악의와 불신 때문에 선거에서 승리한 이후에 당선자가 정치를 잘 하지 못하게 되더라도 서슴지 않게 그러한 비난 행위를 한다. 죄인의 딜레마 게임을 분석함으로써 이러한 역효과적인 결과가 왜 일어나는지를 이해할 수 있게 된다.

죄인의 딜레마는 '둘 다 자백하지 않을' 협력해를 권유하지만 각 경기자는 상대방을 속일 강한 유인을 가진다. 즉 '자백하지 않음'을 선택할 것을 약속하지만 실제로는 '자백'를 선택한다. 이러한 유인은 경기자들에게 '둘 다 자백함' 즉 최악의 가능한 결과를 초래할 가능성을 높인다. 죄인의 딜레마 게임이 동일한 두 경기자에 의해 반복되어 실행된다면, 서로 협력하여 '둘 다 자백하지 않음'에 도달할 유인이 특히 게임의 초기 라운드에서는 매우 강하게 작용한다. 그러나 유한 반복적인 게임의 경우 종료시점에 가까워짐에 따라 협력해는 깨어지고 속임수(즉 '자백하지 않음'에서 '자백함'으로 전환)가 발생할 수 있다. 이에 대해 다음 절에서 자세히 살펴보자.

표 9.2 **죄인의 딜레마**

		칠수	
		A: 자백한다	B: 자백하지 않는다
만수	A: 자백한다	(−5, −5)	(0, −10)
	B: 자백하지 않는다	(−10, 0)	(−1, −1)

9.3 가격 책정과 제품 선택 게임

9.3.1 가격 책정의 1회 게임

위의 죄수 딜레마를 가격 경쟁 게임을 하는 두 식품기업에 적용하여 보자. 두 기업 A와 B는 [표 9.3]과 같은 가격 책정에 관한 게임을 하는데 1회 게임을 한다고 가정하자. 이 경우 기업 A와 B는 상대방 기업이 어떤 전략을 선택하는지에 관계없이 "현행가격 유지"라는 전략을 선택하는 것이 "가격 인상"보다 더 낫다. 예를 들면 기업 A가 가격을 인상할 경우, 기업 B도 가격을 인상함으로써 두 기업은 각각 이윤 50억 원을 얻을 수 있다. 기업 A가 가격을 인상할 경우, 기업 B는 현재가격을 유지함으로써 이윤 50억 원 대신에 60억 원을 얻을 수 있다. 비슷한 논리가 기업 A의 입장에서도 유효하다. [표 9.3]과 같은 1회 게임에서 각 기업의 최상의 전략은 두 기업이 현행가격을 유지하는 것으로, 그 결과 두 기업은 30억 원만큼의 이윤을 얻게 된다.

하지만, 두 기업이 담합을 하여 가격을 인상하는 것에 동의한다면 보다 많은 이윤을 얻을 수 있다. 각 기업은 50억 원의 이윤을 얻게 됨을 알 수 있다. 이는 앞서 설명한 전형적인 죄인의 딜레마에 해당한다. 왜 기업은 담합하여 가격은 인상하는 데 동의하지 않는가? 한 가지 대답은 담합은 우리나라를 포함하여 많은 국가에서 불법이기 때문이다. 또 다른 이유도 있다. 그것은 가격을 인상하기로 서로 간에 합의를 맺었다고 하더라도 그것을 지킬 유인이 없다. 달리 말하면 속임수에 대한 유인이 있기 때문이다. 예를 들어, 기업 A가 가격을 인상하지 않아 담합 합의를 속였다면 이윤은 50억 원에서 60억 원으로 늘어난다. 기업 B도 동일한 유인을 갖게 된다. 두 기업 모두 상대방이 이러한 유인을 가지고 있음을 알고 있기 때문에, 가격 인상에 대한 협조에 이르지 못하게 된다.

표 9.3 **1회 가격 책정 게임(단위: 억 원)**

		기업 B	
		가격 인상	가격 유지
기업 A	가격 인상	50, 50	10, 60
	가격 유지	60, 10	30, 30

9.3.2 가격 책정의 반복 게임

전술한 1회의 가격 책정 게임에 근거하여 식품산업에서 상호 협조에 의한 가격 인상이 불가능하다고 생각하면 큰 오산이다. 식품산업에 있는 어떤 기업이라도 1회 게임을 하지 않는 사실을 알 필요가 있다. 식품기업들은 매주, 매월, 또는 매분기마다 경쟁하기 때문에 1회 게임의 결론이 일반적이지 않을 수 있다. 경쟁이 무한히 반복되는 경우 1회 게임의 결론이 어떻게 달라지는지 알아보자.

무한 반복 게임은 영원히 되풀이 되는 게임이다. 경기자는 매 게임이 반복되는 동안 보수를 받는다. 기업이 [표 9.3]과 같은 게임에 매 분기마다 반복적으로 직면할 때 그들은 속임을 당할 염려 없이 서로 협조함으로써 가격을 인상시키는 것이 가능하다. 어떻게 이러한 일이 가능한지 알아보자. 만약 어느 기업도 서로 협조하여 합의를 속이지 않는다면 각 기업은 매 분기마다 이윤 50억 원을 지속적으로 얻게 된다. 반면 어느 한 기업이 합의를 깨뜨리고 현행 가격을 유지할 경우, 50억 원 대신에 60억 원의 이윤을 얻게 된다. 그러나 기업은 반복하여 계속 경쟁하기 때문에 합의를 깨뜨리고 속인 것에 대해 향후 대가를 치르게 된다. 즉, 현재시점에서 어느 한 기업이 가격 인상에 협조하지 않는다면, 다른 기업들은 미래의 모든 기간에 대해 가격을 인상하지 않고 현행가격을 유지할 것이다. 따라서 협조하지 않은 기업은 가격 인상에 협조했을 때 벌 수 있었던 50억 원 대신에 협조하지 않은 기간 동안에는 30억 원의 이윤을 얻게 된다. 요약하면 현재시점에 협조하지 않아 얻게 되는 혜택은 현재시점에서 30억 원 대신에 60억 원의 이윤을 얻는 것이고, 그 비용은 미래의 매 기간 동안 50억 원 대신에 30억 원의 이윤을 얻는 것이다. 이러한 상황하에서 협조하지 않는 비용의 현재가치가 그로 인한 혜택의 현재가치를 초과한다면, 협조하지 않는 것이 손해이기 때문에 두 기업은 합의하여 가격을 인상하는 것이 가능하게 된다.

위의 사례를 무한 반복되는 가격 책정 게임에서 기업이 받게 될 이윤의 현재가치 개념을 가지고 좀 더 자세히 설명하여 보자. 두 기업이 미래 이윤을 현재가치로 할인하는 데 사용하는 할인율이 동일하게 연 10%(분기 할인율 2.5%)라고 하자. 기업 A가 현재 협조하지 않을 경우 매 분기마다 받게 될 이윤 흐름의 현재가치는 다음과 같다(현재가치의 계산방법에 대해서는 1장을 참고하시오).

$$PV_A = 60 + \frac{30}{(1+0.025)} + \frac{30}{(1+0.025)^2} + \ldots\ldots$$
$$= 60 + \frac{30}{0.025} = 60 + 1,200 = 1,260$$

반면 기업 A가 가격 인상에 협조하고 그 합의를 깨뜨리지 않는다면 매 분기마다 50억원의 이윤을 얻게 되어 이윤의 현재가치는 아래와 같게 된다.

$$PV_A = 50 + \frac{50}{(1+0.025)} + \frac{50}{(1+0.025)^2} + \frac{50}{(1+0.025)^3} + \ldots\ldots$$
$$= \frac{50(1+0.025)}{0.025} = 2,050$$

즉, 기업 A가 가격 인상에 협조하는 것이 현행 가격을 유지하는 것보다 더 많은 이윤을 얻게 되기 때문에 기업 A가 가격을 인상하는 것은 합리적이다. 동일한 논리로 기업 B도 이성적으로 행동한다면, 기업 B는 기업 A가 기대한 대로 자신의 가격을 기업 A의 가격수준으로 인상하는 행동을 보일 것이다. 따라서 두 기업은 서로 담합하지 않음에도 불구하고 가격을 독점시장에서 나타나는 가격수준까지 인상할 수 있을 것이다. 이처럼 반복 게임에서 참가자가 상대방의 이전 행동에 따라서 그 행동이 협조적이면 협조하고, 비협조적이면 그에 보복하는 방식으로 대응하는 전략을 팃-퍼-탯 전략(tit-for-tat strategy)이라고 한다(식품산업 인사이드 9.2 『최저가격보상제와 팃-퍼-탯 전략』을 참고하시오).

위의 예에서 살펴본 것을 N개의 식품기업이 있는 경우로 일반화하여 팃-퍼-탯 전략이 유지되는 조건을 도출하여 보자. N개의 식품기업이 서로 경쟁하는 산업이 있다고 하자. π_0는 현행가격 p_0에서 해당 산업이 한 기간 동안 발생시키는 이윤이고, π_M는 산업 내의 모든 기업들이 독점가격 p_M을 책정할 때의 이윤이다. 이때 $\pi_M > \pi_0$이다. 이제 기업들이 끝없이 긴 기간 동안 서로 경쟁하는 상황을 가정해보자. 각 기업이 자신의 미래 이윤에 대한 현재가치를 계산하기 위해 적용하는 할인율은 i이다. 만약 어느 한 기업이 경쟁기업들과 같이 독점가격을 책정할 때 얻게 되는 이윤의 현재가치를 구하면 현재기간 동안의 이윤인 $\frac{1}{N}\pi_M$과 현재기간 이후 매 기간 발생하는 이윤의 현재가치인 $\frac{1}{N}\frac{\pi_M}{i}$를 합한 $\frac{1}{N}[\pi_M + \frac{\pi_M}{i}]$ 이다. 만약 해당 기업이 현행가격 p_0를 유지할 때 얻게 되는 이윤의 현재가치는, 현재기간에는 산업 전체의 이윤을 모두 갖게 되므로 π_0을 얻고, 그 다음 기간부터는 경쟁기업들이 팃-퍼-탯 전략을 취하여 가격이 다시 p_0로 인하하기 때문에, 현재기간 이후의 기간 동안에는 계속해서 매 기간 $\frac{1}{N}\pi_0$의 이윤을 갖게 된다. 따라서 해당 기업이 현재기간에 현행가격을 유지할 때 얻게 되는 이윤의 현재가치는 $[\pi_0 + \frac{\pi_0}{N}\frac{1}{i}]$이다. 따라서 전자(가격 인상에 동조)의 현재가치가 후자(현행가격 유지)의 현재가치보다 크다면 각 기업들은 가격을 인상하는 것이 이득이 된다. 즉,

$$\frac{1}{N}[\pi_M + \frac{\pi_M}{i}] \geq \pi_0 + \frac{1}{N}\frac{\pi_0}{i},$$

$$\frac{1}{N}[\pi_M - \pi_0]\frac{1}{i} \geq \pi_0 - \frac{1}{N}\pi_M,$$

$$\frac{\frac{1}{N}[\pi_M - \pi_0]}{\pi_0 - \frac{1}{N}\pi_M} \geq i$$

위의 식에서 분모는 한 기업이 가격 인상에 동조하지 않을 때 현재기간에 얻게 되는 추가적인 이윤으로, 이는 협조할 때 해당 기업이 잃게 되는 이윤의 크기이다. 즉, 협조에 따른 비용이다. 반면, 분자는 기업이 가격 인상에 협조함으로써 얻게 되는 혜택이다. 따라서 위의 식은 협조의 비용대비 혜택이 할인율보다 큰 값을 가지는 한 각 기업들은 서로 담합을 하지 않고 독립적으로 가격을 (독점가격수준으로) 인상할 수 있음을 의미한다. 무한 반복 게임으로부터 우리가 얻을 수 있는 사실은 과점 기업의 경우 시간에 따라 반복적으로 경쟁할 때 그들은 서로 법률적인 의미로 담합을 하지 않더라도, 일정한 조건이 유지된다면 서로 협조하여 가격을 인상하는 유인이 작동한다는 점이다. 예를 들면, $N=5$, $\pi_M=80$, $\pi_0=60$일 때, 협조의 비용대비 혜택 비율을 구하면 약 9%이다. 즉, 매 기간 할인율이 9%보다 낮다면 각 기업들은 자신의 가격을 독점가격 수준까지 인상하려는 유인을 갖게 될 것이다.

9.3.3 순차 게임과 식품기업의 전략적 행동

지금까지 우리가 다룬 게임의 대부분에서는 게임 참가자들이 동시에 행동을 했다. 예를 들면, 동시에 가격 인상 여부를 결정하는 게임이었다. 그러나 많은 게임에서 게임 참가자는 다른 게임 참가자가 행동하기 전에 먼저 행동할 수 있다. 이를 순차 게임(sequential game)이라 한다. 순차 게임에서 어떤 기업이 다른 기업보다 먼저 행동을 할 수 있는 능력은 전략적으로 중요한 의미를 가진다.

식품산업 인사이드 9.2

최저가격보상제와 팃-퍼-탯 전략

최저가격보상제(Low Price Guarantee)는 고객이 구입한 상품과 동일한 상품을 다른 점포에서 더 싼 값에 팔고 있다는 사실을 입증하면 차액을 즉시 보상하는 제도이다. 이는 어떤 상품이든 똑같은 것을 다른 유통점에서 더 낮은 가격으로 살 수 있다면 이미 그 제품을 구입한 고객에게 추후에라도 그 차액을 내준다는 것으로, 말 그대로 해당 유통점이 고객들에게 최저가격을 보장하는 가격전략 가운데 하나이다. 하지만 이와 같은 최저가격보상제가 소비자를 위하는 제도일까? 결론부터 말하면 "그렇지 않다"이다. 최저가격보상제는 그저 인근 점포의 가격을 자기 점포의 가격에 맞추고자 하는 일종의 암묵적인 담합 행위에 불과하다.

예를 들어, 점포 A에서 한 상자당 20,000원하는 과일세트가 점포 B에서는 25,000원에 판매하고 있다고 가정하자. 당신이 합리적인 소비자라면 어느 점포에서 과일세트를 구입하겠는가? 최저가격보상제가 시행되지 않는다면 당연히 A점포에 구입할 것이다. 하지만 차액의 두 배를 보상한다는 최저가격보상제가 시행된다면 가격이 더 비싼 점포 B에서 과일을 구매하는 것이 유리할 것이다. 왜냐하면 차액의 두 배인 만원을 보상금으로 돌려받게 된다면 과일세트를 1만 5천원에 구입하는 셈이 되어 A 점포에서 구매하는 것보다 훨씬 더 싸게 구매할 수 있기 때문이다. 따라서 점포 A가 과일세트를 판매하기 위해서는 점포 B와 동일한 가격으로 판매가격을 인상할 수밖에 없게 된다. 결국 최저가격보상제는 "가격을 우리만큼 높이지 않으면 당신은 과일세트를 팔 수 없다"는 메시지를 점포 A에게 전달함으로써 암묵적인 가격 담합을 유도하게 된다. 이러한 의미에서 보면 최저가격보상제는 일종의 팃－퍼－탯 전략이라 할 수 있다.

최저가격보상제는 1997년 모 대형마트가 시장선점용 전략으로 채택하여 해당 업체가 시장에 안착하는 데 상당한 도움을 주었다. 하지만 경쟁마트들이 너 나 할 것 없이 유사한 최저가격보상제를 시행함에 따라 죄수의 딜레마라는 게임의 덫에 빠져 10년이 지나지 않아 한계를 드러내게 되었다. 대형마트 간의 과도한 경쟁은 두 죄수가 모두 자백을 한 것 같이 '암묵적인 가격 담합'이 아닌 '가격 인하'라는 비협조적 경쟁 상황이 초래되어 더 이상 전략으로서의 기능을 상실하게 된 것이다.

자료: 매일경제, 2010년 10월 30일자에서 발췌

순차 게임을 어떻게 분석하는지를 알아보기 위해 식품시장에서 두 기업의 제품 선택 문제를 생각하여 보자. 라면을 만드는 두 회사가 있으며 각 회사는 단지 한 종류의 신제품만을 생산할 수 있는 능력이 있다. 새로운 라면 제품은 매운 맛 라면과 순한 맛 라면 두 종류이다. 만약 각 회사가 각기 다른 종류의 라면 신제품을 생산한다면 이들은 시장에서 각자의 신제품을 성공적으로 팔 수 있다. 즉, 각자 성공적으로 판매할 수 있는 시장을 갖고 있다. 소비자들이 순한 맛보다 매운 맛 라면을 더 선호해서 매운 맛 라면은 20이라는 이윤을, 순한 맛 라면은 10이라는 이윤을 발생시킨다고 하자. 이 게임에서 각 기업의 선택에 따른 보수는 [표 9.4]와 같다.

표 9.4 **라면회사의 제품 선택 게임**

		기업 B	
		순한 맛 라면	매운 맛 라면
기업 A	순한 맛 라면	0, 0	10, 20
	매운 맛 라면	20, 10	5, 5

두 기업이 모두 상대방의 의도를 모른다고 할 때 각자의 제품 선택 결정을 독립적이고 동시에 한다고 하자. 이 경우 아마도 두 기업은 앞서 설명한 최소최대화 전략을 따라 모두 매운 맛 라면을 시장에 내놓을 것이다.

이번에는 기업 A가 새로운 라면제품을 시장에 먼저 내놓은 다음에, 기업 B가 새로운 라면을 시장에 내놓는 순차 게임을 할 경우 게임의 결과가 어떻게 달라지는지 살펴보자. 순차 게임의 결과는 의사결정 나무(decision tree) 형태로 표현할 때 더 쉽게 알 수 있다. [그림 9.1]은 제품 선택 게임에 관한 의사결정 나무를 보여준다. 의사결정 나무는 기업 A의 선택과 그에 따른 기업 B의 가능한 반응을 보여준다. 선택의 결과로 나타나는 보수는 각 나무줄기의 끝에 표시되어 있다. 예를 들어, 기업 A가 매운 맛 라면을 생산할 때 기업 B도 매운 맛 라면을 생산하는 것으로 반응한다면 각 기업은 5의 보수를 갖게 된다.

순차 게임의 결과를 알기 위해서는 끝에서부터 거꾸로 살펴보는 방식인 역순 귀납(backward induction)을 사용하면 편리하다. 의사결정 나무에서 역순 귀납을 할 경우 기업 A가 취할지 모를 두 가지 행동에 대해 기업 B가 최선의 대응을 할 것으로 기업 A는 기대한다고 가정한다. 이러한 기대하에서 기업 A는 두 가지 전략 중 어느 것이 자신에게 가장 큰 보수를 주는지 결정할 수 있다. 즉, 기업 A가 매운 맛 라면을 선택하고 기업 B가 최적의 대응을 한다고 가정하면 기업 A의 이윤은 20이다. 다음으로 기업 A가 순한 맛 라면을 선택하고 기업 B가 최적의 대응을 한다고 가정할 때, 기업 A의 이윤은 10이다. 기업 A가 매운 맛 라면을 선택할 때 더 높은 이윤을 얻을 수 있다. 따라서 내쉬 균형은 기업 A가 매운 맛 라면을 출시하고, 기업 B는 순한 맛 라면을 출시하는 것이다. 순차 게임의 내쉬 균형과 동시 게임의 내쉬 균형이 서로 다름을 주목할 필요가 있다. 또한 순차 게임의 균형에서 기업 A의 이윤은 20이고, 기업 B의 이윤은 10이다. 즉, 먼저 행동한 기업 A의 이윤은 더 커지고, 기업 B의 이윤은 훨씬 작아진다는 사실을 알 수 있다.

이러한 순차 게임이 식품기업의 선택 행위와 관련하여 주는 의미는 무엇일까? 순차적으로 진행된 제품 선택 게임에서 기업 A는 먼저 특정 행동을 확정한 반면, 기업 B는 기업 A의 행동에 대응할 수 있는 유연성이 있었다. 하지만 자신의 행동을 먼저 구속한 기업이 유연성을 유지한 기업보다 더 나은 성과를 거두었다. 기업 A가 매운 맛 라면을 생산한다는 공격적인 전략을 먼저 확정하여 기업 B로 하여금 제품 선택의 여지를 남겨두지 않음으로써 기업 A는 동시 게임의 내쉬 균형에 비해 상황이 더 나아지도록 해당 산업의 균형을 변화시켰다.

그림 9.1 순차적 제품 선택 게임에 관한 의사결정 나무

많은 게임에서 게임 참가자는 다른 게임 참가자가 행동하기 전에 먼저 행동할 수 있다. 이를 순차 게임이라한다. 순차 게임의 내쉬 균형은 동시 게임의 내쉬 균형과 다르다. 동시 게임에서서는 두 기업은 최소최대화 전략을 따라 모두 매운 맛 라면을 시장에 내놓을 것이다. 하지만 순차 게임의 균형에서 기업 A는 매운 맛 라면을 출시하여 이윤 20을 얻고, 기업 B는 순한 맛 라면을 출시하여 이윤 10을 얻는다. 먼저 행동한 기업 A의 이윤은 더 커지고, 기업 B의 이윤은 훨씬 작아진다.

순차 게임의 또 다른 예를 살펴보자. 다름 아닌 5장에서 살펴본 식품기업들의 공간적 경쟁에 관한 것이다. 패스트푸드 전문점인 롯데리아가 다른 경쟁기업의 점포가 없는 소도시에 새로운 매장을 개점할 계획을 가지고 있다고 하자. 롯데리아는 투자금을 다른 곳에 투자할 경우 연간 10%의 수익률을 얻을 수 있기 때문에 새로운 매장 개설로부터 적어도 10%의 연간 수익률을 기대할 수 있는 위치를 고려하고 있다.

이를 위해 롯데리아 경영진은 도시의 중심과 외곽 중 어느 한 곳의 부지를 매입할 것을 검토하고 있다. 도시 중심은 부지 매입비용이 비싸지만 고객들에 대한 접근성이 좋은 이점이 있는 반면, 도시 외곽은 지가는 낮지만 고객들이 매장에 오려면 자가용을 이용해야 하는 단점이 있다. 롯데리아의 추산에 따르면 매장을 외곽에 개설할 경우 연간 수익률이 20%인 반면, 도심에 개설할 때는 연간 수익률이 15%인 것으로 나타났다. 이러한 추산이 정확하다면 롯데리아의 선택은 당연히 도시 외곽에 새로운 매장을 여는 것이다.

하지만, 전략적으로 생각할 경우, 롯데리아 경영진은 경쟁업체인 다른 패스트푸드 전문점이 같은 도시에 매장을 개설할 가능성을 고려할 것이다. 롯데리아의 추산에 의하면 서로 경쟁하는 두 개의 업체가 하나는 도심에 다른 하나는 외곽에 매장을 개설한다면 고객들은 차를 운전하여 외곽으로 나가길 꺼려하기 때문에 도심에 있는 패스트푸드점은 연 수익률

12%을 얻을 수 있는 반면, 외곽에 있는 패스트푸드점은 연간 수익률이 2%로 떨어지게 된다. 또한 만약 두 패스트푸드점이 모두 도심에 매장을 개설한다면 각각 연간 4%의 수익률을 얻게 되는 반면, 두 패스트푸드점이 모두 외곽에 매장을 개설을 할 경우는 각각 연간 8%의 수익률을 얻게 된다.

다른 패스트푸드점(예를 들어, 맥도널드)이 입점할지 아니면 하지 않을지를 확실하게 알지 못할 때 롯데리아는 어떻게 행동해야 할까? 만약 롯데리아가 먼저 외곽에 매장을 낸다면 다른 패스트푸드점은 도심에 매장을 내어 12%의 수익률을 얻게 되는 반면, 롯데리아의 수익률은 20%에서 2%로 줄어든다. 하지만 롯데리아가 먼저 도심에 매장을 낸다면 다른 패스트푸드점은 도시의 중심이든 외곽이든 어느 곳에도 자신의 매장을 내지 않을 것이다. 왜냐하면 연간 수익률이 만약 매장을 도심에 낸다면 4%, 외곽에 낸다면 2%가 되어, 다른 투자처로부터 얻게 되는 연간 수익률 10%에 못 미치게 되기 때문이다. 따라서 롯데리아는 다른 패스트푸드점이 어느 곳에도 매장을 열지 않을 것이라고 확신할 수 있게 된다. 이러한 예측 결과를 전술한 의사결정 나무를 적용하여 다시 설명하여 보자. 롯데리아는 순차 게임에서

그림 9.2 패스트푸드 전문점의 입점 게임

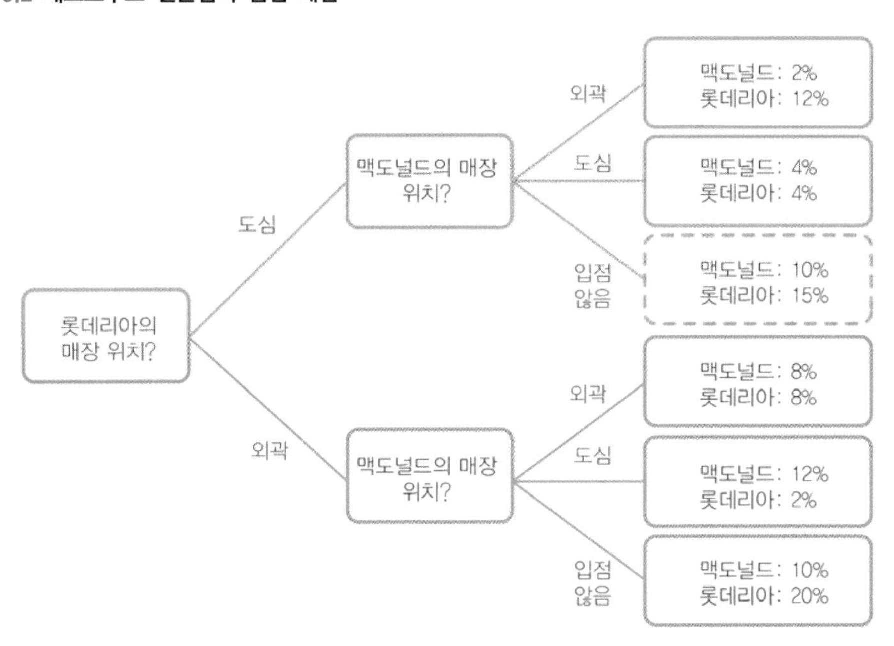

순차 게임에서 롯데리아는 자신의 행동에 대해 경쟁기업인 맥도널드가 최선의 전략을 선택할 것이라고 확신한다. 따라서 롯데리아가 도심에 매장을 낸다면, 맥도널드는 입점하지 않을 것이라고 확신한다. 반면, 롯데리아가 외곽에 매장을 낸다면 맥도널드는 도심에 매장을 낸다고 확신한다. 그 결과, 롯데리아는 도심에 매장을 개설하는 전략을 선택한다. 이러한 롯데리아의 선택은 두 경쟁기업이 동시에 매장의 위치를 결정하는 동시 게임에서 두 기업 모두 도심에 자신의 매장을 개설한다는 것과 비교할 때 다른 결과이다. 경쟁이 없을 경우 도심에 비해 외곽이 매장 위치로 더 나음에도 불구하고 도심에 매장을 개설한 것은 경쟁자의 진입을 억제하려는 전략적인 행동의 결과라고 할 수 있다.

첫 번째 진행자(선점자, first mover)이다.

[그림 9.2]는 이러한 순차 게임에 대응하는 의사결정 나무를 보여준다. 나무의 맨 오른쪽에서 시작하여 우리는 6가지 가능한 결과를 두 가지로 줄일 수 있다. 즉, 롯데리아가 외곽에 매장을 낸다면 맥도널드는 도심에 매장을 낼 것이라고 예측할 수 있다. 반면, 롯데리아가 도심에 매장을 낸다면 맥도널드는 그 어느 곳에도 매장을 내지 않을 것임을 알 수 있다. 따라서 이러한 순차 게임에서 내쉬 균형은 점선으로 표시한 것처럼 롯데리아가 도심에 매장을 내고, 맥도널드는 매장을 내지 않는 것이다. 그리하여 롯데리아는 15%의 연간수익률을 얻고, 맥도널드는 다른 곳에 투자하여 10%의 수익률을 얻게 된다.

이러한 순차 게임의 결과는 5장에서 언급한 것과 같이 일직선상의 도시에서 서로 경쟁하는 두 업체가 동시에 자신의 입지를 결정할 때 도시의 중앙에 서로 인접하여 위치하게 된다는 결과와 비교할 때 다름을 보여준다. 또한 경쟁하는 다른 패스트푸드 전문점이 없을 때 롯데리아의 최적 선택은 도시의 외곽에 매장을 여는 것이지만, 서로 경쟁하는 업체의 진입이 예상될 때 최선의 선택은 수익률은 떨어지지만 도심에 입지하여 경쟁업체의 진입을 억제하는 것이다.

위와 같은 순차 게임에서 나타나는 첫 번째 진행자의 행동들을 전략적 행동(strategic moves)이라고 한다. 식품시장에서 해당 제품의 주요 대상을 누구로 잡느냐에 관한 결정(대중시장이냐 아니면 제한된 틈새시장인가? 또는 도시의 중심지역인가 아니면 변두리인가?), 제품 선택의 양립성에 관한 결정(자사 제품을 경쟁사 제품들과 양립시킬 것인가? 아니면 차별화할 것인가?) 등은 모두 전략적 행위의 예들이다. 왜냐하면 이러한 결정들은 시장 경쟁이 앞으로 어떻게 진행될지에 관해 중요한 영향을 미칠 수 있기 때문이다. 예를 들어, 제한된 틈새시장에 자신의 제품을 배치하려는 기업의 결정은 해당 제품의 잠재시장 규모가 제한되는 단점이 있지만 다른 경쟁기업과의 치열한 가격 경쟁을 완화시키는 전략적인 가치를 가진다.

식품산업 인사이드 9.3

식품기업의 선점 전략: 월마트와 스타벅스

월마트(Wal-Mart)는 샘 월튼(Sam Walton)이 1969년에 설립하여 커다란 성공을 거둔 미국의 할인소매체인점이다. 1960년대와 1970년대에 미국 할인소매업은 기존 기업들의 빠른 확장과 새로운 기업들의 진입으로 인해 매우 경쟁적인 산업이 되었다. 이로 인해 1970년대와 1980년대에 들어와 미국 내 소매업 전체의 이윤은 크게 하락하였고, 많은 거대 할인체인점이 파산하기에 이른다. 그러나 월마트는 계속 성장했으며 이윤은 오히려 더 크게 증가했다. 많은 할인점들이 실패함에도 불구하고 월마트가 성공한 이유는 무엇일까?

월마트 성공의 핵심은 월마트의 선점전략에 있다. 대개 할인점들은 백화점이나 일반소매점보다 더 저렴한 가격으로 물건을 팔기 위해서, 규모를 늘리고 재고회전율을 높이는 경영 전략을 사용한다. 이 때문에 1960년대에 할인점은 인구가 10만 이상인 도시에서나 성공할 수 있다는 판단이 지배적이었다. 그러나 월튼은 달랐다.

1970년에 아칸소, 미주리, 오클라호마 주의 작은 읍에 30개의 월마트 체인점이 들어서 크게 성공하였다. 왜냐하면 월마트가 30개의 '지역독점(local monopoly)'을 탄생시켰기 때문이다. 도시와 큰 읍에 위치한 할인점들은 다른 할인점들과 경쟁해야 했기 때문에 가격과 이윤율을 낮춰야만 했다. 그러나 작은 읍은 하나의 할인점만이 들어설 정도의 크기였기 때문에 월마트는 할인점이 아닌 소매점보다 낮은 가격으로만 물건을 팔면 되었고, 해당 지역에 다른 할인점들이 진입하여 경쟁할 것이라는 염려도 할 필요가 없었다. 월마트의 전략은 하나의 할인점밖에 들어설 수 없는 규모의 작은 읍에서 점포를 열어 지역독점을 누리는 것이다. 미국에는 수많은 작은 읍이 있는데, 월마트는 누가 이러한 작은 읍에 먼저 들어가느냐 하는 선점 게임에 참가하고 있다는 사실을 인지하였던 것이다.

월마트의 선점 전략이 갖는 의미는 [표 9.5]로 표현된 게임으로 설명할 수 있다. [표 9.5]에서 만약 월마트가 어느 읍에 들어갈 때 다른 할인점 X가 들어가지 않는다면, 월마트는 0을 얻고 할인점 X는 20을 얻는다. 반면, 월마트와 할인점 X가 모두 읍에 점포를 개설한다면 각각 10을 잃게 된다. 이 게임은 두 개의 내쉬 균형(왼쪽 아래와 오른쪽 위의 결과)을 갖는다. 어떤 균형이 나타날지는 누가 먼저 들어가느냐에 달렸다. 월마트는 자신이 먼저 행동하여 시장에 들어갈 경우 상대방 X는 이성적 판단에 따라 시장에 들어오지 않을 것임을 알았기 때문에 자신이 20을 얻는다는 것을 확신할 수 있었다. 따라서 적절한 전략은 선점하는 것이다. 다시 말해, 작은 읍들에 할인점 X(또는 Y, 또는 Z)가 들어가기 전에 먼저 할인점을 세우는 것이다. 이는 월마트가 실제로 한 행동과 정확히 맞아 떨어진다. 월튼의 이러한 선점 전략이 오늘날 월마트 제국의 기초가 된 것은 당연하다.

표 9.5 할인점의 선점 게임

		할인점 X	
		점포를 개설함	점포를 개설하지 않음
월마트	점포를 개설함	−10, −10	20, 0
	점포를 개설하지 않음	0, 20	0, 0

선점 전략으로 성공한 또 하나의 식품기업은 스타벅스(Starbucks)이다. 스타벅스는 사업 확장기에 미국에서 20여 명의 부동산 전문가를 고용했다. 매장 위치 선점을 가장 중요한 사업 전략으로 생각했기 때문이다. 20여 명의 부동산 전문가는 다시 미국 전역을 지역별로 맡아 해당 지역 부동산 전문가와 네트워크를 구성했다. 목표는 북미 지역 모든 주요 도시의 모든 중심가를 스타벅스 간판으로 뒤덮는 것이었다. 위치가 중심가의 핵심적인 곳이라면, 그 매장이 코너이든 삼각형이든 상관하지 않았다. 사람들 눈에 잘 띄는 곳에 간판을 걸 수 있으면 됐다. 지역 부동산 업자가 최적의 입지를 찾아오면, 스타벅스는 그 수수료의 일부를 부담했다. 스타벅스의 전략은 중심가의 간판은 다 장악하여 다른 브랜드가 소비자들의 머릿속에 들어설 틈조차 없도록 하는 것이었다. 매장당 수익률은 떨어지겠지만, 그 손실은 광고비 절감으로 충당한다는 계획이었다. 실제로 스타벅스는 대중매체 광고를 거의 하지 않고도 브랜드 인지도를 빠르게 높였다. 한 블록이 멀다 하고 걸려 있는 도시 중심가의 스타벅스 간판은 이런 선점 전략의 결과였다. 이미 스타벅스 간판이 빼곡히 걸려 있으니, 다른 커피 회사들은 이제 중심가 매장의 마케팅 효과가 크게 줄어들어버린 것이다.

자료: 1. Pindyck, R. & Rubinfeld, D. 2009. *Microeconomics*, 7th edition, Pearson.

2. 송규봉, "스타벅스 서울 매장 지도, 상장사 본사 지도와 똑같은 이유", 『동아비즈니스리뷰』 133호, 2013년 7월 Issue 2에서 일부 내용 발췌

9.4 가격과 수량의 경쟁

기업이 게임을 할 때 전략으로 사용할 수 있는 수단은 생산량, 책정 가격, 광고비 지출액, 또는 이들의 결합, 이외에 기업이 통제할 수 있는 변수들이 있을 수 있다. 전략으로 사용하는 변수에 따라 게임의 이름이 다르게 붙여지는데 하나는 꾸르노(Cournot) 게임이고, 다른 하나는 베르뜨랑(Bertrand) 게임이다.

꾸르노 게임에서 전략은 기업이 생산하는 제품의 수량인 반면, 베르뜨랑 게임의 전략은 기업이 책정하는 가격이다. 이들 게임은 전술한 2×2 행렬 모양의 상자로 표현할 수 없다. 왜냐하면 수요곡선이 연속적이고 이에 따라 보수함수도 연속적이기 때문이다. 그러나 게임에 참여하는 각 기업의 목적함수를 가정하면 통상적인 최적화 문제, 예를 들어 이윤극대화 문제를 풂으로써 게임의 해를 구할 수 있다.

9.4.1 꾸르노 복점 게임

꾸르노 복점에 대한 가장 그럴듯한 시나리오는 상당히 동질적인 제품을 가진 산업에 속한 두 경쟁자가 서로 다른 가격을 개별적으로 책정할 수 없는 경우이다. 예를 들면, 제분산업이나 제당산업이 여기에 해당한다. 그 대신 이 두 기업은 하나의 우하향하는 수요곡선에 직면하며, 시장가격은 이들 두 기업이 생산하는 산출량의 합에 의해 결정된다. 두 기업의 산출량을 각각 q_1, q_2라고 할 때, 이들 두 기업이 직면하는 수요곡선은 선형형태의 역수요함수로 $p = a - b(q_1 + q_2)$의 모양을 갖는다. 기업의 비용함수가 $c_i(q_i)$이라면 각 경기자(기업)의 이윤함수는 다음과 같이 나타낼 수 있다.

$$\pi_i = pq_i - c_i(q_i) = [a - b(q_1 + q_2)]q_i - c_i(q_i) \quad (9.1)$$

꾸르노 복점에서 각 경기자의 목적이 단일 기간의 이윤을 극대화하는 것이라면 각 경기자는 다른 경기자의 산출수준하에서 자신의 이윤을 극대화시키는 전략을 선택하길 원한다. 각 경기자들이 식 (9.1)의 극대화문제를 풀어 자신의 이윤을 극대화시키는 산출량 q_i를 선택한다고 할 때 각 경기자의 반응함수(reaction function)라고 불리는 함수식을 얻게 된다. 즉, 각 기업에 대해 식 (9.1)의 산출량에 대한 도함수 값을 영으로 놓고 산출량에 대해 풀면, 각 기업의 최적 산출량에 대한 방정식이 도출된다. 이때 각 기업의 최적 산출량은 경쟁기업 산출량의 함수인 다음과 같은 반응함수로 표현된다.

$$q_1^* = f(q_2) \text{와} \quad q_2^* = g(q_1) \tag{9.2}$$

이 반응함수들은 각 기업이 다른 기업의 전략에 어떻게 반응하는지를 알려준다. 기업 1이 기업 2의 산출량 q_2를 알게 된다면, 기업 1의 반응함수는 기업 1의 이윤을 극대화하는 q_1의 값을 알려준다. 반응함수는 그 자체적으로 매우 유용할 뿐만 아니라 경쟁시장하에서 기업들이 어떻게 최적으로 빠르게 반응하는지를 알려준다. 그러나 반응함수 자체가 꾸르노 복점 게임의 해를 말해주지는 않는다. 기업 1이 기업 2의 전략에 반응하면 기업 2는 기업 1의 전략에 반응하면서, 이러한 순환은 계속 반복한다. 이 게임의 내쉬 균형점은 두 반응함수가 교차하는 점을 찾아냄으로써 구할 수 있다.

반응함수가 서로 교차하면, 교차점은 두 반응함수를 만족시키는 점 (q_1^*, q_2^*)가 될 것이다. 이 점에서 경기자들은 자신의 전략을 변경하려고 하지 않기 때문에 내쉬 균형이 성립한다. 이러한 내쉬 균형점을 발견하는 방법은 어느 한 기업의 반응함수를 다른 기업의 반응함수에 대입하는 것이다(이때 미지수와 방정식이 각각 2개 있기 때문에 해가 존재한다). 즉, 내쉬 균형점에서 어느 한 기업의 최적 산출량을 구한 후에 이를 다른 기업의 반응함수에 대입하면 나머지 해를 구할 수 있다. [실행학습 9.1]에서 꾸르노 복점 게임의 반응함수와 내쉬 균형점을 구하는 방법을 설명한다.

[실행학습 9.1] 꾸르노 복점 게임의 해 구하기

꾸르노 복점에서 시장수요는 $p = 500 - 2(q_1 + q_2)$이며 두 기업의 비용함수는 각각 $c_1(q_1) = 3q_1$, $c_2(q_2) = 4q_2$이다. 각 기업은 단일 기간의 이윤을 극대화한다고 가정하자.

기업 1의 이윤극대화 문제: $\max \pi_1 = pq_1 - c_1(q_1) = [500 - 2(q_1 + q_2)]q_1 - 3q_1$

기업 2의 이윤극대화 문제: $\max \pi_2 = pq_2 - c_2(q_2) = [500 - 2(q_1 + q_2)]q_2 - 4q_2$

이윤함수를 각 기업의 산출량에 대해 미분한 다음, 그 값을 영으로 두면 다음과 같다.

기업 1: $\dfrac{d\pi_1}{dq_1} = 500 - 4q_1 - 2q_2 - 3 = 0$

기업 2: $\frac{d\pi_2}{dq_2} = 500 - 2q_1 - 4q_2 - 4 = 0$

각 기업의 산출량에 대한 1계 조건을 풀어 반응함수(BR_i)를 도출하면 다음과 같다.

기업 1의 반응함수 $BR_1(q_2)$: $497 - 2q_2 = 4q_1 => q_1 = 124.25 - 0.5q_2$

기업 2의 반응함수 $BR_2(q_1)$: $496 - 2q_1 = 4q_2 => q_2 = 124 - 0.5q_1$

다음으로 두 반응함수의 교차점에서 꾸르노 내쉬 균형점을 찾으면 된다. 이를 위해 한 기업의 반응함수를 다른 기업의 반응함수에 대입하면

$$q_1 = 124.25 - 0.5q_2 = 124.25 - 0.5(124 - 0.5q_1) = 62.25 - 0.25q_1$$

$$=> 0.75q_1 = 62.25$$

$$=> q_1{}^* = 83$$

기업 1의 최적 산출량을 기업 2의 반응함수에 대입하면 기업 2의 최적 산출량을 구할 수 있다.

$$q_2 = 124 - 0.5(83) => q_2{}^* = 82.5$$

위에서 구해진 산출량을 사용하여 시장가격과 각 기업의 이윤을 구할 수 있다.

$$p^* = 500 - 2(q_1 + q_2) = 500 - 2(83 + 82.5) = 169$$

$$\pi_1{}^* = pq_1 - c_1(q_1) = (169)(83) - 3(83) = 13,778$$

$$\pi_2{}^* = pq_2 - c_2(q_2) = (169)(82.5) - 4(82.5) = 13,612.5$$

이제 위의 실행학습에서 구한 반응함수를 그림으로 그려본 후에 꾸르노 균형해를 찾아보자. [그림 9.3]은 꾸르노 복점 게임을 하는 두 기업의 반응곡선을 나타낸 것이다. 반응곡선은 각 반응함수의 절편들을 가격 축과 수량 축에 각각 표시한 후에 이를 연결하면 쉽게 그릴 수 있다. 두 반응곡선은 위에서 구한 내쉬 균형점에서 서로 교차하고 있음을 알 수 있다.

여기서 등이윤곡선이라는 개념을 적용하여 두 반응곡선이 교차하는 점에서 두 기업

의 이윤이 가장 높음을 설명하여 보자. 등이윤곡선은 동일한 이윤을 가져다주는 산출량 조합 (q_1, q_2)를 나타내는 점들을 연결한 궤적이다. 예를 들어 1,000단위만큼의 이윤에 대응하는 기업 1의 등이윤곡선을 도출하여 보자. [실행학습 9.1]에서 기업 1의 이윤을 1,000이라 두면 $\pi_1 = [500 - 2(q_1 + q_2)]q_1 - 3q_1 = 1{,}000$이다. 이 식을 q_2에 대해 풀면 $q_2 = 248.5 - q_1 - \dfrac{500}{q_1}$이다. 이렇게 구한 식이 [그림 9.3]에서 실선모양으로 그려진 등이윤곡선이다. [그림 9.3]에는 서로 다른 이윤에 대응하는 기업 1의 등이윤곡선들이 나타나 있다. 등이윤곡선은 독점 생산점을 나타내는 점 M에 대해 오목한 형태를 가진다.[1] 또한 등이윤곡선은 기업 1의 반응곡선 $BR_1(q_2)$을 따라 점 M 방향으로 이동함에 따라 더 높은 이윤에 대응하며 점 M에서 이윤이 가장 크다.

이러한 등이윤곡선의 개념을 적용하면 우리는 기업 2의 산출량 수준이 정해졌을 때 기

그림 9.3 꾸르노 복점 기업의 반응곡선과 내쉬 균형

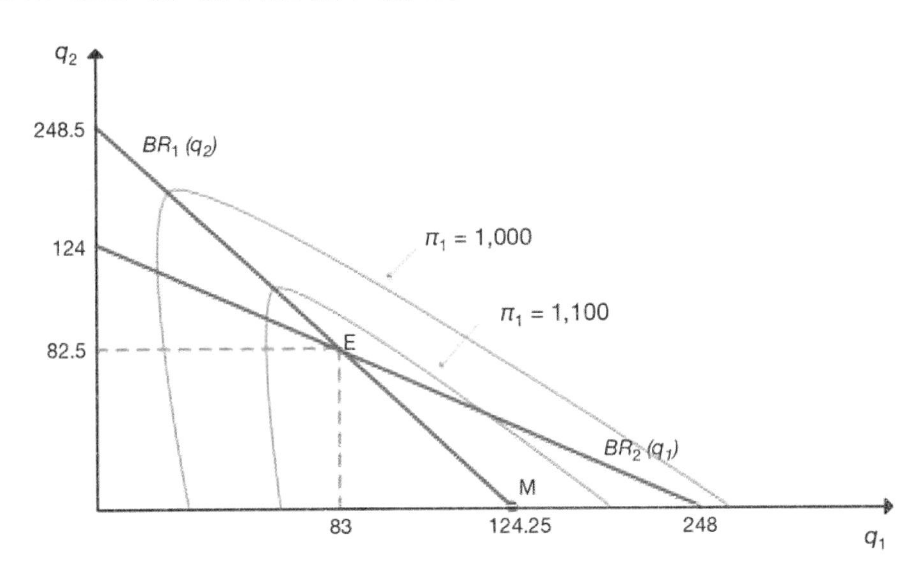

기업의 반응곡선들은 굵은 선으로 나타나 있으며 이 두 곡선이 교차하는 점(E)에서 쿠르노 복점의 내쉬 균형이 존재한다. 기업 1의 등이윤곡선은 가는 실선모양을 그려져 있으며, 기업 1의 독점 산출량에 대응하는 점 M에 가까워질수록 더 높은 이윤에 대응한다.

1 등이윤곡선의 모양이 아래로 휘어진 이유는 다음과 같다. 등이윤곡선에서 q_2의 값은 q_1이 매우 큰 값에서 시작하여 점점 작아짐에 따라 처음에는 점점 커지나, q_1이 영에 가까워짐에 따라 $500/q_1$의 값이 상대적으로 매우 커져 q_2는 증가에서 감소로 전환하여 나중에는 큰 폭으로 감소하게 된다. 반면 q_1이 매우 작은 값에서 시작하여 점점 커짐에 따라 q_2도 처음에는 커지나, q_1의 값이 더 커지기 시작하면 q_2는 증가에서 감소로 전환하여 나중에는 큰 폭으로 감소하게 된다.

업 1의 산출량 수준에 따라 기업 1의 등이윤곡선이 여러 개가 도출되는데, 기업 1의 반응곡선 위에 있는 산출량에서 등이윤곡선의 이윤 수준이 가장 높다. 달리 말하면, 기업 1의 반응곡선은 기업 2의 산출량 수준이 주어졌을 때 가장 높은 이윤을 가져다주는 등이윤곡선과 교차한다. 따라서 두 기업의 반응곡선이 서로 교차하는 내쉬 균형 산출량에 대응하는 각 기업의 등이윤곡선에서 이윤이 가장 높게 된다.

9.4.2 베르뜨랑 복점 게임

상호 연관된 기업들이 가격을 정하는 베르뜨랑 복점 또는 과점은 식품산업의 많은 부분에서 적용이 가능하다. 가공식품 산업의 많은 부문에서 소수의 지배적인 기업들이 존재하며 이들은 브랜드화되어 있어 경쟁자와 동일한 가격을 매길 필요가 없이 자신의 정한 가격으로 차별화된 제품을 판매하고 있다. 예를 들어, 탄산음료, 통조림스프, 스낵류(예: 감자칩), 아이스크림, 치즈, 가공육(luncheon meat), 파스타 등의 제품 시장은 모두 베르뜨랑 복점이나 과점에 잘 들어맞는 식품산업이다.

베르뜨랑 복점 게임은 꾸르노 게임과 유사한 방법으로 풀 수 있다. 수요가 차별화된다고 가정하기 때문에 각 기업은 서로 다른 별개의 수요곡선을 갖게 된다.

$$q_1 = a - bp_1 + cp_2$$

$$q_2 = d + ep_1 - fp_2 \tag{9.3}$$

이 수요곡선들은 두 기업의 제품이 서로 대체관계(즉, 교차탄력성이 양의 값)에 있음을 나타낸다는 사실에 주목하라. 만약 그렇지 않다면 이들은 서로 경쟁하지 않게 되어 이들 기업의 행동을 베르뜨랑 게임으로 모형화하는 것은 적절하지 않게 된다.

기업이 단일 기간의 이윤을 극대화한다면, 기업의 수요곡선과 비용곡선을 사용하여 식 (9.1)과 유사하게 각 기업의 이윤함수를 구할 수 있다. 그러나 이전과 달리 이윤은 산출량이 아니라 가격으로 표현됨을 유의할 필요가 있다. 기업 1의 단위당 생산비가 c_1일 때 이윤함수는 다음과 같다.

$$\pi_1 = (a - bp_1 + cp_2)p_1 - c_1(a - bp_1 + cp_2) \tag{9.4}$$

기업 1의 이윤함수를 p_1에 대해 미분하여 그 값을 영으로 놓으면 p_1을 p_2의 함수로 풀 수 있다. 이러한 과정을 통해 꾸르노 게임과 유사하게 반응함수를 얻게 된다. 차이점은 베르뜨랑 게임에서 반응함수는 경쟁자가 책정한 가격에 반응하여 각 기업이 결정할 수 있는 최적 가격을 알려준다는 점이다. 내쉬 균형점을 찾기 위해서는 두 반응곡선이 교차하는 점을 찾으면 된다.

꾸르노 복점은 매우 안정적이며 항상 내쉬 균형을 가진다. 반면, 베르뜨랑 복점은 다소 복잡하다. 기업의 반응함수는 자체가격 탄력성, 교차가격 탄력성, 한계비용 등에 따라 상향하거나 또는 하향하는 기울기를 가질 수 있다. 이러한 점은 반응함수가 양의 값을 가지는 가격의 범위 내에서 서로 교차하지 않아 내쉬 균형이 존재하지 않을 수 있음을 의미한다. [그림 9.4]는 베르뜨랑 반응함수의 가능한 형태와 이에 대응하는 내쉬 균형점들을 보여준다. [그림 9.4]의 오른쪽에서처럼 반응곡선들이 서로 교차하지만 불안정한 균형점을 가지는 경우가 나타날 수 있다. 이는 내쉬 균형은 존재하지만 경쟁기업들의 담합이 아니라면 균형에 도달할 방법이 없을 수 있음을 의미한다. 이러한 불안정한 균형하에서 각 기업들이 내쉬 균형이 아닌 점에 있다면 기업의 반응함수들은 기업들로 하여금 가격이 내쉬 균형점에서 점점 더 벗어나게 하여, 가격이 무한히 상승하거나 또는 어느 한 기업의 가격이 영으로 떨어지게 된다.

위에서 언급한 대로 베르뜨랑 게임은 둘 또는 그 이상의 대기업이 브랜드 인지도로 차별화된 제품 카테고리를 지배하며 부분적으로 가격을 통해 소비자에 대해 서로 경쟁하는 식품산업의 세부영역에 잘 들어맞는다. 예를 들면, 주류, 이온음료, 원두커피 및 인스턴트커피, 요거트, 아이스크림 등은 베르뜨랑 복점이나 과점에 의해 모형화될 수 있는 제품군의 본보기이다.

베르뜨랑 게임의 한 가지 장점은 여러 가지 전략을 가진 게임, 즉 기업들이 가격 이외에도 쿠폰 발행, 광고비 지출, 그 외 다른 촉진변수 등 다양한 전략을 선택할 수 있는 게임으로 쉽게 일반화할 수 있다는 점이다. 게임이론적 분석을 위해 먼저 해야 할 것은 해당기업과 경쟁기업의 광고비 지출과 같은 변수들을 수요의 변동 요인에 포함하여 식 (9.3)과 유사하게 수요함수를 만드는 것이다. 이 수요함수를 이윤함수에 대입하면 기업이 전략으로 취할 수 있는 모든 선택변수에 대해 도함수를 취할 수 있다. 이때 각 선택변수에 대해 반응함수가 도출되는데, 해당기업과 경쟁자들이 취할 수 있는 다른 모든 선택변수들의 함수로 표현된다. 내쉬 균형점은 반응함수들의 교차점에서 나타나며 모든 선택변수들에 대해 동시에 구해진다. 이러한 내쉬 균형점을 구하는 방법은 단지 각 선택변수들의 반응함수들로 구성된 연립방정식의 해를 구하는 것에 지나지 않는다. 선택변수가 여러 가지인 베르뜨랑 게임의 수치적인 해법은 연습문제에서 다루어질 것이다(연습문제 ❹번을 참조하시오).

그림 9.4 **베르뜨랑 복점의 반응곡선과 내쉬 균형**

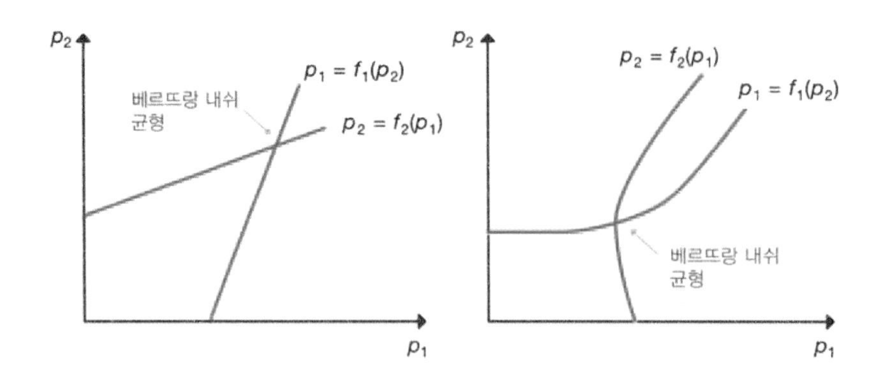

꾸르노 복점은 안정적이며 항상 내쉬 균형을 가진다. 반면, 베르뜨랑 복점에서는 기업의 반응함수가 자체가격 탄력성, 교차가격 탄력성, 한계비용 등에 따라 상향하거나 또는 하향하는 기울기를 가질 수 있다. 이로 인해 반응함수가 양의 값을 가지는 가격의 범위 내에서 서로 교차하지 않아 내쉬 균형이 존재하지 않을 수 있다. 불안정한 균형하에서 각 기업들이 내쉬 균형이 아닌 점에 있다면 기업의 반응함수들은 가격을 내쉬 균형점에서 점점 더 벗어나게 하여, 가격이 무한히 상승하거나 또는 어느 한 기업의 가격이 영으로 떨어지게 된다.

9.4.3 복점에서 과점으로의 이동

지금까지 다루었던 복점 게임을 과점으로 확대하여 적용하는 것은 그다지 어렵지 않다. 꾸르노 과점 게임에서 해야 할 첫 번째 절차는 수요함수를 수정하여 보다 많은 기업을 포함시키는 것이다. 과점게임에서 역수요함수는 다음과 같이 나타낼 수 있다.

$$p = g(q_1 + q_2 + \ldots\ldots + q_k)$$

여기서 $g(\bullet)$는 역수요함수이고, q_1부터 q_k는 과점을 구성하는 k개 기업의 산출량 수준이다. 역수요함수의 우변에 둘이 아닌 그보다 많은 수의 산출량 변수들이 포함된다는 점을 제외하면 이윤함수는 복점의 경우와 동일하다. 이전과 동일하게 이윤극대화의 1계조건에서 도출되는 기업들의 반응함수는 과점 내의 다른 모든 기업들의 총산출량에 대응하여 생산해야 할 이윤극대화 산출량을 알려준다. 실제로 기업의 수가 k개일 때 나타나는 꾸르노 균형 가격과 균형 산출량, 그리고 시장수량에 대해서는 연습문제 ❷번에서 다룰 것이다.

베르뜨랑 과점 게임에서 수요곡선은 모든 경쟁기업의 가격과 다른 관련변수(예를 들면, 광고비 지출)를 포함하도록 수정해야 한다. 이는 수요곡선이 더 복잡한 모양을 갖게 됨을 의미한다. 기업은 수요곡선을 추정하여 이윤극대화 문제를 풀기 위해서는 많은 양의 데이터를 수집할 필요가 있다. 그러나 베르뜨랑 복점과 동일하게, 경쟁자의 가격(또는 다른 선택변수) 전략에 대응하여 각 기업이 책정하는 가격을 알려주는 반응함수들이 도출된다. 내쉬 균형은 이전과 마찬가지로 반응함수들의 교차점에서 일어난다.

베르뜨랑 게임은 전략이 연속적이지 않고 단지 두 가지인 과점적인 상황하에서도 여전히 유용하다. 가능한 전략이 단지 두 가지인 가장 단순한 게임을 구성해보자. 즉, 기업이 선택할 수 있는 전략은 경쟁자의 가격 변화에 동조하거나 아니면 동조하지 않는 것이다. 그러한 게임에서 최적 전략은 가격 인하에는 동조하나 가격 인상에는 동조하지 않는 것이다. 이러한 경우에 과점 기업의 수요곡선은 현행 가격 p^*보다 높은 가격에서는 매우 탄력적인 형태가 된다. 왜냐하면 과점 기업들은 만약 자신이 가격을 p^*보다 높게 올리면 다른 기업들은 가격을 올리지 않을 것이므로 자신의 판매량은 줄고 시장의 상당 부분을 상실하게 된다고 믿기 때문이다. 반면 현행 가격 p^*보다 낮은 가격 아래에서 수요곡선은 비탄력적인 형태가 된다. 왜냐하면 과점 기업들은 만약 자신이 가격을 p^*보다 낮게 내리면 다른 기업들도 시장을 잃지 않기 위해 가격을 같이 내릴 것이라고 믿기 때문이다.

그림 9.5 **과점 식품시장과 굴절수요곡선**

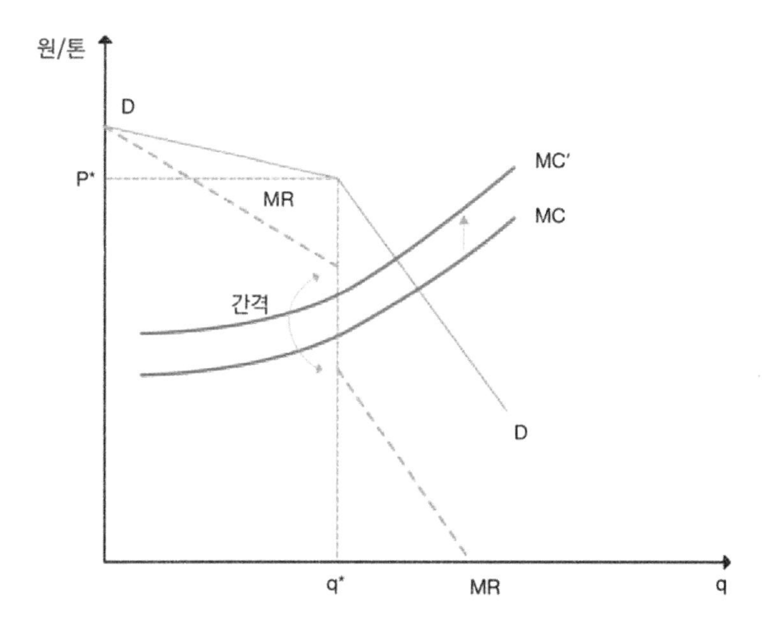

과점 식품산업에서 기업의 최적전략은 가격 인하에는 동조하나 가격 인상에는 동조하지 않는 것이다. 이는 이른바 굴절된(kinked) 수요곡선을 발생시켜 한계비용이 상승하더라도 기업은 가격을 변화시키기를 주저하는 가격경직성이 나타날 수 있다.

이로 인해 과점하의 식품기업들은 [그림 9.5]에서 보는 바와 같이 굴절된(kinked) 수요곡선을 갖게 된다. 수요곡선이 굴절되어 있기 때문에 기업의 한계수입곡선은 굴절이 발생하는 산출량에서 간격을 가지는 불연속적인 모양을 갖게 된다. 한계수입에서 간격은 기업이 비용이나 수요의 변화를 경험하더라도 그 변화를 가격 인상 또는 인하로 소비자에게 전가하지 못함을 의미한다. 이로 인해 과점산업에서는 비용이나 수요가 변화하더라도 기업은 가격을 변경하기를 주저하는 가격경직성 현상이 나타나게 된다.

식품산업 인사이드 9.4

식품산업에서 베르뜨랑 게임 사례: 10원 전쟁

과점시장에서 기업 간의 묵시적인 상호이해가 성립하기 어려울 수 있다. 기업마다 생산비 차이가 나고 시장수요에 대한 판단이나 예측이 서로 다를 수 있기 때문에 적절한 담합가격에 서로 합의하지 못할 수 있다. 많은 식품산업에서 묵시적 담합은 오래가지 않는다. 기본적으로 과점시장에서는 기업 간의 상호 불신이 밑바탕에 깔려있는 경우가 많다. 이로 인해 한 기업이 가격을 낮추면 이는 바로 가격전쟁으로 연결될 수 있다. 다음의 사례가 그것이다.

대형마트 3사가 삼겹살데이(3월 3일)를 앞두고 삼겹살 가격 10원 전쟁을 벌이고 있다. 삼겹살데이는 2000년대 초 구제역 파동으로 국내 축산농가가 위기에 빠지자, 2003년 파주 연천축협이 돼지고기 소비 촉진을 위해 '3'자가 두 번 들어간 3월 3일을 삼겹살데이로 정하며 시작됐다. 삼겹살데이의 대형마트 삼겹살 매출은 평소의 3~5배에 달한다. 이 때문에 대형마트 3사는 매년 삼겹살데이를 맞아 대규모 할인 행사를 펼친다.

대형마트들이 벌이는 삼겹살 가격 인하 전쟁은 이번이 처음이 아니다. 그동안 랍스터·꽃게·오징어를 두고서도 경쟁적으로 가격을 내리곤 했다. 지난해 여름 꽃게 금어기(6월 21일부터 8월 20일)가 끝났을 때 롯데마트와 이마트가 꽃게 가격 전쟁을 벌였다. 주요 대형마트들이 이처럼 가격 경쟁을 벌이는 이유는 대표 상품 할인가격 경쟁에서 밀릴 경우 다른 할인 상품의 판매에까지 영향을 받기 때문이다.

삼겹살 가격 인하 전쟁은 롯데마트가 촉발했다. 롯데마트는 이날 오전 10시 점포 영업 개시와 함께 기습적으로 '국내산 냉장 삼겹살' 가격을 기존 할인가(100g당 1,080원)에서 990원으로 내렸다. 롯데마트는 별도의 언론 보도자료나 광고 없이 이날 아침 조간신문 전단에서 '국내산 냉장 삼겹살 특가…가격은 매장에서 확인하세요'라는 문구를 넣었다. 롯데마트는 서울 잠실·가락·서울역점 등 전국 106개 매장에서 국내산 냉장 삼겹살을 100g당 990원에 팔고 있다. 이마트는 경쟁 관계인 롯데마트가 삼겹살 가격을 990만원으로 낮춘 데 자극을 받아 1인당 물량제한 없이 960원에 삼겹살을 팔 계획이라고 밝혔다. 홈플러스도 이날 오전 100g당 1,170원에 할인 판매한다는 애초 계획을 수정해 990원에 판매하기로 했다. 홈플러스는 이마트가 960원으로 가격을 낮추자 오후에는 이마트보다 10원 더 싼 950원으로 가격을 정했다. 한 대형마트 관계자는 "삼겹살 할인 행사를 할 때 가격은 평소 가격의 절반 수준에 불과해 수익(마진)이 많이 남는 것은 아니지만 대형마트 3사가 브랜드 이미지와 자존심 싸움에서 질 수 없다는 생각 때문인지 10원 전쟁을 반복하고 있다"고 말했다.

자료: 조선비즈, 2015년 2월 27일자 기사에서 발췌

9.4.4 선도자와 추종자를 가진 경쟁

지금까지 게임이론을 설명하면서 기업이 의사결정 과정에 어떻게 전략적인 사고를 할 것인가 하는 측면을 다루었다. 이 절에서는 식품기업이 사용할 수 있는 전략적 사고와 전략의 내용을 좀 더 발전시켜 보자. 꾸르노 복점과 과점, 베르뜨랑 복점과 과점 게임에서 각 기업은 먼저 경쟁자의 전략이 변하지 않는다고 가정하고 반응함수를 도출한다. 그러나 상대방의 전략 변화에 대한 각 기업의 연속적인 조정이 어떻게 기업들로 하여금 조정이 끝나 선택된 전략이 변하지 않고 유지되는 지점(즉, 균형점)까지 도달하게 하는지에 대해 명확하게 논의하지 않았다. 반응함수를 사용하여 기업들은 자신의 전략을 계속하여 조정한다고 가정하면 이러한 연속적인 최적반응이 어떻게 기업들로 하여금 내쉬 균형에 도달하게 하는지를 알 수 있지만, 기업이 왜 그러한 과정을 따르는지에 대해서는 여전히 의문이다.

기업이 어떻게 균형에 도달하는가를 설명하려는 노력의 일환으로 슈타켈버그 복점 게임(Stackelberg duopoly game)이라는 이론이 정립되었다. 슈타켈버그 게임에서 선도자(leader)라 불리는 한 기업은 자신의 반응함수를 이용하여 경쟁자 기업의 전략에 반응하는 대신에 경쟁자의 반응함수를 제약식으로 하여 자신의 이윤을 극대화시키는 전략을 찾아냄으로써 보다 큰 이윤을 얻는 것이 사실상 가능하다. 즉, 선도자 기업은 경쟁자의 전략을 주어진 것으로 받아들이기보다는 자신의 전략과 경쟁자(추종자, follower)의 전략 둘 다를 선택한다. 선도자 기업은 시장에 반응하기보다는 시장을 선도하는 것이다. 이것이 일반적으로 선도자 기업으로 하여금 더 높은 이윤을 얻게 한다.

자, 이제 꾸르노 복점 게임하에서 두 기업의 반응곡선에 등이윤곡선이 추가된 [그림 9.6]을 보자. 슈타켈버그 게임에서 추종자는 선도자가 산출량을 결정한 후에 자신의 산출량을 결정하기 때문에 선도자의 산출량은 고정된 것으로 간주한다. 따라서 추종자의 이윤극대화 산출량은 꾸르노 게임의 반응곡선에 의해 주어진다. 슈타켈버그 게임에서 선도자는 추종자의 반응함수에서 자신의 가장 높은 등이윤곡선과 만나는 점을 찾는다. 이 점은 [그림 9.6]에서 점 C로 표시되어 있다. 선도자 기업의 이윤은 꾸르노 내쉬 균형점 A보다 명백히 더 높은 반면, 추종자는 더 낮은 이윤을 얻는다.

흥미롭게도 꾸르노 복점에서는 항상 슈타켈버그 게임의 선도자가 되는 것을 선호한다. 그러나 베르뜨랑 복점에서는 슈타켈버그 게임의 추종자가 선도자보다 더 높은 이윤을 얻으며, 베르뜨랑 내쉬 균형점에서 얻었던 것보다 더 높은 이윤을 얻을 수 있다. 왜냐하면 먼저 선도자가 가격을 결정하면 그보다 약간 낮은 가격을 책정하여 시장을 크게 차지할 수 있는 기회가 경쟁기업에게 주어지기 때문이다. 그리하여 전략이 가격에 기초할 때 각 기업들은 다른 기업이 선도자가 될 때까지 슈타켈버그 행동모형을 따르려고 하지 않는다.

그림 9.6 **슈타켈버그 꾸르노 균형과 담합**

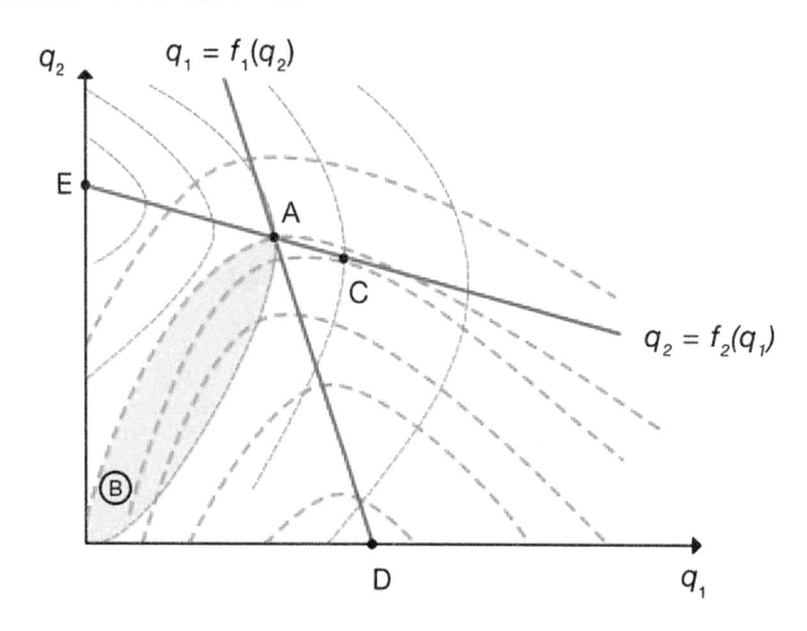

긴 점선은 기업 1의 등이윤곡선(최대이윤점: D), 짧은 점선은 기업 2의 등이윤곡선(최대이윤점: E)을 의미하한다. A점은 꾸르노 내쉬 균형점, B는 담합적 영역의 협력해이며 C점은 기업 1이 선도자인 경우의 슈타켈버그 균형점이다.

식품산업에는 베르뜨랑 게임이나 베르뜨랑-슈타켈버그 게임이 적합한 시장에서 경쟁하는 기업들의 사례가 매우 많다. 예를 들어, 미국의 아몬드산업에서는 블루다이아몬드(Blue Diamond)라는 기업은 미국 아몬드 시장의 2/3가량을 점하여 슈타켈버그의 선도자 역할을 한다. 블루다이아몬드가 시장조사를 하여 연간 공급량을 예측하고 가격을 정한다. 그러면 나머지 기업들이 블루다이아몬드가 정한 가격에 따라 자신의 가격을 정하게 된다. 코카콜라와 펩시는 명백하게 (소수의 주변부 탄산음료 판매자를 가진) 베르뜨랑 복점 게임을 따른다고 말할 수 있다. 이들은 가격과 다양한 촉진 및 광고 프로그램을 전략으로 선택한다.

9.4.5 담합 행위의 모형

[그림 9.6]에서 꾸르노-내쉬 균형점 A의 왼쪽 아래에 있는 렌즈모양의 영역(B)을 주목하라. 이 영역은 두 기업이 모두 산출량을 줄임으로써 더 높은 등이윤곡선에 도달할 수 있

기 때문에 꾸르노-내쉬 균형보다 두 기업 모두에게 더 높은 이윤을 제공한다. 즉, 담합 행위가 두 기업 모두에게 이익이 되는 영역이다. 그리하여 한 기업이 영역 안의 한 점에 도달하기 위해 다른 기업에게 담합을 제안한다면 경쟁기업은 협력할 유인을 갖는다. 그러한 담합 협상은 두 기업 모두에게 이득이 된다. 경제학적인 방법을 적용하여 담합 영역에서 두 기업이 이동하기로 합의하는 지점을 알 수는 없다. 협약의 결과는 두 기업의 상대적인 힘과 협상기술에 기초한다.

이러한 담합은 기업들이 특정 거래 행위에 서로 동의함으로써 성취될 수 있다. 이러한 행위에는 ① 각 기업의 산출량을 제한하거나, ② 가격을 일정수준 이상으로 유지하거나, ③ 특정 수량의 판매실적을 얻기 위해 각 기업이 계약 시에 인위적으로 높은 입찰가격을 써 내거나, ④ 앞선 행위들의 결합된 형태이거나, ⑤ 그 외 기업이 도모할 수 있는 반경쟁적인 협정 등이 있다. 그러나 실제로 담합 행위는 불법이다. 공정거래법을 위반한 담합 사례를 보면 시장별로 수법들이 매우 다양하다.

요약

- 게임이론은 소수의 브랜드화되고 차별화된 제품을 가진 기업이 시장을 지배하는 식품시장에서 우리가 관찰할 수 있는 기업의 시장 행위에 대해 강력한 예측능력을 가진다.
- 게임 경기자들은 전략을 선택하고 선택된 전략의 집합은 각 경기자의 보수를 결정한다.
- 내쉬 균형은 전략의 집합 또는 게임의 해로서 이 균형점에서는 어느 경기자도 다른 모든 경기자가 선택한 전략을 알고 난 후에 자신의 선택한 전략을 변경할 유인을 가지지 않는다. 그리하여 내쉬 균형은 자기구속적이며 이를 유지하는 데 협력을 필요로 하지 않다.
- 반복 게임에서는 동일한 경기자가 동일한 보수에 대한 전략을 여러 라운드 동안 선택한다. 반복 게임은 협조, 속임, 속임에 대한 처벌의 가능성을 포함한다.
- 순차 게임에서는 먼저 행동하는 경기자가 선점자의 우위를 가지게 되어 동시 게임의 경우에 비해 더 높은 보수를 얻게 된다. 이러한 순차 게임의 균형해는 의사결정 나무를 이용하여 역순 귀납적으로 풀어 가면 쉽게 찾을 수 있다.
- 꾸르노 게임에서는 경기자들이 산출량을 선택변수로 가지는 반면, 베르뜨랑 게임에서는 가격을 선택한다. 이러한 게임에서 각 기업의 이윤극대화 문제로부터 도출되는 반응함수는 경기자가 다른 경기자들의 전략에 최적으로 대응하도록 해준다. 두 게임의 내쉬 균형점은 각 기업의 반응곡선이 서로 교차하는 점에서 나타난다.
- 슈타켈버그 게임에서 선도자는 다른 경기자(추종자)가 자신의 반응함수를 따라 움직인다는 제약하에서 실행할 수 있는 이윤극대화 전략을 발견한다. 슈타켈버그 선도자는 반응함수를 사용하지 않는다. 왜냐하면 시장을 선도하지, 시장에 반응하지 않기 때문이다.
- 기업은 이윤배분 방식에 대한 협정을 맺고 산업 전체의 이윤을 증가시킬 목적으로 담합(또는 협력)할 수 있다. 그러나 담합은 거의 항상 불법이다.

연습문제

❶ 두 식품기업이 꾸르노 복점 게임을 한다고 하자. 두 기업의 비용함수는 각각 $c_1(q_1) = 5q_1$, $c_2(q_2) = 10q_2$이다. 시장역수요함수는 다음과 같다.

$$p(Q) = p(q_1 + q_2) = 250 - 4Q$$
$$= 250 - 4(q_1 + q_2)$$

가. q_i가 주어졌을 때 q_j에 대한 반응함수를 구하시오.

나. 꾸르노 내쉬 균형산출량을 구하시오.

다. 각 기업에 대한 균형가격과 이윤을 구하시오.

라. 기업 1이 선도자이고 기업 2가 추종자라고 할 때 각 기업의 균형산출량을 구하여 보시오. 이러한 슈타켈버그 게임의 균형산출량은 꾸르노-내쉬 균형산출량과 비교할 때 어떻게 다른가? (힌트: 기업 2의 반응함수를 구한 후에 이를 기업 1의 이윤함수에 대입하면 된다)

❷ 어떤 식품산업에서 시장역수요곡선은 $P=a-bQ$이며, 이 산업에 속한 기업은 모두 c로 나타낼 수 있는 동일한 한계비용을 갖는다고 하자(단, $a>c$). 시장에 N개의 동일한 기업이 있으며 이들 기업이 꾸르노 게임을 한다고 하자.

가. 산업 전체의 균형수량이 $Q=\frac{1}{N+1}\left(\frac{a-c}{b}\right)$임을 보이시오.

나. 꾸르노 균형가격이 $P=\frac{a}{N+1}+\frac{N}{N+1}c$임을 보이시오.

다. 위의 두 문제 해답을 이용하여 N개 기업으로 구성된 꾸르노 과점이 독점, 완전경쟁시장과 어떻게 다른지 설명하여 보시오.

❸ 어느 지역에 두 푸드트럭이 있어 동일한 한 가지 제품만을 판매한다. 이 가게들이 서로 경쟁할 때 베르뜨랑 복점 게임을 한다. 푸드트럭은 제품 1개당 1원의 일정한 한계비용을 가지며 다음과 같은 일일 수요곡선에 직면한다.

가게 1: $q_1=200-20p_1+10p_2$　　　가게 2: $q_2=200+5p_1-25p_2$

가. 각 푸드트럭이 일일이윤을 극대화할 때 각각의 반응함수를 구하시오.

나. 베르뜨랑－내쉬 균형을 구하시오.

다. 두 푸드트럭의 일일이윤을 구하시오.

❹ 문제 3의 수요곡선이 다음과 같이 광고비 지출(Adv_i)을 포함한다고 할 때 문제 3의 가)~다)를 모두 답하시오. 그리고 가격과 광고에 대한 두 기업의 반응함수를 구하시오.

가게 1: $q_1=200-20p_1+10p_2+Adv_1-Adv_2$

가게 2: $q_2=200+5p_1-25p_2-Adv_1+Adv_2$

❺ 어느 기업이 HMR 형태의 즉석밥을 판매하는 독점기업이라고 하자. 이 기업의 비용함수는 $c(q)=5+0.5q^2$, 역수요함수는 $p=100-0.5q$이다.

가. 독점기업의 이윤극대화 가격과 수량, 그리고 이윤을 구하시오.

나. 신규기업이 경쟁제품을 가지고 시장에 진입한다고 한자. 신규기업의 비용함수는 $c_2(q)=10+q^2$이다. 두 기업이 독점기업의 옛날 수요를 서로 나누는 꾸르노 게임을 한다면 꾸르노－내쉬 균형에서 각 기업이 얻게 되는 이윤은 얼마인가?

다. 산업 전체 이윤과 과거 독점기업이 벌었던 이윤을 비교하여 보시오.

라. 독점기업이 이 새로운 게임에 담합적인 해를 협상하는 데 관심이 있다. 독점기업이 신규기업에 제시할 가능성이 있는 제안에 대해 말해보시오.

❻ 다음의 게임은 협동조합에서 판매방식(공동판매 또는 개별판매)에 따른 조합원의 수익을 나타낸 것이다. 이 게임을 통하여 협동조합을 통한 공동판매가 조합원 개별판매보다 장기적으로 이득이 됨을 보여라. 공동판매라는 공동행위가 효과를 거두기 위해 필요한 것은 무엇인가?

		조합원 B	
		개별판매	공동판매
조합원 A	개별판매	10, 10	30, 5
	공동판매	5, 30	25, 25

참고문헌

Dorfman, J. M. 2014. *Economics and Management of the Food Industry*, Routledge.

Norwood, B., and Lusk, J. 2007, *Agricultural Marketing and Price Analysis*, Pearson.

Besanko, D., and Braeutigam, R. R. 2008. *Microeconomics*, 3rd edition, Wiley.

Besanko, B., Dranove, D., Sehafer, S., and Shanley, M. 2012. *Economics of Strategy*, 6th edition, wiley.

외식산업의 경영원리

학습목표

- 외식산업의 특징과 체인경영에 대한 이해
- 외식 프랜차이즈에서 계약의 역할에 대한 이해
- 외식 프랜차이즈의 로열티와 가맹금 결정에 대한 이해
- 외식 체인사업체의 광고 결정 및 배분에 대한 이해
- 외식사업체의 가격 책정 방식에 대한 이해

외식산업(Restaurant and Food Service Sector)은 식품산업을 구성하는 중요한 하위산업이다. 핵가족화, 맞벌이 가구 및 1인 가구 증가, 여성의 경제활동 참여 증가 등으로 인하여 가정 밖에서의 식생활 비중이 높아짐에 따라, 외식산업은 크게 성장하여 왔다(식품산업 인사이드 10.1 『우리나라 외식 프랜차이즈산업의 성장』를 참조하시오). 외식산업은 일반음식점 외에도 패스트푸드체인점, 호텔식음료업장, 음료 및 다과 전문점, 주류전문점, 단체급식소, 급식업체, 출장연회 등 다양한 업종과 업태로 구성되어 있다. 이 밖에도 사람들이 소비하는 즉석(Ready To Eat: RTE)식품을 공급하는 모든 사업체나 장소도 외식산업에 속한다.[1]

외식산업의 경영원리를 설명하는 개념과 방법은 식품 가공이나 유통 산업과 비교할 때 크게 다르지 않다. 하지만 외식산업은 별도의 장을 할애할 만큼 다른 식품산업 분야와 구별되는 지배구조적인 특징을 갖는다. 이 장에서는 외식 프랜차이즈에 국한하여 이들 사업체의 경영원리를 설명하면서 가맹금과 로열티의 결정, 계약의 역할, 직영점과 가맹점의 선택, 광고비 배분 등과 관련된 경제학적인 문제에 대해 알아본다. 이 장의 마지막에서는 외식업체 중에서도 레스토랑에 국한하여 이들 사업체의 가격 책정방식과 마케팅 전략에 대해 간략하게 살펴볼 것이다.

1 외식산업을 분류하는 방식은 각 국가마다 다르다. 우리나라에서는 외식산업을 별도로 구분하고 있지 않지만 표준산업분류에서는 외식산업을 일반음식점, 기타음식점업, 주점업, 다과점업으로 구분한다. 반면, 식품위생법에서는 외식산업을 음식물 또는 주류 등을 조리하여 주로 음식점 내에서 고객에게 판매하는 영업행위로 정의하고 세부적으로 휴게음식점, 일반음식점, 단란주점, 유흥주점, 위탁급식영업, 제과점업으로 분류하고 있다.

10.1 외식산업의 특징

오늘날의 외식산업은 단순한 음식장사에서 진화하여 생산의 표준화, 과학화, 대량화가 이루어지고 있으며, 브랜드파워를 갖춘 사업체들의 사업규모가 확대되고 점포 수가 증가함에 따라 점점 기업화, 체인화되어가고 있다. 외식산업이 다른 식품산업과 비교하여 구별되는 특징은 인적자원에 대한 의존도가 높은 노동집약적인 산업이라는 점이다. 외식산업은 제품의 생산부터 최종 판매에 이르기까지 사람의 힘에 많이 의존하기 때문에, 무엇보다도 노동생산성을 높이는 경영관리가 요구되는 산업이다. 한 해 동안 소규모 레스토랑 한 곳에 방문하는 고객은 라면제조회사인 농심의 고객에 비해 다양한 욕구를 가지고 있기 때문에 고객서비스가 중요해진다. 다양한 고객의 욕구에 맞추어 여러 가지 다양한 메뉴품목을 생산·제공하려면 인건비 지출이 상승하게 된다. 외식산업은 식음료라는 제품을 생산하여 판매하지만, 서비스가 식음료와 함께 판매되기 때문에, 인적서비스(직원 태도, 언행)와 물적서비스(인테리어, 테이블, 음악)가 사업체의 차별화를 위한 중요한 요소가 되기도 한다.

외식산업은 제조업, 소매업, 서비스업의 특징을 모든 갖춘 산업이다. 음식의 경우 시간이 지나면 부패하게 되는 특성상 미리 조리할 수 없기 때문에 식품 제조나 유통 분야와는 달리 제품 생산 및 판매, 그리고 소비가 대부분은 동일한 장소에서 서비스와 함께 동시에 제공된다. 이 때문에 외식산업은 정확한 수요예측을 기반으로 식재료를 준비하고 관리해야 하는 어려움이 있다. 최근 외식산업은 다점포 체인 경영을 통해 입지의존적인 한계를 벗어나려는 노력이 일어나고 있지만 여전히 입지에 대한 의존성이 매우 높은 산업이다. 외식산업은 시간적·공간적 특성에 따른 제약에도 불구하고 진입장벽이 낮아 식품산업의 다른 분야에 비해 경쟁강도가 매우 높다. 메뉴 모방이 쉽고 타 산업에 비해 필요한 자본의 규모가 크지 않으며, 기술적 노하우를 보유하지 않아도 외식산업으로의 진입이 용이하기 때문이다.

이상의 특징들 때문에 외식산업에서 인건비와 식재료 관리는 다른 산업에 비해 경영관리의 보다 중요한 측면을 구성한다. 식재료가 원가의 큰 비중을 차지하나 효과적인 관리를 통해 손쉽게 통제할 수 있는 부분이기 때문에 외식산업에서 경영관리 노력의 상당부분은 근로자에 대한 고용, 훈련, 일정관리, 해고 및 유지에 관한 것이다(식품산업 인사이드 10.4 『외식사업체의 원가 구성과 경영관리』를 참조하시오).

외식업체의 가격 책정은 전술한 식품제조업체의 가격 책정과 비교하면 명확하지 않다. 왜냐하면 많은 외식업체가 경영관리 능력이 미약하고 하루 단위로 변하는 식재료 비용에 맞추어 메뉴 가격을 지속적으로 조정하기가 어렵기 때문이다. 또한 메뉴 가격을 인상하면 고객들의 불만으로 매출이 감소할 수 있다(외식업체의 메뉴 가격 결정이나 마케팅수단에 대해서는 식품산업 인사이드 10.5를 참조하시오).

마지막으로 식품가공업체는 도매업자, 소매업자, 개별소비자를 대상으로 한 구별된 마케팅이 가능하지만, 외식업체의 마케팅 계획은 오직 최종 소비자의 직접적인 관심을 끌도록 고안된다. 레스토랑은 자신이 생산한 제품의 판매나 진열을 위해 슈퍼마켓 체인점과 교섭을 할 필요가 없으나, 최종 제품을 생산, 판매하기 때문에 생산된 제품을 고객 평가로부터 피할 수가 없다. 이러한 이유로 외식업체는 고객 충성도를 지속적으로 확보하면서, 제품 생산과 서비스 제공에 가능한 한 실수를 줄어야 하는 어려움이 있다.

식품산업 인사이드 10.1

우리나라 외식 프랜차이즈산업의 성장

국내 외식 프랜차이즈산업의 효시를 1976년에 개점한 '림스치킨'으로 보는 견해와 1979년 7월 동숭동 샘터사 자리에 커피전문점으로 개점한 '난다랑'으로 보는 견해가 있다. 하지만 1979년 10월 롯데호텔과 롯데백화점의 연결통로인 롯데1번가 지하에 개점한 선진화된 프랜차이즈 시스템인 롯데리아를 우리나라 최초의 기업형 프랜차이즈로 보는 견해가 우세하다.

학자들은 국내 프랜차이즈산업을 1970년 태동기, 1980년 도입·성장기, 1990년대 성숙기, 그리고 2000년 이후의 해외진출기 및 일부 업종의 포화기로 구분한다. 태동기는 프랜차이즈사업 모델이 국내에 첫선을 보였고, 기업형 프랜차이즈가 등장했던 시기로 림스치킨과 난다랑, 롯데리아가 출점했다. 도입·성장기는 해외브랜드가 국내에 진출한 시기로, 88서울올림픽을 계기로 우리나라에서 외식문화가 크게 발달하게 된 것이 가장 큰 특징이다. 88서울올림픽을 기점으로 본격 도입되기 시작한 프랜차이즈 시스템은 국내 외식산업을 변화시키고 성장시키는 계기가 되었다. KFC, 피자헛, 파리바게뜨, 투다리, 맥도날드, 놀부 등이 이 시기에 도입되거나 창업한 대표적인 브랜드이다.

성숙기인 1990년대는 국내 프랜차이즈들이 기반을 구축하고, 외환위기 속에서 전업한 직장인들이 프랜차이즈산업 성장의 도화선이 된 시기이다. 도미노피자, 원할머니보쌈, 교촌치킨, 한솔도시락, 던킨도너츠, BBQ, 가마고을, 쪼끼쪼끼 등이 이 시기에 선보인 대표적인 브랜드이다.

2000년대에 외환위기 속에서 회사를 그만 둔 직장인들이 대거 창업시장에 뛰어들면서 국내 프랜차이즈시장은 포화상태에 이른다. 이에 따라 부실 프랜차이즈 본사가 양산되기도 했다. 이 시기는 프랜차이즈업체들이 경쟁이 심한 국내시장을 피하여 새로운 수익모델을 개발하기 위해 해외진출을 가속화한 시기이기도 하다. 투다리, BBQ가 중국에 진출한 것을 비롯하여 편의점, 치킨, 김밥 등 다양한 업종의 프랜차이즈업체들이 적극적으로 해외로 진출하였다.

2010년 이후 외식 프랜차이즈사업은 식자재 파동, 구제역 발생, 메르스 사태, 세월호 참사 등으로 인해 큰 타격을 입었다. 2013년 외식업의 중소기업 적합업종 지정과 가맹사업법 개정으로 프랜차이즈업체들의 신규 출점이 제한되었다. 매출 하락 및 신메뉴 개발의 한계를 극복하기 위해 외식 브랜드끼리의 결합, 외식 브랜드와 주점형 브랜드 결합, 간식형 브랜드와 식당형 브랜드 결합, 외식과 도소매의 이종 간 브랜드 결합, 업태 간 결합 등 다양한 형태의 혼합형 브랜드가 등장하였다.

프랜차이즈 사업의 공정한 질서를 확립하고 가맹본부와 가맹점 사업자가 대등한 지위에서 상호 보완적으로 균형 있게 발전하기 위해 우리나라에서는 2002년 '가맹사업거래에 관한 법률'이 제정되어 시행되고 있다. 가맹사업법에는 정보공개서의 등록, 가맹금 예치, 가맹계약서의 제공, 불공정거래행위 금지, 갱신요구, 해지의 제한, 분쟁 조정에 관한 내용을 포함하고 있다.

표 10.1 우리나라 외식 프랜차이즈산업의 시대별 주요 이슈

시대	특징	주요 브랜드 및 이슈
1970년대 후반 ~ 1980년대	태동기, 실험기	• 1977년 림스치킨 신세계백화점 1호점 개점 • 1979년 5월 롯데리아 소공동 1호점 개점 • 1980년대 초반 외국 패스트푸드 브랜드 국내시장 진출(빅보이, 버거킹, 웬디즈, 피자헛) • 1980년대 후반 한식 프랜차이즈 도입(춘천집, 놀부, 원할머니보쌈 등)
1990년대	성장기, 규제법 모색	• 피자, 패밀리레스토랑, 편의점, 제과점을 중심으로 성장 • 제빵제과점 성장(파리바게뜨, 크라운베이커리, 신라명과, 고려당 등) • 치킨 프랜차이즈 급성장(BBQ, 교촌, 네네, 굽네) • 1998년 2월 14일 한국프랜차이즈협회 결성 • 부실한 가맹본부와 가맹점의 피해 사례가 증가하면서 프랜차이징에 대한 규제 도입(가맹사업의 불공정거래행위 기준 고시, 1997년 2월)
2000년대	성숙기, 규제법 도입, 해외진출	• 외식업, 편의점업, 제과업을 중심으로 지속 성장 • 웰빙트렌드(죽, 생과일주스, 요거트아이스크림) 프랜차이즈 성장 • 국내 프랜차이즈기업의 해외진출(BBQ, 롯데리아, 파리바게뜨 등) • 공정거래위원회 '가맹사업거래공정화에 관한 법률' 제정(2002.5.13.) • 지식경제부 '가맹사업진흥에 관한 법률' 제정(2007.12.21.)
2010년 ~ 현재	시련·변화, 규제강화	• 한식, 커피, 편의점, 제과점 등을 중심으로 신규 가맹본부 성장 • 창업자 맞춤형 사업, 소규모 소자본 창업, 전환형 프랜차이즈 성장 • 중국 및 동남아시아 중심으로 해외진출 활성화 • 프랜차이즈에 대한 부정적 인식 확산 • 가맹사업법 개정(2013.8.13.), 모범거래 기준 제정, 중소기업적합업종 지정 • 업태 간/업종 간/브랜드 간 결합에 의한 혼합형 브랜드 성장

자료: 1. 김철원·김태희, 2012, 『외식산업의 이해』, 한국방송통신대학출판부.
2. 임영균, 2018, "외식 프랜차이즈 기업의 리스크와 대응전략", 2018 식품외식사업전망대회 강연자료.

10.2 체인경영과 프랜차이즈

외식사업은 대개 소규모의 독립 점포에 의해 운영되는 것이 일반적이다. 하지만 최근 대규모의 외식기업들이 도입하며 그 비중이 지속적으로 늘어나고 있는 경영형태가 있다. 바로 체인경영과 프랜차이즈 시스템에 의한 외식사업이다. 우리나라의 유통산업발전법에서는 체인경영(사업)을 같은 업종의 여러 소매점포를 직영하거나 같은 업종의 여러 소매점포에 대하여 계속적으로 경영을 지도하고 상품과 원재료 또는 용역을 공급하는 경영(사업)방식으로 정의하고 있다. 체인경영의 핵심은 다점포화를 통해 규모의 경제를 실현하는 데 있다. 외식사업체가 하나의 점포를 대형화하여 규모의 경제를 실현할 수 있지만 제한된 상권으로 인해 동일 장소에서는 한계가 있다. 이러한 이점 때문에 체인경영은 외식산업의 비즈니스형태로 그 비중이 계속 늘어나고 있다(식품산업 인사이드 10.2 『우리나라 외식 프랜차이즈사업 현황』 참조).

10.2.1 체인경영의 형태

식품산업에서 운영되는 체인사업의 유형으로는 직영점 체인사업, 임의가맹점 체인사업, 프랜차이즈형 체인사업, 조합형 체인사업이 있다.

직영점 체인(corporate chain)은 체인본부가 직접 자본을 투자하여 직영점을 개설하고 본부 직원을 근속시켜 운영함으로써 수익을 창출하는 체인형태이다. 대표적으로 스타벅스 외에도 빕스(CJ푸드빌), 애슐리(이랜드그룹), 세븐스프링스(삼양제넥스), 계절밥상(CJ푸드빌), 자연별곡(이랜드그룹), 올반(신세계푸드) 등과 같은 국내 패밀리 레스토랑들이 직영점 체인으로 운영되고 있다. 직영점 체인은 본부 직원이 직영점에 파견되며 본부의 경영방침대로 운영하기 때문에, 품질 유지와 브랜드 이미지 확보가 용이하다. 다른 체인형태와 달리 직영점에서 얻어지는 모든 수익이 본부에 귀속되어 수익성이 높은 편이다. 하지만, 본부가 직영점포 개설에 따른 투자비용과 인력을 부담해야 하며 높은 재무위험성으로 인해 점포의 확장 속도가 느리다.

임의가맹점 체인(voluntary chain)은 동일 업종의 점포들이 경영의 독립성은 유지한 채 구매, 물류, 마케팅 등을 공동으로 추진하여 규모의 경제에 따른 이익과 분업의 효율성을 얻고자 하는 체인형태이다. 임의가맹점 체인의 가장 큰 장점은 본부로부터 원재료나 상품을 공동으로 대량 구매하여 원가를 절감할 수 있다는 점이다. 본부가 존재하지만 상호, 인테리어, 간판 등 최소한의 이미지만 통일할 뿐, 경영은 개개인이 자율적으로 한다. 임의가맹점 체인은 25마트, 키친나라 등 판매위주의 소매업종에서 취하는 체인경영으로 외식산업에서는 찾아보기가 어렵다.

프랜차이즈형 체인(franchise chain)은 독자적인 상품이나 판매 및 경영기법을 개발한 체인본부가 상호, 판매방법, 매장운영, 광고방법 등을 결정하고 가맹점으로 하여금 그 방침에 따라 매장을 운영하도록 하는 형태의 체인사업이다. 체인본부인 가맹본부(franchisor)가 해당 지역 내의 가맹점 사업자(franchisee)에게 독점적인 영업권을 주고 메뉴, 식재료, 광고, 인테리어, 서비스 등을 직접 구성하고 관리하며, 교육지원, 경영지도, 판촉지원 등 각종 경영에 관한 노하우를 제공한다. 이에 대해 가맹점 사업자는 가맹본부에 가맹금, 로열티 등의 일정한 대가를 지불한다. 달리 말하면 실제적으로 매장을 소유한 가맹점 사업자가 가맹본부의 성공적인 사업 방식(이를 포맷이라 부름)을 복제하는 권리에 대해 비용을 지불하는 것이다. 롯데리아, 탐앤탐스, 놀부부대찌개가 이 유형에 속한다.

조합형 체인(cooperative chain)은 동일 업종의 소매점들이 중소기업협동조합의 규정에 따라 중소기업협동조합을 설립하여 공동구매, 공동판매, 공동시설이용 등의 사업을 수행하는 체인형태이다. 협동조합 프랜차이즈 형태가 이에 가깝다.

10.2.2 외식 프랜차이즈

프랜차이즈는 자사 제품을 짧은 시간에 널리 확대시킬 수 있으며 기업의 수익률을 높일 수 있다는 장점 때문에 많은 외식기업들이 적극 도입하고 있다. 맥도날드, 버거킹, KFC 등이 글로벌 외식기업으로 성장할 수 있었던 것도 바로 프랜차이즈 시스템이 존재했기 때문이다. 프랜차이즈 시스템에 의한 외식기업은 특히 패스트푸드 전문점에 적용하기 쉽다. 대부분의 패스트푸드 전문점은 규모가 작고 표준화를 우선적으로 지향하여 다점포 운영 방식에 적합하기 때문이다. 외식 프랜차이즈는 중앙공급식 주방 시스템(central kitchen)을 도입하여 대량생산 및 표준생산으로 원가를 낮출 수 있기 때문에 경쟁력 있는 판매가격의 확보와 동일한 품질, 가격, 서비스 등의 이점으로 인해 지역에 관계없이 일정한 신뢰도를 구축할 수 있다(식품산업 인사이드 10.3 『외식 프랜차이즈와 센트럴키친』을 참조하시오).

외식 프랜차이즈의 구조와 운영 원리

외식 프랜차이즈는 [그림 10.1]에서 보듯이 가맹본부와 가맹점 사업자의 상호 신뢰와 공동투자에 의한 분업의 협력을 기반으로 상호 계약된 범위 내에서 통제가 이루어진다. 가맹본부는 상호와 상표 등의 사용을 허가하고 경영과 판매에 관한 노하우를 제공하는 반면, 가맹점 사업자는 사업에 필요한 자금을 투자하고 가맹본부의 경영 지도를 받으며 사업을 수행한다.

프랜차이즈 계약은 양자가 합의하여 체결되기 보다는 가맹본부가 미리 정한 사업의 계약 내용을 예비 가맹점 사업자에게 설명한 후 이에 동의하는 사람과의 계약으로 성립하는 특성을 갖는다. 프랜차이즈 계약 내용은 상품 판매 및 사업에 관한 모든 것을 포함하며 권리부여와 그 대가의 지불 등에 관한 의무규정으로 되어 있다. 이 계약은 점포를 개업할 권리에 대한 가맹금, 운영 수입의 배분방법(예: 로열티 비율), 기타 지불비용(광고 등 공동마케팅비용), 점포의 외관, 인테리어, 주방설비 및 집기, 기타 운영 등에 대한 통제수준 등에 대해 자세하게 명시한다. 예를 들어, 가맹본부가 메뉴 가격과 원부재료 공급자 선정을 통제하는지, 가맹본부가 가맹점 사업자에게 리모델링, 신메뉴품목 제공, 특정시간대 영업 등을 요구할 수 있는지를 명시한다. 계약은 또한 재계약 조항도 포함하는데 재계약과 관련하여 수수료를 요구할 수 있다.

식품산업 인사이드 10.2

우리나라 외식 프랜차이즈산업 현황(2015년 기준)

국내 외식 프랜차이즈의 역사는 40년 정도에 불과하다. 2015년 기준 우리나라 외식 프랜차이즈의 가맹점 수는 180,744개이다. 업종별로 보면 한식이 23.8%로 가장 많고, 치킨점(22.6%), 주점(14.2%), 커피전문점(12.8%) 등의 순서이다. 매출규모 측면에서 보면 제빵·제과, 패스트푸드(피자, 햄버거), 패밀리 레스토랑(일식, 서양식 등) 등 오랜 업력과 지속적인 성장세를 보였던 일부 가맹본부를 제외하면 대부분은 영세한 수준을 면하지 못하고 있다.

일례로 ㈜파리크라상은 전국 3천여 개 가맹점을 보유하며 연간 매출액이 2014년 기준 1.6조원이며, ㈜롯데리아의 연간 매출액은 2014년 기준 9,871억 원이다. 반면, 주점 프랜차이즈에서 최대 규모의 가맹점 네트워크를 구성하고 있는 '투다리'(가맹점 2천여 개, ㈜이원이 운영)의 연간 매출규모는 50억 원 수준에 불과하다.

국내 외식 프랜차이즈 산업은 규모와 가맹본부의 전문성 측면에서 양극화 현상을 보이고 있다. 우량 프랜차이즈 가맹본부는 높은 수준의 브랜드 인지도와 신뢰도를 기반으로 다수의 가맹점을 확보하여 규모의 경제 효과를 실현하고 있다. 그 결과, 우량 프랜차이즈의 경우는 가맹본부의 사업패키지 제공에 따른 가맹점 수익 창출, 가맹점의 가맹본부에 대한 로열티 등 대가 지급에 따른 가맹본부의 성장 등 선순환이 이루어지고 있다.

하지만 규모가 영세한 상당수의 프랜차이즈 시스템의 경우 브랜드 파워가 약하며 정보화, 물류시스템, 기술개발, 전문인력 등의 기반이 취약한 상태이다. 이에 따라 가맹점 운영을 위한 매뉴얼 및 가맹점 경영관리에 대한 관리감독이 미비한 상태로 가맹점 부실로 이어지는 사례가 발생하기도 한다. 사업경험이 부족하고 명확한 사업 패키지를 구성하지 못한 가맹본부가 무리한 성장을 추구하면서 가맹점을 무분별하게 모집해, 가맹점의 사업부실로 이어지거나 가맹본부의 가맹점 사업자에 대한 지위 남용 등 불공정행위가 발생함에 따라 프랜차이즈 시스템에 대한 부정적인 인식을 낳기도 한다.

표 10.2 **외식 프랜차이즈 가맹점 및 종사자 수, 매출액, 영업이익 (2015년 기준)**

산업	가맹점 수 (개)	종사자 수 (명)	매출액		영업이익	
			전체 (10억원)	가맹점평균 (백만원)	전체 (10억원)	가맹점 평균 (백만원)
모든 업종[1)]	180,744	660,483	50,321	278.4	4,957	27.4
한식	26,097	105,652	6,744	258.4	830	31.8
일식, 서양식	3,090	18,478	1,028	332.5	102	33.0
제빵, 제과[3)]	8,016	38,107	3,157	393.9	237	29.5
파자, 햄버거	9,381	49,261	2,553	272.2	243	25.9

치킨[2]	24,719	62,296	3,356	135.8	509	20.6
분식, 김밥	8,636	25,953	1,162	134.5	193	22.4
주점	15,594	40,641	2,120	135.9	364	23.4
커피전문점[4]	14,017	59,034	2,260	161.2	302	21.5

자료: 통계청, 경제총조사, 특성편, 산업세세분류별 프랜차이즈 가맹점 해당여부 현황을 인용함
1) 교육서비스업 제외, 2) 해당업종의 가맹점당 영업이익 산정시 가맹점 수는 통계청 2015년 경제총조사 확정결과 공표 보도자료 수치를 사용, 3) 제빵, 제과점 수는 표준산업분류 세세분류(5자리)상의 제과점 수를 사용, 4) 커피전문점 수는 표준산업분류 세세분류(5자리)상의 비알콜음료점 수를 사용

식품산업 인사이드 10.3

외식 프랜차이즈와 센트럴 키친

외식업 운영에서 가장 큰 비중을 차지하는 식재료비와 인건비를 합한 비용을 '프라임 코스트(Prime Cost)'라 부른다. 한국외식중앙회에 따르면 프라임 코스트가 매출액 대비 65%를 상회할 경우 이익을 실현하기 어렵다고 한다. 참고로 우리나라 평균 프라임 코스트는 58.9%로 파악된다. 연매출액이 5천만 원 미만인 영세 사업자의 경우 매출액의 45%를 식재료비로 충당하고 있는 것으로 추정된다.

식재료비의 비중이 높아질수록 '센트럴 키친(Central Kitchen)'에 대한 중요성이 커지고 있다. 센트럴 키친은 여러 품목의 제품을 균일한 맛으로 유지하면서 다량으로 생산하여, 가맹점에 공급하는 프랜차이즈 본사의 전처리 식품 가공센터를 말한다. 프랜차이즈는 센트럴 키친을 통해 원재료 변동성을 최소화할 수 있고, 식재료 준비와 조리 시간을 단축시킬 수 있다. 또한 센트럴 키친은 메뉴 개발, 운영 관리 등에 대한 요구를 충족시킬 수 있어, 이에 선제적으로 투자한 기업형 식자재 업체들은 중소 프랜차이즈 업체의 센트럴 키친 역할을 대행할 것으로 전망되고 있다.

센트럴 키친은 전처리 시설을 통해 취급 품목 수의 확대 및 식자재 가격의 변동성 흡수가 가능하고, 물류 시스템 구축으로 인해 전 지역으로 일일배송이 가능하다는 장점이 있다. 또, 일부 업체들은 영업 노하우를 바탕으로 선점 효과를 누리고 있다.

국내 시장에서 현재 '센트럴 키친'을 구축하고 있는 프랜차이즈 수는 제한적이지만, 센트럴 키친을 통해 식재료를 공급 받는 프랜차이즈 업체들은 상대적으로 프라임 코스트가 낮았다. 센트럴 키친은 새로운 메뉴 개발이나 운영관리 측면에서도 효과적이다. 프랜차이즈의 평균 '프라임 코스트'가 자영업자 대비 2.1%포인트 낮은 것이 그 이유이다. 인건비는 대동소이 했으나 식재료비에서 두드러진 차이가 발생한 것이다.

이와 같은 경쟁력은 외식 프랜차이즈의 비중 확대로 나타나고 있다. 국내 외식시장 규모는 2016년 현재 약 83조원이다. 지난 5년간 연평균 4.7% 성장하였다. 전체 점포수는 65만개이다. 이 중 프랜차이즈 점포는 약 9만개이다. 프랜차이즈 점포는 지난 5년간 연평균 9.3% 증가했다. 2010년 14%에 불과했던 프랜차이즈 비중은 2015년 20%까지 상승했다. 앞으로 프랜차이즈 비중은 계속 증가할 가능성이 크다. 주요 선진국의 프랜차이즈 비중은 40%에 육박한다.

자료: 한국경제신문, 2016.3.25

공정거래위원회에 따르면 프랜차이즈가 성립되기 위해서는 여섯 가지 성립요건이 충족되어야 하는데, ① 영업표지의 사용권 부여, ② 동일한 외관의 공유, ③ 가맹본부의 가맹점에 대한 지원, ④ 교육 통제, ⑤ 상호 독립성, ⑥ 가맹금 지급과 계속적인 거래관계이다. 이 가운데 최소한 프랜차이즈 사업체가 되기 위한 세 가지 핵심요소는 가맹계약에 의한 관계 형성, 계약에 의한 프랜차이즈 포맷 제공, 프랜차이즈 포맷에 대한 대가 지불이다. 프랜차이즈사업은 계약 사업이라 부를 만큼 가맹계약이 프랜차이즈의 핵심요소이다. 또한 계약은 가맹본부와 가맹점 사업자의 상호 독립성을 전제로 하기 때문에 프랜차이즈 체인과 직영체인을 구분하는 가장 큰 요소이기도 하다.

그림 10.1 외식 프랜차이즈의 구조와 운영 원리

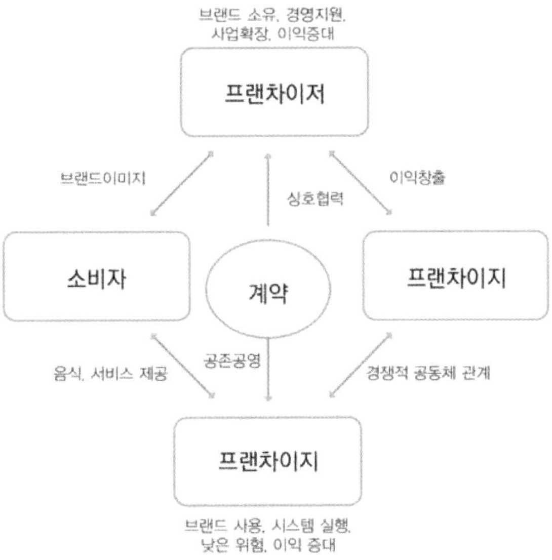

브랜드 소유, 경영지원,
사업확장, 이익증대
프랜차이저
브랜드이미지
상호협력
이익창출
소비자
계약
프랜차이지
음식, 서비스 제공
공존공영
경쟁적 공동체 관계
프랜차이지
브랜드 사용, 시스템 실행,
낮은 위험, 이익 증대

외식 프랜차이즈의 장단점

프랜차이즈사업은 가맹본부와 가맹점 사업자 양쪽에게 모두 좋은 사업기회를 제공한다. 가맹본부 입장에서는 가맹점 사업자가 자본투자를 하기 때문에 프랜차이즈 시스템을 구축하고 확장하는 데 필요한 자본투자가 크지 않다. 즉, 소규모 투자와 최소 인력으로 사업을 빠르게 확장할 수 있으며, 가맹금, 로열티, 원부재료 공급 등을 통해 수익을 얻을 수 있다.[2]

2 예를 들어, 미국에서 프랜차이즈 햄버거 레스토랑의 가맹금은 약 10만 달러 정도이며 월매출액의 5%를 로열티(사용료)로 받고 있다. 한국공정거래조정원에 따르면 국내 커피전문점 프랜차이즈의 경우 2015년 기준 매출액의 2.5~5%를 로열티로 지급한 것으로 조사된 바가 있다.

하지만 직접적인 통제가 어렵고 가맹점 사업자의 자금 상황을 잘 알지 못하여 적합한 예비 사업자 선별에 어려움이 있을 수 있다.

가맹점 사업자의 가장 큰 장점은 성공한 사업의 아이템과 기존에 정리되어 있는 컨셉(concept)을 얻을 수 있다는 점이다. 프랜차이즈란 제품과 서비스가 일정 수준 확립되어 있음은 물론 브랜드 파워를 갖춘 상품 판매를 의미하기 때문에, 가맹점 사업자 입장에서는 확립된 사업을 바로 시작하는 것과 같다. 막대한 광고와 친숙성이라는 부가적인 혜택도 있다. 음식점 하나는 음식점 체인만큼 광고할 수 있는 능력이 없기 때문에 가맹점들은 광고비를 합하여 더 많은 잠재적 소비자에게 접근하는 혜택을 보게 된다. 프랜차이즈가 갖는 친숙성 또한 매우 유익하다. 사람들이 새로운 지역으로 여행하거나 이동하더라도 프랜차이즈 음식점은 제공되는 식사의 유형과 양, 좋아하는 메뉴품목 등의 측면에서 확실한 기대감을 가지고 갈 수 있다는 장점이 있다. 가맹점 사업자는 고객을 유도하기 위한 별도의 시장조사, 제품개발 전략이 필요하지 않기 때문에 오로지 영업활동에만 전념할 수 있다. 또한 독립적인 음식점에 비해 프랜차이즈 음식점은 운영자금이 적게 든다. 가맹점들은 식재료나 각종 물품을 구매할 때 가맹본부의 신용을 바탕으로 저렴하게 구입하여 비용을 절감할 수 있으며, 가맹본부의 축적된 수요예측능력은 가맹점 사업자로 하여금 불필요한 과잉생산이나 재고를 줄여준다. 반면, 사업에 대한 지나친 기대를 갖기 쉽고, 자율성에 제한을 받으며 가맹본부 본사에 지나치게 의존할 수 있다는 단점이 있다.

표 10.3 외식 프랜차이즈 시스템의 장단점

구분	가맹본부(프랜차이저)	가맹점(프랜차이지)
장점	사업 확장을 위한 자본조달 용이하다.	검증된 사업 포맷을 활용할 수 있어서 사업실패율이 낮다.
	대량구매를 통한 규모 경제의 이점을 얻을 수 있다.	소자본, 무경험으로 창업 가능하다.
	광고 등 공동 마케팅을 통해 효과를 극대화시킬 수 있다.	프랜차이즈 브랜드 지명도를 활용할 수 있다.
	직접 운영보다 사업 포맷 개발에 전념할 수 있다.	원부재료를 안정적으로 공급받아 영업활동에 집중할 수 있다.
단점	가맹점 수가 많아지면 관리, 통제가 어려울 수 있다.	자율방식의 영업활동이 제한을 받는다.
		로열티 납부 및 원부자재 매입에 따른 비용 부담이 있다.
	가맹점 관리 및 지원에 대한 비용 부담이 있다.	본사 의존도가 높아 자체 능력 개발을 등한시할 수 있다.
	투자대비 수익률은 상대적으로 높으나 매출대비 수익률은 제한적이다.	타 가맹점 실패가 전체 프랜차이즈 신뢰도에 영향을 미칠 수 있다.

10.3 프랜차이즈 경영의 경제원리

이 절에서는 프랜차이즈 경영과 관련하여 세 가지 의사결정 문제를 다룬다. 프랜차이즈를 어떠한 소유 방식으로 운영할 것이냐 하는 것이 첫 번째 문제이다. 프랜차이즈 기업은 자신의 매장(점포)을 직영점으로 운영할 수 있고, 아니면 프랜차이징(가맹계약을 체결)하여 가맹점 사업자로 하여금 점포를 운영하게 할 수도 있다. 실제 프랜차이즈 기업의 운영 현황을 보면 직영점과 가맹점이 혼합된 사례도 상당수에 달한다. 이러한 지배 구조의 차이는 어떻게 설명할 수 있겠는가?

10.3.1 프랜차이즈 경영의 이윤극대화

외식 프랜차이즈 기업이 자신의 점포를 직영점 형태로 운영한다고 하자. 앞 절에서 외식업체는 제조업과 소매업의 특성을 모두 가진다고 설명하였다. 따라서 직영점을 운영하는 프랜차이즈 기업의 의사결정 문제는 수직적으로 결합된 형태의 기업을 생각하면 쉽다. 즉, 자신이 생산한 제품(예를 들면, 햄버거)을 자신이 직영하는 점포에서 판매하는 경우이다. 프랜차이즈 기업의 이윤을 수식으로 표현하면 다음과 같다.

$$\Pi = PQ - (MC_P + MC_R)Q$$

여기서 P는 단위당 판매가격, Q는 판매량, MC_P는 한계생산비용, MC_R은 한계판매비용을 각각 나타낸다. 이 기업이 직면한 이윤극대화 문제의 1계 조건을 구하면 다음의 식과 같다.

$$\frac{d\Pi}{dQ} = P + Q\frac{dP}{dQ} - MC_P - MC_R = 0 \tag{10.1}$$

위의 식 (10.1)이 의미하는 바는 프랜차이즈 기업이 이윤을 극대화하려면 한계수입이 한계생산비용과 한계판매비용의 합과 같아야 한다는 것이다. 이러한 관계식을 그림을 나타낸 것이 [그림 10.2]이다. 이 기업의 이윤극대화 판매가격과 판매량은 각각 P^*, Q^*이다. 즉, 판매량 Q^*에서 이 기업의 한계수입은 한계생산비용과 한계판매비용의 합과 일치하게 된다. 판매량 Q^*에서 두 한계비용의 합을 C^*라고 할 때, 이 기업의 이윤은 $\Pi = (P^* - C^*)Q^*$이다.

자, 이제 프랜차이즈 기업이 자신의 점포를 프랜차이징하여 가맹점에게 판매 권한을 부여한다고 하자. 즉, 이 프랜차이즈 기업이 가맹점 사업자와 계약을 맺어 원재료나 부재료, 판매 권한 등을 제공하고 그 대가로 사업자에게 일정금액을 부과한다고 하자. 가맹본부가 가맹점으로부터 수익을 얻는 방식은 일정액의 초기 가맹금을 부과하거나, 판매액 또는 판매량에 비례하는 로열티를 부과하는 방식, 원부자재를 구입하도록 하는 방식이 있을 수 있다. 각 수익 구조별로 가맹점 사업자의 판매량과 이윤, 그리고 가맹본부의 이윤이 어떻게 달라지는지를 살펴보자.

그림 10.2 외식 프랜차이즈 기업의 판매량과 이윤

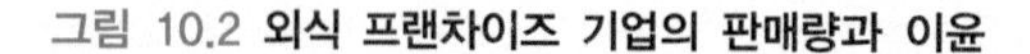

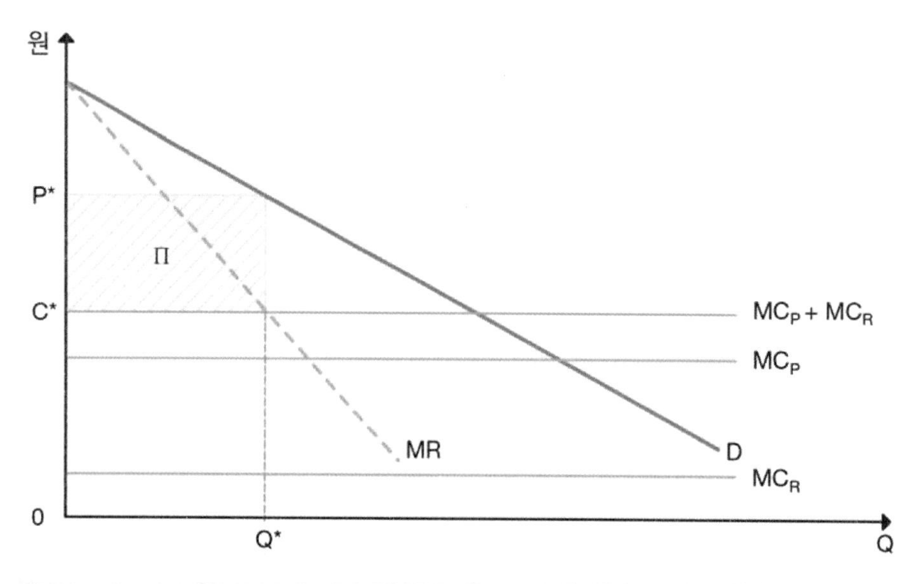

외식 프랜차이즈 기업은 제조업과 소매업의 특징을 모두 갖고 있다. 프랜차이즈 기업이 자신의 제품을 직영점에서 판매할 경우, 이 기업의 의사결정 문제는 생산과 판매가 수직적으로 결합된 기업의 의사결정 문제와 동일하다. 프랜차이즈 기업의 판매량은 한계생산비용과 한계판매비용의 합이 한계수입과 같아지는 Q^*이다. 이때 판매가격은 P^*이며, 이 프랜차이즈 기업이 얻게 되는 이윤은 Π이다.

10.3.2 수익 구조별 이윤극대화 문제

일정액의 가맹금(lump-sum franchise fee)

프랜차이즈 기업이 가맹점 사업자와 계약을 맺어 일정금액의 가입비(F)를 받는 대가로 자신이 생산한 완제품 형태의 식사를 단위당 MC_P의 가격으로 가맹점에 공급한다고 하자. 이때, 가맹점이 직면한 수요와 비용 구조는 직영점의 경우와 동일하다. 프랜차이즈 기업이 직영점을 운영할 때 얻었던 이윤 $(P^*-C^*)Q^*$만큼을 가맹금(F)으로 가맹점 사업자에게 부과할 때 가맹점의 이윤(가맹본부 이윤 Π와 구분하여 π라고 하자)은 다음과 같게 된다.

$$\pi = PQ-(MC_P+MC_R)Q-F$$

가맹점 사업자의 이윤극대화 문제의 1계 조건을 구하면 다음과 같다.

$$\frac{d\pi}{dQ}=P+Q\frac{dP}{dQ}-MC_P-MC_R=0 \qquad (10.2)$$

이 가맹점 사업자는 단위당 P^*의 가격에서 Q^*만큼의 수량을 판매할 것이다. (10.2)의 1계 조건은 프랜차이즈 기업이 직영점을 운영할 때의 이윤극대화 1계 조건을 나타내는 식 (10.1)과 동일하다. 따라서 이때 판매 가격과 수량은 프랜차이즈 기업이 직영점을 운영할 때의 판매 가격과 수량과 정확하게 일치한다. 가맹점 사업자의 평균비용곡선 $AC=\frac{F}{Q}+MC_P+MC_R$은 [그림 10.3]에서 보듯이 수요곡선에 접하게 되어, 가맹점 사업자는 영의 이윤을 얻게 된다.

가맹점 사업자가 영의 이윤을 벌어들이게 된다는 의미는 가맹점 사업자가 가맹점 운영을 통해 벌어들이는 현금수입의 흐름이 가맹본부에 지불하는 일정액의 가맹금을 보상할 만큼 충분하다는 점이다. 가맹점 사업자로부터 받는 가맹금은 프랜차이즈 계약 기간이 수년간임을 감안할 때, 계약 기간 동안 벌어들일 수 있는 미래 수익 흐름의 현재가치라고 할 수 있다. 즉, 가맹점 사업자들은 가맹점 영업권과 계약 기간 동안 발생하는 수익의 흐름을 얻기 위해 가맹금을 지불하게 되는데, 이 가맹금은 가맹점 사업자의 자본과 노력에 대한 경쟁적인 보수이다. 따라서 이 보수는 가맹점 사업자가 계약 기간 동안 점포를 운영하기 위해 지불하고자 하는 금액이라고도 할 수 있다.

이러한 관점에서 보면 프랜차이즈 기업이 자신의 점포를 직영하든 아니면 프랜차이징하여 가맹점 형태로 운영하든 간에 결과적으로 아무런 차이가 없다. 하지만, 실제로 가맹본부가 미래 수익을 가맹금 형태로 확보하는데 몇 가지 문제점이 있다. 첫째 대부분의 가맹점 사업자들은 자본제약에 직면하여 미래 수익 흐름의 현재가치를 한꺼번에 미리 지불할 수 없다. 이로 인해 가맹본부는 프랜차이즈 계약을 통하여 수익을 얻을 수 없게 된다.[3]

3 맥도널드 한 점포의 계약 기간 동안 얻게 되는 수익의 현재가치를 계산한 연구에 따르면 1982년 기준으로

그림 10.3 초기 가맹금 부과 방식의 프랜차이즈 계약

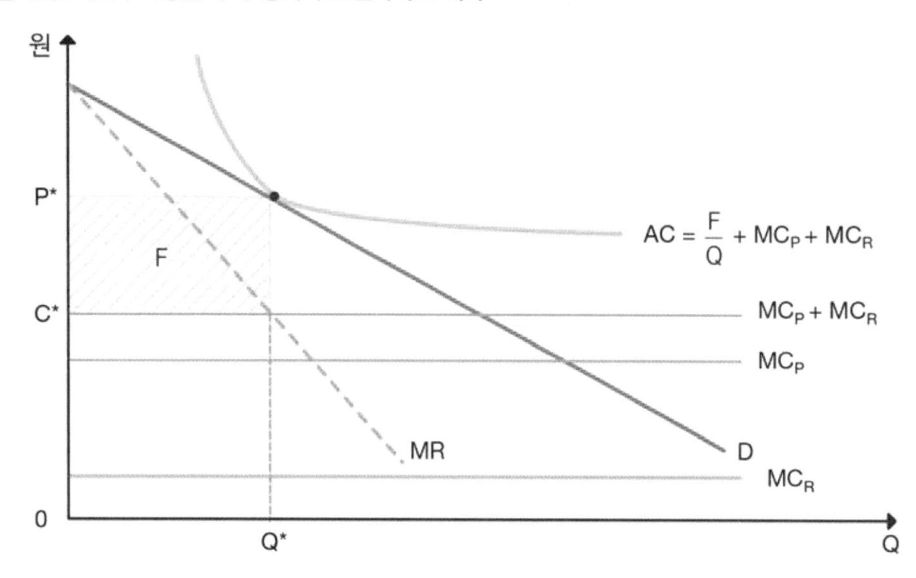

프랜차이즈 기업이 가맹점 사업자로부터 일정액의 가맹금을 받고 가맹점 영업권을 제공한다고 할 때, 가맹점 사업자의 판매량은 한계생산비용과 한계판매비용의 합이 한계수입과 같아지는 Q^*이며, 판매가격은 P^*이다. 프랜차이즈 기업의 이윤은 음영 처리된 면적인 가맹금 F이며, 가맹점 사업자는 영의 정상이윤을 얻게 된다.

둘째, 가맹금과 관련하여 가맹본부의 기회주의적인 행위가 있을 수 있다. 가맹본부가 미래 이윤을 모두 벌어들이면 제품 품질을 유지하거나 또는 프랜차이즈 시스템을 대표하여 광고할 유인이 없어진다. 또한 가맹점 사업자에게 상품이나 원부재료를 한계비용으로 공급하기로 약속한 가맹본부는 MC_P를 속일 유인을 갖게 된다. 가맹점 사업자에게 판매하지 않았던 원부재료를 가맹본부가 가맹점 사업자에게 경쟁가격보다 높은 가격에 구입하라고 요구할 수도 있다. 가맹본부가 기회주의적으로 행동할 때 가맹점 사업자는 자신의 비용을 완전히 회수할 수 없게 된다. 이러한 문제를 예견한 가맹점 사업자는 일정액의 가맹금을 요구하는 프랜차이즈 계약을 하지 않게 된다.

세 번째로, 가맹본부와 가맹점 사업자 모두 가맹금을 계산하기 위해 적용한 미래 현금 흐름(수입과 비용)은 예측치이다. 미래 여건의 변화에 따라 실제 현금 흐름은 예측치와 크게 달라질 수 있기 때문에 이를 전적으로 신뢰하지 않는다. 그 결과, 미래에 기대되는 현금 흐름의 현재가치를 단 한 번의 가맹금으로 책정하여 부과하는 프랜차이즈 계약을 체결하려고 하지 않을 것이다.

따라서 이론적으로는 고정액의 가맹금이 있는 프랜차이즈 계약은 프랜차이즈 기업이

30~40만 달러에 달하는 것으로 추정되었는데, 실제 가맹금은 12,500달러에 불과하였다.

직영점 형태로 운영하든 아니면 가맹점 형태로 운영하든 무차별하지만, 실제로 가맹본부가 이를 도입하려고 하지 않는다. 사실 가맹본부는 가맹금 형태로 미래 수익의 현재가치를 모두 회수하려고 하지 않는다. 오히려 일정액의 가맹금은 가맹점 사업자가 가맹본부에게 지급하는 금액의 적은 부분에 지나지 않는다. 경제학적으로 가맹금과 동일한 효과를 가지며 실행 가능한 다른 형태의 부과금도 있다. 예를 들어, 일부 가맹본부들은 고정된 비율의 로열티를 주기적으로 부과하기도 한다.

로열티를 부과하는 경우

이번에는 가맹본부가 가맹점 사업자에게 가맹금 대신에 판매액의 일정 비율만큼을 로열티로 부과하는 경우를 살펴보자. 가맹본부와 가맹점 사업자가 직면한 수요곡선과 비용곡선은 이전과 동일하다고 하자. 가맹점 사업자가 속한 시장이 완전경쟁시장이라고 하면, 가맹점 사업자는 시장가격과 한계비용이 같게 되는 수준에서 판매량을 결정할 것이다. 이전과 마찬가지로 가맹점 사업자의 한계비용은 생산과 판매와 관련된 비용을 포함한다. 이때 가맹본부는 가맹점 사업자가 벌게 되는 이윤을 모두 가져오기 위한 로열티 비율을 부과할 것이다. 이를 수식으로 표현하면 다음의 식을 만족시키는 로열티 비율 r을 선택할 것이다.

$$rP^*Q^* = (P^* - MC_P - MC_R)Q^*$$

위 식의 양변을 P^*Q^*로 나누면

$$r = (P^* - MC_P - MC_R)/P^*$$

로열티 비율을 r로 정할 때 가맹점 사업자의 판매 가격과 수량, 그리고 이윤이 어떻게 되는지 살펴보자. [그림 10.4]에서 보듯이 로열티를 부과할 때 가맹점 사업자가 직면하게 되는 실제 수요곡선은 D가 아니라 d가 된다. d는 $(1-r)D$이다. 즉, 로열티는 그 비율만큼 가맹점 사업자의 수요곡선을 D에서 d로 회전시키는 역할을 한다. 이제 새로운 수요곡선 d는 판매량 Q^*에서 두 한계비용곡선의 합과 교차하게 된다. 따라서 가맹점 사업자의 이윤을 극대화시키는 판매 가격과 수량은 각각 P^*, Q^*이며, 로열티 금액은 다음과 같게 된다.

$$\begin{aligned} rP^*Q^* &= [(P^* - MC_P - MC_R)/P^*](P^*Q^*) \\ &= (P^* - MC_P - MC_R)Q^* \end{aligned}$$

가맹점 사업자로부터 얻게 되는 로열티 금액은 앞서 설명한 가맹금과 정확하게 일치함을 주목하라. 이는 가맹본부가 얻게 되는 이윤이 가맹점 사업자가 가맹금 형태로 지불하든 로열티 형태로 부과하든 달라지지 않음을 의미한다.

만약, 가맹점 사업자가 지역시장에서 어느 정도의 시장지배력을 가지고 있다고 가정해 보자. 즉, 어떤 가맹점 사업자가 판매하는 제품이 여러 가지 이유(예를 들면, 독특한 소스나 조리방법 등으로 인해)로 다른 기업의 제품과 차별화된다고 하자(사실 이런 가능성은 지역시장에서 충분하다!). 이때 가맹점 사업자 이윤은 다음과 같이 표현된다.

$$\pi = (1-r)PQ - (MC_P + MC_R)Q$$

이에 대응하는 이윤극대화의 1계 조건은 아래의 식과 같다.

$$\frac{d\pi}{dQ} = (1-r)\left[P + Q\frac{dP}{dQ}\right] - MC_P - MC_R = 0$$

가맹점 사업자가 시장지배력을 가지며 $0 < (1-r) < 1$이라고 한다면, 우리는 위의 1계 조건으로부터 가맹점 사업자가 한계수입이 한계비용의 합을 초과하는 수량을 판매하게 됨을 알 수 있다. 이때 판매량은 Q^*보다 적게 되어 프랜차이즈 사업 전체의 수익은 이전보다 작게 된다. 이는 가맹점 사업자에게 손실을 주지 않으면서 가맹본부가 프랜차이즈 사업으로부터 이전과 동일한 금액만큼의 수익을 거둘 수 있는 로열티 비율이 존재하지 않음을 의미한다. 하지만 이러한 결과는 지역시장에서 어느 정도 시장지배력을 행사하는 외식 프랜차이즈 사업체가 다수 존재하고 있음을 감안할 때 현실과 다소 거리가 멀다.

만약, 로열티를 판매량을 기준으로 부과한다면 그 결과는 달라질까? 이때 판매량 한 단위당 로열티는 $t = P^* - MC_P - MC_R$가 되며, 가맹점 사업자로부터 얻게 되는 로열티 총액은 $tQ^* = (P^* - MC_P - MC_R)Q^*$이 된다. 또한 가맹점 사업자의 이윤극대화 1계 조건으로부터 우리는 $\frac{d\pi}{dQ} = P + Q\frac{dP}{dQ} - MC_P - MC_R - t = 0$을 얻게 된다. $t > 0$이라면 이윤극대화 판매량은 Q^*보다 적게 된다. 따라서 로열티 부과 방식을 판매액이 아니라 판매량의 일정비율로 할 때에도 앞에서 논의한 결과는 달라지지 않는다.

그렇다면 왜 현실에서는 직영점 대신에 상당수의 가맹점을 보유한 외식 프랜차이즈 기업들이 존재하는가? 그리고 왜 외식 프랜차이즈 기업들이 가맹점 사업자에게 판매액의 일정 비율을 로열티로 부과하고 있는가? 이는 프랜차이즈 경영과 관련하여 우리가 다룰 두 번째 문제이다. 이러한 질문들의 답을 얻기 위해서는 프랜차이즈 기업이 직면한 불확실성의

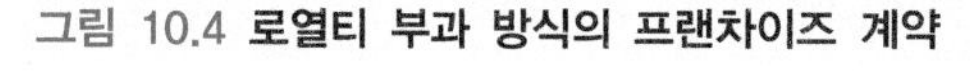

그림 10.4 로열티 부과 방식의 프랜차이즈 계약

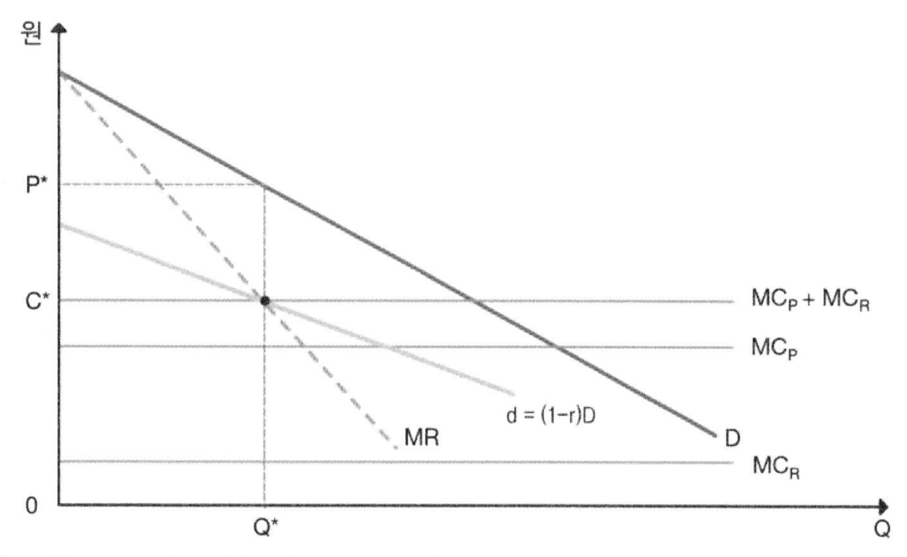

프랜차이즈 기업이 가맹점 사업자에게 로열티를 부과하는 경우 가맹점 사업자가 직면한 수요곡선은 로열티 비율만큼 회전한 $(1-r)D$가 된다. 수요곡선 $(1-r)D$와 한계비용곡선 MC_P+MC_R이 만나는 점에서 가맹점 사업자의 이윤을 극대화시키는 판매량 Q^*가 결정된다. 이때 가맹본부가 얻게 되는 로열티 수입은 $rP^*Q^*=(P^*-MC_P-MC_R)Q^*$로 가맹금을 부과할 때와 동일하다. 하지만 가맹점 사업자가 지역시장에서 시장지배력을 갖는다면 가맹금과 동일한 크기의 수입을 제공하는 로열티 비율은 존재하지 않게 된다.

문제를 고려할 필요가 있다. 이에 대해서는 프랜차이즈 사업에서 계약이 가지는 역할을 설명할 때 자세하게 다룰 것이다.

원부재료 구입 의무

외식 프랜차이즈 기업은 가맹점 사업자에게 원재료나 부재료 등의 투입재를 판매하여 수입을 얻을 수 있다. 예를 들면, 가맹점 레스토랑의 경우 가맹본부는 가맹점들에게 완제품 형태의 식사를 공급하지는 않지만, 햄버거용 고기패티, 피자도우, 냅킨 등 종이제품, 조리기구 등을 공급한다. 여기에서는 편의상 가맹본부가 가맹점 사업자에게 한 가지의 투입재만을 공급하며, 그 투입재의 한계생산비용은 MC_P이라고 하자.

가맹점 레스토랑은 완전경쟁시장하에 있으며, 가맹본부로부터 한 가지의 투입재를 마크업 가격으로 구입한다고 하자. 이때, 가맹본부의 투입재 공급가격 P_W와 가맹점의 제품 판매가격 P^*사이에는 다음의 관계가 성립한다.

$$P_W = P^* - MC_R$$

가맹점 사업자는 [그림 10.5]에서 보듯이 자신의 공급곡선 $P_W + MC_R$이 시장수요곡선 D와 같게 되는 점에서 Q^*만큼의 수량을 생산하여 P^*의 가격으로 판매할 것이다. 가맹점이 Q^*만큼의 제품 생산에 필요한 투입재 수량을 가맹본부로부터 단위당 $P^* - MC_R$의 가격으로 구입하였기 때문에 가맹본부의 이윤은 다음과 같다.

$$\Pi = (P^* - MC_R)Q^* - MC_P Q^*$$

따라서 가맹본부가 얻게 되는 이윤의 크기는 앞의 두 사례와 정확하게 같다.

만약 이 가맹점 레스토랑이 지리적인 특성이나 차별화된 제품으로 인해 시장지배력을 행사하고 있다면, 가맹본부가 얻게 되는 이윤의 크기는 달라질 것이다. 이 경우 [그림 10.5]에서 보듯이 가맹점 레스토랑의 한계비용 곡선은 $P_W + MC_R$가 될 것이며, 한계비용 $P_W + MC_R$와 한계수입이 같게 되는 수량인 Q'만큼을 판매할 것이다. 판매량 Q'은 종전의 Q^*에 비해 적기 때문에 가맹본부에게 최대의 이윤을 가져다주지 못한다.

여기에서는 가맹점 레스토랑이 가맹본부로부터 한 가지 투입재만을 구매하는 것을 가

그림 10.5 원부재료 구입 의무를 규정한 프랜차이즈 계약

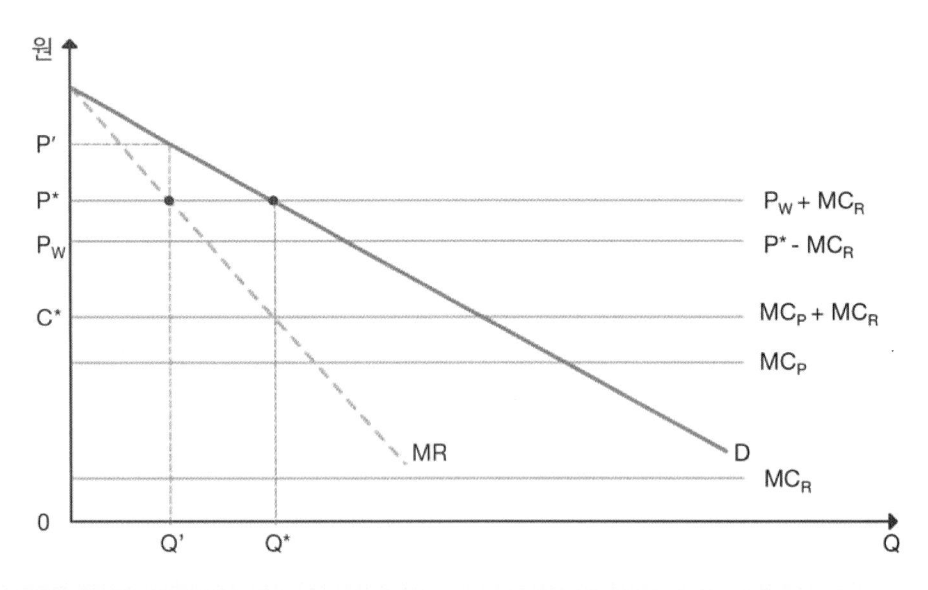

외식 프랜차이즈 기업이 가맹점 사업자에게 원부재료의 구입을 의무화하여 투입재를 $P_W = P^* - MC_R$의 가격으로 가맹점에게 공급한다. 가맹점 사업자는 자신의 공급곡선 $P_W + MC_R$이 시장수요곡선 D와 같게 되는 점에서 Q^*만큼 생산하여 단위당 P^*의 가격으로 판매한다. 가맹본부가 얻게 되는 이윤은 $\Pi^* = (P^* - MC_R)Q^* - MC_P Q^*$로 가맹금 또는 로열티를 부과할 때와 동일하다. 하지만 가맹점 사업자가 지역시장에서 시장지배력을 갖는다면 가맹점의 판매량은 Q'로 감소하게 되어, 가맹본부에 Π^*만큼의 최대 이윤을 가져다주지 못한다.

정하였다. 하지만 실제로 가맹점들이 완제품을 생산하려면 가맹본부로부터 구입하는 원재료 이외의 다른 투입재들이 추가로 필요하다. 이러한 추가적인 투입재가 가맹본부가 공급하는 것과 대체할 수 있다면 어떻게 될까? 이러한 경우에 비록 가맹점 레스토랑이 완전경쟁 시장하에 있다고 하더라도 원부재료 구입의무를 규정하는 계약 자체가 가맹본부에게 최대 이윤을 제공해주지 않는다.

10.3.3 계약의 역할

앞 절에서 우리는 가맹본부가 가맹점 사업자로부터 수익을 확보하기 위한 수단으로 가맹금, 로열티 또는 원부재료 구입의무 등 어느 것을 사용하느냐에 관계없이 가맹본부가 얻게 되는 이윤은 이론적으로 동일함을 보였다. 하지만 현실에서는 미래 수익 흐름의 현재가치에 해당하는 금액을 모두 가맹금이나 로열티로 부과하지는 않는다. 그렇다면 로열티와 가맹금은 어떠한 방식으로 결정되는가? 현실의 많은 프랜차이즈 기업이 적용하고 있는 로열티의 역할은 무엇인가? 우리는 여기에서 프랜차이즈 경영과 관련된 두 번째 문제로서 로열티와 가맹금의 적정 조합을 정하는 계약의 역할에 대해 살펴볼 것이다. 결론부터 말하자면, 프랜차이즈 계약은 가맹점주(가맹점 사업자)의 노력 정도를 직접적으로 관찰할 수 없는 상황하에서 프랜차이즈 기업의 가맹본부가 위험기피자인 가맹점주에게 적절한 보험과 유인(incentives) 체계를 제공하는 역할을 한다고 할 수 있다(이를 대리인 이론이라고 부른다). 이 절에서는 이 문제를 설명한다.

가맹점주는 자신의 점포를 운영하여 수익을 발생시키기 위해서는 노력을 해야 한다고 하자. 즉, 가맹점주의 노력 정도와 판매 간에 다음의 식과 같은 관계가 성립한다고 가정하자.

$$S = PQ = \alpha e$$

여기서 e는 가맹점주의 노력을, α는 가맹점의 판매 실적에서 가맹점주가 행하는 노력의 중요성을 나타낸다. 단순히 점포의 판매 실적은 가맹점주 노력의 증가 함수($dS/de > 0$)라고 하자. 가맹점주의 노력은 쉽게 관찰되며 제3자(예를 들면, 계약법)에 의해 입증된다고 하자. 이때 가맹본부는 가맹점주가 해야 할 노력의 수준을 명시하고 이러한 노력을 제공한다는 조건으로 계약을 체결할 수 있다. 가맹점주가 행하는 노력의 비용은 $C(e) = e^2/2$라 하고, 그 외에 점포 운영에 따른 다른 비용부담은 없다고 하자.

가맹본부와 가맹점주가 위험 중립적일 때

먼저, 가맹본부와 가맹점주가 모두 위험 중립자라고 가정하자. 이러한 상황 하에서 가맹본부는 가맹점주의 노력 정도, 즉 e를 직접적으로 통제하지만 가맹점주가 행하는 노력의 비용을 보상해주어야 한다. 따라서 가맹본부는 아래의 식을 극대화시키는 e를 선택하게 된다.

$$\max_{e} [\alpha e - e^2/2]$$

위의 극대화 문제의 1계 조건으로부터 $e^* = \alpha$이다. 즉, 가맹본부가 해야 할 것은 가맹점주에게 α만큼의 노력을 하도록 요구하는 것이다. 이로부터 프랜차이즈 사업의 총잉여는 최대가 된다. 가맹점주가 α만큼의 노력을 하도록 하는 방법은 그에게 $\alpha^2/2$만큼을 보수로 지급하는 것이다. 이는 프랜차이즈 계약을 통해 가맹점주가 $\alpha^2/2$만큼의 정상이윤을 얻도록 하는 대신에 잉여의 나머지는 초기 가맹금, 로열티 또는 원부재료 구입 의무 부과 형태로 모두 가져오는 것과 동일하다.

자, 이번에는 좀 더 현실적으로 가맹본부가 가맹점주의 노력을 관찰할 수 없다고 하자. 이러한 상황은 다음의 수식으로 표현할 수 있다.

$$S = \alpha e + \varepsilon$$

여기서 ε는 가맹본부가 관찰된 S로부터 e의 정도를 파악하는 것을 저해하는 확률변수이며, 이 확률변수의 평균은 0이고 분산은 σ^2이다. 이러한 상황에서 가맹본부가 취하게 되는 최선의 방법은 가맹점주에게 영업권을 판매하고 그 대가로 일정액의 가맹금을 받는 것이다. 이로 인해 가맹점주는 잔여청구권자(residual claimant)가 되기 때문에 프랜차이즈 계약은 가맹점주로 하여금 최선의 노력을 취하도록 하는 유인을 제공하게 된다. 가맹본부가 가맹점주에게 부과하는 가맹금을 F라고 할 때, 가맹점주는 다음의 식으로 표현되는 자신의 기대수익을 극대화하려고 할 것이다.

$$E(\pi) = \alpha e - e^2/2 - F$$

위의 극대화문제의 1계 조건으로부터 우리는 $e^* = \alpha$임을 알 수 있다. 이러한 결과가 의미하는 바는 가맹점주의 노력 수준은 앞서 논의한 대로 가맹본부가 직접 통제할 때 얻게 되는 가맹점주의 노력 수준과 일치한다는 점이다. 달리 말하면, 점포 영업권을 고정 가격(즉, 가맹금)으로 가맹점주에게 제공함으로써 가맹점주의 노력을 관찰할 수 없는 데에서 비롯되는 불확실성의 문제를 완전히 해결할 수 있게 된다. 가맹본부는 가맹점주에게 가맹금을 $\alpha^2/2$만큼 부과함으로써 점포 운영에서 발생하는 모든 수익을 가져올 수 된다.

하지만 가맹점주의 노력이 관찰되지 않을 때 판매액 또는 판매량에 비례하여 로열티를 부과하는 프랜차이즈 계약 방식은 최적이 아니다. 판매액의 일정 부분 $r(0<r<1)$을 로열티로 가맹본부에 지급한다고 하자. 위험 중립적인 가맹점주는 $e'=(1-r)\alpha$만큼의 노력을 행함으로써 다음의 식으로 표현되는 자신의 기대수익을 극대화시킨다.

$$E(\pi)=(1-r)\alpha e-e^2/2-F$$

가맹금 대신에 로열티를 부과하는 프랜차이즈 계약의 경우 가맹점주가 선택하는 노력 수준 e'은 일정액의 가맹금을 부과할 때 가맹점주가 선택하는 노력 수준 e^*보다 확실하게 적다. 따라서 이 경우에 가맹본부와 가맹점주가 프랜차이즈 계약을 통해 점포의 운영 수입을 서로 간에 배분하는 것은 기대하기 어렵다.

가맹점주가 위험 회피적일 때

가맹점주가 위험 회피자라고 할 때 얘기는 달라진다. 이전과 달리, 로열티 부과 방식을 사용하더라도 가맹본부와 가맹점주가 프랜차이즈 계약을 통해 운영 수익을 서로 배분하는 것은 가능하게 된다. 가맹점주가 위험 회피자일 때 확실한 수익을 동일한 크기의 기대수익보다 더 선호한다. 달리 말하여, 위험 회피자인 가맹점주는 기대수익보다는 확실등가 수익(certainty-equivalent revenue)을 극대화시킨다. 확실등가 수익은 ρ를 가맹점주의 절대위험회피계수를 나타낸다고 할 때 $CE=E(y)-(\rho/2)\,Var(y)$로 표현되는데, y는 수익, $Var(y)$를 수익의 분산을 의미한다. 가맹점주의 확실등가 수익은 다음의 식으로 표현할 수 있다.

$$\begin{aligned}CE&=E(y)-(\rho/2)\,Var(y)\\&=(1-r)\alpha e-F-e^2/2-(\rho/2)(1-r)^2\sigma^2\end{aligned}$$

가맹점주는 점포 운영으로부터 자신이 얻게 되는 수익을 극대화시키는 노력 수준을 선택할 것이다. 다시 말해, 추가적인 노력의 한계혜택이 추가적인 노력의 한계비용과 일치할 때까지 노력을 증가시킬 것이다. 판매액의 일정비율 r만큼을 로열티로 지불해야 한다고 할 때, 가맹점주의 추가적인 노력 한 단위는 수입을 $(1-r)\alpha$만큼 증가시킨다. 반면, 추가적인 노력의 한계비용은 e이다. 따라서 가맹점주는 $e^+=(1-r)\alpha$단위의 노력을 기울일 것이다. 가맹점주의 노력은 로열티 비율 r이 작으면 작을수록 증가한다는 점을 주목하라. 그러나 가맹점주로부터 더 많은 노력을 끌어내기 위해 r를 작게 하는 것은 동시에 가맹점주가 직면하게 되는 위험부담 비용 $(\rho/2)(1-r)^2\sigma^2$을 증가시킴을 주목해야 한다. 따라서 $e^+ = (1-r)\alpha$ 만큼의 노력 수준은 가맹본부가 점포 운영을 직접 통제할 때 얻게 되는 노력 수준 α보다 낮지만, 가맹점주가 위험 회피자이며 그의 노력수준을 관찰할 수 없을 때 가맹본부가 얻을 수 있는 최적의 선택이다.

가맹본부의 의사결정 문제는 가맹점주가 $e^+ = (1-r)\alpha$ 만큼의 노력을 행할 것이라는 전제하에 프랜차이즈 사업의 총잉여를 극대화시키는 r을 선택하고 그 잉여분을 가져오기 위해 F만큼을 가맹금으로 부과하는 것이다. e^+를 기대 총잉여를 나타내는 식 $\alpha e - e^2/2 - (\rho/2)(1-r)^2\sigma^2$ 에 대입하면 다음의 식을 얻게 된다.[4]

$$\max_e \left[(1-r)\alpha^2 - (1-r^2)\alpha^2/2 - (\rho/2)(1-r)^2\sigma^2\right]$$

위 문제의 1계 조건으로부터 $r^+ = [\rho\sigma^2/(\alpha^2+\rho\sigma^2)] > 0$이다. 이 로열티 비율은 가맹본부 관점에서 프랜차이즈 계약을 통하여 점포 운영 수입을 가맹점주와 적절하게 배분하는 것을 의미한다. 즉, 로열티 부과 방식의 프랜차이즈 계약은 위험 회피자인 가맹점주가 직면한 위험을 제거해주는 일종의 보험을 제공하는 것과 가맹점주의 노력을 유도하기 위해 인센티브를 제공하는 것 사이에 균형을 맞추는 역할을 한다.

계약에 따른 위험과 인센티브의 수치적인 예

위의 내용을 수치적인 예를 통해 살펴보자. 우리는 다양한 로열티 비율하에서 나타나는 프랜차이즈 사업의 한 주당 이윤을 비교해볼 것이다. 가맹점주의 절대적 위험회피도를 나타내는 계수 ρ의 값이 3이고 α는 1,800, 매출액 분산은 120,000원이라고 하자. 가맹사업자가 점포를 운영하지 않을 경우에 할 수 있는 차선의 선택은 노력비용을 차감한 후에 720,000원의 확실등가 수익을 가져다주는 일자리 또는 사업을 하는 것이라고 하자. 이는 가맹점을 운영하여 벌어들인 수입에서 노력 비용을 차감한 후에 얻게 되는 확실등가 수익이 720,000원과 같거나 그보다 많은 경우에만 가맹점을 운영한다는 것을 의미한다.

로열티 부과 방식을 적용하지 않는다면, 가맹점주는 $e^* = 1{,}800$만큼의 노력을 $e^2/2 = (1{,}800)^2/2 = 1{,}620{,}000$원의 노력 비용을 들여 하게 된다. 위험프리미엄을 고려한

---

4 가맹점주의 수익은 $(1-r)\alpha e - F - e^2/2 - (\rho/2)(1-r)^2\sigma^2$이고, 가맹본부의 수익은 $\gamma\alpha e + F$이다. 따라서 이 둘을 합한 프랜차이즈 사업의 총잉여는 $\alpha e - e^2/2 - (\rho/2)(1-r)^2\sigma^2$가 된다.

다면, 프랜차이즈 사업으로부터 $(1,440,000-F)$원만큼의 확실등가 수익이 발생하게 된다. 따라서 가맹본부가 720,000원을 가맹금으로 회수하게 되면, 가맹점주는 점포를 운영할 유인이 발생하며 720,000원의 이윤을 얻게 된다. 달리 말하면, 가맹점주는 0의 경제적 이윤을 얻는다고 말할 수 있다. 이때 가맹본부가 얻게 되는 한 주당 수익은 720,000원이다.

이제 가맹점주에게 일정액의 가맹금 이외에 로열티($r=15\%$)를 부과하는 계약을 도입한다고 하자. 이때 가맹점주는 $e^{+}=(1-0.15)\times 1,800=1,530$만큼의 노력을 $e^2/2=(1,530)^2/2=1,170,450$원의 노력 비용으로 기울인다. 가맹금과 로열티를 지불하고 난 후에 가맹점주가 얻게 되는 수익은 매출액에 따라 달라지고, 가맹점의 매출액은 가맹점주 자신이 통제할 수 없는 무작위적인 요인들에 의해서도 영향을 받게 된다. 즉, 가맹점주는 위험에 노출된 것이다. 가맹점주는 이러한 위험 때문에 130,050원$[=(\rho/2)(1-r)^2\sigma^2=(3/2)\times(1-0.15)^2\times 120,000]$의 위험 프리미엄을 적용하여 프랜차이즈 사업의 가치를 낮게 평가한다.

가맹점주로 하여금 점포를 운영하도록 하려면 (확실성 등가－노력 비용－가맹금)이 720,000원보다 크거나 같도록 해야 한다. 이를 위해서는 가맹금을 낮출 필요가 있다. 이는 증가한 위험을 보상하는 의미를 가진다. 그렇다면 가맹금을 얼마까지 낮출 수 있는가? 예를 들어 $r=15\%$일 때 프랜차이즈 사업 전체의 수익은 다음과 같다.

$$ae-e^2/2-(\rho/2)(1-r)^2\sigma^2$$
$$=1,800\times 1,530-(1,530^2/2)-(3/2)(1-0.15)^2\times 120,000$$
$$=1,453,500\text{원}$$

위의 수익은 가맹금만을 사용할 때 벌어들일 수 있는 프랜차이즈 사업 전체의 수익 1,440,000원보다 13,500원이 더 많음을 주목할 필요가 있다. 이 가운데에서 로열티 수입은 413,100원에 해당하기 때문에 이를 차감하면 1,040,400원이 남는다. 가맹본부가 가맹점주로 하여금 가맹점을 운영하도록 하려면 최대 320,400원만큼을 가맹금으로 부과할 수 있다. 이는 가맹점주로부터 모든 수익을 회수하는 액수이다. 만약 가맹금을 이보다 적은 금액인 310,000원을 부과한다고 할 때 가맹점주의 주간 수익은 730,400원이 되며, 가맹본부 주간 수익은 가맹금과 로열티 수입을 합한 723,100(=413,100+310,000)원이 되어 가맹금만 부과할 때에 비해 3,100원이 더 많게 된다.

[표 10.4]는 다양한 로열티 비율에서 나타나는 가맹점주, 가맹본부 그리고 프랜차이즈 사업 전체의 수익을 계산한 것이다. [표 10.4]의 행들을 살펴보면 로열티 비율을 낮출수록 가맹점주는 더 많은 노력을 기울이고 그에 따라 노력 비용과 위험 프리미엄은 증가하는 것

을 알 수 있다. 가맹점주의 추가적인 노력은 프랜차이즈 사업 전체에 추가적인 수익을 가져다준다. 하지만 이에 따른 추가적인 위험은 보다 더 큰 위험 프리미엄으로 연결되어 사업 전체의 수익은 줄어든다. 따라서 최적 수준의 로열티 비율은 이러한 혜택과 비용 사이의 상호 교환관계에 의해 결정된다. 이 예에서 프랜차이즈 사업 전체의 수익을 극대화시키는 로열티 비율은 10%이다. 만약 가맹점주가 이보다 낮은 r(예: 8%)를 선택한다면 프랜차이즈 사업 전체의 수입 증가는 노력 비용과 위험 비용의 증가분보다 더 작게 된다. 가맹본부가 얻게 되는 보상의 크기는 이러한 비용들과 함께 증가하기 때문에 로열티 비율을 8%로 줄이면 가맹본부의 기대수익은 감소하게 된다.

표 10.4 프랜차이즈 계약에서 위험과 인센티브의 상호관계

로열티 비율	가맹점주		가맹금	위험부담 비용	가맹점주 수익	로열티 수입	가맹본부 수익	전체수익
	노력 수준	노력비용 (a)	(b)	(c)	(a−b−c)	(d)	(b+d)	(a+d−c)
5%	1,710	1,462,050	569,600	162,450	730,000	153,900	723,500	1,453,500
8%	1,656	1,371,168	486,816	152,352	732,000	238,464	725,280	1,457,280
10%	1,620	1,312,200	433,800	145,800	732,600	291,600	725,400	1,458,000
15%	1,530	1,170,450	310,000	130,050	730,400	413,100	723,100	1,453,500
20%	1,440	1,036,800	192,600	115,200	729,000	518,400	711,000	1,440,000

이상의 결과로부터 우리는 다음의 사실을 발견할 수 있다. 인센티브 측면에서 가맹본부의 최적 행동은 0%의 로열티 비율을 부과하는 것인 반면, 위험 측면에서 가맹본부의 최적 행동은 100%의 로열티 비율을 부과하는 것이다. 따라서 인센티브와 위험이 동시에 존재할 때 최적 로열티 비율은 이 두 가지 힘 사이의 상호 교환관계를 반영하는 것으로 0%와 100% 사이의 어딘가에서 결정될 것이라는 점이다. 프랜차이즈 점포를 통해 발생하게 되는 미래 수익이 불확실하고, 가맹점주의 노력을 관찰하기 어렵다면 적절한 로열티 부과 방식에 의한 프랜차이즈 계약은 프랜차이즈 사업에서 나타날 수 있는 미래 수익의 불확실성 문제와 가맹점주의 도덕적 해이 또는 기회주의 문제를 동시에 해결하는 수단이 될 수 있다.

10.3.4 직영점과 가맹점의 비율 결정

현실에서 프랜차이즈 사업의 운영방식을 보면 직영점 또는 가맹점만을 운영하기보다는 직영점과 가맹점의 혼합된 형태로 이루어지는 경우가 많다. 또한 외식산업마다 직영점과 가맹점의 비율도 각각 다르다. 그렇다면 외식 프랜차이즈 사업에서 직영점과 가맹점의 비율은 어떻게 결정될까? 이는 프랜차이즈 경영과 관련하여 우리가 다룰 세 번째 문제이다.

각 점포마다 고유한 속성(x)이 있으며 점포 운영으로부터 기대되는 이윤은 각 점포의 속성과 가맹점주의 노력에 의해 결정된다고 하자. 여기서 x는 가맹점과 가맹본부 사이의 거리 또는 지역시장에 있는 고객의 고유한 특성을 나타내는 수치 등을 의미한다. 가맹점주가 점포 운영으로부터 얻게 되는 기대수익을 $E[\pi(r,x)]$이라고 하고, x가 증가할 때 로열티 비율 r의 한계수익도 증가한다고 가정하자.

프랜차이즈 계약이 가맹점별로 이루어진다면 가맹본부의 의사결정 문제는 각 가맹점으로부터의 기대이윤을 극대화하기 위한 일련의 로열티 비율 $r_i^*(i=1,2,...,n, n$은 가맹점 수)를 선택하는 것이다. 이때 각 가맹점들은 정해진 로열티 비율 r_i^*하에서 자신의 이윤을 극대화하기 위한 노력 수준을 선택할 것이다. x의 값이 커질 때 r의 한계수익이 증가한다는 가정은 최적 로열티 비율 r_i^*의 값은 x가 클수록 작아짐을 의미한다. 예를 들어, x가 가맹본부와 가맹점포 사이의 거리라고 할 때 가맹본부에서 멀리 떨어진 가맹점일수록(즉, x가 클수록) 가맹본부의 감시와 통제가 어렵다. 따라서 r_i^*의 값을 낮출수록 즉, 가맹점에게 보다 많은 인센티브를 부여할수록 매출의 증가(r의 한계수익 정도)는 더 커지게 된다.

논의를 쉽게 하기 위해 가맹본부는 두 가지 선택만을 고려한다고 가정하자. 즉, 제품 생산과 판매점 운영을 수직적으로 통합하여 직영점을 운영하거나(이는 로열티 비율 $r=1$인 계약과 동일하다), 그렇지 않으면 $0<r<1$의 로열티 비율로 가맹점주에게 영업권을 제공하는 것이다. 가맹본부가 모든 가맹점에 대해 동일한 비율의 로열티를 부과한다고 하자. 가맹본부가 n개의 판매 점포를 가지고 있다면, 각 점포들을 x_i값에 따라 $x_1 \le x_2 \le x_3 \cdots \le x_n$와 같이 순위별로 배열할 수 있을 것이다. 이때 가맹본부의 의사결정문제는 최적 로열티 비율 r^*과 점포의 순번을 나타내는 지수 i^*를 선택하는 것이다. 여기서 i^*가 가지는 의미는 i^*보다 낮은 값인 i 번째 이하에 속하는 (달리 말하면 x값이 낮은) 모든 점포들은 직영점으로 운영하고, 나머지는 프랜차이징하여 가맹점 형태로 운영한다는 것이다.

직영할 것인가 아니면 프랜차이징할 것인가 하는 프랜차이즈 기업의 지배구조 문제에 관한 많은 실증 연구들 가운데 위의 이론들을 뒷받침하는 사례들이 있다. 예를 들어, 라폰테인과 스레이드(Lafontaine & Slade, 2001)는 점포가 작은 규모이고 가맹본부에서 멀리 떨어진 지역에 위치할수록 프랜차이징할 가능성이 높아짐을 보여주었다. 즉, 점포가 위치한 지역의 시장과 점포 특성이 프랜차이즈 기업의 지배구조 결정(직영점과 가맹점 선택의 문제)에 영향을 준다는 것이다.[5] 또한 미국의 5천개 프랜차이즈 체인점을 분석한 라폰테인과 쇼(Lafontaine & Shaw, 2005)의 연구 결과를 요약하면 다음과 같다.[6] 첫째, 프랜차이즈 경험이 8년 이상인 사

---

5 Lafontaine, F., and Slade, M.E. 2001. Incentive Contracting and the Franchise Decision. In K. Chatterjee and W. Samuelson, Eds. *Game Theory and Business Applications of Game Theory*, Boston, MA: Kluwer Academic Press.

업체의 경우 직영점과 가맹점의 비율이 안정적으로 유지하면서 직영점 수가 늘어날 때 가맹점 수도 함께 늘어났다. 둘째, 직영점과 가맹점 비율은 프랜차이즈 체인별로 큰 차이가 있었다. 셋째, 외식기업의 브랜드 가치가 직영점과 가맹점 비율을 결정하는 중요한 요인이었다. 즉 가맹본부의 브랜드 가치가 높으면 높을수록 가맹점 사업자가 기회주의적 행동(예: 브랜드가 가진 명성에 무임승차하여 매출을 늘리려는 별도의 노력을 하지 않음)을 할 가능성이 많기 때문에 체인 점포를 직영으로 운영하려는 경향이 높아진다는 것이다. 이상의 실증 연구결과들은 직영점 대 가맹점의 비율은 기업이 전략적으로 선택하는 의사결정 변수임을 말해준다.

10.4 광고량의 결정과 비용 배분

광고의 경제학적인 역할은 해당 제품에 대한 소비자의 수요를 창출하거나 증대시키는 것이다. 광고에 소요되는 비용은 생산이나 유통 비용에 비해 소요 금액의 규모가 매우 크다는 특징이 있다. 이러한 광고의 특성은 외식업체가 왜 체인 형태를 띠는지를 설명하는데, 달리 말하면 외식기업의 조직 형태나 지배구조를 결정하는 데 중요한 요인으로 작용한다. 이 절에서는 이러한 점에 대해 알아본다.

광고에서 규모의 경제를 실현할 수 있는 기업의 판매량이 생산이나 유통에서 규모의 경제를 실현할 수 있는 수준보다 큰 경우를 생각하여 보자. 광고에서 규모의 경제를 실현하기 위한 기업의 규모가 생산 비용을 최소화하는 데 필요한 규모보다 훨씬 크다면 체인이나 다사업체(multi-establishments) 형태가 보다 효율적일 수 있다. 체인 사업조직은 체인에 속한 각 사업체들의 구매력을 결합하여 체인을 전국이나 지역 수준에서 홍보함으로써 광고에서 규모의 경제를 실현할 수 있다. 이와 동시에 체인에 속한 개별 사업체들은 소규모 지역시장에서 생산과 유통에서 규모의 경제를 실현할 수 있게 된다.

[그림 10.6]은 판매 제품의 평균 광고비용 AC_A과 평균 생산비용 AC_P를 나타낸 것이다. 그림에서 광고에 대한 최소비용 수량(Q_A*)이 생산에서의 최소비용 수량(Q_P*)보다 훨씬 큼을 주목하라. 광고의 효율적 규모(efficient size)는 생산의 효율적 규모보다 3배가량 더 크다. 이는 광고에서 규모의 경제를 실현하려면 최소 세 개의 사업체를 가진 체인이어야 함을 의미한다. 이러한 경우에 체인을 형성할 유인이 발생한다. 즉, 체인 본부 또는 프랜차이즈 기업이라면 가맹본부가 광고와 브랜드 구축 활동에 전문화하는 대신, 개별 사업체나 가맹점들은 생산과 유통에 집중하는 것이다. 이렇게 함으로써 체인은 두 활동에서 모두 효율

6 Lafontaine, F. and Shaw, K.L. 2005. "Targeting Managerial Control: Evidence from Franchising." *RAND Journal of Economics*, 36(1), 131-150.

그림 10.6 **광고와 생산에서 나타나는 서로 다른 수준의 규모 경제**

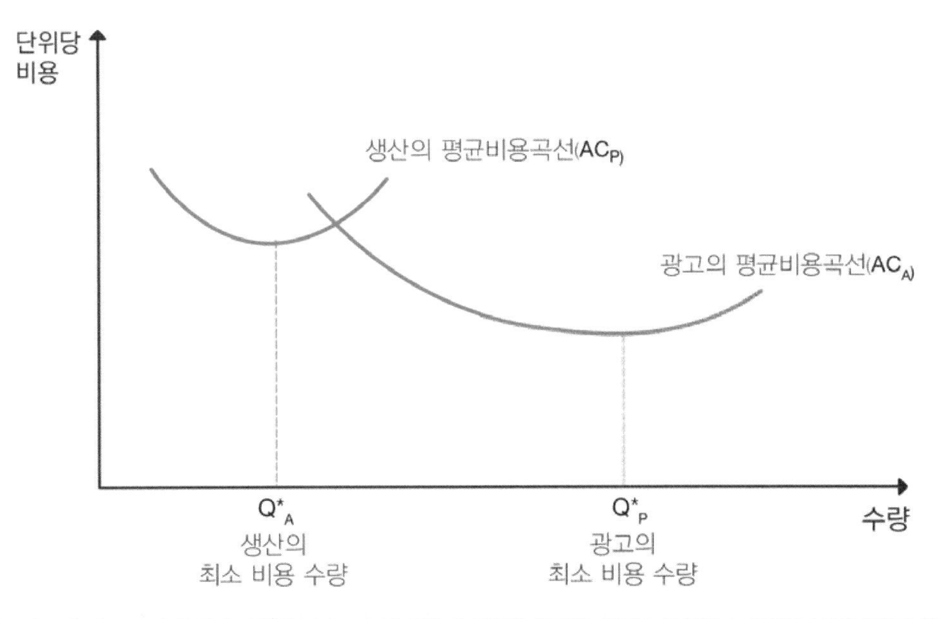

광고의 효율적 규모가 생산의 효율적 규모보다 큰 경우에 체인을 형성할 유인이 발생한다. 체인의 본부(가맹본부)는 광고와 브랜드 구축 활동에 전문화하는 대신, 개별 사업체나 가맹점들은 생산과 유통 활동에 집중하는 것이다. 그 결과, 체인은 양쪽 모두의 활동에서 규모의 경제를 실현할 수 있게 된다.

적으로 규모의 경제를 실현할 수 있다.

체인 사업조직의 경제적 동기는 광고 활동과 생산 활동에서 실현될 수 있는 규모의 경제의 상대적인 수준에 달려있다. 생산의 최소비용 수준은 낮은 반면 브랜드 인지도는 매우 높은 상품(사업), 예를 들면 소매점이나 외식업의 경우가 좋은 사례이다. 지리적으로 분산되어 있는 고객들에 인접하여 영업을 해야 하는 패스트푸드 산업이나 다른 유형의 사업체들(예: 자동차 수리점, 부동산업체 등)이 고객을 유치하기 위해 체인으로 조직화하는 것은 놀라운 일이 아니다. 이러한 경우에 광고는 고객들에게 체인의 존재를 알리고 고객 마음속에 있는 제품 품질에 대한 불확실성을 없애도록 고안된다. 대부분의 프랜차이즈 체인이 외관뿐만 아니라 제품이나 서비스의 일관성에도 집중하는 이유가 바로 이것이다. 만약 점포마다 제공되는 제품과 서비스가 서로 다르다고 한다면, 광고를 통해 소비자에게 제공되는 정보는 의미가 없게 된다. 체인을 통해 모든 점포마다 제품과 서비스가 동일하게 구현된다면, 고객들은 전 세계 어느 나라의 레스토랑 체인점을 가더라도 제품 종류나 품질 측면에서 자신이 기대한 것을 얻을 수 있게 된다. 이로 인해 제품에 대한 고객의 불확실성은 줄어든다. 개별 레스토랑 점포가 자신의 비용으로 이와 비슷한 수준의 판촉을 하는 것은 너무나 큰 비용 부담을 초래한다. 따라서 체인 본부나 가맹본부(프랜차이즈 경우)가 이러한 판촉 업무를 맡는 것이 효율적이다. 반면 지역의 레스토랑은 식사를 생산하고 판매하는데 손쉽게 규모의 경제를 실현할 수 있다.

사실상 브랜딩(branding: 소비자로 하여금 상품을 이미지화하기 위해서 광고 홍보 등을 통한 지속적인 관리로 소비자들로부터 상품의 이미지만으로도 상품과 회사를 알리는 마케팅의 한 방법)이나 구매에서 규모의 경제를 실현하려는 경제적인 동기가 소매 부문과 서비스 부문에 속한 기업들이 체인형태로 조직화되어오게 된 중요한 요인이다. 광고와 투입재를 더 낮은 비용으로 구매할 수 있다는 점이 과거부터 오늘날까지 가맹본부가 잠재적인 가맹점 사업자에게 판매하는 패키지의 중요한 일부가 되고 있다. 그렇다면 프랜차이즈 기업의 최적 광고량은 어떻게 결정이 되며 이에 따른 비용은 어떤 방식으로 가맹점포들 사이에서 배분될까?

10.4.1 최적 광고량의 결정

사업체 차원의 광고는 체인 형태의 사업체, 특히 프랜차이즈 시스템이 공통적으로 가지는 특징이다. 우리는 전국에 방송되는 패스트푸드 전문점에 대한 TV 광고를 쉽게 접할 수 있다. 체인이 모든 점포를 관리하는 하나의 기업으로 조직된다면, 주주들이 광고비를 부담하고 그로 인한 혜택을 받게 된다. 반면 프랜차이즈 체인의 경우, 개별 가맹점 사업자들이 광고로 인한 혜택을 누린다. 달리 말하면, 프랜차이즈 시스템의 구성원들에게 광고는 공공재인 성격을 띤다.

공공재의 두 가지 특성은 비경합성과 비배타성이다. 비경합성은 모든 개별 사업체의 소유주들이 추가적인 비용 부담 없이 혜택을 누릴 수 있음을 의미한다. 예를 들면, 맥도널드사가 올림픽 기간 동안 전국적인 TV 광고를 한다고 할 때, 서울에 위치한 가맹점에 대한 광고 효과가 부산에 있는 가맹점이 누리는 광고 효과에 의해 줄어들지 않는다. 비배타성이라는 의미는 광고 캠페인의 혜택으로부터 배제되는 가맹점이 하나도 없음을 뜻한다. 광고 캠페인은 프랜차이즈 시스템 전체에 관한 것이기 때문에 모든 가맹점들이 어느 정도까지는 그 혜택을 누리게 된다.

광고가 프랜차이즈 체인에서 공공재적인 특성을 가질 때 각 가맹점들은 자기 점포의 이윤을 극대하기 위한 노력의 일환으로 광고에 대한 개별적인 수요를 가진다. 개별 가맹점이 갖게 되는 광고 수요의 최적 수준은 다음과 같이 여분의 광고에 대한 비용(이를 단위당 광고비용 C_a라고 하자)이 그로 인한 수입 증가와 같게 되는 수준에서 결정된다.

$$C_a = P_i \frac{\partial Q_i}{\partial \alpha_i}$$

여기서, P_i와 Q_i는 개별 가맹점의 판매량과 단위당 판매가격을, α_i는 광고량을 의미한다. 개별 가맹점마다 직면하는 지역시장의 경제여건이나 특징이 서로 다르기 때문에 광고에 대한 수요도 각각 다르다고 할 수 있다. 가맹점에 대한 광고의 혜택이 가맹점들 간에 경합하지 않기 때문에 달리 말하면 어느 가맹점에 대한 광고의 혜택이 다른 가맹점에 대한 혜택을 감소시키지 않기 때문에, 프랜차이즈 시스템 전체에 대한 광고의 수요를 구하기 위해서는 개별 가맹점들에 대한 광고의 한계혜택곡선(즉, 개별 가맹점의 광고에 대한 수요)들을 수직적으로 합해야 한다. 즉, 프랜차이즈 시스템 전체에 대한 광고의 한계 혜택은 각 가맹점에 대한 광고의 한계 혜택들을 수직적으로 합한 것이다. 규모가 큰 체인이 많은 비용이 소요되는 광고를 경제적으로 실행할 수 있는 이유는 바로 이러한 프랜차이즈 시스템 전체에 대한 광고의 효과 때문이다.

그림 10.7 프랜차이즈 체인에서 최적 광고량의 결정과 광고비의 배분

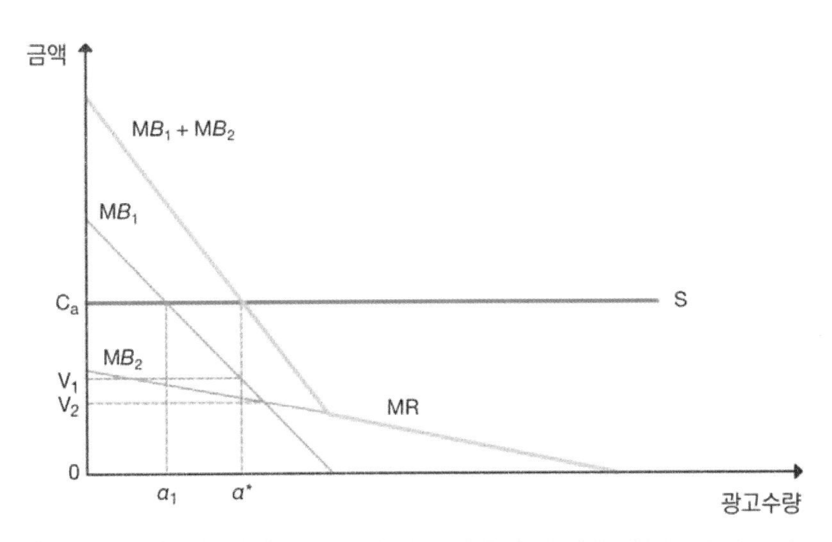

광고로부터 얻게 되는 가맹점 1의 한계혜택 곡선은 MB_1이며, 가맹점 2의 한계혜택곡선은 MB_2이다. 광고의 총 혜택은 두 곡선의 수직적인 합인 $MB_1 + MB_2$이다. C_a를 단위당 광고비용이라고 할 때, 광고의 최적 수량은 $MB_1 + MB_2 = C_a$이 성립되는 수준에서 결정된다. 가맹본부가 가맹점들로 하여금 총수입의 최소 비율만큼을 광고에 지출하도록 한다면 가맹점들은 동일한 광고비 지출로부터 보다 더 많은 혜택을 얻기 위해 자신의 광고비를 최적으로 지출한다.

[그림 10.7]은 두 개의 가맹점으로 이루어진 체인 사업체에 대한 광고의 효과를 보여준다. 광고비용은 일정하며 C_a와 같다. 이는 광고공급곡선(S)이 수평적임을 의미한다(여기서 광

고의 한계혜택이 가지는 가법적인 효과를 강조하기 위해 규모의 경제는 가정하지 않는다). 그림에서 광고로부터 얻게 되는 가맹점 1의 한계혜택 곡선은 MB_1이며, 가맹점 2의 한계혜택곡선은 MB_2이다. 광고의 총혜택은 두 곡선의 수직적인 합인 $MB_1 + MB_2$이다. 이 경우 광고의 최적 수량은 $MB_1 + MB_2 = C_a$이 성립되는 수준에서 결정된다.

10.4.2 광고비의 배분

위 사례에서 결합이윤을 극대화시키는 광고의 수량은 α^*이다. 각 가맹점들이 개별적으로 광고한다면 어느 가맹점도 α^*만큼의 광고를 구매할 수 없다. 왜냐하면 α^*는 개별 가맹점의 광고 수준에서 최적이 아니기 때문이다. [그림 10.7]에서 보듯이 가맹점 1은 α_1만큼의 광고를 구매하는 반면, 가맹점 2는 광고를 전혀 구매하지 않는다. 그러나 프랜차이즈 체인 전체적으로 보면 광고 α_1는 적은 수량이다. 왜냐하면 α_1에서 $MB_1 + MB_2 > C_a$이기 때문에 광고량을 늘리는 것이 바람직하다.

[그림 10.7]에서 α^*만큼의 광고량에서 $MB_1 > MB_2$임을 주목하라. 각 가맹점에 대한 광고 한 단위당 가치를 V_i라고 할 때, $V_1 > V_2$이다. 광고 한 단위당 가맹점 1은 V_1(총액으로 $V_1 \cdot \alpha^*$)를 지불하고 가맹점 2는 V_2(총액으로 $V_2 \cdot \alpha^*$)를 지불한다면, $V_1 + V_2 = C_a$가 된다. 가맹점 1은 광고 한 단위당 V_1만큼의 가격에서 정확하게 α^*만큼의 광고를 수요하게 된다. 마찬가지로 가맹점 2도 광고 한 단위당 V_2만큼의 가격에서 α^*만큼의 광고를 수요하게 된다. 그러나 $V_1 > V_2$이기 때문에, 동일한 광고수준에 대해 가맹점 1이 부담하는 광고비 지출 비중은 가맹점 2보다 더 높게 되어, 이는 부당하거나 차별이 된다. 이러한 점이 프랜차이즈 시스템에서 갈등의 원인이 된다.

이에 대한 한 가지 대안은 두 가맹점에게 $C_a/2$만큼의 광고비를 부담하도록 하는 것이다. 그러나 이 경우에도 α^*에서 $V_1 > C_\alpha/2$이기 때문에 가맹점 1은 광고량을 늘리려고 할 것이다. 동시에 α^*에서 $V_2 < C_\alpha/2$이기에 때문에 가맹점 2는 광고를 줄일 것이다. 따라서 광고비를 두 가맹점 사이에 동일하게 나누는 방식은 프랜차이즈 체인 전체의 이윤을 극대화시키지만 두 가맹점 모두가 광고수준에 만족하지 않게 된다.

다른 대안은 가맹점으로 하여금 광고에 대한 자신의 수요를 진술하도록 하여 $MB_1 + MB_2$을 계산하고 정확한 수량만큼의 광고를 구매하도록 하는 것이다. 하지만, 가맹점들이 자신의 진술한 수요에 비례하여 광고비를 부담할 경우, 각 가맹점들은 무임승차할 유인이 발생할 수 있다. 예를 들면, 광고가 가치가 없다고 말하거나 또는 광고 가치를 실제보다 적다고 말함으로써 무임승차할 수 있다. 이러한 문제를 불완전하지만 해결할 수 있는 방법이 있다. 그 방법은 가맹점들로 하여금 광고에 대한 자신의 수요나 선호가 어떠하든지 판매수입의 일정 부분을 가맹본부가 관리하는 광고자금에 납부하도록 하는 것이다(이는 버거킹이 취하는 방식이다). 또는 가맹본부가 가맹점들로 하여금 총수입의 최소 비율만큼을 광고에 지출하도록 하는 것이다(이는 맥도널드가 취하는 방식이다). 이때 가맹점들은 동일한 광고 지출액에 대해 더 많은 혜택을 얻기 위해 자신의 광고비를 최적으로 지출하게 될 것이다. 평균적으로 매출액이 높은 가맹점들이 매출액이 낮은 가맹점들에 비해 광고에 보다 더 높은 가치를 부여한다고 가정한다면 가맹점의 매출액에 기초하여 광고비를 요구하는 방식은 적어도 부분적으로는 위에서 언급한 광고비의 공정한 배분에 따른 갈등의 문제를 해결할 것이다. 달리 말하면, 광고에 대해 가장 높은 가치를 부여하는 가맹점들은 전체 광고비 지출에서 더 많은 비중을 부담하게 된다. 이러한 방식은 모든 가맹점들에게 매출액의 동일한 비율만큼을 광고비용으로 요구하기 때문에, 가맹점들은 불공평하게 생각하지 않는다.

식품산업 인사이드 10.4

외식사업체의 원가 구성과 경영관리

원가 또는 비용을 관리하는 것은 외식사업체 경영에서 핵심적인 활동이다. 원가 항목에는 인건비, 식재료비, 수도광열비, 소모품비, 광고비 등이 있으며 이러한 비용이 낮으면 낮을수록 수익은 많아진다. 특히 전체 비용 가운데 식재료비와 인건비의 비중이 높기 때문에, 외식업체가 수익을 높이기 위해서는 효율적인 원가관리가 중요해진다. 그러나 원가를 줄일수록 품질이 저하되고 서비스 질이 떨어질 수 있기 때문에 원가를 적절한 수준에서 균형 있게 관리하는 것이 대단히 중요하다.

원가는 형태에 따라 식재료비, 인건비, 경비로 나눌 수 있다. 식재료비는 제품의 제조에 소요되는 식재료의 구입 비용이며, 인건비는 제품을 제조하는 데 소요되는 직원의 노동력에 대해 지급하는 임금, 급료, 상여금 등이다. 경비는 식재료비와 인건비 이외의 모든 비용으로 전기료, 가스료, 감가상각비, 보험료 등이 여기에 속한다.

[표 10.5]는 2017년 농림축산식품부가 5,042개의 외식사업체를 표본으로 하여 경영실태를 조사한 결과이다. 조사 대상 외식사업체에는 일반 음식점(레스토랑), 구내식당, 이동음식점, 간이음식점(햄버거, 피자, 김밥 등), 주점, 비알코올음료점(커피전문점) 등이 포함된다. 외식산업의 영업비용에서 식재료비 구성비는 40.6%이며, 인건비 33.2%, 임차료, 7.4%는 세금 및 공과금, 8.1%는 기타비용이다. 노동비용과 식재료비를 합하면 73.8%에 달한다.

표 10.5 **우리나라 외식업체의 영업 비용과 이익률, 2017**

		전체	프랜차이즈	비프랜차이즈
매출액(만원)		16,275	21,661	14,873
영업비용 (만원, %)	계	12,332(100.0)	14,500(100.0)	11,768(100.0)
	식재료비	5,004 (40.6)	5,986 (41.3)	4,748 (40.3)

	인건비	4,097 (33.2)	4,735 (32.7)	3,931 (33.4)
	임차료	1,328 (10.8)	1,946 (13.4)	1,167 (9.9)
	세금	910 (7.4)	970 (6.7)	894 (7.6)
	기타	993 (8.1)	863 (6.0)	1,027 (8.7)
영업이익(만원)		3,942	7,161	3,105
매출액 영업이익률(%)		24.2	33.1	20.9
매출액 대비 프라임코스트 (%)		55.9	49.5	58.4

[그림 10.8]은 2012년 미국의 사업체 센서스 조사 결과에서 나타난 외식사업체의 원가 구성비이다. 미국의 경우 외식사업체 원가의 가장 큰 비중을 점하는 항목은 인건비로 54%에 달한다. 식재료 비중은 15%로 우리나라에 비해 다소 낮다.

그림 10.8 **미국 외식사업체의 원가 구성비, 2012.**

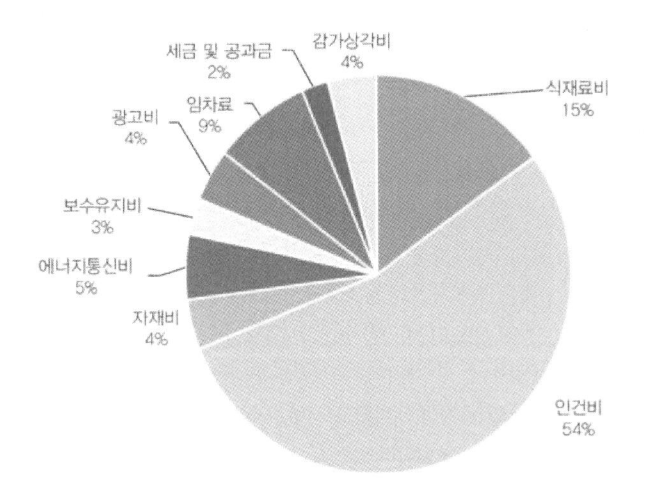

외식업체 원가 자료는 외식산업에서 비용을 최소화하는 데 초점을 두어야 하는 중요한 항목이 무엇인가를 말해준다. 건물이나 시설, 장비 등을 유리한 가격에 구입 또는 임차하는 것, 자재의 지출과 낭비를 관리하는 것도 가치가 있지만 최종 결과에서(즉 영업이익에서) 차이를 얻으려면 당신이 관심을 가져야 하는 것은 단지 두 가지 즉, 식재료 원가와 인건비이다. 이는 레스토랑과 외식 산업을 실제로 관찰해보면 쉽게 알 수 있다.

식재료 관리를 위해 식재료 재고 수준은 항상 기록되고 추적된다. 너무 많은 양의 식재료가 주문되고 난 후에 부패되어 폐기된다면, 이를 시정하기 위한 조치가 취해진다. 정확한 양의 식사가 제공되는지 확인하고 공짜로 많은 양이 제공되어 음식이 낭비되지 않도록 하기 위해 주방요리사를 임의 추출하여 조사해보는 것은 특별한 일이 아니다. 예를 들어, 패스트푸드점에서는 구매한 식품의 양과 판매한 식품의 양이 가능한 한 같도록 매주 또는 매일 보고서를 점검하면서 식재료 사용과 판매 품목 간의 비율을 세밀히 관리한다. 식재료 비용은 포션 컨트롤(portion control, 식음료의 원가 관리와 모든 고객에게 균등한 양을 제공하기 위한 통제 수단)과 식재료 준비 단계에서 부패와 낭비를 줄이기 위한 노력에 의해 관리된다.

인건비는 시간당 임금을 관리하고 접대한 고객 인원 당 또는 준비한 식사(주문)량에 대비한 근로시간의 수를 주의 깊게 살펴봄으로써 통제한다. 레스토랑은 웨이터와 같은 근로자로 근무 조를 편성한 후에 바쁘지 않게 되면 이들 중 일부를 집으로 돌려보낸다. 어느 레스토랑도 할 일 없이 앉아있는 종업원에게 임금을 지불하지 않는다. 외식산업에서 노동조합 가입 근로자가 거의 없기 때문에 경영자는 최소 시간 규칙(minimum hour rules)에 대해 염려할 필요가 없다. 근로자는 일을 시작한지 30분 후에 집으로 보낼 수 있으며 이때 30분에 해당하는 임금만 지불해도 된다. 서구에서는 봉사료(tips)를 받는 외식사업체 종사자에게 적용되는 임금지불에 관한 특별한 규칙이 있다. 봉사료 수입이 종사자의 임금을 최저 임금 수준까지 끌어올리는 한 이들에게 최저 임금이하로 지급할 수 있다. 이러한 측면에서 봉사료는 이들 사업체가 노동비용을 낮추는 데 기여한다.

자료: 1. 농림수산식품부. 2017.「2017 외식업경영실태조사 보고서」
2. U.S. Census Bureau, 2012. *Economic Census: Accommodation and Food Services*(NAICS Sector 722).

10.5 외식업체의 가격 책정

이 절에서는 외식업체 중에서도 레스토랑에 국한하여 이들 사업체가 채택하는 가격 책정방식에 대해 살펴볼 것이다. 레스토랑 경영자가 원가의 구성을 이해했다면 메뉴 가격을 정할 때 먼저 손익분기점 분석과 같은 단순한 계산부터 시작할 수 있다. 예를 들어 어느 레스토랑이 있어 샌드위치와 함께 두 종류의 사이드 메뉴를 판매한다고 하자. 이 식사를 준비하는 가변비용은 4,000원이다. 레스토랑의 고정비용은 5백만 원이며 이윤목표액은 월 3백만 원이다. 레스토랑 경영자는 이 정보를 사용하여 손익분기점이나 이윤목표액에 도달하기 위해 판매해야 하는 샌드위치 수량과 가격을 정할 수 있다.

판매량이 정해지면, 경영자는 순익분기점이나 이윤목표액에 도달하도록 하는 가격을 발견할 수 있다. 정해진 가격에 대한 손익분기점과 이윤목표치 수량의 공식은 다음과 같다.

$$Q_{BE} = FC/(P - AVC) \tag{10.3}$$

$$Q_{\Pi} = (FC + PG)/(P - AVC) \tag{10.4}$$

여기서 AVC는 평균가변비용, FC는 정해진 기간(예: 월간)의 총고정비용, P는 한 끼 식사당 가격이다. PG는 이윤목표액이며, Q_{BE}는 손익분기점에 도달하기 위해 판매해야 할 식사의 수, Q_{Π}는 이윤목표액에 도달하기 위한 판매 식사의 수이다.

레스토랑에 대한 위의 수치가 주어졌을 때 샌드위치를 개당 6,000원에 판매한다면 식(10.3)은 레스토랑이 손익분기점에 도달하려면 한 달에 2,500개의 샌드위치를 판매해야 함을 보여준다. 식 (10.4)는 레스토랑이 이윤목표액에 도달하려면 매월 4,000개의 샌드위치를 판매할 필요가 있음을 알려준다. 식 (10.3)과 (10.4)를 재배열하면 샌드위치 판매 수량이 정해질 때 원하는 가격 수준을 찾아내는 식을 구할 수 있다.

$$P_{BE} = FC/Q + AVC$$

$$P_{\pi} = (FC + PG)/Q + AVC$$

여기서 P_{BE}는 레스토랑이 손익분기점에 도달하는 가격이며, P_{Π}는 레스토랑이 이윤목표액에 도달하도록 하는 가격 수준이다. 레스토랑이 한 달에 5,000개의 샌드위치를 판매할 것으로 기대한다면 샌드위치 한 개당 손익분기점 가격은 5,000원이고 이윤목표액을 달성하기 위한 개당 가격은 5,600원이다.

10.5.1 주관적 가격 전략

주관적 가격산출법이 의미하는 바는 정확한 수학적인 공식에 기초하지 않는 가격에 대한 일종의 가이드라인이라는 점이다. 이러한 범주에는 경쟁가격제(competitive pricing), 최고가격제(highest pricing), 미끼가격제(loss-leader pricing)가 속한다.

경쟁가격제는 다소 자의적이지만 적어도 시장 조사에 근거한다. 레스토랑 소유자나 경영자는 동일한 시장 틈새 내에서 운영하는 레스토랑으로부터 정보를 수집하여 비슷한 가격으로 메뉴 가격을 정한다. 경쟁가격제는 아주 저렴한 시장 조사 비용으로 실행할 수 있다는 장점이 있다.

최고가격제는 레스토랑 경영자가 다른 레스토랑들이 유사한 메뉴에 부과하고 있는 가격들을 조사한 후에, 시장에서 가능한 최고 수준에서 가격을 설정하는 것이다. 이때 가격은 시장에서 가장 높은 가격이거나 5% 또는 10% 가량 더 높을 수 있다. 이러한 가격전략은 고객 수를 줄이는 위험이 있지만, 손님들이 식사서비스가 지불 가격만큼의 가치가 있다고 확신한다면 레스토랑에게 많은 수익을 가져다 줄 수 있다. 최고가격제를 실행하려는 레스토랑은 원재료, 식사공간 등 인테리어, 서비스 또는 이 세 가지 모두에 대해 경쟁업체보다 더 높은 비용을 지출할 용의가 있어야 한다. 이것은 고객으로 하여금 식사경험이 추가 지불할 만큼의 가치가 있음을 납득하도록 해줄 것이다.

최고가격제의 정반대는 유인(미끼)가격제이다. 어느 레스토랑도 메뉴 전체에 대해 유인가격제를 실행할 수 없다. 왜냐하면 유인가격의 핵심은 해당 메뉴에서 손해를 보지만 고객들을 유인하여, 일부 고객이 수익이 높은 다른 메뉴를 주문하도록 하는 데 있다. 오늘의 특별메뉴(daily special)는 때때로 미끼상품일 때가 있다. 이러한 의미에서 미끼상품은 진정한 가격전략이라기 보다는 광고의 한 형태이다.

10.5.2 객관적 가격 전략

객관적 가격전략은 공식에 기초하여 메뉴 가격을 정하는 방식이다. 가장 일반적인 객관적 가격전략으로 이윤목표 가격제, 식재료 원가비율 가격제, 공헌마진 가격제가 있다.

이윤목표 가격제는 레스토랑이 사전에 정한 이윤목표에 도달하기 위한 가격을 선택하기 위해 고안된 메뉴 가격 결정방법이다. 이 방식을 적용하려면 먼저 고정비용(FC), 이윤목표(Π)를 알아야 한다. 그 다음, 식사당 평균 비식품 가변비용(ANFVC)을 알 필요가 있다. 이 비용은 일회용품(종이냅킨) 비용, 유리잔, 수저세트, 접시, 린넨냅킨, 식탁보 등과 같은 재활용이 가능한 품목의 세탁비용, 식사 준비 및 배달과 관련된 시급 인건비 등을 포함한다. 경영자는 또한 제공할 식사의 수(N)를 추정해야 한다. 마지막으로 경영자는 식재료 원가 비율의 목표치($Food\%$)를 정해야 한다. 식재료 원가 비율은 의미 그대로이다. 즉, 메뉴 가격에서 식재료 비용이 차지하는 비율이다.

이러한 모든 수치가 정해지면 레스토랑 경영자는 두 단계로 이 가격을 계산할 수 있다. 먼저, 총 수입목표액(TR)은 다음의 식으로 계산된다.

$$TR = \frac{\Pi + FC + N \times ANFVC}{(1 - Food\ \%)}$$

그 다음에 이를 제공할 식사의 수로 나누면 가격은 $P = \frac{TR}{N}$로 계산된다.

식재료 원가비율 가격제는 가장 흔하게 사용되는 객관적인 가격 전략이다. 이는 간단하여, 복잡하고 다양한 메뉴에 대해서도 쉽게 적용할 수 있는 장점이 있다. 레스토랑은 먼저 식재료 원가비율을 정한다. 그 다음, 각 요리별 가격은 식재료 비용을 정해진 원가비율과 같도록 하는 수준에서 결정된다. 이를 공식으로 표현하면 다음과 같다.

$$P = \frac{Food\ Cost}{Food\ \%} = \frac{\text{식재료 원가}}{\text{식재료 원가 비율}}$$

예를 들어, 레스토랑이 32%의 식재료 원가비율을 원하고 요리의 식재료 원가가 3,520

원이라면 요리 가격은 $P = 3{,}520/0.32 = 11{,}000$원이다.

식재료 원가비율 가격이 외식산업에서 가장 흔하게 사용되는 이유는 두 가지 때문이다. 첫째 여러 가지 메뉴 품목에 적용하기 쉽기 때문이다. 고정비용이나 이윤을 메뉴 품목이나 카테고리별로 배분할 필요가 없다. 그 대신, 각 개별 품목별로 가격을 결정하면 된다. 둘째로 가격 책정에 필요한 유일한 정보는 각 요리별 식재료 원가 비율의 목표치와 원재료 비용이다. 이윤목표 가격제의 경우보다 필요한 정보량이 상당히 적다. 이 두 가지 이유로 인해 식재료 원가비율 가격제는 현실의 레스토랑이나 바에서 적용하기가 보다 용이하다.

마지막 객관적인 가격전략은 공헌마진 가격제이다. 이 가격전략은 손익분기점 분석과 밀접하게 관련된다. 레스토랑 경영자는 각 품목에 대한 평균 공헌마진을 정한다. 이때 마진은 대개 총이윤과 비식품비용을 합한 것으로, 비식품비용은 고정비용과 비식품가변비용을 더한 것이다. 평균 공헌마진이 결정되면, 이를 각 메뉴 품목의 식재료 원가에 더하여 메뉴 가격을 결정한다. 이 가격 책정방식은 다음의 두 식으로 표현할 수 있다.

$$\text{평균 공헌마진} = (\Pi + FC)/N + ANFVC$$

$$\text{메뉴 가격} = \text{식재료 원가} + \text{평균 공헌마진}$$

식품산업 인사이드 10.5

외식업체의 메뉴 가격 결정과 마케팅

레스토랑이 메뉴 가격을 변경하지 않으려는 행위는 너무나 유명하여, 경제학자들은 생각하는 것보다 느리게 변하는 타성가격(Sticky Prices)을 빗대어 메뉴 비용이라고 부른다. 메뉴 비용은 가격을 변경하는 데 소요되는 실제 비용을 말한다. 옛날에 레스토랑은 두 가지 이유로 가격을 자주 바꾸지 않았다. 메뉴판은 실제로 인쇄비용이 매우 비쌌고, 고객들은 가격 변화를 좋아하지 않았기 때문이다. 오늘날 많은 레스토랑은 매장 내에 인쇄된 종이 메뉴판을 사용하며 개인 컴퓨터와 약간의 종이를 사용하여 가격을 쉽게 바꿀 수 있다. 계절식과 신선한 식재료 메뉴를 위주로 하는 레스토랑은 자신의 특별식을 강조하기 위해 매일 메뉴를 인쇄한다. 그러나 레스토랑은 여전히 가격을 변경하려고 하지 않는다.

그 이유는 레스토랑 고객들이 가격인상에 크게 저항하기 때문이다. 대부분의 소비재 품목과 달리 레스토랑에서는 동일한 제품을 계속 구매하기 때문에, 가격변화를 알아차리지 못하도록 하는 다른 품목을 동시에 구매하지 않는 반복구매자가 더 많다. 우리 모두는 슈퍼마켓에서 어떤 품목들은 반복적으로 구매하지만 대개 한 바구니 분량의 여러 제품들을 구매하기 때문에 한두 가지 품목의 가격이 변할 때 식료품 전체가 비싸진다는 것을 알지만 어느 품목 때문인지는 잘 알지 못한다. 레스토랑에서 많은 사람들은 똑같은 주문을 하고 자기가 지불한 금액을 알고 있다. 설상가상으로, 많은 레스토랑은 테이크아웃 서비스를 제공하고 동일한 가격으로 배달도 한다. 고객들은 메뉴를 관찰하며 이에 대해 자주 언급한다. 부과된 가격이 고객 자신이 기대한 것과 다르면 (해당 메뉴가 7년째 판매중이라 할지라도), 고객은 불평하기 마련이다. 명백하게, 레스토랑은 가격을 인상하며 가격이 영원히 고정되지는 않는다. 그러나 레스토랑은 가격인상 전에 뚜렷한 이윤의 손실을 받아들이고 메뉴 가격을 인상한 후에 많은 고객들의 불평과 (적어도 단기적으로) 사업 손실이 있음을 알아야 한다. 메뉴의 인쇄 비용은 과거보다 훨씬 저렴해졌지만 레스토랑 가격은 여전히 타성적이며 느리게 변한다.

레스토랑과 바(bar)에서 사용하는 가장 일반적인 마케팅 전략은 가격차별화이다. 저녁할인(early-bird specials)은 레스토랑이 시행하는 가장 일반적인 가격차별화 형태이다. 저녁할인은 충분히 이른 시간(대개 저녁 5~6시 사이, 또는 5~6시 30분 사이)에 찾아온 손님에게 특정 메뉴 품목을 할인된 가격으로 제공한다. 바에서도 이와 동일하게 해피아워(happy hour)로 고객을 유인하여 이른 시간에 바에 와서 술을 마시도록 할인 음료를 제공한다. 3장에 언급한 대로, 저녁할인과 해피아워는 경제학적인 의미가 있다. 왜냐하면 피크 영업시간에 대비하여 종업원들을 곳곳에 배치하기 때문에 노동의 많은 부분이 매몰비용이 된다. 저녁할인과 해피아워는 광고의 형태이기도 하다. 이를 통해 레스토랑과 바는 나중에 정가의 메뉴를 주문하는 새로운 고객을 유치하길 희망한다. 사실 고객이 해피아워에 도착해서 그날 밤에 정가의 음료를 구매할 만큼 오래 머무른다면 이 두 가지를 모두 하게 되는 셈이다.

레이디 나이트(lady night)는 가격차별화의 또 다른 형태이다. 바는 여성고객을 유치할 목적으로 레이디 나이트를 사용하는데 이들에게 낮은 가격을 제공함으로써 정가를 모두 지불하여 음료를 구매할 남자 고객을 데리고 올 것이라고 기대한다. 어린이용 메뉴(children's menu)도 레스토랑의 비슷한 마케팅 수단이다. 이들 저가격(대개 저수익) 메뉴 품목은 가족들로 하여금 외식을 유도하여, 성인들이 주문하는 정상가격의 메뉴로부터 레스토랑이 수익을 얻을 수 있도록 해준다.

레스토랑은 쿠폰과 오늘의 요리(daily special)를 공통적인 마케팅 수단으로 사용한다. 쿠폰은 낮은 가격으로 식사를 제공하여 새로운 레스토랑에 찾아오려는 의향이 높은 신규 고객을 유치하는 데 훌륭한 방법이다. 보통의 고객은 쿠폰을 찾지 않아(또는 적어도 알지 못하여) 가격 전부를 지불할 것이라고 기대한다. 오늘의 요리는 레스토랑이나 음식점에서 손님을 끌기 위해 특별한 요리를 그날그날 지정해서 판매하는 경우이다. 어떤 때는 특별히 낮은 가격으로 제공하는 일반적인 메뉴일 수 있고, 다른 경우는 표준적인 메뉴의 일부가 아닌 새로운 메뉴일 때도 있다.

오늘의 요리의 첫 번째 유형은 특정 메뉴를 선호하는 고객을 레스토랑으로 유인하기 위해 고안된 마케팅 계획이다. 레스토랑은 이들 고객이 다른 비싼 메뉴를 주문하는 다른 고객을 데리고 오거나 또는 이들 고객 스스로가 식사 중에 다른 메뉴 품목(예: 음료나 디저트)을 주문하길 기대한다. 또 다른 형태는 특별히 매력적인 식재료가 있다면 이 식재료의 풍미가 두드러지도록 특별한 요리를 만들어 비교적 높은 가격에 제공하는 것이다. 일부 식재료가 너무 많이 남아 상하기 전에 이를 처분할 필요가 있을 때 주방장은 해당 식재료를 빨리 처리하기 위해 특별식을 만들어 할인 가격으로 제공하기도 한다.

마지막 마케팅 주제는 메뉴 디자인이다. 유명한 레스토랑은 메뉴의 모든 측면, 즉 배치, 글자체와 크기, 품목의 배열 순서 등을 꼼꼼하게 계획한다. 일반적으로 레스토랑 메뉴는 전식, 샐러드, 스프부터 시작하여 주 요리를 나열하고 마지막에 (디저트가 특별메뉴판에 없다면) 디저트를 포함시킨다. 주 요리의 경우 메뉴 품목을 배열할 순서를 다르게 할 수 있다. 대개 비슷한 품목, 예를 들면 파스타, 스테이크, 치킨요리, 생선 등은 같이 배열된다. 그러나 이들 품목의 배열 순서는 메뉴 디자이너마다 서로 다르다. 어떤 사람은 저렴한 품목부터 나열하여 비싼 품목 순으로 배열하지만, 다른 사람은 그 반대로 배열하기도 한다. 어떤 경우는 요리들을 가격 순으로 배열하지 않을 때도 있다. 가격과 관련된 또 다른 전략(속임수)은 고가 품목을 저가 품목들 사이에 끼워

넣는 것이다. 예를 들어, 서구의 레스토랑에서 대부분의 주 요리는 가격대가 15달러에서 25달러일 때, 30달러인 주 요리(스테이크나 바닷가재 등)를 주 요리 목록 안에 포함시키는 경우가 있다. 이와 같이 부각된 고가 요리는 고객들로 하여금 22~25달러 가격대의 요리들이 합리적인 가격인 것처럼 여기게 하여 많은 사람들이 메뉴판에 있는 저렴한 요리보다는 22~25달러 가격대의 요리를 주문하도록 해준다.

자료: Dorfman, J. M. 2014. *Economics and Management of the Food Industry*, Routledge.

요약

- 외식산업에서 인건비와 재고관리는 다른 산업에 비해 경영관리의 보다 중요한 측면이라 할 수 있다. 식재료는 원가의 큰 비중을 차지하나 효과적인 관리를 통해 손쉽게 통제할 수 있는 부분이다. 따라서 외식산업에서 경영관리 노력의 상당부분은 근로자에 대한 고용, 훈련, 일정관리, 해고 및 유지에 관한 것이다
- 프랜차이즈사업은 프랜차이저와 프랜차이지 양쪽에게 모두 좋은 사업기회를 제공한다. 프랜차이저 입장에서는 소규모 투자와 최소 인력으로 사업을 빠르게 확장할 수 있으며, 가맹금, 로열티, 식재료공급을 통해 수익을 얻을 수 있다. 프랜차이지의 가장 큰 장점은 성공한 사업의 아이템과 기존에 정리되어 있는 컨셉을 얻을 수 있다는 점이다.
- 프랜차이즈 점포를 통해 발생하게 되는 미래 수익이 불확실하고, 가맹점주의 노력을 관찰하기 어렵다면 적절한 로열티 부과 방식에 의한 프랜차이즈 계약은 위험회피자인 가맹점주가 직면한 위험을 제거해주는 일종의 보험을 제공하는 것과 가맹점주의 노력을 유도하기 위해 인센티브를 제공하는 것 사이에 균형을 맞추는 역할을 한다.
- 프랜차이즈는 각 가맹점들의 구매력을 결합하여 프랜차이즈를 전국이나 지역 수준에서 홍보시킴으로써 광고에서 규모 경제를 실현할 수 있다. 이와 동시에 개별 가맹점들은 소규모 지역시장에서 생산과 유통에서 규모의 경제를 실현할 수 있게 된다. 이렇게 함으로써 프랜차이즈사업체는 양쪽 모두의 활동에서 효율적으로 규모 경제를 실현할 수 있다.

연습문제

❶ 외식 프랜차이즈 사업에서 로열티를 판매량의 일정 비율로 부과한다고 할 때 최적 판매량과 가맹본부 및 가맹점 사업자가 벌어들이는 이윤을 적절한 그림을 사용하여 설명하여 보시오.

❷ 다음의 각 경우에 외식 체인사업체가 점포를 직영점으로 운영하는 것이 나은지 아니면 가맹점 형태로 운영하는 것이 더 나은지 말해보시오.

가. 자본조달 비용이 높은 경우

나. 점포가 여러 지역에 분산되어 있는 경우

다. 고객이 주로 비반복구매자인 경우

라. 지역시장에서 수요의 변동성이 심할 경우

마. 체인사업체의 브랜드 가치가 높지 않을 경우

❸ 다음의 레스토랑 정보를 이용하여 각 질문에 답하시오

- 레스토랑은 한 번에 50명이 앉을 수 있다.
- 급료, 임대료, 에너지 및 통신비, 재산세, 광고비 등 고정비용은 매월 5,000,000원이다.
- 식품 이외의 가변비용(식탁포, 시간제 근로자, 식기류 및 일회용 자재 등)은 손님 1인당 평균 3,000원이다.
- 레스토랑은 화요일부터 토요일까지 저녁 식사에만 영업한다.

가. 레스토랑이 식재료 원가의 비율을 32%로 원한다면, 식재료가 3,500원인 식사에 얼마의 가격을 부과해야 하나?

나. 평균 식사 요금이 손님당 10,000원이고 식재료원가 비율이 35%일 때 레스토랑이 손익분기점에 도달하려면 식사 판매건수는 얼마여야 하나?

다. 당신이 월평균 15,000,000원의 수익을 얻기 원한다면 평균 객석 회전율(객석 1개당 손님의 수)은 얼마이어야 하나?

라. 당신 레스토랑에 대한 객석 회전율의 가장 현실적인 추정치가 1.5이라고 하고 식재료 원가 비율을 35%로 유지하려고 한다면 이윤목표치에 도달하기 위한 평균 식사요금은 얼마이어야 하나?

참고문헌

박기용. 2009. 『외식산업경영학』, 대왕사.

Dorfman, J. M. 2014. *Economics and Management of the Food Industry*, Routledge.

Blair, R.D., and Lafontaine, F. 2005. *The Economics of Franchising*, Cambridge University Press.

Lafontaine, F., and Slade, M.E. 2001. "Incentive Contracting and the Franchise Decision." In K. Chatterjee and W. Samuelson, Eds. *Game Theory and Business Applications of Game Theory*, Boston, MA: Kluwer Academic Press.

Lafontaine, F., and Shaw, K. L. 2005. "Targeting Managerial Control: Evidence from Franchising," *RAND Journal of Economics*, 36(1), 131－150.

식품 소비자 행동의 이해

학습목표

- 소비자의 식품 구매 행동 모형에 관한 이해
- 소비자의 식품 구매 행동에 영향을 주는 요인과 그 측정 방법에 대한 이해
- 소비자의 식품 구매 의사결정 과정에 관한 이해
- 소비자의 의사결정에서 나타나는 편향적인 현상들에 대한 이해

소비자 행동을 설명하는 경제학 모형에서는 겉으로 드러난, 달리 말하면 관측된 결과를 토대로 선호가 소비자의 행동을 결정하는 가장 중요한 요소라고 설명한다. 예를 들면, 어떤 소비자는 돼지고기보다는 닭고기를 더 선호한다는 식의 표현을 사용한다. 하지만 이러한 경제학 모형은 선호가 어디에서 비롯되었는지, 선호는 어떻게 변하는지 그리고 선호에 영향을 주는 요인들은 무엇인지에 대해 그다지 만족스러운 답을 주지 못한다. 다음의 예를 살펴보자.

덕선이와 택이에게 가격이 1,500원인 우유가 제공되었다. 두 사람의 선택은 동일하였다. 모두 우유를 구매하지 않았다. 하지만 두 사람이 구매하지 않는 이유는 서로 달랐다. 택이는 태어날 때부터 유당 소화 장애가 있어서 우유를 전혀 먹지 못하는 반면, 덕선이는 좀 전에 우유보다 다소 저렴한 두유를 많이 마셔서 우유가 별로 내키지 않았다. 이러한 상황에서 우유가격이 1,500원에서 1,000원으로 하락할 때 택이의 구매 행동은 달라지지 않겠지만, 덕선이는 우유를 구매할 수 있다. 이처럼 소비자는 기업들의 여러 가지 마케팅자극(예: 신상품, 가격할인, 광고, 진열 등)에 대해 반응하는데, 소비자의 행동을 잘 이해하고 예측하려면 겉으로 드러난 행동만을 관찰해서는 충분하지 않으며 겉으로 드러나지 않은 심리적인 과정을 파악하는 것이 중요하다.

소비자는 심리적·인지적·환경적인 요인에 의해 필요와 욕구를 느끼고 인지하고 생각하여 이를 구체적인 구매 행동으로 표현한다. 따라서 식품 소비자의 행동은 특정 소비자가 언제, 어디서, 어떤 식품을, 어떻게, 누구로부터 구매할 것인가에 대한 인지적인 판단과 신체적인 활동으로 정의할 수 있다. 마케팅의 목적은 소비자의 욕구를 찾아내고 이를 충족시키는 것인데, 이는 소비자 행동을 분석하는 데에서 시작된다. 덕선이와 택이 두 사람에게 우유 제품을 판매하기 위한 적절한 마케팅전략으로 덕선이의 경우는 가격할인이 유용할지 모르지만, 택이의 경우는 유당성분이 없는 우유 신제품을 개발하는 것이다.

식품 소비자의 행동을 이해하기 위한 모형으로 이 장에서는 동기화 과정, 구매 행동에서 가치와 욕구의 역할, 태도와 구매 의도, 구매 의사결정 모형에 대해 차례로 살펴볼 것이다.

11.1 동기

11.1.1 동기화 과정

소비자는 왜 특정 식품을 구매하는가? 그 이유는 그럴 만한 동기가 있기 때문이다. 동기는 소비자로 하여금 어떤 방식으로 행동하게끔 하는 과정이다. 동기는 행동을 촉발시키고 지배하는 내적인 상태나 추진력이라고 정의할 수 있다. 이 정의에 따르면 소비자 행동을 이해하기 위해서는 먼저 동기라는 개념을 이해할 필요가 있다. 그렇다면 동기는 어떠한 요인에 의해 나타나는가? 이를 설명하는 이론이 동기화 과정이다. 동기화 과정 모형은 [그림 11.1]에서 보듯이 사람들의 충족되지 않은 욕구, 욕망, 열망을 행위와 연관시킨다.

[그림 11.1]에 따르면 행동은 특정한 목적을 성취하기 위해 욕구를 충족시키려고 하는 노력의 결과라고 할 수 있다. 일반적으로 인간은 자신이 원하는 욕구가 충족되지 않을 때 심리적으로 긴장을 하게 된다. 심리적 긴장은 소비자의 현재 상태와 이상적인 상태의 차이

그림 11.1 동기화 과정의 모형

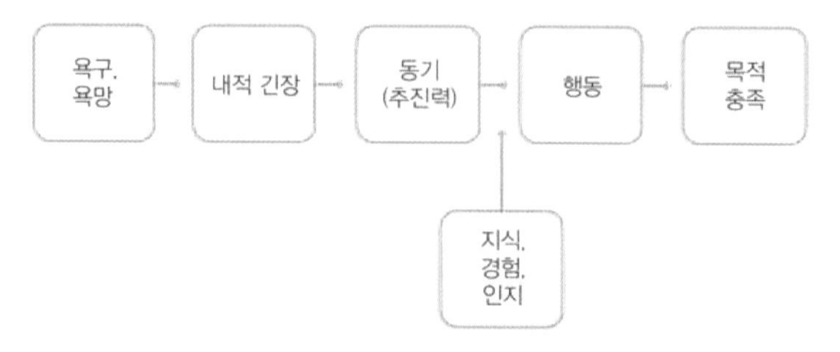

소비자의 식품 구매 행동에는 그럴 만한 동기가 있기 때문이다. 동기화 모형은 소비자의 충족되지 않은 욕구, 열망을 행위와 연관시킨다. 이 모형에 따르면 욕구 미충족이 소비자로 하여금 내적긴장을 유발하고 이 긴장상태를 완화하기 위한 추진력이 동기이다. 동기가 유발되면, 소비자는 자신의 과거 경험이나 지식, 인지적 과정에 비추어 특정 목적을 달성하기 위한 행동을 하게 된다.

에서 발생한다. 이러한 긴장상태를 완화하기 위해 노력하는 능동적인 추진력이 바로 동기이다. 예를 들어 인간이 배고픔을 느끼게 되면 이를 해결하기 위해 식사를 하고자 하는 욕구가 생기는데, 이것이 동기가 되는 것이다. 즉, 배고픔으로 인한 심리적 긴장으로 인해 욕구가 충분히 인식되어 어느 정도 강도를 갖게 되면 동기유발이 되어 인간은 자신의 과거 경험이나 지식, 인지적 과정에 비추어 가정이나 음식점에서 음식물을 섭취하는 행동을 취한다.

욕구가 동기로 작동하기 위해서는 그 욕구가 충분히 인식되어 어느 정도 강도를 가져야 한다. 그렇지 못할 때 욕구는 특정한 행동을 유발시키는 기능을 못하게 되며, 단지 존재적인 상태에 머물게 된다. 욕구를 동기로 유발시키는 요인은 생리적 요인, 인지적 요인, 환경적인 요인으로 구분할 수 있다. 생리적 요인은 인간의 신체적인 자율활동 과정에서 발생하는 욕구이다. 예를 들면, 배고픔, 갈증, 피로감, 혈당량 감소, 체온하락 등 인체의 생리적인 변화가 신경을 자극하여 긴장상태를 만듦으로써 동기를 유발한다. 생리적 요인은 소비자 행동을 직접적으로 유발시키지 않지만, 동기발생 요인 가운데 가장 기본적인 요인이다. 왜냐하면 생리적 조건의 변화는 자동적으로 발생하지만 이로 인해 긴장감이 고조되면 이를 해소하기 위해 노력하게 되고 인간의 여러 가지 행동에 영향을 미치기 때문이다.

인간 행동의 동기는 감성적 또는 인지적 요인에 의해서도 유발된다. 소비자는 단지 배고픔을 해결하기 위해 레스토랑을 찾지는 않는다. 외식을 통해 타인과 친목을 도모하고 정서적인 만족감을 얻고 자신의 위신이나 성취를 타인에게 드러내기 위해 고급 레스토랑을 찾기도 한다. 광고나 주변 환경으로부터 유발되는 환경적 또는 외부적인 요인도 인간의 욕구를 활성화시킨다. 예를 들어, 소비자가 점포 안에서 음식이 만들어지는 과정을 보면 구매욕구를 느낀다. 또는 대형매장에서 많은 사람이 다투어 특정 식품을 구매하고 있다면 이로 인해 동기가 유발되어 해당 제품을 충동적으로 구매하기도 한다. 이것이 바로 동기에 영향을 주는 환경적 요인이다.

11.1.2 욕구단계이론

전술한 동기화 과정 모형에서 출발점은 인간의 욕구이다. 그렇다면 욕구는 무엇이며 그리고 어떠한 형태로 존재하는가? 인간의 욕구를 구분하기 위한 다양한 모형이 제기되어 왔지만, 매슬로우의 욕구단계이론(Maslow's Hierarchy of Needs)만큼 주목을 받은 이론도 없다. 매슬로우에 따르면 인간의 욕구는 5단계로 구분되며, 더 높은 욕구단계에 이르기 전에 가장 기본적인 욕구(즉 피라미드의 최하층에 있는 욕구)를 먼저 충족시켜야 한다. 5단계의 욕구 가운데 첫 단계인 가장 낮은 단계는 생리적 욕구단계이다. 이 단계는 생존을 위한 욕구에 관한 것으로 식욕, 성욕, 수면욕, 배설욕 등이 포함한다. 이 단계의 욕구들이 충족되면 사람들은 안전단계에 주목하게 된다. 안전단계의 욕구에는 위험 또는 고통으로부터의 회피, 안정, 법과 질서에 의한 보호 등을 추구하려는 욕구가 포함된다. 소속감 단계의 욕구에는 사랑, 우정, 수용, 소속, 연합 등을 추구하는 것과 관련된 욕구들이 포함된다. 그 다음의 욕구단계는 존중단계이다. 여기에는 자기존중, 존경, 지위, 명예, 독립감, 성취, 평판, 특권 등과 같은 욕구가 포함된다. 욕구계층의 마지막 단계는 자아실현단계로, 여기에는 자기완성, 삶의 보람, 성장, 창의, 재미 등의 욕구들이 포함된다.

식품산업 인사이드 11.1

식품 소비자의 욕구단계

매슬로우의 5단계 욕구이론을 식품 소비자에 적용하면 식품 소비자의 욕구단계는 아래 그림에서 보듯이 생리적 단계, 안전 단계, 소속감 단계, 존중 단계, 자아 실현 단계로 구분할 수 있다. 배고픔 충족을 위한 물량충족 단계는 '생리적 단계'에 해당되며 생존을 위한 최소한도의 칼로리 충족을 목표로 한다. 품질추구 단계는 식품의 품질과 건강 속성을 염두에 두고 소비하는 단계로 매슬로우가 주장한 욕구계층의 2단계에 해당된다. 이 단계에서 소비자는 식품을 통한 영양섭취와 식품안전에 관심을 보이게 되며, 소비하는 식품의 원재료 구성, 영양성분 및 식품표시를 중시하게 된다. 다각화 단계는 매슬로우의 3, 4단계를 포괄하며 다양화, 고급화, 간편화, 건강 지향, 안전 지향, 합리화 등의 특성들이 동시에 발현되는 단계이다. 다각화 단계에서는 매슬로우의 2단계처럼 신체적·정신적 건강 니즈를 위한 고품질을 추구할 뿐만 아니라, 식생활을 통해 가족·사회적 가치 및 나아가 자아실현까지 추구하게 되는 단계이다. 이 단계에서는 원산지 중시, 에스닉푸드 증가, 가정간편식(HMR) 및 외식 소비 확대 등이 나타난다. 윤리적 소비 단계는 매슬로우의 욕구계층구조 5단계에 해당되며 소비자들이 본인의 선호와 효용 극대화에 국한하지 않고 사회·환경에 대한 관심으로 갖고 소비하는 단계이다. 윤리적 소비 단계에서는 환경, 동물복지, 유기농, 유전자변형식품 여부, 공정무역 등이 주목받는다.

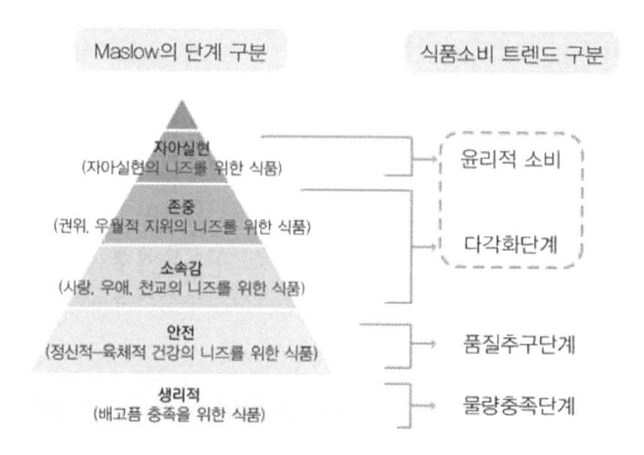

자료: KREI, 한국인의 식품소비 심층분석, 2016, p.74의 내용을 재구성함

매슬로우의 욕구단계이론은 인간의 욕구를 구분하는데 매우 유용하지만, 인간의 욕구단계가 반드시 순차적인 단계를 거쳐 더 높은 단계로 이동하는 것은 아니라는 점을 주의할 필요가 있다. 예를 들어, 생리적인 욕구가 충족되지 않더라도, 존중이나 자아실현의 욕구를 추구하는 사람이 있을 수 있다. 배고픈 예술가가 좋은 예이다.

11.2 가치

우리는 앞서 소비자 행동이란 목적을 성취하기 위한 방법의 하나로 자신의 충족되지 않은 욕구를 만족시키려고 하는 동기의 결과라고 설명하였다. 하지만 개인들이 가지는 목적은 무엇인지 그리고 이러한 목적이 구매 행위에 어떠한 영향을 주는지에 대해서는 말하지 않았다. 사람이 가지는 삶의 목적 가운데 가장 일반적인 것은 개인이 추구하는 가치이다. 가치는 '인생에서 무엇을 얻으려고 하는가?'와 같은 추상적인 질문처럼 가장 기초적이고 근본적인 개인의 욕구와 목표의 인지적인 표현이다. 달리 말하면, 가치란 개인이 인생에서 달성하기 위해 노력하는 중요한 최종 상태를 의미한다. 심리학자인 밀튼 로키츠(Milton Rokeach)는 개인의 가치를 "어떤 구체적인 행동양식이나 최종 존재 상태를 다른 행동양식이나 최종 존재 상태에 비해 개인적으로나 사회적으로 더 선호하는 지속적인 신념"으로 정의하였다.

로키츠는 사람들이 추구하는 가치를 궁극적 가치(terminal values)와 도구적 가치(instrumental values)로 구분한다. 궁극적 가치는 개인들이 선호하는 삶의 상태를 나타내는 심리적인 상태를 의미하며, 도구적 가치는 개인이 선호하는 궁극적인 가치를 달성하기 위한 행동양식을 말한다.

[그림 11.2]는 로키츠가 제안한 18개 항목의 궁극적 가치와 도구적 가치들을 나열한 것이다. 18개 항목을 살펴보면 모든 가치 항목들이 삶의 목적을 나타내지만, 각 문화마다 또는 동일한 문화권에서도 각 개인마다 각각의 가치 항목에 대해 부여하는 상대적인 중요성은 서로 다를 수 있다. 예를 들면, 남자들은 여자들에 비해 '활동적인 삶'이라는 궁극적인 가치가 보다 더 중요하다고 생각하는 반면, 여자들은 남자들에 비해 '평화로운 세상'이라는 가치에 보다 더 큰 의미를 부여할 수 있을 것이다. 따라서 소비자들을 대상으로 가치 측정 항목별로 서열을 매기도록 하거나 또는 각 항목별로 '전적으로 동의한다' '전적으로 동의하지 않는다'는 5점 척도에 응답하도록 하는 설문조사를 통해 소비자가 추구하는 가치가 무엇인지를 조사할 수 있다. 이러한 설문조사방법을 가치조사법이라고 한다.

그림 11.2 **로키츠의 가치조사법**

1. 궁극적 가치에 대한 아래의 18가지 항목을 읽은 다음, 삶에 대한 지도 원칙으로 당신에게 중요한 순서대로 왼쪽 빈칸에 번호를 적어 넣으시오.
2. 궁극적 가치에 대한 순위 매김이 끝나면, 도구적 가치에 대하여도 동일한 방법으로 왼쪽 빈칸에 중요도에 따라 순위를 정합니다.
3. 신중하게 생각하고, 천천히 결정하십시오. 생각이 바뀌면, 응답을 바꾸는 데 주저할 필요가 없습니다. 당신이 정말 어떻게 느끼는가가 그대로 나타나야 합니다.

	궁극적 가치		도구적 가치
□	1. 편안한 삶(a comfortable life)	□	1. 야망(ambitious)
□	2. 활동적인 삶(an exciting life)	□	2. 포용력(broad-minded)
□	3. 성취감(a sense of accomplishment)	□	3. 역량(capable)
□	4. 평화 세계(a world at peace)	□	4. 명량함(cheerful)
□	5. 미의 세계(a world of beauty)	□	5. 청결(clean)
□	6. 평등(equality)	□	6. 용기(courageous)
□	7. 가족의 안전(family security)	□	7. 용서(forgiving)
□	8. 자유(freedom)	□	8. 봉사(helpful)
□	9. 행복(happiness)	□	9. 정직(honest)
□	10. 심적 조화(inner harmony)	□	10. 상상력(imaginative)
□	11. 성숙한 사랑(mature love)	□	11. 독립(independent)
□	12. 국가안보(national security)	□	12. 지적임(intellectual)
□	13. 쾌락(pleasure)	□	13. 논리적임(logical)
□	14. 구원(救援, salvation)	□	14. 애정(loving)
□	15. 자아존중(self-respect)	□	15. 복종(obedient)
□	16. 사회적 인정(social recognition)	□	16. 공손함(polite)
□	17. 진정한 우정(true friendship)	□	17. 책임감(responsible)
□	18. 지혜(wisdom)	□	18. 자기통제(self-controlled)

11.2.1 수단-목적 사슬 분석

구매 행동에서 가치의 역할을 파악하는 방법 가운데 하나가 수단-목적 사슬 분석법(means-end chain analysis)이다. 수단-목적 사슬 이론은 소비자의 제품이나 서비스 구매 행동을 개인이 특정 상품에 부여하는 수단-목적 사슬에 대한 인지 구조에 근거한 것으로 설명한다. 이 이론에 따르면 소비자가 상품을 구매할 때 상품이 가진 속성은 수단일 뿐 목적

그 자체는 아니다. 구매는 소비자가 속성을 통해 무엇을 얻고자 하는, 즉 어떤 목적을 달성하려는 행위이다. 수단-목적 사슬 이론은 제품이나 서비스의 속성을 '수단'으로, 그로부터 얻고자 하는 궁극적 가치를 '목적'으로 간주한다. 소비자들은 속성을 구매하여 궁극적 가치를 실현한다.

이러한 수단-목적 사슬 관계는 '속성-결과-가치' 또는 '속성-기능적 결과-심리적 결과-가치'로 이해되기도 한다. 여기서 '속성'은 제품 혹은 서비스가 가지는 유·무형의 특성이고, '결과'는 소비자가 제품이나 서비스를 사용함으로써 얻을 수 있다고 생각하는 심리적인 또는 생리적인 효용이다. '가치'는 목적의 가장 고차원적인 상태로 소비자의 궁극적 욕구를 반영한다. 예를 들면, 소비자가 카페에서 커피를 마시는 행위를 '속성-결과-가치'라는 맥락에서 설명하면 커피라는 상품이 장소의 자유로운 이용이라는 속성을 띠고 있고, 그것이 소비자에게 편안한 장소 제공이라는 결과를 가지며, 이것이 소비자에게 최종적으로 안락함이라는 가치를 가져다준다고 할 수 있다.

모든 식품은 여러 속성들을 포함한다. 즉, 식품은 크기, 모양 등과 같이 구체적이고 물리적인 속성부터 브랜드명, 품질과 같은 추상적인 속성을 가진다. 수단-목적 사슬 모형은 소비자들은 각각의 제품 속성에 대해 특정한 결과를 연관시킨다고 가정한다. 즉, 제품과 제품이 가진 속성을 소비하면 어떤 결과들의 집합을 얻을 수 있는데, 이러한 결과는 기능적(직접 경험하여 얻게 되는 산출물)이거나 또는 심리적(내적인 것으로 소비자들이 제품이 어떤 방식으로 느끼는지를 나타내는 산출물)이다. 결과들은 대개 편익(바람직한 결과)이나 위험(바람직하지 않아 소비자가 회피하고자 하는 결과)으로 구분된다.

[그림 11.3]의 수단-목적 사슬에 의하면 식품 소비자는 어떤 특별한 결과와 가치를 성취하기 위한 수단으로 특정 속성들을 가진 식품을 구입한다고 할 수 있다. 달리 말하면, 소비자가 어떤 식품을 구입하는 이유는 그 식품이 가진 물리적인 속성 그 자체보다 그러한 속성들에 의해 실현되는 결과, 즉 제품 편익 때문이다. 이때 소비자가 식품으로부터 추구하는

그림 11.3 **수단-목적 사슬 모형**

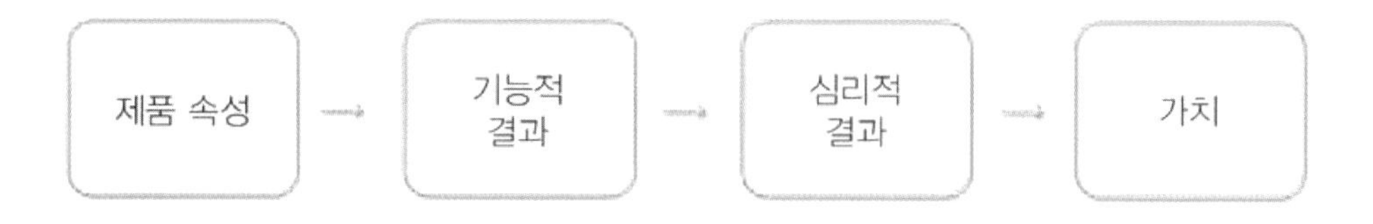

수단-목적 사슬 모형에 의하면 소비자는 어떤 특별한 결과와 가치를 성취하기 위한 수단으로 어떤 속성들이 포함된 제품을 구입한다고 할 수 있다. 소비자는 제품 속성과 이 속성들이 가져다 줄 편익을 추론하거나 연상하고, 이 편익과 가치를 연관지우는 인지작용을 통해 제품에 의미를 부여하고 가치를 얻는다.

것 가운데 편익보다 더욱 추상적인 것이 가치이다. 즉 소비자는 식품의 속성과 이 속성들이 가져다 줄 편익을 추론하거나 연상하고, 이 편익과 가치를 연관지우는 인지작용을 통해 자신이 구매하는 식품에 의미를 부여하고 가치를 성취한다.

수단-목적 사슬 모형이 식품 마케팅에 어떻게 유용하게 사용될 수 있는지를 살펴보기 위해 한 가지 사례를 들어보자. [표 11.1]은 프랑스 소비자들이 공정무역 커피를 구매하도록 하는 가치를 조사한 결과이다. 공정무역 커피는 대개 저개발국가의 생산자가 최종 소매가격의 일부를 보장받도록 하는 유통경로를 통해 판매되는 커피이다. 소비자로 하여금 공정무역 커피를 구매하도록 하는 동기를 부여하는 가치는 만족감, 인간평등, 성취감 등 매우 다양하게 나타나고 있다. 또한 슈퍼마켓에서 공정무역 커피를 구매하는 소비자는 전문점에서 해당 커피제품을 구매하는 소비자와 다른 가치를 추구한다. 전자에 속하는 소비자의 경우 공정무역 커피는 '맛'이라는 속성이 '좋음'이라는 결과를 제공하고 이는 궁극적으로 '만족감'이라는 가치를 가져다준다. 반면 후자에 속하는 소비자에게 공정무역 커피는 '대안경제에 참여', '공정한 거래'라는 결과를 제공하며 '성취감', '인간평등'이라는 가치를 가져다준다. 이러한 결과를 토대로 독자들은 좋은 맛이나 만족감 등 개인적인 이유에 초점을 맞춘 커피 판촉광고는 전문점보다는 슈퍼마켓에서 공정무역 커피를 구매하는 소비자에게 보다 적합하다는 마케팅 시사점을 얻을 수 있을 것이다.

표 11.1 공정무역 커피에 대한 수단-목적 사슬 분석

구입장소	고객번호	제품속성	편익	도구적 가치	궁극적 가치
슈퍼마켓	1	맛	좋음		만족
슈퍼마켓	2	공정무역	경제적 원조	존중	인간평등
전문점	1	공정무역	대안경제 참여	책임감	성취감
전문점	2	공정무역	공정한 거래		인간평등
전문점	3	유기농	환경보호		아름다운 세상

자료: de Farren, F., and Grunert, K.G. 2007. "French Fair Trade Coffee Buyers' Purchasing Motives: An Exploratory Study using Means-end Chains Analysis." *Food Quality and Preference*, 18(2), 218-229.

소비자들이 제품이 가진 특정한 속성들과 편익, 그리고 가치들 사이에 어떤 연관성을 부여하는지를 알아내는 방법으로 래더링(laddering)이라는 기법이 있다. 래더링 기법은 특정 제품을 구매하는 소비자들을 대상으로 심층 면접조사를 통해 얻어진 답변 내용을 분석하여 속성, 편익, 가치로 분류한 후에 이들 요소들 간의 관계를 래더로 표현한 [그림 11.4]~[그림 11.8]과 같은 위계 가치도(hierarchical value map: HVM)를 도출할 수 있도록 해준다. 위계

가치도를 통해 소비자들이 어떻게 바람직한 목적 상태와 제품의 기능적인 속성들을 연결시키는 추상적 개념의 사다리를 오르는지를 알 수 있기 때문에 소비자가 해당 제품을 선택하게 된 계층적 가치체계나 인지구조를 파악할 수 있다.

[식품산업 인사이드 11.2]는 스웨덴과 스페인 소비자들이 육류 제품의 가치를 어떻게 지각하는지를 레더렁 기법으로 분석한 연구결과이다. 스웨덴의 네 가지 돈육 제품에 대해 도출된 위계 가치도들은 제품 종류(브랜드)에 따라 제품 속성과 가치의 연결이 어떻게 다른지를 보여준다. 또한 스페인 소비자 분석결과는 쇠고기에 대한 위계 가치도가 소비자의 구매 빈도에 따라 매우 다른 형태를 가짐을 보여준다.

식품의 모든 속성들이 호의적인 편익을 제공하는 것은 아님에 주의할 필요가 있다. 일부 속성은 부정적인 편익으로 인하여 궁극적 가치를 감소시키기도 한다. 예를 들어, 두 소비자가 칼로리가 매우 높은 식품의 속성에 대해 동일하게 인지하고 있다고 하자. 이 중 한 소비자는 이 속성으로부터 체중 증가라는 기능적인 편익과 자신의 외모(뚱뚱함)에 대한 나쁜 감정이라는 심리적 편익을 생각할 수 있다(사실 편익은 아니다!). 이러한 편익은 자기통제라는 도구적 가치와 자아존중이라는 궁극적 가치에 부정적으로 작용할 것이다. 달리 말하면, 칼로리가 높은 식품을 섭취하는 것은 자기통제의 부족을 초래하여 자아존중감을 감소시킨다. 하지만 다른 소비자는 높은 칼로리라는 동일한 속성이 좋은 맛을 제공하여 쾌락이나 행복이라는 궁극적 가치에 기여한다고 생각할 수 있다.

식품산업 인사이드 11.2

래더링 기법에 의한 수단-가치 사슬의 분석 사례: 육류

래더링 기법을 적용하여 육류에 대한 수단－가치 사슬 분석을 수행한 두 가지 사례연구를 소개한다. 첫 번째는 스웨덴 농업과학대학의 레나 린드(Lena W. Lind) 교수가 스웨덴의 슈퍼마켓에서 판매되는 돈육에 대해 분석한 것이다.[1] 두 번째는 스페인 나바라공립대학의 바레나(R.Barrena) 교수와 산체스(M. Sánchez) 교수가 스페인의 브랜드 쇠고기에 대해 분석한 것이다.

1. 스웨덴 돈육의 수단－가치 사슬 분석: 린드교수는 스웨덴 슈퍼마켓에서 돈육을 구매하는 127명의 소비자를 대상으로 네 종류의 돈육 제품(수입산 돈육, 국내산 일반 돈육, 국내산 브랜드 돈육, 로컬푸드·유기농 돈육)에 대해 래더링 면접을 실시하였다. 래더링 면접은 전술한 바와 같이 특정 제품에 대해 소비자들이 느끼는 속성-편익-가치들 간의 상호 관련성을 도출하기 위한 기법이다. 면접은 슈퍼마켓을 방문한 소비자가 특정 돈육 제품을 구입한 즉시 진행되었다. 면접은 "당신은 왜 이 돈육 제품을 구매하였는가?"라는 질문부터 시작하여

1 Lind, L.W. 2006. "Consumer Involvement and Perceived Differentiation of Different Kinds of Pork－a Mean－End Chain Analysis," *Food Quality and Preference*, 18, 690－700.

소비자가 해당 돈육 제품을 구매하게 된 동기를 자유롭게 얘기하도록 하는 방식으로 진행되었다. 면접 후 응답자의 답변 내용은 제품 속성에 관한 것, 기능적 편익에 관한 것, 심리적 편익이나 가치에 관한 것으로 분류되었다. 이렇게 수집 분류된 자료를 토대로 제품 속성은 맨 아래에, 가치는 맨 위에 위치하도록 하는 위계 가치도를 만들었는데 그 결과가 [그림 11.4], [그림 11.5], [그림 11.6]이다(저자는 네 종류 제품의 위계 가치도를 모두 제시하였으나 여기에서는 수입산 돈육을 제외하였다).

그림 11.4 **일반 돈육의 위계 가치도**

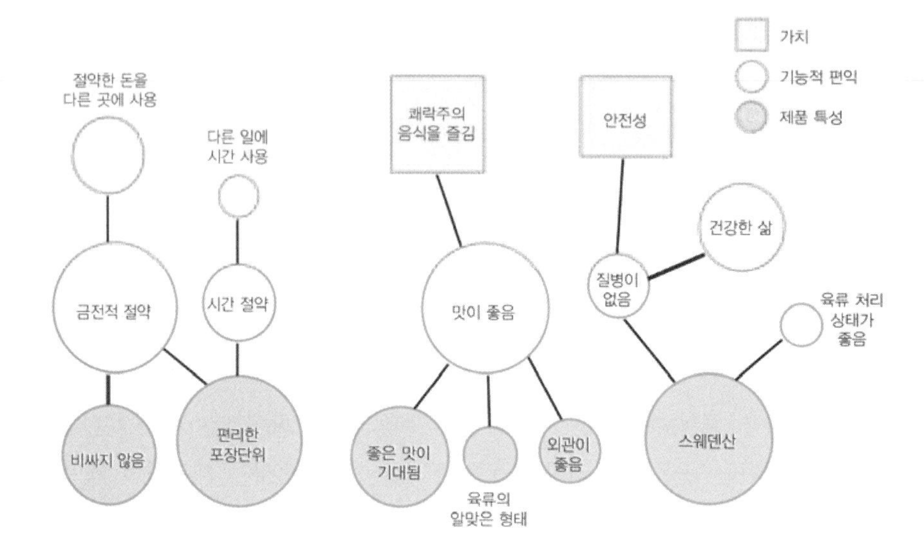

그림 11.5 **브랜드 돈육의 위계 가치도**

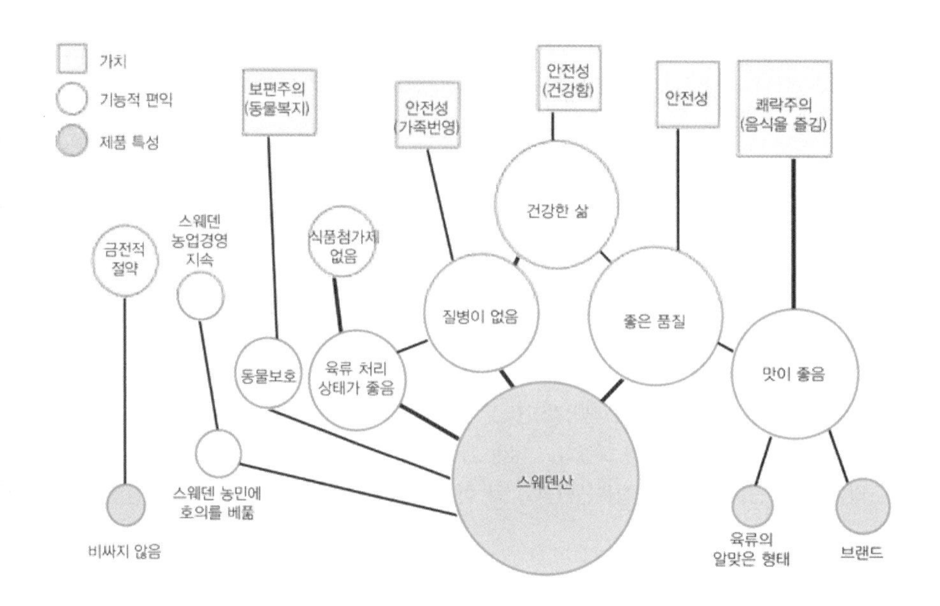

그림 11.6 **로컬푸드·유기농 돈육의 위계 가치도**

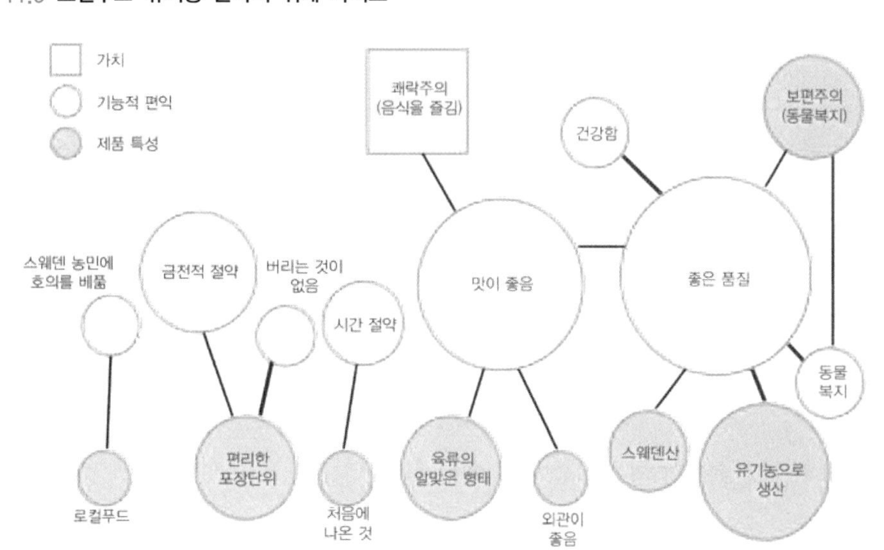

위 그림에서 음영 처리된 원은 제품 속성을, 그렇지 않은 원은 제품의 기능적 편익을, 음영 처리된 사각형은 가치를 각각 나타낸다. 그리고 각 도형의 크기는 해당 개념의 상대적인 중요성을 의미한다. 도형과 두 개념을 연결하는 선이 굵을수록 응답률이 높음을 나타낸다. 분석결과를 요약하면 다음과 같다.

첫째, 위계 가치도는 돈육 제품간에 명백한 차이를 보였다. 돈육 제품이 차별화되면 될수록 위계 가치도는 보다 더 복잡한 모양을 나타내었다.

둘째, 소비자로부터 도출된 편익과 가치의 개수 그리고 속성-편익-가치로 이어진 완전한 사슬의 개수도 제품이 차별화되면 될수록 더 많았다.

셋째, 소비자 관여도는 사다리의 단(step) 개수나 위계적 가치의 복잡한 정도에 의해 추론할 수 있는데, 응답자의 82%가 둘 이하의 단을 가진 사슬을 보여 돈육 제품에 대한 소비자의 관여도가 비교적 낮은 것으로 분석되었다. 하지만 차별화된 제품일수록 단의 최대 개수가 늘어났다. 수입산과 국내산 일반 돈육의 경우는 3개였으나, 브랜드 돈육은 6개, 유기농 돈육은 5개의 단을 가진 사슬이 도출되었다.

2. 스페인 브랜드 쇠고기의 수단-가치 사슬 분석: 바레나교수와 산체스교수는 나바라대학교 직원들 가운데 62명을 표본으로 선택한 후에 이들에 대해 심층면접을 실시하였다[2] 62명의 응답자를 쇠고기 구매빈도에 따라 세 집단, 즉 집단 1(구매빈도가 주 1회 미만, 표본의 23.0%), 집단 2(주 1회, 40.9%), 집단 3(주 2회 이상, 36.1%)으로 구분하였다. 심층면접은 쇠고기 속성들을 응답자에게 제시하고 그 중 자신에게 중요하다고 생각되는 속성을 선택하게 하고, 그 속성이 자신에게 왜 중요한지를 묻는 방식으로 진행되었다. 답변 과정에서 응답자가 선택한 속성이 왜 적절한지를 편익과 가치 측면에서 설명하도록 하였다. 심층면접 결과로부터 도출된 위계 가치도인 [그림 11.7]과 [그림 11.8]에서 발견할 수 있는 몇 가지 사실을 얘기하면 다음과 같다(편의상 집단 1과 집단 3의 위계 가치도만을 제시하였다).

첫째, 구매빈도가 높을수록 4단계의 완전한 사슬이 완성된 개수가 더 많았는데, 집단 1(78.86) < 집단 2(88.7%) < 집단 3(136.9%)의 순서로 나타났다.

---

2 Barrena, R., and Sánchez, M. 2008. "Consumption Frequency and Degree of Absraction: A Study Using the Laddering Technique on Beef Consumers," *Food Quality and Preference*, 20, 144－155.

둘째, 쇠고기는 저관여 제품으로 소비자들은 추상적인 제품 속성(전통식품, 자연식품)보다는 구체적인 속성(맛, 연함, 가격, 조리 편리성 등)에 의해 더 큰 영향을 받는 것으로 나타났다. 속성의 내용은 구매빈도별로 다소 차이를 보였다.

셋째, 편익에서는 구매빈도가 높은 계층의 경우 심리적인 편익이 기능적인 편익에 비해 우세한 것으로 나타났다. 이러한 점은 구매빈도가 늘어날 때 소비자의 쇠고기 선택 과정이 복잡해짐을 의미한다. 반면, 구매빈도가 낮은 계층에서는 심리적인 편익과 기능적인 편익이 개수 측면에서 큰 차이를 보이지 않았다.

넷째, 가치의 경우에도 구매빈도가 높은 계층일수록 그 개수가 많게 나타났다. 모든 계층에서 도구적 가치는 '재미, 행복, 즐거움을 얻음', '나의 삶 질과 식품안전 향상'이었다. 하지만 '사회적 소속감'이나 '양심, 자존감, 자기만족감' 같은 궁극적 가치는 구매빈도가 주 1회이거나 2회 이상인 계층에서만 나타났다. 이러한 결과는 쇠고기를 구매하는 소비자의 선택 과정이 단지 제품 지식에만 의존하는 것이 아니라 소비자의 자기지식에 의해서도 영향을 받음을 의미한다.

그림 11.7 **구매빈도가 낮은 집단의 쇠고기에 대한 위계 가치도**

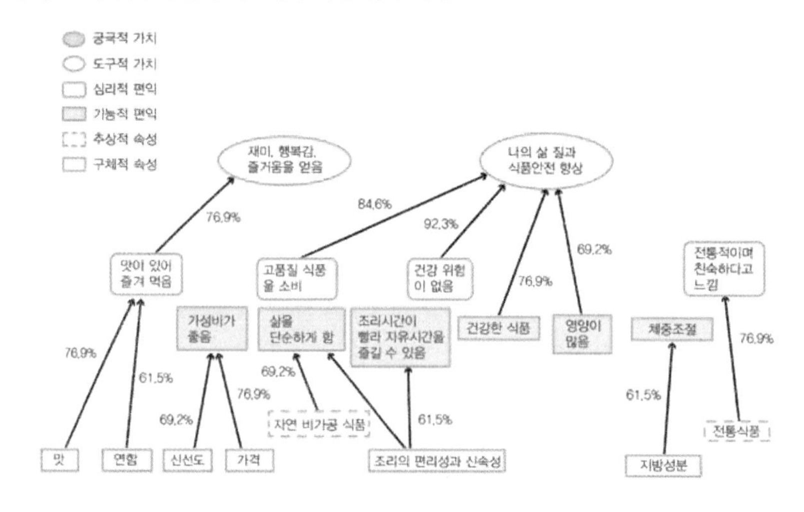

그림 11.8 **구매빈도가 높은 집단의 쇠고기에 대한 위계 가치도**

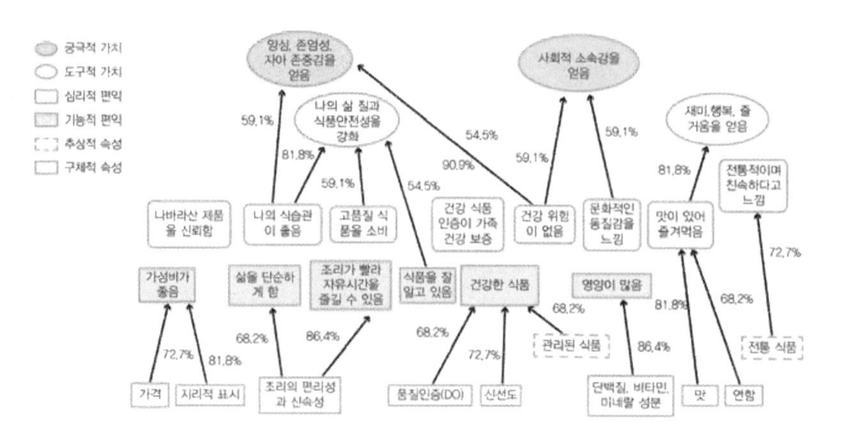

11.2.2 수단-목적 사슬과 관여도

앞서 설명한 대로 동일 식품에 대해서도 여러 개의 수단-목적 사슬이 나타날 수 있다. 이들 수단-목적 사슬이 서로 충돌할 때 어느 사슬이 구매 의사결정에서 우위를 점하는지를 알기가 어렵다. 이러한 문제를 개념화하는 방법 중의 하나가 소비자의 관여도를 살펴보는 것이다.

소비자의 제품 관여도는 소비자가 제품 또는 제품군에서 느끼는 관심의 정도를 나타낸다. 관여도는 소비자 행동의 변화나 차이를 설명할 때 널리 사용되는 변수이다. 많은 연구들이 제품 관여도가 식품의 선택 행위, 사용 빈도, 의사결정 과정의 규모, 설득적 메시지에 대한 반응 등에 영향을 주고 있음을 지적하고 있다. 관여도가 높은 소비자는 관여도가 높은 식품을 구매할 때 제품군에 대해 더 많이 생각하고, 정보획득을 위해 더 많이 조사하며, 수집된 정보를 자세히 가공하고, 구매 의사결정에 더 많은 시간을 보낸다.

[그림 11.9]는 관여도 개념이 수단-목적 사슬과 어떻게 연관되는지를 보여준다. 소비자 관여도 수준은 수단-목적 사슬의 두 가지 요소인 제품지식과 자기지식에 의해 달라진다. 제품지식은 제품속성과 그것의 기능적인 편익과의 관계를 이해함으로써 얻어진다. 반면, 자기지식은 가치들의 상대적인 중요성과 관련하여 제품의 심리적 편익과 가치의 관계에 대한 개인들의 이해에 관한 것이다. 만약 어떤 식품의 속성(편익)이 소비자에게 중요한 가치와 연결된다면 그 소비자의 해당 식품에 대한 관여도는 높게 된다. 반대로 식품 속성이 소비자에게 중요한 가치에 기여하는 편익을 제공하지 못할 경우, 소비자는 해당 식품에 낮은 관여도를 갖게 된다.

그림 11.9 **수단-목적 사슬의 관여도에 대한 영향**

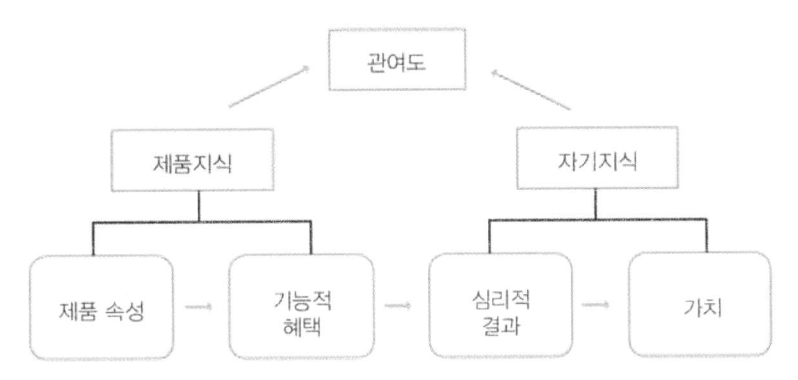

제품 관여도는 소비자가 제품 또는 제품군에서 느끼는 관심의 정도를 나타낸다. 관여도는 수단-목적 사슬과 관련지을 수 있다. 소비자 관여도 수준은 수단-목적 사슬의 두 가지 요소인 제품 지식과 자기 지식에 의해 달라진다. 제품의 속성(편익)이 소비자에게 중요한 가치와 연결될 경우 그 소비자는 해당 제품에 높은 관여도를 갖는다. 그 반대의 경우는 소비자는 해당 제품에 낮은 관여도를 갖는다.

예를 들어, 무항생제 인증 달걀의 무항생제 속성을 식품안전성이라는 편익과 동물복지라는 가치에 연결시키는 수단-목적 사슬을 생각하여 보자. 만약 ① 동물복지가 소비자에게 비교적 낮은 순위의 가치이고, ② 식품안전성과 동물복지가 서로 관련성이 없고 ③ 소비자가 생각하기에 무항생제의 인증 여부가 식품안전성에 기여한다고 여기지 않는다면 우리는 무항생제 인증 달걀에 대한 소비자의 관여도가 낮다고 평가할 수 있다. 만약 어떤 식품에 대한 개인들의 관여도 수준을 측정할 수 있다면 그 식품이 소비자들에게 중요한 편익을 제공하는 정도를 알아낼 수 있다.

11.2.3 관여도의 측정: 자이코우스키의 관여도 척도

관여도를 측정하는 방법으로 가장 잘 알려진 것이 자이코우스키(Zaichowsky)의 관여도 척도(Personal Involvement Inventory: PII)이다. 자이코우스키가 개발한 척도는 [표 11.2]와 같이 12개 항목으로 구성되어 있는 7점 의미차별화척도이다. 관여도는 아래 표의 예시된 문장 앞에 보통 대상(예: 유기농쌀, 세척사과 등)을 적은 후에 소비자에게 '○○○은 나에게 중요하다-중요하지 않다', 나는 '○○○에 관심이 많다-관심이 없다' 등의 방식으로 그 대상에 대해 소비자가 느끼는 관심의 정도를 물어본다. 각 항목에 대한 응답자의 점수를 집계하여 그 대상에 대한 응답자의 관여도를 측정한다. 한 제품에 대한 관여도를 척도로 측정할 경우 개인별 점수는 12~84점의 분포로 나타난다. 그러므로 측정값이 12에 가까울수록 그 소비자는 저관여 소비자로, 84에 가까울수록 고관여 소비자로 구분된다.

표 11.2 자이코우스키의 관여도 측정 척도

중요하다	7 6 5 4 3 2 1	중요하지 않다
관련이 크다	7 6 5 4 3 2 1	무관하다
의미가 크다	7 6 5 4 3 2 1	의미가 적다
유용하다	7 6 5 4 3 2 1	유용하지 않다
가치가 크다	7 6 5 4 3 2 1	가치가 작다
중대한 것이다	7 6 5 4 3 2 1	하찮은 것이다
유익하다	7 6 5 4 3 2 1	유익하지 않다
관심이 많다	7 6 5 4 3 2 1	관심이 없다
매력적인 것이다	7 6 5 4 3 2 1	매력적인 것이 아니다
원한다	7 6 5 4 3 2 1	원하지 않는다
바람직하다	7 6 5 4 3 2 1	바람직하지 않다
필요하다	7 6 5 4 3 2 1	필요하지 않다

자이코우스키 측정방식은 단일차원에 입각하여 관여도를 측정한다. 하지만 어떤 식품에 대한 관여도는 여러 가지 이유로 높아질 수 있기 때문에 단일차원을 기준으로 측정하는 것이 부적절할 수 있다. 예를 들어, 한 소비자가 외식할 레스토랑을 선택할 때 음식의 가격과 맛을 가장 크게 고려할 수 있지만, 또 다른 소비자는 자신이 선택하는 레스토랑을 보고 다른 사람이 자신을 판단할지도 모른다는 점을 가장 크게 고려할 수도 있다. 전자는 레스토랑의 실용적 동기와 관련된 인지적 관여인 반면, 후자는 레스토랑의 상징적 동기와 관련된 감정적 관여라 할 수 있다. 로렌트와 카프레(Laurent & Kapferer)는 이러한 점에 주목하여 관여도를 측정할 수 있는 차원으로 ① 제품의 중요성과 잘못된 제품선택에 따른 부정적 결과의 중요성에 대한 개인의 지각 ② 잘못된 선택을 할 확률에 대한 개인의 지각 ③ 제품이 개인에게 쾌락적 가치와 즐거움을 줄 수 있는 능력 ④ 제품에 대하여 소비자가 부여하는 상징적 가치 네 가지를 제시하였다. 위의 네 가지 차원을 각각 측정할 수 있는 항목들을 응답자에게 제시하여 각 항목에 대한 동의 정도를 3~5점 척도를 사용하여 측정한다면 각 항목별로 관여도를 평가할 수 있다.

다음은 신선 육류 제품의 관여도를 측정하는 데 적용할 수 있는 설문문항을 예로 든 것이다.

제품의 중요성

- 나는 육류에 별로 신경 쓰지 않는다.
- 나에게 육류는 그다지 중요하지 않다.
- 나에게 육류는 절대적으로 필요하다.

쾌락적 가치

- 나는 실제로 육류를 좋아하지 않는다.
- 나는 육류가 있는 식사를 그렇지 않는 것보다 더 즐긴다.
- 나는 육류의 진가(참맛)를 잘 안다.

상징적 가치

- 나는 사람들이 선택하는 육류 제품을 보고 그 사람에 대해 많은 것을 말할 수 있다.
- 내가 선택하는 육류 제품이 다른 사람에게 나에 대한 이미지를 알려 준다고 생각한다.
- 내가 어떤 육류 제품을 선택하는가가 다른 사람에게 나에 대해 어떤 것도 말해주지 않는다고 생각한다.

위험의 중요성

- 나는 육류를 잘못 선택해도 잃을 것이 많지 않다.
- 나는 육류를 잘못 선택하는 것이 끔찍하다고 생각한다.
- 나는 육류를 잘못 선택하는 것이 매우 짜증스러운 일이라고 생각한다.

위험의 확률

- 나는 육류를 올바르게 선택하고 있는지 전혀 알지 못한다.
- 나는 육류를 구매할 때 올바른 선택을 한다고 생각한다.
- 나는 육류를 선택해야 할 때 어찌할 바를 모른다.

11.3 태도

태도는 소비자 행동에 관한 연구에서 가장 중요하다고 알려진 변수 가운데 하나이다. 식품기업들은 소비자 행동을 이해하고 예측하기 위한 방편으로 소비자의 태도를 정기적으로 측정한다. 그렇다면 태도는 정확하게 무엇을 의미하는가? 태도에 대한 수많은 정의가 있지만 그 중 가장 일반적인 것은 '어떤 대상에 대해 일관성 있게 호의적 또는 비호의적으로 반응하게 하는 학습된 성향'이다. 쉽게 말하면, 태도는 어떤 대상에 대한 긍정 또는 부정의 평가라고 할 수 있다. 여기서 대상은 사물(쇠고기), 속성(지방함량, 브랜드)뿐만 아니라 행위(쇠고기 부위 선택, 원산지 확인, 브랜드 선택 등)도 포함된다. 태도는 추상적인 개념이지만, 심리학자나 마케터들은 태도를 직접적인 방법을 사용하여 측정한다. 이하에서는 태도를 측정하기 위한 몇 가지 모형에 대해 알아보자.

11.3.1 다속성 태도 모형

태도는 어떻게 형성될까? 대상에 대한 태도는 어떤 대상이 가지는 속성에 대한 개인의 신념과 그 신념에 대한 평가로부터 형성된다는 모형이 피쉬바인(Fishbein)의 다속성 태도 모형이다. 여기서 신념은 대상이나 속성에 대한 인지적인 지식이며, 사람들이 어떤 제품이 가지고 있다고 생각하는 속성들이다. 사람들이 충분한 시간을 갖는다면 외부정보, 경험 또는 추론 등을 통하여 어떤 상품에 대해 수많은 속성 신념들을 나열할 수 있을 것이다. 하지만, 소비자들은 대개 몇 개의 부각된(salient) 속성 신념에 기초하여 자신의 태도를 형성한다. 이들 부각된 속성 신념은 시간과 상황에 따라 달라질 수 있다. 어떤 상품을 구성하는 여러 속성 가운데 어떤 속성이 중요한 것인지, 즉 부각된 속성이 무엇인지는 소비자들을 대상으로 표적집단 면접을 실시하거나 마케팅 관리자가 자신의 경험을 토대로 파악할 수도 있다.

쇠고기의 속성을 예로 들어 다속성 태도 모형을 설명하여 보자. 소비자들이 쇠고기에 대해 세 가지의 부각된 속성 신념을 가진다고 가정하자. 즉,

1) 쇠고기는 다른 육류에 비해 가격이 비싸다.
2) 쇠고기는 맛이 좋다.
3) 쇠고기는 콜레스테롤 함량이 높다.

위의 세 문장은 쇠고기의 속성에 대한 소비자 개인의 신념을 나타낸다. 쇠고기에 대한 태도는 이들 속성 신념과 이들 신념에 대한 소비자 개인의 평가를 결합하여 형성된다. 쇠고기의 세 가지 속성 신념에 대해 개인은 다음과 같이 평가할 수 있다.

1) 가격이 비싼 식품은 바람직하다.
2) 맛이 좋은 식품은 바람직하다.
3) 콜레스테롤 함량이 높은 식품은 바람직하지 않다.

어떤 대상이 보유한 속성 i에 대해 개인이 가지는 신념의 강도를 b_i라고 하고, e_i를 속성 신념 b_i에 대한 개인의 평가라고 하자. 어떤 제품의 부각된 속성 신념이 N개 있다고 할 때, 대상(즉 쇠고기)에 대한 태도(A_0)는 다음 수식으로 표현할 수 있다.

$$A_0 = \sum_{i=1}^{N} b_i e_i$$

위의 식을 구성하는 각 속성에 대한 신념의 강도와 평가는 다음과 같은 질문을 통해 측정할 수 있다.

① 속성에 대한 신념의 강도 측정

질문: "쇠고기는 다른 육류에 비해 가격이 비싸다고 생각하는가?"

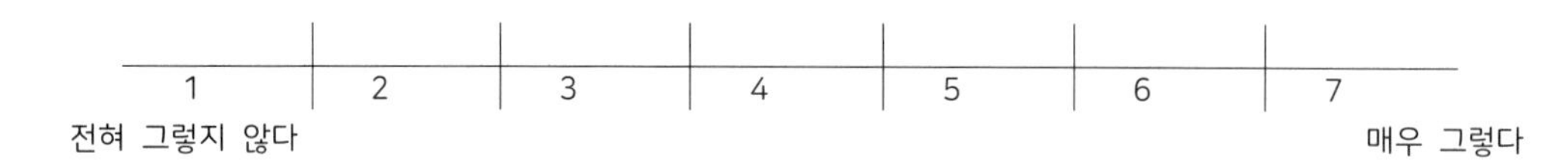

② 속성 신념에 대한 평가 측정

질문: "육류가격이 비싸다"

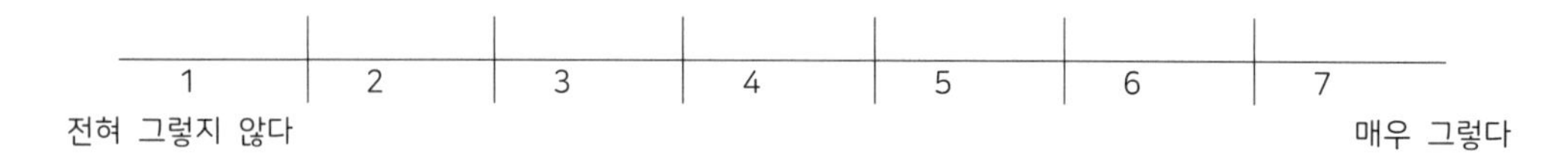

[표 11.3]은 위의 설문조사 방식을 통해 각 속성별로 얻어진 신념의 강도와 평가 측정치로부터 쇠고기에 대한 태도 측정값이 어떻게 계산되는지를 보여준다. [표 11.3]에 따르면 쇠고기에 대한 태도의 측정값은 69이다. 태도 측정값이 높을수록 해당 제품에 대한 소비자의 수용정도와 구매의사가 높음을 뜻한다.

표 11.3 쇠고기 속성에 대한 신념, 평가, 태도의 측정

		신념	평가	신념×평가
속성	가격	6	2	12
	맛	6	7	42
	콜레스테롤 함유량	5	3	15
태도 측정값		12 + 42 + 15 = 69		

이렇게 계산된 태도 측정치를 토대로 마케터들은 자사 제품에 대한 소비자의 태도를 향상시킬 수 있는 전략을 개발할 수 있다. 어떤 제품에 대한 태도는 ① 소비자의 기존 신념을 수정하거나 또는 강화시킴으로써, ② 기존의 중요한 신념에 대한 평가를 변화시킴으로써, ③ 해당 제품에 부각된 신념을 새로이 추가시킴으로써 보다 호의적으로 만들 수 있다. 예를 들어, 쇠고기와 다른 육류의 콜레스테롤 함량을 공개하여 쇠고기의 콜레스테롤 함량에 대한 소비자의 신념을 변화시킬 수 있다. 또한 쇠고기의 단백질 함량과 건강에 유익한 점을 광고함으로써 소비자로 하여금 이러한 점을 새롭게 부각된 신념으로 고려하도록 할 수 있다.

11.3.2 속성 만족도-중요도 모형

피쉬바인모형은 사회심리학분야에서 개인의 어떤 대상에 대한 태도를 형성하는 과정을 설명하기 위해 개발된 태도 모형이다. 식품 소비자의 행동을 정확하게 이해하려면, 소비자가 어떤 식품에 대한 태도뿐만 아니라 동일한 식품의 여러 브랜드 중에서 왜 특정 브랜드를 선택하는지를 설명하는 것이 중요하다. 이러한 이유 때문에 소비자 마케팅 연구자들이 피쉬바인모형을 원용하여 소비자의 여러 브랜드에 대한 상대적 태도(즉, 선호도) 형성 과정을 설명하기 위한 태도 모형을 개발하였는데, 그것이 속성 만족도-중요도 모형이다. 이 모형은 대상(제품, 브랜드 등)에 대한 태도는 각각의 부각된 속성에 대한 소비자의 만족도와 그 속성을 중요시하는 정도에 의해 결정된다고 본다. 이 모형의 기본 식은 다음과 같다.

$$A_0 = \sum_{i=1}^{N} B_i I_i$$

A_0 : 특정 제품(브랜드)에 대한 태도
B_i : 제품 속성 i의 만족도에 대한 소비자 신념
I_i : 결과 i에 대한 소비자의 평가
N: 부각된 속성의 수

11.4 합리적 행동과 피쉬바인 모형의 확장

11.4.1 피쉬바인·아젠 모형

피쉬바인의 태도 모형은 행동에 대한 설명력이나 예측력 측면에서 그다지 우수하지 않다. 왜냐하면, 실제 구매 행동이 태도와 다르게 나타나는 현상이 자주 관찰되기 때문이다. 예를 들면, 실제로 소비자는 좋아하는 특정 식품이 있더라도 다이어트 때문에 덜 좋아하는 식품을 구매할 수 있다. 또한 자신의 태도와 다르게 주변 사람의 의견이나 시선 때문에 해당 제품을 구매하지 않을 수도 있다. 이러한 이유로 인해 피쉬바인과 아젠(Fishbein & Ajzen)은 합리적 행동이론에 근거하여 초기 모형을 수정하여 확장된 모형을 제시하였다. 이들에 의하면 사람들은 대부분 무의식적으로 행동하거나 또는 기분에 따라 행동하는 것이 아니라

어떤 행동의 실행 여부를 결정할 때 그 행동으로 인한 결과가 자신에게 어떠한 효과를 초래할 것인가를 합리적으로 생각하기 때문에, 행동의 결과가 긍정적인 효과를 초래할수록 그 행동을 실행할 가능성이 높아진다는 것이다. 이들은 소비자의 행동은 소비자 자신의 자발적인 통제하에 있기 때문에 행동에 직접 선행하는 변수로 행동 의도가 존재한다고 보았다.

피쉬바인·아젠 모형에 의하면 행동 의도에 두 가지 요인이 영향을 준다. 즉 개인적인 요인과 사회적인 요인이다. 개인적인 요인은 대상에 대한 태도가 아니라 대상과 관련된 행동에 대한 태도를 의미한다. 예를 들어, 한우 쇠고기는 맛이 좋기 때문에 소비자들은 좋아하지만, 그것을 구매하는 데 다른 육류보다 많은 비용을 지불해야 하기 때문에 구매하는 행동에 대해 부정적인 태도를 가질 수 있다. 행동에 대한 태도는 행동으로부터 개인이 얻을 수 있는 결과에 대한 신념과 그 결과에 대한 평가에 의해 결정된다. 이러한 점은 이전의 피쉬바인 태도 모형에서는 태도가 대상의 부각속성에 대한 신념과 각 속성에 대한 평가에 의해 결정된다는 점과 비교할 때 차이가 난다.

행동 의도에 영향을 주는 사회적인 요인은 주관적인 규범(subjective norm: SN)이다. 주관적인 규범은 해당 행동과 관련하여 사회적 측면에서 생각할 때 어떻게 생각할 것인가에 대한 개인의 주관적인 생각이다. 주관적 규범은 두 가지 요인 즉, 규범적 신념과 순응동기에 의해 결정된다. 규범적 신념(normative belief: NB)은 준거집단 혹은 준거인이 자신의 행동을 지지 혹은 반대할 것인지에 대한 개인의 생각이다. 예를 들어, 한우 쇠고기를 구매하고 싶어 하는 소비자는 자신의 주치의가 쇠고기의 콜레스테롤 함량 때문에 쇠고기 섭취에 부정적일 것이라는 생각을 가질 수 있다. 순응동기(motivation to comply: MC)는 준거집단 혹은 준거인의 의견을 얼마나 잘 수용하는가에 관한 것이다. 만약 그 소비자가 담당의사의 충고에 대한 순응동기가 크다면 쇠고기를 구매할 의도는 낮아진다. 반대로 순응동기가 낮다면 구매 의도는 높게 될 것이다. 이와 같이 동일한 규범적 신념을 가지더라고 순응동기의 크기에 따라 주관적 규범이 행동에 미치는 영향은 달라진다.

피시바인·아젠 모형의 구조를 수식으로 표현하면 다음과 같다.

$$B \approx BI = A_{act} W_A + SN_{act} W_{SN}$$

$$A_{act} = \sum_{i=1}^{N} b_i e_i$$

$$SN_{act} = \sum_{j=1}^{M} NB_j MC_j$$

B: 구매 행동

BI: 구매 의도

A_{act} : 제품 구매 행동에 대한 태도

b_i : 구매 행동이 결과 i를 가져다 줄 것이라는 소비자 신념(행동적 신념)

e_i : 결과 i에 대한 소비자의 평가

SN: 주관적 규범

NB_j : 준거집단(인) j에 대한 규범적 신념

MC_j : 준거집단(인) j의 규범적 신념에 순응하려는 동기

N: 부각된 속성의 수

M: 중요한 준거집단(인)의 수

W_A, W_{SN} : 구매 행동에 대한 태도의 가중치, 주관적 규범의 가중치

소비자의 구매 의도가 어떻게 결정되는지를 예를 들어 설명하여보자. 어떤 식품회사의 육가공식품을 구매하려고 하는 소비자, 덕선, 선우, 정환 세 사람이 있다. 육가공식품 구매와 관련하여 부각된 속성은 가격, 지방함량, 맛, 편리성이다. 구매 행동에 대한 태도와 주관적 규범을 측정하기 위한 척도와 방법은 다음과 같다.

11.4.2 구매 행동에 대한 태도의 측정

① 행동적 신념

A. 내가 구매하려는 식품회사 J의 육가공식품은 가격이 비싸다.

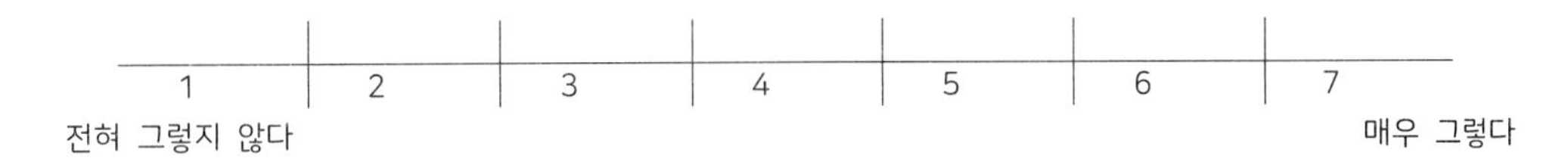

B. 내가 구매하려는 식품회사 J의 육가공식품은 콜레스테롤이 높다.

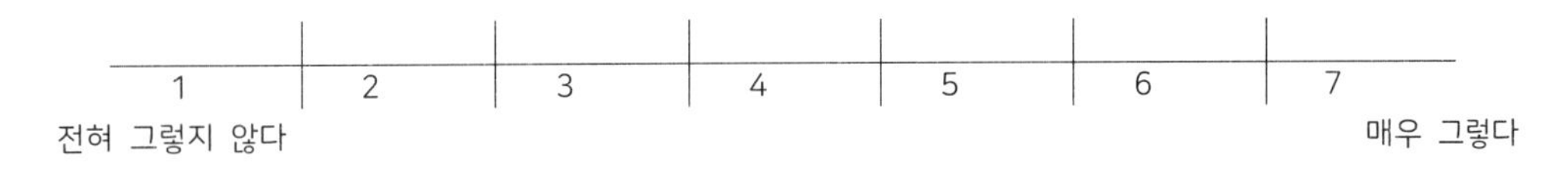

C. 내가 구매하려는 식품회사 J의 육가공식품은 맛이 좋다.

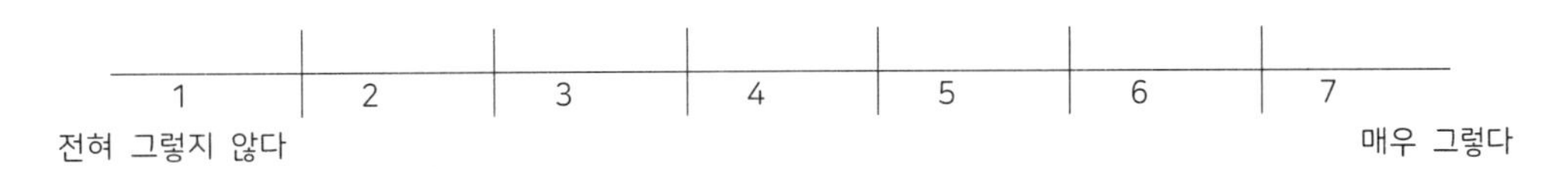

D. 내가 구매하려는 식품회사 J의 육가공식품은 조리하기에 편리하다.

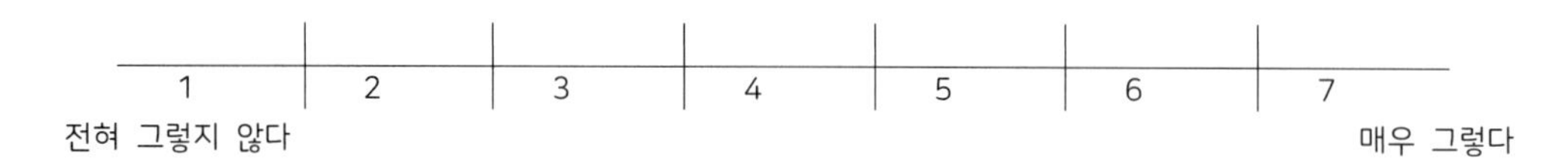

② 결과에 대한 평가

E. 가격이 비싼 식품은 바람직하다

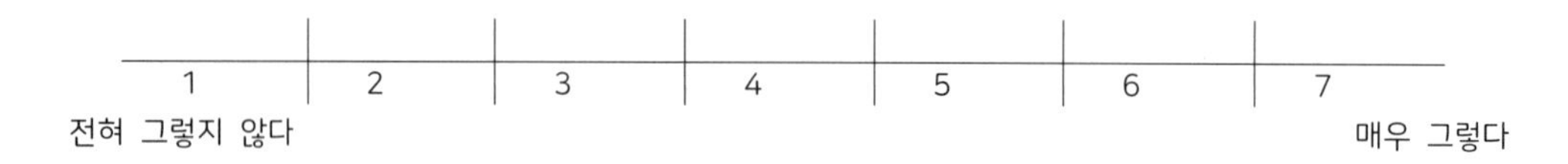

F. 콜레스테롤 함량이 높은 식품은 바람직하다

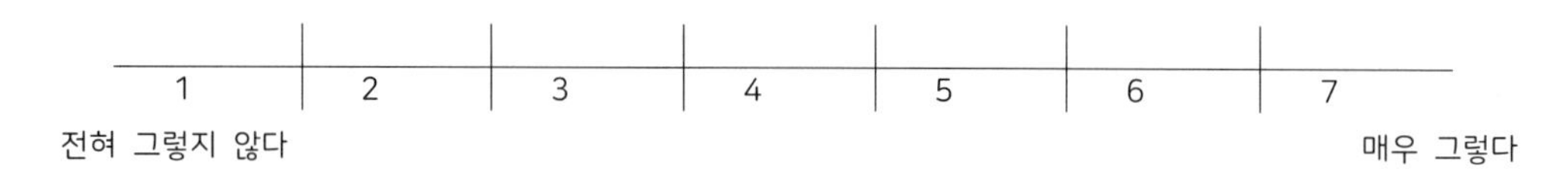

G. 맛이 좋은 식품은 바람직하다.

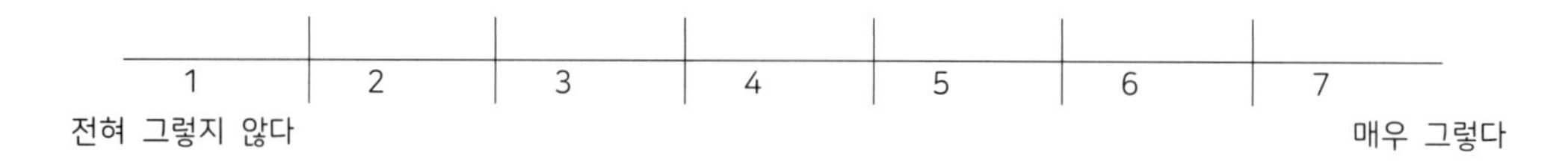

H. 조리하기가 편한 식품은 바람직하다.

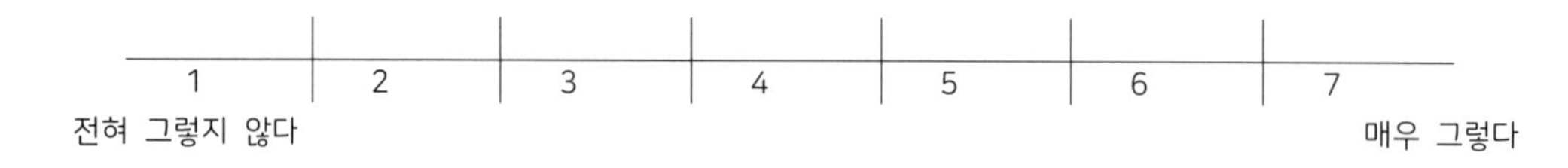

세 명의 소비자에 대해 측정된 신념과 평가 값이 [표 11.4]와 같다고 하자. 표의 마지막 행은 구매 태도를 측정하는 식에 의해 합산된 점수를 보여준다. 세 명 가운데 덕선의 구매 태도 점수가 가장 높아, 그녀가 육가공식품에 대해 가장 호의적인 태도를 가짐을 알 수 있다.

표 11.4 소비자의 구매 행동 태도에 대한 점수

		덕선	선우	정환
행동 신념	가격이 비쌈	6	6	4
	콜레스테롤이 높음	6	6	4
	맛이 좋음	6	6	4
	조리가 편리함	6	5	5
결과 평가	가격이 비쌈	7	4	7
	콜레스테롤이 높음	5	1	5
	맛이 좋음	7	5	7
	조리가 편리함	6	6	6
구매 행동에 대한 태도		6×7+6×5+6×7+6×6 =150	6×4+6×1+6×5+6×6 =96	4×7+4×5+4×7+5×6 =106

11.4.3 주관적 규범의 측정

① 규범적 신념

I. 의사들은 내가 육가공식품을 구매하는 것을 지지할 것이다.

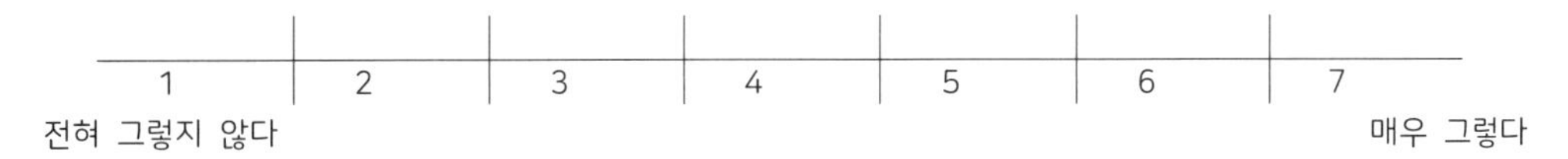

J. 영양사들는 내가 육가공식품을 구매하는 것을 지지할 것이다.

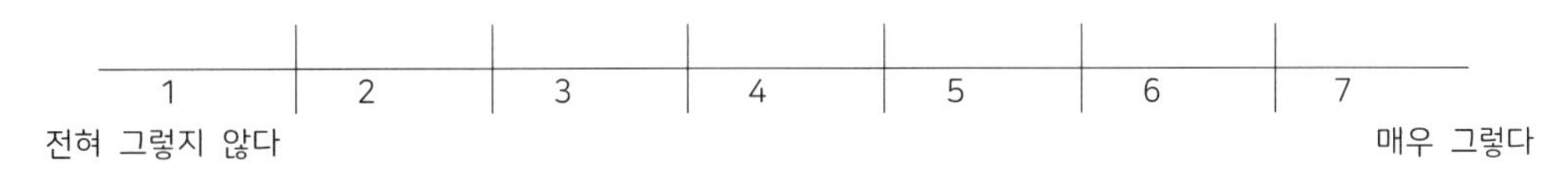

K. 식품회사들은 내가 육가공식품을 구매하는 것을 지지할 것이다.

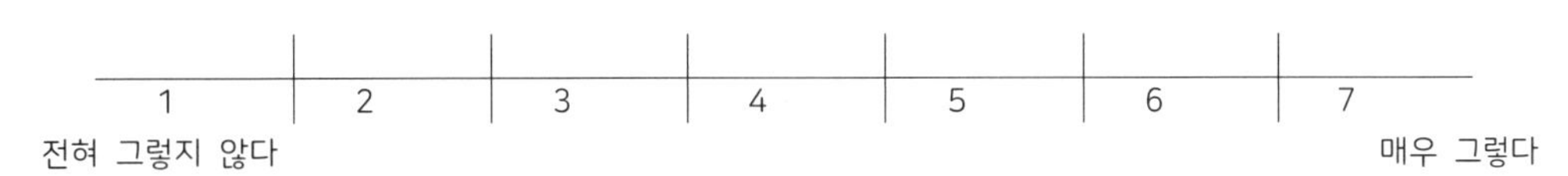

② 순응동기

L. 나는 대체로 의사들의 의견에 따른다.

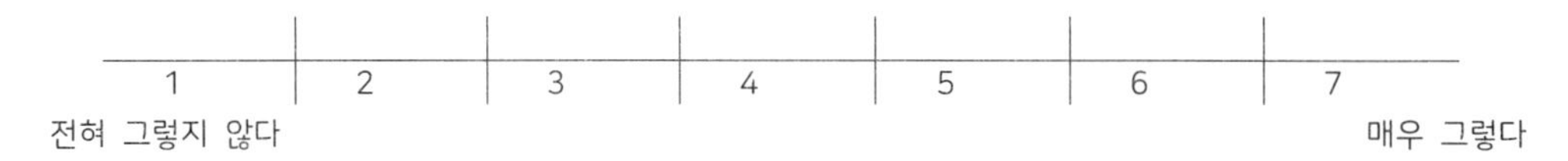

M. 나는 대체로 영양사들의 의견에 따른다.

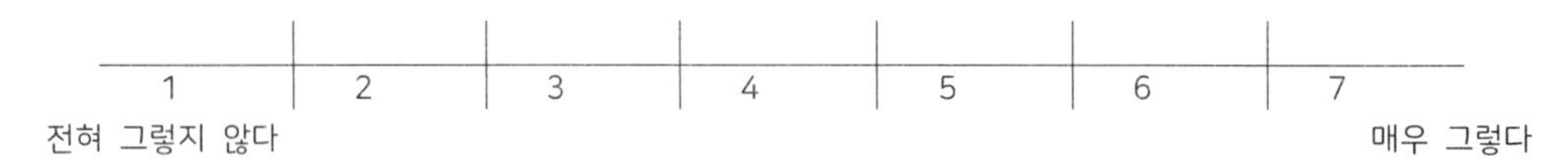

N. 나는 대체로 식품회사들의 의견을 따른다.

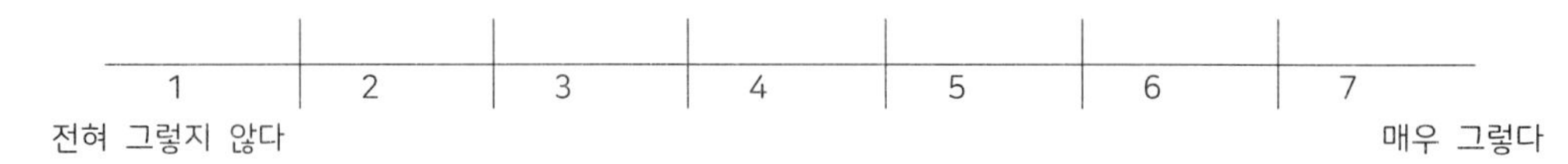

위의 설문조사에 의한 척도법을 사용하여 세 소비자에 대해 각 속성별로 측정된 규범적 신념과 순응동기가 [표 11.5]와 같을 때 이들 측정값을 이용하여 소비자 각각에 대한 주관적 규범의 측정치를 산출할 수 있다. [표 11.5]에 따르면 세 명의 소비자 가운데 선우의 주관적 규범 점수가 가장 높게 측정되었다.

표 11.5 소비자의 주관적 규범에 대한 점수

		덕선	선우	정환
규범적 신념	의사	1	4	1
	영양사	1	4	1
	식품회사	6	4	3
순응 동기	의사	1	6	1
	영양사	1	6	1
	식품회사	6	1	6
주관적 규범		1×1+1×1+6×6=38	4×6+4×6+4×1=52	1×1+1×1+3×6=20

소비자 각자에 대해 태도와 주관적 규범의 점수가 계산되고 태도와 주관적 규범에 대한 가중치가 [표 11.6]과 같이 부여된다면, 각 소비자의 행동 의도 점수가 계산될 수 있다. [표 11.6]에 따르면 세 명의 소비자 가운데 J회사의 육가공식품을 구매할 의도가 가장 높은

사람은 덕선이다.

표 11.6 **소비자의 행동 의도에 대한 점수**

		덕선	선우	정환
측정값	태도	150	96	106
	주관적 규범	38	52	20
가중치	태도	0.75	0.75	0.75
	주관적 규범	0.25	0.25	0.25
행동 의도 점수		95	62.5	62

11.5 식품 소비자의 의사결정 과정

11.5.1 구매 의사결정 모형

식품기업들은 최종적으로 소비자가 행하는 구매 의사결정에 관심을 갖는다. 예를 들면, 어떤 식품 브랜드를 선택할지, 얼마만큼 구매할지, 어느 가게에서 구매할지 등등이다. 소비자들은 날마다 수많은 의사결정을 한다. 어떤 선택은 심사숙고해서 결정을 하지만, 다른 결정들은 별 생각 없이 즉흥적으로 이루어지기도 한다. 소비자들은 어떤 방식으로 식품 구매에 관한 의사결정을 할까? 이것이 이 절의 주제이다.

소비자의 의사결정 과정을 설명하는 이론은 마치 스펙트럼처럼 매우 다양하고 많다. 의사결정 과정에 관한 이론의 한 극단에 있는 것이 합리적인 의사결정자란 개념이다. 이는 대부분의 경제학 모형에 반영된 의사결정자의 모습이다. 이러한 견해는 소비자들은 제품 정보를 정확하게 수집하고, 이들 제품의 상대적인 바람직함에 따라 제품들의 순위를 정확하게 매길 수 있다고 가정한다. 그리하여 소비자들은 주어진 예산제약하에서 가장 선호하는 제품을 최적으로 선택하게 된다. 이러한 견해는 소비자 행동에 정확한 수리적인 예측을 제공해 줄 수 있지만, 대부분의 소비자가 모든 의사결정을 이러한 합리적인 방식으로 한다는 것은 다소 무리가 있다. 우리 가운데 얼마나 많은 사람이 다른 제품 대신에 이 제품을 선택한 이유에 대해, 그리고 주어진 예산으로 이것이 최적의 선택임을 어떻게 설명할 수 있겠는가!

의사결정 과정을 설명하는 이론의 다른 극단은 의사결정이 전적으로 수동적으로 이루어진다는 견해이다. 소비자들은 자신들의 선택에 대해 명시적이고 인지적인 통제능력을 가지고 있지 않다는 것이다. 이러한 견해에 따르면 소비자 선호는 안정적이기보다는 판매원, 외부적인 신호나 자극 등에 의해 쉽게 변할 수 있다. 우리가 선택했다고 믿고 있는 결정의 많은 부분이 실제로는 우리의 잠재의식적인 사고에 의한 것임을 입증하는 연구결과들이 있다. 이와 비슷하게 소비자들은 일차적으로 감정에 의해 유발되는 충동에 따라 선택한다는 견해도 있다.

이러한 이론들 가운데 소비자 의사결정을 전적으로 만족스럽게 설명하는 것은 없다. 하지만 모든 이론이 공통적으로 수용하는 몇 가지 사실이 있다. 즉, 소비자들은 필요할 때 합리적인 방식을 취한다는 점이다. 소비자들은 어떤 의사결정에 많은 시간과 노력을 사용할 수도 있고 또한 실제로 그렇게 한다. 그러나 다른 의사결정은 별다른 생각 없이 자동적인 반응에 따라 선택이 이루어지듯 행동하기도 한다. 대부분의 사회과학자들이 지지하는 견해가 이것이다. 대부분의 소비자들은 의사결정에 대해 생각하고 문제를 해결한다. 그러나 결정은 완전하거나 또는 최적이 아닐 수 있다. 개인들은 최적화 방식보다는 휴리스틱(heuristic, 어림짐작)이나 손쉬운 방식으로 최종 선택에 도달하기도 한다.

소비자를 문제 해결자로 보는 견해를 반영한 소비자 의사결정에 관한 단순화된 모형이 [그림 11.10]이다. 앞서 동기에 대해서 설명했기 때문에, 선택과정의 첫 단계는 충족되지 않은 욕구의 인지이다. 욕구는 소비자 자신의 실제 상태와 이상적인(바라는) 상태가 서로 차이가 날 때 인지되며 목적이나 가치를 이루고자 하는 열망의 결과이다. 욕구가 인지되면, 소비자는 정보를 획득하기 위해 탐색을 시작한다. 정보 탐색은 기억으로부터 과거 경험과 신념(믿음)을 회상하는 것처럼 단순하거나, 온라인 쇼핑을 하거나 제품에 대해 친구와 얘기하는 명시적인 과정을 수반하기도 한다.

그림 11.10 식품 소비자의 구매 의사결정 과정

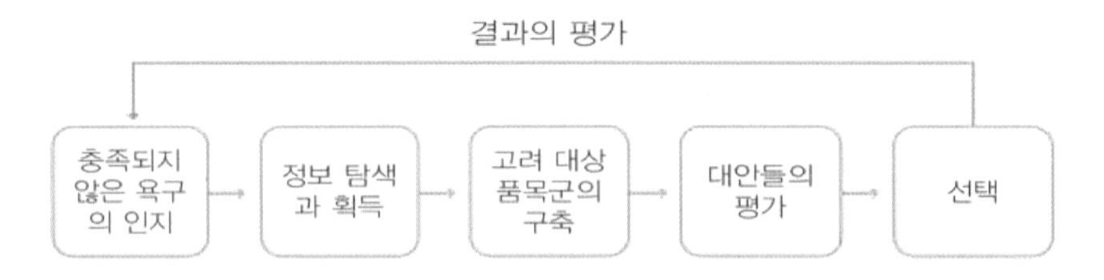

식품 소비자의 구매 의사결정 과정의 첫 단계는 충족되지 않은 욕구의 인지이다. 욕구가 인지되면, 소비자는 정보 탐색과 획득 과정을 통해 고려대상 품목군을 구축하며, 이용 가능한 대상들을 평가하고 이들의 상대적인 바람직함을 결정하게 된다. 여러 대상 가운데 어느 하나를 선택하는 데 적용하는 규칙은 비보상적 방식, 사전편찬식 방식, 속성별 제거 방식 등 다양하다.

일부 심리학자들은 정보탐색에 관한 경제학자의 견해를 잘못 이해하여 경제적인 사람은 모든 선택 대안에 대한 완전한 정보를 가질 때까지 탐색과정을 지속한다고 가정한다. 그러나 정보의 경제학에 관한 연구에 따르면 탐색은 비용이 수반되는 활동이며, 소비자는 여분의 정보탐색이 주는 혜택과 이로 인해 소요되는 비용이 서로 같아질 때까지 추가적인 정보를 탐색한다. 소비자의 정보탐색 과정이 주는 의미는 소비자들은 실제 구매 의사결정 과정에서 모든 제품에 대한 정보를 고려하지 않는다는 것이다.

개인들이 선택을 할 때 고려하거나 또는 선택하려고 하는 대안들의 집합을 고려대상 집합(품목)이라고 한다. 경제학자들이 이러한 문제를 개념화시킨 한 가지 방법은 한 제품(또는 제품 카테고리)의 가격 변화가 다른 제품(또는 제품 카테고리)의 구매에 직접적인 영향을 주는가를 살펴보는 것이다. 만약 영향을 주지 않는다면, 해당 제품이나 제품카테고리는 구매 의사결정 과정에서 분리하여 고려한다.

소비자가 식품 구매 의사결정을 할 때 고려대상 품목군을 어떻게 구분할까? [그림 11.11]은 소비자들이 구매할 품목을 결정할 때 식품과 비식품을 명백하게 분리하고 있음을 보여준다. 구매할 식품의 품목을 정할 때에도 비육류식품은 육류와 분리하여 고려한다. 이러한 점은 사과와 감귤에 관한 소비자의 선호는 쇠고기의 존재 여부나 쇠고기 가격과 무관하다는 사실을 보여준다. 또한 [그림 11.11]은 소비자들이 육류를 구매할 때 통닭과 간 쇠고기 사이에서 선택하지만, 이러한 선택은 돼지고기나 스테이크용 쇠고기의 가격과 무관함을 보여준다. 여기서 중요한 점은 소비자들이 선택할 수 있는 무수한 대안들이 있지만, 소비자들은 이들 가능한 대안들을 모두 고려하지 않는다는 점이다. 소비자들은 소수 몇 개의 대안들로 구성된 고려 대상 품목군을 만든다. 일반적으로 소비자들이 제품 카테고리에 대해 많이 알면 알수록 그리고 자주 구매할수록 구매 결정에서 고려 대상에 속하는 품목의 수는 더욱 많아지게 된다.

그림 11.11 **식품 구입 시 고려 대상 상품군의 선택: 육류 사례**

소비자가 식품을 구매할 때 선택할 수 있는 무수한 대안들이 있지만, 가능한 대안들을 모두 고려하지 않는다. 예를 들면, 사과와 감귤에 관한 소비자의 선호는 스테이크용 쇠고기의 존재 여부나 쇠고기 가격과 무관하며, 통닭과 간 쇠고기에 대한 구매 선택에서도 돼지고기나 스테크용 쇠고기의 가격은 무관하다.

11.5.2 속성 평가와 의사결정 방식

소비자가 고려 대상 품목군을 구축하면 이용 가능한 대상(대안)들을 평가하고 이들의 상대적인 바람직함을 결정한다. 대안들의 바람직함(또는 효용)은 대안이 가지고 있는 속성들에 의해 결정된다. 이를 소비자들이 어느 패스트푸드점에서 햄버거를 사 먹을 것인지에 대한 사례를 들어 설명하여 보자.

표 11.7 패스트푸드점의 속성 평가와 선택

속성		맥도널드		버거킹		롯데리아	
유형	중요도 (가중치)	믿음	평점	믿음	평점	믿음	평점
가격	8	5,000원	1	5,500원	0	6,000원	−1
조리 속도	6	5분	−1	3분	1	4분	0
햄버거 맛	10	보통	−1	매우 좋음	1	좋은 편	0
메뉴 정확성	3	90%	0	85%	−1	95%	1
효용 값	가중치 미적용	−1		1		0	
	가중치 적용	−8		13		−5	

[표 11.7]은 소비자들이 맥도널드, 버거킹, 롯데리아에서 치킨 버거를 주문할 때 고려하는 속성을 나타낸 것이다. 소비자들은 패스트푸드점이 가지는 네 가지 속성에 관심을 갖는다. 즉, 가격, 조리 속도, 햄버거의 맛, 주문의 정확성이다. 소비자들은 각 속성의 중요성에 대해 가중치를 부여한다. 예를 들어, 속성별 가중치는 1~10의 값으로 표현할 수 있다. 응답자에게 햄버거를 구매할 패스트푸드점을 선택할 때 가격이 얼마나 중요한지를 10점 척도로 나타내달라고 요청할 때, 응답자가 8이라고 답하고, 햄버거 맛에 대한 동일한 질문에 대해 10점, 조리 속도의 경우는 6점, 주문의 정확성은 3점이라고 답했다고 하자. 이러한 경우 소비자는 가격 다음으로 맛을 중요하게 고려하는 반면, 주문의 정확성에 대해서는 그다지 신경 쓰지 않는다고 할 수 있다. 이후에 조사 대상자에게 각 패스트푸드점에서 가격, 조리 속도, 햄버거 맛, 주문의 정확성에 대해 응답자의 믿음(신념) 정도를 질문한다. 예를 들어, 맥도널드에서 햄버거 가격이 5천원이고, 5분 안에 주문된 메뉴가 나오고, 맛은 보통이며, 주문한 대로 햄버거가 나올 가능성이 90%라고 믿는 응답자가 있다고 하자. 이때 응답자는 각 속성별 믿음을 토대로 속성 값의 상대적인 바람직함, 즉 평가점수를 −1, 0, 1이라는

3점 척도로 표현하게 된다. 가격 속성의 경우 6,000원보다 5,500원이 낫고, 5,500보다 5,000원이 더 낫기 때문에 바람직함의 측정값으로 가격 5,000원에는 1이 부여되고, 5,500원에는 0점, 6,000원에는 −1점이 각각 부여된다. 즉, 세 가지 가격에 대해 바람직함의 정도에 따라 점수가 높을수록 바람직함의 정도가 높도록 −1, 0, 1의 점수를 부여하게 하는 것이다.

최종적인 질문은 소비자가 어떤 선택을 취할 것인가 하는 것이다. 소비자는 어느 패스트푸드점에서 햄버거를 구매할까? 소비자들이 의사결정을 하는 데 적용하는 규칙은 셀 수도 없이 많다. 그중 한 가지가 비보상적 의사결정 방식(noncompensatory decision rule)이다. 이 방식은 제품의 속성 중 어느 한 가지 속성만을 기준으로 하여 선택 가능한 대안들을 평가하는 것이다. 달리 말하면 어느 한 가지 속성을 제외한 다른 모든 속성들에 대해 평가 점수가 높다 하더라도, 그 해당 속성에 대한 평가 점수가 낮은 대안들을 모두 제거하는 의사결정 방식이다. [표 11.7]에서 소비자가 가격이라는 속성에 대해 비보상적 의사결정 방식을 적용한다면 롯데리아의 햄버거 맛이 얼마나 좋으며, 주문한 메뉴가 얼마나 정확하고 빠르게 나오는지에 관계없이 햄버거를 구매하는 장소로 롯데리아는 배제할 것이다.

다른 의사결정방식은 사전편찬식 의사결정 방식(lexicographic decision rule)이다. 이 방식은 소비자가 가장 중요하게 여기는 속성 이외의 다른 속성들에 대한 각 대안들의 평가가 어떠한지에 관계없이 그 속성에 대해 가장 높은 평가 점수를 가진 대안을 선택하는 것이다. 이러한 의사결정 방식하에서 소비자는 햄버거 구매 장소로 버거킹을 선택할 것이다. 왜냐하면 소비자에게 가장 중요한 속성은 햄버거 맛이며, 버거킹이 이 속성에 대해 가장 높은 평가 점수를 가지기 때문이다. 만약 해당 속성에 대해 두 개의 대안이 동일한 평가점수를 얻는다면, 그 다음으로 중요한 속성에 대해 대안들을 비교한다. 소비자가 사전편찬식 의사결정 방식을 따른다면 햄버거 가격이 10,000원이든, 주문의 정확도가 10%에 지나지 않을지라도 여전히 버거킹을 선택할 것이다.

다음은 결합적(conjunctive) 또는 속성별 제거(elimination−by−aspects) 규칙으로 브랜드나 속성이 어떤 임계치 기준을 충족시키지 못하면 해당 브랜드를 제거하는 의사결정 방식이다. 어느 브랜드도 중요한 속성에 대해 임계치 기준을 충족시키지 못할 때 구매 의사결정은 지연될 수 있다.

마지막으로 보상적 의사결정 방식에는 두 가지 형태가 있다. 하나는 속성별 중요도의 가중치를 고려하지 않는 비가중적인 방식이고, 다른 하나는 가중치를 고려하는 방식이다. 소비자가 보상적 방식을 따른다면 이는 어떤 제품이 한 속성에서 낮은 평가를 받더라도 좋은 평가를 받는 다른 속성에 의해 보상될 수 있음을 의미한다. 비가중적인 보상적 의사결정

방식 또는 부가적인 의사결정방식에서는 각 속성의 바람직한 수준을 단순히 합산하여 총합이 가장 높은 제품을 선택하게 된다. 비가중적인 보상적 의사결정방식을 따를 경우 버거킹이 선택된다. 왜냐하면 버거킹의 효용값이 1점으로, 롯데리아 0점, 맥도널드 -1점에 비해 가장 높기 때문이다. 가중화된 보상적 의사결정방식은 속성별 중요도 가중치와 속성별 평가점수(바람직함)을 서로 곱한 후에 이를 모두 합산한 효용값을 토대도 대안들을 평가한다. 이 방식에 따르면 버거킹의 가중 효용값은 $(8\times0)+(6\times1)+(10\times1)+(3\times-1)=13$으로, 롯데리아 $(8\times-1)+(6\times0)+(10\times0)+(3\times1)=-5$, 맥도널드 $(8\times1)+(6\times-1)+(10\times-1)+(3\times0)=-8$보다 더 높아 버거킹이 선택된다.

11.5.3 소비자 의사결정에서 나타나는 편향적인 현상

식품 소비자들은 실제 의사결정에서 수많은 편향적인 행동을 보인다는 연구결과들이 행동경제학 분야에서 꾸준히 제시되고 있다.[3] 소비자 행동에 관한 합리적 모형과는 반대로, 식품 소비자들은 종종 일관되지 않은 행동을 보이거나, 선택이 객관적이지 않은 요인에 의해 영향을 받는다. 일부 경제학자들은 시장에서 나타나는 이러한 비합리적인 현상을 중요하지 않다고 무시하지만 개인적인 차원에서 이러한 현상들은 지속되기 때문에, 소비자 마케팅에 관심 있는 기업들은 이러한 의사결정 과정을 적절하게 이용함으로써 혜택을 얻을 수 있다.

손실회피 성향

손실회피 성향(loss aversion)은 사람들이 이득보다는 손실에 더 높은 가치를 부여하는 경향을 말한다. 달리 말하면, 천원의 손실이 천원의 이득보다 더 크게 느껴지는 현상이다. 손실회피 성향은 소비자 조사연구에서 매우 중요한 의미를 가진다. 예를 들어, 손실회피 성향에 따르면 소비자들은 어떤 제품의 가격 하락(즉, 이득)보다는 가격 상승(즉, 손실)에 보다 더 민감할 것이라고 예측할 수 있다. 손실회피 성향은 제품의 바람직함 정도를 초기 준거점을 기준으로 하여 가늠하고, 새로운 제품이나 기회들을 준거점으로부터의 손실 또는 이득에 비추어 평가함을 의미한다.

이와 비슷하게 현상유지 편향성(status quo bias)이란 개념이 있다. 사람들은 어떤 변화보다는 현재 상황(또는 현재 소비하고 있는 제품)을 더 좋게 여기는 경향이 있다(이는 손실회피 성향과도 연관된다). 이러한 점은 종종 어떤 대안(option)을 현재 상황으로 설정하고 사람들에게 다

3 행동경제학은 인간의 실제 행동을 심리학, 사회학, 생리학적인 관점에서 바라보고 그로 인한 결과를 규명하려는 경제학의 한 분야이다. 이에 따르면 경제주체들은 제한적으로 합리적이며, 때론 감정적으로 선택하는 경향이 있다고 주장한다.

른 대안을 선택하기를 원하는지를 물어봄으로써 소비자의 선택 결정이 조작될 수 있음을 의미한다. 예를 들어, 현재 건강보험상품 X에 가입되어 있는데, 새로운 상품 Y로 바꿀 의향이 있는지를 물었다고 하자. 이와 관련된 연구결과들에 따르면, 이 경우 상품 Y로 전환할 의향이 있는 사람의 수가 두 건강보험상품 X와 Y 중에 어느 것을 선택하겠느냐고 단순하게 질문하는 것에 비해 매우 적은 것으로 나타난다. 금융시장에서 손실회피성은 투자자로 하여금 주식을 최적보유기간보다 더 오랫동안 보유하도록 할 것이다. 왜냐하면 수익률이 낮은 보유 주식을 매도함으로써 손실을 입기를 원하지 않기 때문이다. 그리하여 식품 마케팅 담당자들은 손실회피성 개념을 적용하여 소비자의 준거점을 주의 깊게 살펴, 제품, 가격, 광고 등의 변화를 소비자들로 하여금 손실보다는 이익으로 느껴지도록 기획함으로써 수익을 얻을 수 있다.

확률가중 성향

식품 소비자의 행동에서 나타나는 두 번째 편향 현상은 확률가중 성향(probability weighting)이다. 사람들은 사건 발생 확률을 선형적인 방식으로 평가하지 않고, 낮은 확률을 가진 사건이 기대한 것보다 선택에 큰 영향을 준다고 생각하는 경향이 있다.[4] 즉, 어떤 사건이 발생할 확률이 작을 때는 과대평가하는 반면, 확률이 중간 이상으로 커지면 과소평가하는 경향을 말한다. 예를 들어, 어떤 사람에게 1억 원을 획득할 가능성이 1%인 도박에 참가할 기회가 주어졌다고 하자. 이 사람이 도박에 반복해서 참여하게 된다면 평균적으로 1,000,000원(=1억 원×0.01)의 기대이익을 얻게 된다. 그러나 이 사람이 발생 가능성이 낮은 사건을 과대평가하여, 기대이익을 계산할 때 정확히 0.01이라는 확률 가중치를 부여하지 않고 그 사건에 보다 더 높은 가중치, 예를 들면 0.02(또는 그 이상의 값)를 부여하게 된다. 그리하여 이 도박의 기대이익이 1,000,000원이 아니라 2,000,000원으로 간주하게 된다. 이러한 편향성은 소비자들이 식품위해물질, 성장호르몬, 유전자변형식품, 살충제 등으로부터 발생하는 식품안전 위험과 같이 발생 확률이 매우 낮은 사건에 대해 합리적인 수준보다 과도한 관심을 갖게 되는 경향을 설명해준다.

확률가중 성향은 동일한 의사결정 문제가 다소 다른 방식으로 표현될 때 선택에 영향을 줄 수 있다. 예를 들어, 손실회피 성향과 확률가중 성향 개념을 결합하여 다음과 같은 질문을 생각하여 보자. "당신은 식품제조회사의 경영자입니다. 현재 당신 회사 제품이 소비자에게 식중독을 일으킬 가능성은 1%입니다. 식중독 발생 위험을 제거할 식품안전관리 기술

---

4 사건 발생 확률을 선형적으로 평가한다는 것은 ① 확률 0.5는 확률 0.1의 5배이며, ② 확률 0.2와 0.3의 차이는 확률 0.3과 0.4의 차이와 같음을 의미한다.

을 도입하는 데 1억 원의 투자비용이 소요됩니다. 당신은 그 기술을 구매하겠습니까?" 이 질문에 대한 응답자의 답변은 동일한 내용을 가진 다음 질문의 답변과 매우 다를 것이다. "당신은 식품제조회사의 경영자입니다. 현재 당신 회사의 제품을 구매한 소비자들이 안전할 가능성은 99%입니다. 그 가능성을 100%로 만드는 데 필요한 기술에 대한 투자비용으로 1억 원이 소요됩니다. 당신은 그 기술을 구매하겠습니까?" 대다수 사람들이 두 번째 질문보다는 첫 번째 질문에 대해 "예"라고 답할 것이다. 왜냐하면 사람들은 발생 가능성이 1%로 낮은 확률의 사건을 과대하게 평가하고 첫 번째 질문은 손실인 반면, 두 번째 질문은 이득으로 보이기 때문이다.

선택의 과부화 효과

세 번째 행동적 편향 현상은 선택의 과부화 효과(excessive choice effect)이다. 소비자 행동 이론에서 공통적인 가정은 선택할 대안들이 많을수록 항상 좋다는 것이다. 예를 들어, 어느 레스토랑이 저녁메뉴로 10가지의 식사 메뉴가 있다고 할 때, 원래 저녁식사 메뉴에 새로운 메뉴가 하나 더 추가된다면, 당신이 느끼기에 지금이 이전보다 더 나아졌다고 생각하는 것은 당연하다. 당신은 당초의 10개 중에 하나를 선택함으로써 이전과 동일한 만족감을 얻을 수 있거나 또는 새로 추가된 11번째 식사 메뉴가 더 선호된다면 이전보다 높은 만족감을 얻게 된다.

하지만 많은 연구결과에 따르면, 위와 같은 주장이 항상 사실은 아닌 것으로 보고되고 있다. 소비자들은 어떤 상황에서 몇 가지 선택권(제품)만이 주어졌을 때에 비해 많은 종류의 선택권(제품)이 주어졌을 때가 오히려 구매를 덜 한다는 사실을 보여주는 연구들이 있다. 한 사례연구로서, 미국 콜리비아대학교 아이엔가교수와 스탠포드대학교 레퍼교수(Iyengar & Lepper, 2000)가 기초심리학 강의를 수강하는 학생들을 대상으로 수행한 실험 연구의 결과를 살펴보자. 이 실험에서는 수강생들에게 2쪽 분량의 에세이를 과제물로 제출하면 추가 점수를 부여하겠다고 공지한 후에 수강생들을 두 집단으로 나누어, 한 집단에는 에세이 작성용으로 30개 주제를 제시한 반면, 다른 집단에는 단지 6개의 주제만을 제시하였다. 30개의 주제가 제시된 수강생 집단의 경우는 60%가 과제물을 제출한 반면, 6개 주제가 제시된 수강생 집단에서는 74%가 과제물을 제출하였다. 더욱이 과제물 평가에서도 후자 집단, 즉 보다 적은 수로 제시된 주제들 중에서 자신의 에세이 주제를 선택한 수강생들이 전자 집단, 즉 많은 수의 주제들 중에서 자신의 에세이 주제를 선택한 수강생들보다 좋은 점수를 받았다.

또 다른 사례로, 소매점들이 어떤 상황하에서는 판매 제품의 가짓수를 줄였을 때 오히려 매출액이 더 늘어날 수 있음을 보여주는 연구들도 있다. 아이엔가교수와 레퍼교수는 고급식품점의 시식 코너에 24가지 종류의 잼을 진열했을 때와 6가지 종류의 잼을 진열했을 때의 매출을 비교하는 실험을 수행하였다. 그 결과, 상품을 적게 진열한 쪽이 많게 진열한 쪽보다 판매량이 10배나 많은 것으로 나타났다(이 실험의 자세한 결과는 식품산업 인사이드 11.3를 참조하시오). 또한 동일한 실험에서 사람들은 규모가 큰 선택 집합으로부터 구매할 때보다 규모가 작은 선택 집합에서 구매할 때에 더 높은 만족을 얻는다는 사실을 발견하였다.

이러한 현상이 나타나는 이유를 설명하는 가설은 매우 다양하다. 그 중 하나는 사람들은 더 나은 다른 대안들이 많이 있다는 것을 생각하면 나중에 자신이 한 선택을 놓고 신중하지 못했다고 후회할 것을 두려워하기 때문이라는 것이다. 다른 이유는 탐색비용과 관련된다. 선택할 수 있는 많은 대안이 주어진다면 어떤 것이 가장 좋을지를 결정하기 위해 많은 시간이 소요되기 때문이다. 이러한 효과가 나타나는 이유가 무엇이든 간에 의미하는 바는 명확하다. 많은 것이 항상 좋은 것은 아니라는 점이다.

선택 범주의 묶음 효과

소비자 행동의 편향성과 관련된 네 번째 개념은 선택 범주들의 묶음 효과(choice bracketing)이다. 개인들이 자신의 선택을 어떻게 묶는지에 대해서는 별로 논의된 바가 없다. 경제학 이론에서는 사람들은 선택 가능한 모든 제품과 그 선택 결과에 대해 정의된 효용을 극대화한다고 가정한다. 선택의 묶음 효과는 사람들은 종종 개별적인 선택 사항들을 하나의 집합으로 묶어서 한꺼번에 선택에 관한 의사결정을 한다는 사실을 말한다. 선택사항들이 하나의 집합으로 묶어지면, 의사결정 과정에서 각각의 선택이 같은 집합에 속하는 다른 모든 선택들에 미치는 영향은 고려하지만 같은 집합에 속하지 않는 선택들은 고려하지 않는다. 좁게 묶음은 사람들이 작은 선택 집합으로부터 의사결정을 하는 상황을 의미하는 반면, 넓게 묶음은 큰 선택 집합으로부터 의사결정을 하는 상황을 말한다.

이러한 경우, 소비자의 최종적인 의사결정은 자신이 선택할 때 고려하는 범주를 좁게 묶느냐 아니면 넓게 묶느냐에 달려있다. 달리 말하면, 어떤 한 가지 선택에 직면하여 있을 때 이와 관련된 모든 선택들을 고려할 것이냐 말 것이냐에 따라 그 선택의 결과가 달라질 수 있다는 얘기이다. 예를 들어, '아이스크림 콘 하나를 먹을 것인가 말 것인가'를 결정하는 상황을 고려해보자. 단지 아이스크림 콘 하나만을 먹는 것은 그 사람의 체중에 별다른 큰 영향을 주지 않을 것이다. 하지만 아이스크림과 푸짐한 식사, 그리고 운동을 하지 않는 것까지 모두 같은 선택 범주의 집합에 넣어 고려한다면, 아이스크림 콘 하나를 먹는 것이 장기적으로 체중 증가를 초래할 수 있다. 단지 아이스크림 하나만을 먹는 의사결정을 고립시켜 생각한다면 그다지 나쁜 결정이 아닐 수 있다. 하지만 아이스크림과 관련된 여러 선택들과 그로 인해 초래되는 결과들을 모두 고려한다면 건강에 심각한 영향을 줄 수 있고 이러한 영향은 아이스크림 콘 한 개를 먹음으로부터 얻게 되는 만족감을 능가하여 결국 아이스크림 콘을 먹지 않게 된다.

기업들은 자주 이러한 묶음 효과를 이용하여 자신에게 유리하도록 선택 집합을 넓게 혹은 좁게 묶는 방식으로 소비자의 의사결정 프레임을 조작하기도 한다. 예를 들어 "오천만 국민의 현명한 선택! 믿고 먹는 한돈"과 같은 광고 슬로건은 소비자로 하여금 선택의 범주를 좁게 묶도록 하여 단지 국내산 돼지고기만을 생각하도록 한다. 반면, "마시고 타면 범죄입니다"와 같은 음주음전 방지 캠페인은 사람들로 하여금 선택의 범주를 넓게 묶도록 하여 음주와 운전이라는 상호 연관된 의사결정에 대해 생각하도록 하는 효과가 있다.

선호의 불일치

다섯 번째 편향적 행동은 시간에 따른 선호의 불일치 성향이다. 다른 모든 것이 동일하다면, 대부분 사람들은 10,000원이라는 돈을 내일보다는 오늘 갖는 것을 더 선호한다. 이러한 현상은 할인(discounting)이라고 불리는 개념과 관련된다. 사람들은 미래를 현재 시점에서 얼마나 멀리 떨어졌는가에 관계없이 늘 동일한 방식으로 할인한다고 가정하지만, 사실 그렇지 않다. 예를 들어, 오늘 100,000원을 받는 것과 하루 후인 내일에 101,000원을 받는 두 가지 선택이 당신에게 주어진다면 어느 것을 고르겠는가라는 질문에 대부분 사람은 지금 100,000원을 받기를 원할 것이다. 그러나 지금으로부터 1년 후에 100,000원을 받는 것과 1년하고도 하루 후에 101,000원을 받는 두 가지 선택이 주어졌다면 대부분의 사람들은 101,000원을 받기 위해 하루를 더 기다릴 것이다. 이러한 사실은 사람들은 미래 사건이 발생하는 시점이 현재에서 멀어지면 멀어질수록 미래의 결과를 덜 할인하는 경향이 있음을 의미한다. 이처럼 선호가 시간 불일치적일 때 선호는 시간에 따라 변하고, 이에 따라 선택은 의사결정의 시기에 따라 달라진다. 시간에 따라 사람들의 선호가 달라지는 불일치성은 자기통제와 관련된 문제를 통해 쉽게 이해할 수 있다. 예를 들어, 식사 후 후식으로 칼로리가 높은 아이스크림을 선택하거나, 건강에 해롭지만 음주나 흡연을 하는 것은 자기통제를 약화시키는 요인(예컨대 음식 냄새나, 음주, 흡연으로 인한 쾌락)에 의해 이러한 대상에 대한 선호가 증가하고 그 결과 근시안적인 선택이 나타난다고 설명할 수 있다. 이처럼 선호가 시간 불일치적일 때 사람들은 사전적인 방책(precommitment device), 예를 들면 법적 규제 등을 통해 자신들의 미래를 스스로 통제한다.

가상적 편향

마지막으로 우리가 살펴볼 편향적인 소비자 행동은 가상적 편향(hypothetical bias)이다. 심리학이나 마케팅 분야에서 조사 연구의 대부분은 사람들에게 주어진 상황하에 어떻게 행동하겠는가 하는 가상적인 질문을 하는 것을 포함한다. 그러나 경제학자들은 가설적인 질문에서 진술된 행동들이 실제 돈이 지불될 때 나타나는 행동과는 상당히 차이가 있음을 입증하는 다수의 연구결과들을 제시하고 있다. 예를 들어, 소비자에게 어떤 제품에 대한 지불의사 금액을 물었을 때 진술된 금액은 실제 자신의 돈이 사용될 때 실제 지불하는 금액보다 두 배나 많은 것으로 나타났다. 도박에서 선택 문제를 다룬 연구에서도 사람들은 단순히 가상적인 선택보다는 실제 돈이 거래될 때 위험을 더 기피하려는 경향을 보이는 것으로 나타났다.

이러한 행위에 대해 여러 다양한 설명이 제시되었지만 아주 만족스러운 이론은 없다. 한 가지 그럴듯한 설명은 다음과 같다. 가상적인 상황하에서 사람들은 자신이 진정한 선호에서 벗어난 답변을 하더라도 어떤 비용을 부담할 필요가 없다. 따라서 조사 응답자들은 연구자들에게 전략적으로 신호를 보내어 조사 대상 제품의 미래가격이나 판매조건의 결정에 영향을 주려고 한다는 것이다. 예를 들어, 사람들은 조사 대상 제품에 대해 자신이 실제로 좋아하는 것보다 덜 좋아한다고 답하여 기업이 해당 제품의 가격을 내리도록 하거나, 또는 실제보다 더 좋아한다고 답변하여 기업으로 하여금 해당 제품이 출시되도록 의도할지 모른다. 이러한 전략적인 반응 이외에도 사람들은 가상적인 선택에 대해 그다지 노력을 기울이지 않는다. 왜냐하면 가상적인 상황에서는 어떤 선택을 하나, 하지 않은 것과 그 결과가 달라지지 않기 때문이다. 그러나 실제로 돈이 거래되는 의사결정에서는 사람들은 자신의 선택에 따라 즉각적으로 영향을 받기 때문에 심사숙고하여 의사결정을 하지 않을 수 없다. 이러한 연구결과가 주는 시사점은 소비자 행동을 파악하기 위한 조사를 시행할 때 가상적인 질문에 대해 주의 깊게 생각하지 않고 답하거나 또는 전략적으로 대답할 가능성이 있음을 신중하게 고려할 필요가 있다는 점이다.

식품산업 인사이드 11.3

선택 대안이 많을수록 선택의 패러독스에 빠진다?

선택 대안은 많을수록 좋을까? 경제학 이론에서는 사람들이 자유롭게 선택할 수 있는 선택 대안이 많으면 많을수록 좋고, 만족도도 커질 거라는 전제가 암묵적으로 존재한다. 과연 그럴까? 이 이론에 의문을 던진 미국 콜롬비아대학교의 아이엔가 교수와 스탠포드대학교의 레퍼 교수는 몇 가지 재미있는 실험을 했다.

2000년 이들 교수의 연구팀은 대형 슈퍼마켓 내에 있는 딸기잼 판촉 진열대에서 손님들의 선택에 따른 행동을 관찰하였다. 처음 6가지 종류의 딸기잼을 진열한 후 지나가는 손님들에게 맛을 보고 구매하도록 하였다. 이번에는 딸기잼의 종류를 24가지로 늘려 소비자들의 선택권을 늘려주었다. 6가지 잼만 있을 경우 손님의 40%가 진열대로 몰려와 시식한 반면, 24가지로 늘린 경우에는 60%가 시식에 참여하였다. 그러나 제품 구매를 위한 선택 비율에서는 확연한 차이를 보였는데 첫 번째 6가지 잼의 경우에는 30%가 구매했지만, 24가지로 확대한 경우에는 단지 3%만이 구매하였다. 아이엔가 교수는 이런 실험 결과를 통해 선택자 입장에서는 개인이 파악 가능한 범위 내에서 선택이 이루어져야 하며, 선택 대안이 너무 많으면 오히려 잘못된 선택을 하지는 않을까 하는 일종의 후회스러움 또는 실패할지 모른다는 감정에 빠질 수 있다고 지적하고 있다.

선택 대안이 많을수록 오히려 선택하지 못하는 현상을 미국 필라델피아에 있는 스워스모어대학의 베리 슈워츠 교수는 '선택의 패러독스'라 부른다. 현대인에게는 선택 대안이 많을수록 자유롭게 선택할 수 있는 가능성이 넓어지고 충실도가 더 높아진다는 믿음이 있다. 이러한 발상은 자유주의 사상과도 연결되어 오늘날 세상을 석권하고 있지만 이것은 환상에 지나지 않는다. 슈워츠 교수는 '선택의 패러독스'란 자신의 저서에서 사람들에게 선택 대안이 많은 것이 행복감을 높이기보다는 오히려 사람들을 무력하게 만들고 좌절시킨다는 역설을 설명하고 있다.

요약

- 소비자의 욕구를 찾아내어 그 욕구를 효과적으로 충족시키는 마케팅전략을 계획하고 수행하는 것은 모든 식품기업의 생존에 필요한 활동이며, 이는 식품 소비자의 행동을 분석하는 데에서 출발한다.
- 소비자 행동을 설명하는 동기화 모형은 소비자의 충족되지 않은 욕구, 열망을 행위와 연관시킨다. 이 모형에 따르면 욕구 미충족이 소비자로 하여금 내적 긴장을 유발하고 이 긴장상태를 완화하기 위한 추진력이 동기이다. 동기가 유발되면, 소비자는 자신의 과거 경험이나 지식, 인지적 과정에 비추어 특정 목적을 달성하기 위한 행동을 하게 된다.
- 소비자가 구매 행동을 통해 성취하고 하는 목적 가운데 가장 일반적인 것이 가치이다. 소비자가 추구하는 가치는 크게 궁극적 가치(선호하는 삶에 대한 심리적인 상태)와 도구적 가치(궁극적 가치를 달성하는 위한 행동양식)로 구분된다. 구매 행동에서 가치의 역할을 파악하기 위한 방법인 수단-목적 사슬 분석법은 소비자가 구매한 특정 식품의 속성들이 소비자가 추구하는 궁극적인 가치와 어떻게 연결되는지를 보여준다.
- 식품기업은 소비자 행동을 이해하고 예측하기 위한 방편으로 소비자 태도를 정기적으로 측정한다. 소비자 태도는 제품의 부각된 속성에 대한 소비자의 만족도(속성에 대한 신념의 강도)와 그 속성을 중요시하는 정도(속성에 대한 평가)에 의해 결정된다.
- 실제 구매 행동은 태도와 달라질 수 있기 때문에 행동에 선행하는 변수로 행동 의도가 존재하여, 행동의 수행 여부를 결정할 때 행동으로 인한 결과가 자신에게 어떠한 효과를 초래하는지를 합리적으로 생각하여 행동을 한다는 것이 합리적 행동이론이다. 행동 의도에는 행동에 대한 태도와 주관적인 규범이 영향을 주는데, 주관적 규범은 그 행동과 관련하여 사회적 측면에서 어떻게 생각할 것인가에 대한 규범적인 신념과 그에 대한 수용정도에 의해 결정된다.
- 식품 소비자의 구매 의사결정 과정의 첫 단계는 충족되지 않은 욕구의 인지이다. 욕구가 인지되면, 소비자는 정보 탐색과 획득과정을 통해 고려대상 품목군을 구축하며, 이용 가능한 대상들을 평가하고 이들의 상대적인 바람직함을 결정하게 된다. 여러 대상 가운데 어느 하나를 선택하는 데 적용하는 규칙으로 비보상적 방식, 사전편찬식 방식, 속성별 제거 방식 등이 있다.

연습문제

❶ 소비자의 식품 구매 행동을 이해하는 데 왜 심리적 요인이 중요한가?

❷ 최근 유기농 우유시장이 크게 성장하고 있다. 소비자로 하여금 유기농 우유를 구매하도록 하는 가치를 규명하고자 할 때 어떠한 방법을 적용할 수 있는지 논의하여 보시오.

❸ 즉석밥을 구매하는 소비자의 태도가 어떻게 형성되는지를 알아보고자 한다. 어떤 방법이 사용될 수 있겠는가?

❹ 본문의 [표 11.7]에서 패스트푸드에 대한 소비자의 선호 변화로 인하여 패스트푸드 전문점의 속성 평가에서 다른 것은 변하지 않고, 속성별 가중치만 다음과 같이 변했다고 하자. 각 의사결정방식에 따라 패스트푸드점에 대한 소비자의 선택이 어떻게 달라지는가?

가격: 6, 조리 속도: 8 햄버거 맛: 9 주문한 메뉴의 정확성: 4

❺ 최근 계란 살충제 검출 사건에 관한 언론 보도를 접한 소비자의 계란 구매 행위를 행동경제학적인 관점에서 설명하여 보시오.

참고문헌

이학식·안광호·하영원. 2010.『소비자 행동: 마케팅전략적 접근』, 제5판, 법문사.

Norwood, B., and Lusk, J. 2007. *Agricultural Marketing and Price Analysis*, Pearson.

색인

저자소개

김성용

서울대학교 농경제학과 졸업(경제학사)
서울대학교 대학원 농경제학과 졸업(경제학사)
미국 Texas A&M 대학교 농업경제학박사
한국농촌경제연구원 근무
현재 경상대학교 식품자원경제학과 교수

식품산업경제학

초판발행 2019년 2월 28일

지은이 김성용
펴낸이 안종만

편 집 전채린
기획/마케팅 박세기
표지디자인 김연서
제 작 우인도·고철민

펴낸곳 (주) 박영사
서울특별시 종로구 새문안로3길 36, 1601
등록 1959. 3. 11. 제300-1959-1호(倫)
전 화 02)733-6771
f a x 02)736-4818
e-mail pys@pybook.co.kr
homepage www.pybook.co.kr
ISBN 979-11-303-0663-6 93320

copyright©김성용, 2019, Printed in Korea

* 잘못된 책은 바꿔드립니다. 본서의 무단복제행위를 금합니다.
* 저자와 협의하여 인지첩부를 생략합니다.

정 가 27,000원